Verein Deutscher Bibliothekare 1900–2000

Verein Deutscher Bibliothekare 1900 - 2000

Festschrift

Herausgegeben von
Engelbert Plassmann
und
Ludger Syré

2000
Harrassowitz Verlag · Wiesbaden

Die Deutsche Bibliothek – CIP-Einheitsaufnahme
Ein Titeldatensatz für diese Publikation ist bei Der Deutschen Bibliothek erhältlich

Die Deutsche Bibliothek – CIP Cataloguing-in-Publication-Data
A catalogue record for this publication is available from Die Deutsche Bibliothek

e-mail: hammer@dbf.ddb.de

Lektorat, Typographie und Satz: Gerhard Hacker
Gesetzt aus der Sabon Linotype
Gedruckt auf alterungsbeständigem Papier.
Druck und Verarbeitung: MZ-Verlagsdruckerei GmbH, Memmingen
Printed in Germany

ISBN 3-447-04247-8

Inhalt

Bibliothecariis et bibliothecis

JOHANNES RAU
Glückwunsch des Bundespräsidenten 9

BIRGIT DANKERT
Grußwort der BDB-Sprecherin 10

WOLFGANG DITTRICH
Geleitwort des VDB-Vorsitzenden 11

ENGELBERT PLASSMANN, LUDGER SYRÉ
Vorwort der Herausgeber 13

Die Zeit der Gründung

WOLFGANG SCHMITZ
Das deutsche Bibliothekswesen an der Wende
vom 19. zum 20. Jahrhundert und die Gründung des VDB 17

ALEXANDRA HABERMANN
Der wissenschaftliche Bibliothekar –
Zur Professionalisierung eines Berufes 41

Die NS-Zeit

MICHAEL LABACH
Der VDB während des Nationalsozialismus 59

YORCK ALEXANDER HAASE
Die Bibliothekartage in der Zeit des Nationalsozialismus 81

ALWIN MÜLLER-JERINA
Schicksale jüdischer VDB-Mitglieder im Dritten Reich 101

Die Zeit nach 1945

ULRIKE EICH
Der Verein Deutscher Bibliothekare in der Nachkriegszeit 121

KONRAD MARWINSKI
Der VDB und seine Kontakte zum Bibliothekswesen der DDR
zwischen 1953 und 1970 149

Geschichte der Statuten

HOLGER KNUDSEN
Die Satzungen des VDB – Nur was sich ändert, bleibt 168

Aus der Arbeit des Vereins

RUDOLF FRANKENBERGER
Die Sacharbeit in den Kommissionen des VDB 182

GERHARD HACKER
Was die Mode streng geteilt ... – Zur Kooperation
bibliothekarischer Vereinigungen in Deutschland 203

UWE JOCHUM
Bildungsgrenzen – Die Ausbildung
des Höheren Bibliotheksdienstes in Deutschland 231

Publikationen des Vereins

ENGELBERT PLASSMANN
Das Jahrbuch der Deutschen Bibliotheken – Die „Grüne Bibel“ . . 254

KORNELIA RICHTER
Der VDB und das Zentralblatt für Bibliothekswesen 283

Wissenschaftliche Bibliothekarinnen

DAGMAR JANK
Frauen im Höheren Bibliotheksdienst vor dem Zweiten Weltkrieg 302

CARMEN PASSERA
Frauen im wissenschaftlichen Bibliotheksdienst nach 1945 314

Die Arbeit der Landesverbände

EILHARD CORDES
Die Regionalisierung des VDB 325

LUDGER SYRÉ
Der Verband Wissenschaftlicher Bibliothekare in Baden-Württemberg – Zur Vor- und Frühgeschichte eines VDB-Landesverbandes 330

GESCHICHTE DER VDB-LANDESVERBÄNDE
Baden-Württemberg *(Ludger Syré)* 353
Bayern *(Werner Schopper)* 358
Bremen *(Jürgen Babendreier)* 366

Hessen *(Hermann Günzel)* 375
Mecklenburg-Vorpommern *(Michael Hexel)* 378
Niedersachsen *(Helga Häseker, Eilhard Cordes)* 381
Sachsen, Sachsen-Anhalt, Thüringen *(Claudia-Leonore Täschner)* . 386

Bibliographie

FELICITAS HUNDHAUSEN
Die Bibliographie zur Geschichte des VDB
und der Deutschen Bibliothekartage 390

Personenregister 400
Autorenverzeichnis 406

Glückwunsch

Mit lebhaftem Interesse habe ich aufgenommen, daß der Verein Deutscher Bibliothekare im kommenden Jahr 2000 auf hundert Jahre seines Bestehens zurückblicken kann. Zu diesem Jubiläum gratuliere ich von Herzen.

Die Bedeutung des Buches für Wissenschaft und Forschung, für unsere gesamte gesellschaftliche Entwicklung kann gar nicht hoch genug eingeschätzt werden. Das gilt auch für diejenigen, die das Kulturgut Buch bewahren, hegen und pflegen: die Bibliothekare. Erst mit ihrer Hilfe erschließen sich die geistigen Schätze in der Form aufgeschriebener Wörter. Ich wünsche allen, die auf diesem Felde tätig sind, daß sie wie bisher auch künftig den Herausforderungen der Zeit gerecht werden und dem Buch seine tragende Rolle in der geistigen Auseinandersetzung der Menschen erhalten können. In diesem Sinne wünsche ich dem Verein Deutscher Bibliothekare und seinen Mitgliedern gutes Gelingen zum Nutzen von uns allen.

Ihr

Grußwort

Der Verein Deutscher Bibliothekare e. V. (VDB) ist der älteste Personalverband des deutschen Bibliothekswesens. Mit seiner hundertjährigen Vereinsgeschichte schreibt er gleichzeitig Bibliotheksgeschichte. Die von ihm und seinen Mitgliedern mitgestaltete Bibliotheksgeschichte reicht weit über die Grenzen Deutschlands hinaus. Gleichwohl bleibt sie – in glanzvollen wie dunklen Epochen – eng mit der Wissenschafts- und Kulturgeschichte der deutschen Nation verbunden.

Die Mitglieder des VDB haben seit Bestehen des Vereins ihr Engagement teilen, in glücklichen Momenten synergetisch bündeln können bei der beruflichen Tätigkeit für bedeutende wissenschaftliche Sammlungen und Institutionen und bei der berufspolitischen Interessenvertretung für die übergeordneten bibliothekarischen Belange des Landes. Die Anforderungen des kulturellen Erbes, das sie bewahren und zugänglich machen, die Anforderungen eines zunehmend technologisch und unternehmerisch orientierten Wissenschaftsbetriebes verlangen vom VDB fachliche und berufspolitische Entscheidungen, die vor der Frage nach Selbstverständnis und Identität des Vereins nicht Halt machen.

Als Mitglied der Bundesvereinigung Deutscher Bibliotheksverbände e. V. (BDB) hat sich der Verein Deutscher Bibliothekare einer gemeinsamen Zukunftsplanung aller Institutionen und Tätigen im Bibliotheks- und Informationsbereich geöffnet. Die BDB profitiert dabei vom Wissen, der Professionalität und der Erfahrung einer hundertjährigen Vereinigung.

Herzlichen Glückwunsch und alle guten Wünsche für eine gemeinsame Zukunft!

Birgit Dankert
Sprecherin der Bundesvereinigung
Deutscher Bibliotheksverbände e. V.

Geleitwort

Bei Erscheinen dieser Festschrift blickt der Verein Deutscher Bibliothekare als Personalverband auf sein hundertjähriges Bestehen zurück. Seine Mitglieder – wissenschaftliche Bibliothekare und in der zweiten Jahrhunderthälfte in wachsender Zahl auch Bibliothekarinnen – haben in herausgehobenen und leitenden Positionen das deutsche wissenschaftliche Bibliothekswesen mitgestaltet.

Die Geschichte der Wissenschaftlichen Bibliotheken Deutschlands in diesem Jahrhundert ist Teil der allgemeinen Geschichte unseres Landes, deren Katastrophen und Aufschwünge die Rahmenbedingungen gesetzt haben, mit denen sich die Bibliothekarinnen und Bibliothekare auseinanderzusetzen hatten.

Diese Festschrift versteht sich als Versuch, das Ineinander von historischen Gegebenheiten und persönlichen Einwirkungen so gut wie möglich erkennbar zu machen. Sie bilanziert Leistungen, markiert Irrwege und benennt Unerfülltes.

Ich danke namens des Vereins Deutscher Bibliothekare den Mitarbeiterinnen und Mitarbeitern für ihre mühevolle Arbeit. Nach hundert Jahren Wirksamkeit wurden die erhaltenen Quellen zur Geschichte unseres Vereins erstmals umfassend aufgearbeitet. Den beiden Herausgebern mußte es darum gehen, nicht nur einen bunten Strauß von Aufsätzen zusammenzubinden, sondern einen vorgegebenen Kanon von unverzichtbaren Themen ohne gravierende Lücken mit kompetenten Beiträgen zu füllen. Ich kann aus eigener Erfahrung beurteilen, vor welch großer und schwieriger Aufgabe sie damit standen.

Mein Dank gilt aber auch dem Verlag Harrassowitz, der mit dieser Festschrift dem Verein und seinen Mitgliedern ein Geburtstagsgeschenk übergibt.

Den Mitgliedern des Vereins wünsche ich, daß sie aus diesem Buch einen Zugewinn an historischem Bewußtsein schöpfen mögen. Vor der Folie einer hundertjährigen Geschichte lassen sich manche aktuellen Probleme mit größerer Gelassenheit angehen. Den Nutzern und Lesern der Wissenschaftlichen Bibliotheken gegenüber versteht sich die Darstellung als eine Art Rechenschaftsbericht. Gelegentlich sind Stimmen zu hören, die aus unterschiedlichen Gründen dem wissenschaftlichen Bibliothekar keine Zukunft mehr geben wollen. Ich meine, der vorliegende Band rechtfertigt die Arbeit und Zukunft des Berufsstandes in überzeugender Weise.

WOLFGANG DITTRICH
Vorsitzender

Vorwort

Der Titel „Verein Deutscher Bibliothekare 1900 bis 2000“ hört sich vielleicht spröde an, doch verbirgt sich hinter ihm eine große Leistung. Generationen von Bibliothekaren haben im Lauf des Jahrhunderts ihren Dienst an Wissenschaft, Forschung und Lehre geleistet, die einzelnen an ihrem Platz, aber auch viele in wohlorganisierter und wirkungsvoller Gemeinschaftsarbeit in verschiedenen Organisationen; unter diesen nimmt der Verein Deutscher Bibliothekare (VDB) durch die ungebrochene, in hundert Jahren bewiesene Zielstrebigkeit und Konsequenz seiner Aktivitäten und dank des hohen, mitunter sehr persönlichen Einsatzes seiner Mitglieder für die gemeinsame Sache einen hervorragenden Platz ein. Das soll durch diese Festschrift verdeutlicht werden.

Gegründet in einer Zeit rascher wissenschaftlicher, technischer und ökonomischer Entwicklung im kaiserlichen Deutschland, hat der VDB sich bald zu einer Organisation entwickelt, die als private Initiative und mit Einsatz privater Mittel die öffentliche Hand nachhaltig unterstützt, ihre genuinen Aufgaben mitgetragen und mitgestaltet hat. In den Notzeiten des Jahrhunderts, die schon bald auf die hoffnungsvolle Gründung des VDB folgten, hat der Verein seinen Grundsatz aufrecht erhalten, sich zunächst der Bibliotheken anzunehmen, dann erst der Bibliothekare. Eine ganze Reihe von Beiträgen in der Festschrift bezeugt dieses Engagement für die Sache, belegt die Priorität der „Sacharbeit“ und die Posteriorität der – wie man früher sagte – „Standesinteressen“ in eindrucksvoller Weise.

Wenn man heute die Bibliotheken als die wichtigsten Infrastruktureinrichtungen der Wissenschaft bezeichnen kann und bezeichnet, so auch deshalb, weil der VDB in den zu Ende gehenden hundert Jahren seines Bestehens immer und immer wieder auf die aktuellen Nöte, Bedürfnisse und Anforderungen aus Forschung und Lehre angemessen reagiert und das Seine zur Linderung der Not, zur Behebung von Schwierigkeiten oder zur Gestaltung neuer Aufgaben beigetragen hat: Deutscher und internationaler Leihverkehr, Zentralkataloge, Modernisierung der Katalogregeln, Zeitungen in Bibliotheken, Bewahrung und Erschließung Amtlicher Druckschriften in Bibliotheken, Dissertationen, Erfassung wertvoller Altbestände, Einbandkatalogisierung, Erhebung und Gestaltung der deutschen Bibliotheksstatistik zur Leistungsmessung, Regeln für den Verkehr mit dem Buchhandel u. a. m. sind die Stichworte.

Mit der Auflösung des Deutschen Bibliotheksinstituts, das nach seiner Gründung am Ende der 70er Jahre diese VDB-Sacharbeit übernommen hatte, erbringt das Land Berlin – veranlaßt durch eine kurzsichtige Entscheidung des Wissenschaftsrates – just zum hundertjährigen Bestehen des VDB den Beweis dafür, daß öffentliche Stellen keineswegs beständiger und zuverlässiger als private diejenigen Aufgaben wahrnehmen, welche die Gesellschaft, welche die Wissenschaft den Bibliothekaren bzw. den Bibliotheken stellt; einer Privatisierung öffentlicher Aufgaben soll durch diese Feststellung keineswegs das Wort geredet werden.

Wenn das DBI nun nach zwanzigjähriger Tätigkeit abgewickelt wird, wird die seinerzeit vom VDB übernommene überregionale Sacharbeit mit abgewickelt – ein trauriges Lehrstück zur Wissenschaftspolitik in Deutschland. Der Wissenschaftsrat sagt in seinen Stellungnahmen nämlich kein Wort dazu, wer die bisherige Arbeit des DBI in Zukunft leisten sollte. Vielleicht nimmt er an, der (früher stets ehrenamtlich tätige) VDB werde sich dieser Aufgabe schon wieder widmen; offensichtlich hat das hohe Gremium keinen Blick dafür, daß der VDB unter den heutigen Umständen und angesichts des gewachsenen Umfangs der überregionalen bibliothekarischen Sachfragen dies aus seinem Beitragsaufkommen kaum mehr leisten kann. Auch das gibt einigen Stoff zum Nachdenken.

Die scheinbare Selbstverständlichkeit der privaten Dienstleistung des VDB innerhalb von 75 Jahren und die unauffällige Art ihrer Erbringung haben den Wissenschaftsrat (und andere öffentliche Stellen) vielleicht zu dem Schluß verleitet, die Bibliotheken brauchten eigentlich viel weniger als bisher gezielte öffentliche, überregionale Förderung. Das Schicksal der Deutschen Zentralbibliothek für Landbauwissenschaft in Bonn ist insoweit ein neues, bemerkenswertes Beispiel. (Ob auch diese bundesweit wirkende Einrichtung in Zukunft von privater Hand getragen werden soll?)

Die überregionale Sacharbeit wird der VDB unter den veränderten Bedingungen der heutigen Zeit in der Tat kaum wieder übernehmen können, schon gar nicht derart aufwendige Aufgaben, wie sie das DBI im Lauf der Jahre übernommen hatte. Doch wird er sicherlich, das zeigen seine nun ein Jahrhundert umspannenden erfolgreichen Aktivitäten, auch in Zukunft jedes Jahr seine Fachtagung, den „Deutschen Bibliothekartag", durchführen, er wird sicherlich weiter durch verschiedene Publikationen für qualifizierten fachlichen Austausch sorgen, mit dem Jahrbuch der Deutschen Bibliotheken ein unentbehrliches Nachschlagewerk bereitstellen, durch Mitarbeit in der Bundesvereinigung Deutscher Bibliotheksverbände und durch fundierte Vorschläge eine wohlverstandene „Politikberatung" betreiben. Die durch die Gründung des VDB im Jahre 1900 nachhaltig verstärkte Professionalisierung des bibliothekarischen Berufs ist in ihrer Bedeutung (auch in einigen problematischen Folgen) nicht hoch genug zu veranschlagen; das kommt in mehreren Beiträgen zu dieser Festschrift deutlich zum Ausdruck. Die vom VDB veranstalteten Bibliothekartage haben durch die dort vorgetragenen und diskutierten Themen, aber auch durch die Gestaltung des weiteren Programms, mitunter sogar durch die Wahl der verschiedenen Tagungsorte sowohl über die Tagesaufgaben als auch über die längerfristigen Probleme des deutschen Bibliothekswesens Auskunft gegeben; von ihnen sind Impulse ausgegangen und ist öffentliches Problembewußtsein geweckt worden.

Der Vorrang der Sacharbeit vor der Vertretung von „Standesinteressen", die den VDB über weite Strecken seiner hundertjährigen Geschichte auszeichnet, hat freilich immer wieder zu gewissen Spannungen in der Mitgliederschaft geführt. Diese kommen am deutlichsten in der – wenn auch nur eingeschränkten – Regionalisierung des Vereins zum Ausdruck, die sich in verschiedenen Beiträgen zur Festschrift niedergeschlagen hat. Auch die Geschichte der Vereinssatzungen läßt die entsprechenden Entwicklungen erkennen; sie gehört keineswegs zur Gattung „Vereinsgeschichte".

Zur Vereinsgeschichte, die es bisher nur in Teilen gibt, wäre im übrigen eine Reihe weiterer Untersuchungen zu wünschen; die Beiträge in dieser Festschrift können nur erste Anstöße geben. Es öffnet sich ein weites Feld für Assessorarbeiten, Magisterarbeiten, Dissertationen, durch welche die Geschichte des Vereins Deutscher Bibliothekare im Zusammenhang mit der deutschen Bibliotheksgeschichte des 20. Jahrhunderts in horizontaler wie in vertikaler Linie zu erschließen wäre. Das VDB-Archiv in der Niedersächsischen Landesbibliothek, für die Zeit vor dem Zweiten Weltkrieg die Archive der Staats- und Landesbibliotheken wie der älteren Universitäten dürften noch eine Menge aufschlußreiches Material enthalten. Das gleichzeitig mit dieser Festschrift veröffentlichte umfassende bio-bibliographische Werk von Felicitas Hundhausen bildet ab sofort eine solide wissenschaftliche Grundlage.

Ein dunkler Abschnitt aus der VDB-Geschichte des 20. Jahrhunderts ist an dieser Stelle hervorzuheben: In der NS-Zeit geriet der VDB wie jede andere öffentliche und private Organisation in das Räderwerk des totalitären Staates. Schuld und Versagen, von den Nachgeborenen freilich leichter zu konstatieren als von den Zeitgenossen einzugestehen, werden in dieser Schrift nicht verschwiegen. Insbesondere der Kollegen und VDB-Mitglieder jüdischen Glaubens sei gedacht – in tiefer Scham für das Geschehene, aber auch in herzlicher Verbundenheit.

Die wenigen Gelegenheiten, sich mit der Historie des VDB auseinanderzusetzen, boten die Jahrestagungen des Wolfenbütteler Arbeitskreises für Bibliotheksgeschichte, die sowohl die Zeit des Nationalsozialismus als auch die Nachkriegsepoche behandelten. Eine Neubearbeitung dieser Zeitabschnitte hätte kaum weitere Erkenntnisse gebracht, weshalb die 1989 und 1990 gehaltenen Referate von M. Labach und U. Eich hier in modifizierter Form erneut abgedruckt werden. Alle übrigen Aufsätze wurden eigens für dieses Buch recherchiert und verfaßt, wofür die Herausgeber allen Beteiligten herzlich danken. Weiterhin gilt unser Dank dem Verlag Harrassowitz, der das vorliegende Buch als ein Zeichen der fruchtbaren Zusammenarbeit zwischen Verlag und Verein zum Bibliothekskongreß und zur Buchmesse Leipzig 2000 der Öffentlichkeit vorlegt und den VDB-Mitgliedern zum Präsent macht. Ein besonderes Dankeswort gilt Gerhard Hacker, Wissenschaftlicher Mitarbeiter am Institut für Bibliothekswissenschaft der Humboldt-Universität zu Berlin, dessen unverdrossene redaktionelle, datentechnische und typographische Arbeit das gute Erscheinungsbild und das rechtzeitige Erscheinen der Festschrift ermöglicht hat.

Berlin und Karlsruhe, im Advent 1999

ENGELBERT PLASSMANN LUDGER SYRÉ

Wolfgang Schmitz

Das deutsche Bibliothekswesen an der Wende vom 19. zum 20. Jahrhundert und die Gründung des VDB

Etwa mit dem Jahre 1870 begann die große Zeit der Reform des deutschen Bibliothekswesens.[1] Die Anforderungen der neuen Zeit mit der wachsenden Benutzung und der stark steigenden Bücherproduktion verlangten neue Organisationsformen in den Bibliotheken, vor allem der Universitäten.[2] Sie setzten Männer voraus, die ihr Amt nicht mehr als Nebentätigkeit ansahen, wie bis dahin die sog. Professorenbibliothekare, sondern die sich als Berufsbibliothekare fühlten und ihre ganze Kraft diesem Amt widmen konnten. Otto Hartwig (1830–1903) in Halle, August Wilmanns (1833–1917) in Göttingen und Berlin und Karl Dziatzko (1842–1903) in Breslau und Göttingen müssen hier für viele andere ge-

1 Zur Reformepoche der deutschen Bibliotheken Ladislaus Buzás: Deutsche Bibliotheksgeschichte der neuesten Zeit. - Wiesbaden 1978; Wolfgang Schmitz: Deutsche Bibliotheksgeschichte. - Bern u. a. 1984, S. 119 ff.; Uwe Jochum: Kleine Bibliotheksgeschichte. - Stuttgart 1993, S. 114 ff.

2 Vgl. die Charakterisierung durch einen der Hauptakteure dieses Reformprozesses Karl Dziatzko: Die Beziehungen des Bibliothekswesens zum Schulwesen und zur Philologie. - In: Neue Jahrbücher für das klassische Altertum 6 (1900) S. 94–102, hier S. 94: „Die gewaltige Zunahme litterarischer Produktion, die schon aus dem Ende des vorigen Jahrhunderts datiert, hat im Laufe des unsrigen in steigendem Mass das Bedürfnis nach möglichst vollständiger, schneller und bequemer Benutzung der Litteratur fühlbar, dieses Bedürfnis aber wiederum die volle Hingabe zahlreicher Arbeitskräfte an jene Arbeit notwendig gemacht. In der Praxis und aus ihr ist die Selbständigkeit des bibliothekarischen Berufes erwachsen, der an grösseren Bibliotheken jedenfalls sich nicht mehr, wie wohl früher, nebenbei erledigen, mit einem anderen Berufes aber nur sehr schwer vereinigen lässt. In Deutschland, welches unter den Leitern und Beamten seiner grösseren Bibliotheken, solange diese Stellen im Nebenamt oder doch zugleich mit anderen zeitraubenden Ämtern verwaltet wurden, stets sehr hervorragende Gelehrte besass, kam die Erkenntnis von der Notwendigkeit jenes Überganges etwas später zum Durchbruch als in England, Frankreich und den Vereinigten Staaten.“

nannt werden. Sie forderten neben der hauptamtlichen Leitung einen akzeptablen regelmäßigen Etat, um einen sinnvollen Bestandsaufbau betreiben zu können, eine optimale Unterbringung, längere Öffnungszeiten, liberalere Zugänglichkeit und ein zureichendes alphabetisches und natürlich sacherschließendes Katalogsystem.

Gleichzeitig wurde deutlich, daß die Anforderungen der Zeit nicht mehr von der einzelnen Bibliothek, sondern wesentlich gemeinsam zu bewältigen waren: Der Leihverkehr wurde zu einer wichtigen Einrichtung, an der die großen Wissenschaftlichen Bibliotheken zum gegenseitigen Nutzen ihrer Benutzer mitwirkten. Entsprechend sind die Vereinheitlichungstendenzen, z. B. im Bereich der Formalkatalogisierung in Preußen, schnell und stringent vorangetrieben worden: Ergebnis waren die Preußischen Instruktionen als Voraussetzung für den Preußischen, später Deutschen Gesamtkatalog. Nach der Jahrhundertwende wurden Sammelschwerpunkte eingerichtet, um gemeinsam den Literaturbedarf decken zu können. Ferner entstand seit dem 19. Jahrhundert aufgrund der wissenschaftlich-technischen Entwicklung eine Fülle von Spezialbibliotheken, mit der Folge, daß der bibliothekarische Bereich vermehrt Berufe außerhalb des traditionellen philologischen Spektrums anzog.

Das Reformzeitalter der deutschen Bibliotheken im letzten Drittel des 19. Jahrhunderts stellte also völlig neue Anforderungen an die einzelnen Bibliotheken, verhalf ihnen aber gleichzeitig zu einer neuen Qualität. Die hauptamtliche Leitung war dafür nicht ausreichend, speziell geschultes bibliothekarisches Personal war notwendig. Die Professionalisierung des Berufsstandes war eine Voraussetzung, um den steigenden Bedarf zu erfüllen und die wachsenden Bibliotheken verwalten zu können. Zunächst schlug die Geburtsstunde des Höheren Bibliotheksdienstes, der den akademischen Abschluß durch eine praktische und theoretische bibliothekarische Ausbildung ergänzte (Preußen 1893).[3] Dem kam zustatten, daß der moderne Verwaltungsstaat in seinem Bereich, zu dem die Bibliotheken meist gehörten, auf die überprüfbare Qualifikation seiner Beamten drängte. Nach der Jahrhundertwende (1909) entstand daneben der Mittlere Dienst.

3 Erlaß betreffend die Befähigung zum wissenschaftlichen Bibliotheksdienst bei der Kgl. Bibliothek zu Berlin und den Kgl. Universitätsbibliotheken vom 15.12.1893, abgedruckt in ZfB 11 (1894) S. 77–79. Zu diesem Problemkreis der Beitrag von Alexandra Habermann in diesem Band.

Der sich neu konstituierende Berufsstand sah engere Kooperation und Vereinheitlichungsbestrebungen als notwendig an. Außerhalb der bibliothekarischen Zeitschriften, unter denen besonders das 1884 gegründete „Centralblatt für Bibliothekswesen" herausragte, mit ihren praxisbezogenen Artikeln zu bibliothekarischen Alltagsproblemen und neben Besichtigungsreisen zu anderen Bibliotheken gab es einen solchen organisierten Austausch in Deutschland nicht. Ältere, bereits früher konstituierte Berufe hatten für sich schon länger solche Diskussionsforen oder berufsständische Vereinigungen organisiert,[4] z. B. Philologenversammlung, Juristentag (1860) und Ärztetag (1873). Erfahrungsaustausch, Organisierung der Interessenvertretung und Formierung eines die Einzelbibliothek übergreifenden Bibliothekswesens waren allenthalben das Ziel.[5]

Die Geburtsstätte regelmäßiger Versammlungen von Bibliothekaren war Amerika.[6] Dort fand schon 1853 in New York eine Konferenz von Bibliothekaren statt, welche die Gründung einer Vereinigung von Bibliothekaren erörterte. Aber erst 20 Jahre später auf einer zweiten Konferenz in Philadelphia wurde die American Library Association gegründet.[7] Der

4 Dieses Vorbild und die verkehrstechnischen Voraussetzungen hatte schon Förstemann 1884 im Blick: „Überall in unserm Vaterlande gewahren wir einen regen Verkehr zwischen gleichartigen Vereinen und Anstalten; die Fachgenossen versammeln sich, die Geschäftsberichte werden ausgetauscht. Nur bei den Bibliotheken sucht man vergebens nach einem derartigen Verkehr;" und: „Sehr viel hält man in unserm Jahrhundert von regelmäßigen Versammlungen der Berufsgenossen. Damit hat es nun die Bewandtnis, dass die ältesten dieser Versammlungen, die der Naturforscher und die der Philologen, zuerst nur kleine Kreise vereinigten, deren Glieder damit erheblich näher treten konnten; die eigentliche tonangebenden Männer der Wissenschaft bildeten in diesen kleinen Kreisen einen starken Procentsatz. Mit der Ausbildung des Eisenbahnnetzes ist hierin ein starker Umschwung eingetreten; der aristokratische Charakter jener Versammlungen ist dem demokratischen gewichen." Vgl. Ernst Förstemann: Die Verbindung zwischen den deutschen Bibliotheken. - In: ZfB 1 (1884) S. 6–12, hier S. 7.

5 Erwin Marks: Nationale und internationale Bibliothekarische Fachvereinigungen. - In: ZfB 80 (1966) S. 641–659.

6 Hugo Andres Krüss: Internationale Bibliotheksarbeit. - In: Handbuch der Bibliothekswissenschaft / begr. von Fritz Milkau. - Bd. 2: Bibliotheksverwaltung. - 2., verm. u. verb. Aufl. hrsg. von Georg Leyh. - Wiesbaden 1961, S. 819–834, hier S. 821–828.

7 Der Zweck der Association wurde bestimmt: „Its object shall be to promote the library interests of the country by exchanging views, reaching conclusions, and inducing cooperation in all departments of bibliothecal science and economy, by

Gedanke einer Zusammenarbeit der Bibliotheken stand im Vordergrund. 1877 erfolgte in London auf einem Ersten Internationalen Kongreß der Bibliothekare nach dem Vorbild von Philadelphia die Gründung der Library Association of the United Kingdom.[8]

Beide Verbände vereinten Personen und Institutionen. „Die Entwicklung der Bibliotheken in Großbritannien und in den Vereinigten Staaten verdankt Außerordentliches der Tätigkeit dieser beiden Vereinigungen, die auf ihren jährlichen Konferenzen den Eifer und den Enthusiasmus für die Sache der Bibliotheken wachgehalten und daneben den Gedanken der Zusammenarbeit nicht nur unter den Bibliotheken des eigenen Landes, sondern auch mit dem Auslande wesentlich gefördert haben. Ihre besondere Bedeutung liegt ferner darin, daß sie gemäß der eigenartigen Verfassung ihrer Länder Aufgaben übernehmen konnten und übernommen haben, die in anderen Ländern den staatlichen Instanzen zufallen oder vorbehalten sind."[9]

Seit den Gründungsversammlungen in den 70er Jahren fand eine große Zahl nationaler und auch internationaler bibliothekarischer Tagungen statt. In den 90er Jahren war also der Gedanke bibliothekarischer Vereinigungen in der angloamerikanischen Welt, aber auch darüber hinaus (Gründung von nationalen Vereinen in Japan 1892, Italien und Österreich 1896, Schweiz 1897) durchaus geläufig.[10]

Bereits 1884, im ersten Heft des neugegründeten „Centralblatts für Bibliothekswesen", hatte sich der Dresdner Oberbibliothekar Ernst Förste-

disposing the public mind to the founding and improving of libraries, and by cultivating good-will among its own members." Vgl. The Library Journal 1 (1876/77) S. 253–254.

8 In der Satzung vom 5. Oktober 1877 heißt es: „Its main object shall be to unite all persons engaged or interested in library work, for the purpose of promoting the best possible administration of existing libraries, and the formation of new ones where desirable. It shall also aim at the encouragement of bibliographical research."

9 Krüss (wie Anm. 6) S. 823.

10 Beispielsweise das Treffen der englischen Bibliothekare in Buxton, vgl. dazu ZfB 13 (1896) S. 525; über die Versammlung der italienischen Bibliothekare wird in ZfB 17 (1900) S. 202 berichtet; die schweizerischen Bibliothekare trafen sich zur Gründungsversammlung in Basel am 30. Mai 1897, vgl. ZfB 14 (1897) S. 377 f; ZfB 16 (1899) S. 568; ZfB 17 (1900), S. 448. Internationale Bibliothekarsversammlungen London, 13.–16. Juli 1897, vgl. Fritz Milkau in ZfB 14 (1897) S. 454–473; ZfB 15 (1898) S. 587 f.; Paris 20.–23.8.1900, vgl. ZfB 17 (1900) S. 344–345 und 533–535.

mann (1822–1906) für eine Versammlung der deutschen Bibliothekare eingesetzt: „Sollen unsere öffentlichen Bibliotheken ... ihrer eigentlichen und einzigen Bestimmung, welche keine andere ist als ihre möglichst erspriessliche Benutzung, immer näher geführt werden, so ist eine immer engere Verbindung zwischen ihnen sicher eins der kräftigsten Mittel zur Erreichung dieses Zweckes",[11] und er hatte auch schon ganz genaue Vorstellungen über die Inhalte solcher Versammlungen, nämlich die Diskussion anstehender Probleme wie Katalogisierungs- und Erwerbungskooperation, Dublettenverkauf und Leihverkehr. Dieser Appell blieb ohne Resonanz. 1894 forderte der österreichische Bibliothekar Ferdinand Eichler (1863–1945) mit Hinweis auf die Beratungen der englischen und amerikanischen Bibliothekare in einem Beitrag erneut eine solche Versammlung.[12] Er empfand als „einen großen Mangel die völlige Zusammenhanglosigkeit bibliothekarischer Arbeitsweise" und sah eine Abhilfe in einem „mündlichen Gedankenaustausch bei Versammlungen von Bibliothekaren".[13]

Es gab auch gegenteilige Reaktionen: Wilhelm Altmann (1862–1951) aus Greifswald wies in einem Aufsatz solche Pläne glatt zurück, da er Vereinheitlichungen wegen des bibliothekarischen „Individualismus" nicht für machbar und bei den politischen Instanzen nicht für durchsetzbar hielt.[14]

Altmanns rühriger Kollege Ferdinand Eichler ließ sich nicht entmutigen und unternahm zielstrebig Schritte, um eine solche Versammlung zu initiieren. Er ist damit einer der Gründungsväter wenn nicht des VDB so doch des Vereinigungsgedankens geworden. Sein rückblickender Aufsatz

11 Ernst Förstemann (wie Anm. 4) S.6.

12 Ferdinand Eichler: Bibliothekstechnisches. - In: ZfB 11 (1894) S. 308–319, ebenda S. 310: „Und doch muss sich ein echter und rechter Bibliothekar ... sagen, dass unser Organisationsbetrieb noch gar viel zu wünschen übrig lässt und dass hier eine Stelle wäre, wo man den Hebel gewiss nicht zum Nachtheile der Sache ansetzen könnte."

13 Vgl. Ferdinand Eichler: Zur Vorgeschichte des Vereins Deutscher Bibliothekare. - In: ZfB 43 (1926) S. 258–267.

14 Wilhelm Altmann: Bibliothekstechnisches. - In: ZfB 12 (1895) S. 413: „Was soll dabei herauskommen? Gesetzt auch, es werden Beschlüsse mit einer stattlichen Majorität (was ich bezweifele, denn jeder Bibliothekar pflegt grundsätzlich die Anschauungen des andern nicht zu teilen) gefasst, was nützte dies? Die einzelnen Regierungen würden darüber zur Tagesordnung übergehen."

im „Zentralblatt für Bibliothekswesen" von 1926 ist mit seinen persönlichen Erinnerungen, aber auch durch viele Zitate aus Briefen, Karten usw. dafür eine Quelle allerersten Ranges.[15]

In einer Unterredung mit dem Grazer Professor für deutsche Sprache und Literatur, Bernhard Seuffert, kam im Frühjahr 1895 der Plan zustande, die deutschen Bibliothekare in einer Sektion der Versammlung deutscher Philologen zusammenzurufen. In Aussicht genommen war die 43. Versammlung deutscher Philologen und Schulmänner, die vom 25. bis 28. September 1895 in Köln tagen sollte. Zur Verwirklichung suchte Eichler einen namhaften Philologen im Bibliotheksdienst, der hier die Führungsrolle übernehmen konnte. Karl Dziatzko (1842–1903), Direktor der UB Göttingen, den Eichler persönlich kannte, erklärte sich in einem Schreiben vom 11. Juni 1895 zwar bereit mitzumachen, wollte aber nicht die Führung übernehmen.[16] Auch Wilhelm Ritter von Hartel (1839–1907), Direktor der Wiener Hofbibliothek, den Dziatzko empfohlen hatte, winkte ab, nannte den Plan aber ausdrücklich sinnvoll, „zumal jetzt, wo in Preußen der große Plan eines Generalkatalogs in Ausführung begriffen ist, welcher zu einer gleichen Art der Katalogisierung führen soll."[17] Als zielstrebigen Weg, zu einer Realisierung zu kommen, empfahl er Eichler, die Vertreter der größeren deutschen Bibliotheken zur Teilnahme zu veranlassen.

Otto Hartwig (1830–1903), den Eichler ansprach, einer der führenden Bibliotheksleiter aus der Reformepoche und Herausgeber des Zentralblatts, verhielt sich ebenfalls freundlich abwartend, so daß Eichler rückblickend konstatierte: „Die Führer waren dafür, aber sie wollten nicht führen."[18]

Jedenfalls kam es nicht zu einer Einladung der Bibliothekare nach Köln. Eichlers Idee, ein Gründungsmanifest im Zentralblatt zu veröffentlichen, wurde von Hartwig mit der Aufforderung zurückgewiesen, „Ihren Entwurf erst anerkannten Autoritäten vorzulegen und um deren

15 Die Quellenlage zur Entstehung des VDB ist schwierig, da sich im Vereinsarchiv zu diesem Zeitabschnitt keine Materialien erhalten haben.

16 Abdruck bei Eichler (wie Anm. 13) S. 260.

17 Abdruck bei Eichler (wie Anm. 13) S. 260. „Auch zahlreiche andere Fragen fänden so eine fruchtbare Erörterung."

18 Eichler (wie Anm. 13) S. 261.

Gutheißung und Unterschrift zu bitten“[19] und Hartwig schlug Hartel, Dziatzko und Zangemeister (Heidelberg) vor.

Da wurde wenig später, am 8. Dezember 1895, in Wien der Österreichische Verein für Bibliothekswesen gegründet, dessen vorbereitender Versammlung von Hartel präsidierte.[20] Dies konnte für das deutsche Projekt nicht ohne Einfluß bleiben. Dziatzko nahm sich der Sache jetzt doch an, wie aus einem Brief an Eichler vom 10. Juni 1896 hervorgeht,[21] und erklärte, mit den Kollegen Hartwig und Gerhard in diesem Sinne Rücksprache halten zu wollen. Freilich machte er deutlich, daß seines Erachtens eine Versammlung im Rahmen des Philologenverbandes nicht auf uneingeschränkten Beifall stoßen würde, weil vermutlich einige einen Interessenunterschied sähen.[22] Ungeachtet dessen nahm er wenig später mit der Bemerkung „philologischer Art ist unser Beruf doch jedenfalls“ Kontakt mit dem Präsidium der Philologenversammlung auf, um eine Teilnahme der Bibliothekare an der 44. Versammlung deutscher Philologen und Schulmänner in Dresden 1897 zu ermöglichen. Die Ausführung übernahm der ortsansässige Dresdner Oberbibliothekar Franz Schnorr von Carolsfeld. Er fand bei einer Rundfrage im Februar unter den hervorragendsten Vertretern der deutschen Bibliotheken ein überwiegend positives Echo.[23]

Im Mai wurde an 25 größere deutsche Bibliotheken zur Unterzeichnung ein an das Präsidium der Philologenversammlung einzusendendes Schreiben gerichtet mit dem Antrag, eine nach den Statuten zunächst vorläufige Sektion für Bibliothekswesen zu bilden. Laut Begleitschreiben

19 Brief vom 3. Dezember 1895 an Eichler, Eichler (wie Anm. 13) S. 262.

20 ZfB 13 (1896) S. 48 f. und S. 183; Satzungen des Österreichischen Vereines für Bibliothekswesen, ebenda S. 268–270.

21 Brief vom 10. Juni 1896 an Eichler, Eichler (wie Anm. 13) S. 263.

22 Ebenda S. 263: „Andererseits wird er [d. i. der Anschluß an die Philologenversammlung] nicht Wenigen in Deutschland unsympathisch sein und ich könnte auch nicht behaupten, daß das Verhalten der Philologen von Beruf gegenüber dem modernen Bibliothekswesen in Deutschland sehr wohlwollend ist. Ferner sehen wir im allgemeinen wie Chirurgen, Ophthalmologen und andere Spezialvertreter sich immer mehr von den allgemeinen Congressen loslösen und ihre besonderen Wege verfolgen.“ Er selbst hatte in einem Brief vom 7. August 1895 an Eichler schon Stellung bezogen: „Ich halte den Gedanken der Anlehnung an die Philol. Vers. für sehr gut.“ Vgl. Eichler (wie Anm. 13) S. 261.

23 Brief vom 21. August 1896 von Dziatzko. Vgl. Eichler (wie Anm. 13) S. 263.

sollte durch die Sektion beabsichtigt sein, „die besonderen wissenschaftlichen und praktischen Interessen des bibliothekarischen Berufes durch gemeinsame Arbeit und Anknüpfung persönlicher Beziehungen zu fördern.“[24] Von 23 der 25 Bibliotheken haben sich 103 wissenschaftliche Beamte dafür erklärt.[25] Schnorr richtete einen Antrag an das Präsidium der Dresdner Philologenversammlung, das mit einem Schreiben vom 26. Mai 1897 zustimmend antwortete. Das Präsidium sah damit die Sektion für gebildet an und berief Schnorr von Carolsfeld (Dresden) und von Gebhardt (Leipzig) zu Obmännern. Mit Rundschreiben vom 1. Juli informierten diese die Unterzeichner des Antrags und forderten zur Anmeldung von Vorträgen auf. Besonders solche Vorträge waren erwünscht, welche die Notwendigkeit einer Kooperation zum Ausdruck brachten und aktuelle Probleme bewegten.

Darauf wurde das Schreiben und das Einladungsprogramm der Philologenversammlung an 31 deutsche und österreichische Bibliotheken und 10 einzelne Gelehrte übersandt. Am 25. August verschickten sie das Programm der angemeldeten Vorträge. Auf ihre Einladung hin meldeten sich ungefähr 60 Teilnehmer für die Versammlung an, die vom 29. September bis zum 2. Oktober 1897 stattfand. 39 Teilnehmer fanden sich zur konstituierenden Sitzung am 29. September ein, insgesamt nahmen 51 Bibliothekare an der Tagung teil. Damit war die erste Versammlung der deutschen Bibliothekare im Rahmen der Philologenversammlung ins Leben getreten.[26] Schnorr von Carolsfeld wurde durch Akklamation zum

24 Der Text des Rundschreibens ist abgedruckt in ZfB 14 (1897), S. 321. Darin werden die Modalitäten genannt: „Findet der beiliegende Antrag 20 Unterschriften, so hätte dies nach § 7 der Satzungen des Vereins deutscher Philologen und Schulmänner den Erfolg, dass eine Sektion für Bibliothekswesen durch den Präsidenten als eine „vorübergehende Sektionsversammlung“ würde gebildet werden, die später, wenn in drei aufeinanderfolgenden Versammlungen zustande gekommen, den ständigen beigeordnet werden könnte.“

25 ZfB 14 (1897) S. 375, nach Reichardt in ZfB 14 (1897) S. 573 waren es 21 Bibliotheken mit 108 Unterschriften.

26 Über den Verlauf vgl. Verhandlungen der vierundvierzigsten Versammlung deutscher Philologen und Schulmänner. - Leipzig 1897, S. 175–189; Alexander Reichardt: Die erste deutsche Bibliothekarversammlung im Anschlusse an die 44. Versammlung deutscher Philologen und Schulmänner (Sektion für Bibliothekswesen). - In: ZfB 14 (1897) S. 572–581; kritisches Referat von Frankfurter (Wien) in den Mitteilungen des österreichischen Vereins für Bibliothekswesen 2 (1897); ein Bericht hierüber in ZfB 15 (1898) S. 132–134 von F.A.M. in der Rubrik Vermischte Notizen.

Vorsitzenden, Hartwig zum Stellvertreter gewählt. Die Fachvorträge gliederten sich zu gleichen Teilen in buchhistorische und praktische Themen.[27] Dziatzko sprach z. B. über moderne Bestrebungen einer Generalkatalogisierung. Im Anschluß an seinen Vortrag wurde dann eine Resolution verfaßt: „Die Sektion für Bibliothekswesen erklärt es in hohem Maße für wünschenswert, dass der von der preußischen Regierung unternommene Gesamtkatalog nicht auf die Verzeichnung der Bestände in den preußischen Bibliotheken beschränkt bleibe, sondern auf die der grösseren deutschen Bibliotheken überhaupt ausgedehnt werde."[28] Die Resolution wurde nach längerer, heftiger Debatte angenommen. Man sieht deutlich den praxisbezogenen Charakter, den die Versammlungen haben sollten. Allerdings konnten aus Zeitmangel fünf von den geplanten zwölf Vorträgen nicht gehalten werden.

In dem von Reichardt im Zentralblatt veröffentlichten Bericht wird die Initiative zu dieser Versammlung allein Dziatzko zugesprochen, der natürlich Schnorr von Carolsfeld zu seiner Einladung bewegt hatte. Eichler bleibt unerwähnt, offenbar war seine Rolle unbekannt.

Schon bei dieser ersten Versammlung wurde deutlich, daß es Kräfte gab, die auf einen eigenen Verein hinarbeiteten. Wortführer war der Berliner Bibliothekar Wilhelm Erman. Er hat über die Gründungsgeschichte in seinen Erinnerungen ausführlicher referiert.[29] Es ging um nichts weniger als um die Frage nach dem Selbstverständnis der deutschen Bibliothekare. Einige sahen die Bindung an die Philologie und Wissenschaft als unabdingbar, andere, wie Wilhelm Erman, wollten diese Bindung auch wegen der nichtphilologischen Fachrichtungen unter den Bibliothekaren

27 Elf Vorträge wurden angemeldet: Generalkatalogisierung (Dziatzko), Bucheinbände des 15. und 16. Jahrhunderts (Schwenke), Reformationsbibliographie (Luther), Photographie (Burger), dasselbe Thema (Molsdorf), Buchformate (Milchsack), deutsche Bibliotheksbewegung (Nörrenberg), Buch in der Renaissance (Eichler), Regierungsdrucksachen (Maas), Katalogisierungsfragen (Frankfurter), Inkunabelkatalogisierung (Haebler), Buchmuseen (Gräsel), vgl. Reichardt (wie Anm. 26) S. 573 f.

28 Reichardt (wie Anm. 26) S. 580.

29 Wilhelm Erman: Erinnerungen / hrsg. von Hartwig Lohse. - Köln u. a. 1994 (Veröffentlichungen aus den Archiven Preussischer Kulturbesitz; 38) S. 207: „Auch ich hatte diesen Antrag (d. h. auf Begründung einer Sektion) unterschrieben, um doch zunächst einmal überhaupt eine Zusammenkunft der Fachgenossen zu ermöglichen, wenn mir auch der Anschluß an die Philologen und Schulmänner von vornherein eine zu einseitige Auffassung unseres Berufes zu verraten schien."

nicht.[30] Erman schreibt: „Durch diese Erfahrungen wurde mein Entschluß bestärkt, fortan mit allen Kräften für die Begründung eines selbständigen Bibliothekarvereins einzutreten.“ Noch auf der Dresdner Tagung setzte er sich durch: „Schließlich wurde auf Antrag des Direktors der Berliner Universitätsbibliothek Dr. Erman beschlossen, daß ein Meinungsaustausch über die zukünftige Gestaltung der Zusammenkünfte der deutschen wissenschaftlichen Bibliothekare stattfinden solle.“[31]

Reichart, der in seinem Bericht die Initiativen Ermans unerwähnt läßt, berichtet nur, daß die Diskussion über die zukünftige Gestaltung der bibliothekarischen Vereinigung zur einstimmigen Annahme einer von Schwenke beantragten und von Lohmeyer ergänzten Resolution führte: „Die bibliothekarische Sektion ernennt einen Ausschuß von fünf Mitgliedern, dem das Recht der Kooptation zusteht, mit dem Auftrage, für eine im Anschluß an den nächsten Philologentag abzuhaltende zweite Versammlung der deutschen wissenschaftlichen Bibliotheksbeamten die vorbereitenden Schritte zu thun.“[32] In diesen Ausschuß traten neben den Vorsitzenden und seinen Stellvertreter Erman, von Laubmann und Steiff.

Mit Schreiben vom 7. März 1898 setzte Karl Dziatzko seine Kollegen vom Ausschuß zur Vorbereitung der bibliothekarischen Sektion des nächsten Philologentages über die Annahme der Wahl der kooptierten Mitglieder und über die gewählten Mitglieder in Kenntnis.[33] Wichtiger noch ist die Information über einen Antrag mit Datum vom 3. März, der ihm zugegangen war, für die Einberufung einer Versammlung der deutschen

30 „Aber die Nachteile der Verquickung mit der Philologenversammlung traten dann auch sofort handgreiflich hervor. Die für die Sitzungen der Sektion verfügbare Zeit war, da Kollision mit den Hauptversammlungen verboten war, viel zu knapp bemessen für die Fülle des Beratungsstoffs und es war doch eine harte Zumutung für die Nicht-Philologen unter uns Bibliothekaren, wegen dieser kurzen Sektionssitzungen mehrere ganze Tage zu opfern. Die Teilnahme an den geselligen Veranstaltungen bot unzulängliche Gelegenheit zum persönlichen Verkehr und zum Kennenlernen der Fachgenossen, da sie in der Menge der übrigen Teilnehmer verschwanden. Damit ging ein Hauptvorteil solcher Kongresse verloren.“ Erman (wie Anm. 29) S. 207.

31 Verhandlungen der vierundvierzigsten Versammlung (wie Anm. 26) S. 177.

32 Reichardt (wie Anm. 26) S. 580. Außerdem: Verhandlungen der vierundvierzigsten Versammlung (wie Anm. 26) S. 188.

33 Diese und die folgenden hier zitierten Aktenstücke finden sich in der Bayerischen Staatsbibliothek Reg B, 68 II, Fasz. 2. Herrn Dr. Hermann Leskien habe ich für die freundliche Überlassung von Kopien und Frau Kaindl für die Recherchearbeit zu danken.

Bibliothekare im Laufe des Jahres 1898, die über eine von der Philologenversammlung unabhängige Vereinigung beraten solle.

Dieser „Antrag an den Ausschuss der deutschen Bibliothekare" ist Dziatzkos Schreiben in Anlage I beigefügt. Er ist von den Bibliothekaren O. von Gebhardt und K. Schulz in Leipzig und von W. Erman und A. Gräsel in Berlin unterzeichnet (Februar 1898) und vertritt die Ansicht, „daß die Eingliederung in ein grösseres Ganzes, welches einer einzelnen Fachwissenschaft dienen will, die korporativen Interessen der Bibliothekare nicht zu voller Entfaltung gelangen läßt." (S. 1) An Gründen werden genannt:

1. Die Zeit für die Sektionssitzungen ist zu kurz.
2. Der Aufenthalt wird dadurch unnötig teuer.
3. Die Bibliothekare haben genug Fachprobleme, um möglichst jährlich zu tagen.
4. Die Versammlungsorte müssen für Bibliothekare interessant sein.
5. Die Teilnehmer an den Philologenversammlungen können nicht zugleich an den bibliothekarischen und den Fachsektionen teilnehmen.
6. Die Selbständigkeit des bibliothekarischen Berufes kommt bei der Sektion nicht ausreichend zur Geltung.
7. Der selbständige Verein soll die Einheitlichkeit in der Verwaltung der deutschen Bibliotheken fördern und nützliche (Gemeinschafts-) Projekte bei den deutschen Regierungen vertreten.

Zwar habe der in Dresden gebildete Ausschuß den Zweck, die nächste Sektion vorzubereiten, doch könne es nicht sein, „daß der Ausschuß sich weitergehender an ihn herantretender Anregung entziehen müsse" (S. 3). Die Unterzeichnenden stellen daher den Antrag, „die Frage der Begründung einer von der Philologen-Versammlung unabhängigen Vereinigung der Bibliothekare zunächst des deutschen Reichs schon vor dem Bremer Philologentage einer grösseren Anzahl von Berufsgenossen vorzulegen, als sie in Dresden versammelt waren. Im Falle der Zustimmung würde es sich vielleicht empfehlen, zu diesem Zweck noch in diesem Jahre, etwa zu Pfingsten, eine Versammlung der wissenschaftlichen Bibliothekare des deutschen Reichs an einem centralgelegenen Orte (Berlin, Göttingen, Würzburg, Nürnberg) einzuberufen." (S. 3–4)

Dziatzko nimmt dazu bei der Versendung des Antrages Stellung: Er will sich einer Vereinsgründung, wenn sie von den Kollegen gewünscht wird, nicht widersetzen, hat aber Bedenken: „Ich halte Zusammenkünfte in freierer Form zur gegenseitigen Belehrung und Anregung, durch welche Form übrigens die Bildung besonderer Kommissionen mit besonderen Aufgaben nicht ausgeschlossen ist, für die relativ zweckmäßigere und sehe gerade eine Gefahr in der festen Organisation eines geschlossenen Vereines ohne Competenzen, dessen Majoritätsbeschlüsse leicht die Grenze des Erreichbaren und auch des Erstrebenswerthen überschreiten können. Ferner scheint meines Erachtens die Entwicklung des bibliothekarischen Berufes in den zwei letzten Dezennien weniger seine Selbständigkeit als seinen Zusammenhang mit dem gesammten wissenschaftlichen Leben für viele Nicht-Fachgenossen in Frage zu stellen", und er lobt die Möglichkeit, mit den verschiedenen Fachvertretern der Schule in den Philologenversammlungen in Austausch zu treten. Er weist den Antrag dann auch aus formalen Gründen zurück: „... daß im Falle der Annahme des vorliegenden Antrages seine Ausführung nach meiner Ueberzeugung nicht Sache unseres Ausschusses sein kann. Dem widerspricht nicht nur der unzweideutige Wortlaut des in Dresden bekannt gewordenen Auftrages, sondern besonders auch der Umstand, daß in Dresden bereits ein auf das gleiche hinzielender Antrag des Herrn Kollegen Erman in der Minderheit geblieben war. Vielmehr wird der Ausschuß ... bei Annahme des Antrages zunächst den Erfolg der beabsichtigten Versammlung deutscher Bibliothekare abwarten müssen und dann schlüssig werden, ob er sich aufzulösen oder Schritte im Sinne seines Auftrages zu thun habe." (S. 2–3)

In der beigefügten Anlage II haben die angeschriebenen Mitglieder des Ausschusses zu dem Antrag handschriftlich Stellung genommen. Für den Antrag stimmte Wilhelm Erman, indem er seine schon angeführten Argumente hier vorbringt. Auch Otto Hartwig stimmte zu: 1. wegen der im Antrag angeführten Gründe, 2. „weil uns die Philologen, wie mir schon in Dresden ein hervorragender Philolog selbst sagte, gern wieder los sein möchten", 3. „weil auf dem Gebiete des internationalen Bibliothekswesens in der Gegenwart eine so lebhafte Bewegung zu herrschen scheint, daß wir mit unseren zweijährigen Annexversammlungen kaum zum Mitreden kommen würden und stets nachhinken." (S. 2)

Gegen den Antrag stimmte z. B. Schnorr von Carolsfeld, weil dadurch „die Continuität der Entschließung in bedenklicher Weise unterbrochen würde, wenn der ... Ausschuß, der doch das Organ jener Section ist, einer auf neuer Grundlage einberufenen Bibliothekarsversammlung die Entscheidung darüber überlassen wollte, ob und in welchem Sinne ein von der Sektion gefaßter, die nächste Bibliothekarsversammlung betreffender Beschluß ausgeführt werden soll." (S. 1) Den formellen Bedenken schlossen sich auch v. Laubmann und Steiff an. Adolf Schmidt in Darmstadt stimmte hingegen zu (S. 2), empfahl im Hinblick auf die geplante Bremer Tagung „vorher eine möglichst grosse Anzahl von Fachgenossen zur Meinungsäusserung darüber zu veranlassen, um in Bremen mit bestimmtem zahlenmäßigen Material hervortreten zu können ... Aus diesem Grunde dürfte es sich vielleicht empfehlen, noch in diesem Jahre, jedenfalls zeitig vor dem Bremer Tage in einem Rundschreiben den wissenschaftlich gebildeten Bibliotheksbeamten des deutschen Reichs obige Frage vorzulegen." Gegen den Antrag stimmten außerdem mit kurzen Bemerkungen Barack (Straßburg), Bulthaupt (Bremen) und Milchsack (Wolfenbüttel).

Damit war der Vorstoß mehrheitlich abgelehnt, und Dziatzko setzte folgerichtig am 5. Oktober ein Schreiben in Umlauf,[34] in dem er in Anlage A noch einmal die Stellungnahmen der Umfrage vom März allen zur Kenntnis brachte und in Anlage B einen Entwurf für ein Anschreiben an die Direktionen der größeren deutschen Bibliotheken verschickte, mit der Aufforderung, einen Antrag auf Einberufung einer vorläufigen Sektion für Bibliothekswesen an das Präsidium der Philologenversammlung (Entwurf in Anlage C) im Kollegium umgehen und unterzeichnen zu lassen.[35] In den Stellungnahmen zu Dziatzkos Unternehmen finden sich durchweg Zustimmungen, einige aber, wie Erman und Gräsel, schlagen wie Adolf Schmidt in seiner Stellungnahme zum Vorschlag Schulzes und Gebhardts im Frühjahr vor, vor der Versammlung in Bremen möglichst viele Fachgenossen über die Argumente für einen selbständigen Verein zu unterrichten. Dem stimmt auch Hartwig zu, während Schulz selbst glaubt, „formell Schmidt nicht mehr beitreten zu können."

34 Das folgende ebenfalls in dem genannten Aktenbestand der BSB.

35 Ein vervielfältigtes Exemplar dieses Schreibens hat sich in der UB Rostock erhalten (freundliche Mitteilung von Karl-Heinz Jügelt an Engelbert Plassmann). Es ist identisch mit dem Entwurf, aber unter Zusatz eines weiteren Absatzes: „Aufgabe der zu bildenden Sektion wird es auch sein die Frage zu erörtern, ob die Vereinigungen der Bibliothekare auch künftig im Anschluß an die Philologenversammlungen oder unabhängig davon stattfinden sollen oder ob beide Arten der Vereinigung neben einander bestehen können."

Aber auch die Verfechter eines selbständigen Vereins wurden erneut aktiv. Der Berliner Bibliothekar Heinrich Simon (1858–1930), ein Mitarbeiter Wilhelm Ermans an der UB Berlin, veröffentlichte einen Aufruf im Zentralblatt, in dem „alle Bibliothekare, die grundsätzlich für die Bildung eines selbständigen deutschen Bibliothekarsvereins sind, um eine kurze beistimmende Zuschrift" gebeten werden.[36] Aus dem Zusammenhang wird das taktische Kalkül Ermans erkennbar, der davon ausging, „daß in Bremen die Freunde einer Angliederung an die Philologenversammlung im Verhältnis stärker vertreten [waren] als diejenigen Bibliothekare, die eine selbständige Organisation mit Zusammenkünften an zweckmäßig gewählten Orten vorziehen würden." Deutlich wird hier, daß Erman eine wichtige Rolle bei der Vereinsgründung einnahm.[37] Reichardt hat das offenbar heruntergespielt.

Immerhin fand eine zweite Versammlung noch im Rahmen der 45. Versammlung der Philologen und Schulmänner im September 1899 in Bremen statt,[38] nach Ermans Schilderung war sie jedoch nur schwach, mit etwa 30 Teilnehmern, besucht, was er den mißlichen Umständen einer Anbindung an die Philologenversammlung anlastete.

Berghoeffer schreibt in seinem Bericht für das Zentralblatt gar nur von 19 Teilnehmern an der ersten Sitzung, „die späteren Sitzungen brachten noch einen kleinen Zuwachs." Die beiden Obmänner der Sektion waren Dziatzko (Göttingen) und Bulthaupt (Bremen). Dziatzko erstattete hier Bericht über die vorbereiteten Schritte zur zweiten Tagung deutscher Bibliothekare in Bremen. Alsdann wurden Bulthaupt zum ersten, Dziatzko zum zweiten Vorsitzenden gewählt. Noch stärker als in Dresden standen bibliothekspraktische Themen im Mittelpunkt der Ta-

36 ZfB 16 (1899) S. 436.

37 Vgl. auch die Tagesordnung für die Bremer Zusammenkunft und dort den Eintrag: Erman, Vorschläge wegen Gründung eines Vereins der Bibliothekare Deutschlands. - In: ZfB 16 (1899) S. 377.

38 Christian W. Berghoeffer: Die zweite deutsche Bibliothekarversammlung in Anschluß an die 45. Versammlung deutscher Philologen und Schulmänner (Sektion für Bibliothekswesen). - In: ZfB 16 (1899) S. 539–549. Ausführlicherer Bericht in den Verhandlungen der 45. Versammlung deutscher Philologen und Schulmänner. - Leipzig 1900, S. 162–172. Ferdinand Eichler: Bericht über die Verhandlungen der Section für Bibliothekswesen beim Philologentag in Bremen. - Graz 1899, S. 19–27.

gung,[39] ein Zeichen für das Bestreben, zu einem praxisfördernden Austausch zu kommen.

Wichtig und in die Zukunft weisend war die Grundsatzdiskussion: Erman hielt einen Vortrag „Über die Begründung eines Deutschen Bibliothekartages".[40] In diesem für die Standortbestimmung des bibliothekarischen Berufes wichtigen Dokument führte er seine schon angedeuteten Vorbehalte gegen eine Sektion der Philologenversammlungen aus. In seiner Rede finden sich viele Argumente aus dem Antrag von Gebhardt und Schulz vom Frühjahr 1898, aber auch von seiner Dresdner Rede wieder, z. B. über die mißliche Lage der Nichtphilologen auf der Philologenversammlung (S. 2). „Während wir von der Veranstaltung bibliothekarischer Versammlungen gerade die so nothwendige Stärkung des bibliothekarischen Standesbewusstseins glaubten erwarten zu dürfen, laufen wir somit Gefahr, durch den Anschluss an die Philologenversammlungen das Gefühl der Zusammengehörigkeit zu gefährden." (S. 3)

Weiter erwähnte er die dort zu geringe Zeit für die Behandlung bibliothekarischer Probleme (S. 3), die für Bibliothekare häufig ungeeigneten Orte der Philologenversammlungen (S. 4) und die Notwendigkeit jährlicher Treffen der Bibliothekare (S. 5). „Im Gegensatz zu den etwas überlebten rein wissenschaftlichen Wanderversammlungen behaupten solche Vereinigungen, die die Klärung und Förderung mehr praktischer Aufgaben im Auge haben, ihre Bedeutung" (S. 6). Er weist scharf zurück, daß die Philologen die an sich wünschenswerten Bibliothekare sind (S. 6) „Vielmehr gebrauchen unsere wissenschaftlichen Bibliotheken für die richtige Erfüllung ihrer Aufgaben Beamte von möglichst verschiedenartiger wissenschaftlicher Vorbildung." (S. 7) „Es ist daher ein durchaus berech-

39 Folgende Vorträge wurden gehalten: Geschichte der Bremer Stadtbibliothek (Bulthaupt), Systematik der Wissenschaften und Realkataloge (Focke), Realkatalogisierung (Schwenke), Lesehallenbewegung (Noerrenberg), Leihverkehr (Gerhard), Feuergefahr (Schmidt und Markgraf), Robert von Mohl (Geiger), Philipp Hainhofer (Milchsack), vgl. Berghoeffer (wie Anm. 38).

40 So der Originaltitel laut Manuskript, das sich im Nachlaß von Wilhelm Erman, Staatsbibliothek Berlin befindet, dort Mappe 7, Bl. 1-24; hier auch das Manuskript des Satzungsentwurfs in 15 Paragraphen (Bl. 25–26). Zitiert wird mit der Seitenzahl aus dem Manuskript des Originals; eine Zusammenfassung unter dem Titel „Vorschläge wegen eines Vereins der Bibliothekare Deutschlands" ist abgedruckt in den Verhandlungen der 45. Versammlung deutscher Philologen und Schulmänner. - Leipzig 1900, S. 162–164.

tigter Wunsch, dass unter dem jüngeren Nachwuchs der Bibliothekare alle Wissensgebiete weit gleichmässiger vertreten sein möchten, als es bisher der Fall war." (S. 8)

Erman begründete dann seinen Satzungsentwurf und vertrat die Ablehnung des amerikanischen-englischen und österreichischen Vorbildes (S. 13): „Nordamerika, England und Österreich, die Länder, die bisher die ausgebildetsten Gesamtorganisationen ihrer Bibliothekare besitzen, haben wie auf anderen Gebieten des staatlichen Lebens so auch in der Gestaltung der Verhältnisse der öffentlichen Bibliotheken eine viel grössere Einheitlichkeit und Gleichmässigkeit als das deutsche Reich ..." (S. 13) Es gebe in Deutschland z. B. kein selbstverständliches Zentrum (S.14), auch würden in den angelsächsischen Ländern die Interessen der „populären Bibliotheken" überwiegen (S. 14). Daher hat Erman „ganz besonders in dem seit lange bewährten deutschen Juristentage das Muster der Organisation zu finden geglaubt ..." (S. 14). – Die Hauptaufgabe sieht er in zweierlei Hinsicht:

1. Größere Einheitlichkeit im deutschen Bibliothekswesen (S. 15). „Wie der Juristentag lange ehe an ein Deutsches Reich zu denken war, die Schaffung eines einheitlichen deutschen Rechts durch seine Berathungen in wirksamster Weise vorbereitet hat, so soll ... der Bibliothekartag durch freie Verständigung der Fachmänner eine spätere staatliche einheitliche Regelung gewisser Grundsätze der Bibliotheksverwaltung anbahnen." (S. 16)
2. Förderung großer bibliographischer Arbeiten und Unternehmungen (S. 16). Darüber hinaus verweist er auf das höhere volkstümliche Bibliothekswesen nach angloamerikanischem Vorbild (S. 17 f). In diesem sieht er auch eine Entlastung für die Wissenschaftlichen Bibliotheken (S. 18 f): „Dagegen möchte ich es nicht empfehlen, dass der Deutsche Bibliothekartag neben seiner eigentlichen Aufgabe der Vertretung und Förderung der Interessen der wissenschaftlichen Bibliotheken sich auch zum Mittelpunkt der neuen Bestrebungen zu machen suchte" (S. 20), und er schlägt statt dessen ein eigenes Forum dafür vor (S. 21). Die Frage der Mitgliedschaft will er pragmatisch lösen, da es Bestimmungen über die Befähigung zum Höheren Bibliotheksdienst erst seit 1893 und nur für Preußen gibt, indem er alle zuläßt, „die nach abgeschlossener Hochschulbildung die bibliothekarische Thätigkeit als Lebenslauf erwählt haben." (S. 21)

In Ermans bewußt vorläufig gedachtem Satzungsentwurf für einen Deutschen Bibliothekartag werden als Hauptaufgaben solcher Tagungen bezeichnet (§ 1):[41] „Eine Vereinigung für den lebendigen Meinungsaustausch und den persönlichen Verkehr unter den deutschen Bibliothekaren zu bilden; in den Grundsätzen der Bibliotheksverwaltung eine einheitliche Entwicklung anzubahnen und sich über Vorschläge zu verständigen, welche geeignet sind, diese Einheit zu fördern; solche grösseren bibliographischen Unternehmungen, die nur durch Zusammenwirken der Fachmänner möglich sind, ins Leben zu rufen und zu fördern; für die Ausbildung und Hebung des volkstümlichen Bibliothekswesens in Deutschland zu wirken und auf eine zweckmäßige Abgrenzung und gegenseitige Ergänzung der Wirksamkeit der wissenschaftlichen und der höheren populären Bibliotheken hinzuarbeiten."

Deutlich wird bei Erman der Selbständigkeit des bibliothekarischen Berufs das Wort geredet. Er hatte damit die Mehrheit auf seiner Seite: Auf den erwähnten Aufruf von Simon hatten 53 Kollegen zustimmend geantwortet, dazu fünf weitere auf anderem Wege. 32 Namen zeigt die Präsenzliste von Bremen, 55 am Erscheinen verhinderte hatten schriftlich ihre Zustimmung gegeben.

In der anschließenden Diskussion hielt Dziatzko an der Sektion innerhalb der Philologenversammlung fest. Seine Position wird am besten deutlich in seinem für Bremen vorgesehenen, aus Krankheitsgründen nicht gehaltenen, aber später gedruckten Vortrag über „Die Beziehungen des Bibliothekswesens zum Schulwesen und zur Philologie". Er bestimmt darin das Verhältnis von Bibliothekswesen und Philologie: „In der Theorie aber dürfen wir die beiderseitige Aufgabe, die des Bibliothekars und des Philologen, als sich nahe berührend ansehen, die des ersteren, welcher das litterarische Material in vollständigem und gesichertem Zustande beschafft oder doch Auskunft darüber zu geben weiss, und des letzteren, welcher das zuverlässige und allseitige Verständnis desselben vermittelt."[42]

41 Abgedruckt bei Berghoeffer (wie Anm. 38) S. 540–543.

42 Dziatzko (wie Anm. 2) S. 101. In seinen weiteren Ausführungen bestimmt Dziatzko auch die bibliothekarische Tätigkeit der nichtphilologischen Fachgebiete als der Philologie nahestehend: „Indes muss man zugeben, dass in solchen Fällen das Fachstudium von einer Seite aus betrieben und verwertet wird, auf welcher es sich mit dem philologischen berührt; dass der Mediziner, Jurist, Theologe, Mathematiker

Die übrigen Redner waren im großen Ganzen für Trennung von der Philologenversammlung, da die streng berufsmäßige Förderung im Vordergrund stehen müsse und zudem die von Dziatzko gewünschte Fühlung mit der lebendigen Wissenschaft viel wirksamer im täglichen Verkehr gepflegt werde (Karl Geiger), während dieselbe auf der Philologenversammlung auch bei gutem Willen aus Zeitmangel nicht zu verwirklichen sei (Schwenke).[43] Erman berichtete: „In der Diskussion zeigte sich, daß eigentlich nur Dziatzko widerstrebte. Alle anderen waren entweder vor vornherein gegen den Anschluß an die Philologenversammlung oder wurden durch meine Gründe überzeugt. Trotzdem kam es durch Schwenke nicht zur sofortigen Entscheidung, die zweifellos zur fast einstimmigen Annahme meines Vorschlags geführt haben würde, indem er den so beliebten ‚Vermittlungsvorschlag' stellte, zunächst im folgenden Jahr versuchsweise eine selbständige Versammlung einzuberufen. Mit Rücksicht auf den verdienten und allgemein mit Recht geschätzten Dziatzko stimmte die Mehrheit zu."[44] Wie Erman etwas gallig weiter bemerkte, stellte Schwenke einen Vermittlungsantrag für eine Kommission, die für 1900 eine Versammlung der Bibliothekare einberufen sollte. In diese Kommission wurde neben Dziatzko, Erman, von Laubmann, Milchsack und Steiff nun auch Schwenke gewählt, „womit denn der eigentliche Zweck seines retardierenden Antrags erreicht war, denn in diesem Ausschuß wurde ihm die Geschäftsführung für die dritte Versammlung übertragen."[45]

und Naturforscher als Bibliothekar nicht die Heilung von Krankheiten, die Rechtsprechung noch die Verkündung des göttlichen Wortes, nicht die Lösung mathematischer Probleme oder die Beobachtung von Vorgängen in der Natur und die Ermittlung ihrer Gesetze im Auge hat, sondern vor allem die litterarhistorische und bibliographische Seite dieser Disziplinen, die einem gewissen philologischen Verständnis derselben nahe verwandt ist." (ebenda S. 101 f.) Er kommt dann zu dem Schluß: „Das Bewusstsein der Zusammengehörigkeit zu einem grossen Ganzen ... sollte der Neigung zur Einseitigkeit, welche infolge der Isolierung leicht eintritt, vorbeugen, und der Geist echter Wissenschaftlichkeit, welcher das Ganze der Versammlungen und die Arbeit der Sektionen durchweht, das Vordrängen kleinlicher Fragen, die in der Alltagsarbeit natürlich ihre grosse Rolle spielen, verhindern" (S. 102).

43 Berghoeffer (wie Anm. 38) S. 543.

44 Erman (wie Anm. 29) S. 208.

45 Berghoeffer (wie Anm. 38) S. 546.

Der erste selbständige Bibliothekartag fand am 7. und 8. Juni 1900 in Marburg statt.[46] Man wählte diesen Tagungsort, weil er zentral gelegen war und über eine neue Bibliothek (1900) verfügte, und man wählte Pfingsten als eine norddeutsche Ferienzeit. 68 Teilnehmer waren nach der Liste in Paalzows Bericht erschienen.[47] Auf Vorschlag Schwenkes wurde Roediger (Marburg) zum Vorsitzenden durch Zuruf gewählt, Schwenke wurde zweiter Vorsitzender. Alle Vorträge der Marburger Versammlung hatten bibliothekspraktische Themen zum Inhalt.[48]

Karl Schulz von der Bibliothek des Reichsgerichts referierte hier über die Vereinsfrage. Er sprach sich wie fast alle Redner (besonders nachdrücklich Geiger aus Tübingen) für einen selbständigen Verein aus und legte den Entwurf eines Statuts vor.[49] Aufgaben sollten sein: die Vertretung der Interessen des Bibliothekswesens gegenüber anderen Gruppen, z. B. des Buchhandels, und daß er von den Regierungen mit der Erstellung von Gutachten betraut werden könnte. Die sachlichen Interessen müßten im Vordergrund stehen, nicht die Standesinteressen.

Dziatzko führte aus, daß er für die Teilnahme an der Philologenversammlung eingetreten sei, einerseits weil er dies grundsätzlich für richtig halte, andererseits weil er geglaubt habe, daß die deutschen Bibliothekare zu einem eigenen Zusammentreffen nur schwer zu bewegen seien. Er habe aber schon vor der Bremer Versammlung erkennen müssen, daß die Majorität der Bibliothekare anderer Meinung sei. „Freilich sei es ihm zweifelhaft, ob bei einer Isolierung der Bibliothekare die zu befürchtenden Nachteile die Vorteile nicht überwögen. Die Verhältnisse in England und Amerika seien andere. Dort sei Raum für Bibliothekarvereine, weil es an einer geschlossenen, centralen Regierungsgewalt auf dem Gebiet

46 Hans Paalzow: Versammlung deutscher Bibliothekare. - In: ZfB 17 (1900) S. 337–341. Einen knappen Erlebnisbericht des Marburger Treffens bietet Hermann Escher: Bibliothekarische Reiseerinnerungen. - In: ZfB 50 (1933) S. 44–50, hier S. 46.

47 Paalzow (wie Anm. 46) S. 337. Andere Zahl: 58, so ebenda S. 340!

48 Die Vorträge auf dem Marburger Treffen von 1900 waren der Neubau der UB Marburg (Roediger), englische Volksbibliotheken (Schultze), Bibliotheksstatistik (Roquette), amtliche Publikationen (Geiger), Gesamtkatalog der Wiegendrucke (Dziatzko), nicht gehalten wurden Vorträge über die Zeitschriftenliteratur (Berghoeffer), das deutsche Anonymen- und Pseudonymenlexikon (Ippel und Milchsack), Bibliotheken und Buchhandel (Schulz). Vgl. Paalzow (wie Anm. 46).

49 Ich habe einen Nachlaß von Karl Schulz mit dem Satzungsentwurf in den gängigen Nachlaßverzeichnissen nicht nachweisen können.

des Bibliothekswesens fehle. Die Bibliothekarvereine ersetzten dort zum Teil das, was bei uns die Regierungen leisteten. In Frankreich, wo eine centralisierte Bibliotheksverwaltung vorhanden sei, hätte sich ein Bibliothekarverein bisher nicht gebildet. Durch eine Verschiedenheit der Anschauungen und Bestrebungen könnte es leicht zu Reibungen zwischen der Regierung und dem Bibliothekarverein kommen. Er halte die Verbindung mit der Philologenversammlung für richtiger. Durch diese Verbindung habe er nicht nur eine Vereinigung der Bibliothekare erstrebt, sondern auch die Pflege des Zusammenhangs mit anderen Berufsarten, zu denen doch eine engere Beziehung bestehe. Er persönlich wolle jedenfalls sich und denjenigen, welche für engeren Anschluß an die Philologen und Schulmänner sind, das Recht wahren, zum dritten Mal als Sektion an der Philologenversammlung teilzunehmen. Es könnten dort ja künftig die Verwaltungs- und technischen Fragen mehr zurücktreten und hauptsächlich solche Fragen behandelt werden, die auch für Philologen von Interesse sind.“[50]

Der Entwurf von Schulz wurde dem Ausschuß, der die Marburger Tagung vorbereitet hatte, zur Beratung überwiesen. Trotzdem wäre die Vereinsgründung fast wieder hinausgezögert worden. Wilhelm Erman berichtet in seinen Erinnerungen:

„Als Dziatzko erklärte, daß er, auch wenn die Vereinsgründung beschlossen würde, die Sektion daneben aufrecht zu erhalten suchen werde, und als Gerhard dann den unglücklichen Vorschlag machte, abwechselnd ein Jahr selbständig und ein Jahr zusammen mit der Philologenversammlung zu tagen, geriet auch Schwenke wieder ins Schwanken und sprach für abermalige Vertagung der endgültigen Entscheidung auf das nächste Jahr. Nun ergriff mich der Zorn und dadurch beredt gemacht, sprach ich mit solchem Nachdruck und solcher Überzeugungskraft für die sofortige Entscheidung der doch wahrlich ausreichend erwogenen, allseitig geklärten und vollkommen spruchreifen Frage, daß bei der unter dem Eindruck meiner Worte sofort stattfindenden Abstimmung die Vereinsgründung fast einstimmig Annahme fand.“[51] Merkwürdigerweise erzählt der Bericht von Paalzow, der sehr ausführlich ist, nichts von Ermans Philippika.

Am 8. Juni 1900 wurde der Verein deutscher Bibliothekare als Personenverband gegründet. Schwenke legte an diesem Tag einen neuen

50 Vgl. Paalzow (wie Anm. 46) S. 338.
51 Erman (wie Anm. 29) S. 208 f.

Entwurf vor, der nach längerer Beratung in allen wesentlichen Punkten angenommen wurde. Der Verein führt den Namen „Verein deutscher Bibliothekare". Der Verein hat den Zweck, den Zusammenhang unter den deutschen Bibliothekaren zu pflegen und die Interessen des Bibliothekswesens zu fördern (§ 1). Zur Erreichung dieses Zweckes dienen vornehmlich jährliche Versammlungen der Mitglieder (§ 2). Zur Mitgliedschaft berechtigt sind alle wissenschaftlich vorgebildeten Bibliothekare des Deutschen Reichs (§ 3). Die Geschäfte des Vereins führt ein Vorstand, bestehend aus fünf Mitgliedern, dem zu besonderen Zwecken ein Ausschuß von vier Mitgliedern zur Seite steht (§ 5). Vorstand und Ausschuß werden in geheimer Abstimmung auf zwei Jahre gewählt (§ 6). Die Veröffentlichungen des Vereins erfolgen durch das „Centralblatt für Bibliothekswesen" (§ 11).[52]

Der Vergleich der endgültigen Satzung mit dem 1899 in Bremen von Erman vorgelegten Entwurf zeigt grundsätzlich eine Straffung, die weitgreifenden Formulierungen von Ermans Entwurf sind hier knapp zusammengefaßt. Die ersten drei Paragraphen stimmen inhaltlich im wesentlichen überein (im Entwurf sind sie ergänzt durch § 9). Die sehr detaillierten Ausführungen bei Erman über die Organisation in den Paragraphen 6–8 und 10–15 sind in der Satzung durch die knappen Paragraphen 5–8 ersetzt. Grundsätzlich wird deutlich, daß Erman einen Bibliothekartag (eben nach Vorbild des Juristentages) organisieren wollte, während jetzt ein Verein konstituiert wurde. Dabei ist die Organisation des Bibliothekartages eine der wichtigsten Funktionen, aber nicht die einzige.

Paalzow berichtet über einen Passus, der sich aber nicht in der Satzung findet, sondern offenbar separat beschlossen worden ist: „Er [d. i. der Vorstand] hat es ... in der Hand, die Versammlung des Vereins mit der Philologenversammlung gleichzeitig und an demselben Orte stattfinden zu lassen.[53] Diese Bestimmung war offenbar ein Kompromiß, um die Anhänger der Sektionsidee um Dziatzko zufriedenzustellen. Verwirklicht worden ist das offenbar nicht. Der Passus in Schulz' Entwurf, daß an Orten mit hinreichender Mitgliederzahl Zweigvereine gebildet werden könnten, fand keinen Eingang in die Satzung.[54]

52 Satzungen des Vereins Deutscher Bibliothekare. - In: ZfB 17 (1900) S. 423 f.
53 Paalzow (wie Anm.46) S. 339–340.
54 Ebenda S. 340.

Dziatzko, der der Vereinsgründung zugestimmt hatte, lehnte, als ihm das Amt des Vorsitzenden angetragen wurde, vielleicht auch, weil er die Abkehr von der Sektion nicht wollte, ihm also die ganze Richtung nicht paßte, „zum aufrichtigen Bedauern aller“ (Erman) ab. An seiner Stelle wurde Paul Schwenke gewählt, der dieses Amt dann bis 1908 bekleidete. Dem ersten Vorstand des VDB gehörten neben dem Vorsitzenden Schwenke die Herren Dziatzko, Ippel, von Laubmann und Erman an.[55] Dziatzko schlug anschließend in einem Vortrag einen Gesamtkatalog der Wiegendrucke vor, der dann 1904 an der KB Berlin verwirklicht wurde. Man sieht also, daß bereits auf diesem ersten Bibliothekartag weiterführende Pläne erörtert wurden, die später in konkrete Projekte mündeten.

Die Vereinsgründung bedeutete jedoch nicht das sofortige Ende der Sektion Bibliothekswesen in der Philologenversammlung. Eichler, aber auch Dziatzko, der sich wie oben ausgeführt zur Verbindung der Bibliothekare mit den Philologen bekannte, hielten an der Verbindung fest. Eichler setzte sich für eine freie Vereinigung von Bibliothekaren neben dem VDB ein und vertrat bis 1909 den Sektionsgedanken. Wirklich fanden 1901 und 1909 noch einmal solche Tagungen der Sektion statt.[56]

Auf der Straßburger Versammlung von 1901 legte Dziatzko, der den Vorsitz führte, noch einmal seine Gründe für eine Anlehnung an die Philologenversammlung dar. Durch die Gründung eines eigenen Vereins bliebe „die Wahrung des alten Zusammenhanges der bibliothekarischen Thätigkeit mit weiteren Kreisen der Wissenschaft und des Unterrichts“

55 ZfB 17 (1900) S. 352.

56 Straßburg 1901: Verhandlungen der 46. Versammlung deutscher Philologen und Schulmänner, Leipzig 1902, S. 172 ff. ZfB 18 (1901) S. 192; 1909 Verhandlungen der 50. Versammlung deutscher Philologen und Schulmänner. - Leipzig 1910, S. 199–207. Hier nahmen 23 Teilnehmer aus Deutschland und Österreich teil. Ferdinand Eichler: 50. Versammlung deutscher Philologen und Schulmänner. - In: ZfB 26 (1909) S. 516–521. Deutlich wird hier die Dominanz der historischen Themen, wie denn auch der Grund für die Wiederbelebung die Idee war, einen Bericht über das Buchwesen einzubeziehen, nämlich „von Fachgenossen über grosse bibliothekarische Unternehmungen der Gegenwart, bei denen auf die Mitwirkung ausgedehnter Fachkreise gerechnet wird, berichten zu lassen, ferner den Stand der Buchwesenforschung auf bestimmt begrenzten Gebieten in knappen Bildern aufzuzeigen, ferner einmal die Frage zu berühren nach der Stellung der wissenschaftlichen Bibliotheken in der Organisation der Wissenschaft.“ Er gibt der Hoffnung Ausdruck, „dass die Sektion für Bibliothekswesen in Zukunft einen Sammelpunkt höherer bibliothekarischer Interessen zu bilden vermag.“ (S. 516).

unerreicht,[57] und er fuhr fort: „Als eine Ergänzung der Bestrebungen des neuen bibliothekarischen Vereins und als Ausdruck der Überzeugung, dass die bibliothekarische Thätigkeit nicht in der Verwaltungspraxis aufgehen dürfe, sondern mit der Wissenschaft Fühlung behalten müsse, ist der Versuch anzusehen, nunmehr zum dritten Male die Bibliothekare in einer besonderen Sektion der Versammlungen deutscher Philologen und Schulmänner zu vereinigen und dieser Einrichtung damit einen dauernden Bestand zu sichern."

Dies ist ein wichtiger Satz, gibt er doch zu erkennen, worum es bei der Auseinandersetzung um Selbständigkeit oder Sektion auch ging: um die Frage, ob der bibliothekarische Beruf nach einer Verankerung in der Wissenschaft streben solle oder ob er reine bzw. vorwiegende Verwaltungstätigkeit sei. Dziatzko beklagte die geringe Teilnahme, führte sie auf schon vorhandene Zwänge und auf Opportunitätsrücksichten zurück und schloß etwas skeptisch: „Ob die Bedenken in der Zukunft wieder zurücktreten oder andere Maßnahmen ein gleichzeitiges Bestehen des Vereins und der Sektion gestatten werden, muss die weitere Entwicklung der Verhältnisse lehren." Versuche, der Sektion im Gegensatz zum VDB, der sich auf das Reich konzentrierte, einen Charakter einer Versammlung des gesamten deutschen Sprachgebietes zu geben, indem auch die österreichischen und schweizerischen Bibliothekare daran teilnehmen sollten, scheiterten für den Philologentag 1907 in Basel an der Ablehnung des Basler Bibliotheksleiters Karl Christoph Bernoulli. Offenbar war nach 1909 der Sektionsgedanke durch die historische Entwicklung überholt.

Der Verein Deutscher Bibliothekare entwickelte schnell eine vielfältige und fruchtbare Tätigkeit, wie schon Hilsenbeck 1925 nicht ohne Stolz resümierte.[58] Viele Probleme (z. B. die Ausbildungsfrage) sind auf den Bibliothekartagen und in den Fachkommissionen des Vereins oft sehr eindringlich und kontrovers erörtert, viele Projekte hier auf den Weg gebracht worden.[59] Zahlreiche Vorträge sind dann als Beiträge im Zentral-

57 Die Rede Dziatzkos ist auszugsweise abgedruckt bei Oskar Meyer: Die bibliothekarische Abteilung der 46. Versammlung deutscher Philologen und Schulmänner in Straßburg. - In: ZfB 18 (1901) S. 541–546, hier S. 542.

58 Adolf Hilsenbeck: 25 Jahre Verein Deutscher Bibliothekare. - In: ZfB 42 (1925) S. 418–426, hier S. 421; Georg Leyh: Fünfzig Jahre Verein Deutscher Bibliothekare. - In: Georg Leyh: Aus vierzig Jahren Bibliotheksarbeit. - Wiesbaden 1954, S. 215–236.

59 Vgl. den Beitrag zu den Bibliothekartagen von York Haase in diesem Band.

blatt, das als Organ des Vereins fungierte (§ 11 der Satzung), veröffentlicht und einem weiteren Publikum zugänglich gemacht worden.[60] Ein nützliches und bald für die praktische Arbeit nicht mehr wegzudenkendes Hilfsmittel wurde das Jahrbuch der deutschen Bibliotheken (ab 1902) als Adreßbuch, als Personalverzeichnis und als Publikationsort der wichtigsten Bestimmungen und der Bibliotheksstatistik.[61] Dabei ist festzuhalten, daß der Personalverband VDB natürlich über keine legislative Kraft verfügte; alle Beschlüsse wandten sich an den guten Willen der Regierungen und mußten auf die Kraft der gut durchdachten und formulierten Argumente vertrauen. Diese überzeugende Sacharbeit[62] brachte dann unter den wissenschaftlichen Bibliothekaren eine wachsende Akzeptanz, die sich in der steigenden Zahl der Mitglieder von 68 (1900) bis 600 (1925, einschließlich Österreich) niederschlug.

60 Vgl. den Beitrag zum Zentralblatt für Bibliothekswesen von Kornelia Richter in diesem Band.
61 Vgl. den Beitrag zum Jahrbuch der Deutschen Bibliotheken von Engelbert Plassmann in diesem Band.
62 Vgl. den Beitrag zur Sacharbeit von Rudolf Frankenberger in diesem Band.

Alexandra Habermann

Der wissenschaftliche Bibliothekar – Zur Professionalisierung eines Berufes

Es gehört zum Allgemeinbild der historischen Veröffentlichungen über die akademischen Berufe und Berufsvereinigungen, daß sie weitgehend dem Genre der Jubiläumsliteratur angehören.
Charles E. McClelland

Der Verein Deutscher Bibliothekare wird im Jahr 2000 hundert Jahre alt, und so ist es ein guter Brauch, das Datum zum Anlaß zu nehmen, den Verein mit einer Festschrift zu ehren. Wie im obigen Zitat schon angedeutet, ist es nicht verwerflich, Rückschau zu halten und Entwicklungen des Berufsstandes aufzuzeigen. Ob zum Jubilieren in bezug auf die Professionalisierung des Berufes des wissenschaftlichen Bibliothekars ein Anlaß besteht, wird sich am Ende dieses Beitrags herausstellen.

Dieser Aufsatz verfolgt zwei Ziele. Zum einen wird ein Überblick über die Bedeutung der Begriffe Professionalisierung und professionelles Handeln gegeben, zum anderen wird dargestellt, wie aus der sehr alten bibliothekarischen Tätigkeit ein eigenständiger Beruf wurde.

Der Prozeß der Professionalisierung begann Ende des 19. Jahrhunderts und ist verbunden mit der neuzeitlichen Geschichte des Berufes und der Geschichte des Vereins Deutscher Bibliothekare. Diese Geschichte soll hier nicht wiederholt werden, aber ganz ausgespart werden kann sie nicht. Lebensbilder, Meinungen und Äußerungen von Bibliothekaren, die an dem Prozeß der Professionalisierung entscheidend mitgewirkt und den Beruf geprägt haben, werden hier in einem etwas anderen Zusammenhang dargestellt.

Diskussionen um die Tätigkeitsmerkmale des Berufes ziehen sich durch das vergangene Jahrhundert. Das Jahr 1998 hat erneut durch eine berufspolitische Debatte einen Meilenstein in dieser Frage gesetzt: Was ist ein Bibliothekar? Was bedeutet uns Bibliothekswissenschaft? Welche Aufgaben kann ein Bibliothekar für die Wissenschaft übernehmen? Die Diskussionsbeiträge im „Bibliotheksdienst" reihen sich nahtlos in die vielen Veröffentlichungen über das Thema ein, die circa alle 30 Jahre, manchmal auch in kürzeren Abständen, erscheinen. Die Bibliothekare werden so immerfort daran erinnert, daß sie einem jungen Berufsstand angehören und die Selbstverständlichkeit, „daß die Bibliothekare der Bibliotheken wegen, nicht die Bibliotheken der Bibliothekare wegen da sind"[1] immer wieder neu diskutieren müssen. Um mit Georg Leyh zu sprechen: „Es gibt kaum einen Beruf, der inhaltlich so umstritten ist als der Beruf des Bibliothekars."[2] Auch die Problematik Bibliothekar und Wissenschaft soll in diesem Beitrag nicht im Vordergrund stehen, obwohl auch sie nicht ganz ausgespart werden kann, denn der Beginn des selbständigen Berufsstandes Bibliothekar ist die Ablösung und damit das Ende nebenamtlicher Professoren-Bibliothekare. Von einigen Standesvertretern wird das heute bedauert,[3] weil damit der Rückzug der Bibliothekare aus der Wissenschaft in die reine Verwaltungslaufbahn zementiert wurde. Von anderen wird der Vorgang begrüßt, weil sich die Bibliothekare nur über ein Hauptamt als Beruf etablieren konnten. Je umfangreicher die Aufgaben wurden, je intensiver sich die Bibliothekare mit der Verwaltung zum Wohle der Benutzer beschäftigten, um so weniger blieb Zeit für eine wissenschaftliche Betätigung.

Zwischen diesen Polen hat sich der Prozeß der Professionalisierung des Berufsstandes Bibliothekar vollzogen. Profession, Professionalisierung und professionelles Handeln werden in den berufsbezogenen bibliothekarischen Diskussionsbeiträgen sehr häufig als Schlagwörter gebraucht, ohne daß auf die Bedeutung näher eingegangen würde. Hier nun wird der Versuch gemacht, das Thema Professionalisierung in den Zusammenhang mit dem sich entwickelnden Beruf des Bibliothekars zu stellen.

1 Alfred Schulze: Der Bibliothekar und sein Beruf. - In: ZfB 27 (1910) S. 29–34, hier S. 30.

2 Georg Leyh: Der Bibliothekar und sein Beruf. - In: Handbuch der Bibliothekswissenschaft / begr. von Fritz Milkau. - Bd. 2: Bibliotheksverwaltung. - 2., verm. u. verb. Aufl. hrsg. von Georg Leyh. - Wiesbaden 1961, S. 1–112, hier S. 1.

3 Uwe Jochum: Die Situation des höheren Dienstes. - In: Bibliotheksdienst 32 (1998) S. 241–247.

Die Geschichte der Professionen begann am Ende des 19. Jahrhunderts und fällt zusammen mit den gesellschaftlichen Veränderungen dieser Zeit.

Bei fortschreitender Industrialisierung bildete sich in den Städten eine Schicht heraus, die sich zwischen dem Adel, der Geistlichkeit, dem Militär und der Schicht der beständig zunehmenden Industriearbeiterschaft etablierte.

Es bildeten sich durch Arbeits- und Aufgabenverteilung bestimmte Berufsgruppen heraus, die es im 18. und zu Beginn des 19. Jahrhunderts in dieser Form noch nicht gegeben hatte, so etwa die sogenannten „Wirtschaftsbürger", zu denen Unternehmer, Kapitalbesitzer und leitende Angestellte gehörten, dann die akademischen Berufe wie Ärzte, Juristen, Lehrer, etwas später auch die Ingenieure. Durch diese Entwicklung wurde das frühneuzeitliche städtische Bürgertum – Kleinkaufleute, Handwerksmeister, Selbständige – an den Rand der Gesellschaft gedrängt, da nun die aufstrebenden akademischen Berufe ihren Platz als „Bourgeosie" einnahmen.

Ein Zusammengehörigkeitsgefühl dieses neuen Bürgertums entwickelte sich in der Abgrenzung zum sogenannten Proletariat und zum Adel, der seine beherrschende Rolle, zumindest in den Städten, zunehmend einbüßte.

Die hier nur kurz dargestellte Entwicklung des städtischen Bürgertums müßte durch die Konkretisierung des Begriffes des „Bildungsbürgertums" ergänzt werden, zu dem sich die Bibliothekare kraft ihrer wissenschaftlichen Ausbildung und der dadurch erworbenen „Bildung" rechnen konnten.

Dieses Bildungsbürgertum setzte sich, wie oben bereits erwähnt, im 19. Jahrhundert aus verschiedenen Berufen zusammen, u. a. aus Ärzten, Juristen, Apothekern, Pfarrern, Journalisten, Architekten, Chemikern und ähnlichen Berufen, die eine akademische Ausbildung vorweisen konnten.

„Das Bildungsbürgertum stellt sich dar als jener Teil des Bürgertums, dessen soziale Lebenslage und individuelle Lebenschance bestimmt sind durch den Besitz von Bildungspatenten, während andere Teile des Bürgertums hinsichtlich ihrer Lebenslage und Lebenschancen durch Eigentumsrechte (Wirtschaftsbürgertum) oder durch Prinzipien der Staatsordnung (Träger verschiedenartig legitimierter Herrschaftsrechte: politische Beamte, Parlamentarier) definiert sind."[4]

Profession, Professionalisierung und professionelles Handeln

Die einfachste Definition für den Begriff der Professionalisierung stammt aus dem Lexikon: „Professionalisierung ist das Zusammenfassen neuer Tätigkeiten zu bestimmten Berufsbildern bzw. die weitere Spezialisierung, Verwissenschaftlichung und ausbildungsmäßige Präzisierung von bekannten Berufen."[5] Eine Arbeitsdefinition der Professionalisierung schlägt McClelland vor, „die mit einer klar umrandeten Definition eine moderne „profession" (akademischer Beruf) ansetzt, d. h. als Beruf, der andauernde praktische ausschließliche Arbeit im Dienstleistungssektor aufgrund langjähriger spezialisierter Ausbildung auf tertiärer Ebene und nach Ausweisung eines entsprechenden kognitiven Wissens durch Examen verlangt. Die Professionalisierung ist dementsprechend der dynamische, vielseitige Prozeß, durch den moderne „professions" gestaltet, d. h. neue erst geschaffen und alte „klassische" modernisiert werden."[6] Professionalisierung umschreibt also den vielfältigen Prozeß, durch den sich ein Beruf allmählich zur „profession" verwandelt, oftmals zur Abrundung oder durch Hinzufügen neuer Aufgabenfelder zu einem bereits bestehenden Bildungsberuf. Andererseits nimmt man anderen Berufen Aufgaben ab. Als Beispiel sei nur der Barbier genannt, der bis zum Ende des 19. Jahrhunderts auf dem Dorf noch die Zahnbehandlung seiner Kunden übernahm sowie Blutegel gegen Bluthochdruck ansetzte. Diese Aufgaben übernahmen dann Mediziner, die eine spezialisierte Fachausbildung für diese Tätigkeit hatten. Ein weiteres Beispiel sind diejenigen Professoren,

4 Werner Conze, Jürgen Kocka: Einleitung. - In: Bildungsbürgertum im 19. Jahrhundert / hrsg. von Werner Conze u. Jürgen Kocka. - Stuttgart 1985 (Industrielle Welt; 38) S. 9–26, hier S. 11. – Weil aber das sogenannte Bildungsbürgertum sich nicht uneingeschränkt gegen den Nationalsozialismus gewehrt hat, sondern ihm überwiegend wohlwollend gegenüberstand, konnte sich der Stand des Bildungsbürgertums nach dem Zweiten Weltkrieg von diesem Makel nicht mehr befreien.

5 Professionalisierung. - In: Meyers Großes Taschenlexikon. - 4. Aufl. - Bd. 17. - Mannheim 1992, S. 286.

6 Charles E. McClelland: Zur Professionalisierung der akademischen Berufe in Deutschland. - In: Werner Conze u. Jürgen Kocka (wie Anm. 4) S. 233–247, hier S. 237.

die nebenamtlich eine Bibliothek geleitet und verwaltet haben und die dann von dafür ausgebildeten Bibliothekaren abgelöst wurden.

Heidtmann beschreibt Professionalisierung so: „Einzelne Arbeitsfunktionen werden in arbeitsteiligen und hochdifferenzierten Gesellschaften zu komplexen Tätigkeiten, deren Zusammenfassen zu einem Hauptberuf einen ersten Schritt zur Professionalisierung darstellt“[7].

Die Umformung von einem Beruf zu einer Profession wird in der Literatur durch fünf Kriterien bestimmt.[8]

1. Der Zugang zu einer Berufsgruppe, die sich professionalisieren will, führt über eine wissenschaftliche Spezialausbildung, die fundiertes Wissen vermittelt, das in der späteren Berufsausübung zur Anwendung kommt. Eine besondere Bedeutung spielt dabei die Abschlußprüfung, von deren Bestehen der Zugang zum gewählten Beruf abhängig gemacht wird. „So liegt ein weiterer Schritt in Richtung auf die ‚professionalization‘ in der Einführung derartiger Prüfungen. Dabei ist es durchaus zulässig, daß die Examinatoren sich zunächst aus Berufsfremden zusammensetzten. Ziel sollte es allerdings sein, die Entscheidung über Prüfungen und Berufszulassungen den Berufsangehörigen zu übertragen.“[9] „Die Kontrolle über den Ausbildungsgang zu gewinnen, ist eine außerordentlich wichtige Strategie der Berufskonstitution, da die detaillierten Ausbildungsregeln und die Prüfungen erheblich zur Förderung der gesellschaftlichen Anerkennung der Kompetenz beitragen.“[10] Denn nur wer einen Ausbildungsgang durchlaufen hat und entsprechende Bescheinigungen vorweisen kann, gilt als kompetent. Dazu schreibt Otto Hartwig, der erste Herausgeber des „Centralblatts für Bibliothekswesen“ bereits 1885:

7 Frank Heidtmann: Zur Soziologie von Bibliothek und Bibliothekar. - Berlin 1973 (Materialien der Arbeitsstelle für das Bibliothekswesen; 6) S. 247.

8 Aus soziologischer Sicht kann oder muß man diese Merkmalskriterien, die hier erläutert werden, mit Skepsis betrachten, weil auch andere Berufsgruppen diese Kriterien erfüllen. Zum Beispiel Handwerker, die als „Profis“ bezeichnet werden, die Dienst am Kunden tun, die eine grundsolide praktische, nicht wissenschaftliche, Ausbildung haben. Sie geben sich Ehrenkodizes und sind in Handwerkskammern organisiert.

9 Hans Albrecht Hesse: Berufe im Wandel. - Stuttgart 1968, S. 58.

10 Siegfried Lamnek: Zur Professionalisierung der Soziologie in Deutschland. - In: Soziologie als Beruf in Europa / hrsg. von Siegfried Lamnek. - Berlin 1993, S. 25.

„Erst dann, wenn man Diplome sieht, wird man glauben, daß nicht jeder zum Bibliothekar geeignet ist.“[11]

2. Aus dieser Fachkompetenz wird von den Angehörigen der Berufsgruppe ein Monopol zur Ausübung dieses Berufs und der von ihnen erbrachten Leistungen abgeleitet. Um dieses Monopol durchzusetzen, soll der Staat seine Zustimmung geben, indem er z. B. Ärzteordnungen erläßt, die es Kurpfuschern nicht ermöglicht, ihre Dienste anzubieten, ohne negative Sanktionen befürchten zu müssen.
Dieses Anbietermonopol hat sich im bibliothekarischen Beruf nie vollständig durchsetzen können, da es immer Ausnahmen beim Zugang zu diesem Beruf gegeben hat. Sie werden hervorgerufen durch die zweigeteilte Ausbildung. Voraussetzung für den Beruf des Bibliothekars ist eine zweijährige Ausbildungszeit mit dem Abschluß des 2. Staatsexamens. Voraussetzung ist ein abgeschlossenes Hochschulstudium, wobei sich die Fachrichtung – ob Germanistik oder Elektrotechnik – bei der Zulassung zum Referendariat nach dem Bedarf richtet. Erfüllt der Bewerber auf eine Bibliothekarsstelle diese Voraussetzung der 2. Staatsprüfung nicht, kann er trotzdem, falls Mangel an seinem Fach herrscht, als wissenschaftlicher Mitarbeiter und als Fachreferent in die Bibliothek eintreten, um als „angelernter“ Bibliothekar den Beruf auszuüben, ohne negative Sanktionen befürchten zu müssen.
Auf der Bibliothekarsversammlung 1929 in Königsberg hat der VDB eine Entschließung verabschiedet, in der er mit Bedauern feststellte, „daß seit seiner vorjährigen Zusammenkunft wieder eine größere Zahl berufsfremder und jeder fachlichen Vorbildung ermangelnde Persönlichkeiten in bibliothekarische Amtsstellen eingeschoben oder sogar zur Leitung derselben berufen worden sind. Als besondere Beeinträchtigung des Standesbewußtseins empfindet er es, daß sogar von staatlichen Verwaltungen, die sonst Anwärter des bibliothekarischen Berufs nur nach Erfüllung aller vorgeschriebenen, neuerdings in Preußen noch erhöhten Bedingungen annehmen, diese Praxis geübt worden ist. Die in Königsberg versammelten deutschen Bibliothekare verwahren sich mit größter Entschiedenheit gegen jede Ein-

11 Otto Hartwig: Vermischte Notizen. - In: ZfB 2 (1885) S. 244.

schiebung berufsfremder Persönlichkeiten in bibliothekarische Amtsstellen als gleichermaßen der Standesehre wie der sozialen Gerechtigkeit zuwiderlaufend und hoffen von allen zuständigen Amtsstellen eine gerechte Würdigung ihres Standpunktes."[12] Diese Entschließung blieb weithin folgenlos.

3. Eine bedeutsame Rolle im Professionalisierungsprozeß spielt die Darstellung des Berufes in der Öffentlichkeit, weil die Berufsangehörigen das Bild vom Beruf in der Öffentlichkeit prägen, z. B. Ärzte als „Halbgötter in Weiß" oder Bibliothekare als „Bücherwürmer". Wobei anzumerken ist, daß die „Halbgötter in Weiß" bei kritischer Betrachtung tief in der Gunst des Publikums gefallen sind, dagegen der Ruf des grauen „Bücherwurms" sich in den letzten Jahrzehnten aufgehellt hat. Trotzdem sind auf diesem Gebiet Defizite zu beklagen. „Mit öffentlicher Akzeptanz ist unser Beruf zu keiner Zeit verwöhnt worden. Sie beschränkt sich auf den Kreis derer, die vom Bibliotheksgut leben und deren Autoreneitelkeit es zuläßt, sich in aller Öffentlichkeit für unsere Hilfestellung zu bedanken. Hin und wieder gelingt es führenden Bibliothekaren, die Bedeutung der Bibliothek in staatlich sanktionierten Papieren unterzubringen."[13]
Bibliothekartage mit mehreren tausend Teilnehmern und die Reaktion darauf in der Presse sind ein Mittel, die Darstellung des Berufes in die Öffentlichkeit zu transportieren. Durch positive Berichte des Berufes wird das Erscheinungsbild weitestgehend geprägt. „Eine sich professionalisierende Berufsgruppe strebt nach gesellschaftlicher Anerkennung, da ohne diese positive Reaktion der Beruf ein Beruf bleibt.[14]

4. Ein „code of ethics" wird auf verschiedene Weise von allen Berufsgruppen formuliert, die sich professionalisieren wollen. Dazu gehören die Vereidigung der Beamten auf die Verfassung oder der Hippokratische Eid der Ärzte. Formulierte fachspezifische Verhaltensweisen und Ehrengerichte sind Mittel, um bei abweichendem Verhalten oder

12 Entschließung. - In: ZfB 46 (1929) S. 455 f.

13 Gottfried Rost: Der Bibliothekar auf der Suche nach seiner Identität. - In: Bibliothekarisches Studium in Vergangenheit und Gegenwart / hrsg. von Engelbert Plassmann u. Dietmar Kummer. - Frankfurt a. M. 1995 (ZfBB: Sonderh.; 62) S. 10.

14 Siegfried Lamnek (wie Anm. 11) S. 23.

gar Verstößen Sanktionen zu verhängen. Die Berufsausübung soll der Allgemeinheit dienen. Sie ist mehr dem öffentlichen Wohl als der Befriedigung privater Interessen verpflichtet.

5. Zum letzten Kriterium, das aber nicht das Unwichtigste sein sollte, gehört die Organisierung der Berufsangehörigen in einem Berufsverband. Alle Bemühungen, die zur Professionalisierung eines Berufsstandes beitragen, können nur zum Erfolg führen, wenn es den Mitgliedern gelingt, sich unter dem Dach eines Berufsverbandes zu organisieren. Dieser wacht über die Einhaltung des „code of ethics", bereitet für die staatlichen Instanzen die Ausbildungs- und Prüfungsordnungen vor und ist sowohl für die Öffentlichkeitsarbeit als auch für die Fort- und Weiterbildung der Berufsangehörigen zuständig. Der Verband vertritt die Interessen des Berufsstandes und vermittelt den Berufsangehörigen ein Zusammengehörigkeitsgefühl. Zu den Aufgaben eines Verbandes gehört auch die Entwicklung und Beschreibung eines Berufsbildes sowie die ständige Anpassung desselben an die Veränderungen der Inhalte des Berufes.

Vom Beruf zur Profession

Die Diskussion um die nebenamtliche Leitung von Universitätsbibliotheken durch Professoren und die Klagen über die unzureichenden Kenntnisse derselben bei der Verwaltung und Geschäftsführung einer großen Bibliothek ziehen sich durch das ganze 19. Jahrhundert.[15] Viele Beispiele belegen, daß bei zunehmender Bestandsvermehrung und Benutzung, bei erhöhten Ansprüchen an Kataloge und Auskunftserteilung, das Amt des Bibliotheksdirektors nicht mehr nebenamtlich zu bewältigen war, und die Stimmen mehrten sich, die eine Ablösung des „unzureichenden Professorenbibliothekars" durch den Berufsbibliothekar forderten. Dabei darf nicht übersehen werden, daß es unter den Professorenbibliothekaren bedeutende Persönlichkeiten gegeben hat, die Großes für ihre Bibliotheken geleistet haben, man denke nur an Christian Gottlob Heyne in Göttingen, Friedrich Wilhelm Ritschl in Bonn oder Robert von Mohl in Tübingen, die bei derartigen Anlässen immer wieder genannt werden. Auf der

15 Georg Leyh (wie Anm. 2) S. 52.

anderen Seite gab es Befürchtungen, daß mit der Einrichtung eines Verwaltungsberufes der wissenschaftliche Charakter der bibliothekarischen Arbeit sich abschwächen und schließlich verlieren werde.

Zwischen diesem Für und Wider begann langsam ein Entwicklungsprozeß, der die Bibliothekare über Jahrzehnte thematisch beschäftigte und an dem sie kontinuierlich arbeiteten, um dem Beruf eine Struktur zu geben. Das Ziel war, den Beruf als eigenständigen Beruf zu etablieren und ihn als Beruf gesellschaftsfähig zu machen.

Wenn auch Emil Jacobs noch 1938 an Georg Leyh schreiben konnte: „Der beschränkteste Professorenbibliothekar der Vergangenheit ist mir immer noch lieber als diese unwissenschaftlichen Huber von heute.“[16] Schon Ende des 19. Jahrhunderts ließ sich die Entwicklung zum Berufsbibliothekar nicht mehr aufhalten und später dann auch nicht mehr rückgängig machen.

Der erste Bibliotheksdirektor, der 1871 ohne die Verleihung einer Fachprofessur an die Universitätsbibliothek Jena berufen wurde, war Anton Klette. Klette hatte mit seiner Schrift: „Zur Selbständigkeit des bibliothekarischen Berufs“ die Diskussion um die haupt- und nebenamtlichen Bibliothekare ausgelöst. 1872 folgte die Berufung von Karl Dziatzko, der zwar habilitiert war, aber keine Professur innehatte, nach Breslau, Karl Zangemeister wurde Oberbibliothekar in Heidelberg, August Wilmanns wurde 1875 nach Göttingen berufen und Otto Hartwig 1876 nach Halle.

Die wissenschaftlichen Leistungen der hauptamtlichen Bibliothekare der ersten Stunde sollen hier nicht dargestellt werden, wenn dazu auch einiges bemerkt werden könnte. Vielmehr sollen hier nur ihre Beiträge anhand der fünf Kriterien geschildert werden, die zur Professionalisierung des Berufs beigetragen haben.

Ausbildung und staatliche Anerkennung

Die Bibliothekare der ersten Stunde bemühten sich mit großem Elan um die Reorganisation ihrer Bibliotheken, denn sie erlebten als hauptamtliche Direktoren, wie reformbedürftig diese Anstalten waren, besonders

16 Zitiert nach: Werner Schochow: Der Berufsbibliothekar. - In: Bibliothek und Wissenschaft 17 (1983) S. 56.

hinsichtlich der Benutzungsmodalitäten und der Katalogisierungsregeln. Es wurde immer offensichtlicher, daß mit einer hauptamtlichen Leitung allein eine Bibliothek noch nicht funktioniert. Fritz Milkau schreibt: „Wo nehmen Sie ihre Mitarbeiter her? An den 20 Universitätsbibliotheken insgesamt 63 wissenschaftliche Beamte zu nicht ganz geringem Teil Schiffbrüchige, die in der Bibliothek den rettenden Hafen gefunden haben. Sie sind schlecht bezahlt und schlecht sind ihre Aussichten. Es ist nicht viel mit ihnen anzufangen."[17] Diese Amanuensen oder Volontäre kamen in die Bibliotheken, wurden angelernt, und die Besseren gingen schnell wieder, wenn sie eine etwas höher bezahlte Arbeit gefunden hatten. Eine Kontinuität in den bibliothekarischen Arbeitsabläufen konnte so nie erreicht werden.

Zum Glück für die preußischen Universitäten und besonders für die Universitätsbibliotheken wurde 1882 Friedrich Althoff als Universitätsreferent in das Preußische Kultusministerium berufen. „Wer einmal der Nachwelt die richtigen Schlüssel zum Verständnis des Zeitalters Wilhelms II. überliefern will, wird die Persönlichkeit und das Wirken Althoffs würdigen müssen", schrieben die Münchener Neuesten Nachrichten in seinem Todesjahr 1908.[18] Nicht nur Bildungspolitiker, Ärzte, Botaniker, um nur einige Fachrichtungen zu nennen, sondern besonders auch die Bibliothekare haben Friedrich Althoff mehr zu verdanken als es den nachfolgenden Generationen vielleicht bewußt ist.

Friedrich Althoff wurde 1839 als Sohn des Domänenrates Theodor Althoff in Dinslaken geboren. Nach dem Studium der Rechtswissenschaften war er zunächst kurze Zeit als Anwalt in Köln tätig, bis er 1871 als Justitiar im neuen Reichsland Elsaß-Lothringen in die Verwaltung eintrat. Dort wurde er Franz von Roggenbach zugeteilt, der als kaiserlicher Kommissar die Aufgabe erhielt, in Straßburg eine deutsche Universität zu gründen. Althoff hat dazu die Vorarbeiten geleistet, Berufungen ausgesprochen und wurde selbst als a.o. Professor 1872 in den Lehrkörper der juristischen Fakultät aufgenommen. Althoffs Idee war, die Universi-

17 Fritz Milkau: Der Bibliothekar und seine Leute. - In: Handbuch der Bibliothekswissenschaft / hrsg. von Fritz Milkau. - Bd. 2: Bibliotheksverwaltung / bearb. von Gustav Abb ... - Leipzig 1933, S. 650.

18 Zitiert nach Ehrhardt Bödecker: Friedrich Althoff - ein preußischer Bildungspolitiker. - In: Der Tagesspiegel vom 13. April 1986, S. 54.

tät Straßburg als geistige Brücke zwischen Deutschland und Frankreich auszugestalten. An der Engstirnigkeit der preußischen Beamten und am Geldmangel scheiterte diese Idee, trotzdem gelang es Althoff, die Universität Straßburg zu einer hochangesehenen Bildungsstätte auszubauen. Die Bewältigung dieser Aufgabe war wohl der Grund dafür, daß er 1882 den Ruf aus Berlin bekam, das Universitätsreferat im Preußischen Kultusministerium zu übernehmen. Nach einigem Zögern nahm er den Ruf an und wurde am 21. Oktober 1882 als Geheimer Regierungsrat und Vortragender Rat Leiter des Universitätsreferats in der 2. Abteilung des preußischen Kultusministeriums. Er wurde im Laufe seiner Tätigkeit und seines Wirkens „einer der mächtigsten Männer in der Preußischen Monarchie" (Werner Sombart). Neben zahlreichen Initiativen und bahnbrechenden Ideen zur Reorganisation und Reform der preußischen Universitäten hat Althoff seine Aufmerksamkeit auch dem Bibliothekswesen gewidmet, das er zu Beginn seiner Tätigkeit für sehr vernachlässigt gehalten hat. Nach seiner Aufbauarbeit in Straßburg und seinen dort gemachten Erfahrungen wußte er, was eine gut geordnete und fachmännisch geführte Bibliothek für die wissenschaftliche Arbeit bedeutet. Nachdem Althoff das Projekt einer Fachzeitschrift (1884) – das „Centralblatt für Bibliothekswesen" – befördert und die Einrichtung einer Professur für Bibliothekshilfswissenschaft (1886) in Göttingen unterstützt hatte, wurde die Ausbildungsfrage in Angriff genommen. Althoff setzte 1888 eine Kommission zur Reorganisation für die preußischen Bibliotheken ein, die neben anderen Aufgaben Vorschläge für eine bibliothekarische Ausbildungsordnung erarbeiten sollte.

Karl Geiger schreibt in einem Rückblick auf 20 Jahre VDB im Zentralblatt: „Als ich vor 39 Jahren als jüngster Bibliothekar [das war 1881, d.V.] in die Tübinger Universitätsbibliothek eintrat, gab es für mich keine irgendwie gestaltete Einführung in den bibliothekarischen Beruf. Es war niemand da, der mich darauf hingewiesen hätte, was an Wissen und Können zum rechten Bibliothekar gehört. ... Ich kam mir vor wie das Maultier, das im Nebel seinen Weg sucht."[19] Diesem Unbehagen sollte so schnell wie möglich abgeholfen werden. Die Reorganisationskommission bestand aus drei Mitgliedern, August Wilmanns, Otto Hartwig und Karl

19 Karl Geiger: Unser bibliothekarischer Beruf: ein Rückblick auf die 20 Jahre des V.D.B. - In: ZfB 37 (1920) S. 230.

Dziatzko. In einem kleinen Exkurs sollen diese drei preußischen Reformer hier noch einmal kurz vorgestellt werden.

August Wilmanns wurde am 25. März 1833 in Vegesack als Sohn eines Arztes geboren. Nach dem Besuch des Gymnasiums studierte er klassische Philologie in Bonn und Tübingen. 1863 wurde er promoviert, war dann teils als Privatgelehrter, teils als Hauslehrer tätig. 1870 wurde er Bibliothekar an der Universitätsbibliothek Freiburg. Nach seiner Habilitation wurde er 1871 als ordentlicher Professor nach Innsbruck berufen, 1873 in gleicher Eigenschaft nach Kiel. Er ging aber bald in den Bibliotheksdienst zurück, wurde 1874 Oberbibliothekar in Königsberg, 1875 in Göttingen und 1886 Generaldirektor an der Königlichen Bibliothek in Berlin. Er starb am 27. Oktober 1917.

Bibliothekarische Erfahrungen hat Wilmanns in den Universitätsbibliotheken Freiburg, Göttingen und Königsberg sammeln können, die ihm in Berlin bei der viel bedeutenderen Aufgabe eine große Hilfe waren. Er hat sich besonders um die Vermehrung des Bücherbestandes der Königlichen Bibliothek verdient gemacht. Er legte großen Wert auf die Einarbeitung der Pflichtexemplare, die sein Vorgänger sehr vernachlässigt hatte. Durch eine neue Benutzungsordnung wurden „die Tore der Bibliothek weit geöffnet."[20] Wenn vorher nur ein sehr eingeschränkter Benutzerkreis Zutritt in die Bibliothek hatte, wurde dieser jetzt auch auf andere Benutzergruppen ausgedehnt, so daß die Zahl der Benutzer und die der ausgeliehenen Werke stark anstieg. Der Benutzerservice wurde durch Umorganisation verbessert. Auch das Katalogsystem wurde gegen heftige Widerstände, auch von außerhalb, einer Revision unterzogen. Allerdings wurde die Zweckmäßigkeit dieser Umorganisation erst Jahre später erkannt. „An der Einrichtung einer bibliothekarischen Fachprüfung hat er als Mitglied der Kommission von 1888 mitgearbeitet, ebenso an der Einrichtung der Titeldrucke. Auch die Vorteile des Leihverkehrs zwischen den Bibliotheken hat er natürlich nicht verkannt. Aber bei all diesen Dingen lag die Initiative bei Althoff, dessen Anregungen auch das Auskunftsbüro der deutschen Bibliotheken und der Gesamtkatalog der Wiegendrucke ausschließlich zu verdanken sind."[21]

20 Hans Paalzow: August Wilmanns: ein Bild seines Lebens zum 25. Todestage .- In: ZfB 60 (1943) S. 120.

21 Ebenda S. 122.

Otto Hartwig wurde in Wichmannshausen bei Eschwege am 16. November 1830 als Sohn eines Pfarrers geboren. Nach dem Besuch des Gymnasiums studierte er in Marburg und Halle Theologie und Philosophie. 1856 promovierte er zum Dr. phil. Seine erste bibliothekarische Ausbildung erhielt er in Marburg an der Universitätsbibliothek. Nach Tätigkeiten als Prediger und Hilfslehrer ergriff er 1867 endgültig den Beruf des Bibliothekars an der UB Marburg. Von 1876 bis 1898 leitete er die UB Halle.

Neben Karl Dziatzko und August Wilmanns war er einer der führenden Persönlichkeiten der preußischen Bibliotheksreform. Er war ein enger Freund Althoffs, der manche Anregung Hartwigs aufgenommen und in die Tat umgesetzt hat.

Hartwig baute die UB Halle, nachdem diese einen Neubau nach dem Magazinsystem erhalten hatte, zur Modellbibliothek aus. Die Bücher wurden neu aufgestellt und neu katalogisiert. Zwei alphabetische Zettelkataloge und ein systematischer Realkatalog erschlossen die Bestände. Auf seine Initiative hin wurde das „Zentralblatt für Bibliothekswesen" gegründet, für das er 20 Jahre lang als Herausgeber zeichnete. Althoff hätte ihn gern als Generaldirektor der Königlichen Bibliothek in Berlin gesehen. Aus Gesundheitsgründen lehnte Hartwig aber das Angebot ab. Hartwig starb 73jährig 1903 in Marburg.

Karl Dziatzko, geboren am 27. Januar 1847, stammt aus einer oberschlesischen Arztfamilie. Schon während seines Studiums der Altphilologie war er 5 Semester lang Schüler von Friedrich Wilhelm Ritschl und zugleich Amanuensis in der von Ritschl nebenamtlich geleiteten Bonner Universitätsbibliothek. Nach dem Abschluß seines Studiums war er kurze Zeit als Lehrer tätig, wurde dann aber 1872 mit 30 Jahren als erster und jüngster hauptamtlicher Bibliothekar an die Universitätsbibliothek Breslau berufen. Dort erarbeitete er neue Regeln für die alphabetische Katalogisierung, die später als „Preußische Instruktionen" Grundlage der alphabetischen Katalogisierung in (fast) ganz Deutschland wurden. Er erreichte bei der vorgesetzten Behörde eine Verdreifachung des Etats und konnte durch Öffnung der Bibliothek für weitere Kreise der Bevölkerung die Benutzerzahlen verzehnfachen.

1886 wurde er als Nachfolger von Wilmanns nach Göttingen berufen. Hier erhielt er die erste ordentliche Professur für Bibliothekswissenschaft. 1893 wurde die „Göttinger Schule" mit der von Dziatzko geleiteten Fachprüfungskommission begründet, die ab 1896 die Abschlußprüfung für den wissenschaftlichen Dienst vornahm. Dziatzko war auch derjenige, der 1897 innerhalb des Philologenverbandes eine eigene bibliothekarische Sektion begründete, aus der 1900 der Verein Deutscher Bibliothekare hervorging.

In der Reorganisationskommission für die preußischen Bibliothekare, die 1888 von Althoff eingesetzt wurde und unter der Leitung von August Wilmanns zusammentrat, wurde Karl Dziatzko beauftragt, erste Vorschläge über eine Ordnung für die Zulassung zum bibliothekarischen Beruf vorzulegen.

Es vergingen dann noch einmal über 5 Jahre, bis als Ergebnis der preußischen Bibliotheksreform die Schaffung einer Bibliothekslaufbahn in dem „Erlaß betreffend die Befähigung zum wissenschaftlichen Bibliotheksdienst bei der Königlichen Bibliothek zu Berlin und den Königlichen Universitäts-Bibliotheken" vom 15. Dezember 1893 ihren vorläufigen Abschluß fand.[22]

Zusammengefaßt besteht der Inhalt der Ausbildungsordnung darin, daß die Voraussetzungen – Abitur an einem humanistischen Gymnasium, Nachweis eines mit 1. Staatsexamen abgeschlossenen Hochschulstudiums, Promotion, Führungszeugnis und der Nachweis, „daß dem Bewerber mindestens diejenigen Mittel gesichert sind, welche für seinen standesmäßigen Unterhalt während zweier Jahre erforderlich erscheinen," – erfüllt sind.

Der Volontär muß während seiner Ausbildungszeit mit allen bibliothekarischen Geschäftsgängen vertraut gemacht werden. Es ist ihm freigestellt, das zweite Ausbildungsjahr in der UB Göttingen zu verbringen unter der Voraussetzung, daß er dort an der Universität zwei Semester lang Vorlesungen in den „Bibliothekshülfswissenschaften" belegt. Die Prüfung erfolgt vor einer staatlichen Prüfungskommission.

Mit dieser ersten Ausbildungs- und Prüfungsordnung, die vom Minister der geistlichen, Unterrichts- und Medizinalangelegenheiten genehmigt und erlassen wurde, war ein wichtiger Schritt zur Anerkennung eines eigenständigen Berufes Bibliothekar getan und es ist, wie Milkau anmerkt,

22 Erlaß. - In: ZfB 11 (1894) S. 77–79.

„die Geburtsurkunde des deutschen Bibliothekars, es ist das wichtigste Dokument der ganzen deutschen Bibliotheksgeschichte.“[23]

Darstellung des Berufs in der Öffentlichkeit

Der erste Schritt, Darstellungen und Berichte über die bibliothekarische Arbeit in die Öffentlichkeit zu bringen, war die Gründung des „Centralblatts für Bibliothekswesen“ im Jahr 1884. „Das Centralblatt für Bibliothekswesen tritt in einer Zeit ins Leben, in welcher sich größere Umgestaltungen auf dem Gebiete des deutschen Bibliothekswesens vollzogen haben und weitere sich anzubahnen scheinen. Es wird die Aufgabe unseres Blattes sein, dieselben in ihrer Entwicklung zu begleiten, allseitig zu belauschen und zu befördern“[24]. Wie schon so oft war auch bei dieser Gründung einer Fachzeitschrift Althoff der Spiritus rector, der die Umsetzung dieser Idee von Otto Hartwig verwirklichen half. Wenn auch Fachzeitschriften nicht die breite Öffentlichkeit erreichen, so fördern sie doch das Selbstbewußtsein eines Berufes und sind für das Zusammengehörigkeitsgefühl des Berufsstandes hilfreich und auch notwendig.

Mehr Öffentlichkeit wird durch Versammlungen und Tagungen erreicht, auf denen Vorträge gehalten werden, die die bibliothekarische Arbeit zum Inhalt haben. Dadurch wird, besonders wenn in der Presse darüber berichtet wird, der Beruf für die Öffentlichkeit transparenter. Den Außenstehenden kann dadurch klar gemacht werden, daß die bibliothekarische Tätigkeit nicht nur aus Aus- und Rückgabe von Büchern an der Theke besteht, sondern daß der Beruf vielfältige Tätigkeitsfelder beinhaltet. „Die Volksmeinung über den Bibliothekar ist diffus und ringt sich im Erlebnisfall ein Staunen über Bücher, aber nicht über den Beruf ab. Dem Bibliothekar wird vielmehr vorgehalten, das Buch käme als fertiges Produkt – verfaßt, gedruckt, gebunden – in die Bibliothek und braucht hier nur gelagert und gelegentlich ausgeliehen zu werden. Ansonsten läse der Bibliothekar, was ihm nur Gutmütige als Arbeit anrechnen könnten.“[25] Da zwischen dem ersten Erscheinungsjahr des „Centralblatts“ und dem obigen Zitat 111 Jahre liegen, bedarf es noch großer Anstrengungen

23 Fritz Milkau (wie Anm. 18) S. 658.
24 Zur Einführung. - In: ZfB 1 (1884) S. 1.
25 Gottfried Rost (wie Anm. 13) S. 10.

hinsichtlich der Verbesserung des Erscheinungsbildes des Berufsstandes Bibliothekar.

Für das Erscheinungsbild eines Berufsstandes in der Öffentlichkeit spielen auch Amtsbezeichnungen und die dazugehörige Besoldung eine nicht zu unterschätzende Rolle. Zu Beginn der 20er Jahre waren die Bibliothekare, hier besonders auch die Anwärter, keineswegs den anderen Beamtengruppen, für die eine Hochschulausbildung vorgeschrieben war, wirtschaftlich gleichgestellt.

Auch die Amtsbezeichnungen waren unterschiedlich, ebenfalls nicht vergleichbar mit Lehrern oder Juristen. Selbst innerhalb des bibliothekarischen Berufsstandes gab es für die einzelnen Länder, z. B. in Preußen, Sachsen und Bayern, für gleichartige Tätigkeiten verschiedene Amtsbezeichnungen und unterschiedliche Besoldungsgesetze.

Wie schon zu Beginn erwähnt, spielt aber die gesellschaftliche Anerkennung, dic auch abhängig ist von der wirtschaftlichen Lage, bei dem Prozeß der Professionalisierung eine nicht unerhebliche Rolle. Heinrich Uhlendahl, in den Jahren von 1919 bis 1921 an der Preußischen Staatsbibliothek tätig, bevor er 1921 nach Leipzig an die Deutsche Bücherei wechselte, hat mit Nachdrücklichkeit auf diese Probleme hingewiesen und sich für einheitliche Regelungen eingesetzt, da besonders in Preußen gegenüber Bayern auf diesem Gebiet gravierende Defizite zu verzeichnen waren.

Wie in Bayern, so sollten auch in Preußen für die Anwärter die Bezeichnungen „Bibliotheksreferendar" und für diejenigen mit abgeschlossener Ausbildung „Bibliotheksassessor" angewandt werden, nicht mehr Volontär und Hilfsbibliothekar. „Die Amtsbezeichnung aber ist der Anzug, in dem man sich daselbst präsentiert, und auch hier gilt der alte Spruch: Kleider machen Leute. Wer als Hilfsbibliothekar in der Gesellschaft erscheint, dürfte seinen Platz etwa bei den Hauslehrern finden, nicht aber bei den Amtsrichtern, Landrichtern und Staatsanwälten, seinen engeren Kollegen aus den anderen Berufszweigen."[26]

Da die Frage der Amtsbezeichnungen auch gleichzeitig eine Besoldungsfrage war, wurde auch hier eine einheitliche Regelung für alle Länder des Deutschen Reiches angestrebt. 1920 sind vom Deutschen Reichs-

26 Heinrich Uhlendahl: Die Neuregelung der Anwärterfrage im wissenschaftlichen Bibliotheksdienst.- In: ZfB 38 (1921) S. 191.

tag Leitsätze für ein einheitliches Besoldungsgesetz erlassen worden, die als Grundlage für Regelungen in den Ländern dienen sollten. Voraussetzung für Bibliothekare war aber die Verabschiedung einheitlicher Zugangsbestimmungen zur höheren Bibliothekslaufbahn, die – wie man weiß – recht unterschiedlich waren.

„Die Vereinheitlichung unserer Berufsverhältnisse soll einen neuen Schritt vorwärts bedeuten auf dem Weg zu einer allmählichen äußeren und inneren Angleichung im Bibliothekswesen der einzelnen deutschen Länder. Das ist ja unser gemeinsames Ziel aus dem Nebeneinander unseres Berufslebens immer mehr zu einem Miteinander zu kommen.“[27]

Viel ist in diesen Jahren erreicht worden. Die Besoldung ist den Amtsbezeichnungen angeglichen worden, auch die Vergleichbarkeit mit anderen Beamtengruppen wurde erleichtert. Die nachfolgenden Generationen haben von den Bemühungen der Vorväter profitiert. Ob das Bild des Bibliothekars in der Öffentlichkeit davon profitiert hat, bleibt ungewiß.

Der Verein Deutscher Bibliothekare

Ohne daß die preußischen Reformer, die das Bibliothekswesen nachhaltig beeinflußt haben, etwas von den Kriterien gewußt hätten, die einen Beruf zu einer Profession machen, haben sie doch alles dafür getan, einen eigenständigen Beruf Bibliothekar in der Gesellschaft zu etablieren. Dazu gehörte auch, daß am 8. Juni 1900 in Marburg der Verein Deutscher Bibliothekare gegründet wurde. Vor der Gründung hielten sich Zustimmung für und Ablehnung gegen eine Vereinsgründung die Waage. Aber letztendlich haben sich die Befürworter, u. a. auch Karl Dziatzko, durchgesetzt. § 1 der Satzung besagte, daß der Zweck des Vereins sein sollte, den Zusammenhang unter den deutschen Bibliothekaren zu pflegen und die Interessen des Bibliothekswesens zu fördern. Durch die Vereinsgründung wurde nun sehr deutlich gemacht, daß der Beruf des Bibliothekars ein selbständiger und autonomer Beruf geworden war. Es impliziert, daß berufsfremden Instanzen oder Laien kein Mitspracherecht in berufseigenen Angelegenheiten zugebilligt wird. Zur Betonung dieser Autonomie ist die Erarbeitung eines Berufsbildes von großer Bedeutung. Wenn

27 Heinrich Uhlendahl: Die einheitliche Gestaltung der bibliothekarischen Berufsverhältnisse im Reich und in den Ländern .- In: ZfB 39 (1922) S. 318.

auch ein Berufsbild, wie wir es heute verstehen, in den ersten Jahrzehnten des Vereins nicht fixiert wurde, so zieht sich doch durch die Vorträge auf den Bibliotheksversammlungen und die Aufsätze im ZfB eine dauernde Beschreibung der Tätigkeitsfelder des Bibliothekars, eine ständige Auseinandersetzung mit den Berufsinhalten, ebenso wie die Beschäftigung mit dem Thema Bibliothekar und wissenschaftliche Betätigung, die ja bis heute nicht nachgelassen hat.

*

Die Geschichte des Zentralblatts, der Bibliothekartage und auch die des Vereins werden in den nachfolgenden Aufsätzen ausführlich behandelt. Hier sollte der kurze Überblick nur die Frage beantworten, ob der Beruf des Bibliothekars im Laufe dieses Jahrhunderts zu einer Profession geworden ist.

Die Voraussetzungen für die Ausprägung eines Berufsstandes sind dargestellt worden. Geregelte Ausbildung, Prüfungs- und Ausbildungsordnungen, dadurch Autonomie und Monopolstellung der Berufsausübung sowie der Berufsverband gehören zu den Charakteristika einer Profession. Sie sind für heutige Bibliothekare eine Selbstverständlichkeit.

Die Anfänge aber, der Weg von einem Beruf zur Profession, sind in den Anfangsjahren des 20. Jahrhunderts gemacht worden. Vieles hat sich in den vergangenen 100 Jahren noch verbessert. Das Streben nach gesellschaftlicher Anerkennung und die Verbesserung des Ansehens des Berufs des Bibliothekars in der Öffentlichkeit, weg vom ewig lesenden Bücherwurm hin zum Informationsvermittler, bleibt eine immerwährende Aufgabe, auch noch für kommende Generationen.

Der Dienst an der Allgemeinheit ist den Bibliothekaren selbstverständlich, heute wie vor 100 Jahren, auch wenn dieser Dienst nicht mit Eiden beschworen wird.

Michael Labach

Der VDB während des Nationalsozialismus*

Sollte ein neuer Krieg kommen, so wird er gemacht worden sein. Es gab damals Verantwortliche, es gibt sie auch heute. Man kann ihn nicht einfach als Schicksal hinnehmen. So billig ist das Schicksal nicht zu haben.
Alfred Andersch: Aus Torheit? 1954

Am 20. Januar 1938 schrieb der Vorsitzende des Vereins Deutscher Bibliothekare, Gustav Abb, Direktor der Universitätsbibliothek Berlin, an den Generaldirektor der Bayerischen Staatsbibliothek Rudolf Buttmann, Mitglied des Beirates des VDB und, was entscheidend wichtiger war, Mitglied der NSDAP mit der Mitgliedsnummer 4: „Hochverehrter Herr Generaldirektor! Durch das Gesetz über Beamtenvereinigungen vom 24. Mai 1937 [ist] der Fortbestand des VDB in Frage gestellt. Meine Eingabe, die ich ... an den Herrn Reichserziehungsminister richtete, ist soeben durch einen Erlaß vom 13. Januar 1938 ... beantwortet worden. Der Erlaß besagt, der Herr Reichs- und Preussische Minister des Inneren

* Der Text beruht auf einer Durchsicht der einschlägigen Archivalien im Vereinsarchiv des VDB. Dieses Archiv besteht seit dem Jahre 1976. Zuvor wurden die Altakten des Vereins zusammen mit den Unterlagen der laufenden Geschäftsführung von den jeweiligen Vorsitzenden an die entsprechenden Nachfolger weitergereicht, womit jeder neue VDB-Vorsitzende zu Beginn seiner Amtszeit eine Kiste mit Vereinsunterlagen zugestellt bekam. Grundsätze für die Behandlung dieses Materials sind zumindest für die Zeit des „alten" VDB nicht überliefert. Die geringe Menge an überliefertem Material für die Zeit vor 1948 beruht auch darauf, daß der letzte Vereinsvorsitzende der nationalsozialistischen Zeit, Gustav Abb, seit 1940 kommissarischer Leiter der Hauptverwaltung der Bibliotheken im Generalgouvernement Polen und Leiter der UB Krakau, die Vereinsunterlagen an seinem Dienstsitz hatte, wo sie bei der Eroberung Krakaus durch die Rote Armee verloren gingen. Unterlagen aus der Zeit von 1937 an und der Kriegszeit fehlen weitgehend.

habe sich wegen des Weiterbestandes des Vereins auch mit dem Stab des Stellvertreters des Führers in Verbindung gesetzt. Die endgültige Entscheidung bleibe abzuwarten. Ich ... halte mich aber für verpflichtet, auch Ihnen umgehend diesen Erlaß mitzuteilen, da es immerhin möglich ist, dass Sie mir freundlicherweise ... einen Rat geben könnten, was etwa noch für den Fortbestand des Vereins zu tun wäre. Ist Ihnen etwa beim Stab des Stellvertreters des Führers eine Persönlichkeit bekannt, die man für die Angelegenheit interessieren könnte?“[1]

Dem Generaldirektor Buttmann war, wie konnte es anders sein, eine Persönlichkeit bekannt, und so teilte er Abb am 29. Januar 1938 mit: „Ihr Schreiben vom 20. d. M. wollte ich erst beantworten, nachdem ich Herrn Dr. Schulte-Strathaus vom Stab des Stellvertreters des Führers gesehen habe. Leider erschien dieser Herr aber ... trotz seiner Zusage nicht, so dass ich das Gespräch über den VDB mit ihm bei einer nächsten Gelegenheit zu führen beabsichtige. Da Herr Schulte-Strathaus unserem Beruf durch seine wissenschaftlichen Arbeiten nahe steht, hoffe ich, dass das Gutachten, zu dem jedenfalls *er* aufgefordert wird, für den Fortbestand des VDB günstig ausfällt. Fernmündlich konnte ich ihn bisher noch nicht erreichen ...“[2]

Buttmann war also über das Faktum, von dem Abb ihn unterrichten wollte, bereits im Bilde und wußte darüber hinaus ebenfalls schon, wer innerhalb der Hauptverwaltung der NSDAP die parteiamtliche Stellungnahme abgeben würde. Bei soviel Bemühungen und Kenntnissen verwundert der Erfolg nicht. So konnte Abb in seinem Bericht an die Mitgliederversammlung des Vereins auf dem 34. Deutschen Bibliothekartag in Passau knapp bekanntgeben: „Eine ernste Krise entstand für den Verein durch das Gesetz über Beamtenvereinigungen vom 27. Mai 1937. ... Dem tatkräftigen Eintreten des Reichserziehungsministeriums ist es zu danken, dass der Herr Reichs- und Preussische Minister des Inneren durch Erlaß vom 2. März 1938 im Benehmen mit dem Stellvertreter des Führers das Weiterbestehen des VDB zugelassen hat.“[3]

Der Fortbestand des Vereins Deutscher Bibliothekare war gesichert – vorerst muß man sagen; denn die Niederlage Deutschlands 1945 über-

1 VDB-Archiv. 1938. I. Ungezählt.
2 Ebenda.
3 ZfB 55 (1938) S. 568 f.

dauerte auch der VDB nicht und wurde erst am 28. April 1948 in München wiedergegründet.

Es verwundert schon, daß bei einer Routinefrage, wie der nach der Weiterexistenz eines Berufsverbandes, die Reichsleitung der NSDAP eine Stellungnahme abgeben soll, und dies auch geschieht. Daß das Gutachten letztlich dann positiv ausfiel, muß ebenfalls mehr und andere Gründe gehabt haben als die „enge Fühlung" des Gutachters zum wissenschaftlichen Bibliothekswesen durch dessen eigene wissenschaftliche Arbeit.

Einen deutlichen Hinweis auf weitere Hintergründe für das Wohlwollen der NSDAP geben die Ausführungen des Bibliotheksreferenten im Reichserziehungsministerium, des früheren Bibliothekars an der Bayerischen Staatsbibliothek und Mitglieds des Vereinsausschusses des VDB von 1933 bis 1935, Rudolf Kummer, auf eben diesem 34. Bibliothekartag in Passau:

„Wie wichtig die Mitarbeit der Bibliotheken für die Bewegung in der Kampfzeit bereits war, möchte ich an einem Beispiel kurz erläutern. Die Entfernung des Judentums aus dem Geistesleben des deutschen Volkes galt als eine der wichtigsten Sofortmaßnahmen bei der Machtübernahme. Bereits eine Reihe von Jahren vor der nationalsozialistischen Erhebung hatte man daher begonnen, die Rassenzugehörigkeit der am deutschen Geistesleben beteiligten Persönlichkeiten systematisch zu überprüfen und *katalogmäßig festzulegen*. Was lag näher, als daß Bibliothekare hier ihr Können und Wissen zur Verfügung stellten? In gemeinsamer Arbeit mit Beauftragten der Bewegung haben damals Bibliothekare die Lebensläufe der deutschen Doktoranden an Hand der Dissertationen überprüft, ferner Kürschners Gelehrtenlexikon, Gothaische Hofkalender, jüdische Lexika und sonstige Nachschlagewerke durchgearbeitet und *verzettelt*. Dieser Gemeinschaftsarbeit war es mit zu danken, daß bereits 1933 halbwegs brauchbare Vorarbeiten für die Ausmerzung jüdischer Schriftsteller, Schriftleiter und Professoren vorhanden waren."[4]

Hier ist sie in aller wünschenswerten Klarheit benannt: die direkte, unmittelbare und freiwillige Beteiligung der Bibliothekare an der Vorbereitung der Existenzvernichtung der Deutschen jüdischen Glaubens, der

4 Ebenda S. 407. Hervorhebung d. Verf.

dann später – und dieses sollten auch wir Bibliothekare nicht vergessen – der Genozid folgte. „Ausmerzung“ nannte es Kummer, und er wußte als SS- und SD-Mitglied, was er sagte.[5]

Beteiligt hieran waren nur einzelne Bibliothekare, und zu einem Kollektivschuld-Verdikt besteht bis auf weiteres kein Anlaß. Anlaß besteht allerdings, weiter zu fragen, wie sich der Fachverein der deutschen wissenschaftlichen Bibliothekare und seine führenden Repräsentanten im Nationalsozialismus verhalten haben.

Vom oben genannten Passauer Bibliothekartag, dem Höhepunkt der öffentlichen Wirksamkeit des Vereins Deutscher Bibliothekare im „Dritten Reich“, der ganz im Zeichen der großdeutschen Euphorie nach der Annexion Österreichs stand, soll hier zunächst der Blick zurückgehen auf das Verhalten und das Verhältnis des VDB zur nationalsozialistischen Machtergreifung.

Selbstverständlich ließ die nationalsozialistische Machtergreifung den Verein nicht unberührt. Da der VDB sich selbst nicht nur als wissenschaftlicher, sondern nach den Beschlüssen von Wernigerode und Kassel auch als berufsständischer Verein verstand, fiel er unter den Runderlaß des Reichsministers des Inneren vom 27. April 1933, der die Gleichschaltung dieser Vereinigungen regelte. Hierin war bestimmt, daß die Vorstände nach dem „Führerprinzip“ umzugestalten waren und Mitglieder der NSDAP und ihrer Gliederungen in den entscheidenden Gremien in der Mehrzahl zu sein hatten.

Unterdessen hatte der Bibliotheksrat an der Preußischen Staatsbibliothek Friedrich Smend dortselbst mit Unterstützung weiterer Kollegen dieses Instituts eine Vereinigung nationalsozialistischer Bibliothekare gegründet[6] und alle Vereinsmitglieder zum Eintritt aufgefordert. Der Vorsitzende

5 Zu Kummer vgl. Fridolin Dressler: Die Bayerische Staatsbibliothek im Dritten Reich: eine historische Skizze. - In: Bibliotheken während des Nationalsozialismus. Teil 1 / hrsg. von Peter Vodosek und Manfred Komorowski. - Wiesbaden 1992 (Wolfenbütteler Schriften zur Geschichte des Buchwesens; 16) S. 49 ff. – Als biographische Quelle zu deutschen Bibliothekaren der ersten Hälfte des 20. Jahrhunderts ist immer hilfreich und bisher nicht übertroffen, wenn auch oft bekrittelt: Alexandra Habermann, Rainer Klemmt, Frauke Siefkes: Lexikon deutscher wissenschaftlicher Bibliothekare 1925–1980. - Frankfurt a. M. 1985 (ZfBB. Sonderh.; 42). Dieses Werk verdient immer dann herangezogen zu werden, wenn Auskünfte über die weitere Karriere nach der Niederlage des nationalsozialistischen Deutschland gewünscht werden.

6 VDB-Archiv. 1934. 5, Bl. 255.

des VDB, Adolf Hilsenbeck, hatte sich diesem Aufruf angeschlossen und, um eine Spaltung des Vereins zu verhindern, den Vorstand und den Vereinsausschuß bewogen, ihre Ämter zur Verfügung zu stellen.

Auf dem Bibliothekartag in Darmstadt 1933 mußte nun eine neue Vereinsführung gewählt werden, wobei die Regeln der Gleichschaltung zu beachten waren. So war es für dieses Mal der Obmann der Nationalsozialistischen Vereinigung im VDB, Smend, der den bisherigen Vorsitzenden Hilsenbeck zur Wiederwahl vorschlug. Hilsenbeck nahm an und revanchierte sich mit dem Vorschlag, Smend zum zweiten Vorsitzenden zu wählen. Der weitere Vorstand blieb nach hergebrachter Übung mit Kollegen aus der Bibliothek des Ersten Vorsitzenden besetzt. Bei der Wahl des Vereinsausschusses wurde darauf geachtet, daß mit der Berufung von Reinhard Fink (UB Leipzig), Josef Kindervater (UB Göttingen), Joachim Kirchner (Rothschildsche Bibliothek Frankfurt), Rudolf Kummer (BSB München) und Wilhelm Poewe (SB Berlin), neben Georg Leyh und Robert Teichl, der sich als Österreicher erst später zur NSDAP bekennen durfte, die NSDAP-Mitglieder im Gesamtausschuß des VDB auch die zahlenmäßige Majorität besaßen.

Neben dieser vereinsrechtlichen Pflichtübung lag dem VDB aber auch an einer inhaltlichen Klarstellung seines Verhältnisses zum nationalsozialistischen Staat. So erklärte der alte und neue Vereinsvorsitzende Hilsenbeck bei der Eröffnung der Vollversammlung: „Was aber die besondere Aufgabe der heutigen Tagung angeht, so bekennen wir laut, daß wir uns selbst und unsere Vereinigung vorbehaltlos einreihen in die neue Arbeitsfront des Staates ... Wir haben uns nur einzureihen, nicht umzustellen ... Ein zweites aber, was die deutschen Bibliothekare, im VDB vereint, mitbringen, ist die *großdeutsche* Gesinnung. Schon seit 1920, gleich nach dem Kriege, sind die österreichischen Fachgenossen als gleiche Mitglieder uns beigetreten."[7] Soweit Hilsenbeck zum Selbstverständnis des VDB.

Die Auswahl des Redners und seines Themas zum Hauptvortrag der Versammlung entsprach dem genau: Joachim Kirchner, ausgerechnet Direktor einer jüdischen Stiftungsbibliothek, sprach zum Thema „Schrifttum und wissenschaftliche Bibliotheken im nationalsozialistischen Deutschland".

7 ZfB 50 (1933) S. 506.

Die Begeisterung über die neuen Machthaber war im Verein allgemein, und auch der Herausgeber des Zentralblattes für Bibliothekswesen und Direktor der Universitätsbibliothek Tübingen, Georg Leyh, äußerte sich angetan von der neuen Zeit. Sein Resümee der Tagung macht auch deutlich, wo er seine persönlichen Vorlieben mit der Loyalität zum Nationalsozialismus zu verbinden suchte: „Noch eine abschließende Bemerkung. Schon auf dieser Tagung traten zum Teil als Forderung, zum Teil als Erfüllung die Gesichtspunkte der neuen Zeit zutage: das Leistungsprinzip und der Führergedanke. Während in frühen Jahren nicht selten die Teilnehmer der Tagung zu geschickt angelegten Abstimmungen veranlaßt wurden, um eine angeblich offizielle Stellungnahme des VDB zu umstrittenen Fragen öffentlich bekannt machen und auswerten zu können, obwohl vielleicht die maßgebenden Kenner fehlten und die Mehrzahl der Teilnehmer an dieser Frage weder ein sachliches noch persönliches Interesse hatte, fand jetzt trotz zahlreicher Vorträge keine einzige Abstimmung statt.“[8]

Aus den Ausführungen Leyhs spricht ein gewichtiger Teil dessen, was die Grundlage der Übereinstimmung der deutschen beamteten wissenschaftlichen Bibliothekare mit dem Nationalsozialismus ausmacht: die Vorstellung und das Bewußtsein, einer geistigen Elite anzugehören, die zu allen Fragen des Lebens die richtige Meinung besitzt, und vor allem die Erwartung, in dieser Phantasie von den neuen Machthabern endlich unterstützt zu werden. Eng verbunden hiermit war und ist noch heute verbreitet der Abscheu vor den Mühen demokratischer Meinungsbildungsprozesse, in deren Verlauf die Auseinandersetzung um die Sache zu führen und Kritik an „Sachkennern“ nicht als Majestätsbeleidigung aufzufassen ist.

Diese individuellen Allmachtsphantasien ins Feld des Politischen gewendet, fanden in den programmatischen Äußerungen des Vorsitzenden des Vereins ihren Niederschlag: Berufsständische Orientierung und großdeutsche Gesinnung, die im größeren Teil der deutschen Beamtenschaft über die Weimarer Republik hinweg erhalten geblieben waren, fanden ihre Entsprechung in der Rhetorik des Nationalsozialismus. Die Grundlage für Ständepathos und großdeutsche Phantasien bildete ein massiver

8 Ebenda S. 511.

Antisemitismus, der sich auf akademische Traditionen des 19. Jahrhunderts stützte und in der deutschen akademisch gebildeten Beamtenschaft feste Wurzeln geschlagen hatte.[9] Wie weit verbreitet und alltäglich dieser „gewöhnliche“ Antisemitismus bei den Bibliothekaren war, schildert in der Rückschau ein Mitglied des Vereins Deutscher Bibliothekare anhand der eigenen Erfahrungen: „Nach bestandenem Examen für den wissenschaftlichen Bibliotheksdienst ging ich 1926 zu dem Direktor Uhlendahl und fragte ihn, ob an der Deutschen Bücherei Aussichten für mich seien. Das war kein unebener Mann und ganz gewiß kein Antisemit, und doch mußte ich seine ruhige Antwort hören. ‚Wissen Sie, Herr Doktor, ich würde Ihnen raten, sich an diejenigen Bibliotheken zu wenden, die von jüdischem Gelde finanziert werden!‘“[10] Und er fährt fort: „[In Hannover] fand ich 1927 eine Anstellung als Bibliothekar ... In meinem Amt war man kollegial, dennoch war die Distanz immer fühlbar, besonders am Stammtisch, wo sich Bibliothekare, Archivare, Museumsdirektoren einmal im Monat trafen, zu Bier und Politik und zu Witzen, die eher weinen machten als lachen.“[11]

Doch kehren wir zurück zum Bibliothekartag 1933 in Darmstadt. An seinem Beginn stand das oben erwähnte programmatische Referat von Joachim Kirchner, Mitglied des Vereinsausschusses des VDB und Direktor der Rothschildschen Bibliothek in Frankfurt zum Thema „Schrifttum und wissenschaftliche Bibliotheken im nationalsozialistischen Deutschland“. Kirchners Kompetenz in dieser Frage war dem VDB-Vorstand bekannt: Als Bibliothekar bereits damals anerkannt, war er seit etlichen Jahren Mitglied im 1929 von Alfred Rosenberg gegründeten „Kampfbund für Deutsche Kultur“, dessen Ortsgruppe Frankfurt er seit dem Januar 1933 leitete, sowie der NSDAP und der SA.[12] Kirchner forderte, „daß auch auf dem Gebiete unseres deutschen Bibliothekswesens ein-

9 Vgl. hierzu Eike Wolgast: Die geistige Gleichschaltung als Bestandteil der nationalsozialistischen Machtergreifung 1933. - In: Heidelberger Jahrbücher 28 (1984) S. 41.

10 Werner Kraft: Spiegelung der Jugend. - Frankfurt a. M. 1973, S. 107 f.

11 Ebenda S. 132 f. Zur Tätigkeit Werner Krafts als Bibliothekar in Hannover vgl. Michael Labach: 55 Jahre Berufsverbot für Werner Kraft. - In: Laurentius: Von Büchern und Bibliotheken 5 (1988) S. 143 ff.

12 VDB-Archiv. 1934. 3, Bl. 34. Ebenfalls: Franz Fischer: Die Freiherrlich Carl von Rotschild'sche Bibliothek 1928–1945. - In: Die Rothschildsche Bibliothek in Frankfurt am Main. - Frankfurt a. M. 1988, S. 74 ff.

schneidende Veränderungen eintreten müssen, Veränderungen, die mit jener völkischen Geistesrichtung in Zusammenhang stehen müssen, die das neue Staatswesen von uns fordert."[13]

Einschneidend waren seine Forderungen, was den Ausschluß der jüdischen, kommunistischen und marxistischen Literaturproduktion von der puren Kenntnisnahme in Deutschland anging. Sehr viel weniger einschneidend, vielmehr alte und langgehegte Forderungen der deutschen wissenschaftlichen Bibliothekare aufgreifend, waren seine Ausführungen zu den „bibliothekarischen Fachfragen": Zentralisierung der deutschen Bibliothekspolitik, Einführung bzw. Wiedereinführung des Referatesystems, Entlastung der wissenschaftlichen Bibliothekare von Verwaltungsaufgaben, Regionalprinzip beim auswärtigen Leihverkehr. Hinzu kam die Forderung, den Nachwuchs an akademisch vorgebildeten Bibliothekaren, wie die Ausbildung insgesamt, stark ideologisch zu fundieren, was in die Forderung nach Mitgliedschaft in der NSDAP oder einer ihrer Gliederungen mündete.

Bei Kirchners Vortrag fällt auf, wie er sein persönliches Bekenntnis zum Nazi-System mit der Fortentwicklung bibliothekarischer Forderungen verbindet und dafür eintritt, im nationalsozialistischen Staat auch den Bereich des Bibliothekswesens zu zentralisieren. Damit aber hat er tatsächlich die Richtung der Bibliothekspolitik im „Dritten Reich" angegeben. Dieser Linie folgte auch der Verein Deutscher Bibliothekare und dies auch über das „Dritte Reich" hinaus.

In den weiteren Beiträgen des Darmstädter Bibliothekartages wurden sogenannte Fachfragen erörtert, doch auch hier wurde das Gefühl, es sei wie immer, erheblich gestört, wenn sich Gustav Abb mit dem Thema „Arbeitsdienst und Bibliotheken" meldete und Heinrich Uhlendahl über den Stand der Herstellung der „Schwarzen Listen" Auskunft gab. Jedenfalls hatte der VDB mit diesem Bibliothekartag seine Bereitschaft dokumentiert, auch unter der neuen staatlichen Autorität loyal tätig sein zu wollen.

Zunächst kam es jedoch zu Komplikationen auf dem Weg der Anpassung. Joachim Kirchner, der im Juni 1933 die Richtung der Bibliotheks- und Vereinspolitik angegeben hatte, mußte im Januar 1934 an den Ver-

13 ZfB 50 (1933) S. 514.

einsvorsitzenden Hilsenbeck schreiben und von Unannehmlichkeiten berichten: „Lieber Vereinsbruder Hilsenbeck, in der Anlage übersende ich Dir die Abschrift eines Briefes ... Er bezieht sich auf einen Presseangriff in einem in Köln ... erscheinenden Blatte der Hitlerjugend [Die Fanfare, d. Verf.], der völlig ungerechtfertigte Angriffe gegen mich enthält. Leider haben Berliner Kollegen diesen Schmähartikel, der offensichtlich den Stempel einer gemeinen und gehässigen Denunziation trägt, zu meinem Schaden ausgewertet und – wie mir von Seiten hiesiger Kollegen versichert wurde – mündlich und schriftlich weiterverbreitet ... Ich schreibe Dir dies zur Aufklärung und mit der Bitte, allen böswilligen Entstellungen des Sachverhaltes entgegen zu treten."[14]

Hilsenbecks Antwort ist in den Akten des VDB nicht überliefert. Es zeigt sich aber in der Folgezeit in dem intensiven Briefwechsel zwischen Hilsenbeck und Kirchner, die sich gegenseitig sehr eng berieten, daß die Stellung Kirchners in Frankfurt vorübergehend geschwächt war, er besonders bei vielen Versuchen, die Personalpolitik seines Vorgesetzten Richard Oehler durch Interventionen des VDB zu kritisieren, den kürzeren zog und auch von Hilsenbeck nicht mehr gestützt werden konnte.[15] Nach dem Ausscheiden Hilsenbecks aus dem Amt des Vorsitzenden des VDB verlor auch Kirchner seinen Einfluß auf die Politik des Vereins. In Frankfurt fühlte er sich danach auch nicht mehr recht wohl, sondern übergangen. Seine Versuche, einen auswärtigen Direktorenposten zu erreichen, schlugen mehrmals fehl. Erst 1940 wurde er Direktor der Universitätsbibliothek München, derjenigen Bibliothek, die sein „Konphilister" Hilsenbeck bis 1938 geleitet hatte. Inwieweit letzterer hierbei seinen Einfluß geltend machte, ist gegenwärtig nicht sicher zu bestimmen.

Die Motive für die Denunziation Kirchners im Winter 1933/34 bleiben zunächst rätselhaft, wenn man sich nicht vergegenwärtigt, daß er SA-Mitglied war. Anfang 1934 waren die Karrierechancen für SA-Mitglieder im NS-Staat bereits vorüber. Wir befinden uns in der Phase der Vorbereitung der Ermordung und Ausschaltung der gesamten SA-Führung am 30. Juni 1934. Kirchners Verdacht, daß es sich um gezielte Denunziation gehandelt haben soll, wird durch das prompte Auftauchen des Zeitschriftenartikels aus dem Kölner HJ-Blatt in „Berliner Kollegen-

14 VDB-Archiv. 1934. 3, Bl. 73.
15 VDB-Archiv. 1934. 3, Bl. 73 passim.

kreisen" unterstützt. Wie auch immer, aus der Vereinskorrespondenz des VDB geht jedenfalls hervor, daß zwischen dem nachmaligen Vorsitzenden Abb und dem Frankfurter Direktor Oehler ein herzliches Verhältnis herrschte.

Den zweiten Rückschlag bei dem Bemühen, die Personalpolitik des Vereins Deutscher Bibliothekare in vorauseilendem Gehorsam den Wünschen der Nationalsozialisten anzupassen, mußte Hilsenbeck wenig später hinnehmen. Am 9. April 1934 teilte er in einem als vertraulich gekennzeichneten Rundbrief den Mitgliedern des Vereinsausschusses mit: „Ich teile mit, dass Dr. Smend sein Amt als Stellvertretender Vorsitzender niedergelegt hat, da er aus Gründen, die weder mir noch ihm bekannt sind, aus der Partei ausgeschlossen wurde, und seine leitende Stelle im Verein in erster Linie als Parteigenosse erhalten hat."[16]

Was war geschehen? Am 3. April 1934 hatte Friedrich Smend an Hilsenbeck geschrieben und ihm seinen Parteiausschluß mitgeteilt. „Sehr geehrter Herr Direktor, heute habe ich eine betrübliche Mitteilung zu machen. Ich bin aus der Reihe der Mitglieder der NSDAP ausgeschlossen worden. Gründe sind mir nicht mitgeteilt worden. Auf Grund [von] ... Überlegungen und Rückfragen kann ich keinen andren Grund sehen als meine kirchliche Betätigung ... Ich lege mein Vorstandsamt im VDB in Ihre Hände zurück ... wenn ich noch eine Bitte äußern darf, so ist es die, meinen Kollegen Juchhoff, den Vertrauensmann der Berliner Kollegen im Reichsbund, zu meinem Nachfolger zu machen."[17]

Zur letzten Bitte Smends hatte Hilsenbeck in oben zitiertem Rundbrief bemerkt: „Ich halte die Ernennung oder Erwählung eines Ersatzes bis zum Bibliothekartag für überflüssig."[18] Hilsenbeck wollte mit einer Bereinigung der Peinlichkeit, das „falsche" NSDAP-Mitglied ausgewählt zu haben, bis zum Bibliothekartag warten. Für eine Kooptierung auf der dortigen Mitgliederversammlung wäre dies auch ein geeignetes Vorgehen gewesen, indes, es mußte zuvor die Endredaktion des neuen Jahrbuchs der Deutschen Bibliotheken besorgt werden. Hier war guter Rat teuer, denn mit einem ausgeschlossenen NSDAP-Mitglied Smend wollte der Vorsitzende nicht an die Öffentlichkeit treten. Aus diesem Grunde

16 VDB-Archiv. 1934. 4, Bl. 170.
17 VDB-Archiv. 1934. 4, Bl. 152.
18 VDB-Archiv. 1934. 4, Bl. 170.

setzte er in die Druckvorlage des Jahrbuchs die Daten des Vorstandes ein, der auf dem Bibliothekartag in Jena 1932 gewählt worden war. Hilsenbeck hatte bei diesem Manöver die Rechnung allerdings ohne den Wirt gemacht. Der hieß in diesem Falle Werner Rust und war Abteilungsleiter der Deutschen Bücherei in Leipzig und ein „richtiger“ Nationalsozialist. Dieser schrieb am 12. Mai an Hilsenbeck: „Ich [wäre] Ihnen für eine Auskunft über folgendes äußerst dankbar: Das neue Jahrbuch teilt auf S. 327 die Zusammensetzung des Vorstandes und Beirates unseres Vereins mit. Es ist das Wahlergebnis von 1932 angegeben. Aus welchem Grunde ist von der Gleichschaltungswahl 1933 keine Notiz genommen? Ich müsste mich sehr irren, wenn nicht in Darmstadt eine gewisse Umänderung der Stellenbesetzung im Vorstand erfolgt wäre, und ich erinnere mich dunkel, dass Herr Kollege Smend zu Ihrem Stellvertreter ernannt wurde.“[19]

Hilsenbeck war erwischt worden und beeilte sich, Rust zu besänftigen. So schrieb er unter demselben Datum zurück: „Sie haben recht: Es ist bedauerlich, dass im Jahrbuch über die Vorstandschaft teilweise unrichtige Angaben sind: Der Vorstand ist in Darmstadt gleichgeschaltet und auf 2 Jahre neugewählt worden ... Vor kurzer Zeit ist nun Kollege Smend von seinem Amte zurückgetreten ... Seine Stelle ist also neu zu besetzen, es besteht im Ausschuss Übereinstimmung, dass das nicht durch Wahl, sondern durch mich zu geschehen habe. Ich habe deshalb von Smend die Mitglieder-Liste der damaligen Nationalsozialistischen Bibliothekar-Vereinigung eingefordert, um von den einzelnen Mitgliedern das Datum ihres Partei-Eintrittes zu ersehen.“[20]

Hierauf nun ließ Rust die Katze aus dem Sack und setzte Hilsenbeck massiv unter Druck: „Aus reinen Vereinsrücksichten weise ich darauf hin, dass die von Herrn Kollegen Smend im vergangenen Frühjahr ins Leben gerufene Nationalsozialistische Bibliothekar-Vereinigung nach den Grundsätzen der NSDAP und den Anweisungen der Regierung unzulässig war. Standesorganisationen sowie Zusammenschlüsse einzelner Dienstgradkreise neben den Fachschaften sind verboten. Es haben sich daher eine ganze Reihe Kollegen, darunter die gesamte UB Berlin, dieser Vereinigung ferngehalten, und ich selbst habe Herrn Smend im Auftrage der Berliner UB-Kollegen diesen Standpunkt klarzumachen versucht. Ich be-

19 VDB-Archiv. 1934. 5, Bl. 248.
20 Ebenda.

fürchte nun, dass bei einer weiteren Berücksichtigung einer Liste der vor einigen Monaten stillschweigend zu Grabe gesunkenen Vereinigung im Kreise der Kollegen, die der Vereinigung seinerzeit ferngeblieben waren, gerade weil sie ältere Parteigenossen waren und die Unzulässigkeit der Vereinigung sofort erkannt hatten, bei Bezugnahme auf die Mitglieder dieser kleinen Gruppe eine unnötige Unruhe entsteht. Es erscheint mir ratsam, nachdem der Bearbeiter des neuesten Jahrbuchs die vorjährige Gleichschaltung unseres Vorstandes mit Stillschweigen übergangen hat und da dieser Bearbeiter der Preussischen Staatsbibliothek angehört, nicht unnötig das Augenmerk unserer Mitglieder nochmals auf die ebenfalls der Staatsbibliothek entstammende und von Herrn Kollegen Smend geleitete Nationalsozialistische Vereinigung der Bibliothekare hinzulenken."[21]

Hilsenbeck verstand und teilte Rust mit: „Ich hoffe, Sie am Begrüßungsabend zu sehen, und werde in der ganzen Frage, um keine unnötige Beunruhigung zu machen, nicht vorgehen, ohne mich mit Ihnen ausgesprochen zu haben."[22]

Um sich selbst zu entlasten, nahm er den Vorwurf Rusts auf und versuchte, den Bearbeiter des Jahrbuchs, Wilhelm Krabbe, zum Sündenbock für die nun gescheiterte Politik zu machen, die Berufung Smends zum Stellvertretenden Vorsitzenden zu verschleiern. Krabbe wies Hilsenbeck jedoch nur kühl darauf hin, daß bereits dessen Satzvorlage für das Jahrbuch die von Rust monierten Daten enthielt. Aus Krabbes Antwort an Hilsenbeck geht allerdings auch hervor, daß das Kollegium an der Preußischen Staatsbibliothek in gewissem Maße darum bemüht war, sich gegenseitig zu decken. So wurde der Personaleintrag Smends im Jahrbuch entgegen der gewöhnlichen Übung auf dessen eigenen Wunsch getilgt, obwohl er weiter Mitglied des Vereins blieb.[23] Insofern sind die Invektiven Rusts gegen die Staatsbibliothek aus der Perspektive der Kollegen der Universitätsbibliothek Berlin Ausdruck alter Rivalität der Bibliotheken untereinander und zeigen exemplarisch den Versuch, mit Hilfe der neuen politischen Führung im Staate diese Rivalität jeweils für sich zu entscheiden. Vorläufig behielten die Bibliothekare der Staatsbiblio-

21 VDB-Archiv. 1934. 5, Bl. 255.
22 Ebenda.
23 VDB-Archiv. 1934. 5, Bl. 259.

thek in Berlin die Oberhand und ihren Einfluß auf die Führung des VDB. Dies sollte sich dann 1937 ändern, als Gustav Abb Vorsitzender des VDB wurde und Rudolf Buttmann Stellvertretender Vorsitzender.

Bevor wir hierauf eingehen, müssen wir noch bei der 30. Versammlung Deutscher Bibliothekare im Mai 1934 in Danzig verweilen. Der offizielle Tagungsbericht im Zentralblatt für Bibliothekswesen stellt genauso enthusiastisch wie unwahr fest: „Mit dem Entschluß, die erste Tagung nach Durchbruch der nationalen Revolution gerade auf Danziger Boden abzuhalten, hat der Vorstand unseres Vereins die freudige Zustimmung wohl aller Kollegen gefunden; er hat damit erneut bekundet, daß das deutsche Volkstum an und jenseits der oft willkürlich gezogenen Landesgrenzen uns deutschen Bibliothekaren je und je am Herzen gelegen hat."[24]

Die tatsächlichen Verhältnisse beschreibt ein Brief Hilsenbecks an den Direktor der Landesbibliothek Fulda, Joseph Theele: „Die Frage des Ortes des nächsten Bibliothekartages ist jetzt entschieden, wir haben uns doch nach langem hin und her für Danzig entschieden. Ich habe anfangs auch Bedenken gehabt wegen der etwas weiten Entfernung für die Süd- und Südwestdeutschen, aber die Tatsache, dass unsere Anwesenheit in Danzig aus nationalen und völkischen Gründen dort sowohl als auch im Propaganda-Ministerium sehr gerne gesehen wird, hat den Ausschlag gegeben ... Ich glaube, dass der nationale Charakter solcher Dienstreisen bei Eingaben sehr betont werden kann."[25]

Die Initiative für die Benennung Danzigs als Versammlungsort ging vom dortigen Bibliotheksdirektor Fritz Prinzhorn aus. Er setzte den Vorstand des VDB massiv unter Druck und konnte im Dezember 1933 die Zustimmung zur Veranstaltung des Bibliothekartages erreichen. Unmittelbar nach der Zusage meldeten sich jedoch zahlreiche Kritiker an dieser Entscheidung, die sowohl den demonstrativ politischen Charakter der Veranstaltung in Danzig kritisierten, als auch mit dem Argument der weiten Entfernung versuchten, die Entscheidung für Danzig wieder rückgängig zu machen.[26] Prinzhorn wurde demgegenüber vom Reichserziehungsministerium und dem Propagandaministerium unterstützt, und es gelang ihm, Hilsenbeck, der am 8. Januar 1934 die Danziger Ver-

24 ZfB 51 (1934) S. 393.
25 VDB-Archiv. 1934. 3, Bl. 55.
26 VDB-Archiv. 1934. 3, Bl. 32.

anstaltung abgesagt hatte, zur Rücknahme dieses Vorstandsbeschlusses zu zwingen.

„Danzig muss den größten Wert auf das Zustandekommen der Tagung legen, da es im stärksten Abwehrkampf gegen Polen steht. Es geht hier um die Erhaltung des Deutschtums ... Es ist der Wunsch der Danziger Regierungsstellen, dass diese Tagung in Danzig stattfindet ... Ausserdem ist jetzt der geeignete Zeitpunkt für den Verein Deutscher Bibliothekare, den Schritt in eine breitere Öffentlichkeit zu tun. Der nationalsozialistische Staat verlangt eine Umstellung, und es gibt keinen geeigneteren Ort, um diese Umstellung äußerlich zu beweisen, als gerade Danzig."[27]

Danzig war seit 1920 „Freie Stadt" unter der Aufsicht des Völkerbundes und spätestens seit diesem Zeitpunkt Zankapfel zwischen dem Deutschen Reich und Polen. Da seinerzeit die Festlegung des Status von Danzig ohne eine Befragung der mehrheitlich deutschen Bevölkerung stattgefunden hatte und aufgrund der konkreten Festlegung der Verwaltung zwischen Danzig, Polen und dem Deutschen Reich eine Reihe von alltäglichen Reibungspunkten angelegt waren, fand die deutschnationale Propaganda unter den deutschstämmigen Beamten in Danzig den günstigsten Nährboden. Nach der nationalsozialistischen Machtergreifung in Deutschland erschien den „völkisch" gesinnten Aktivisten in Danzig die Gelegenheit günstig, die deutschfreundliche Propaganda zu verstärken. Seit 1933 war auch die Danziger Stadtverwaltung unter nationalsozialistischer Herrschaft. Prinzhorn, ausgestattet mit guten Verbindungen aus seiner Berliner Berufstätigkeit, ergriff die Gelegenheit beim Schopfe und versicherte sich der Unterstützung durch die oben genannten Ministerien und durch Hugo Andres Krüss, den Generaldirektor der Preußischen Staatsbibliothek. Dem hatte Hilsenbeck nichts mehr entgegenzusetzen, nachdem in einem endlosen Briefwechsel zwischen VDB, Reichserziehungsministerium, Reichsinnenministerium und Auswärtigem Amt die Frage der finanziellen und Reiseunterstützung für die Danziger Tagung geklärt war. Also fand 1934 die 30. Versammlung der Deutschen Bibliothekare in Danzig statt, fast vollständig finanziert aus reichsdeutschen Ministeriumskassen. Der VDB, immerhin ein Privatverein, hatte sich wiederum zum Vorreiter staatlicher, nationalsozialistischer Politik machen lassen.

27 VDB-Archiv. 1934. 3, Bl. 32.

In der Begrüßungsansprache der öffentlichen Kundgebung im Rahmen des Bibliothekartages klagte dann auch Hilsenbeck die Gegengabe der Bibliothekspolitiker in Berlin ein: „Seit wenigen Wochen untersteht das wissenschaftliche Büchereiwesen dem neu gegründeten Reichs-Kultus-Ministerium; im Interesse unserer gemeinsamen Unternehmungen begrüßen wir diese Wendung aufs allerfreudigste, ist doch auf diesem Wege Aussicht, einmal die Mittel zu finden, um dies große Werk eines Deutschen Gesamtkatalogs zu beginnen und zu vollenden."[28]

Eine Grundforderung Kirchners aus dem Jahre 1933 war also bereits Wirklichkeit geworden, nämlich die einheitliche und zentralisierte deutsche Bibliothekspolitik. Mit der Erinnerung an die Erweiterung des Preußischen zum Deutschen Gesamtkatalog erinnerte Hilsenbeck sogleich an ein weiteres Desiderat staatlicher Bibliothekspolitik.

Die Vereinsangelegenheiten, die ihn im Vorfeld des Bibliothekartages so sehr beschäftigt hatten, fanden einen nach außen hin undramatischen Abschluß. Im Bericht über die Mitgliederversammlung des VDB heißt es: „Die Versammlung erteilt dem Vorsitzenden die Ermächtigung, die Statuten im Sinne des Führerprinzips umzuändern, die Rechte der Mitgliederversammlung gehen dann an den Ausschuß über (Beirat); die des Ausschusses an den Vorsitzenden. Die Umänderung des Vereins in eine Gesellschaft wissenschaftlichen Charakters ist einzuleiten; Mitglieder sind wissenschaftlich vorgebildete deutsche Bibliothekare."[29]

Mit diesem Beschluß ging der VDB in ein weiteres Jahr seines Bestehens. Über die Rolle Smends auf dem vorjährigen Bibliothekartag wurde kein Wort verloren. Die Versammlung endete mit der Einladung Leyhs an den VDB, den nächsten Bibliothekartag 1935 in Tübingen abzuhalten. Dieser fand 1935 tatsächlich dort statt und konnte die Klärung einer alten Streitfrage seit der nationalsozialistischen Machtergreifung herbeiführen. Der Verein Deutscher Bibliothekare wurde nicht weiter als berufsständische Organisation angesehen, und damit war die Frage der Ein- und Zuordnung zur Reichsschrifttumskammer (in die der Verband der Volksbibliothekare inkorporiert worden war) negativ beantwortet. Der Widerstand des Reichserziehungsministeriums, Beamte, die seiner Verfügung unterstanden, in der Reichsschrifttumskammer organisiert zu se-

28 ZfB 51 (1934) S. 464.
29 ZfB 51 (1934) S. 461.

hen, hatte zum Erfolg geführt: Am 22. Mai 1935 entschied das Ministerium durch Erlaß: „Da die im Verein deutscher Bibliothekare zusammengeschlossenen Mitglieder dem Geschäftsbereich des mir unterstellten Reichsministeriums ... angehören, kommt für den Verein wie für seine Mitglieder im Hinblick auf § 1 des Reichskulturkammergesetzes eine Zugehörigkeit zu einer in der Reichkulturkammer vereinigten Kammern (z. B. der Reichsschrifttumskammer) nicht in Betracht."[30]

Dieser Auffassung ordnete sich endlich auch der Präsident der Reichsschrifttumskammer unter und erklärte mit Schreiben vom 6. Juni 1935: „Mit Rücksicht darauf, daß die Betreuung ... wissenschaftlicher Vereine nicht zu den Aufgabengebieten der Reichsschrifttumskammer gehört, ... entlasse [ich] den Verein Deutscher Bibliothekare aus dem Zuständigkeitsbereich der Reichsschrifttumskammer."[31]

So weit, so gut. Grotesk an diesem Entscheid war jedoch, daß durch Erlaß des Reichserziehungsministeriums den beamteten Mitgliedern des VDB die Mitgliedschaft in der Reichsschrifttumskammer von allem Anfang an verboten war, obwohl der Verein als Mitglied behandelt wurde!

Neben dieser guten Nachricht, die den Vereinsmitgliedern einen zusätzlichen Mitgliedsbeitrag ersparte, mußte der alte Vorsitzende Hilsenbeck auch eine schlechte Nachricht verkünden: Der Auftrag der Versammlung im Jahre 1934, eine neue Satzung zu erstellen, hatte sich hingezogen und war noch nicht zum Abschluß gekommen. Hilsenbeck sollte oder wollte nicht länger Vorsitzender sein. Hingegen war Georg Leyh vom neuen Bibliotheksreferenten im Reichserziehungsministerium, dem schon erwähnten Rudolf Kummer, massiv unter Druck gesetzt worden, das Amt des Vereinsvorsitzenden zu übernehmen,[32] und so mußte die Versammlung unter Bruch der alten und im Vorgriff auf die neue Satzung zumindest einen Vorsitzenden, nämlich Leyh, bestimmen. Dies tat die Versammlung auch brav, die Folgen sollten allerdings den Vereinsvorstand noch lange Zeit beschäftigen.

Im September 1935 gratulierte der neue Vorsitzende des VDB dem Kollegen Juchhoff von der Preußischen Staatsbibliothek zu dessen Ernennung zum Abteilungsdirektor dortselbst. Er verband diesen Glück-

30 ZfB 52 (1935) S. 554.
31 Ebenda.
32 VDB-Archiv. 1936. 12, Bl. 206.

wunsch mit der Bitte an Juchhoff, die Position eines stellvertretenden Vorsitzenden des VDB auszufüllen. Juchhoff, NSDAP-Mitglied seit Februar 1933, nahm das Amt an. Auf diese Weise hatte sich die letzte Bitte von Friedrich Smend an den damaligen Vorsitzenden Hilsenbeck mit etwas über einjähriger Verspätung erfüllt. Juchhoff war von Leyh dazu bestimmt worden, in Berlin die sehr verwickelten Satzungsfragen des Vereins Deutscher Bibliothekare zu klären. Hierzu war die Anwesenheit am Sitz des zuständigen Registergerichts genauso wichtig wie die enge Verbindung zu dem Bibliotheksreferenten im Reichserziehungsministerium und, wie sich zeigen wird, auch der Kontakt zur Gestapo.

Ausgangspunkt der Satzungsprobleme war einerseits die noch nicht erfolgte Anpassung der Satzung an die Gleichschaltungsbestimmungen wie auch die Umdefinition des Vereinszweckes in die Pflege der Wissenschaft, um so die Trennung von der Reichsschrifttumskammer aufrechterhalten zu können, die vom Reichserziehungsministerium gewünscht war. Diesen beiden politischen Forderungen an den VDB standen dann zu allem Unglück noch Fristen und Bestimmungen aus dem Vereinsrecht entgegen.

Auf der Vorstandssitzung des VDB am 12. Juni 1935 waren die Grundlinien der Satzung im Grundsatz bereits festgelegt. „Beim Punkte ‚Satzungen' teilt der Vorsitzende mit, dass neben rein redaktionellen Umgestaltungen ... es nur zwei Paragraphen sind, die eine wesentliche Änderung zu erfahren haben: der § der Aufnahme als Mitglied und der § über den Vorsitzenden ... Zu ersterem wird beschlossen, den Nachdruck auf die Worte ‚Beamte' und ‚deutsch' zu legen, dagegen ‚arisch' wegzulassen, weil Nichtarier in Beamten-Vereine ohnehin nicht aufgenommen werden; ‚nationalsozialistisch' wurde nicht verwendet wegen der österreichischen Kollegen. Der Verein soll ein wissenschaftlicher Verein sein, der als solcher der RSK nicht angehört. Beim 2. genannten Paragraphen wird entsprechend dem Führer-Prinzip festgelegt, dass nur der Vorsitzende gewählt wird."[33]

Nachdem die Vorbereitungen so weit gediehen waren, überraschte der Bibliotheksreferent Kummer den Vorsitzenden Hilsenbeck mit der Nachricht, daß die Satzung im Reichserziehungsministerium genehmigt

33 VDB-Archiv. 1935. 8, Bl. 289.

werden müsse. Also wurde, wie oben berichtet, Leyh zum Vorsitzenden gewählt, obwohl der Verein keine gültige Satzung besaß. Am 4. Juli teilte das Ministerium mit, daß gegen den Entwurf der Satzung keine Einwände bestehen, redaktionelle Änderungen jedoch empfohlen würden. Am 8. Juli meldete sich das Registergericht in Berlin, dem der Entwurf der Satzung vorgelegt werden mußte, und beanstandete die Vorstandswahl in Tübingen. Den sorgfältigen Juristen war nicht entgangen, daß Leyh auf die Dauer von drei Jahren gewählt worden war, ebenfalls im Vorgriff auf die neue Satzung.

Nachdem der Verein so in ernste Schwierigkeiten gekommen war, meldete sich auch der Bibliotheksreferent: „Aus grundsätzlichen Erwägungen muß das Ministerium davon absehen, zu dem Entwurf abschliessend Stellung zu nehmen; es muß dem Verein in eigener Verantwortung überlassen bleiben, seine inneren Angelegenheiten zu regeln."[34]

Leyh empfand diese Flucht aus der selbstverschuldeten Misere wie Hohn, sein Verhältnis zu Kummer kühlte sich stark ab. In der Satzungsfrage vereinbarte er mit Juchhoff, eine außerordentliche Mitgliederversammlung in Berlin einzuberufen. Diese Versammlung fand am 19. Oktober 1935 in den Räumen der Universitätsbibliothek Berlin statt und diente dem einzigen Zweck, die neue Satzung zu verabschieden und Vorstand und Ausschuß zu bestimmen. Jener bestand aus Leyh, Juchhoff, Ernst Leipprand und Hermann Raff; dieser aus Adolf Hilsenbeck, Hermann Corsten, Josef Kindervater, Ernst Wermke und Robert Teichl. Die Verhandlungen mit dem Registergericht zogen sich danach aber immer mehr in die Länge, so daß sich Georg Leyh veranlaßt sah, am 2. April 1936 an den Generaldirektor der Bayerischen Staatsbibliothek Buttmann zu schreiben und um dessen Unterstützung zu bitten. Die Zeit drängte mittlerweile, weil es unklar war, ob Leyh den Bibliothekartag nach Dresden einberufen durfte. Ebenso unklar war, welche Vereinssatzung im neuen Jahrbuch, das bereits im Fahnenabzug vorlag, abzudrucken sei. In dieser unübersichtlichen Lage schrieb Leyh an Buttmann: „In diesen Schwierigkeiten würden Sie sich ein grosses Verdienst um ihren Fachverband erwerben, wenn Sie die Freundlichkeit hätten, durch ein Schreiben an das

34 VDB-Archiv. 1936. 12, Bl. 64.

Polizeipräsidium ... zu erwirken, dass die Prüfung der Satzung durch die Partei-Dienststellen mit tunlichster Beschleunigung erfolgt."[35]

Gemeint war die Prüfung der Vereinssatzung durch die Gestapo. Buttmann war der geeignetste deutsche Bibliothekar für diese heikle Aufgabe, denn aufgrund seiner frühen Mitgliedschaft in der NSDAP und seiner Tätigkeit im Reichsinnenministerium war er im Umgang mit der nationalsozialistischen Geheimpolizei geübt und unbefangen. Seine Bemühungen hatten auch hier prompten Erfolg. Leyh konnte sich nun endlich anderen Dingen widmen, die nicht weniger drängten als die leidigen Satzungsfragen. So hatte er zum Beispiel ein Schreiben des Direktors der Herzog August Bibliothek in Wolfenbüttel, Wilhelm Herse, zu beantworten. Herse fragte an: „Von unserer vorgesetzten Behörde ist beanstandet worden, daß wir das Zentralblatt für Bibliothekswesen von der Firma Harrassowitz-Leipzig als einer vermutlich jüdischen Firma beziehen. Deshalb bitte ich Sie als den Vorsitzenden des Vereins Deutscher Bibliothekare um freundliche Auskunft in dieser Angelegenheit."[36]

Leyhs Antwort zeugt von dem Vergnügen, welches ihm die Anfrage bereitete: „Wenn es sich bei der Firma Harrassowitz um eine jüdische Firma handeln würde, dann würde Generaldirektor Dr. Buttmann-München, der die Parteimitgliedsnummer 4 hat, schwerlich bereit gewesen sein, auf meinen Wunsch in die Schriftleitung des ZfB einzutreten. Es können eben nicht alle Menschen Müller oder Schmidt heißen."[37]

Vor der Bereinigung dieser Marginalie hatte Leyh ein sehr viel schwierigeres Problem zu lösen, denn nun holte den VDB die Vertreibung der Juden aus Deutschland ein. Bei der Vorbereitung für das Jahrbuch der Deutschen Bibliotheken 1936 war dem Bearbeiter, Wilhelm Krabbe, die Behandlung der „jüdischen" Bibliotheken und der „nichtarischen" Vereinsmitglieder abermals als Problem aufgefallen. Nach Rücksprache mit Juchhoff machte er einen äußerst komplizierten und von schlechtem Gewissen diktierten Vorschlag. Gleichzeitig war Krabbe sich mit Juchhoff darin einig, daß die beiden sich in der Frage nicht exponieren wollten, weswegen sie Leyh dazu drängten, eine Entscheidung zu fällen. Leyh entschied und teilte auch dem Bibliotheksreferenten Kummer seine Entschei-

35 VDB-Archiv. 1936. 12, Bl. 206.
36 VDB-Archiv. 1936. 12, Bl. 22.
37 VDB-Archiv. 1936. 12, Bl. 33.

dung mit: „Bei der Durchführung des Arierparagraphen habe ich folgende Stellung eingenommen. Die jüdischen Spezialbibliotheken ... werden in das Verzeichnis der Bibliotheken aufgenommen, ebenso die an diesen Bibliotheken tätigen nichtarischen Bibliothekare in das Personenverzeichnis. Die in Deutschland tätigen nichtarischen Bibliothekare können jedoch nicht mehr Mitglieder des VDB sein. Bei Neuanmeldungen ist die Versicherung der arischen Abstammung schriftlich abzugeben. Nur die an österreichischen Bibliotheken tätigen Beamten können auch als Nichtarier Mitglieder des VDB sein."[38]

Entsprechend verfuhr Krabbe bei der Herstellung des Jahrbuchs. Die Position Leyhs war nach dieser Entscheidung wiederum labiler geworden. Der nächste Schritt der Demontage Leyhs folgte auf dem Dresdener Bibliothekartag 1936. Dort hielt Leyh als Vorsitzender das Eröffnungsreferat: „Nach einem Rückblick auf die erste Fachversammlung in Dresden im Jahre 1897 gab G. Leyh in einer programmatischen, von spontanem Beifall beantworteten Einführungsrede einen Überblick über die grundsätzlichen Fragen, vor welche die deutschen Bibliotheken heute gestellt sind, und bekannte sich zu dem System des Fachreferats, das allein die Möglichkeit biete, den notwendigen engeren Anschluß an die Fachwissenschaften wiederzufinden."[39]

Leyh nahm in diesem Referat kein Blatt vor den Mund und kritisierte auch die Aufsichtsbehörde massiv. Dies blieb nicht ohne Folgen, und am 23. Oktober 1936 verlangte das Reichserziehungsministerium eine Stellungnahme von Leyh. Dieser blieb verärgert und – standhaft: „Zu meiner Programmrede ... gestatte ich mir die nachstehenden Erläuterungen zu geben ... Jugendlichen Antragstellern wurde auf den Bibliothekartagen schon vor Jahren wiederholt bedeutet, dass die legislativen Befugnisse des Vereins ganz gering seien und dass es sich daher empfehle, mit Abstimmungen und Entschliessungen recht sparsam zu sein. Auf der anderen Seite aber hat der bibliothekarische Fachverband das natürliche Bedürfnis, gelegentlich zu erfahren, dass er nicht ohne Fühlung mit den Aufsichtsbehörden, also sozusagen im luftleeren Raum arbeitet ... Innerhalb Preußens war früher die Möglichkeit einer Aussprache im Beirat für Bibliothekswesen gegeben, an dessen Sitzungen jeweils auch ein Vertreter

38 VDB-Archiv. 1935. 10, Bl. 508.
39 ZfB 53 (1936) S. 373.

des Ministeriums teilnahm. Die allgemeinen Linien der Bibliothekspolitik wurden auf diese Weise zunächst in einem engeren Kreise bekannt und sie haben sich über die Grenzen Preussens hinaus zu den leitenden Bibliothekaren durchgesprochen. Heute kann der Vorsitzende des Fachverbandes nur ahnen, welche Themata zur Behandlung auf den Fachtagungen erwünscht und welche überflüssig sind, da bestimmte Lösungen bereits in Aussicht stehen.“[40]

Georg Leyh spricht es hier im Grunde genommen selbst aus: Seine Zeit als Vorsitzender des Vereins Deutscher Bibliothekare war abgelaufen, da er nicht mehr von den Aufsichtsbehörden und der Ministerialverwaltung in die Richtung und Ziele der reichsdeutschen Bibliothekspolitik eingeweiht wurde. Die entscheidende Ursache hierfür liegt in der Zerstörung des Verhältnisses zwischen Leyh und dem Bibliotheksreferenten im Reichserziehungsministerium, Rudolf Kummer, auf dessen massive Intervention hin Leyh überhaupt nur das Amt des VDB-Vorsitzenden angenommen hatte.

Leyh war zum Abschuß freigegeben und einer der ersten, die sich im Ton ihrer Korrespondenz hierauf einstellten, war der Obersturmführer beim Stabe des Reichsführers SS und Bibliotheksleiter der SS-Schule Wewelsburg Hans-Peter Des Coudres, der sich im Februar und Mai 1937 barsch nach dem Verbleib seiner Personalangaben im Jahrbuch erkundigte.[41]

Den letzten Anstoß zum Sturz Leyhs gab dann aber dessen Beharren auf den hergebrachten Formen von Höflichkeit und Achtung vor der Lebensleistung bibliothekarischer Fachkollegen. Am 6. März 1937 schrieb der „Beauftragte des Führers für die gesamte geistige und weltanschauliche Erziehung der NSDAP“ an Leyh: „Uns ging von einem Gau folgende Mitteilung zu: ‚Uns liegt eine österreichische Zeitung Neues Wiener Journal vom 11. 11. 1936 vor, in der u. a. folgendes zu lesen ist: In Wien ist der Jude Bundeskulturrat Hofrat Dr. Frankfurter (!) 80 Jahre alt geworden. Die Folge war, dass ihm vonseiten der Isidors, Cohns usw.

40 VDB-Archiv. 1936. 12, Bl. 206.

41 An der Biographie Des Coudres' läßt sich die in einigen Bereichen bruchlose Weiterführung der Bibliothekspolitik durch erklärte Nazis in der noch jungen Bundesrepublik Deutschland verfolgen. Die Kontinuität im deutschen Bibliothekswesen von der Nazi-Zeit in die Bundesrepublik Deutschland und deren Institutionen hinein zu beleuchten, ist allmählich mehr als überfällig.

eine Vielzahl von Glückwünschen zugesandt worden ist. Dass unter dieser Sorte *Gratulanten* aber auch eine *reichsdeutsche* Vereinigung, nämlich der *Verein deutscher Bibliothekare, Berlin-Tübingen,* zu finden ist, schlägt dem Fass den Boden aus. Es wird höchste Zeit, dass den Herrschaften klargemacht wird, welche Stellung das heutige Deutschland zum Problem des Judentums einnimmt.‘ Wir hatten die Angelegenheit, die uns als Nationalsozialisten unverständlich ist, bereits Pg. Dr. Buttmann vorgetragen und wurden von diesem an Sie verwiesen. Wie Sie aus dem vorstehenden Text entnehmen können, hat Ihre Glückwunschadresse sogar im Auslande unliebsames Aufsehen erregt. Bevor wir zu diesem Fall weiter Stellung nehmen, bitten wir Sie um Angabe der Gründe, welche Sie zu dieser besonderen Ehrung eines Juden durch den Verein Deutscher Bibliothekare veranlasst hat.“[42]

Leyhs Antwort hierauf ist im Archiv des Vereins Deutscher Bibliothekare nicht überliefert. Auf dem 33. Deutschen Bibliothekartag in Köln 1937 machte er von seinem Rücktrittsrecht als Vorsitzender Gebrauch. Gustav Abb und Rudolf Buttmann wurden Vereinsvorsitzende: Die Gleichschaltung des VDB war abgeschlossen.

Der VDB als gleichgeschalteter, fest im nationalsozialistischen Staat verankerter Berufsverband feierte sich und seinen Staat noch einmal in seiner ganzen Überheblichkeit auf dem Bibliothekartag in Passau 1938 nach der Annexion Österreichs. 1939 folgte als Tagungsort des Bibliothekartags selbstverständlich Graz – der Verein war mit seinem Staat und dessen Expansionismus eng verbunden. Ab 1940 folgten im jährlichen Turnus dann Mitgliederversammlungen, teilweise im Zusammenhang mit Sitzungen des Reichsbeirates für Bibliotheksangelegenheiten. Der Krieg des nationalsozialistischen Deutschland ließ selbstverständlich auch die Bibliothekare nicht unberührt. Auch für den VDB galt und gilt: Hochmut kommt vor dem Fall.

42 VDB-Archiv. 1937. Leyh. Ungezählt.

Yorck Alexander Haase

Die Bibliothekartage in der Zeit des Nationalsozialismus

Seit der Gründung des Vereins Deutscher Bibliothekare auf dem 1. Deutschen Bibliothekartag 1900 in Marburg spielten die jährlichen Tagungen im Vereinsleben eine zentrale Rolle. Sie waren und sind bis heute Foren zur Behandlung der anstehenden fachlichen Probleme, der Fortbildung und des Gedankenaustausches der Fachkollegen untereinander. Genau genommen sind die Jahrestagungen älter als der Verein. Die erste Versammlung dieser Art fand 1897 in Dresden statt. Und nach der ersten Satzung von 1900 war die Veranstaltung der Jahrestagungen das Hauptanliegen des Vereins.[1]

Die jährlichen Treffen fanden über das ganze Jahrhundert hin jeweils in der Woche nach Pfingsten statt, die lange Zeit an den Universitäten vorlesungsfrei war. Ausnahmen bildeten lediglich der 4. Bibliothekartag in Halle/Saale, der unmittelbar vor der Philologenversammlung am 5./6. Oktober 1904 veranstaltet wurde, und die erste Jahrestagung nach dem Zweiten Weltkrieg, die vom 22. bis 24. Oktober 1946 in Hamburg stattfand. Obwohl diese Veranstaltung als der 37. Deutsche Bibliothekartag gezählt wird, kann diese Bezeichnung nur mit Einschränkung gelten, da es sich nur um eine Versammlung der Fachkollegen aus der Britischen Besatzungszone handelte.

Einladende Institution und Veranstalter der Bibliothekartage war bis 1950 allein der Verein Deutscher Bibliothekare, in der Folgezeit – soweit es sich nicht um Bibliothekskongresse handelte – in Gemeinschaft mit dem Verein der Diplom-Bibliothekare an wissenschaftlichen Bibliotheken.

1 Satzungen des Vereins deutscher Bibliothekare. § 1: „Der Verein hat den Zweck, den Zusammenhang unter den deutschen Bibliothekaren zu pflegen und die Interessen des Bibliothekswesens zu fördern." § 2: „Zur Erreichung des Zweckes dienen vornehmlich jährliche Versammlungen der Mitglieder." - In: ZfB 17 (1900) S. 423 f.

Offiziell firmierten die Tagungen zunächst als „Versammlung Deutscher Bibliothekare", ab 1929 als „Versammlungen des Vereins Deutscher Bibliothekare". Die Bezeichnung „Bibliothekartag" setzte sich sehr zögernd durch. Sie tauchte erstmals in der Vorankündigung zur 9. Versammlung Deutscher Bibliothekare 1908 in Eisenach auf.[2] Die Berichterstattung über die Bibliothekartage im Zentralblatt für Bibliothekswesen erschien jedoch weiterhin bis 1939 unter der Überschrift „... Versammlung (des Vereins) Deutscher Bibliothekare".

Bis zur Zäsur im Zweiten Weltkrieg fanden die Bibliothekartage grundsätzlich an wechselnden Orten statt. Lediglich Jena war zweimal Veranstaltungsort: 1902 und 1932. Die Jahresversammlung 1932 unterschied sich auch insofern von den anderen Bibliothekartagen, als sie eine Gemeinschaftstagung des Vereins Deutscher Bibliothekare und des Verbandes Deutscher Volksbibliothekare war. Da sich die Zahl der Tagungsteilnehmer lange Zeit in überschaubarem Rahmen hielt – bis zur Mitte der 30er Jahre bewegte sie sich zwischen 60 und 250 –, kamen auch kleinere Städte wie Wernigerode (1921, mit rund 120 Teilnehmern) in Betracht.

Zweimal fanden die Bibliothekartage außerhalb der Grenzen des Deutschen Reiches statt: 1926 in Wien und 1934 in Danzig. Allerdings wurden die Tagungen in beiden Fällen gewissermaßen im Zuständigkeitsbereich des Vereins Deutscher Bibliothekare durchgeführt. Die Danziger Bibliothekare waren, als Danzig 1920/21 den Status einer Freien Stadt erhielt, im VDB verblieben. Und seit dem Weimarer Bibliothekartag 1920 war der VDB auch der Berufsverband der österreichischen Bibliothekare.

Im Ablauf der Bibliothekartage hatte sich eine Tradition entwickelt, die bis zum Zweiten Weltkrieg erhalten blieb – und in ihren Grundzügen bis in die Gegenwart. Vor Beginn der eigentlichen Tagung fanden sich die angereisten Teilnehmer zu einem Begrüßungsabend in einem repräsentativen Lokal zusammen. Zur Eröffnung der Tagung am folgenden Vormittag wurden die Bibliothekare je nach Veranstaltungsort von offiziellen Vertretern aus Politik, Verwaltung und Wissenschaft begrüßt, gefolgt von der Ansprache des Vereinsvorsitzenden. Das anschließende Vortragsprogramm zog sich über zwei bis drei Tage hin. Referiert und diskutiert wurde üblicherweise über aktuelle Fachfragen und neuere Entwicklungen im Biblio-

2 Deutscher Bibliothekartag in Eisenach. - In: ZfB 25 (1908) S. 192.

thekswesen sowie über Themen der Buch- und Bibliotheksgeschichte. In der Regel hatte wenigstens eines der Vortragsthemen Bezug zur lokalen oder regionalen Bibliotheksentwicklung. Dazu wurden dann auch Führungen durch die örtlichen Bibliotheken angeboten, häufig in Verbindung mit dem Besuch von Ausstellungen, die aus Anlaß der Tagungen veranstaltet wurden. Bei den Vorträgen gab es bis in die 50er Jahre nur eine einzige Programmfolge, d. h. keine Parallelveranstaltungen. Der letzte Programmpunkt hieß stets „Mitteilungen aus und über Bibliotheken".

In der Abfolge der Vorträge war lange Zeit keine thematische Gliederung zu erkennen. Erstmals auf dem Grazer Bibliothekartag 1939 wurden sachlich verwandte Vorträge zusammengefaßt – eine Neuerung, die nach Feststellung des Berichterstatters von den Tagungsteilnehmern „als besonders angenehm empfunden" wurde.[3]

Im Rahmen der Bibliothekartage – einen festgelegten Termin im Tagungsablauf gab es zunächst nicht – wurde die Mitgliederversammlung abgehalten, die stets nach dem gleichen Schema ablief, das sich im wesentlichen bis heute erhalten hat. Eine Vorstandssitzung ging in der Regel der Tagung voraus. Zum geselligen Teil der Tagung gehörte ein Festabend, zu dem die Damen der Teilnehmer immer ausdrücklich eingeladen wurden. Darüber hinaus gab es für die mitgereisten Ehefrauen ein gesondertes Damenprogramm. Seit Mitte der 20er Jahre wurden nach Abschluß der Tagung Exkursionen in die Umgebung angeboten.

Über die Bibliothekartage wurde stets ausführlich in der Fachzeitschrift informiert. Neben den Berichten über den Verlauf der Tagungen und neben den ausführlichen Berichten über die Mitgliederversammlungen wurden bis 1939 im Zentralblatt für Bibliothekswesen alle Vorträge abgedruckt.

Wenn wir uns nun der Frage zuwenden, was auf den Bibliothekartagen in der Zeit des Nationalsozialismus anders wurde, ist zunächst festzustellen, daß sich im formalen Ablauf der Tagungen kaum etwas geändert hat. Das gilt aber auch weitgehend für die inhaltliche Programmgestaltung. Von den 72 Vorträgen, die von 1933 bis 1939 auf den Bibliothekartagen von Fachkollegen gehalten wurden, hatten nur sechs eine eindeutig nationalsozialistische Themenstellung. Dazu kam noch eine gleiche An-

3 Joris Vorstius: Der 35. Deutsche Bibliothekartag in Graz vom 30. Mai bis 3. Juni 1939. - In: ZfB 56 (1939) S. 414–418, hier S. 415.

zahl von Vorträgen, die sich mit zeitgemäßen Fragen befaßten wie Wehrmachtsbüchereien, Wehrwissenschaft, Arbeitsdienst, Luftschutz, Auslandsdeutschtum oder Volkstumsfragen.

Die Mehrzahl der Referate war jedoch rein fachbezogen. Die Bandbreite reichte von Vorträgen über Buchmalerei und Verzeichnung mittelalterlicher Handschriften bis zu aktuellen Problemen und Detailfragen des Bibliothekswesens und der Bibliotheksverwaltung. Zu den am häufigsten behandelten Themen gehörten in jenen Jahren der Preußische bzw. Deutsche Gesamtkatalog, Aufgaben und Methoden des Dokumentationswesens sowie Probleme von Beruf und Ausbildung. Natürlich konnten auch Fachvorträge nicht immer ganz frei sein von nationalsozialistischen Tendenzen und Forderungen, insbesondere dann, wenn es um Berufsfragen ging.

Doch betrachten wir die Bibliothekartage in der Zeit des Nationalsozialismus im einzelnen.

*

Die erste Jahrestagung nach der nationalsozialistischen Machtergreifung war der *29. Deutsche Bibliothekartag 1933 in Darmstadt.*[4] Gastgebender Bibliothekar konnte noch Hanns Wilhelm Eppelsheimer sein, der Direktor der Hessischen Landesbibliothek, der aber dann wenig später aufgrund des Gesetzes zur Wiederherstellung des Berufsbeamtentums seines Amtes enthoben wurde.

Aufsehen erregte vor allem der Auftritt des Direktors der Freiherrlich Rothschildschen Bibliothek in Frankfurt am Main, Joachim Kirchner, Parteimitglied seit Februar 1933,[5] der zu seinem Vortrag „Schrifttum und wissenschaftliche Bibliotheken im nationalsozialistischen Deutschland"[6] im Braunhemd ans Rednerpult getreten war.[7] Kirchner forderte eine „Verkleinerung der wissenschaftlichen Produktion und eine Neuzusammenfassung der Wissenschaften unter völkischen Gesichtspunkten".[8] Der Bibliothekar habe dabei die Aufgabe, Bücher, welche die deutsche Kultur

4 29. Versammlung des Vereins Deutscher Bibliothekare in Darmstadt am 8. und 9. Juni 1933. - In: ZfB 50 (1933) S. 501–596.

5 Joachim Kirchner am 7. November 1934 an Adolf Hilsenbeck (VDB-Archiv 1934).

6 Joachim Kirchner: Schrifttum und wissenschaftliche Bibliotheken im nationalsozialistischen Deutschland. - In: ZfB 50 (1933) S. 514–525.

7 Georg Leyh: 29. Versammlung des Vereins Deutscher Bibliothekare in Darmstadt am 8. und 9. Juni 1933. Bericht. - In: ZfB 50 (1933) S. 501–504, hier S. 501.

8 Kirchner (wie Anm. 6) S. 519.

nicht fördern, nicht mehr oder nur in vereinzelten Fällen zu erwerben. Hierzu gehöre alle schöne Literatur jüdischer Autoren und alle politische Literatur mit kommunistischer und marxistischer Tendenz. Größte Zurückhaltung sei auch beim Kauf ausländischer Werke zu üben. Stattdessen sollten „wissenschaftliche und allgemeinbelehrende Schriften, die die politischen Ziele der Bewegung und ihrer Führer, die nationalpolitische Erziehung der Jugend, die deutschen Kulturwerte der Vergangenheit, deutsche Geschichte, deutsches Recht, die Beantwortung philosophischer und religiöser Fragen im deutschen Geiste, die Heimat- und Volkskunde, die Rassen- und Ahnenforschung, Rassenhygiene u. a. m. zum Gegenstand haben,“[9] den Lesern möglichst in mehreren Exemplaren zur Verfügung gestellt werden. Mit besonderer Sympathie sprach Kirchner über die wenige Wochen zuvor statt gefundenen Bücherverbrennungen „marxistischer, kommunistischer und jüdischer Autoren, die wir unserem deutschen Volksempfinden zuwiderlaufend und zersetzend empfinden“[10].

In vorsichtiger Weise ging auch der Vorsitzende Adolf Hilsenbeck in seiner Begrüßungsansprache auf die Bücherverbrennungen ein. Er sprach von einer „Doktor-Eisenbart-Kur“, die von der studentischen Jugend „in frohem Wagemut, durch bibliothekarische Belastung unbeschwert“[11] entdeckt worden sei. Man trage jedoch Bedenken, das System so weit auszubauen, bis alle Raumprobleme in den Bibliotheken gelöst seien. Um so bemerkenswerter war die Ansprache des hessischen Ministerpräsidenten Werner, der, selbst Nationalsozialist, erklärte, man müsse „den Eingriffen, die dem Barbarismus nahekommen, entgegentreten und Methoden abwehren, die an anderer Stelle zum Verderben geführt haben.“[12] Man könne nicht dulden, daß der Bestand Wissenschaftlicher Bibliotheken angegriffen werde. Auch das Negative werde gebraucht, um das Positive zu erkennen.

Eine weitere Folge der nationalsozialistischen Machtübernahme war die Notwendigkeit, in Darmstadt den Vorstand neu zu wählen, da der erst im Jahr zuvor in Jena gewählte Vorstand zurückgetreten war. Anlaß war ein Rundschreiben des Reichsinnenministers vom 27. April 1933 mit der Forderung, daß die Vorstände von Vereinen, die auch Standesfragen

9 Kirchner (wie Anm. 6) S. 520.
10 Kirchner (wie Anm. 6) S. 514.
11 Begrüßungsansprachen. - In: ZfB 50 (1933) S. 509–513, hier S. 510.
12 Ebenda S. 513.

zur Aufgabe haben, in beachtlicher Anzahl aus Mitgliedern der NSDAP zu bestehen haben.[13] Da der wiedergewählte Vorsitzende, der Kassenwart und der Schriftführer sowie zwei ebenfalls wiedergewählte Ausschußmitglieder nicht der Partei angehörten, wurde die Zahl der Vereinsausschußmitglieder von fünf auf sieben erhöht, um der Forderung des Innenministers nachkommen zu können. Zum stellvertretenden Vorsitzenden wurde Friedrich Smend gewählt, der Obmann der im Mai 1933 gegründeten Vereinigung Nationalsozialistischer Bibliothekare. Von seinen Amt als Stellvertreter trat Smend jedoch bereits im April 1934 wieder zurück, da er aus der NSDAP ausgeschlossen worden war – wegen seiner ablehnenden Haltung gegenüber den Deutschen Christen, wie er dem Vorsitzenden Hilsenbeck mitteilte.[14]

Der übrige Teil der Darmstädter Tagung war von parteipolitischem Gedankengut weitgehend unbelastet. Die Vorträge befaßten sich in der Hauptsache mit den Aufgaben der Landesbibliotheken und der Universitätsbibliotheken, mit Fragen des Gesamtkatalogs und mit der Gelehrtengeschichte. Auch der nachträglich ins Programm aufgenommene Vortrag „Arbeitsdienst in Bibliotheken" (Gustav Abb) bezog sich nicht auf den nationalsozialistischen Reichsarbeitsdienst (RAD), der erst 1935 geschaffen wurde.

Der in Darmstadt gefaßte Beschluß, den *30. Deutschen Bibliothekartag 1934 in Danzig*[15] durchzuführen, fand nicht allgemeine Zustimmung. Wegen der hohen Reisekosten und wegen der Schwierigkeiten bei der Anreise durch den Polnischen Korridor wurde eine geringe Beteiligung befürchtet. Der Vorsitzende Hilsenbeck machte sich diese Bedenken zueigen. Zu Beginn des Jahres 1934 schrieb er an das Ausschußmitglied Reinhard Fink: „Die Frage der Tagung in Danzig ist jetzt entschieden, ich habe gestern Herrn Prinzhorn abgeschrieben, ich befürchte ungenügenden Besuch."[16] Der mit der Vorbereitung betraute Fritz Prinzhorn, Direktor der Bibliothek der TH Danzig, protestierte sogleich dagegen. Die Absage habe

13 Anton Preis: Mitgliederversammlung des Vereins Deutscher Bibliothekare in Darmstadt am 8. Juni 1933 um 9 Uhr. - In: ZfB 50 (1933) S. 503–509, hier S. 506.
14 Friedrich Smend am 3. April 1934 an Adolf Hilsenbeck (VDB-Archiv 1934).
15 30. Versammlung des Vereins Deutscher Bibliothekare vom 23.–25. Mai 1934 in Danzig. - In: ZfB 51 (1934) S. 393–487.
16 Adolf Hilsenbeck am 9. Januar 1934 an Reinhard Fink (VDB-Archiv 1934).

die Danziger Kollegen in eine unmögliche Situation gebracht. „Danzig muß den größten Wert auf das Zustandekommen legen ... Es geht hier um die Erhaltung des Deutschtums.“[17] Da auch andere Kollegen intervenierten, nahm Hilsenbeck am 15. Januar 1934 die Absage zurück.

Zur Versammlung vom 23. bis 25. Mai konnten immerhin 130 Teilnehmer begrüßt werden. Das Fachprogramm enthielt Vorträge über Dissertationen in Zeitschriften und Reihen (Georg Leyh), über Formal- und Sachkatalogisierung (Hans Trebst), über das auslandsdeutsche Schrifttum in deutschen Bibliotheken (Joseph Montebaur), über den Wunsch nach einem einheitlichen deutschen Pflichtexemplar (Karl Preisendanz) und über Lücken im Preußischen Gesamtkatalog (Hermann Haßbargen). In seinem Referat und beim anschließenden Besuch einer Ausstellung führte Haßbargen circa 100 Titel aus dem Besitz der Danziger Stadtbibliothek vor, die in den bis dahin erschienenen Bänden des Gesamtkatalogs fehlten.

Die Ausführungen von Preisendanz hatten eine Kontroverse zwischen den Generaldirektoren der Deutschen Bücherei und der Preußischen Staatsbibliothek, Heinrich Uhlendahl und Hugo Andres Krüss, zur Folge. Uhlendahl wandte sich gegen eine Zwangsabgabe von Pflichtexemplaren, die er als eine ungerechtfertigte Sondersteuer ansah. Krüss hielt unter Beifall der Versammlungsteilnehmer dagegen, daß es sich nicht um einen Sondervorteil der Bibliotheken handele, sondern um ein in der ganzen Welt anerkanntes Kulturbedürfnis.[18]

Im Anschluß an das Referat von Montebaur regte Krüss eine Entschließung an, mit der der Verein Deutscher Bibliothekare schärfsten Protest erheben sollte gegen die kurz zuvor in Paris gegründete Bibliothek der verbrannten Bücher, die für sich in Anspruch nehme, das Ausland über das Wesen des gegenwärtigen Deutschlands und seiner nationalen Erhebung aufzuklären. Die von der Versammlung mit einmütigem Beifall aufgenommene Entschließung[19] wurde noch während der Tagung unter der Überschrift „Entschließung gegen Emigranten-Hetze“ in der Tageszeitung „Danziger Vorposten“[20] veröffentlicht.

17 Fritz Prinzhorn am 11. Januar 1934 an Adolf Hilsenbeck (VDB-Archiv 1934).
18 Joris Vorstius: 30. Versammlung des Vereins Deutscher Bibliothekare vom 23.–25. Mai 1934 in Danzig. Bericht. - In: ZfB 51 (1934) S. 393–396, hier S. 394.
19 Entschließung. - In: ZfB 51 (1934) S. 404 f.
20 Danziger Vorposten vom 25. Mai 1934 (VDB-Archiv 1934).

Die eigentlichen nationalistischen Töne wurden auf einer öffentlichen Kundgebung angeschlagen, die zugleich Abschlußveranstaltung des Bibliothekartages und Auftaktveranstaltung zur Jahrestagung des Verbandes Deutscher Volksbibliothekare war. Neben einem Referat über „Die deutschen Bibliotheken im Osten" (Ernst Wermke) war Kern der Kundgebung der Vortrag von Fritz Prinzhorn über „Die Aufgaben der Bibliotheken im nationalsozialistischen Deutschland".[21] Prinzhorn, der Wert darauf gelegt hatte, daß dieses Thema in Danzig behandelt wurde, wollte den Vortrag ursprünglich nicht unbedingt selbst halten. Es wäre vielmehr von besonderer Bedeutung, wenn das Propaganda-Ministerium den Vortragenden bestimme.[22] In seinen Ausführungen pries er die Leistungen des deutschen Volkes, das der ganzen Menschheit Unendliches an Geistesgütern geschenkt habe. Die Erziehung zum wissenschaftlichen Arbeiten sei so typisch deutsch, daß kein anderes Volk gleiche Leistungen erbringe. Als Vermittler der Geistesschätze stünden die deutschen Bibliothekare mitten in der Arbeitsfront des deutschen Volkes, das um seine Erhaltung und Stärkung ringe.

Vom nationalistischen Pathos ergriffen wurde auch der Vorsitzende Hilsenbeck. Sein Schlußwort[23] beendete er „mit dem heißen Wunsche unseres Herzens und Bismarcks letztem Gebet: ‚Schütze Gott mein Vaterland und laß uns nicht zu schanden werden'[24] – Hie gut Deutsch alleweg! – Deutschland- und Horst-Wessel-Lied."

Zum 31. *Deutschen Bibliothekartag 1935 in Tübingen*[25] konnte der scheidende Vorsitzende Hilsenbeck 140 Teilnehmer willkommen heißen. Bei der Eröffnung gab es kurze, freundlich aufgenommene Begrüßungen durch den Vertreter des württembergischen Unterrichtsministers, den Universitätsrektor und den Oberbürgermeister.[26] Danach begann sogleich das Fach-

21 Fritz Prinzhorn: Die Aufgaben der Bibliotheken im nationalsozialistischen Deutschland (Auszug). - In: ZfB 51 (1934) S. 465–471.

22 Fritz Prinzhorn am 2. März 1934 an Adolf Hilsenbeck (VDB-Archiv 1934).

23 Schlußwort des Vorsitzenden. - In: ZfB 51 (1934) S. 486 f.

24 Die Verwendung dieses Zitats an dieser Stelle hat Happel irrtümlich Georg Leyh zugeschrieben. – Vgl. Hans-Gerd Happel: Das wissenschaftliche Bibliothekswesen im Nationalsozialismus. - München u. a. 1989, S. 62.

25 31. Versammlung des Vereins Deutscher Bibliothekare vom 13.–15. Juni 1935 in Tübingen. - In: ZfB 52 (1935) S. 429–555.

26 Axel von Harnack: Der 31. Deutsche Bibliothekartag in Tübingen. Äußerer Verlauf. - In: ZfB 52 (1935) S. 401–405, hier S. 402.

programm mit dem Vortrag des Tübinger Bibliotheksdirektors Georg Leyh zur „Überproduktion im Zeitschriftenwesen und Stand der Zeitschriftenreform", gefolgt vom Referat von Gustav Abb über die „Zentralstellen des Internationalen Leihverkehrs". Den nationalsozialistischen Akzent der Tagung setzte anschließend Hans-Peter Des Coudres, Bibliotheksleiter der SS-Reichsführerschule Wewelsburg/Westfalen, mit seinem Vortrag „Das verbotene Schrifttum und die wissenschaftlichen Bibliotheken".[27] In seinen überwiegend sachlich gehaltenen Ausführungen betonte er, daß nach einem Runderlaß des Reichserziehungsministers vom 17. September 1934 die Wissenschaftlichen Bibliotheken die Pflicht hätten, das Schrifttum ihres Aufgabenkreises in möglichst großer Vollständigkeit zu sammeln. Hierzu gehöre aber auch die verbotene und unerwünschte Literatur. Dem politisch arbeitenden Menschen dürften nicht wichtige Quellen entzogen werden. Ein anderes Problem sei die Kenntlichmachung und das Zugänglichmachen. Solange es hierfür noch keine klaren Richtlinien gebe, sei die Entscheidung vom Bibliotheksleiter oder vom hierzu beauftragten Bibliothekar zu treffen, denen damit hohe Verantwortung zufalle.

Ohne besondere parteipolitische Akzentuierung waren die Vorträge über „Luftschutz in Bibliotheken" (Franz Hammer) und über „Das wissenschaftliche Büchereiwesen der Wehrmacht" (Siegfried Klefeker). Von den übrigen behandelten Themen sei noch der Vortrag über „Sachsen im Gesamtkatalog" genannt, in dem der Referent Heinrich Schreiber für den weiteren Ausbau des Katalogwerkes plädierte. In der anschließenden Aussprache überraschte Hugo Andres Krüss die Anwesenden mit der Mitteilung, daß der Minister wenige Tage zuvor per Erlaß der Erweiterung des Preußischen zum Deutschen Gesamtkatalog zugestimmt habe.[28]

Auf der Mitgliederversammlung[29] ging es zunächst – wie schon auf den beiden vorangegangenen Jahrestagungen – um die bis dato ungeklärte Frage der Zugehörigkeit der im VDB zusammengeschlossenen Mitglieder zur Reichsschrifttumskammer. Hierzu konnte nun der Vorsitzende ein Schreiben des Präsidenten der Reichsschrifttumskammer verlesen, in

27 Hans-Peter Des Coudres: Das verbotene Schrifttum und die wissenschaftlichen Bibliotheken. - In: ZfB 52 (1935) S. 459–470.

28 Harnack (wie Anm. 26) S. 404.

29 Mitgliederversammlung des Vereins Deutscher Bibliothekare in Tübingen am 14. Juni 1935 nachmittags 5 Uhr. - In: ZfB 52 (1935) S. 553–555.

dem dieser feststellte, daß der Verein Deutscher Bibliothekare in Sinne des Reichskulturkammergesetzes seinem Charakter nach als wissenschaftlicher Fachverein und nicht als berufsständischer Fachverband anzusehen sei. Er entspreche daher dem Antrag auf Entlassung des Vereins Deutscher Bibliothekare aus der Reichsschrifttumskammer.

Daneben stand die Mitgliederversammlung im Zeichen der Diskussion um den Entwurf einer neuen Vereinssatzung, den Hilsenbeck einem Beschluß der Danziger Tagung folgend vorlegte. Bei der erforderlich gewordenen Satzungsänderung ging es vor allem um zwei Dinge, um die Einführung des für die Leitung von Vereinen geforderten „Führerprinzips" und um die Neuregelung der Aufnahme bzw. des Ausschlusses von Mitgliedern. Nach dem Führerprinzip wird nur noch der Vorsitzende gewählt, der als „Führer des Vereins" allein den Verein nach innen und außen vertritt und seinerseits die übrigen Mitglieder des Vorstandes und des Beirates (bisher: Ausschuß) beruft. Über den Wortlaut des Aufnahme-Paragraphen, dessen Formulierung sehr gemäßigt ausgefallen war, hatte es auf der Vorstandssitzung vor Tagungsbeginn längere Diskussionen gegeben.[30] Die vorgeschlagene Formulierung, daß, wer Mitglied werden wolle, nationalsozialistisch gesinnt sein solle, mußte mit Rücksicht auf die österreichischen Kollegen fallen gelassen werden. Und auf das Wort „arisch" konnte man verzichten, da „Nicht-Arier" ohnehin nicht in Beamtenvereine aufgenommen wurden.

Im Vorgriff auf die neue Satzung,[31] die erst auf einer außerordentlichen Mitgliederversammlung am 19. Oktober 1935 in Berlin verabschiedet wurde, wählte die Versammlung Georg Leyh zum neuen Vorsitzenden. Damit wurde ein Mann an die Spitze des Vereins berufen, der „zu denjenigen Bibliothekaren gehörte, die dem Nationalsozialismus völlig fern standen."[32] Leyh bat jedoch darum, nicht für drei Jahre, wie es die neue Satzung vorsah, sondern wie bisher nur für zwei Jahre gewählt zu werden.

Der *32. Deutsche Bibliothekartag 1936 in Dresden*[33] war einer der unpolitischsten in der Zeit des Dritten Reiches. Keines der Vortragsthemen

30 Protokoll der Vorstandssitzung am 12. Juni 1935 (VDB-Archiv 1935).
31 Satzung des Vereins Deutscher Bibliothekare e. V. - In: ZfB 53 (1936) S. 604–608.
32 Happel (wie Anm. 24) S. 60.
33 32. Versammlung des Vereins Deutscher Bibliothekare vom 5.–7. Juni 1936 in Dresden. - In: ZfB 53 (1936) S. 473–597.

setzte sich ausdrücklich mit dem Gedankengut und den Forderungen des Nationalsozialismus auseinander. Natürlich mußten bestimmte Rituale eingehalten werden, etwa bei der Eröffnungsveranstaltung mit Grußworten des Gauschulungsleiters von Sachsen, Oberregierungsrat Studentkowski, oder beim Festabend, auf dem neben ernsten und heiteren Reden ein Bekenntnis zum neuen Reich und seinem Führer abgelegt wurde.[34]

Daß der Dresdner Bibliothekartag weitgehend frei geblieben war von nationalsozialistischen Tendenzen, war nicht zuletzt der geschickten Regie des Vorsitzenden Leyh zu verdanken. So verhinderte er beispielsweise, daß – wie ursprünglich vorgesehen – ein Vortrag Studentkowskis in das Hauptprogramm aufgenommen wurde. Gegenüber dem Direktor der Sächsischen Landesbibliothek, Martin Bollert, gab er als Begründung an, daß er in seiner Einführungsrede selbst über die Stellung der Wissenschaftlichen Bibliotheken im neuen Staat sprechen werde, und daß er inhaltliche Widersprüche vermeiden wolle.[35] In einer vertraulichen Randnotiz teilte er Bollert jedoch mit, daß Studentkowski die Absicht habe, die Wissenschaftlichen Bibliotheken vor 1933 als im Zustand der Auflösung befindlich darzustellen, er als Vorsitzender aber nicht geneigt sei, Vorwürfe gegen die moderne Wissenschaftliche Bibliothek und ihre Ziele vor dem 30. Januar 1933 entgegenzunehmen.

Ein anderes Beispiel ist Leyhs Umgang mit einem Antrag des neuen Leiters der Dresdner TH-Bibliothek, Ernst Koch, alle Bibliothekare, die den Blutorden der NSDAP trügen und das Goldene Parteiabzeichen besäßen, zu Ehrenmitgliedern zu machen. In seinem Antwortschreiben[36] teilte ihm Leyh mit, er wolle den Antrag auf dem Dresdner Bibliothekartag den Mitgliedern zur Erörterung stellen. Im Bericht über die Mitgliederversammlung[37] ist von einer Behandlung dieses Themas nichts zu lesen.

Hauptthemen im Vortragsprogramm waren „Fragen der Ausbildung für den wissenschaftlichen Bibliotheksdienst“ (Ernst Leipprand), „Bibliothekarische Betrachtungen zur gegenwärtigen deutschen Buchproduktion“

34 Ernst Leipprand: Der 32. Deutsche Bibliothekartag in Dresden vom 4.–7. Juni 1936. - In: ZfB 53 (1936) S. 373–376, hier S. 376.

35 Georg Leyh am 22. April 1936 an Martin Bollert (VDB-Archiv 1936).

36 Georg Leyh am 21. Januar 1936 an Ernst Koch (VDB-Archiv 1936).

37 Mitgliederversammlung des Vereins Deutscher Bibliothekare in Dresden am 6. Juni 1936 nachmittags 4 Uhr. - In: ZfB 53 (1936) S. 592–596.

(Gerhard Reincke), „Wege und Möglichkeiten gemeinschaftlicher Sachkatalogisierung“ (Sigismund Runge) und ein neuerlicher Vortrag über Dokumentation (Albert Predeek). Dazu zwei Vorträge mit historischen, auf Dresden bezogenen Themen, der eine über die Geschichte der Sächsischen Landesbibliothek (Hubert Richter), der andere über die Tätigkeit Johann Joachim Winckelmanns in der Bibliothek des Grafen Bünau auf Schloß Nöthnitz (Martin Bollert). Daß auch Fachvorträge nicht immer ohne parteiideologische Färbungen auskamen, zeigte der Vortrag von Wilhelm Schuster über die „Neuen Aufgaben der wissenschaftlichen Stadtbibliothek“, der mit dem Resümee endete, die Stadtbibliothek müsse nationalsozialistisch sein, da sie nur in volkspolitischer Ausrichtung und Haltung Sinn habe.[38]

Auch der *33. Deutsche Bibliothekartag 1937 in Köln,*[39] der zweite und letzte unter dem Vorsitz von Georg Leyh, war weitgehend frei von nationalsozialistischer Thematik. Im Vortragsprogramm ging es u. a. um „Katalogfragen“ (Karl Diesch), um „Aufbau und Organisation der deutschen Bibliographien und Berichtsblätter“ (Fritz Prinzhorn) und um „Die Landesbibliotheken und ihre Aufgaben“ (Richard Sander). Auf den Tagungsort Bezug nahmen die Vorträge „Die Universitätsbibliothek Köln, Werden und Gestaltung“ (Hermann Corsten), „Die Zusammenarbeit der Universitäts- und Institutsbibliotheken und der Kölner Versuch der Verwirklichung“ (Gottfried Kricker) sowie „Buchdruck und Buchillustration des 15. und 16. Jahrhunderts in Köln“ (Erich von Rath). Dieser Vortrag war gleichzeitig eine Einführung in eine Ausstellung der Universitäts- und Stadtbibliothek. Über das Thema „Ausstellungen als bibliothekarische Aufgabe“ referierte Paul Sattler.

Die mit Orgelmusik umrahmte Eröffnungsveranstaltung in der neuen Universitätsaula leitete der Vorsitzende Leyh mit dem obligatorischen Gedenken des Führers ein, bevor er die offiziellen Vertreter der Partei, der Behörden und der Universität begrüßte. Außer Ansprachen des Prorektors und eines Vertreters des Oberbürgermeisters gab es keine weiteren Gruß-

38 Wilhelm Schuster: Die neuen Aufgaben der wissenschaftlichen Stadtbibliothek. - In ZfB 53 (1936) S. 542–552, hier S. 552.

39 33. Versammlung des Vereins Deutscher Bibliothekare vom 19. bis 22. Mai 1937 in Köln. - In: ZfB 54 (1937) S. 409–535.

reden durch Repräsentanten von Regierung oder Partei. Als allgemein begrüßte Neuerung stand erstmals in der Geschichte der Bibliothekartage ein Eröffnungsvortrag mit rein wissenschaftlichem Inhalt auf dem Programm.[40] Mit der Festrede des Kölner Historikers Gerhard Kallen über das Thema „Der Investiturstreit als Kampf zwischen romanischem und germanischem Denken" sollte die Tagung einen weiteren, über das Fachliche hinausgehenden Rahmen erhalten.

Auf der Mitgliederversammlung[41] wurde der Direktor der Berliner Universitätsbibliothek, Gustav Abb, zum neuen Vorsitzenden gewählt. Damit trat erstmals ein Mitglied der NSDAP an die Spitze des Vereins, der zwar überzeugter Nationalsozialist war, „der aber dennoch nicht davor zurückscheute, sich gegen exzessive bibliothekspolitische Maßnahmen ... erfolgreich zur Wehr zu setzen."[42]

Die auf den Jahrestagungen in Dresden und Köln noch geübte Zurückhaltung gegenüber dem Nationalsozialismus änderte sich deutlich auf dem *34. Deutschen Bibliothekartag 1938 in Passau.*[43] Kennzeichnend für die neue Situation ist auch der veränderte, am Militärischen orientierte Sprachgebrauch. So wurde aus dem Festabend ein „Kameradschaftsabend",[44] und die Tagungsteilnehmer wurden nicht mehr als Kollegen, sondern als „Berufskameraden"[45] begrüßt.

Passau war als Tagungsort gewählt worden, um den österreichischen Kollegen eine weitere Annäherung zu ermöglichen. Außerdem sollte auch ein offizieller Teil der Tagung in Linz durchgeführt werden. Besorgnis gab es aber gerade auf österreichischer Seite. So schrieb Robert Teichl, Stellvertreter des Generaldirektors der Österreichischen Nationalbibliothek und österreichischer Vertreter im Beirat des Vereins, an den Vorsitzenden Abb:

40 Hans Bihl: Der 33. Deutsche Bibliothekartag in Köln vom 18.–22. Mai 1937. - In: ZfB 54 (1937) S. 345–349, hier S. 345.

41 Mitgliederversammlung des Vereins Deutscher Bibliothekare in Köln am 21. Mai 1937 um 16.30 Uhr. - In: ZfB 54 (1937) S. 533–535.

42 Happel (wie Anm. 24) S. 51.

43 34. Versammlung des Vereins Deutscher Bibliothekare vom 7. bis 11. Juni 1938 in Passau. - In: ZfB 55 (1938) S. 397–575.

44 Verein Deutscher Bibliothekare. Bibliothekartag in Passau vom 8.–11. Juni 1938. Programm. - In: ZfB 55 (1938) S. 251.

45 Ansprache des Vorsitzenden. - In: ZfB 55 (1938) S.397–399, hier S. 397.

„Es muß unbedingt verhindert werden, daß der Passauer Bürgermeister ... etwa einen Ausfall gegen die öst. Behörden macht, da uns dann nichts übrig bliebe, als den Saal zu verlassen. Andererseits aber dürfen unsere jungen Heißsporne keine Demonstration in Linz veranstalten, da das den Anlaß bilden könnte, 96 öst. Mitgliedern die Zugehörigkeit zu untersagen.“[46]

Zunächst wurde daher der offizielle Besuch in Linz aus dem Tagungsprogramm genommen und die Fahrt dorthin nur noch zum Abschluß als Exkursion eingeplant. Rudolf Buttmann,[47] Generaldirektor der Bayerischen Staatsbibliothek und Stellvertretender Vorsitzender des VDB, bedauerte dies einerseits, ging aber andererseits noch einen Schritt weiter und schlug vor, „ob wir unter Umständen die Passauer Tagung nicht doch in eine kommende Zeit verschieben wollen, in der mit solchen Schwierigkeiten nicht mehr zu rechnen ist.“[48] Abb stimmte zu, da auch er befand, „daß in der Tat in diesem Jahr Passau nicht der geeignete Ort ist.“[49] Er schlug vor, die Tagung nach Würzburg zu verlegen. Würzburg war in der Vergangenheit schon zweimal als Austragungsort für einen Bibliothekartag vorgesehen gewesen, der dann aber aus unterschiedlichen Gründen nach Bamberg (1907) bzw. nach Erlangen (1931) verlegt worden war. Auf Initiative Buttmanns schickte die Stadt Würzburg ein Einladungsschreiben,[50] aber dann fiel die Entscheidung doch für Passau. „Die Verlegung nach Würzburg wäre wie eine Flucht erschienen“, meinte Abb.[51]

Dem Tagungsort an der Grenze von Bayern und Österreich entsprechend, sollten die Generaldirektoren Rudolf Buttmann und Joseph Bick über die bayerischen bzw. die österreichischen Bibliotheken sprechen. Bick, der zunächst Bedenken hatte, nach Passau zu kommen, sagte schließlich doch zu, wie Teichl am 12. März mitteilte.[52] Doch bereits am folgenden Tag änderte sich mit dem Anschluß Österreichs an das Deutsche Reich die Situation vollständig. Noch am selben Tag schickte Teichl an Abb

46 Robert Teichl am 18. Januar 1938 an Gustav Abb (VDB-Archiv 1938).

47 Buttmann war alter Parteigenosse mit der Mitgliedsnummer 4. Zu seiner Charakterisierung siehe Happel (wie Anm. 24) S. 43–45.

48 Rudolf Buttmann am 29. Januar 1938 an Gustav Abb (VDB-Archiv 1938).

49 Gustav Abb am 1. Februar 1938 an Rudolf Buttmann (VDB-Archiv 1938).

50 Schreiben der Stadt Würzburg am 19. Februar 1938 an den VDB-Vorsitzenden (VDB-Archiv 1938).

51 Gustav Abb am 9. März 1938 an Robert Teichl (VDB-Archiv 1938).

52 Robert Teichl am 12. März 1938 an Gustav Abb (VDB-Archiv 1938).

einen enthusiastischen Brief[53] aus „Wien im Deutschen Reich“, in dem er von der „Tat eines Gottgesandten“ sprach, der auch die Erfüllung seiner großen Sehnsucht gebracht habe. Statt Bick, der drei Tage später seines Amtes als Generaldirektor der Nationalbibliothek in Wien enthoben und in das Konzentrationslager Dachau verbracht wurde, übernahm Teichl den Vortrag mit dem Titel „Die Bibliotheken im deutschen Österreich“.

Die auf Wunsch Abbs[54] besonders feierlich gestaltete Eröffnungsveranstaltung fand im Passauer Redoutensaal statt, der mit den Farben des Dritten Reichs geschmückt war.[55] Zum Absingen von Deutschland- und Horst-Wessel-Lied gab es Musikbegleitung. Neben den offiziellen Vertretern von Stadt und Staat, von Partei und Wehrmacht konnte Abb 250 Teilnehmer begrüßen. Den Eröffnungsvortrag hielt der Vertreter des Reichsministers für Wissenschaft, Erziehung und Volksbildung, Ministerialrat Rudolf Kummer.[56] In seiner groß angelegten Rede „Das wissenschaftliche Bibliothekswesen im nationalsozialistischen Deutschland“[57] sprach er – was Leyh in Köln noch erfolgreich hatte verhindern können – zunächst über die Mißstände im Bibliothekswesen vor der Machtübernahme. Danach hob er die nachhaltige Unterstützung hervor, welche die Wissenschaftlichen Bibliotheken seither erfahren hätten. Die Erweiterung des Preußischen zum Deutschen Gesamtkatalog sei beispielsweise nur durch die Kulturpolitik des Dritten Reiches möglich geworden. In seinen weiteren Ausführungen sprach er von den hohen Anforderungen an die wissenschaftlichen Bibliothekare, deren Sorge vor allem dem deutschen Schrifttum zu gelten habe, und von denen besondere Aufgeschlossenheit gegenüber der nationalsozialistischen Literatur verlangt werde. Besonders lobend ging er auf die Vorarbeiten von Bibliothekaren ein, die dazu beigetragen hätten, daß bereits 1933 jüdische Schriftsteller aus dem deutschen Geistesleben hatten verdrängt werden können. Bei der Ausbildung des bibliothekarischen Nachwuchses sei es eine selbstverständliche For-

53 Robert Teichl am 13. März 1938 an Gustav Abb (VDB-Archiv 1938).

54 Gustav Abb am 31. März 1938 an das Passauer Verkehrsamt (VDB-Archiv 1938).

55 Georg Hoedt: Der 34. Deutsche Bibliothekartag in Passau vom 7.–11. Juni 1938. - In: ZfB 55 (1938) S. 368–374, hier S. 368.

56 Kummer, bis 1935 Staatsoberbibliothekar an der Bayerischen Staatsbibliothek, war auch VDB-Mitglied. Zu seiner Charakterisierung vgl. Happel (wie Anm. 24) S. 45–47.

57 Rudolf Kummer: Der wissenschaftliche Bibliothekswesen im nationalsozialistischen Deutschland. - In: ZfB 55 (1938) S. 399–413.

derung, daß nur noch Bewerber aufgenommen würden, die der NSDAP oder einer ihrer Gliederungen angehörten.

In dem Vortrag „Das Büchereiwesen der NSDAP“, der von der Reichsleitung der Partei in München offeriert worden war,[58] referierte der Leiter der Hauptstelle Büchereiwesen im Hauptschulamt der NSDAP, Joachim Petzold, über die Einrichtung von Bibliotheken in den Ordensburgen Krössinsee/Pommern, Vogelsang/Eifel und Sonthofen/Allgäu sowie über die Bibliotheken der Reichsleitung der Partei, der SS und der SA.

Die übrigen Vorträge waren weitgehend frei von parteipolitischer Ausrichtung. Erneut standen die Themen Gesamtkatalog (Hermann Fuchs) und Dokumentationswesen (Fritz Prinzhorn) auf dem Programm. Referiert wurde u. a. über Probleme des juristischen Sachkatalogs (Georg Hoedt), über die Zusammenarbeit von Stadtbibliothek und Volksbücherei (Wilhelm Schuster) und über amerikanische Bibliotheken (Albert Predeek). Zwei Referate befaßten sich mit der Verzeichnung von Handschriften (Anton Kern und Willi Goeber). Und die Bibliotheksgeschichte war mit einem Vortrag über die deutschen Bibliotheken im Zeitalter der Befreiungskriege vertreten (Franz Kettler). Bemerkenswert ist ein nachträglich ins Programm aufgenommenes Referat von Walter Schürmeyer, der über den Einsatz von Kleinbildfilm und Lesegerät sprechen konnte, obwohl er 1937 aus politischen Gründen aus dem Bibliotheksdienst entlassen worden war.[59]

Im Zeichen der Führerverehrung standen die Ausflüge. Nachdem es im Damenprogramm schon eine Fahrt in den Bayerischen Wald gab mit einem Besuch der Adolf-Hitler-Warte und der Gästewohnung des Führers auf der Veste Oberhaus, wurde zum Abschluß der Tagung auf der Rückkehr von der Exkursion nach Linz in Leoding Station gemacht, wo am Grab der Eltern Hitlers ein Kranz niedergelegt wurde.[60]

Bereits 1938 waren in der Begeisterung über den Anschluß Österreichs an Deutschland im Vorfeld des Passauer Bibliothekartages Stimmen laut geworden, die vorschlugen, die Tagung an einen österreichischen Ort zu ver-

58 Joachim Petzold am 8. Februar 1938 an Gustav Abb (VDB-Archiv 1938).

59 Alexandra Habermann, Rainer Klemmt, Frauke Siefkes: Lexikon deutscher wissenschaftlicher Bibliothekare 1925–1980. - Frankfurt a. M. 1985 (ZfBB: Sonderh.; 42) S. 315.

60 Hoedt (wie Anm. 55) S. 373 f.

legen. Um die „Dankbarkeit und Freude der Berufsgenossen über die Schaffung des Großdeutschen Reiches zu bekunden,“[61] wurde im folgenden Jahr der *35. Deutsche Bibliothekartag 1939 in Graz*[62] durchgeführt. Der Einladung in die „Stadt der Volkserhebung“, wie es im Einladungsschreiben[63] hieß, waren rund 300 Personen gefolgt, die in der Eröffnungssitzung in der Landstube von Gauleiter und Landeshauptmann der Steiermark, Siegfried von Uibenreither, mit einer völkischen Ansprache[64] begrüßt wurden. Wie schon Parteiredner auf früheren Tagungen hob er die von Bibliothekaren bereitgestellten Grundlagen hervor zu rassenpolitischen Maßnahmen, zur Sippenforschung, zur Erforschung der volksfeindlichen Mächte und zur Freilegung germanischer Rechtselemente.

In diese Richtung zielte auch der Vortrag über „Das Schrifttum der Judenfrage in den deutschen Bibliotheken“[65] – das einzige auf einem Bibliothekartag in der Zeit des Nationalsozialismus gehaltene Referat, das speziell die „Judenfrage“ zum Thema hatte. In einem maschinenschriftlichen Bericht[66] über die Tagung heißt es dazu: „Der zersetzende Einfluß des Judentums in der Geschichte des deutschen Volkes bedarf dringend der wissenschaftlichen Erforschung. Dr. Eichstädt-Berlin bezeichnete deshalb in seinem Vortrag die bibliographische Erschließung des Schrifttums zur Judenfrage, die Erfassung aller jüdischen Autoren deutschsprachiger Bücher und die Verwertung aller Angaben im gedruckten Schrifttum über die blutmäßige Vermischung des Judentums mit dem deutschen Volke als vordringliche bibliographische Aufgabe.“

Im gleichen Bericht heißt es weiter: „Die großen Aufgaben der Bibliothekare als Bewahrer nationalsozialistischen Gedankengutes waren Grundmotive, die die Ansprachen und Vorträge durchzogen.“ Mit dieser Aussage sollte der Tagung offenbar eine Tendenz unterstellt werden, die in diesem Ausmaß tatsächlich nicht vorhanden war, auch nicht in den Vor-

61 Vorstius (wie Anm. 3) S. 414.

62 35. Versammlung des Vereins Deutscher Bibliothekare vom 30. Mai bis 3. Juni 1939 in Graz. - In: ZfB 56 (1939) S. 513–594 und 57 (1940) S. 16–89.

63 Verein Deutscher Bibliothekare. Einladung zum 35. Bibliothekartag in Graz 1939 (VDB-Archiv 1939).

64 Ansprache des Gauleiters. - In: ZfB 56 (1939) S. 513 f.

65 Volkmar Eichstädt: Das Schrifttum zur Judenfrage in den deutschen Bibliotheken. - In: ZfB 57 (1940) S. 60–73.

66 Bericht über den Bibliothekartag in Graz (ohne Verf.) (VDB-Archiv 1939).

trägen, die Tätigkeit und Aufgaben der Bibliothekare zum Thema hatten. Weder im Vortrag von Fritz Redenbacher über „Traditionen und Erneuerung bibliothekarischer Arbeitsformen“ noch im Vortrag von Axel von Harnack über „Die Auskunftserteilung als bibliothekarische Aufgabe“ wurde nationalsozialistisches Gedankengut propagiert. Auch im übrigen Vortragsprogramm läßt sich nicht allzu viel Parteiideologisches erkennen. Auffällig zahlreich waren dagegen in Graz historische Themen. Referiert wurde über gotische Buchmalerei (Kurt Holter), über mittelalterliche Literatur der Steiermark (Otto Janda), über die ältesten steirischen Drucker (Julius Franz Schütz) und über die Entwicklung der Theatersammlung der Österreichischen Nationalbibliothek (Joseph Gregor). Rein auf die Vergangenheit bezogen war auch der Vortrag von Anton Kern über „Steirische Büchereien im Wandel der Zeit“. Zwei Referate (Ludwig Denecke und Emil Wallner) befaßten sich mit der Katalogisierung von Handschriften.

Dem Auslandsdeutschtum waren zwei Vorträge gewidmet. Helmut Kruse berichtete in seinem Vortrag „Die deutschen Bibliotheken in der volksdeutschen Arbeit“ im wesentlichen über die Tätigkeit der in Stuttgart ansässigen Bücherei des Deutschtums im Ausland und Ernst Tscherne stellte „Die Bücherei des Reichsgaues Sudetenland in Reichenberg“ vor.

Den Anschluß von Sudetenland und Memelgebiet an das Deutsche Reich nahm der Vorsitzende Abb auf der Mitgliederversammlung zum Anlaß, nach der Wirkungskraft eines Vereins mit bescheidenen Zielen in Zeiten von solch großem Geschehen zu fragen. Ein Maßstab für die Lebensfähigeit eines Vereins sei der Mitgliederbestand. Abb appellierte daher an die noch Außenstehenden, „überlebte Vorurteile aufzugeben und ... in die Reihen der Arbeitskameraden einzutreten.“[67]

Die als *36. Deutscher Bibliothekartag 1940 in Berlin* gezählte Jahrestagung, die letzte in der Zeit des Nationalsozialismus, bestand nur aus einer Mitgliederversammlung und einem anschließenden Vortrag. Anlaß zu dieser Einschränkung war jedoch nicht der inzwischen ausgebrochene Weltkrieg. Der Beschluß hierzu war bereits auf dem Grazer Bibliothekartag gefaßt worden, also noch vor Kriegsbeginn. Da der 3. Internationale Kongreß der Bibliotheken im Gutenberg-Jahr 1940 in Deutschland ausgerich-

67 Mitgliederversammlung des Vereins Deutscher Bibliothekare in Graz am 2. Juni 1939 um 16 Uhr. - In: ZfB 57 (1940) S. 83–89, hier S. 83.

tet werden sollte, wollte man auf eine eigene Jahrestagung verzichten und nur im Rahmen des Kongresses eine Vorstandssitzung und eine Mitgliederversammlung abhalten. Daß nach Absage des Internationalen Kongresses nicht doch noch ein Bibliothekartag im üblichen Umfang veranstaltet wurde, begründete Abb mit der „Rücksicht auf die zahlreichen im Felde stehenden Berufskameraden". Außerdem habe der Reichserziehungsminister wegen der damit verbundenen Mehrbelastung der Verkehrsmittel die Veranstaltung größerer Tagungen untersagt.[68]

Die Mitgliederversammlung war notwendig, weil nach Ablauf der dreijährigen Amtszeit die Neuwahl des Vorsitzenden anstand. Vor 75 Teilnehmern, vorwiegend aus dem Berliner Raum,[69] gab der Vorsitzende Abb seinen Rechenschaftsbericht ab, in dem er besonders ausführlich auf die Fragen des Dokumentationswesens und auf die Veröffentlichung und Ablieferung von Dissertationen einging. Ferner berichtete er über die neue Ausbildungs- und Prüfungsordnung für den gehobenen Bibliotheksdienst und über das erste deutsche Bibliotheksgesetz, die Deutsche Bücherei betreffend.

Die Neuwahl des Vorsitzenden brachte keine Veränderung. Auf Vorschlag von Rudolf Buttmann wurde Gustav Abb ohne Widerspruch für weitere drei Jahre im Amt bestätigt. Buttmann selbst stellte sich weiterhin als Stellvertretender Vorsitzender zur Verfügung. Im Anschluß an die Mitgliederversammlung hielt Carl Wehmer einen Vortrag über „Johann Gutenberg und sein Werk". Beim abschließenden „kameradschaftlichen Beisammensein" gab der Vorsitzende seiner Hoffnung Ausdruck, „daß das nächste Jahr wieder einen Bibliothekartag in Frieden bringen möge."[70]

*

Der Überblick über die Bibliothekartage von 1933 bis zum Beginn des Zweiten Weltkriegs hat gezeigt, daß es bei den Jahrestagungen zwar nicht ohne nationalsozialistische Akzente abging, daß diese Versammlungen aber im wesentlichen das blieben, was sie satzungsgemäß – auch unverändert nach der neuen Satzung von 1936[71] – sein sollten: Zusammen-

68 Mitgliederversammlung des Vereins Deutscher Bibliothekare in Berlin am 25. Mai 1940. - In: ZfB 57 (1940) S. 461–478, hier S. 462.

69 Teilnehmerliste der Mitgliederversammlung am 25. Mai 1940 zu Berlin (VDB-Archiv 1940).

70 Mitgliederversammlung (wie Anm. 68) S. 478.

71 Satzung des Vereins Deutscher Bibliothekare. Stück 3. Vereinsarbeit. - In: ZfB 53 (1936) S. 605.

künfte von Fachgenossen, die einer engeren Fühlungnahme unter den Berufsgenossen durch Aussprache und durch Vorträge aus dem Arbeitsgebiet der Wissenschaftlichen Bibliotheken dienen.

Die nationalsozialistischen Bekenntnisse und Pflichtübungen waren in der Regel in den Eröffnungsveranstaltungen angesiedelt. Außer Vertretern der örtlichen Repräsentanz kamen dort mit Begrüßungsansprachen auch Parteigrößen zu Wort. Neben dem Absingen von Deutschland- und Horst-Wessel-Lied gehörten, besonders in den späteren Jahren, Ergebenheitsadressen an Adolf Hitler und an Reichserziehungsminister Bernhard Rust zum vorgegebenen Ritual.

Nach dem Darmstädter Bibliothekartag, der unter dem unmittelbaren Eindruck der nationalsozialistischen Machtergreifung und der Bücherverbrennungen stand, und nach dem Danziger Bibliothekartag mit der durch die besondere Staatlichkeit geprägten Situation, waren die Jahrestagungen in Tübingen und besonders in Dresden und Köln weitgehend unbelastet von parteiideologischem Gedankengut. Dies dürfte auch auf das Wirken der Vereinsvorsitzenden Hilsenbeck und Leyh zurückzuführen sein, die beide nicht der NSDAP angehörten. Besonders Georg Leyh bemühte sich mit Erfolg, nationalsozialistische Tendenzen von den Jahrestagungen fern zu halten. Die Situation änderte sich auf den beiden letzten Tagungen vor Kriegsbeginn, den Bibliothekartagen in Passau und Graz. Die Ursache hierzu ist jedoch nicht nur in der Tatsache zu suchen, daß mit Gustav Abb jetzt ein Parteigenosse an der Vereinsspitze stand, sondern auch – und vielleicht sogar in stärkerem Maße – in der allgemeinen politischen Entwicklung mit einer sehr viel rigoroseren Einflußnahme der Partei und ihrer Gliederungen auf alle Lebensbereiche. Daß die Bibliothekartage aber auch in diesen Jahren unter dem zunehmenden parteipolitischen Druck dennoch überwiegend Foren des fachwissenschaftlichen Gedankenaustauschs und der fachlichen Fortbildung blieben, muß den damals verantwortlichen Kollegen hoch angerechnet werden. So gehörte sicherlich eine Portion Zivilcourage dazu, in Passau einen Mann ans Rednerpult treten zu lassen, der kurz vorher aus politischen Gründen aus dem Dienst entfernt worden war. Und die Tatsache, daß auf dem Grazer Bibliothekartag – wie auf keiner Tagung zuvor – die Hälfte der Vorträge historische Themenstellungen hatten, kann man fast als ein Ausweichen vor der nationalsozialistisch geprägten Gegenwart deuten.

Alwin Müller-Jerina

Schicksale jüdischer VDB-Mitglieder im Dritten Reich

Am Vorabend der nationalsozialistischen Machtübernahme waren im deutschen Bibliothekswesen insgesamt etwa 100 jüdische Bibliothekare beschäftigt.[1] Es handelt sich bei den bisher ermittelten Personen um 73 Männer und 23 Frauen. Von ihnen waren etwa 65 Prozent im Wissenschaftlichen Bibliothekswesen beschäftigt, circa 26 Prozent waren in Bibliotheken der israelitischen Kultusgemeinde oder jüdisch-theologischer Seminare tätig. Demgegenüber war die Präsenz jüdischer Bibliothekare im Öffentlichen Bibliothekswesen mit circa 10 Prozent eher marginal.

Im folgenden soll ausschließlich das Schicksal der jüdischen VDB-Mitglieder untersucht werden, die, wo immer möglich, in Selbstäußerungen zu Worte kommen sollen. Dabei handelt es sich um 35 Männer und 4 Frauen. Ihr intellektuelles Potential wird deutlich, wenn man in Rechnung stellt, daß 95 Prozent von ihnen promoviert hatten, ihrem Berufsziel als Bibliothekar und dessen damaligem Berufsbild gemäß bis auf drei Personen in der Philosophischen Fakultät. Eine Reihe von ihnen war zudem als Professoren lehrend an Universitäten tätig.

Zur Erbschaft des Nationalsozialismus gehört die Notwendigkeit, immer wieder Anführungsstriche setzen zu müssen. Niemand hat bisher schlüssig die Frage geklärt, was „jüdisch" ist. „Nur die Verfolger hatten die Antwort, wußten auch noch genau, was ‚viertel'- oder ‚achteljüdisch'

1 Vgl. Alwin Müller-Jerina: Zwischen Ausgrenzung und Vernichtung: Jüdische Bibliothekare im Dritten Reich. - In: Bibliotheken während des Nationalsozialismus. Teil 2 / hrsg. von Peter Vodosek und Manfred Komorowski. - Wiesbaden 1992 (Wolfenbütteler Schriften zur Geschichte des Buchwesens; 16) S. 227–242; zu Quellenlage und Analysemethode S. 227–229. Seit diesem Beitrag sind zwar einige neuere Arbeiten zur Geschichte der deutschen Bibliotheken im Nationalsozialismus erschienen, es ließen sich aber keine weiteren jüdischen Bibliothekare ermitteln.

und was ‚rein deutsch' sei."[2] Dies ist jeweils im folgenden zu beachten, wenn ich aus dem „Wörterbuch des Unmenschen" zitiere. Unter „Juden" werden hier zunächst die „Glaubensjuden" verstanden, daneben aber auch generell alle nach der nationalsozialistischen Rassen-Ideologie als „Juden" bezeichnete Personen, d. h. Personen, die nur teilweise jüdischer Abstammung waren und/oder sich nicht zur jüdischen Religion Bekennende, die oft erst im Zuge der nationalsozialistischen Rassengesetze damit konfrontiert wurden, daß man sie zum „Juden" machte. So bekannten sich 1933 von der hier untersuchten Personengruppe nur 16 zum jüdischen Glauben, elf waren evangelisch, sechs katholisch und einer konfessionslos; die übrigen fünf machten keine Angaben zu ihrer konfessionellen Zugehörigkeit.

Antisemitismus bildete ein konstitutives Element der nationalsozialistischen Ideologie. Hitlers aggressiver Judenhaß wird bereits im Parteiprogramm der NSDAP von 1920 deutlich. Dort finden sich schon alle Formulierungen zu einer Judenpolitik, die nicht nur auf die wirtschaftliche Diskriminierung der Juden zielte. Punkt 4 des „25-Punkte-Programms" lautete: „Staatsbürger kann nur sein, wer Volksgenosse ist. Volksgenosse kann nur sein, wer deutschen Blutes ist, ohne Rücksicht auf Konfession. Kein Jude kann daher Volksgenosse sein." Paragraph 6 forderte den Ausschluß der Juden von allen öffentlichen Ämtern, der folgende Abschnitt postulierte die Pflicht des Staates, „in erster Linie für die Erwerbs- und Lebensmöglichkeiten der Staatsbürger zu sorgen" und, wenn nötig, „die Angehörigen fremder Nationen (Nicht-Staatsbürger) ... auszuweisen."[3] Bevor sie von Auschwitz wußten, haben Juden sich nicht vorstellen können, in welcher Form man sie aus der Gesellschaft ausschließen und demütigen, sie schließlich systematisch vernichten würde. „Der eine war stolz auf seinen Goethe, der andere auf das Eiserne Kreuz, das er sich im Ersten Weltkrieg verdient hatte. Ein großer Teil der Juden wollte nach über hundert Jahren der Akkulturation, im Bewußtsein, daß sie 500 oder 1 000 Jahre in Deutschland zu Hause waren und seit mehr als zwei Generationen zumindest formal als gleichberechtigte Bürger galten, nicht glau-

2 Hazel Rosenstrauch: Aus Nachbarn wurden Juden: Ausgrenzung und Selbstbehauptung 1933–1942. - Berlin 1988, S. 9.

3 Zit. nach: Der Nationalsozialismus: Dokumente 1933–1945 / hrsg., eingel. u. dargest. von Walther Hofer. - Frankfurt a. M. 1975, S. 28–31, hier S. 28 f.

ben, daß sie wieder zu Fremden gemacht und völlig entrechtet werden könnten."[4]

Bereits unmittelbar nach der Machtergreifung der Nationalsozialisten begann die juristische Diskriminierung und Entrechtung der Juden. Der Boykott vom 1. April 1933 stellte die Weichen für die zunehmende wirtschaftliche Diskriminierung und Verdrängung der Juden, die zwar noch zeitweise behutsam und verdeckt, dennoch aber konsequent vorangetrieben wurde. Avraham Barkai stellt denn auch deutlich die Initialfunktion dieses Tages heraus: „Eines der nationalsozialistischen Ziele war die endgültige Verdrängung der Juden und ihre Ausplünderung auf wirtschaftlichem Gebiet. Der 1.-April-Boykott hatte die Funktion des Startzeichens. Es zeigte nicht nur die Legitimität des Prozesses an, sondern markierte auch die ersten für ihn ‚freigegebenen' jüdischen Objekte: den Einzelhandel, die Beamten und freien Berufe. Die nun einsetzenden Maßnahmen waren Teile einer Gesamtstrategie und ergänzten einander. Die Gesetzgebung und die Regierungsadministration ‚behandelten' die jüdischen Beamten, die Ärzte, Rechtsanwälte und anderen freiberuflich Tätigen. Dagegen wurde der Einzelhandel den Drangsalierungen und Boykottinitiativen der zentralen und örtlichen Parteiorganisationen überlassen."[5] Zwar bestand in weiten Kreisen des deutschen Bürgertums eine gefühlsmäßige Ablehnung gegen gewalttätige Aktionen und die Hemmungslosigkeit der antijüdischen Hetze der NSDAP; auch das antisemitisch beeinflußte Bildungsbürgertum hielt aber das sog. „Zurückdrängen des jüdischen Einflusses im deutschen Leben" für notwendig, vertretbar oder tragbar.

„Betrachtet man die Folgezeit im ganzen, so verzichtete die nationalsozialistische Parteiführung zwar niemals auf lärmende Demonstrationen und provozierte Vorfälle, geschweige denn auf Hetzpropaganda. Der Schwerpunkt der amtlichen Judenpolitik bis 1938 lag jedoch einerseits in der sogenannten ‚gesetzlichen Ausschaltung' der Juden; andererseits ... in einer schrittweisen, aber systematischen, relativ lautlosen, doch um so wirksameren polizeilich-administrativen Praxis der Unterdrückung und Terrorisierung. Die Gesamtatmosphäre wurde indes von einer unausge-

4 Rosenstrauch (wie Anm. 2) S. 9.

5 Avraham Barkai: Vom Boykott zur „Entjudung": der wirtschaftliche Existenzkampf der Juden im Dritten Reich 1933–1943. - Frankfurt a. M. 1988, S. 33 f.

setzten, amtlich geduldeten moralischen Diffamierung und Diskriminierung der Juden von seiten der Partei wesentlich mitbestimmt."[6]

Eine Woche nach dem Boykottag wurde die erste umfassende Maßnahme zur wirtschaftlichen Diskriminierung der Juden erlassen: Das „Gesetz zur Wiederherstellung des Berufsbeamtentums" vom 7. April 1933[7] bestimmte, daß Beamte sogenannte „nichtarischer" oder „nichtarisch versippter" Abstammung sofort in den Ruhestand zu versetzen seien. Die erste Verordnung zur Durchführung des Gesetzes verpflichtete alle Beamten, ihre sogenannte „arische" Abstammung nachzuweisen; zugleich wurden diejenigen als „Nicht-Arier" definiert, die auch nur von einem „nichtarischen" Großelternteil abstammten. Dieses Gesetz diente zugleich als Vorbild und Grundlage für die Ausschaltung auch der nichtbeamteten Arbeiter und Angestellten im Staatsdienst, der Juristen und der Ärzte.

Dem „Reichsbund jüdischer Frontsoldaten" gelang es über den Generalfeldmarschall von Mackensen, Reichspräsident von Hindenburg zu einer direkten Intervention gegen dieses Gesetz bei Hitler zu bewegen. Der gab daraufhin seine Zustimmung, Frontkämpfer, Väter oder Söhne von Kriegsgefallenen sowie alle Beamten, die bereits vor dem 1. August 1914 verbeamtet waren, von diesen Bestimmungen auszunehmen. Hitler und seine Parteigenossen stimmten diesem Ansinnen wohl zu, da sie von der eigenen Propaganda überzeugt waren, nach der die Juden im Ersten Weltkrieg zum größten Teil sogenannte „Drückeberger" gewesen seien, so daß ihrer Meinung nach diese Ausnahmeregelung nur für wenige Frontkämpfer gegolten hätte. Es stellte sich jedoch heraus, daß sie auf etwa die Hälfte aller jüdischen Erwerbstätigen zutraf. Trotz verschiedener Schikanen und stiller Verdrängungsmaßnahmen konnten sie bis zum Erlaß der Nürnberger Gesetze im September 1935, durch die das „Versehen" von 1933 korrigiert wurde, weiter im Amt bleiben.

Mit dem Gesetz vom 7. April 1933 wurde bereits über die Hälfte (56 Prozent) aller jüdischen Bibliothekare mit einem Berufsverbot belegt

6 Helmut Krausnick: Judenverfolgung. - In: Anatomie des SS-Staates. Bd. 2 / hrsg. von Hans Buchheim u. a. - Olten u. Freiburg i. Br. 1965, S. 281–448, hier S. 315 f. (im Original teilweise Hervorhebungen).

7 Diese und alle folgenden gesetzlichen Bestimmungen sind abgedruckt in: Das Sonderrecht für die Juden im NS-Staat: eine Sammlung der gesetzlichen Maßnahmen und Richtlinien. Inhalt und Bedeutung / hrsg. von Joseph Walk. - Heidelberg 1981.

und verlor ihre Stellung. „Die sofort entlassenen jüdischen Beamten wurden auf stillem Verfahrensweg, so durch eine ausgeklügelte Berechnung des Dienstalters, zumindest um einen Teil der ihnen zustehenden Pensionssummen geprellt, noch bevor ihnen die Versorgungsbezüge durch die weiteren ‚gesetzlichen' Maßnahmen der späteren Jahre völlig abgesprochen wurden."[8]

Zu den wenigen Selbstäußerungen der Betroffenen über jene Jahre gehören die Aufzeichnungen Werner Krafts. In seiner Autobiographie beschreibt er das politische und gesellschaftliche Klima jener Zeit ebenso wie seine persönlichen Empfindungen. Kraft, 1896 in Braunschweig geboren, war zunächst Lehrling bei der Dresdner Bank in Hannover und studierte dann Germanistik und Philosophie in Freiburg und Hamburg. Bereits während des Studiums begann er, Gedichte zu schreiben. Schließlich brach er das Studium ab und ging nach Berlin auf die Bibliotheksschule für den mittleren Bibliotheksdienst. Er volontierte an der Staatsbibliothek, der Universitätsbibliothek und der Volksbibliothek in Schöneberg. 1922/23 fand er eine Anstellung als Bibliothekssekretär an der Deutschen Bücherei in Leipzig. Nachdem er 1925 in Frankfurt/Main promoviert hatte, gab er seine Stellung in der Deutschen Bücherei auf und volontierte ein Jahr lang an der Universitätsbibliothek Leipzig. Daß der Antisemitismus auch im Bibliotheksbereich bereits vor 1933 teilweise manifest war, belegt die Ablehnung Krafts durch den Direktor der Deutschen Bücherei in Leipzig, Heinrich Uhlendahl, wegen seiner jüdischen Herkunft: „Nach bestandenem Examen für den wissenschaftlichen Bibliotheksdienst ging ich 1926 zu dem Direktor Uhlendahl und fragte ihn, ob an der Deutschen Bücherei Aussichten für mich seien. Das war kein unebener Mann und ganz gewiß kein Antisemit, und doch mußte ich seine ruhige Antwort hören: ‚Wissen Sie, Herr Doktor, ich würde Ihnen raten, sich an diejenigen Bibliotheken zu wenden, die von jüdischem Gelde finanziert werden.'"[9]

8 Barkai (wie Anm. 5), S. 36 f. Bei Heinrich Loewe (s. u.) bezog man sich z. B. bei der Berechnung des Ruhegehaltes nicht auf die wirkliche Dienstzeit von 34 Jahren, sondern nur auf 30 Jahre und 173 Tage, zudem wurden zusätzlich weitere Kürzungen veranlaßt.

9 Werner Kraft: Spiegelung der Jugend. - Frankfurt a. M. 1973, S. 107 f. Vgl. auch: Werner Kraft, 1896–1991 / bearb. von Jörg Drews. - Marbach a. N. 1996 (Marbacher Magazin; 75), dort weitere Literatur.

Als die Staatsbibliothek in Lissabon durch Vermittlung des Auswärtigen Amtes für Coimbra deutsche Bibliothekare suchte, bewarb sich Kraft. Lakonisch bemerkt er in seiner Autobiographie: „Nicht in Coimbra fand ich 1927 eine Anstellung als Bibliothekar, sondern in Hannover. Sie war lebenslänglich und hörte 1933 auf."[10] Kraft muß ein feines Gespür für die heraufkommenden Zeiten gehabt haben: „In meinem Amt war man kollegial, dennoch war die Distanz immer fühlbar, besonders am Stammtisch, wo sich Bibliothekare, Archivare, Museumsdirektoren einmal im Monat trafen, zu Bier und Politik und zu Witzen, die eher weinen machten als lachen. ... Man sprach vorsichtig, aber auch in der gesellschaftlich verbindlichsten Form hörte ich drohend das Kommende."[11]

Kraft zog denn auch bereits vor seiner Entlassung die Konsequenz und quittierte den Dienst in Hannover. Er schildert dies folgendermaßen: „Man fühlte sich leider auch unfrei, es waren ja doch schon die Vorboten des Kommenden da, man war doch, trotz aller Höflichkeit, isoliert. ... Es gab in der Bibliothek einen Direktor, Dr. May, der ist später zurückgetreten und sein Nachfolger war Dr. Meyer, mit dem ich anfangs sehr gut stand. Wir haben uns auch oft über Politik unterhalten und ich habe unverblümt meine Meinung gesagt und er hat sie angehört. Dann hat er mir von einem Tag auf den anderen die kalte Schulter gezeigt, so daß wir überhaupt nicht mehr miteinander gesprochen haben und ich mich dann auch nicht von ihm verabschiedet habe. Ich ging also zum Direktor, der wohl kein Nazi von Geburt war, aber so ein stiller und wahrscheinlich feiger Mann, dem das alles furchtbar unangenehm war – zwei Juden, da war noch eine Dame, in dieser kleinen Bibliothek [es handelt sich um Paula Blank, d. Verf.] – und sagte, da ist ja sowieso jetzt bald das Gesetz zur Reinigung des Berufsbeamtentums zu erwarten, ob es nicht am besten wäre, wenn ich auf Urlaub ginge. Da war er hoch einverstanden und am nächsten Tag hatte ich die Genehmigung, ging auf Urlaub und bezog, was für mich sehr wichtig war, was ich aber damals nicht wußte, bis zum Ende des Jahres mein volles Gehalt. Dann kam eines Tages die Entlassungsurkunde."[12]

10 Kraft, Spiegelung (wie Anm. 9) S. 132.

11 Kraft, Spiegelung (wie Anm. 9) S. 133.

12 Werner Kraft, Peter Schulze: Es ist alles so, wie es gewesen ist, und es ist nichts mehr so, wie es gewesen ist. Werner Kraft im Gespräch mit Peter Schulze. - In: Werner Kraft: Selbstdenker. - Barsinghausen 1986, S. 20–36, hier S. 32 f. (Es handelt sich um ein 1981 bei einem Deutschlandaufenthalt von Kraft geführtes Interview.)

Kraft war fest entschlossen, so schnell wie möglich Deutschland zu verlassen. Nachdem zunächst sein zehnjähriger Sohn nach Palästina geschickt worden war, verließen er, seine Frau und die gemeinsame Tochter Hannover. Kraft ging zunächst nach Stockholm. Nur noch einmal nahm er Kontakt mit der Bibliothek auf, als er von Stockholm den Direktor um ein Zeugnis bat: „... da hat er mir ein ganz nichtssagendes Zeugnis geschrieben, mit dem überhaupt nichts anzufangen gewesen wäre. Ich hatte damals noch so vage Ideen im Kopf, daß ich vielleicht in London oder irgendwo eine Stelle als Bibliothekar finden könnte. Es war natürlich Blödsinn – als ob man auf ein Zeugnis von einer nationalsozialistischen Stelle überhaupt Wert gelegt hätte."[13] In den 60er Jahren entschuldigte sich der Direktor in einem Schreiben an Kraft: „... bei Durchsicht meiner Papiere sehe ich, daß ich Ihnen damals einen Brief geschrieben habe, der nicht richtig war, und ich möchte Ihnen sagen, daß ich das aufrichtig bedauere."[14] Kraft nahm die Entschuldigung an.

Nachdem er und seine Frau ein Jahr lang in Paris gewesen waren, zogen sie 1934 nach Jerusalem. Es ging ihnen sehr schlecht. Kraft fand eine Tätigkeit in einer französischen Bibliothek, dem „Centre de Culture Française", die er bis Anfang der 40er Jahre ausübte. Danach war er bei einem englischen Zahlmeister im Büro tätig, später wiederum als Bibliothekar in einem archäologischen Institut. Erst 1956 konnte er den immer nur als „Brotberuf" betrachteten Bibliothekarsdienst aufgeben und wurde freier Schriftsteller. Kraft hat offenbar nie daran gedacht, nach Deutschland zurückzukehren, obwohl er alle seine schriftstellerischen Werke in deutscher Sprache veröffentlicht hat. Er selbst deutet am Ende seiner Autobiographie an, wie ungeheuer schwer es war, im Exil in Palästina weiter im deutschen Geist und in der deutschen Sprache zu leben: „... das Exil wurde zur Heimat. Aber die Mühe des Anfangs war groß. Nicht nur die materiellen, auch die geistigen Lebensadern waren mir durchgeschnitten. Ich hatte Freunde, ... ich war nicht verlassen. Nur in dem, was ich zu sein glaubte, ein Schriftsteller und Dichter der deutschen Sprache, konnte mir niemand helfen. Was sollte ich tun? Ich setzte mein Leben fort. Ich schöpfte wie bisher aus den Quellen des deutschen Geistes

13 Kraft, Es ist alles so (wie Anm. 12) S. 33.
14 Kraft, Es ist alles so (wie Anm. 12) S. 34.

und der deutschen Sprache. Ich tat es noch angesichts des ungeheuren Frevels, der von Deutschland aus das große Unglück über das jüdische Volk und die Welt als ganze gebracht hat. Mir blieb keine Wahl. Und es war nicht leicht, es war maßlos schwer, so Jahr für Jahr ins Leere hineinzuschreiben. Es war nicht nur schwer, sondern manchmal schien es mir selbst beinahe lächerlich."[15]

Nur wenigen war es vergönnt, in ihrem bisherigen Beruf weiterzuarbeiten. Zu ihnen gehörte Professor Dr. Walter Gottschalk (1891–1974). Nach einem Studium der Orientalistik, Philosophie, Geschichte und Kunstgeschichte in Würzburg und Berlin promovierte er 1914 über „Das Gelübde nach älterer arabischer Auffassung". Als Teilnehmer des Ersten Weltkriegs war er in der Türkei, in Syrien und Palästina eingesetzt. 1919 trat er in die Dienste der Preußischen Staatsbibliothek Berlin und war dort als Referent für Sprache und Geschichte des Vorderen Orients zuständig. Vier Jahre später erfolgte seine Ernennung zum Bibliotheksrat. Er trug wesentlich zum Aufbau der Orientabteilung der Staatsbibliothek bei, wurde zum Mitglied der Ibn Saad-Kommission in Berlin ernannt und war Mitherausgeber der Werkausgabe. Als Kriegsteilnehmer wurde Gottschalk wegen seines jüdischen Glaubens erst 1935 aus dem Staatsdienst entlassen. Um seinen Lebensunterhalt zu finanzieren, war er weiterhin wissenschaftlich tätig und gab Einführungsveranstaltungen ins Arabische. 1939 emigrierte er zu Verwandten nach Belgien, 1941 kam er als Emigrant in die Türkei. Nach der im August 1933 erfolgten Neugründung der Universität Istanbul im Zuge der Bildungsreform Kemal Atatürks wurden etwa 30 Lehrstühle mit deutschen Emigranten besetzt. Gottschalk erhielt hier den Auftrag, als Bibliothekssachverständiger für die Universität Istanbul tätig zu sein. Hierzu gehörte auch die Aufsicht über alle Institutsbibliotheken. Seit etwa 1949 hatte er auch eine Professur für Bibliothekswissenschaft an der dortigen Universität inne und war maßgeblich am Aufbau des türkischen Bibliothekswesens beteiligt. Während die meisten Deutschen nach Kriegsende die Türkei verließen, kehrte Gottschalk erst nach seiner Pensionierung 1954 nach Deutschland zurück, wo er weiterhin wissenschaftlich arbeitete und 1974 verstarb. Er ist zugleich ein Beispiel dafür, welch wesentlichen Einfluß die deutsche Wissenschafts-

15 Kraft, Spiegelung (wie Anm. 9) S. 152 f.

emigration beim Aufbau moderner europäischer Universitätsstrukturen in der Türkei gehabt hat.[16]

Schwer zu beantworten ist die Frage, wie die nichtjüdischen Kollegen in den Bibliotheken auf die Bedrohung der beruflichen Existenz ihrer Kollegen reagierten. So sind einige Fälle vor allem im nicht-wissenschaftlichen Dienst bekannt, wo es offenbar bis 1935 möglich war, auf einer Stelle ohne Publikumsverkehr weiterbeschäftigt zu werden, wenn sich Bibliotheksleitung und Kollegen hierfür einsetzten.[17] Immer war die Solidarität der jeweiligen Arbeitskollegen von entscheidender Bedeutung.

Seitens des Vereins Deutscher Bibliothekare erfolgte kein Vorstoß zugunsten seiner jüdischen Mitglieder. Dies verwundert nicht, ist doch der latente bis offene Antisemitismus der deutschen Beamtenschaft jener Jahre hinreichend belegt. Der Vorsitzende Georg Leyh schlug vielmehr im Dezember 1935 Rudolf Kummer, dem Referenten im Reichserziehungsministerium, vor, „nicht-arische" Bibliothekare als Mitglieder nicht mehr zuzulassen und bei Neuaufnahmen grundsätzlich den „Ariernachweis" zu verlangen. Gustav Abb, Direktor der Universitätsbibliothek Berlin und Nachfolger Leyhs im Vorsitz des VDB, stellte 1938 fest: „Hinsichtlich der Mischlinge nehmen wir am besten den Standpunkt ein, daß sie dem VDB so lange angehören dürfen, wie sie in amtlicher Stellung sind. Sobald entschieden ist, daß sie wegen ihrer Blutmischung ihren Posten aufgeben müssen, streichen wir sie in der Vereinsliste."[18]

Daß jüdischen ehemaligen Bibliotheksbeamten auch nach der Entlassung aus dem Dienst die weitere Mitgliedschaft im VDB wichtig war, belegt ein Brief Fritz Löwenthals (ehemals Universitätsbibliothek Göttingen): „Ich bin auf Grund des Arierparagraphen September 1933 in den Ruhestand versetzt worden und beziehe, obwohl verheiratet und Vater von 4 Kindern, nur 48% des früheren Vollgehaltes, habe also kaum das

16 Hildegard Müller: Deutsche Bibliothekare im türkischen Exil, 1933–1945. - In: Bibliothek: Forschung und Praxis 21 (1997) S. 326–332, hier S. 331.

17 Beispiele hierfür bei Müller-Jerina (wie Anm. 1) S. 234 und Hans-Gerd Happel: Das wissenschaftliche Bibliothekswesen im Nationalsozialismus: unter besonderer Berücksichtigung der Universitätsbibliotheken. - München u. a. 1989 (Beiträge zur Bibliothekstheorie und Bibliotheksgeschichte; 1) S. 35 f.

18 VDB-Achiv: Korrespondenz 1938 II: Gustav Abb am 17. Mai 1938 an Robert Teichl, zit. nach Happel (wie Anm. 17) S. 36. – Zum VDB in den Jahren 1933–1945 vgl. den Beitrag von Michael Labach im vorliegenden Band.

Existenzminimum. Wäre es daher nicht möglich, mir durch Ermäßigung des Vereinsbeitrages entgegenzukommen? Ich würde sehr ungern meinen Austritt erklären, wäre aber sonst dazu gezwungen."[19] Demgegenüber verweigerte Gerhard Alexander die Zahlung des Mitgliedsbeitrags für das Jahr 1934 wegen seiner Entlassung aus der Preußischen Staatsbibliothek und warf dem Verein in diesem Zusammenhang „Taktlosigkeit" vor, woraufhin ihm der Verein antwortete: „Im übrigen erfolgte die Zahlungsaufforderung nicht aus ‚Taktlosigkeit', – ein Vorwurf, gegen den wir uns verwahren – sondern weil wir Sie rücksichtsvoller Weise noch als Mitglied des Vereins betrachten, da wir auf Grund des Berufsbeamtengesetztes aus dem Staatsdienst ausgeschiedene Mitglieder nicht zum Austritt zwingen oder einfach ohne förmliche Austrittserklärung streichen wollten."[20]

In einigen Fällen läßt sich dagegen nachweisen, daß Kollegen massiv versuchten, durch Denunziation jüdische Mitarbeiter aus dem Dienst zu drängen. Belegt ist dies zum Beispiel bei Prof. Dr. Heinrich Eliakim Loewe, der vor einer Entlassung nach dem „Gesetz zur Wiederherstellung des Berufsbeamtentums" vom 7. April 1933 zunächst geschützt war, da er bereits vor dem 1. August 1914 verbeamtet war. Hier lieferte am 27. April 1933 Bibliotheksrat Werner Rust, Obmann der Nationalsozialistischen Arbeitsgemeinschaft der Beamten und Angestellten (NSBA), einen „parteiamtlichen Bericht", in dem es hieß: „Der Bibliotheksrat Professor Dr. Loewe ist nach eigener Aussage Zionist. Er ist am 1. Okt. 1899 vom Direktor der Universitätsbibliothek Berlin als Hilfskraft unter Befreiung von schriftlichen Arbeiten an den Sonnabenden eingestellt worden. Dieses Ausnahmerecht hat Loewe bei persönlichem Einverständnis der Direktoren auch nach endgültiger Uebernahme in den preussischen Dienst bis Frühjahr 1931 genossen, seitdem bleibt er mit direktorialer Erlaubnis überhaupt dem Sonnabenddienst fern. ... Herr Prof. Dr. Loewe erklärte mir auf meine kollegiale Frage ..., ob er, wenn das Verlangen an ihn gestellt werde, den Sonnabenddienst wie jeder andere preussische Bibliotheksrat tun und auch schreiben würde, er würde dann sein Abschiedsge-

19 VDB-Achiv: Korrespondenz 1935/7: Fritz Löwenthal am 19. März 1935 an VDB, zit. nach Happel (wie Anm. 17) S. 36.

20 VDB-Achiv: Korrespondenz 1934/5: VDB am 11. Mai 1934 an Gerhard Alexander, zit. nach Happel (wie Anm. 17) S. 36.

such einreichen. Er wäre frommer Jude. ... Loewe hat am 13. März 1933 zu mir geäussert: Es wäre in Deutschland Pogrom. Ein Rabbiner wäre ermordet worden und zwei andere Juden, deren Namen er nannte, wären auf der Strasse überfallen worden. Als ich ihn nach einigen Tagen aufforderte, mir die Namen der vergewaltigten Juden nochmals zu nennen, schränkte er unter deutlichem Erschrecken seine Aussagen ein: der Rabbiner wäre nur niedergeschlagen worden und die Namen der anderen Juden kenne er nicht. ... Obwohl Loewe mir im Jahre 1924 auseinandergesetzt hatte, dass für ihn als Zionisten nur die SPD als Wahlpartei in Frage käme, erklärte er am 13. März 1933 und am 15. März 1933, dass er schon seit 44 Jahren gegen den Marxismus kämpfe und allein das Zentrum gewählt habe. Am 26. April 1933 behauptete er, er wäre als Jude ebenso völkisch eingestellt wie ich als Deutscher."[21]

Loewe wurde daraufhin vom Verwaltungsdirektor Karl Büchsel zu einer Vernehmung bestellt. In einer ihm abgenötigten handschriftlichen Stellungnahme gab er an, daß ihm in seiner Eigenschaft als hohes Mitglied der jüdischen Gemeinde die Mißhandlung und Ermordung von Juden lediglich zu Ohren gekommen sei. Er betonte allerdings seine zionistischen Bindungen, seine Parteilosigkeit und seine Ausrichtung gegen Kommunismus, Marxismus und Internationalismus. Büchsel setzte jedoch nach und plädierte in einem Schreiben an den preußischen Kultusminister, ein Disziplinarverfahren gegen Loewe einzuleiten und ihn sofort des Dienstes zu entheben: „Es dürfte festgestellt sein, daß Loewe im Anfang März Mitteilungen über Judenverfolgungen in Berlin weitergegeben hat, die lediglich auf Gerüchten beruhten und die geeignet waren, das Ansehen des Reiches und der Reichsregierung schwer zu schädigen. Loewe hat zwar seine Mitteilungen später berichtigt, hat das aber erst getan, als er ausdrücklich daraufhin zur Rede gestellt worden ist. Eine Straftat nach § 3 der Verordnungen des Reichspräsidenten zur Abwehr heimtückischer Angriffe gegen die Regierung zur nationalen Erhebung vom 21. März

21 Universitätsarchiv, Universitätskurator PA L 199 (Personalakte Loewe, Teil II) Bl. 42 f., zit. nach Sören Flachowsky: Die Bibliothek der Berliner Universität während der Zeit des Nationalsozialismus. Magisterarbeit zur Erlangung der Würde des Magister Artium der Philosophischen Fakultäten der Humboldt-Universität zu Berlin. - 1998, S. 34 f. (Ich danke Engelbert Plassmann für die freundliche Überlassung der Arbeit.)

1933 dürfte m. E. deswegen nicht vorliegen, weil die fraglichen Äußerungen am 13. März d. Js., also vor dem Erlaß der Verordnung getan sind und weil sich wenigstens bisher nicht nachweisen läßt, daß Loewe auch nach dem 21. März ähnliche Gespräche geführt hat. Immerhin wird ein Disziplinarvergehen anzunehmen sein, denn Loewe mußte als Beamter des Staates sich für verpflichtet halten, der Verbreitung unrichtiger Behauptungen über Judenverfolgungen besonders entgegenzutreten. Danach wird die Einleitung eines Disziplinarverfahrens gegen Loewe unumgänglich notwendig sein. Aus naheliegenden Gründen halte ich es für unbedingt erforderlich, daß Loewe sofort vom Dienste enthoben wird."[22]

Bereits zwei Wochen später wurde Loewe durch Entscheidung des Ministers für Wissenschaft, Kunst und Volksbildung mit sofortiger Wirkung beurlaubt, wobei sich das Ministerium eine endgültige Entscheidung ausdrücklich vorbehielt. Seine Dienstbezüge wurden zwar vorerst weiter gezahlt, in einem Umlauf vom 15. Juni 1933 ordnete aber der Direktor Rudolf Hoecker an: „Mit Rücksicht auf das schwebende Verfahren gegen den Bibliotheksrat Herrn Prof. Dr. Heinrich Loewe hat von seiten der Beamten und Angestellten jeglicher persönlicher, schriftlicher und telefonischer Verkehr mit dem Genannten zu unterbleiben."[23] In dieser aussichtslosen Situation bat Loewe am 4. Juli 1933 förmlich um Entlassung: „Ich bin durch die Aufregungen, die mich ... in letzter Zeit betroffen haben, seelisch stark beunruhigt. Ich würde deshalb bitten, es bei meinem Beurlaubungszustande bis 30. September 1933 zu belassen und mich dann vorzeitig zum 1. Oktober in den Ruhestand zu versetzen. Ich bitte ganz gehorsamst darauf hinzuweisen, dass ich angesichts meiner 34-jährigen Tätigkeit in der Universitäts-Bibliothek und meines vorgeschrittenen Alters auf diese Weise möglichst schnell zur Ruhe und zu einem festen erträglichen Zustand komme."[24]

Büchsel jedoch versuchte weiterhin, eine sofortige Entlassung Loewes durchzusetzen, und plädierte auf Anwendung des § 4 des „Berufsbeamtengesetzes": „Loewe ist nichtarischer Abstammung. Es trifft auf ihn die

22 Ebenda, Bl. 46; zit. nach Flachowsky (wie Anm. 21) S. 35 f.

23 Universitätsarchiv, Bestand Universitätsbibliothek III, Nr. 176 (unp.); zit. nach Flachowsky (wie Anm. 21) S. 36.

24 Universitätsarchiv, Universitätskurator PA L 199 (Personalakte Loewe, Teil II) Bl. 48, zit. nach Flachowsky (wie Anm. 21) S. 36.

Ausnahme nach Absatz II des § 3 zu, da Loewe bereits seit dem 1. 8. 1914 planmässiger Bibliothekar bei der Universitäts-Bibliothek war. ... Loewe ist nach eigener Angabe Zionist und hat sowohl im Inland wie auch wiederholt im Ausland Propaganda für den Zionismus gemacht. In seiner Beantwortung zur Frage 5 des Fragebogens betont Loewe, dass er sich ausschließlich für die religiösen Interessen im Judentum eingesetzt habe. M. E. ist der Zionismus nicht nur eine religiöse, sondern ebenso eine politische Bewegung, da er die Errichtung des jüdischen Nationalstaates und die internationale politische Zusammenfassung des Judentums erstrebt. Von den religiösen Bestrebungen des Zionismus werden diese politischen nicht zu trennen sein. Ein überzeugter Zionist muss m. E. Gegner der nationalsozialistischen Regierung in Deutschland sein. Ausserdem beziehe ich mich auf meinen Bericht vom 2.5.1933 ..., in welchem ich nähere Ausführungen darüber gemacht habe, dass Loewe gesprächsweise Gerüchte über Judenverfolgungen in Berlin weitergegeben hat und zwar, obwohl ihm bekannt sein musste, dass diese Gerüchte unbewiesen und unbeweisbar waren. Daraus geht m. E. hervor, dass Loewe gehässig gegen die nationale Bewegung aufgetreten ist."[25] Daraufhin wurde Loewe am 25. August 1933 offiziell aufgrund des § 4 des „Gesetzes zur Wiederherstellung des Berufsbeamtentums" aus dem Staatsdienst entlassen. Einen Monat später wurde die Zahlung seiner Dienstbezüge eingestellt und ihm von da an sein zustehendes Ruhegehalt gezahlt. Loewe wanderte daraufhin noch 1933 nach Palästina aus und leitete dort bis zu seinem Tod 1951 die Stadtbibliothek in Tel Aviv. Er kehrte nie wieder nach Deutschland zurück.

Die letzten noch im Amt verbliebenen jüdischen Bibliothekare wurden 1935 aufgrund der „Nürnberger Gesetze" entlassen und dabei oft durch verwaltungstechnische Manipulationen völlig oder zumindest teilweise um ihre Pensionen gebracht.

Wie reagierten die Juden auf diese über sie plötzlich hereingebrochene neue Wirklichkeit? Nachdem der erste Schock überwunden war, versuchte jeder entsprechend seiner persönlichen Situation und auf seine Art, nach individueller Überzeugung und Einstellung, Widerstandskraft und Anpassungsvermögen, mit der neuen Lage fertig zu werden. Vor die

25 Ebenda Bl. 50, zit. nach Flachowsky (wie Anm. 21) S. 36 f.

Alternative gestellt, sich entweder in Deutschland eine neue Existenz zu schaffen oder auszuwandern, entschieden sich die oft über Nacht ohne Einkommen verbliebenen Menschen teilweise für das Exil. Manche haben dadurch sicherlich ihr Leben gerettet.

Insgesamt ist fast die Hälfte aller untersuchten Personen ins Ausland emigriert. Sie hatten zum überwiegenden Teil bereits bis zum Ende des Jahres 1935 Deutschland verlassen. Häufig erfolgte die Emigration unmittelbar nach der Entlassung aus dem Bibliotheksdienst. Es war vor allem Palästina, wohin etwa 40 Prozent emigrierten, gefolgt von den USA und Großbritannien. Etwa die Hälfte der Emigranten blieb in dem Land, in das sie zuerst flüchteten. Für die übrigen begann ein nervenaufreibender und zermürbender Weg durch teilweise bis zu vier Staaten, ehe sie eine neue Heimat fanden.

Wie bereits oben anhand der Biographie Werner Krafts geschildert, stellte die Emigration neben wirtschaftlichen Problemen wie Wohnungs- und Arbeitssuche auch eine große psychische Belastung dar. Man lebte in einer fremden gesellschaftlichen Umwelt mit einer fremden Sprache und Kultur, nicht nur räumlich weit von Deutschland entfernt, das zunächst noch Bezugspunkt des Denkens blieb. Oft hatten die Emigranten nur ihr Leben gerettet und verfügten über keine oder nur sehr begrenzte finanzielle Mittel. Sie waren in der Mehrzahl auf die Unterstützung der verschiedenen Hilfs- und Flüchtlingsorganisationen angewiesen. In den ersten Jahren des Exils gelang es nur wenigen, ein ihrer Qualifikation entsprechendes Tätigkeitsfeld zu finden. Oft bedeutete dies, den Lebensunterhalt mit Gelegenheitsarbeiten zu verdienen, mit kleinen Posten Vorlieb nehmen zu müssen und zu versuchen, sich hoch zu arbeiten. Dauerstellungen waren kaum zu finden. Man wurde von Fall zu Fall beschäftigt, Saisonarbeit war die Regel. So konnte immer wieder der Fall eintreten, daß man vor dem Nichts stand, von vorne beginnen mußte. Zeitweilig mußte erbärmliche „Brotarbeit“ angenommen werden. Was für die Emigranten der Abschied von Deutschland bedeutete, läßt sich an einem keineswegs untypischen Weg ins Exil ermessen.

Edgar Breitenbach, Jahrgang 1903, studierte Kunstgeschichte in München und Hamburg. Nach seiner Promotion 1927 erhielt er seine bibliothekarische Ausbildung in Göttingen und Berlin und legte im September 1929 an der Preußischen Staatsbibliothek sein Examen ab. Alles sprach für einen raschen beruflichen Aufstieg. Er erhielt bereits als Referendar trotz Arbeitslosigkeit und Stelleneinsparungen im Sommer 1929 eine Bibliotheksratsstelle an der Stadtbibliothek Frankfurt am Main. Das Jahr 1933 beendete seine berufliche Karriere abrupt. Er wurde aufgrund des Gesetzes vom 7. April entlassen. Die Jahre 1933 bis 1945 tragen alle Spuren eines ungesicherten Emigranten-Daseins mit verschiedenen Anläufen und Versuchen, irgendwo Fuß zu fassen und zu Arbeit, finanziellem Auskommen und einer Stellung zu gelangen. Seine kunstgeschichtlichen Verbindungen und Kenntnisse halfen zunächst weiter. 1933/34 arbeitete Breitenbach für den Holbeinforscher Paul Ganz – unbezahlt, weil er für die Schweiz keine Arbeitsgenehmigung erhielt. 1934 bis 1936 wirkte er in London an Publikationen für den Prestel-Verlag mit. Seit Anfang 1937 war er vorübergehend als Dozent für Kunstgeschichte am Mills-College in Kalifornien tätig. Nach verschiedenen Zwischenstationen u. a. als migrant farm worker in den Obstplantagen der Staaten Washington und Colorado erhielt Breitenbach eine Anstellung im amerikanischen Staatsdienst. 1945 kehrte er nach Deutschland zurück als Mitarbeiter der amerikanischen Militärverwaltung (OMGUS). Sein spezieller Auftrag galt dem Schutz der historischen Baudenkmäler in Deutschland. Sein Name ist verknüpft mit einer Reihe von Anregungen, Ratschlägen und Empfehlungen für den Wiederaufbau des deutschen Bibliothekswesens, so z. B. mit der Errichtung der Amerika-Gedenkbibliothek in Berlin. Er leitete später in Nürnberg die Bibliothek des Germanischen Nationalmuseums und ging schließlich an die Library of Congress nach Washington.[26]

Nur etwa die Hälfte der emigrierten Juden war im Exil weiter im bibliothekarischen Beruf tätig. Die übrigen waren vor allem in Forschung und Lehre an den Hochschulen beschäftigt oder übten andere freiberufliche Tätigkeiten aus. Hierbei spielte sicherlich eine Rolle, daß auf diese Weise die Quotenregelung bei der Visaerteilung etwa für die Einreise in die USA umgangen werden konnte. Wer in Deutschland blieb, gab sich meist Illusionen hin. Die Regierungen hatten in der Weimarer Republik so häufig gewechselt, daß man nicht an eine Stabilisierung des Naziregimes denken wollte. Bald mußte man aber die Sinnlosigkeit von Appellen an

26 Zu Breitenbach vgl. vor allem Gisela von Busse: Edgar Breitenbach in memoriam (1903–1977): zugleich Bruchstücke aus einem Kapitel deutscher Nachkriegs-Bibliotheksgeschichte. - In: ZfBB 25 (1978) S. 167–179.

rechtsstaatliche Normen einsehen und versuchte stattdessen zunehmend, die wachsenden Schwierigkeiten aus eigener Kraft oder mit dem Rückhalt bei der jüdischen Gemeinschaft zu meistern. Zunächst konnten die Betroffenen teilweise von der Substanz ihrer Ersparnisse oder von Liquidationserlösen leben, fielen aber oft schnell den Organisationen der jüdischen Wohlfahrtspflege anheim, auf die Unterstützungsleistungen in einer bisher nicht gekannten Größenordnung zukamen. Bereits 1935 mußte fast ein Drittel aller deutschen Juden permanent oder zumindest zeitweilig – etwa im Winter – auf irgendeine Weise unterstützt werden.[27]

Als Beispiel für einen Bibliothekar, der Deutschland nicht verlassen wollte, soll der Lebensweg von Gerhard Alexander dienen: 1903 geboren, studierte er germanische und nordische Philologie, vergleichende Sprachwissenschaft und Geschichte und promovierte zum Dr. phil. 1932 legte er die wissenschaftliche Bibliothekarsprüfung an der Preußischen Staatsbibliothek ab und war anschließend dort am Gesamtkatalolog der Preußischen Bibliotheken angestellt. Er war evangelisch, wurde aber 1933 aufgrund seiner jüdischen Abstammung aus dem Staatsdienst entlassen. Danach arbeitete er zunächst in Hamburg in der Buchhaltung der chemischen Fabrik seines Vaters, mußte später aber auch dort aufhören und lebte von seinem Vermögen. Danach wurde er zur Arbeit in einer Schuhfabrik zwangsverpflichtet, die später nach Tostedt in der Heide verlegt wurde, so daß er nur noch an Wochenenden seine Familie besuchen konnte.

1938 trug sich Alexander schließlich doch schweren Herzens mit dem Gedanken, in die USA zu emigrieren. Da er davon ausging, keine Stelle in seinem bisherigen Beruf im Bibliothekswesen zu finden, wollte er – weil er in den USA am ehesten in diesem Wirtschaftszweig eine Stellung zu finden glaubte – seinen Lebensunterhalt mit dem Verkauf von Fleckenentfernungsmitteln bestreiten. Diese Pläne zerschlugen sich jedoch, da er von seinen Verwandten in den USA kein Affidavit erhielt, das die Behörden der USA von den Einwanderern forderten und in dem sich Verwandte oder Bekannte in den USA verpflichteten, notfalls für den Unterhalt der Immigranten aufzukommen. Noch im Februar 1945 wurde er in das Konzentrationslager Theresienstadt verschleppt. Bei der Befreiung durch die Russen lag er mit Typhus im Lazarett. Er kehrte im Juni 1945 nach

27 Barkai (wie Anm. 5) S. 104.

Hamburg zurück und begann nach dem Ausheilen einer Rippenfellentzündung am 24. September 1945 als freiwilliger, unbesoldeter Hilfsarbeiter in der Hamburger Staats- und Universitätsbibliothek am Norddeutschen Zentralkatalog zu arbeiten. Die Rückgabe ihres in der NS-Zeit zwangsweise „arisierten" Hauses mußte die Familie nach dem Krieg gerichtlich erzwingen. Als man ihm wenig später eine Dozentur an der Hamburger Universität anbot, lehnte er ab, da er bereits bei der Bibliothek zugesagt hatte, obwohl jene Stelle ihm sicherlich lieber gewesen wäre. Nach seiner bald erfolgten festen Anstellung übernahm Alexander die Leitung des Zentralkatalogs, gleichzeitig war er Ausbildungsleiter für den Höheren Dienst. Zudem lehrte er Buch- und Handschriftenkunde als Dozent an der Bibliotheksschule, zum Wintersemester 1962/63 erhielt er einen Lehrauftrag für Nordistik an der Universität Hamburg, von 1965 bis zu seiner Pensionierung 1969 war er Leiter der Handschriftenabteilung.[28]

Die „Nürnberger Gesetze" von 1935 überführten den politischen in den biologischen Antisemitismus. Zug um Zug wurden den Juden die noch verbliebenen bürgerlichen Rechte entzogen. Das Novemberpogrom von 1938 stellte den Höhepunkt der Verfolgungsmaßnahmen in der Vorkriegszeit dar und markiert zugleich den Beginn der dritten Phase des nationalsozialistischen Antisemitismus. Die Juden wurden aus allen ihnen noch verbliebenen gewerblichen und wirtschaftlichen Stellungen hinausgedrängt. Seit 1938 waren sie nicht einmal mehr als Leser in Bibliotheken zugelassen. Die ab Herbst 1941 einsetzenden Deportationen, die „rassehygienischen" Maßnahmen der „Euthanasie" und das Prinzip der „Vernichtung durch Arbeit" bedeuteten den letzten Schritt auf dem Weg zur „Endlösung", der physischen Vernichtung der Juden. Die Wannsee-Konferenz vom 20. Januar 1942 war nur noch die bürokratisch-organisatorische Absicherung der bereits begonnenen und eskalierenden Massenvernichtung der Juden. Mit Deportationen, Zwangsarbeitseinsatz, Selektion der Arbeitsunfähigen, schließlich Ermordung der noch Überlebenden begann der Holocaust der europäischen Juden. Auschwitz wurde zum Symbol eines in der Geschichte singulären Massenmordes. An zwei

28 Eva Horvàth: Gerhard Alexander, 10. Februar 1903 – 7. September 1988. - In: Auskunft: Mitteilungsblatt Hamburger Bibliotheken 9 (1989) S. 136–139; Interview von Claus Dehn mit Gerhard Alexander (circa 1984/85); Interview von Alwin Müller-Jerina mit Ulrike Bork, Tochter von Gerhard Alexander, vom 30.8.1989.

jüdische Bibliothekare, die gezwungen wurden, diesen Weg zu gehen, soll abschließend erinnert werden.

Der 1874 in Konstanz geborene Ferdinand Rieser trat nach einem Studium der Jurisprudenz, dann der neueren Philologie 1898 in den Dienst der Hof- und Landesbibliothek Karlsruhe ein.[29] 1907 promovierte er. Mit Wirkung vom 1. Dezember 1932 wurde er zum Direktor der Badischen Landesbibliothek ernannt. Seine jüdische Herkunft und sein offenes Bekenntnis zum Judentum – er hatte bis 1933 den Vorsitz im jüdischen Kulturbund Karlsruhe inne – hatte sich niemals nachteilig auf seine Kariere ausgewirkt. Dies änderte sich schlagartig 1933. In einer am 5. April in der Karlsruher Zeitung abgedruckten Verfügung des Gauleiters und Reichsstatthalters Robert Wagner hieß es: „Der Beauftragte des Reichs hat sich mit Rücksicht auf die starke Beunruhigung der Öffentlichkeit veranlaßt gesehen, zum Schutze und im Interesse der in Baden lebenden Juden anzuordnen, daß alle im badischen Staatsdienst, in Staatsbetrieben, in Gemeinden, in Gemeidebetrieben und anderen öffentlich-rechtlichen Körperschaften sowie als Lehrkräfte an Privatschulen beschäftigten Angehörigen der jüdischen Rasse mit sofortiger Wirkung bis auf Weiteres vom Dienst zu beurlauben sind. Durch diese Maßnahme werden nicht zuletzt Einzelaktionen gegen Juden und Störungen der öffentlichen Sicherheit und Ordnung verhütet werden. Es wird erwartet, daß die Bevölkerung wie bisher sich zu keinerlei Ausschreitungen gegen Juden hinreißen läßt. Die vorbeugenden Anordnungen des Beauftragten der Reichsregierung werden sicherlich auch in den Kreisen der Juden, in deren Interesse sie erlassen worden sind, volles Verständnis finden.“[30]

In vorauseilendem Gehorsam – das „Gesetz zur Wiederherstellung des Berufsbeamtentums“ trat ja erst zwei Tage später in Kraft – hatte man also diese Anordnung getroffen. Rieser legte daraufhin den Dienst nieder, übergab die Amtsgeschäfte an einen Stellvertreter und sah sich als beurlaubt an. Wegen seiner jedoch bereits seit 1898 andauernden Anstellung im Staatsdienst war seine Beurlaubung hinfällig. Er versuchte, auf eine zurückgezogene Stelle in der Bibliothek versetzt zu werden, was

29 Für das folgende vgl. Rainer Fürst: Bibliotheksdirektor Ferdinand Rieser (1874–1944): vom Schicksal eines badischen Beamten im Großherzogtum, in der Republik und unter der nationalsozialistischen Diktatur. - In: BLB-Magazin 1996, Heft 1, S. 13–21.

30 Zit. nach Fürst (wie Anm. 29) S. 18.

das Ministerium jedoch ablehnte. Schließlich beantragte er selbst die Versetzung in den Ruhestand. In den folgenden Jahren beschäftigte sich Rieser mit wissenschaftlichen Arbeiten, bis ihm 1938 der Zutritt zum Generallandesarchiv verwehrt wurde. Wiederholt bot er dem Kultusministerium jede Art von Bibliotheksarbeit an. Am 22. Oktober 1940 erfolgte die Massendeportation der Juden aus den Gauen Baden und Saarpfalz ins Lager Gurs am Rande der Pyrenäen. Darunter befanden sich auch Ferdinand Rieser und seine Frau Adele. Im Dezember 1940 schrieb Rieser an die Landeshauptkasse in Karlsruhe: „Ich bin amtlich hierher verbracht. Ueberfünfundsechzigjährige sollen sich außerhalb des Lagers mit Familie verpflegen dürfen. Die Mittel fehlen mir. Bitte um Zuweisung meiner Pension hierher. Prof. Dr. Phil. Ferd. Israel Rieser. Direktor der Bad. Landesbibliothek a. D.“[31] Da der Brief unbeantwortet blieb, erinnerte er die Behörde am 11. April 1941 und bat gleichzeitig um Überweisung seiner Pension auf sein Karlsruher Konto sowie um Nachsendung von Kleidung aus seiner Wohnung aus Karlsruhe. Er erinnerte dabei an seine 35-jährige Tätigkeit an der Landesbibliothek. Im Finanz- und Wirtschaftsministerium stellte man dagegen fest, daß der Bittsteller am 22. Oktober 1940 außerhalb des Reichsgebietes gebracht worden sei und damit die Zahlung des Ruhegehaltes Ende Oktober 1940 einzustellen sei. 1941 wurden die Eheleute Rieser nach Récébédou bei Toulouse verlegt, wo sie etwas bessere Lebensbedingungen vorfanden und Rieser einen „Bibliotheksbetrieb mit gutem Erfolg“[32] aufbaute. Im Herbst des Jahres wurde er erneut verlegt, zunächst in das Camp de Nexon im Département Haute-Vienne. Im November 1943 schrieb er aus dem Camp de Masseube im Département Gers, daß seine Frau verstorben sei. Am 11. März 1944 erlag er dort selbst den Strapazen des Lagerlebens.

Ein anderer der fünf Millionen Menschen, die dem nationalsozialistischen Massenmord zum Opfer fielen, war Arthur Spanier. Er wurde 1889 in Magdeburg geboren und absolvierte ein Studium der klassischen Philologie an der Universität Berlin, gleichzeitig studierte er an der Lehran-

31 Zit. nach Fürst (wie Anm. 29) S. 20.

32 Zit. nach Fürst (wie Anm. 29) S. 20. Vgl. Torsten Seela: Bücher und Bibliotheken in nationalsozialistischen Konzentrationslagern: das gedruckte Wort im antifaschistischen Widerstand der Häftlinge. - München u. a. 1992 (Beiträge zur Bibliothekstheorie und Bibliotheksgeschichte; 7).

stalt bzw. Hochschule für die Wissenschaft des Judentums. 1920 promovierte er an der Universität Freiburg/Br. zum Dr. phil. Von 1921 bis 1935 war Spanier an der Preußischen Staatsbibliothek Berlin tätig: 1921 zunächst als Volontär, 1922 legte er das Examen ab, 1923 war er Assistent, von 1926 bis 1935 dann Bibliotheksrat und Leiter der Abteilung Judaica und Hebraica. Sein Spezialgebiet war die Katalogisierung armenischer und anderer Handschriften. Als Teilnehmer des Ersten Weltkriegs konnte er bis 1935 im Amt bleiben und wurde erst im Zuge der „Nürnberger Gesetze" aus der Staatsbibliothek entlassen. Bis 1938 war er noch als Dozent an der Lehranstalt bzw. Hochschule für die Wissenschaft des Judentums tätig. Im November 1938 wurde er im KZ Sachsenhausen interniert. Einem wiederholt an ihn ergangenen Ruf auf eine Dozentur für Rabbinica am Hebrew Union College in Cincinatti/Ohio konnte er nicht Folge leisten, da er für die Einreise in die USA kein Visum erhielt. Daraufhin emigrierte er 1939 nach Holland und lebte in Amsterdam. Nach dem Einmarsch der Deutschen wurde er 1942/43 verhaftet und ins KZ Bergen-Belsen verschleppt. Dort wurde er am 30. März 1944 ermordet.[33]

Die bedingungslose Kapitulation Deutschlands am 8. Mai 1945 eröffnete den Emigranten die Möglichkeit der Rückkehr. Aber viele von ihnen hatten inzwischen ihr Leben im Ausland eingerichtet und beruflich Fuß gefaßt, scheuten einen nochmaligen Neuanfang, das Exilland war ihnen zur Heimat geworden, sie hatten eventuell sogar die betreffende Staatsbürgerschaft angenommen, sich im Ausland eine neue Basis ihrer Existenz geschaffen, die sie nicht noch einmal aufs Spiel setzen wollten. Nur ganz wenige der aus Deutschland vertriebenen jüdischen Bibliothekare kehrten nach dem Krieg in ihre Heimat zurück. Je zu einem Viertel blieben sie in Israel und den USA.[34]

33 Zu Spanier vgl. vor allem den Artikel in: Biographisches Handbuch der deutschsprachigen Emigration nach 1933 / International biographical dictionary of Central European emigrées 1933–1945 / hrsg. von Herbert A. Strauss und Werner Röder. Bd. 2.2. - München 1983, S. 1097.

34 Es würde sich lohnen zu untersuchen, welche Rolle die zur Emigration gezwungenen jüdischen Bibliothekare für den Auf- oder Ausbau des Bibliothekswesens in den Exilländern, insbesondere in Israel, gespielt haben, eine Untersuchung, wie sie etwa für die Ärzte vorgelegt wurde von Doron Niederland: Deutsche Ärzte-Emigration und gesundheits-politische Entwicklungen in „Eretz Israel" (1933–1948). - In: Medizinhistorisches Journal 20 (1985) S. 149–184. Die Rolle der emigrierten Bibliothekare beim Aufbau des türkischen Bibliothekswesens skizziert Müller (wie Anm. 16).

Ulrike Eich

Der Verein Deutscher Bibliothekare in der Nachkriegszeit

Die Wiederbegründung des VDB gehörte zu denjenigen Anliegen, die auf den ersten Nachkriegstagungen der Bibliotheksdirektoren in Westdeutschland – neben den akuten und drängenden Problemen des Wiederaufbaus – ganz selbstverständlich geäußert wurden. Einer raschen Realisierung dieses Vorhabens standen zunächst das Besatzungsregime und die von Zone zu Zone divergierenden einschlägigen Bestimmungen entgegen. Die Planungen und Maßnahmen für das Bibliothekswesen vollzogen sich innerhalb der einzelnen Zonen im Zusammenwirken der Direktoren untereinander und mit den entsprechenden, von den Alliierten eingesetzten Verwaltungsorganen[1], dann aber sehr bald bereits auf Länderebene.

Mit den Beschlüssen der Alliierten zur Auflösung des Staates Preußen und zur Schaffung einer föderalistischen Staatsform waren schon 1947 die Rahmenbedingungen für die weitere Entwicklung des deutschen Bibliothekswesens geschaffen worden[2]. Von entscheidender Bedeutung wurden die Kulturhoheit der Länder und deren weitgehende Finanzautonomie sowie deren Mitwirkungsrechte im Bereich des Beamtenrechts und der Beamtenbesoldung. Auch die späteren tiefgreifenden Veränderungen im Bibliothekswesen der Bundesrepublik, insbesondere die Herausbildung neuer Bibliothekstypen, die Schaffung weiterer bibliothekarischer Berufsverbän-

1 Hermann Tiemann: Zur Lage des wissenschaftlichen Bibliothekswesens in der britischen Besatzungszone (Bericht über die Tätigkeit des Fachausschusses „Wissenschaftliche Büchereien“ beim Zonenerziehungsrat der britischen Zone). - In: NfwB 1 (1948) S. 2–6; Hanns W. Eppelsheimer: Zur Lage des wissenschaftlichen Bibliothekswesens in der amerikanischen Besatzungszone (Bericht über die Tätigkeit der „Arbeitsgemeinschaft für wissenschaftliche Bibliotheken“ im Länderrat der US-Zone). - In: NfwB 1 (1948) S. 6–8.

2 Vgl. Gisela von Busse: Struktur und Organisation des wissenschaftlichen Bibliothekswesens in der Bundesrepublik Deutschland: Entwicklungen 1945 bis 1975. - Wiesbaden 1977, S. 77 ff.

de und schließlich das gesamte System der Informationsvermittlung überhaupt werden von diesen dezentralisierenden Faktoren bestimmt[3].

Der VDB hingegen wurde 1948 diskussionslos in seiner alten Form, d. h., wie er bis 1937 bestanden hatte, wieder ins Leben gerufen, in strikter Abgrenzung von anderen Verbänden verwandter Berufe und mit dem Anspruch, das gesamte Bibliothekswesen, zumindest das wissenschaftliche, zu vertreten.

Um diesen Zweck zu erfüllen, hat der Verein in den folgenden Jahren eine Fülle von Sachaufgaben übernehmen müssen, für die er rein organisatorisch als Personalverband und eingetragener Verein eigentlich nicht vorbereitet war. Diese Diskrepanz wurde erst allmählich offenbar, führte dann aber zu erheblichen internen Spannungen und Auseinandersetzungen um die Frage der Bestimmung: Berufsverband oder Fachverband, Personalverband oder Institutionenverband[4].

Diesen Konflikt zu analysieren muß deshalb die Hauptaufgabe einer historischen Untersuchung der ersten Nachkriegsgeschichte des VDB sein. Dies soll im Folgenden versucht werden, und zwar unter der These: Die Führung des VDB, d. h. Vorstand und Vereinsausschuß, verstand sich und handelte als eine Art Selbstverwaltungsorganisation des wissenschaftlichen Bibliothekswesens[5]; vereinsspezifische Belange, welche viele Mitglieder intensiver verfolgt wissen wollten, traten demgegenüber völlig in den Hintergrund.

*

Die Untersuchung beruht im wesentlichen auf folgenden *Quellen:* den Publikationen des Vereins, dem Jahrbuch der Deutschen Bibliotheken (Jahrbuch), den Nachrichten für wissenschaftliche Bibliotheken (NfwB), der Zeitschrift für Bibliothekswesen und Bibliographie (ZfBB) sowie den Akten des

3 Vgl. Redmond A. Burke: German Librarianship from the American Angle. - In: The Library Quarterly 22 (1952) S. 180–193, hier S. 182.

4 Zu den Begriffen „Verein" – „Verband" s. Ekhard Pohle: Interessenverbände der öffentlichen Hand: d. Anteil d. Körperschaften u. Anstalten d. öffentl. Rechts am privatrechtl. Verbandswesen zur Interessenvertretung in d. Bundesrepublik Deutschland. - In: Verwaltungsarchiv 53 (1962) S. 201–238, 333–382, hier S. 201, vgl. ebd., S. 213. – Vgl. im übrigen den Beitrag von Rudolf Frankenberger in dieser Festschrift.

5 Cremer an Köttelwesch, 2. 6. 60, VDB-Archiv/Satzungsänderung 1960; Kaspers, Stellungnahme zur Satzungsänderung, 16. 12. 59, ebd.; vgl. Middendorf an Tiemann, 16. 9. 50, VDB-Archiv/VAS.

Vereinsarchivs, vor allem den Protokollen der Ausschußsitzungen. Daraus ergeben sich gewisse methodische Probleme, die klar zu benennen sind:

Das erste Problem gilt für jede Art zeitgeschichtlicher Forschung. Es muß davon ausgegangen werden, daß wichtige Äußerungen, wahrscheinlich sogar die folgenreichsten, nicht schriftlich festgehalten, sondern nur in persönlichen Gesprächen gefallen sind. Auch in der hier benutzten Korrespondenz wird wiederholt auf derartige Unterredungen Bezug genommen. Ähnliche Schwierigkeiten ergeben sich aus der Tatsache des ständigen Wechsels in Vorsitz und Ausschuß des VDB und aus dem ehrenamtlichen Charakter dieser Ämter. Es ist damit zu rechnen, daß insbesondere Briefe vermischten Inhalts, die beide Funktionen des Adressaten betrafen, in der Korrespondenz der betreffenden Bibliothek abgelegt wurden und deshalb nicht in das Archiv gelangt sind.

Ein zweites wesentliches Defizit besteht darin, daß die Akten der öffentlichen Verwaltung, insbesondere der Kultus- und Finanzministerien und -behörden, noch nicht für den gesamten zu betrachtenden Zeitraum zugänglich sind. Das Verhältnis des VDB zu diesen Organen ist aber zumindest in einer bestimmten Phase von entscheidender Bedeutung. Die Stellungnahmen der Verwaltung konnten aber nur aus den Akten des VDB, d. h. mittelbar und aus dessen Sicht, gewonnen werden. Das Ergebnis kann insofern nur vorläufig sein; ein wirklich abgewogenes Urteil muß späteren Forschungen vorbehalten bleiben.

*

Der Wiederaufbau des wissenschaftlichen Bibliothekswesens in Westdeutschland nahm seinen Anfang mit mehreren Tagungen der Bibliotheksdirektoren der amerikanischen und britischen Zone in Stuttgart[6] und Hamburg[7] sowie deren gemeinsamer Tagung in Hannover im Mai 1948[8], die bereits wieder in der Pfingstwoche, dem traditionellen Tagungstermin des VDB,

6 Wilhelm Hoffmann: Bibliothekskonferenzen in Stuttgart, April und Dezember 1946. - In: ZfB 61 (1947) S. 79–83.

7 Bibliothekartagung in Hamburg vom 22.–24. Oktober 1946, Bericht über die Verhandlungen der Vertreter der wissenschaftlichen Bibliotheken aus der Britischen Zone. - In: ZfB 61 (1947) S. 87–93.

8 Erwin Steinborn: Der Bibliothekartag der Doppelzone in Hannover vom 18. bis 20. Mai 1948: Bericht über d. Verlauf d. Bibliothekartages. - In: ZfB 62 (1948) S. 178–186; vgl. Georg Leyh: Katastrophe und Wiederaufbau in deutschen Bibliotheken. - In: Libri 1 (1950) S. 210–238, hier S. 226.

stattfand. Als dringlichste Aufgaben wurden genannt: der Aufbau regionaler Gesamt- oder Zentralkataloge und eines allgemeinen Leihverkehrs, die Erarbeitung einheitlicher Ausbildungs- und Prüfungsordnungen sowie die Neukonstituierung des VDB und, damit verbunden, die Schaffung eines Mitteilungsblattes als Informationsorgan der westdeutschen Bibliotheken.

Die Forderung nach einer Wiederbegründung des VDB war auf der Tagung in Hannover zum Teil bereits erfüllt: Am 28. April 1948 hatte in München unter der Leitung des Generaldirektors der Bayerischen Staatsbibliothek Gustav Hofmann eine Gründungsversammlung stattgefunden, zu der 31 wissenschaftliche Bibliothekare aus bayerischen Bibliotheken zusammengekommen waren.[9] Zu dieser Zeit bedurften Vereinsgründungen der Lizensierung durch eine Besatzungsmacht, die nur für die entsprechende Zone galt.[10] Daß die Neukonstituierung des VDB gerade in Bayern vorgenommen wurde, ist wohl nicht auf ein vergleichsweise großzügiges Verfahren seitens der amerikanischen Behörden zurückzuführen. Denn um dieselbe Zeit sind in den anderen Zonen auch im bibliothekarischen Bereich Vereine neu oder wieder begründet worden. Vielmehr ging der Gründungsakt aus einer Initiative Hofmanns selbst hervor[11], der den Verein in den ersten Jahren über eine relativ lange Zeit als Erster Vorsitzender geführt und dessen Entwicklung ganz maßgeblich geprägt hat. Und gerade Hofmann hat sich auch – unter Hinweis auf zu erwartende Widerstände seitens der Ministerien – dagegen ausgesprochen, den ersten ordentlichen Bibliothekartag der Nachkriegszeit in München, also in der amerikanischen Zone, abzuhalten.[12]

Die Mitglieder der Gründungsversammlung waren der Auffassung, so das Protokoll der nur zweistündigen Sitzung[13], „daß es eine dringende Erfordernis sei, sich wieder zu einem Berufsverband zusammenzuschließen

9 Protokoll über die Gründungsversammlung am 28. 4. 48, VDB-Archiv/Streit um Uraltguthaben; vgl. Akten VDB/Gründung; Verein Deutscher Bibliothekare. - In: NfwB 1 (1948) S. 11–12.

10 G. v. Busse: Struktur und Organisation (wie Anm. 2), S. 33.

11 Hofmann an die Direktoren der wissenschaftlichen Bibliotheken in Bayern, 9. 5. 48, VDB-Archiv/Gründung; Rest an Hofmann, 6. 10. 48, ebd.; Eppelsheimer an Hofmann, 8. 5. 48, ebd.; Wegener an Hofmann, 10. 5. 48, ebd.; Leyh an Hofmann, 9. 5. 48, ebd.

12 Anm. Hofmanns zu einem Brief von Stollreither, 9. 2. 48, VDB-Archiv/Gründung.

13 Die hier verabschiedete Satzung ist gegenüber denen von 1922 und 1935 vor allem durch detailliertere Verfahrensbestimmungen wesentlich erweitert. Sie kann deshalb kaum in nur zwei Stunden eingehend beraten worden sein.

und damit die Tradition des bereits seit 1902 bestehenden alten ‚VDB e. V.' wieder aufzunehmen. Die Anwesenden erklärten einstimmig, daß sie die Absicht haben, in dieser Zusammenkunft einen Berufsverband unter Fortführung des alten Namens zur Wahrnehmung ihrer Berufsinteressen zu konstituieren"[14].

Sie verabschiedeten eine Satzung[15], die derjenigen von 1935[16], bis auf die Geltung des Führerprinzips, sehr ähnlich war. Die wesentlichen Bestimmungen sind dieser Fassung entnommen, nicht, wie in der Literatur meist angegeben, der Fassung von 1922[17]. Vor allem aber war eine Tradition wieder aufgegriffen worden, ohne zu fragen, ob die Organisationsform des Vereins in einem föderalen Staat mit seiner sehr vielschichtigen Macht- und Aufgabenverteilung noch zweckentsprechend war. Nur nebenbei, weil nicht bibliotheksspezifisch, sei bemerkt, daß die Zeit des Nationalsozialismus, bis auf die Folgen des Krieges, völlig ignoriert wurde. Die Volksbibliothekare allerdings haben dieses Thema bereits auf ihrer ersten ordentlichen Mitgliederversammlung angesprochen und in die Diskussion um die zukünftige Aufgabe der Volksbibliotheken mit hineingenommen[18].

Da von vornherein eine Ausweitung des Vereins auf ganz Westdeutschland vorgesehen war, ist der Satzungsentwurf von Hofmann den Bibliotheksdirektoren in den anderen Zonen mitgeteilt und von diesen sofort ohne jede Änderung akzeptiert worden[19].

Die Satzung umfaßte zunächst kaum mehr als die gesetzlich vorgeschriebenen Mindestregelungen. Sie legte Struktur und Verfahren fest, wie sie für Vereinigungen mit nur persönlicher, individueller Mitgliedschaft typisch sind[20]: Der Verein bestand aus der Mitgliederversammlung,

14 VDB-Archiv/Streit um Uraltguthaben.

15 Satzungen (von 1948) im Jahrbuch 35 (1950) S. 352–359.

16 Satzung des Vereins Deutscher Bibliothekare e. V. (von 1935) im Jahrbuch 26/27 (1936) S. 357–362.

17 Satzung des Vereins Deutscher Bibliothekare zu Berlin (von 1922). - In: Jahrbuch 16 (1925) S. 313–320.

18 Hans Joachim Kuhlmann: Der Weg zum kritischen Bürger: 40 Jahre VBB. - Bad Honnef 1989, S. 9 f.

19 Eppelsheimer an Hofmann, 8. 5. 48, VDB-Archiv/Gründung; Wegener an Hofmann, 10. 5. 48, ebd.; Rest an Hofmann, 10. 5. 48, ebd.

20 Vgl. Rupert Breitling: Die Verbände in der Bundesrepublik: ihre Arten u. ihre polit. Wirkungsweise. - Meisenheim 1955. - (Schriftenreihe der Vereinigung für die Wissenschaft von der Politik; 8) S. 53 ff.

dem Vorstand mit dem Ersten Vorsitzenden, dessen Stellvertreter, Geschäftsführer und Kassenwart. Vorstand und Ausschuß wurden von der Mitgliederversammlung gewählt und waren dieser rechenschaftspflichtig; grundsätzliche Fragen, die die Satzung berührten, mußten von der Mitgliederversammlung, bei der Vertretung durch Bevollmächtigung ausgeschlossen war, beschlossen oder bestätigt werden. Da die Mitgliederversammlung in der Regel nur satzungsgemäß, d. h. einmal jährlich, einberufen wurde und bei der räumlichen Verteilung der Mitglieder wohl auch nur konnte, waren rasche Entscheidungen so gut wie unmöglich, der politische Handlungsspielraum des Vereins als Gesamtheit war somit begrenzt.

Der Möglichkeit aber, politisch wirksam Einfluß auszuüben, wie es die Selbstbestimmung als berufsständische Interessenvertretung eigentlich erwarten ließ, stand vor allem auch das zumindest in den ersten Jahren recht selektiv praktizierte Aufnahmeverfahren entgegen. Die Anträge mußten vom Vereinsausschuß gebilligt werden[21], der sich recht eingehend über die Bewerber informiert hat[22]. Dies galt nicht nur für Kollegen, die erst unlängst aus der Ostzone bzw. DDR in den Westen gekommen waren und – vor dem Hintergrund des „Kalten Krieges" – intensiv auf ihr politisches Verhalten hin geprüft wurden. Der Organisationsgrad der wissenschaftlichen Bibliothekare lag in den Jahren bis 1965 bei maximal 60%[23]. Angesichts der geringen Gesamtzahl dieser Berufssparte überhaupt waren die Chancen, politisch wahrgenommen zu werden, sehr gering, zumal es für Bibliothekare ohnehin kaum möglich ist, eine Öffentlichkeit für ihre Belange oder gar dezidiert berufsspezifischen Probleme zu interessieren, weil sie – selbst wo sie nicht an das Beamtenrecht gebunden sind – keine Druckmittel einsetzen können[24].

Eine organisatorische Schwäche ergab sich aus dem Fehlen einer ständigen Geschäftsstelle. Diese hatte ihren Sitz am Ort des jeweiligen Vorsitzenden. Bei jedem Wechsel in der Führung mußte das gesamte Schrift-

21 Satzung von 1948, § 4, Abs. 2.

22 Protokolle der Sitzungen des VA, 1949 ff., VDB-Archiv/VAS.

23 Nach dem Verzeichnis der wissenschaftlichen Bibliothekare im Jahrbuch wurde der Anteil der als solche gekennzeichneten VDB-Mitglieder an der Gesamtzahl – ohne die in den ersten Jahren noch aufgenommenen Bibliothekare an Bibliotheken in der Ostzone/DDR – berechnet.

24 Vgl. Jürgen Weber: Die Interessengruppen im politischen System der Bundesrepublik Deutschland. - Stuttgart 1977, S. 191 f.

tum einschließlich Formularen und Akten übergeben, d. h. oft über Hunderte von Kilometern transportiert, außerdem mußten in den ersten Monaten regelmäßig an den Vorsitzenden adressierte Briefe umgeleitet werden[25]. In dieser Hinsicht jedenfalls hatte die Organisation mehr Ähnlichkeit mit der Einrichtung des Dekanats in der akademischen Selbstverwaltung als mit einem in die Öffentlichkeit wirkenden und von dort anzusprechenden Interessenverband.

Von entscheidender Bedeutung für die weitere Entwicklung des Vereins ist seine Zielsetzung. Der entsprechende Paragraph 2 der Satzung lautete: „Der Verein hat den Zweck, die Berufsinteressen der deutschen Bibliothekare wahrzunehmen, den Zusammenhang unter ihnen und unter den wissenschaftlichen Bibliotheken zu pflegen und das wissenschaftliche Bibliothekswesen zu fördern."

Die Definition war aus den Satzungen von 1922[26] und 1935[27] übernommen. Zusätzlich aufgenommen und an die erste Stelle gesetzt war aber die Formulierung „die Berufsinteressen der deutschen Bibliothekare wahrzunehmen", deren Tragweite sich später in internen Auseinandersetzungen zeigen sollte.

Unter den veränderten Bedingungen der Nachkriegszeit enthielt aber auch die Formulierung „der deutschen Bibliothekare" einen sehr viel umfassenderen und nicht mehr selbstverständlichen Sinn. Denn inzwischen bestanden bereits die Vereine der Volksbibliothekare, der Diplombibliothekare an wissenschaftlichen Bibliotheken und sogar der spartenübergreifende Verband der Bibliotheken des Landes Nordrhein-Westfalen. Außerdem war in Paragraph 4, Absatz 1 die Mitgliedschaft im VDB auf Bibliothekare und Laufbahnanwärter mit abgeschlossener Hochschulausbildung beschränkt. Dies entsprach genau den Bestimmungen der Satzung von 1935 (Stück 4,1). Nach der Satzung von 1922 war neben den Bibliothekaren mit wissenschaftlicher Ausbildung auch zugelassen, wer „an einer staatlichen oder Gemeindebibliothek höherer Beamter ist oder sonst

25 Vgl. Stellungnahme Hofmanns auf dem Bibliothekartag 1954 in Bremen, ZfBB 1 (1954) S. 252; Bericht über die MV 1960 in Trier, ZfBB 7 (1960) S. 285–290, hier S. 286; Liebers: Stellungnahme zum Entwurf einer neuen Satzung, 9. 1. 60, VDB-Archiv/Satzungsänderung 1960.

26 Satzungen von 1922, § 2.

27 Satzung von 1935, Stück 2.

an dieser Bibliothek eine entsprechende Stellung innehat“ (Satzung 1922, § 3). Analog zu der neueren Bestimmung war dann das Tätigkeitsfeld auf die Wissenschaftlichen Bibliotheken begrenzt. Damit war implizit eine Abgrenzung von den Volksbibliothekaren vollzogen, die von den maßgebenden Repräsentanten der Wissenschaftlichen Bibliotheken ausdrücklich begrüßt wurde; die doppelte Zweckbestimmung: Interessenvertretung der deutschen Bibliothekare ganz allgemein auf der einen und Förderung nur des wissenschaftlichen Bibliothekswesens auf der anderen Seite wurde sehr wohl als dezente Verschleierung des eigentlichen Ziels verstanden[28].

Zur Verfolgung des Vereinszwecks wurden die alten Instrumentarien wieder eingesetzt. In der Satzung waren die Ausrichtung der Bibliothekartage und die Herausgabe des Jahrbuchs genannt[29]. Die Bibliothekartage sollten vornehmlich dem praktischen Erfahrungsaustausch der Bibliothekare dienen. Daß sie damit dem berufsständischen Anliegen dienen sollten, wird aber eigentlich erst in der Satzung von 1961 deutlich, wo explizit von den Erweiterungen der Fachkenntnisse die Rede ist (s. u.). Das Jahrbuch als einzige umfassende und allgemein zugängliche Datensammlung und Informationsquelle über das wissenschaftliche Bibliothekswesen repräsentierte den sachlichen Zweck der Förderung der Bibliotheken als Institutionen.

Von öffentlicher Bedeutung war die im Auftrag des Vereins publizierte und deshalb in der Satzung nicht angeführte Fachzeitschrift, das „Zentralblatt für Bibliothekswesen“. Sie galt noch in der Gründungszeit als das Vereinsorgan. Doch bereits auf den ersten Direktorenkonferenzen war die Forderung nach einem eigenen Mitteilungsblatt für die westdeutschen Bibliotheken gestellt worden[30]. Noch 1948 wurden deshalb die „Nachrichten für wissenschaftliche Bibliotheken“ gegründet, die zunächst zumindest offiziell nicht als Konkurrenz zu dem eher theoretisch und wis-

28 Rest an Hofmann, 6. 10. 48, VDB-Archiv/Gründung; Eppelsheimer an Hofmann, 8. 5. 48, ebd.; Wegener an Hofmann, 10. 5. 48, ebd.; dagegen kritisch: Leyh an Hofmann, 9. 5. 48, ebd.

29 Auch die Herausgabe des Jahrbuchs findet sich erst in der Satzung von 1935, in der darüber hinaus auch die Mitgliederversammlung als Mittel zur Erreichung des Vereinszwecks genannt ist (Stück 3, 1–3). Die Satzung von 1922 hatte nur die Bibliothekartage angeführt (§ 2).

30 W. Hoffmann: Bibliothekskonferenzen in Stuttgart (s. Anm. 6), S. 80; E. Steinborn: Bibliothekartag der Doppelzone (s. Anm. 8), S. 183 f.; H. Eppelsheimer: Das Treffen zu Frankfurt, in: NfwB 1 (1948) S. 33–35, hier S. 33.

senschaftlich ausgerichteten „Zentralblatt“, sondern als dessen Ergänzung im Sinne aktueller und praxisbezogener Berichterstattung verstanden werden sollten[31]. Im Vorwort zum ersten Heft werden die Bibliotheken in der Ostzone zur Mitarbeit aufgefordert[32], wie auch deren Daten zunächst noch mit in das Jahrbuch aufgenommen wurden[33].

Im Jahr 1949 fand der erste ordentliche Bibliothekartag der Nachkriegszeit in Rothenburg statt[34], im folgenden Jahr konnte erstmals wieder ein Jahrbuch erscheinen[35] – der VDB in seiner traditionellen Form war wieder etabliert.

*

Bevor auf die sachlichen Aspekte der Entwicklung des VDB eingegangen wird, soll die personelle Zusammensetzung seiner Leitung, d. h. Vorsitz und Vereinsausschuß, skizziert werden[36].

Mit der in der Satzung vorgesehenen Möglichkeit der Wiederwahl[37] war die Voraussetzung für Kontinuität in der Führung des Vereins geschaffen. Die aus der Ehrenamtlichkeit der Ämter und dem häufigen Ortswechsel der Geschäftsstelle sich ergebenden Brüche wurden damit zum großen Teil ausgeglichen. In der Regel übernahm der Vorsitzende bei Abgabe des Amtes die Funktion des Stellvertreters[38]. Abgesehen von der ersten Phase, während derer der Gründungsvorsitzende, Hofmann (München), dem Verein über sieben Jahre vorstand, ist dieser Wechsel in zweijährlichem Rhythmus erfolgt. Geschäftsführer und Kassenwart waren stets Mitarbeiter in der Bibliothek des amtierenden Vorsitzenden.

31 Gustav Hofmann: Zum Geleit. - In: NfwB 1 (1948) S. 1–2, hier S. 1; vgl. R. Burke: German Librarianship (wie Anm. 3), S. 190.

32 G. Hofmann: Zum Geleit (wie Anm. 31), S. 1 f.

33 Annelen Ottermann: Habent sua fata libelli – Gedanken zur Geschichte des Jahrbuchs der Deutschen Bibliotheken. - In: ZfBB 30 (1983) S. 485–497, hier S. 490, 492; vgl. Otto Löhmann: Zur Vorgeschichte, Entwicklung und Gestaltung des Jahrbuchs der Deutschen Bibliotheken. - In: ZfBB 7 (1961) S. 33–41, hier S. 41.

34 Bibliothekartage in Rothenburg o. d. T. und Erlangen vom 13.–16. Juni 1949: Tagungsverlauf. - In: NfwB 2 (1949) S. 81 f.; Bericht über den Bibliothekartag 1949, ebd., S. 113–141.

35 Jahrbuch der Deutschen Bibliotheken 34 (1950).

36 Die folgenden Äußerungen beruhen auf einer Auswertung der Angaben zur personellen Zusammensetzung der verschiedenen Gremien nach dem Jahrbuch.

37 Satzungen von 1948, § 6, Abs. 4.

38 Von dieser Praxis ist später nur in zwei Fällen abgewichen worden.

Der Vereinsausschuß umfaßte neben dem Vorstand anfangs fünf[39], ab 1954 neun[40] Mitglieder; bei Neuwahlen wurde dieses Gremium jeweils ungefähr zur Hälfte ausgewechselt, so daß auch in diesem Bereich die notwendige Stetigkeit der Arbeit und Planung gewährleistet war. Die Wahlentscheidung der Mitgliederversammlung für die Besetzung des Ausschusses erfolgte anfangs aufgrund entsprechender Vorschläge des Vorstandes[41], später wurde für die Vorbereitung der Wahl ein Wahlausschuß vom Vereinsausschuß gebildet und von der Mitgliederversammlung bestätigt[42].

Der Entscheidungs- und Handlungsspielraum des Vorstandes insbesondere im Hinblick auf die politische Wirksamkeit des Vereins, aber auch dessen Gestaltungswillen, waren in starkem Maße abhängig von der beruflichen Stellung und Herkunft seiner Mitglieder sowie deren Tätigkeit in anderen öffentlichen Gremien mit bibliothekarischem Bezug. Zum weit überwiegenden Teil handelte es sich um Direktoren großer Wissenschaftlicher Allgemeinbibliotheken, also Universitäts-, Staats-, Landes- und Wissenschaftlicher Stadtbibliotheken. Mindestens ein Mitglied, meist aber mehr, fungierte zur selben Zeit als bibliothekarischer Vertreter im Bibliotheksausschuß der Deutschen Forschungsgemeinschaft[43]. Sehr attraktiv scheinen die Ämter im Vorstand aber von Anfang an nicht gewesen zu sein. Denn fast-regelmäßig haben die noch amtierenden Vorsitzenden oder Vorsitzenden des Wahlausschusses intern und vor der Mitgliederversammlung über mangelnde Bereitschaft und Solidarität geeigneter Kandidaten geklagt[44].

39 Satzungen von 1948, § 5, Abs. 3.

40 Bericht über die MV 1954 in Bremen, in: ZfBB 1 (1954) S. 250; vgl. Protokoll der Sitzung des VA am 8. 4. 54 in Bremen, VDB-Archiv/VAS; Protokoll der Sitzung des VA am 16. 9. 54 in Berlin, ebd.; Jahrbuch 36 (1955) S. 433; Satzung von 1960, § 5, Abs. 3, in: Jahrbuch 39 (1961) S. 444–453.

41 Satzung von 1948, § 7, Abs. 6.

42 Protokoll der Sitzung des VA am 27. 1. 55 in Bad Godesberg, VDB-Archiv/VAS; Protokoll der Sitzung des VA am 31. 5. 55 in Düsseldorf, ebd.; Bericht Tiemanns über die Arbeit des ersten Wahlausschusses auf der MV 1955 in Düsseldorf, in: ZfBB 2 (1955) S. 228. Das Verfahren wurde auf der MV 1956 in Berlin bestätigt (Jahrbuch 37 [1957], S. 461 f.; Satzung von 1960, § 7, Abs. 1).

43 Vgl. Protokoll der Sitzung des VA am 21. 10. 57 in Mainz, VDB-Archiv/VAS; Protokoll der Sitzung des VA am 8./11. 6. 65, ebd.

44 Protokoll der Sitzung des VA am 21. 1. 55 in Bad Godesberg, VDB-Archiv/VAS; Bericht Tiemanns über die Arbeit des Wahlausschusses auf der MV 1955 in Düsseldorf, in: ZfBB 2 (1955) S. 228; Protokoll der Sitzung des VA am 11. 6. 57 in Lübeck, VDB-Archiv/VAS; Protokoll der Sitzung des VA am 26. 1. 62 in Mainz, ebd.

Bereits im Jahr 1950 äußerten maßgebliche Vertreter des wissenschaftlichen Bibliothekswesens sich kritisch über die Gestaltung der Bibliothekartage, die als die zentrale periodische Veranstaltung von entscheidender Bedeutung für die interne Entwicklungs- und Zusammenarbeit und zugleich ein wichtiges Instrument der Selbstdarstellung des Bibliothekswesens und der Bibliothekare in der Öffentlichkeit waren. Walter Bauhuis (Heidelberg)[45] und Hermann Tiemann (Hamburg)[46] beklagten die mangelnde Geschlossenheit der Bibliothekartage: Sie sollten wieder auf die ursprünglich intendierte Funktion einer Arbeitstagung zurückgeführt werden, wie sie auch in der Bezeichnung „Bibliothekartag" – nicht Bibliotheks„kongreß" – zum Ausdruck kam. Beide verwiesen auf vergleichbare bibliothekarische Tagungen in anderen Ländern, bei denen insbesondere die Arbeit spezieller Expertengruppen sehr viel weiter entwickelt war. Dementsprechend sollte deshalb jetzt auch hier die Behandlung der Sachfragen und -probleme schwerpunktmäßig in die Kommissionen, die bereits im Entstehen begriffen waren, verlegt werden. Diese sollten ihre Arbeit so rationell und effizient gestalten, daß sie am Ende des Bibliothekartages konkrete Fortschritte und greifbare Ergebnisse vorlegen konnten. Der auf Sitzungen zwischen den Bibliothekartagen erreichte Stand der Arbeit sollte schriftlich in Jahresberichten festgehalten werden, die allen Mitgliedern vorab zugesandt und auf der Mitgliederversammlung während des Bibliothekartages aktualisiert werden sollten. Die für alle Teilnehmer des Bibliothekartages zugänglichen Veranstaltungen sollten sich auf ein bis zwei Grundthemen konzentrieren; für die Behandlung wissenschaftlicher und theoretischer Probleme hingegen wurde auf die Fachzeitschriften als angemessenes Forum verwiesen. Die Forderungen von Bauhuis und Tiemann sind insofern befolgt worden, als sich in den Folgejahren der noch heute gültige Programmablauf mit weitgehend konstanter Abfolge von Kommissions- und Gremiensitzungen, öffentlichen Vorträgen und Mitgliederversammlung herausgebildet hat.

Die Wahl eines aktuellen Leitthemas hingegen ist nicht lange und auch nicht sehr überzeugend gehandhabt worden. Der Bibliothekartag von 1952

45 Walter Bauhuis: Bibliothekarische Gemeinschaftsaufgaben, in: ZfB 64 (1950) S. 437–445.

46 Hermann Tiemann: Zur Reform unserer Bibliothekartagungen: Gedanken anläßl. verschiedener nationaler u. internationaler Zusammenkünfte. - In: NfwB 3 (1950) S. 169–173.

z. B. war dem Bibliotheksbau gewidmet, wozu selbst Heinrich Middendorf (München) als Schriftführer des VDB und Berichterstatter im Mitteilungsblatt kritisch fragte, ob dieses Problem angesichts anderer drängender Fragen nicht verfrüht sei[47]. Es folgten Erwerbungspolitik[48], die Notlage der Instituts- und Hochschulbibliotheken[49], technische Bibliotheken[50], Lesesaal und Bibliotheksbau[51]. Ab 1957 ist kein zentrales Thema mehr formuliert worden, bis dann ab 1963 plötzlich große und allgemeine Fragen zur Diskussion standen wie moderne Aufgaben der Bibliotheken (EDV und Technik)[52], das Gutachten des Wissenschaftsrates von 1964[53] und dann die Universitätsneugründungen[54], die aber weniger von den Bibliothekaren selbst entwickelt als ihnen vielmehr von außen aufoktroyiert worden sind.

Im Jahr 1960, auf dem Bibliothekartag in Trier, hat sich Fuchs (Mainz)[55] noch einmal kritisch mit Inhalt und Gestaltung der Bibliothekartage auseinandergesetzt, indem er fast alle Forderungen Tiemanns aufgriff und weiterführte. Es betonte vor allem die Bedeutung der Kommissionsarbeit, deren Leistungen und Ergebnisse jetzt um so wichtiger waren, als viele Verwaltungen bereits Zweifel an der sachlichen Notwendigkeit der Bibliothekar-

47 NfwB 5 (1952) S. 129.

48 H. Middendorf: Bericht über den Bibliothekartag 1953 in Konstanz. - In: NfwB 6 (1953) S. 161–167.

49 Bericht über den Bibliothekartag 1954 in Bremen (G. Alexander). - In: ZfBB 1 (1954) S. 243–250.

50 Bericht über den Bibliothekartag 1955 in Düsseldorf (J. Wieder). - In: ZfBB 2 (1955) S. 214–225; vgl. Protokoll der Sitzung des VA am 16. 9. 54 in Berlin, VDB-Archiv/VAS.

51 Bericht über den Bibliothekskongreß 1956 in Berlin (O. Klapp). - In: ZfBB 3 (1956) S. 242–251; vgl. Protokoll der Sitzung des VA am 18. 10. 55 in Marburg, VDB-Archiv/VAS.

52 Bericht über den Bibliothekartag 1963 in Saarbrücken (R. Richhardt). - In: ZfBB 10 (1963) S. 309–318.

53 Bericht über den Bibliothekartag 1964 in Kassel (H. Lackmann). - In: ZfBB 11 (1964) S. 340–344; Hermann Tiemann: Über die Empfehlungen des Wissenschaftsrates zum Ausbau der wissenschaftlichen Bibliotheken (Vortrag), ebd., S. 241–251; Wilhelm Totok: Stellungnahme zu den Empfehlungen des Wissenschaftsrates vom Standpunkt der Landes- und kommunalen wissenschaftlichen Bibliotheken, ebd., S. 271–275.

54 Bericht über den Bibliothekartag 1965 in Nürnberg (W. Götze). - In: ZfBB 12 (1965) S. 349–354.

55 Hermann Fuchs: Von Gestalt und Bedeutung unserer Bibliothekartage (Vortrag). - In: ZfBB 7 (1960) S. 187–198.

tage hatten und diesen als Jahrestagungen eines Berufsverbandes, die sie formal ja waren, mehr und mehr die finanzielle Unterstützung versagten.

Besonders kritisch bis ablehnend waren Äußerungen der Bibliothekare – auch in Vorstand und Ausschuß des VDB – zu denjenigen Bibliothekartagen, die mit einer Tagung aller Bibliotheksverbände verbunden waren, insbesondere die Bibliothekskongresse von Münster (1951) und Berlin (1956)[56]. Diesen „Monsterveranstaltungen" wurde lediglich der Zweck zugebilligt, die Bibliotheken mit ihren Aufgaben und Problemen in der Öffentlichkeit besser darstellen zu können, als es eine einzelne Sparte dieses komplizierten Gefüges vermocht hätte[57]; der unmittelbare Nutzen für das wissenschaftliche Bibliothekswesen aber wurde sehr gering veranschlagt.

In gewisser Weise galt diese Sicht auch für die ‚normalen' Bibliothekartage, insofern sie als gemeinsame Veranstaltung von VDB und VdDB abgehalten wurden. Bis auf die großen Vorträge fanden getrennte Sitzungen statt, so auch 1954 bei der Erörterung der Situation der Hochschulbibliotheken, obwohl doch zu der Zeit, d. h. vor der Entwicklung der universitären Bibliothekssysteme, die Institutsbibliotheken von den Diplombibliothekaren weitgehend selbständig geführt wurden und diese hier die eigentlich kompetenten Vertreter gewesen wären.

Die Bibliothekartage repräsentieren aber noch nicht das gesamte Spektrum der Vereinsarbeit des VDB, wie sie sich in der Nachkriegszeit entwickelt hat. Im folgenden sollen deshalb die übrigen Inhalte und Bereiche seiner Tätigkeit umrissen werden, weil dies die Voraussetzung für das Verständnis der weiteren Diskussion um den Verein ist.

*

Die Aktivitäten des VDB erstreckten sich seit eh und je auf zwei Bereiche: die *Sacharbeit* und die *Vertretung berufsständischer Interessen*. Die Inhalte der Sacharbeit wurden vor allem von der Leitung bestimmt. Dies ergab sich zunächst aus der Situation der unmittelbaren Nachkriegszeit: Die Probleme des Wiederaufbaus waren zu komplex, als daß sie von je-

56 Protokoll der Sitzung des VA am 15. 5. 51 in Münster, VDB-Archiv/VAS; Protokoll der Sitzung des VA am 31. 5. 55 in Düsseldorf, ebd.; Protokoll der Sitzung des VA am 21. 10. 57 in Mainz, ebd.

57 Hermann Tiemann: Begrüßungsansprache (zum Bibliothekartag 1951 in Münster). - In: NfwB 4 (1951) S. 114–117, hier S. 116; Entschließung auf dem Bibliothekartag 1951 in Münster, ebd., S. 211–212; vgl. Georg Leyh: Katastrophe und Wiederaufbau (wie Anm. 8), S. 219.

der Bibliothek für sich hätten gelöst werden können. Die verantwortlichen Direktoren griffen zur Durchsetzung ihrer kooperativen Vorhaben deshalb auf den VDB als die einzige funktionsfähige und über die notwendige Sachkompetenz verfügende überregionale Einrichtung für das wissenschaftliche Bibliothekswesen zurück[58]. Später dann wurde die Notwendigkeit der Sacharbeit betont, um diesen Vertretungsanspruch für die Belange des wissenschaftlichen Bibliothekswesens zu begründen und aufrechtzuerhalten[59]. Denn inzwischen wurde zumindest von dem Teil der Basis, der sich öffentlich artikulierte, gefordert, die Vereinsarbeit stärker auf die Vertretung der berufsständischen Interessen zu konzentrieren, weil sie dies für den eigentlichen Zweck eines aus ihren Beiträgen finanzierten Berufsverbandes hielt[60]. Die Sachfragen ergaben sich aus dem Ziel, die Informationsversorgung überhaupt erst wiederherzustellen. Dazu zählten u. a. die Einrichtung eines Leihverkehrssystems und das Dissertationsproblem, hier vor allem die Regelung der Ablieferung sowie die Behandlung resp. Zulassung von Dissertationen in Mikroformen.

Zur Lösung dieser Probleme wurden anfangs auf Initiative von Vorstand und Ausschuß kleine Gruppen von Spezialisten gebildet[61]. Diese Art der Arbeitsorganisation war in begrenztem Umfang auch vor dem Krieg schon praktiziert worden, erfuhr aber jetzt nach und nach eine enorme Ausweitung auf schließlich bis zu 16 Kommissionen[62]. Manche Kommissionen mit eng umrissenen Aufgaben haben nur relativ kurze Zeit bestanden, z. B. die Kommissionen für Dissertations- und Mikrofragen bis zum Erlaß der entsprechenden Regelungen in den Promotionsordnungen der Hochschulen, die Kommission für Statistik bis zur Ausarbeitung eines neuen Erfassungsschemas für die Statistik des Jahrbuchs. Andere Kommissionen, wie z. B. für Erwerbung und für Rechtsfragen

58 Middendorf an Tiemann, 16. 9. 50, VDB-Archiv/VAS; vgl. G. v. Busse: Struktur und Organisation (wie Anm. 2), S. 32 ff., 502. – Zur Sacharbeit des VDB vgl. im übrigen den Beitrag von Rudolf Frankenberger in dieser Festschrift.

59 Bericht über die MV 1957 in Lübeck (Haenisch, Löhmann). - In: ZfBB 4 (1957) S. 222–230, hier S. 224 ff.; H. Fuchs: Von Gestalt und Bedeutung (s. Anm. 55), S. 191.

60 Protokoll der Sitzung des VA am 8. 4. 54 in Bremen, VDB-Archiv/VAS; Bericht über die MV 1960 in Trier (Köttelwesch, Kehr). - In: ZfBB 7 (1960) S. 285–290, hier S. 289 f.

61 Bericht über den Bibliothekartag 1950 in Marburg (Köttelwesch). - In: NfwB 3 (1950) S. 98–121, hier S. 112–114; H. Tiemann: Zur Reform (s. Anm. 46), S. 172.

62 Jahrbuch 37 (1957) S. 462–466. Ansonsten betrug die Zahl der Kommissionen meist elf bis zwölf.

sind später auf einen Sachverständigen als Beratungsstelle für einzelne Problemfälle reduziert worden. Auf Dauer angelegt waren Kommissionen zu den sehr traditionellen bibliothekarischen Fragen wie Einbandkatalogisierung und Inkunabelkunde, die teilweise auch über eigentlich problemlose Zeiten hinweg am Leben erhalten wurden. Einen Sonderfall bildet die Katalogisierungskommission, die schon 1949 eingerichtet wurde, allerdings zunächst vom Verband der Bibliotheken in Nordrhein-Westfalen; sie hat dann „federführend" diese Funktion für den VDB übernommen[63]. In dieser Kommission waren erstmalig und von Anbeginn auch Diplombibliothekare vertreten, weil die Organisation des nordrhein-westfälischen Verbandes dies nahelegte. Später hat dieses Prinzip sich auch in einigen originären Kommissionen des VDB durchgesetzt[64].

Zehn Jahre lang bestanden die Kommissionen als ad-hoc-Einrichtungen des Vorstandes, waren aber durch ihre regelmäßigen Berichte an den Vorstand und die Mitgliederversammlung in den Verein integriert[65]. Erst 1960 sind sie als regelrechte Organe des Vereins mit festgelegtem Einsetzungsverfahren und Rechenschaftspflicht in der Satzung verankert worden[66]. Sie haben aber bis dahin schon eine ganze Reihe für das wissenschaftliche Bibliothekswesen grundlegender Leistungen erbracht: das System des regional organisierten Leihverkehrs, den Entwurf einer Leihverkehrsordnung, die dann von den Ländern erlassen wurde, die im Jahrbuch veröffentlichte Statistik über den Buch-, Etat- und Personalbestand und damit die über lange Zeit hinweg einzige zusammenfassende Statistik für Erwerbung und Benutzung der Wissenschaftlichen Bibliotheken in der Bundesrepublik, Richtlinien für Bibliothekseinbände, zuletzt noch die Grundlagen eines neuen Regelwerkes für die alphabetische Katalogisierung[67].

63 Bericht über die MV 1950 in Marburg (Hofmann, Middendorf) - In: NfwB 3 (1950) S. 121–126, hier S. 125.

64 So in den Kommissionen für Einbandkatalogisierung und Amtsdruckschriften. Zur Zusammensetzung der Kommissionen s. die entspr. Angaben im Jahrbuch.

65 H. Tiemann: Zur Reform (wie Anm. 46), S. 171 f.

66 W. Hoffmann: Bibliothekskonferenzen in Stuttgart (wie Anm. 6).

67 Lohse an Lechmann (BMfwF), 9. 8. 67, VDB-Archiv/Unterstützung für den VDB. Die Arbeiten zur Reform des Regelwerkes bezogen sich allerdings noch auf die PI. Sie sind letztlich folgenlos geblieben, weil sich bei Abschluß der Arbeiten bereits der Wechsel zu den RAK ankündigte. Vgl. G. v. Busse: Struktur und Organisation (wie Anm. 2), S. 94 ff.

Darüber hinaus haben einzelne Mitglieder entsprechender Kommissionen bei der Entwicklung von Erlassen, Gesetzen und Vereinbarungen mitgewirkt, etwa bei der Festlegung des Bibliotheksrabatts, beim Urheberrecht und bei den Pressegesetzen. Zur Sacharbeit des Vereins im weiteren Sinne gehörte auch die Erstellung des umfangreichen Besprechungsteils in der Fachzeitschrift ZfBB[68].

Eine weitere wichtige Leistung dieser Zeit, die Zusammenstellung der bibliotheksrechtlichen Bestimmungen, ist allerdings nicht im Rahmen einer Kommission erbracht worden; sie ist das Werk von Ralph Lansky, der zwar der juristischen Kommission angehörte, diese Arbeit aber alleine bewältigt hat[69].

Ein anderes Problem, das von vielen wissenschaftlichen Bibliothekaren angesprochen und in verhältnismäßig vielen Beiträgen der Fachzeitschriften diskutiert worden ist, hat der Verein überhaupt nicht aufgegriffen. Es handelt sich um die Frage der Sachkatalogisierung[70], die schon bei den ersten Erwähnungen im Vereinsausschuß in die ausschließliche Zuständigkeit jeder einzelnen Bibliothek verwiesen und damit von einer übergreifenden Bearbeitung ausgenommen wurde[71].

An einer für die weitere Entwicklung des wissenschaftlichen Bibliothekswesens wesentlichen Angelegenheit – und damit werden die Grenzen der politischen Wirksamkeit des Vereins deutlich – ist der VDB nicht beteiligt worden, nämlich den Empfehlungen des Wissenschaftsrates von 1964[72]. Aus den Akten wird sehr deutlich, daß die Spitze des Vereins sich

68 Lohse an Lechmann (BMfwF), 9. 8. 67, VDB-Archiv/Unterstützung für den VDB.

69 Ralph Lansky: Bibliotheksrechtliche Vorschriften. - Frankfurt a. M. 1965; vgl. Protokoll der Sitzung des VA am 24./25. 11. 65 in Münster, VDB-Archiv/VAS.

70 Erwähnt wurde das Problem bereits auf der Bibliothekartagung 1947 in Hamburg, doch wurde dabei eindeutig für individuelle Lösungen plädiert (Bericht in: ZfB 61 [1947] S. 87–93, hier S. 90); Gebhardt auf dem Bibliothekartag 1959 in Freiburg, in: ZfBB 6 (1959) S. 272 f. Zum Thema eines Bibliothekartages wurde die Frage der Sachkatalogisierung erst 1967 in Aachen (Bericht in: ZfBB 14 [1967] S. 357–360), als die Systematiken der neugegründeten Universitätsbibliotheken bereits in der Entwicklung waren. Vgl. R. Burke: German Librarianship (s. Anm. 3), S. 190.

71 Ähnliches gilt für die Kommission für Baufragen, die erst 1963 eingerichtet wurde, als die Pläne für die Bauten der neugegründeten Universitätsbibliotheken bereits erstellt waren. Bericht der Kommission für Baufragen auf dem Bibliothekartag 1963 in Saarbrücken. - In: ZfBB 10 (1963) S. 315.

72 Empfehlungen des Wissenschaftsrates zum Ausbau der wissenschaftlichen Einrichtungen. Teil 2: Wissenschaftliche Bibliotheken. - Bonn 1964.

übergangen und brüskiert fühlte[73]. Die angesprochenen Mitglieder des Wissenschaftsrates hingegen verwiesen ausdrücklich auf die Autonomie dieser Organisation bei der Wahl der Berater und stellten außerdem klar, daß Berufsverbände bei Entscheidungsprozessen dieser Art in der Regel ohnehin nicht angehört würden[74].

Damit ist schon der zweite Tätigkeitsbereich und zugleich das schließlich wichtigste interne Problem des VDB angesprochen. Denn obwohl er als Berufsverband mit ausschließlich persönlicher Mitgliedschaft organisiert war, hat die Behandlung berufsspezifischer oder berufsständischer Fragen gegenüber den Sachfragen stets eine deutlich untergeordnete Rolle gespielt[75].

Die Leitung des Vereins hat dieses Dilemma zwar erkannt, aber nie eindeutig Stellung bezogen. Dies zeigt sich schon in der Entwicklung der entsprechenden Kommissionen, die immer wieder neu oder mit anderen Schwerpunkten gebildet wurden; es gab z. B. eine allgemeine Berufskommission, die zeitweise mit der Rechtskommission identisch war, eine Kommission für die Interessenvertretung stellungsloser Kollegen (in der unmittelbaren Nachkriegszeit), eine Kommission für Ausbildungs- und Prüfungsfragen. Teilweise hat der Vorstand die Aufgabenbereiche dieser Kommission aber auch bei sich selbst angesiedelt[76].

Den Kommissionen waren jedoch bei der Verteidigung berufsständischer Interessen sehr enge Grenzen gesetzt. Denn als Tarif- oder Verhandlungspartner der Staatsorgane war der Verein nicht anerkannt[77]. Ver-

73 Protokoll der Sitzung des VA am 23. 5. 61 in München, VDB-Archiv/VAS.

74 Protokoll der MV 1961 in München, Bericht in: ZfBB 8 (1961) S. 279–284, hier S. 283; G. v. Busse in der Sitzung des VA am 23. 5. 61 in München, VDB-Archiv/VAS; Raiser (Präsident des Wissenschaftsrates) auf dem Bibliothekartag 1963 in Saarbrücken, Bericht in: ZfBB 10 (1963) S. 309–318, hier S. 311.

75 Erste Kritik dieser Art wurde bereits 1954 geäußert (Protokoll der Sitzung des VA in Frankfurt [1954], VDB-Archiv/VAS).

76 Hofmann vor der MV 1954 in Bremen, Bericht in: ZfBB 1 (1954) S. 251–254, hier S. 251; Protokoll der Sitzung des VA am 22. 5. 56 in Berlin, VDB-Archiv/VAS; Fuchs auf dem Bibliothekartag 1958 in Fulda, Bericht in: ZfBB 5 (1958) S. 239–246, hier S. 245; Protokoll der Sitzung des VA am 11. 11. 60 in Frankfurt, VDB-Archiv/VAS; Protokoll der Sitzung des VA am 26. 1. 61 in Frankfurt, ebd.; Protokoll der Sitzung des VA am 24./25. 11. 65 in Münster, ebd.; vgl. Wehmer an Vogt, 19. 1. 58, ebd.

77 Protokoll der Sitzung des VA am 11. 6. 57 in Lübeck, VDB-Archiv/VAS; Weber an Liebers, 22. 12. 64, ebd.

schiedene Ansätze zum Anschluß an einen der Beamtenverbände sind nicht besonders nachdrücklich verfolgt worden[78]; dennoch hat der Verein während der Reform der Beamtengesetze durch informelle Kontakte mit Verbänden und Gewerkschaften mit dazu beitragen können, daß die Bibliothekare den Beamten anderer Laufbahnen gleichgestellt wurden[79]. Bei dieser Art der Interessenvertretung, insbesondere aber in der Diskussion um die Ausbildungs- und Prüfungsordnungen wurde als Mangel bemerkbar, daß der Verein nur auf Bundesebene präsent und nicht in Regionalverbände untergliedert war. Denn die meisten berufsspezifischen Fragen fielen in den Bereich der Kultur- und Finanzhoheit der Länder[80]. Zwar wurde darauf geachtet, daß in den entsprechenden Vereinskommissionen Vertreter zumindest der größeren Länder oder der Länder mit Ausbildungsstätten beteiligt waren[81]. Da diese aber im Namen des Bundesverbandes auftraten, waren sie gegenüber den Länderministerien nicht legitimiert und haben auch nicht diejenigen dauerhaften Kontakte schaffen können, derer es für eine wirksame Interessenvertretung bedurft hätte.

Eine wichtige Aufgabe aber, die vor allem übergreifend und allgemein verbindlich hätte gelöst werden müssen, wovon viele Diskussionen auf Bibliothekartagen und auch wieder Beiträge in Fachzeitschriften zeugen, ist vom Verein nicht aufgegriffen worden: Wie die einschlägige Gesetzessammlung von Ralph Lansky ist auch die Erstellung eines neuen Berufsbildes einem einzelnen vorbehalten geblieben: Im Jahre 1962 schließlich ist die einschlägige Arbeit von Werner Krieg in erster Auflage erschienen[82].

78 Protokoll der Sitzung des VA am 19. 10. 56 in Marburg, VDB-Archiv/VAS; Bericht der Kommission für Berufsfragen auf dem Bibliothekskongreß 1956 in Berlin, in: ZfBB 3 (1956) S. 247; Haenisch vor der MV 1956 in Berlin, ebd., S. 259; Protokoll der Sitzung des VA am 1. 2. 57 in Marburg, VDB-Archiv/VAS; Koerber (Deutsches Beamtenkartell) an Köttelwesch, 5. 1. 59, ebd.

79 Haenisch vor der MV 1957 in Lübeck, Bericht in: ZfBB 4 (1957) S. 222–230, hier S. 222 f.; Bericht der Kommission für Berufsfragen auf dem Bibliothekartag 1958 in Fulda, in: ZfBB 5 (1958) S. 239–246, hier S. 241 f.

80 Protokoll der Sitzung des VA am 11. 6. 57 in Lübeck, VDB-Archiv/VAS; vgl. Bericht über die MV 1955 in Düsseldorf, in: ZfBB 2 (1955) S. 225–231, hier S. 226 f. – Zur Regionalisierung des VDB in der späteren Zeit vgl. die Beiträge zur Geschichte der VDB-Landesverbände in dieser Festschrift.

81 Bericht über die MV 1954 in Bremen, in: ZfBB 1 (1954) S. 250–254, hier S. 253; Bericht über die MV 1962 in Darmstadt, in: ZfBB 9 (1962) S. 354–359, hier S. 358.

82 Werner Krieg: Bibliothekar (höherer Dienst an wissenschaftlichen Bibliotheken). Hrsg. von d. Bundesanstalt für Arbeitsvermittlung und Arbeitslosenversicherung im Einver-

Eine große Zahl der Mitglieder aber fühlte sich durch den Verein und seine Gremien mit der Zeit immer weniger vertreten; mit ihren Beiträgen wollten sie eine Politik finanziert wissen, die dem einzelnen im beruflichen Alltag unmittelbar zugute kam[83]. Angesichts dessen aber, was bis Mitte der 60er Jahre mit der Angleichung der Laufbahnen einschließlich Aufstiegsmöglichkeiten geschaffen war, stellt sich die Frage, wie realistisch diese Vorstellung war.

*

Neben den beiden Aufgabenbereichen der Sacharbeit und der Berufsfragen gab es aber noch einen weiteren konkurrierenden Faktor, nämlich die Interessen der einzelnen Bibliothekstypen. Da sie an Institutionen gebunden waren, liefen sie eigentlich den Prinzipien eines Berufsverbandes zuwider. Um aber den umfassenden Vertretungsanspruch des VDB nicht zu gefährden, wurden sie dennoch – wenn auch nur locker verbunden – innerhalb des Vereins organisiert. Der erste Anstoß zu dieser Entwicklung ging allerdings von einem internationalen Gremium aus. Wie die weit überwiegende Mehrzahl der nationalen Bibliotheksverbände waren und sind auch die internationalen bibliothekarischen Vereinigungen in erster Linie Zusammenschlüsse von Institutionen und Institutionenverbänden. Im Jahre 1951 forderte der Weltkongreß der Musikbibliotheken die Bildung eines Arbeitsausschusses für Deutschland. Die Frage wurde auf dem Bibliothekartag in Münster diskutiert und dahingehend beantwortet, daß die Musikbibliothekare keine neue selbständige Organisation bilden, sondern sich in einer Arbeitsgemeinschaft zusammenschließen sollten[84].

Im Jahre 1954 wurde in derselben Weise die Arbeitsgemeinschaft der technischen und naturwissenschaftlichen Bibliotheken gebildet[85]. Eine sehr stabile und effiziente Form des Zusammenschlusses haben sich die Biblio-

nehmen mit d. Verein Deutscher Bibliothekare. - Bielefeld 1961. - (Blätter zur Berufskunde 3,4 G 1); vgl. Protokoll der Sitzung des VA am 26. 1. 62 in Mainz, VDB-Archiv/VAS.

83 Besonders deutlich in den Anträgen von Sauter auf Bildung eines eigenen Institutionenverbandes zur Behandlung der Sachfragen: auf dem Bibliothekartag 1954 in Bremen, Bericht in: ZfBB 1 (1954) S. 242–250, hier S. 245; auf der MV 1956 in Berlin, Bericht in: ZfBB 3 (1956) S. 258–268, hier S. 264; vgl. Sauter an Haenisch, 7. 6. 55, VDB-Archiv/VAS.

84 Bericht über die MV 1951 in Münster, in: NfwB 4 (1951) S. 212–214, hier S. 213.

85 Vgl. Protokoll der Sitzung des VA am 8. 4. 54 in Bremen, VDB-Archiv/VAS; Protokoll der Sitzung des VA am 16. 9. 54 in Berlin, ebd.

thekare der Parlaments- und Behördenbibliotheken geschaffen, die zunächst ab 1955 als Kommission des VDB organisiert waren (obwohl von Anfang an auch Gerichtsbibliotheken einbezogen waren, fehlen sie im Namen der AG). Schon in dieser Zeit aber haben sie eine ständige Geschäftsstelle und einen Arbeitsausschuß eingerichtet, der in kurzen Abständen getagt und die Sitzungen der gesamten Kommission vorbereitet hat. Im Jahre 1958 ist diese VDB-Kommission analog zu den bereits bestehenden Vorbildern in eine Arbeitsgemeinschaft umgewandelt worden[86]. Im Jahre 1958 wurde auch die Arbeitsgemeinschaft der Landesbibliotheken gegründet, 1961 die Arbeitsgemeinschaft der Bibliotheken an Pädagogischen Hochschulen sowie der Wissenschaftlichen kommunalen Bibliotheken, die sich 1971 mit den Landesbibliotheken zusammengeschlossen haben, 1962 die Arbeitsgemeinschaft der theologischen Bibliotheken[87]. 1964 schließlich folgte die Arbeitsgemeinschaft der Hochschulbibliotheken. Diese nun ist vom Vorstand des VDB, der sich bis dahin sehr zurückhaltend den Arbeitsgemeinschaften gegenüber gezeigt hatte, initiiert worden, nicht zuletzt als Reaktion auf die tiefgreifenden Veränderungen im universitären Bereich[88].

Zu diesem Zeitpunkt waren die Arbeitsgemeinschaften wie die Kommissionen bereits in der Satzung des VDB verankert. Vier Jahre, von 1957 bis 1960, hatte eine in enger Anlehnung an den Vorstand geschaffene Kommission gebraucht, um die Satzungsänderung vorzubereiten und von der Mitgliederversammlung verabschieden zu lassen[89]. Die Arbeit der Kommissionen wurde jetzt als Teil der Vereinsarbeit in der Satzung verankert[90]. Für das Verfahren wurde festgelegt, daß die Kommissionen vom Ausschuß berufen und von der Mitgliederversammlung bestätigt wurden[91]; zur Mitarbeit in den Kommissionen wurden auch Mitglieder anderer bibliothekarischer Verbände zugelassen, dies entsprach einem häufig

86 Protokolle der Arbeitsgemeinschaft der Parlaments- und Behördenbibliotheken, VDB-Archiv/Arbeitsgemeinschaften; vgl. Protokoll der Sitzung des VA am 1. 2. 57 in Marburg, VDB-Archiv/VAS.

87 Protokolle und Schriftverkehr der Arbeitsgemeinschaften, VDB-Archiv/Arbeitsgemeinschaften.

88 VDB-Rundschreiben, verfaßt von R. Kluth, VDB-Archiv/Arbeitsgemeinschaften.

89 Protokoll der Sitzung des VA am 21. 10. 57 in Mainz, VDB-Archiv/VAS; Umfrage unter den einzelnen Kommissionen, Berichte: Protokoll der Sitzung des VA am 23. 1. 58 in Mainz, ebd.

90 Satzung von 1960, § 8, Abs. 3.

91 Satzung von 1960, § 9.

geäußerten Wunsch insbesondere des VdDB. Endgültig in den Verein integriert aber wurden die Kommissionen erst durch einen Verfahrensantrag aus der Mitgliederversammlung, mit dem erreicht wurde, daß die jährlichen Berichte über die Tätigkeit der Kommissionen vor der Entlastung des Vorstandes auf der Mitgliederversammlung erstattet wurden[92]. Da die Kommissionsarbeit ganz überwiegend aus den Mitgliederbeiträgen finanziert wurde, war diese Forderung nur konsequent.

Die Arbeitsgemeinschaften hingegen wurden in der neugefaßten Satzung nur am Rande erwähnt. In Paragraph 9, Absatz 6 heißt es: „Neben den Kommissionen ist den Vereinsmitgliedern zur Wahrnehmung ihrer besonderen beruflichen und fachlichen Interessen die Bildung von Arbeitsgemeinschaften freigestellt. Diese stehen zu dem Verein in keiner rechtlichen Beziehung."

Der Zweck der Arbeitsgemeinschaften ist nur unzureichend umschrieben, weil der eigentlich ausschlaggebende institutionsgebundene Aspekt in der Satzung eines Personalverbandes eben nicht zum Ausdruck gebracht werden konnte. Die lose Anbindung an den VDB gestaltete sich im Wesentlichen über die Bibliothekartage, auf denen die Arbeitsgemeinschaften auch von Gästen stark frequentierte Jahrestagungen abhielten.

*

Die weitgehend aus eigenem Antrieb erfolgte Entwicklung der Arbeitsgemeinschaften beweist, daß der VDB seinem umfassenden Vertretungsanspruch selbst für das wissenschaftliche Bibliothekswesen nicht mehr hinreichend gerecht werden konnte. Dies zeigt sich aber auch in seinem Verhältnis zu den anderen bibliothekarischen Verbänden.

Die wichtigsten und größten von ihnen sind zeitgleich mit der Wiedergründung des VDB oder sogar noch davor gegründet worden: im Jahre 1948 in Hamburg der VdDB[93] und 1949 der VDV[94] als Personalverbände, 1947 der DBV (Deutscher Büchereiverband, später Deutscher Bibliotheksverband) als Institutionenverband der Öffentlichen Bibliotheken[95], 1948 der Verband der Bibliotheken in Nordrhein-Westfalen als spartenüber-

92 Antrag von M. Werhahn auf der MV 1963 in Saarbrücken, Bericht in: ZfBB 10 (1963) S. 319–325, hier S. 325.

93 VDB-Archiv/VdDB.

94 Joerden an Hofmann, 10.11.49, VDB-Archiv/VDV.

95 Wallraf an Middendorf, 30.4.49, VDB-Archiv/DBV.

greifender Verband[96]. Bis auf den Verband NW haben alle diese Verbände sich sehr intensiv um Zusammenarbeit oder gar einen Zusammenschluß mit dem VDB bemüht. Schon 1949 hat Eugen Sulz (Essen), als er den DBV auf dem Bibliothekartag in Rothenburg vorstellte, die Erweiterung dieses Verbandes zu einem spartenübergreifenden Zusammenschluß aller Bibliotheken beantragt[97]; seitens des VdDB wurde wiederholt der Wunsch geäußert, alle Bibliothekare an Wissenschaftlichen Bibliotheken in einem Verband zusammenzuschließen[98]. Die Vertreter beider Vereine beriefen sich dabei immer wieder auf die Praxis des Auslands, wo der ‚deutsche Sonderweg' der strikten Trennung auf Unverständnis oder Kritik stieß[99]. Vorstand und Ausschuß des VDB aber haben alle grundsätzlichen Bestrebungen in dieser Richtung abgewehrt.

Nur mit dem VdDB haben sich mit der Zeit in der Praxis recht stabile Formen der Kooperation eingespielt, insbesondere die gemeinsame Ausrichtung der Bibliothekartage, später auch die Zusammenarbeit in den Kommissionen[100]. Darüber hinaus haben die Vorsitzenden des VDB die Vertreter des VdDB regelmäßig, intensiv und erfolgreich in konkreten Einzelfragen beraten, z. B. bei Problemen der Einstufung. Sie haben die Diplombibliothekare aber auch in dem Bemühen um Anerkennung ihres Berufes als Beamtenberuf unterstützt[101].

96 Werner Krieg: Der Verband der Bibliotheken des Landes Nordrhein-Westfalen: Probleme bibliothekar. Zus.-Arb. - In: Die öffentliche Bibliothek: Auftr. u. Verwirklichung / zsgest. von Franz Rakowski. - Berlin 1968, S. 127–146, hier S. 136 f.; vgl. G. v. Busse: Struktur und Organisation (wie Anm. 2), S. 33 ff.

97 Bericht in: NfwB 2 (1949) S. 141 f.; vgl. G. Leyh: Katastrophe und Wiederaufbau (wie Anm. 8) S. 227.

98 Reinhardt an Fuchs, 30. 6. 58, VDB-Archiv/VdDB; Anfrage des VdDB bei VDB, 1963, ebd.; Antrag auf der MV des VDB 1959 in Freiburg, Bericht in: ZfBB 6 (1959) S. 278–283, hier S. 279.

99 Grußworte anderer nationaler Bibliotheksverbände an den Bibliothekartag 1951 in Münster, zit. in: NfwB 4 (1951) S. 115; vgl. H. Fuchs: Gestalt und Bedeutung (wie Anm. 55), S. 196; James D. Young: A short history of library associations in Germany. - In: The Library Association record 69 (1967) S. 422–426, hier S. 423; Eileen Brown: War damage, 1939–1945, and postwar reconstruction in libraries of the Federal German Republic and England: a comparison. - In: Journal of Librarianship 7 (1975) S. 288–308, hier S. 296.

100 Beschluß auf der MV 1958 in Fulda, Bericht in: ZfBB 5 (1958) S. 247–253, hier S. 253.

101 VDB-Archiv/VdDB; Bericht über die MV 1954 in Bremen, in: ZfBB 1 (1954) S. 250–254, hier S. 253.

Zusammenarbeit mit den Volksbibliothekaren[102] fand eigentlich nur in Notzeiten statt, wenn es galt, die Vernachlässigung der Bibliotheken als kulturpolitisches Problem in der Öffentlichkeit deutlich zu machen. Die Bibliothekskongresse von Münster und Berlin waren vorwiegend zu diesem Zweck als Massenveranstaltungen angelegt[103]. Darüber hinaus aber wurde die Arbeit von DBV und VDV wie übrigens auch des Verbandes NW kaum zur Kenntnis genommen: Einladungen zu den Jahresversammlungen haben die Vorsitzenden des VDB fast regelmäßig abgesagt oder sich bestenfalls durch ein VDB-Mitglied am Ort vertreten lassen[104]. Erst 1962 hat eine gemeinsame Tagung der deutschen bibliothekarischen Fachverbände stattgefunden, die dann als „Marburger Konferenz" regelmäßig wiederholt und institutionalisiert wurde. Von ihr ging die Einrichtung einer gemeinsamen bibliothekarischen Auslandsstelle aus, die 1964 gegründet wurde[105].

Der einzige Verband, an dem die maßgebenden Vertreter des VDB interessiert waren, war die fachverwandte Deutsche Gesellschaft für Dokumentation (DGD), der viele Bibliotheksdirektoren und VDB-Ausschußmitglieder auch angehörten. Auf dieser Ebene haben politische Konsultationen und gemeinsame Aktivitäten vor allem bei Beratungsaufgaben, etwa bei Gesetzesvorhaben, stattgefunden. Der Hauptzweck dieser Kontakte war wohl mehr informeller Art[106].

Problematisch und diffus war das Verhältnis des VDB zum „Verein wissenschaftlicher Bibliothekare in Baden-Württemberg", der 1963 als re-

102 Hans Joachim Kuhlmann: Auf dem Weg zum Deutschen Bibliotheksverband: d. Rolle d. öffentl. Bibliotheken u. ihrer Bibliothekare in d. Jahren 1957–1973. - In: Bibliotheken im Dienste der Wissenschaft: Festschrift für Wilhelm Totok zum 65. Geb. / hrsg. von Reinhard Oberschelp u. Heinz Weimann. - Frankfurt a. M. 1986, S. 211–218.

103 Tiemann auf dem Bibliothekartag 1951 in Münster, Bericht in: NfwB 4 (1951) S. 105–114, hier S. 109; Protokoll der Sitzung des VA am 31. 5. 55 in Düsseldorf, VDB-Archiv/VAS; vgl. Bericht über den Bibliothekskongreß 1956 Berlin (O. Klapp), in: ZfBB 2 (1956) S. 242–251, hier S. 242. – Zu der jeweils nur punktuell aufgenommenen Zusammenarbeit des VDB mit den ÖB-Vereinigungen vgl. insbesondere den Beitrag von Gerhard Hacker in dieser Festschrift.

104 VDB-Archiv/VdDB, VDV, DBV, Verband NRW.

105 VDB-Archiv/Arbeitsgemeinschaft Koordinierung der Verbände; Protokoll der Sitzung des VA am 4. 6. 63 in Saarbrücken, VDB-Archiv/VAS; vgl. Busse: Struktur und Organisation (wie Anm. 2), S. 699 ff.

106 VDB-Archiv/DGD.

gional begrenzter Konkurrenzverband zum VDB gegründet worden ist. Er definierte sich als ausschließlich berufsständische Interessenvertretung und ist in dieser Funktion als korporatives Mitglied sogleich dem Deutschen Beamtenbund beigetreten. Dieser Akt war eine eindeutige Reaktion auf die schwerpunktmäßig betriebene Sacharbeit des VDB. Der VDB war so aber nicht nur mit dem Vorwurf der Vernachlässigung der berufsständischen Interessen konfrontiert, sondern auch mit einem strukturellen und organisatorischen Problem: Denn der baden-württembergische Verband rechtfertigte seine Existenz auch damit, daß er als Regionalverein den entscheidenden politischen Institutionen auf Landesebene näher war[107]. Die Leitung des VDB hat diese Gründung formal zur Kenntnis genommen und sich gegenüber der Mitgliederversammlung auf die Erklärung beschränkt, sie sei durch die Entwicklung „nicht beunruhigt“[108]. Angesichts der inzwischen akuten Finanzkrise des VDB mag dies noch nicht einmal so falsch gewesen sein.

*

Die Beziehungen zur *Ostzone/DDR* gestalteten sich analog der gesamtpolitischen Entwicklung und mündeten in Akte der Konfrontation. Schon früh ließen die Äußerungen der Bibliothekare in West- und Ostdeutschland sehr unterschiedliche Zielsetzungen erkennen. 1946 wurde in der Ostzone die Unterscheidung zwischen Wissenschaftlichen und Öffentlichen Bibliotheken zugunsten der Einheitsbibliothek aufgehoben, die ehemalige Preußische Staatsbibliothek z. B. wurde zur Öffentlichen Wissenschaftlichen Bibliothek. Der Beruf des Bibliothekars wurde zum Erziehungsauftrag im marxistischen Sinn, das politische Bewußtsein wurde höher bewertet als die fachliche Qualifikation[109]. Aus diesem Grund hat dann der VDB, der

107 VDB-Archiv/Verband wissenschaftlicher Bibliothekare in Baden-Württemberg; Protokoll der Sitzung des VA am 4. 6. 63 in Saarbrücken, VDB-Archiv/VAS; Protokoll der Sitzung des VA am 18. 10. 63 in Köln, ebd.; Protokoll der Sitzung des VA am 20. 1. 65 in Nürnberg, ebd. – Vgl. die Beiträge von Ludger Syré in dieser Festschrift.

108 Bericht über die MV 1963 in Saarbrücken, in: ZfBB 10 (1963) S. 319–325, hier S. 325, vgl. S. 322.

109 Wolf Haenisch: Bericht über die erste Tagung der Bibliothekare der sowjetischen Besatzungszone vom 4.–6. Oktober 1946 in Berlin. - In: ZfB 61 (1947) S. 83–87; Carl Mones: Ausbildungs- und Prüfungsordnung für den wissenschaftlichen Bibliotheksdienst und für den gehobenen Dienst an wissenschaftlichen Bibliotheken in der sowjetischen Besatzungszone. - In: ZfB 61 (1947) S. 133–149; Joris Vorstius: Die neuen Aufgaben unseres Fachblattes. - In: ZfB 61 (1947) S. 1–4; Rudolf Hoecker: Zwei Jahrgänge Zentralblatt für Bibliothekswesen. - In: ZfB 62 (1948) S. 257–261.

als Berufsverband auch mit dem Problem der Ostflüchtlinge befaßt war, sich dafür ausgesprochen, die in der DDR nach 1950, d. h. auf der Grundlage der sehr bald fertiggestellten neuen Ausbildungs- und Prüfungsordnungen erworbenen Diplome nicht mehr anzuerkennen[110].

Auch die Gründung einer eigenen Fachzeitschrift für Westdeutschland ging auf die Unvereinbarkeit des Berufsverständnisses beider Seiten zurück. Sie erfolgte in zwei Schritten: Zunächst wurden die *Nachrichten für wissenschaftliche Bibliotheken (NfwB)* geschaffen, die als aktuelles Informationsblatt ohne direkte Konkurrenz zu dem breiter und theoretisch ausgerichteten *Zentralblatt für Bibliothekswesen (ZfB)* konzipiert waren[111]. Die Notwendigkeit einer eigenen breit angelegten Fachzeitschrift aber war schon evident. Die *Nachrichten* waren in nur fünf Jahrgängen erschienen, als 1953 die *Zeitschrift für Bibliothekswesen und Bibliographie (ZfBB)* geschaffen wurde, die im Auftrag und mit finanzieller Unterstützung des VDB bei Klostermann verlegt wurde und neben vereinsunabhängigen Fachbeiträgen auch ständige Rubriken für Mitteilungen von VDB und VdDB enthielt[112].

Bis Ende der 50er Jahre haben die Bibliothekare der DDR sich indessen sehr intensiv um aktive Zusammenarbeit bemüht, bis hin zu den Anträgen, als Gäste an den Sitzungen der VDB-Kommissionen teilnehmen zu dürfen und die Mitgliedschaft im VDB erwerben zu können[113]. Letzteres hat der VDB abgelehnt mit der Begründung, daß er als Berufsverband an die westdeutschen Verhältnisse gebunden sei[114]. Auf der Mitgliederversammlung des Bibliothekskongresses in Berlin 1956 wurde aber auch das Argument vorgebracht, eine Mitgliedschaft von Bibliothekaren aus der DDR gefährde womöglich den Zusammenhalt auch unter den westdeutschen

110 Bericht der Kommission für Ausbildungsfragen auf dem Bibliothekartag 1953 in Konstanz. - In: NfwB 6 (1953) S. 204 f.; Protokoll der Sitzung des VA 1954 in Frankfurt, VDB-Archiv/VAS; Bericht der Ausbildungskommission auf dem Bibliothekartag 1954 in Bremen. - In: ZfBB 1 (1954) S. 248 f.

111 G. Hofmann (im Auftrag des VDB): Zum Geleit. - In: NfwB 1 (1948) S. 1–2.

112 Protokoll der Sitzung des Vorstandes am 31. 1. 53 in Frankfurt, VDB-Archiv/VAS; Gustav Hofmann (im Auftrag des VDB): Mitteilung an unsere Leser. - In: NfwB 6 (1953) S. 225; vgl. Earle Hilgert: Two German library journals: the Zentralblatt und the Zeitschrift. - In: The Library Quarterly 40 (1970) S. 409–422.

113 Antrag von H. Kunze auf dem Bibliothekartag 1954 in Bremen, Bericht in: ZfBB 1 (1954) S. 242–250, hier S. 249.

114 Protokoll der Sitzung des VA am 16. 9. 54 in Berlin, VDB-Archiv/VAS; Bericht über die MV 1955 in Düsseldorf, in: ZfBB 2 (1955) S. 225–231, hier S. 226.

Kollegen, die gerade in dieser politischen Frage ebenso dezidierte wie gegensätzliche Meinungen vertraten[115].

Immerhin sind die Bibliotheken und Bibliothekare der DDR noch bis 1969 in das Jahrbuch aufgenommen worden. Die Zusammenarbeit wurde nach dem Mauerbau vom Bibliotheksverband der DDR gekündigt[116]. In dieser Zeit wurde anläßlich des 10. Jahrestages der Gründung der DDR ein ZfB-Sonderheft publiziert, das scharfe Angriffe gegen den VDB enthielt[117]. Der VDB hat daraufhin von weiteren Einladungen an Bibliothekare der DDR zu den Bibliothekartagen abgesehen. Als jedoch 1965 in ZfBB ein nicht minder provozierender Artikel von Georg Leyh über die Deutsche Bücherei in Leipzig[118] erschien, hat der VDB sich distanziert und die Leistungen dieser Institution gewürdigt[119].

*

Die Beziehungen zum *Ausland* sind im wesentlichen von einzelnen, meist international bekannten Bibliothekaren wieder angeknüpft und ausgebaut worden[120]; im Laufe der Zeit sind größere Bereiche der Auslandsarbeit von anderen Institutionen übernommen worden.

Im Jahre 1949 wurde der VDB wieder in die IFLA aufgenommen[121]. Verantwortlich für diese Kooperation war Hofmann (München), der diese Aufgabe auch nach seinem Rücktritt vom Amt des VDB-Vorsitzenden als

115 Protokoll der Sitzung des VA am 1.8.56 in Marburg, VDB-Archiv/VAS; Haenisch auf der Mitgliederversammlung 1956 in Berlin, Bericht in: ZfBB 3 (1956) S. 258–268, hier S. 260.

116 Bericht über die MV 1959 in Freiburg, in: ZfBB 6 (1959) S. 278–283, hier S. 279; R. Kluth / O. Löhmann: Vorwort. - In: Jahrbuch 40 (1963) S. III–V, hier S. III.

117 ZfB 73 (1959) Sonderh. 5, bes. S. 255, 262 f., 271, 291 f.; vgl. Protokoll der Sitzung des VA am 5. 2. 60 in Frankfurt, VDB-Archiv/VAS; Bericht über die MV 1960 in Trier, in: ZfBB 7 (1960) S. 285–290, hier S. 286.

118 Georg Leyh: Zur Geschichte der Deutschen Bücherei in Leipzig. - In: ZfBB 12 (1965) S. 149–167.

119 G. Liebers, R. Kluth, G. Reincke (für den VDB): Zu Georg Leyhs Auffassung von der Geschichte der Deutschen Bücherei: e. Wort d. Entgegnung. - In: ZfBB 12 (1965) S. 257 f; vgl. Bericht über die MV 1966 in Hannover, in: ZfBB 13 (1966) S. 356–360, hier S. 358. – Vgl. zum Ganzen auch den Beitrag von Konrad Marwinski in dieser Festschrift.

120 Das VDB-Archiv enthält vergleichsweise sehr wenig Aktenmaterial zu diesem Komplex.

121 Bericht über den Bibliothekartag 1949 in Rothenburg, in: NfwB 2 (1949) S. 114; vgl. G. v. Busse: Struktur und Organisation (wie Anm. 2), S. 61 ff., 643 ff.

Ausschußmitglied für den Verein wahrgenommen hat[122]. 1954 wurde er erster Vizepräsident der IFLA, 1957 konnte er in München bereits die erste Tagung des IFLA-Rates in Deutschland ausrichten[123]. Im Jahre 1951 konnte der VDB die volle Mitgliedschaft in der UNESCO erlangen. Zuvor bereits war von dieser Seite ein Auftrag an Tiemann (Hamburg) ergangen, eine deutsche Vertretung für die Mitarbeit im Bibliographical Service der UNESCO zu bilden. Diese Arbeitsgruppe wurde dann auf dem Bibliothekartag in Münster 1951 auch als Kommission für bibliographische Fragen des VDB etabliert[124]. Die Ausgrenzung Deutschlands aus der internationalen bibliothekarischen Kooperation war damit Anfang der 50er Jahre überwunden.

Schwerwiegend waren vor allem die Schäden, die die jahrelange Isolation und die Folgen des Krieges für die Literaturversorgung gehabt hatten. Um ausländische Literatur zu erhalten und Lücken im Bestand zu schließen, waren die deutschen Bibliotheken zunächst von Spenden abhängig, dann während der Zeit der Devisenbewirtschaftung auf effiziente Tauschbeziehungen angewiesen. Aber hier mußten Leistungen erbracht werden, die vor allem über die Abgabe von Dissertationen realisiert werden sollten. Daraus erklärt sich auch das vehemente Interesse der VDB-Kommissionen für Dissertationsfragen an einer Regelung der Ablieferungs- und Publikationspflicht[125]. Die Einrichtung permanenter Kauf- und Tauschbeziehungen ist aber recht bald von den Bibliotheken in eigener Regie und mit Unterstützung der DFG betrieben worden.

Der letzte größere Bereich der Auslandsarbeit umfaßte Besuche und Austauschprogramme. Schon Ende der 40er Jahre sind viele Bibliotheksdirektoren in das westliche Ausland gereist, vorwiegend aber auf eigene Initiative. Über die Ergebnisse und Erfahrungen wurde auf den Bibliothekartagen stets eingehend berichtet. Die Besuche ausländischer Gäste in der Bundesrepublik wurden anfangs von der Geschäftsstelle des VDB organi-

122 Protokoll der Sitzung des VA am 27. 1. 55 in Bad Godesberg, VDB-Archiv/VAS.

123 Bericht Hofmanns vor der MV 1957 in Lübeck, in: ZfBB 4 (1957) S. 228.

124 Verkade auf dem Bibliothekartag 1950 in Marburg, in: NfwB 3 (1950) S. 98; Bericht über den Bibliothekartag 1951 in Münster, in: NfwB 4 (1951) S. 149 f.

125 H. W. Eppelsheimer: Zur Lage des wiss. Bibliothekswesens in der amerikan. Besatzungszone (wie Anm. 1) S. 6 f.; ders.: Das Treffen zu Frankfurt, in: NfwB 1 (1948) H. 3, S. 33–35, hier S. 34; Walter Bauhuis: Das Dissertationsproblem, in: NfwB 3 (1950) S. 112–114; Middendorf in dem Bericht über den Bibliothekartag 1951 in Münster, in: NfwB 4 (1951) S. 113.

siert; diese Arbeit ist später an die 1964 gegründete gemeinsame Auslandsstelle der bibliothekarischen Verbände abgegeben worden[126].

*

Die Abgabe der Auslandskontakte des VDB an die Bibliothekarische Auslandsstelle markiert den Beginn einer tiefgreifenden Veränderung: Schrittweise gingen in der Folgezeit immer mehr *Sachaufgaben* an andere Stellen über, die für deren Erledigung besser gerüstet waren als der auf die ehrenamtliche Mitarbeit einzelner Kollegen und das bescheidene private Beitragsaufkommen angewiesene Verein Deutscher Bibliothekare.

Diese aus der Rückschau getroffene Feststellung schmälert in keiner Weise die Verdienste des VDB in der ersten Nachkriegszeit, vor allem in den 50er Jahren, als dem Verein die überregionale bibliothekarische Sacharbeit zugefallen war. Der VDB war Ende der 40er Jahre die einzige wieder funktionsfähige Organisation innerhalb des wissenschaftlichen Bibliothekswesens in der damaligen Bundesrepublik.

126 Protokoll der Sitzung der Vorsitzenden der deutschen bibliothekarischen Fachverbände am 16. 4. 1964 in Frankfurt, VDB-Archiv/Arbeitsgemeinschaft Koordinierung der Verbände; vgl. H. J. Kuhlmann: Weg (s. Anm. 18), S. 98 f.

Konrad Marwinski

Der VDB und seine Kontakte zum Bibliothekswesen der DDR zwischen 1953 und 1970

Das hundertste Gründungsjubiläum eines berufsständischen Vereins gibt Veranlassung, auch über seine Außenbeziehungen zu reflektieren. Nun müßte man annehmen, daß sich die zeitweilig gespannten Beziehungen des VDB zu den offiziellen Vertretern des Bibliothekswesens im anderen Teil Deutschlands über die Archivalien nachvollziehen ließen.

Aber die Durchsicht der einschlägigen Aktenbestände in der Niedersächsischen Landesbibliothek Hannover (für den VDB) und in der Geschäftsstelle des Deutschen Bibliotheksverbandes in Berlin (für den Bibliotheksverband der DDR) ergibt nur wenige Anhaltspunkte; kontinuierliche Kontakte zwischen den Verbänden in Ost und West hat es nach der Aktenlage offensichtlich nicht gegeben.

Dadurch bleibt der folgende Beitrag auf die wenigen bekannten Vorgänge beschränkt.

*

Auf der 8. Aktivtagung des Bibliotheksverbandes der DDR, die vom 3. bis 5. April 1989 aus Anlaß des 25. Jahrestages der Gründung des Bibliotheksverbandes der DDR in Leipzig-Markkleeberg unter dem Thema „Der Beitrag des Bibliotheksverbandes der DDR zur weiteren Entwicklung der Bibliotheks- und Informationsarbeit in den neunziger Jahren“ stattfand,[1] hielt der Ehrenpräsident des Verbandes, Professor Dr. Gotthard Rückl,[2] den Festvortrag. Den Text[3] hatten Rückl und der erste

1 Vgl. den Bericht von Hans Joachim Funke: Die 8. Aktivtagung des Bibliotheksverbandes der DDR. - In: Der Bibliothekar 43 (1989) S. 267–268.

2 Gotthard Rückl (geb. 1921), seit 1952 Direktor des Zentralinstituts für Bibliothekswesen.

3 Veröffentlicht in: Der Bibliothekar 43 (1989) S. 289–296 und 337–341. Vgl. auch Horst Kunze und Gotthard Rückl: Zur Vorgeschichte der Gründung eines Bibliotheksverbandes in der Deutschen Demokratischen Republik. - Berlin 1989.

Präsident des Verbandes, Professor Dr. Horst Kunze,[4] gemeinsam abgefaßt.

Über die Vorgeschichte der Verbandsgründung wurde dort ausführlich berichtet. Die meisten Anwesenden hörten jedoch zum ersten Mal von den Versuchen, in den frühen 50er Jahren in der DDR einen Personalverband zu gründen.[5] Während dies auf der Gründungsversammlung des „Deutschen Bibliotheksverbandes" (DBV) im Jahre 1964 kein Thema gewesen war, gab es nun, 1989, an der Basis des DDR-Bibliotheksverbandes ernstzunehmende Stimmen, die eine Öffnung des Institutionenverbandes für die Mitgliedschaft natürlicher Personen forderten.

Wie weit die Vorstellungen von einem Personalverband im Herbst 1955 bereits gediehen waren, wird aus einem Briefwechsel zwischen Josef Stummvoll,[6] dem Generaldirektor der Österreichischen Nationalbibliothek Wien, Wolf Haenisch,[7] dem 1. Vorsitzenden des VDB und Direktor der UB Marburg, und Gustav Hofmann,[8] dem Stellvertretenden Vorsitzenden des VDB und Generaldirektor der Bayerischen Staatsbibliothek, deutlich.[9] Vorausgegangen war der Düsseldorfer Bibliothekartag vom 31. Mai bis 3. Juni 1955. Auf der Mitgliederversammlung war Hofmann als scheidender Vereinsvorsitzender ausführlich auf den Fragenkomplex der bibliothekarischen Zusammenarbeit zwischen Ost und West eingegangen. Dieser habe dem Vorstand „nicht unerhebliche Schwierigkeiten" bereitet.[10] Die im Sekretariat gesammelte umfangreiche Korrespondenz

4 Horst Kunze (geb. 1909), von 1951 bis 1977 Haupt- resp. Generaldirektor der Deutschen Staatsbibliothek zu Berlin, seit 1953 Prof. der Bibliothekswissenschaft, seit 1955 zugleich Direktor des Instituts für Bibliothekswissenschaft an der Humboldt-Universität zu Berlin.

5 Zu dieser für das Bibliothekswesen der DDR wichtigen Detailfrage vgl. Konrad Marwinski: Der (Deutsche) Bibliotheksverband der DDR 1964 bis 1990. - In: Bibliothekspolitik in Ost und West: Geschichte und Gegenwart des Deutschen Bibliotheksverbandes / hrsg. von Georg Ruppelt. - Frankfurt a. M. 1998 (ZfBB: Sonderh.; 72) S. 65–129, bes. S. 66–75.

6 Josef Stummvoll (1902–1982), Generaldirektor der Österreichischen Nationalbibliothek von 1949 bis 1967.

7 Wolf Haenisch (1908–1978), Direktor der UB Marburg seit 1952.

8 Gustav Hofmann (1900–1982), Generaldirektor der Bayerischen Staatlichen Bibliotheken und der Bayerischen Staatsbibliothek München seit 1948.

9 VDB-Archiv, 39. Verschiedenes, 2.

10 Vgl. den Bericht über die siebente ordentliche Mitgliederversammlung am 1. Juni 1955 in Düsseldorf. - In: ZfBB 2 (1955) S. 225–231.

in dieser Angelegenheit und die diesbezüglichen Protokolle spiegelten „den Ernst der Verhandlungen, aber auch die verantwortungsbewußte – durchaus nicht einheitliche – Stellungnahme unserer Kollegenschaft" wider. Der in Bremen von Professor Kunze (Ostberlin) offiziell gestellte Antrag, die ost- und mitteldeutschen Kollegen in den VDB aufzunehmen, sei abgelehnt worden, und zwar mit der Begründung, „daß unser VDB in seinem Charakter als Berufs- und Standesinteressenvertretung nun einmal an die westdeutschen Verhältnisse gebunden sei. Seine Ausweitung auf den gesamtdeutschen Raum kann wegen der daraus sich ergebenden administrativen, organisatorischen und politischen Schwierigkeiten nicht ins Auge gefaßt werden."

Wohl noch unter dem Eindruck dieser Entscheidung schrieb Stummvoll am 21. Oktober 1955 einen langen Brief an Haenisch. Er bedauerte, ihn in Leipzig nicht getroffen zu haben, wo Haenisch an einer Asienforscher-Tagung teilgenommen hatte. Er selbst sei zur gleichen Zeit bei der Amtseinführung des neuen Hauptdirektors der Deutschen Bücherei, Curt Fleischhack,[11] gewesen. Da ein persönlicher Kontakt nicht zustandegekommen sei, schreibe er ihm jetzt „über Einiges, das mir am Herzen liegt. Es betrifft dies das Verhältnis der ostdeutschen Kollegen zum Verein Deutscher Bibliothekare. Wie Ihnen vielleicht bekannt ist, hat der Hauptdirektor Kunze am Bibliothekartag in Bremen 1954 den Wunsch ausgesprochen, die ostdeutschen Kollegen mögen wieder als Mitglieder in den Verein aufgenommen werden. Darüber ist bis heute nicht entschieden worden. Ich bin mir bewusst, welche Schwierigkeiten bestehen, ich kenne aus eigener Anschauung all die Probleme, die heute zwischen Ost und West spielen und ich weiss nur zu gut über die Bedenken Bescheid, die von einzelnen Stellen sicherlich erhoben worden sind ... Auf der anderen Seite aber habe ich aus meiner langjährigen Tätigkeit in Leipzig und Berlin sehr viele Freunde und Kollegen im ostdeutschen Gebiet und kenne auch deren Einstellung und Wünsche. Anläßlich der Brüsseler Tagung im September 1955 wurde mit dem internationalen Bibliothekarverband Fühlung genommen, wie es sich mit der Aufnahme eines Vereins der ostdeutschen Bibliothekare in die IFLA verhielte. IFLA könnte und müsste nach den Bestimmungen selbstverständlich einen solchen Verein

11 Curt Fleischhack (1892–1972), Hauptdirektor der Deutschen Bücherei Leipzig von 1955 bis 1961, Nachfolger von Heinrich Uhlendahl.

anerkennen und als Mitglied aufnehmen. Es würde sich dann die Tatsache ergeben, dass die beiden heute durch äussere Umstände getrennten Teile Deutschlands auch durch zwei gesonderte Verbände in der IFLA vertreten wären, wodurch die unheilvolle Trennung auch auf bibliothekarischem Gebiete öffentlich vollzogen würde."

Stummvoll berichtet weiter, er sei auch in Berlin gewesen und habe dort „erneut aus kompetentem Munde" erfahren, „dass man auch jetzt noch bereit wäre, die Gründung eines eigenen Verbandes aufzugeben, wenn den ostdeutschen Kollegen die Mitgliedschaft im Verein deutscher Bibliothekare gewährt wird." Er meinte, Haenisch habe ja an der Leipziger Asienforscher-Tagung selbst gesehen, „dass sich gerade auf kulturellem Gebiet eine Zusammenarbeit ohne politische Folgerungen verwirklichen läßt ... Es wurde mir auch gesagt, dass die Historiker und Archivare in einem gemeinsamen Verein zusammengeschlossen sind. So frägt man sich natürlich, warum dies auf bibliothekarischem Gebiet nicht möglich sein sollte".

Stummvoll bittet Haenisch, dieser Frage seine besondere Aufmerksamkeit zuzuwenden. Er glaube kaum, daß „bei einem Verhältnis von 50 zu rund 20 Millionen im West- und Ostteil Deutschlands eine Majorisierung des Vereins eintreten könnte und nehme an, dass es durch eine Vereinbarung sicherlich möglich wäre, die Frage des Vorsitzenden, des Sitzes der Vereinigung und anderes so zu lösen, dass etwaige Bedenken ausgeschaltet werden können". Er wolle sein Schreiben als „die Ansicht eines wohl Aussenstehenden" betrachtet sehen, der sich Deutschland sehr verbunden fühlt und der, „selbst auf die Gefahr hin, missverstanden zu werden, nichts unversucht lassen möchte, um wenigstens auf dem Gebiet des Bibliothekswesens die Fäden zwischen Ost und West nicht völlig abreissen zu lassen."

Das Antwortschreiben des VDB-Vorsitzenden trägt das Datum vom 26. November 1955. Haenisch bedauert darin seinerseits die verpaßte Gelegenheit zu einer Aussprache in Leipzig und dankt Stummvoll „sehr herzlich für die große Anteilnahme ..., die Sie diesem uns alle so schwer bedrückenden Anliegen entgegen bringen. Wir haben bei verschiedenen Anlässen sehr eingehend über die Möglichkeit beraten, in welcher Form unsere ostdeutschen Kollegen Mitglieder des ‚Vereins Deutscher Bibliothekare' bleiben bzw. werden können. Bisher hat sich dafür kein gangbarer Weg gezeigt; dabei hat das Argument, der Verein könnte von ostdeutschen Kollegen unterwandert werden, nur eine untergeordnete Rolle gespielt. Wichtig waren für unsere Überlegungen hauptsächlich zwei Gesichtspunkte. Im Gegensatz zu der Zeit vor 1945 hat der Verein, da es den früheren Reichsbeirat nicht mehr gibt, eine Reihe von Aufgaben übernehmen müssen, die ihm stärker den Charakter eines Berufsverbandes geben, der mit bestimmten Hoheitsaufgaben betraut ist. Wenn der Verein diese Aufgaben richtig erfüllen und an den amtlichen Stellen nachdrücklich vertreten will, muß er sich auf den Kreis der in der Bundesrepublik und in West-Berlin lebenden und tätigen Kollegen beschränken. Wir können daher den ,Verein Deutscher Bibliothekare' nicht mit rein wissenschaftlichen Vereinigungen gleichsetzen, bei denen, wie ich es aus eigener Erfahrung von der Deutschen Morgenländischen Gesellschaft kenne, die Zusammenarbeit zwischen Ost und West eine Selbstverständlichkeit ist.

Infolge der unglücklichen politischen Entwicklung in Deutschland haben wir in dem Verein eine nicht unbeträchtliche Anzahl von Kollegen, die aus Ostdeutschland aus politischen Gründen geflüchtet sind. Von ihnen geht natürlich ein starker Widerstand gegen die Aufnahme ostdeutscher Kollegen aus."

Man habe vereinbart, im Gegensatz zu früher bei der nächsten Tagung „nicht mehr einen bestimmten Kreis ostdeutscher Kollegen" einzuladen, es werde sich dann in den Kommissionen „eine den tatsächlichen Verhältnissen Rechnung tragende Zusammenarbeit ergeben". Außerdem werde ja in zahlreichen Fällen die bibliothekarische Zusammenarbeit zwischen den einzelnen Bibliotheken intensiv gepflegt. „Die Aufnahme ostdeutscher Kollegen in den Verein selbst als Mitglieder ist dagegen ein sehr viel schwierigeres Problem."

Eine Durchschrift des Antwortschreibens ging am gleichen Tag zusammen mit einer Abschrift von Stummvolls Brief an Gustav Hofmann nach München. Dem kurzen Anschreiben[12] ist zu entnehmen, daß Haenisch in der Zwischenzeit die Darstellung Stummvolls durch einen Berliner Kollegen bestätigt gefunden hatte. Man werde sich auf der nächsten Ausschußsitzung noch einmal mit dieser Frage befassen müssen. Auch

12 Wolf Haenisch am 26. November 1955 an Gustav Hofmann.

mit den Archivaren habe er über die dort getroffene Regelung gesprochen, „aber auch dies scheint mir für uns schwer zu verwirklichen zu sein ... Die Folgen der Gründung eines ostdeutschen Bibliothekarverbandes dürften auf internationaler Ebene unerfreulich sein.“

Nach den vorliegenden Berichten und Veröffentlichungen hatte Kunze in Bremen 1954 ohne weitere Begründung angeregt, „den Verein Deutscher Bibliothekare in Fortführung seiner Traditionen wieder zu einem gesamtdeutschen Verein zu machen, daß die Kollegen auch aus der DDR als Mitglieder beitreten können.“[13] Doch hätte er sich nur auf die geltende Satzung des VDB von 1948[14] zu berufen brauchen, die in ihrem § 4 zur Mitgliedschaft bestimmte: „Die Mitgliedschaft kann nur ein wissenschaftlich vorgebildeter deutscher Bibliothekar oder Anwärter für den wissenschaftlichen Bibliotheksdienst erwerben.“ Man unterschied (noch) nicht zwischen west- und ostdeutsch. Diese Bestimmung wurde im übrigen auch in die Trierer Neufassung der Satzung von 1960 nahezu wortwörtlich übernommen.[15]

Hofmann setzte in seiner Antwort an Haenisch vom 3. Dezember 1955 etwas andere Akzente: „Betreffs der Drohung mit der Gründung eines ostzonalen Bibliothekarvereins wäre ich nicht so arg empfindlich. Vor allem ist der doch mehr oder weniger gefühlsmäßige Eindruck, den die Duplizität zweier deutscher Verbände des wissenschaftlichen Bibliothekswesens in der IFLA machen würde, doch nicht maßgebend für die Lösung eines innerdeutschen Problems, hinter dem wesentlich realere Gesichtspunkte stehen.“ Zum Vergleich nennt er das Nebeneinander der flämischen und wallonischen Bibliothekarvereine Belgiens, das aber ohne größere Reibungen möglich sei. „Gewisse Schwierigkeiten und heikle Probleme könnten entstehen, wenn die Ostdeutschen in der IFLA eine besondere werbende Tätigkeit entfalten, gemeinsame Tagungen abhalten wollen usw. ... Ich halte es vor allem für absolut unmöglich, daß wir reiflich überdachte Entschlüsse betreffs der Zulassung ostzonaler Kollegen in den Verein *unter dem Druck einer ostzonalen Drohung* aufheben.“[16]

13 Nach dem Bericht von Günther Reichardt: Der Bibliothekartag in Bremen, 8. bis 11. Juni 1954. - In: ZfB 68 (1954) S. 440–443.

14 Abgedruckt in Jahrbuch der Deutschen Bibliotheken 34 (1950) S. 352–359.

15 Abgedruckt in Jahrbuch der Deutschen Bibliotheken 39 (1961) S. 444–458.

16 Im Original Hervorhebung durch Unterstreichung.

Dennoch stimmte er einer erneuten Behandlung der Angelegenheit im Vereinsausschuß zu. Was die Person Stummvolls angehe, so stehe dieser „den inneren, grundlegenden Verhältnissen unseres derzeitigen deutschen Bibliothekswesens zwar bestimmt wohlmeinend“ gegenüber, „aber auch etwas naiv“. Kunze und Fleischhack hätten Stummvoll „sichtlich um Vermittlung angegangen, aber schließlich ist das doch keine Frage des guten Zuredens, sondern einfach harter Tatsachen und nüchterner Erwägungen.“ Wie Haenisch, so empfand Hofmann den Vergleich Stummvolls mit dem Zusammenspiel von Mannschaften zur Winterolympiade oder mit Fußballwettkämpfen für den hier diskutierten Fall gänzlich unpassend.

Am 2. Januar 1956 nahm Haenisch in seinem Neujahrsbrief an Hofmann noch einmal das Thema auf. Zunächst war er erleichtert darüber, daß seine Antwort an Stummvoll die Billigung seines Vorgängers im Vereinsvorsitz gefunden hatte. Aber wohl war ihm nicht. Nach wie vor sei er beunruhigt, da er doch glaube, „daß die Gründung eines besonderen ostzonalen Bibliotheksverbandes, die mir nach den letzten Nachrichten aus Berlin ziemlich sicher scheint, für unsere ostdeutschen Kollegen eine schwere Belastung bedeutet und uns noch viel Ärger bereiten wird“.

Der Vereinsausschuß behandelte das Thema ausführlich auf seiner Sitzung am 1. Februar 1956 in Marburg unter TOP 4 „Mitgliedschaft ostzonaler Kollegen beim VDB, Vermittlungsvorschlag Dr. Stummvoll, Wien“.[17] Das Protokoll vermerkte korrekt, es habe eine „eingehende Aussprache“ über das Für und Wider gegeben, „wobei sich unsere Überlegungen besonders auf die Interessen unserer ostzonalen Kollegen konzentrierten.“ Die Ausschußmitglieder kamen zu dem Schluß, „daß durch die Mitgliedschaft ostzonaler Kollegen die Einheit des Vereins gefährdet“ werde und die Gefahr bestehe, „daß Kollegen in der Bundesrepublik sich vom Verein zurückziehen, auf deren Mitarbeit nicht verzichtet werden kann.“ Mit einer Gegenstimme wurde beschlossen, „von einer Aufnahme ostzonaler Kollegen abzusehen.“ Die Verbindung und der Kontakt zu den ostzonalen Kollegen solle jedoch aufrecht erhalten und wenn möglich verstärkt werden. Auf Einladung des Vorsitzenden einer Kommission könnten ostzonale Kollegen an Kommissionssitzungen teilnehmen.

17 Nach dem Protokoll im VDB-Archiv 3b. Vereinsausschußsitzungen 1956.

Die Besichtigung Ostberliner Bibliotheken anläßlich des Bibliothekartages 1956 sei jedem Mitglied freigestellt. Auf die Möglichkeit dieser Besichtigung solle bei der Tagung durch mündliche Ansage hingewiesen werden. Man beschloß, Stummvoll zu benachrichtigen, „daß wir durch die Umstände in unserem geteilten Deutschland gezwungen sind, von einer Aufnahme ostzonaler Kollegen abzusehen."

Ebenso korrekt wird dann über den Fall Dr. Schunke[18] berichtet. Es war ein Prinzip zu retten. Nur so kann man verstehen, was das Protokoll vermerkt: „Der Fall Dr. Schunke wird besprochen. Frau Schunke, die in Dresden wohnt, wurde als pensionierte Kollegin und Pensionärin der Staatskasse Bremen aufgenommen zu einer Zeit, als andere Verhältnisse vorlagen. Dieser Fall ist und bleibt ein Ausnahmefall, an dem man nichts ändern will, um die verdiente Kollegin nicht zu kränken. Es wird die Meinung vertreten, daß ihre Mitgliedschaft nur wirksam wird, wenn sie den Boden der Bundesrepublik betritt. Rundschreiben und sonstige Drucksachen werden bei der Geschäftsstelle für sie deponiert."

Vor welchem Hintergrund fanden diese Erörterungen statt? Nachdem die mehrfachen Versuche gescheitert waren, die Mitgliedschaft für in der DDR tätige Bibliothekare im VDB zu erreichen, reifte tatsächlich der Gedanke, einen eigenen bibliothekarischen Personalverband zu gründen. Man brauchte auch im anderen Teil Deutschlands eine Interessenvertretung der Bibliothekare und der Bibliotheken gegenüber den Unterhaltsträgern. Das kam deutlich auf der ersten großen Tagung der wissenschaftlichen Bibliothekare der DDR zum Ausdruck, die, ein Vierteljahr nach den Ereignissen des 17. Juni, vom 22. bis 25. September 1953 in Berlin und Leipzig unter dem Generalthema „Durch die Zusammenarbeit der deutschen Bibliotheken fördern wir die Einheit Deutschlands" stattfand. Heinrich Roloff[19] hat über die Tagung ausführlich im Zentralblatt für Bibliothekswesen berichtet.[20] Auf allen Arbeitsbesprechungen der Bibliotheksdirektoren der Wissenschaftlichen Bibliotheken der DDR,

18 Ilse Schunke (1892–1979), bis 1937 an der SB Bremen, nach der Pensionierung Einbandforscherin in Dresden.

19 Heinrich Roloff (1911–1980), seit 1951 an der Deutschen Staatsbibliothek Berlin, 1956–1964 Direktor der Katalogabteilung, 1964–1974 Direktor der Inkunabelabteilung.

20 Heinrich Roloff: Bericht über die Tagung der wissenschaftlichen Bibliothekare in Berlin und Leipzig vom 22. bis 25. September 1953. - In: ZfB 67 (1953) S. 409–437.

die seit der Begründung des Staatssekretariats für Hochschulwesen in regelmäßigen Abständen stattfänden, sei der Wunsch geäußert worden, „daß das Bedürfnis bestehe, den Kreis der Bibliothekare, die an solchen Zusammenkünften teilnehmen, erheblich zu erweitern." Je günstiger sich die Verhältnisse im wissenschaftlichen Bibliothekswesen der DDR gestalten würden, desto mehr erweise es sich als notwendig, „vor einer breiten Öffentlichkeit über das Erreichte zu referieren und zu diskutieren. Die stille und, wie die Erfahrung lehrt, viel zu wenig beachtete Arbeit der Bibliotheken allen am Bibliothekswesen interessierten Menschen nahezubringen", sei eine Absicht der Tagung gewesen.

Aber die Tagung habe sich noch aus einem anderen Grund als wünschenswert erwiesen: „Daß das deutsche wissenschaftliche Bibliothekswesen in seiner Funktion noch eine Einheit ist, ist eine erfreuliche Tatsache, die aber einerseits manchen Gefahren ausgesetzt ist, andererseits viele Probleme der Zusammenarbeit aufwirft, die zu besprechen dringend notwendig erschien. Auf den westdeutschen Bibliothekartagen, zu denen bis zum vorigen Jahr stets einige Kollegen aus den Wissenschaftlichen Bibliotheken der Deutschen Demokratischen Republik eingeladen worden waren, standen diese Fragen nicht gerade im Vordergrund und es wurde in diesem Zusammenhang nur gelegentlich von Einzelheiten gesprochen. Diese Probleme nun mit Kollegen aus Westdeutschland gemeinsam zu erörtern, die Einheit des deutschen Bibliothekswesens auf dem Gebiete der großen bibliothekarischen Gemeinschaftsunternehmen wieder einmal zu dokumentieren und den westdeutschen Kollegen schließlich Gelegenheit zu geben, sich einen Einblick zu verschaffen in die Arbeit der wissenschaftlichen Bibliotheken der Deutschen Demokratischen Republik, das war der andere Zweck der Tagung."

Wer in den Jahren zwischen 1953 und 1958 im DDR-Bibliothekswesen tätig war, wird sich daran erinnern, daß solche Sätze mehr für den inneren Gebrauch der DDR-Gesellschaft gesagt und geschrieben wurden. Ging es doch für die DDR-Bibliotheken am Ende darum, sich selbst in einem von materieller Produktion stark geprägten Umfeld zu behaupten, die zeitweise innerstaatlich in Frage gestellte Funktion der Deutschen Bücherei Leipzig zu erhalten, den Deutschen Leihverkehr fortzusetzen und den Schriftentausch auszuweiten. Das war gegenüber den Partei- und Staatsorganen im Interesse der Benutzer zu vertreten und durchzusetzen.

Und aus dem VDB-Archiv[21] wissen wir, welche Unruhe und welche Kontroversen die Einladungen zu dieser Berliner Tagung unter den VDB-Mitgliedern auslösten, wobei sich der Vorstand unter Gustav Hofmann heraushielt und es ablehnte, irgendwelche Verhaltensempfehlungen zu geben. Schließlich nahmen acht Bibliothekare aus der Bundesrepublik an der Tagung teil, unter ihnen Georg Leyh.[22]

In diesem Kontext entschieden sich führende Bibliothekare der DDR schließlich für die Bildung eines eigenen Interessenverbandes. Daß es dabei ursprünglich um die Idee einer Personenvereinigung in Gestalt eines „Bundes Deutscher Bibliothekare (BDB)“ ging, wundert angesichts der Traditionen in Deutschland nicht. Allerdings sollte er die Vergangenheit korrigieren, indem ein einheitlicher Personalverband für das gesamte Bibliothekswesen angestrebt werden sollte.

Interessant ist, daß die von Kunze und Rückl als Repräsentanten der beiden Hauptzweige des DDR-Bibliothekswesens verfaßten „Gesichtspunkte für die Gründung eines Bundes Deutscher Bibliothekare“[23] und der Entwurf eines „Statuts für den Bund Deutscher Bibliothekare“ trotz aller DDR-Bezogenheit im Vokabular das ihnen zugrunde liegende Muster in Gestalt der VDB-Satzung nicht verleugnen. Die beiden Dokumente wurden am 29. März 1956 an die „für Bibliotheksfragen verantwortlichen gesellschaftlichen und staatlichen Organe“ mit der Bitte „um Begutachtung“ verschickt, und zwar an das Zentralkomitee der SED,[24] Abt. Kulturelle Massenarbeit und Abt. Wissenschaft und Propaganda, an das Staatssekretariat für das Hochschulwesen, Abt. Bibliotheken, Museen und Hochschulfilm, an das Ministerium für Kultur, Abt. Bibliotheken, und an die Zentralvorstände der Gewerkschaft Wissenschaft und der Gewerkschaft Verwaltungen, Banken und Versicherungen (VBV) des FDGB.

Man glaubte, der BDB werde noch 1956 ins Leben treten und als „gesellschaftliche Organisation mit fachlichem und wissenschaftlichem

21 VDB-Archiv, 39. Verschiedenes, 4: Tagung der wissenschaftlichen Bibliothekare, Berlin, 22.–25. September 1953.

22 Georg Leyh (1877–1968), von 1921 bis 1947 Direktor der UB Tübingen, Ehrenmitglied des VDB.

23 Abgedruckt bei Kunze und Rückl (wie Anm. 3) S. 18 f.

24 Es fällt auf, daß die anderen politischen Parteien in der DDR, die sogenannten Blockparteien, nicht zu den Verantwortlichen gezählt wurden.

Charakter ... die Mitarbeiter aller Zweige des Bibliothekswesens“ zur Vertretung gemeinsamer Interessen zusammenführen.

Gefördert werden sollten die Einheit des Bibliothekswesens der DDR, die „enge Zusammenarbeit mit den bibliothekarischen Vereinigungen der Deutschen Bundesrepublik in allen bibliothekarischen Fachfragen und zur Pflege der gemeinsamen deutschen Kultur ..., die Verbindung und Zusammenarbeit mit ähnlichen internationalen und ausländischen Organisationen, die Weiterbildung der Mitglieder durch Vertiefung ihrer fachlichen und politischen Kenntnisse, „insbesondere auch durch das Studium der bibliothekarischen Arbeit im Ausland, vor allem in der Sowjetunion und in den volksdemokratischen Ländern.“ Letzteres durfte unter den obwaltenden politischen Verhältnissen ebensowenig fehlen, wie die Aspekte der „Entwicklung einer fortschrittlichen Bibliothekswissenschaft und Bibliotheksgeschichte“ sowie „der Überwindung aller pseudowissenschaftlichen Theorien und hemmenden bürgerlichen Auffassungen“.

Um von vornherein Mißverständnisse bei potentiellen Mitgliedern, aber auch bei den Gewerkschaften gar nicht erst aufkommen zu lassen, wurden „Funktionen einer Gewerkschaft“ für den BDB ausgeschlossen. Der BDB wollte sich darauf beschränken, gegebenenfalls „der Gewerkschaft Empfehlungen zu geben, die im Interesse der beruflichen und gesellschaftlichen Belange der Bibliothekare“ lägen.[25]

Das Projekt des BDB, der ein direkter Ansprechpartner für den VDB hätte werden können, wurde drei Jahre lang verfolgt, bis im Jahre 1959 feststand, daß nur ein Institutionenverband genehmigt werden würde, der dann fünf Jahre später – 1964 – als „Deutscher Bibliotheksverband“ in der DDR[26] begründet wurde. Inzwischen hatten bekanntlich beide deutsche Staaten längst ein so stark voneinander differierendes Eigenleben entwickelt, daß der Gedanke an eine gegenseitige Mitgliedschaft von Bibliotheken oder Bibliothekaren in den Verbänden gar nicht mehr aufkam.

Die „Intervention Stummvolls“, wie der oben beschriebene Vorgang aus dem Jahre 1955 im VDB-Archiv bezeichnet wurde, war bei aller vor-

25 Zum weiteren Verlauf der Angelegenheit verweise ich auf meinen oben (vgl. Anm. 5) genannten Aufsatz.

26 Um Verwechslungen mit dem später in der Bundesrepublik gegründeten Deutschen Bibliotheksverband (DBV) zu vermeiden, im weiteren als DBV (DDR) zitiert.

sichtigen Kritik, die er im VDB hervorrief, nicht umsonst gewesen. Das sollte sich auf dem Berliner Bibliothekartag vom 22. bis 26. Mai 1956 erweisen, wie den Berichten in den bibliothekarischen Fachzeitschriften zu entnehmen ist.[27] An ihm nahmen 148 Bibliothekare aus Ostberlin und der DDR teil und die Deutsche Staatsbibliothek Unter den Linden zeigte zu diesem Anlaß eine vielbeachtete Ausstellung „Handschriften aus zwei Jahrtausenden" mit Zimelien aus DDR-Bibliotheken.

Otto Klapp[28] empfand „die Möglichkeit, den Kontakt mit alten und neuen Kollegen aus Ostberlin und Mitteldeutschland auch in persönlicher Begegnung wieder aufzunehmen oder zu erneuern", als ein Positivum. Heinrich Roloff bemerkte, daß der Bibliothekartag in Westberlin, zu dem der Verein Deutscher Bibliothekare und der Verein der Diplombibliothekare an wissenschaftlichen Bibliotheken gemeinsam eingeladen hatten, als Arbeitstagung geplant gewesen sei. „Die Fülle der Kommissionssitzungen, Arbeitsgemeinschaften, Fachvorträge, Referate und Korreferate, die das Programm neben den in Berlin besonders reichhaltigen Besichtigungen vorsah, gab diesem Treffen der Bibliothekare aus ganz Deutschland ein besonderes Gepräge, während auf anderen Bibliothekartagen mehr Zeit für inoffizielle Fachgespräche blieb.

Zu ... Kommissionssitzungen waren durch deren Vorsitzende auch Bibliothekare der DDR eingeladen worden, die zu den hier zu behandelten Fragen eine besondere fachliche Beziehung besitzen. Es darf dies als ein erfreuliches praktisches Ergebnis der beiderseits wiederholt erklärten Bereitschaft zur gesamtdeutschen Zusammenarbeit der Bibliothekare in Fachfragen gewertet werden ... Die gute Zusammenarbeit aller deutschen Bibliothekare in West und Ost im Geiste der großen, gerade in Berlin wurzelnden Traditionen der deutschen wissenschaftlichen Bibliotheken zu vertiefen, dies sei, so erklärte der Vorsitzende des VDB, Wolf Haenisch (Marburg/Lahn), in seiner Begrüßungsansprache, eine der wesentlichsten Ziele dieser Tagung. Und man muß es beiden Vereinen, die zu diesem Bibliothekartag in breitestem Umfang Einladungen an die Kollegen in

27 Otto Klapp: Der Kongreß Deutscher Bibliothekare in Berlin. - In: ZfBB 3 (1956) S. 242–251; Heinrich Roloff: Der Bibliothekartag in Berlin. - In: ZfB 70 (1956) S. 436–440; Josef Stummvoll: Deutscher Bibliothekartag in Berlin. - In: Biblos 5 (1956) S. 177–179.

28 Otto Klapp (1922–1986), damals UB Marburg, später UB Saarbrücken.

der DDR versandt hatten, bestätigen, daß sie sich erfolgreich Mühe gegeben haben, in diesen Gästen – denn die in Bremen angebotene Erwerbung der Mitgliedschaft durch Bibliothekare der DDR hatte der Vereinsvorstand des VDB kurz vorher mit plausiblen Gründen als unmöglich bezeichnet – das Gefühl der Fremdheit nicht aufkommen zu lassen." Roloff schloß seinen Bericht mit der Feststellung, die Tagung sei vom fachlichen und vom bibliothekspolitischen Gesichtspunkt aus ein „ermutigender Erfolg" gewesen.

Josef Stummvoll schließlich resümierte es als eine „besonders bemerkenswerte Tatsache, ... daß es allen Hindernissen zum Trotz gelungen ist, die Einheit des deutschen Bibliothekswesens aufrecht zu erhalten." Er selbst hatte (nach Klapp) auf dem Kongreß den Vorschlag gemacht, in mehrjährigem Turnus eine repräsentative Bibliothekstagung aller deutschsprachigen Länder durchzuführen, für welche die einzelnen Länder in jährlichen Arbeitstagungen die Vorarbeiten leisten könnten. Dieser sicherlich als Kompromiß anzusehende Gedanke ist dann wohl nicht weiter verfolgt worden. Die Zeit ist darüber hinweggegangen.

Das war vor den Ungarn-Ereignissen des Jahres 1956 und vor dem Mauerbau 1961. Ein ganz anders Bild ergibt sich für die späten 60er und für die 70er Jahre. Noch im Gründungsjahr 1964 hatte das Präsidium des DBV (DDR), die Erfahrungen der vergangenen Jahre aufnehmend, die „Grundsätze und Empfehlungen des Deutschen Bibliotheksverbandes für die Zusammenarbeit mit dem westdeutschen und Westberliner Bibliothekswesen"[29] verabschiedet. Diese waren geeignet, ein fachliches Miteinander organisatorisch zu ermöglichen.

Unter „I. Kontakte zu den westdeutschen bibliothekarischen Verbänden" wurde empfohlen, (1) ihnen die offiziellen Dokumente und Materialien des DBV (DDR) zu schicken und „die Bereitschaft zu einer sachlichen Zusammenarbeit" zu erklären und (2) durch beauftragte Vertreter des DBV (DDR) „nach Notwendigkeit Kontaktgespräche" mit leitenden Persönlichkeiten westdeutscher Bibliotheksverbände zu führen. Weiter wurden (3) die Regionalen Arbeitsgruppen aufgefordert, zu den Landes- bzw. Regionalverbänden des Bibliothekswesens in Westdeutschland Kon-

29 DBV-Geschäftsstelle Berlin, DBV-Archiv, Bibliotheksverband der DDR, Altes Archiv, 8.6, 3 Bl., hektographiert.

takt aufzunehmen. Die Fachkommissionen sollten Verbindungen zu gleichartigen Fachgremien der westdeutschen Bibliotheksvereinigungen herstellen.

Unter „III. Durchführung von Veranstaltungen zum Erfahrungsaustausch mit westdeutschen Bibliothekaren und unmittelbar interessierten Kreisen" sollten (1) entsprechende Einladungen zur Teilnahme und zu Vorträgen ergehen und (2) Bibliothekare aus der DDR als geeignete Referenten für Veranstaltungen im westdeutschen Bibliothekswesen „gewonnen und delegiert werden".

Unter „IV. Beteiligung von Vertretern des westdeutschen Bibliothekswesens an Tagungen des Deutschen Bibliotheksverbandes" wird in Punkt 3 empfohlen: „Vertreter des DBV und seiner Organe sollen sich auf Einladung an den entsprechenden Veranstaltungen westdeutscher bibliothekarischer Verbände und Regionalvereinigungen beteiligen."

Die Realisierung dieser Grundsätze stieß jedoch bald zunehmend auf politische Hemmnisse, was sich z. B. an der Beteiligung von Vertretern des DBV (DDR) an den Bibliothekartagen in der Bundesrepublik Deutschland beispielhaft nachweisen läßt. Einen Tiefpunkt in den Beziehungen des VDB zum DBV (DDR) signalisierte die kommentarlose Veröffentlichung eines Schreibens des VDB-Vorsitzenden an den DBV-Präsidenten vom 8. November 1969 und des Antwortschreibens vom 3. Februar 1970 in Heft 2 des Jahrgangs 17 (1970) der Zeitschrift für Bibliothekswesen und Bibliographie[30] durch den damaligen VDB-Vorsitzenden, Prof. Dr. Friedrich Adolf Schmidt-Künsemüller.[31] Die Schreiben thematisierten Möglichkeiten und Grenzen der gegenseitigen Beziehungen.[32]

Vorausgegangen waren Einladungen des VDB an den DBV (DDR) zu den Bibliothekartagen. So hatte der Vorsitzende Hartwig Lohse[33] den Präsidenten des DBV (DDR) Horst Kunze für 1967 nach Aachen eingeladen. Erst am 11. Mai 1967 teilte Kunze seine Absage mit: Er sei mit der

30 Briefwechsel zwischen dem VDB und dem Deutschen Bibliotheksverband. - In: ZfBB 17 (1970) S. 148–151.

31 Friedrich Adolf Schmidt-Künsemüller (1910–1993), Direktor der UB Kiel bis 1975.

32 Der Briefwechsel befindet sich in den Akten des DBV (DDR), Altes Archiv, 8.6.1.

33 Hartwig Lohse (1926–1995), damals UB Dortmund, Direktor der UB Bonn von 1970 bis 1991, Vorsitzender des VDB von 1966 bis 1968.

Vorbereitung der Jahreshauptversammlung des DBV in Rostock beschäftigt.[34] In seinem Schreiben heißt es weiter: „Von diesem Hintergrund ganz abgesehen, möchten wir aber zu bedenken geben, daß eine Zusammenarbeit unserer Verbände auf der Grundlage der Gleichberechtigung durch die gegenwärtige Politik der Regierung der Bundesrepublik, insbesondere durch ihren Alleinvertretungsanspruch und durch die Nichtanerkennung der Deutschen Demokratischen Republik, äußerst erschwert wird. Wir halten es aber für möglich und wünschenswert, zu gegebener Zeit in eine Aussprache darüber sowie über Fragen des gemeinsamen bibliothekarischen Interesses einzutreten. Ihre Bereitschaft vorausgesetzt, würden wir uns erlauben, Sie und einige Kollegen des Vorstandes des Vereins Deutscher Bibliothekare zu einem Gespräch einzuladen, das nach Ihrem Wunsch in Berlin, Leipzig oder an einem anderen Ort unserer Republik stattfinden könnte."

Es war die Zeit, als sich die DDR aus der Isolation zu befreien suchte, in die sie nach dem 13. August 1961 geraten war. Die Hallstein-Doktrin war immer noch ein Hindernis. Man hat beim Lesen der Briefe den Eindruck, daß beide Briefpartner sich in politischen Schwierigkeiten befanden, denn auch Lohse brauchte mehrere Monate, bevor er reagierte. Seine Antwort trägt das Datum vom 13. November 1967, in der er Kunzes Absage „sehr bedauert, und dies umso mehr, als Sie auch politische Gründe dafür nennen. Ich meine, daß wir trotz der in Deutschland bestehenden politischen Gegensätze alles daran setzen sollten, uns über die bibliothekarischen Fragen zu verständigen, die uns gemeinsam angehen. In diesem Sinne möchte ich auch Ihre Einladung zu einem Gespräch verstehen, der wir gern Folge leisten werden. Ich bin bereit, zusammen mit einem weiteren Mitglied des Vereinsausschusses zu diesem Gespräch mit Ihnen nach Leipzig oder Berlin zu kommen. Nach unserer Meinung könnte dies noch im Laufe des Winters geschehen. Ich gehe dabei von der Voraussetzung aus, daß Gegenstand der Verhandlungen nur die Beziehungen zwischen den bibliothekarischen Verbänden und den Bibliotheken in beiden Teilen Deutschlands sind, rein politische Fragen aber ausgeklammert bleiben."

34 Hier irrte die das Schreiben vorbereitende Geschäftsstelle. Es handelte sich um die 1. Aktivtagung des DBV, die zwischen dem 23. und 25. Mai 1967 in Güstrow stattfand. Erst 1968 fand eine Hauptversammlung in Rostock statt.

Wiederum vergingen Monate. Es galt offenbar, Zeit zu gewinnen, das anvisierte Treffen mußte in die tagespolitische Landschaft passen. Am 8. Februar 1968 dankte Kunze dem VDB-Vorsitzenden verbindlich und nahm „im Namen des Präsidiums des Deutschen Bibliotheksverbandes" dazu kurz und bündig wie folgt Stellung: „Wir würden es sehr begrüßen, wenn Sie mit einem weiteren Mitglied des Vereinsausschusses zu einem Gespräch mit uns nach Berlin oder Leipzig kommen. Auch wir sind der Meinung, daß Gegenstand unserer Beratungen die Beziehungen zwischen den bibliothekarischen Verbänden und den Bibliotheken in beiden deutschen Staaten sein sollten. Allerdings halten wir es nicht für möglich, dabei bibliothekspolitische und politische Fragen völlig auszuklammern."

Mit Schreiben vom 3. Mai 1968 erklärte Lohse die nach wie vor bestehende Gesprächsbereitschaft des VDB und bemerkte weiter: „Vielleicht haben wir anlässlich der beiden bevorstehenden Tagungen in Karlsruhe bzw. Frankfurt Gelegenheit, über die Modalitäten zu sprechen. Im übrigen möchte ich in dieser Frage dem neuen Vorsitzenden ungerne vorgreifen, der in Karlsruhe auf dem Bibliothekartag gewählt wird."

Zwischenzeitlich war am 1. März 1968 die Einladung des Deutschen Büchereiverbandes und des Vereins Deutscher Volksbibliothekare zum Jahreskongreß nach Duisburg beim DBV (DDR) eingetroffen, und am 18. April 1968 hatte Kunze die Einladung des VDB zum 58. Deutschen Bibliothekartag nach Karlsruhe erhalten. Die allgemeine politische Situation im Verhältnis der beiden deutschen Staaten zueinander hatte sich kaum verändert. Dementsprechend mußte die Reaktion aus Berlin ausfallen. Während Hansjörg Süberkrüb als Vorsitzender des Deutschen Büchereiverbandes ein fast gleichlautendes Schreiben Kunzes mit Datum vom 16. April 1968 erhielt, wie schon der VDB im Jahr zuvor, bekam Lohse erst mit einem vom neuen DBV-Präsidenten Helmut Rötzsch,[35] Generaldirektor der Deutschen Bücherei Leipzig, gezeichneten Schreiben vom 17. Juni 1968 eine Antwort auf seine beiden Briefe vom 5. April und 3. Mai 1968. Terminschwierigkeiten im DBV-Präsidium (Vorbereitung und Durchführung der Hauptversammlung, Neuwahl des Präsidiums, Präsidentenwechsel) hatten die rechtzeitige Beantwortung verhindert. Rötzsch schreibt: „Der bisherige Präsident, Herr Prof. Kunze, hat Ihnen

35 Helmut Rötzsch (geb. 1923), Haupt- resp. Generaldirektor der Deutschen Bücherei Leipzig, Nachfolger von Curt Fleischhack.

bereits in einem früheren Schreiben die Auffassungen des Präsidiums des Deutschen Bibliotheksverbandes zur Kontaktaufnahme mit dem Verein Deutscher Bibliothekare mitgeteilt. Daran hat sich bis heute nichts geändert. Ich halte es aber, Ihrem Vorschlag entsprechend, für möglich, während der IFLA-Tagung in Frankfurt am Main mit Vertretern Ihres Vereins ein Gespräch zu führen."

Die von dem in Karlsruhe neugewählten VDB-Vorsitzenden und Direktor der UB Kiel, Schmidt-Künsemüller, für den 59. Bibliothekartag 1969 in Kiel am 8. April 1969 ergangene Einladung an den DBV-Präsidenten wurde am 2. Mai 1969 von Rötzsch abschlägig beantwortet: Er habe zu diesem Zeitpunkt andere Verpflichtungen und könne auch keinen Vertreter entsenden. „Es ist Ihnen sicher bekannt, daß es noch einige Probleme zu klären gibt, die unsere Zusammenarbeit betreffen. Wir haben diese Fragen Ihrem Verein in früheren Schreiben bereits mitgeteilt. Es geht insbesondere dabei um die Zusammenarbeit unserer beiden Verbände auf der Basis gleichberechtigter Partnerschaft. Solange diese Fragen zwischen uns nicht besprochen sind, dürfte eine gegenseitige Teilnahme an Veranstaltungen unserer Verbände erschwert sein." Am Rande der 35. IFLA-Tagung in Kopenhagen könne man sich „gemeinsam über die noch offenen Probleme unterhalten".

Im Ergebnis der Kopenhagener Gespräche lud Schmidt-Künsemüller den DBV (DDR) mit Schreiben vom 8. November 1969 zu einem Gespräch im kleinen Kreis „etwa zu je 3 Partnern" für den 11. Februar 1970 nach Kiel ein. Doch das angestrebte Gespräch war für die Verbandsfunktionäre politisch wahrscheinlich nicht durchsetzbar Der DBV-Präsident antwortete am 3. Februar 1970, nachdem das Präsidium ausführlich darüber beraten hatte: Die DDR habe am 17. Dezember 1969 den Entwurf eines „Vertrages über die Aufnahme gleichberechtigter Beziehungen zwischen der DDR und der Bundesrepublik Deutschland" vorgelegt, eine Reaktion aus Bonn gäbe es noch nicht. Außerdem habe Bundeskanzler Brandt „vor dem westdeutschen Bundestag ein rückhaltloses Bekenntnis zu den Pariser Verträgen" abgelegt und sich „gegen eine völkerrechtliche Anerkennung der Deutschen Demokratischen Republik" ausgesprochen. Aus den genannten Gründen halte es deshalb das Präsidium noch für verfrüht, bereits am 11. Februar in Kiel zu einem ersten Meinungsaustausch zusammenzutreffen.

Schmidt-Künsemüller reagierte für den VDB am 5. März 1970 „im Rückblick auf unser Gespräch in Kopenhagen ... mehr als enttäuscht“: Der Vorstand fühle sich gegenüber den Mitgliedern, die von den intensiven Bemühungen um die Kontakte wissen, verpflichtet und halte es deshalb für angebracht, den Schriftwechsel vom 8. November 1969 und 3. Februar 1970 in der Vereinszeitschrift zu veröffentlichen. Der Brief endete mit der Feststellung: „Ich darf Ihre Zustimmung dazu voraussetzen, wenn ich nicht bis zum 14. März eine gegenteilige Antwort von Ihnen erhalte.“

Den Schlußpunkt setzte Rötzsch mit seinem Brief vom 10. April 1970: Mit Befremden habe er dem Schreiben vom 5. März 1970, das am 12. März 1970 in Leipzig einging, entnommen, daß ihm eine „ultimative Terminforderung“ gestellt worden sei. „Dieser Umstand ist für mich ein Beweis dafür, daß Sie die ganze Angelegenheit leider noch nicht im richtigen Zusammenhang sehen ... Das Treffen der Regierungschefs der DDR und der BRD in Erfurt ist für die Normalisierung der Beziehungen zwischen unseren beiden unabhängigen souveränen Staaten nützlich gewesen. Immer breitere Schichten der westdeutschen Öffentlichkeit sehen sich in den letzten Wochen veranlaßt, auf Grund der objektiven Notwendigkeit die seit 1945 entstandene reale Lage sachlich zu bewerten. Solange die Bundesregierung der Kernfrage, nämlich der vollen völkerrechtlichen Anerkennung der DDR durch die BRD ausweicht, werden bestehende Spannungen nur schwer abzubauen sein. Nach wie vor ist das Präsidium des Deutschen Bibliotheksverbands an sachlichen Kontakten mit den westdeutschen Bibliothekaren und dem Vorstand des Vereins Deutscher Bibliothekare interessiert. Nur kann in dieser Beziehung der zweite Schritt nicht vor dem ersten getan werden ... Falls Sie dennoch unseren Briefwechsel veröffentlichen wollen, gebe ich jedoch zu bedenken, ob zum gegenwärtigen Zeitpunkt ein solches Vorgehen Ihrerseits dem Bemühen um einen Abbau der Spannungen auch auf fachlicher Ebene tatsächlich entgegenkommt.“ Der VDB-Vorstand sah sich jedoch im Wort und veröffentlichte die beiden Briefe.

*

Trägt man im zehnten Jahr nach der Vereinigung der beiden deutschen Staaten derartige, über 30 Jahre zurückliegende Fakten zusammen, so wird deutlich, daß die hier dargelegten offiziellen Kontakte zwar vielleicht notwendig waren, aber an der durch den Ost-West-Konflikt bestimmten Lage nichts ändern konnten. Für die Bibliotheksarbeit an der Basis waren sie ohne Bedeutung. Hier wurde in Ost und West täglich fachliche Arbeit geleistet. Es mußten Mittel und Wege gefunden werden, die ständig steigenden Anforderungen im Benutzungsbereich zu befriedigen. Und sie wurden z. B. in der Wahrung der Kontinuität der Tauschbeziehungen und im Leihverkehr, allen Schwierigkeiten zum Trotz, auch gefunden.

Holger Knudsen

Die Satzungen des VDB – Nur was sich ändert, bleibt

Der deutsche Verein und das Leben, wie wir es kennen, haben etwas gemeinsam: Der schwierigste Moment des Seins ist die Geburt. Wenn ein Verein erst einmal „ins Leben gerufen“ wurde und die hohen rechtlichen Hürden der Gründung überwunden werden konnten, stellt der Gesetzgeber nur noch Mindestanforderungen für seine weitere Existenz. Dazu gehört – unabdingbar – eine Satzung als dessen „Grundgesetz“: „Die Verfassung eines rechtsfähigen Vereins wird … durch die Vereinssatzung bestimmt“ (§ 25 BGB).

Satzungen müssen aber, der normativen Kraft des Faktischen folgend, immer wieder dynamisch an die Erfordernisse der Zeit, an die Bedürfnisse und Erwartungen der Mitglieder angepaßt werden. Die dafür erforderlichen Satzungsänderungen fallen nach deutschem Recht in aller Regel in den Zuständigkeitsbereich von Mitgliederversammlungen (§§ 32 und 33 BGB). Obwohl die Mitglieder des VDB mit dem Instrument der Satzungsänderungen bemerkenswert moderat umgingen (im Verlauf von 100 Jahren und 91 ordentlichen und außerordentlichen Mitgliederversammlungen wurde in nur 18 Fällen eine Änderung vorgenommen), erging es der Satzung dennoch wie dem „New Beetle“ im Vergleich mit dem „Urkäfer“: Nur ein Bauelement hat die Zeitläufte überlebt. „Der Verein hat den Zweck, den Zusammenhang unter den deutschen Bibliothekaren zu pflegen“ ist der einzige Satz (allerdings wohl auch der wichtigste), der seit 1900 in der Satzung des VDB unverändert geblieben ist.

Trotz dieser völligen Umgestaltung im Verlauf der letzten 100 Jahre ging es bei den allermeisten Satzungsänderungen nicht um „große Würfe“, sondern um die Anpassung einzelner Satzungsteile an die Bedürfnisse der Zeit oder um pragmatische Änderungen zur Beseitigung aufgetretener Unklarheiten bei der Interpretation der Satzung.

Die nachfolgenden Erläuterungen sind als Handreichung zum besseren Verständnis der historischen Satzungstexte und ihrer Grundlagen gedacht, nicht als penible, ermüdende und hochwissenschaftliche rechtsdogmatische, rechtshistorische, rechtstatsächliche und rechtsphilosophische Abhandlung zum Thema „Normsetzung". Das würde wohl den zur Verfügung stehenden Rahmen und – schlimmer – vermutlich auch das Interesse des geduldigsten Lesers sprengen.

Die Arbeit orientiert sich bewußt an denjenigen Informationen, die dem „einfachen Mitglied" ohne Hintergrund- und Herrschaftswissen für eine Entscheidungsfindung zur Verfügung standen. Es wurden ausgewertet: das Jahrbuch der Deutschen Bibliotheken (nachfolgend zitiert als „Jahrbuch"), das Centralblatt / Zentralblatt für Bibliothekswesen („ZfB"), die Nachrichten für wissenschaftliche Bibliotheken („NfwB"), die Zeitschrift für Bibliothekswesen und Bibliographie („ZfBB"), das gemeinsame Rundschreiben von VdDB und VDB („Rundschreiben") und das Literarische Centralblatt / Zentralblatt für Deutschland.[1]

Dabei ist zu berücksichtigen, daß Informationen über geplante Satzungsänderungen den Mitgliedern bis in die 70er Jahre auch schriftlich zugestellt wurden. Diese Informationen ließen sich formal nicht mehr durchgehend rekonstruieren, wohl aber inhaltlich: Zwar nennen (fast) alle den Wortlaut einer geplanten Änderung, eine Begründung wurde aber in den meisten Fällen nicht gegeben.

Neben den Publikationsorganen des VDB wurde für die seit 1935 vorgenommenen 13 Änderungen der Vereinssatzung das VDB-Archiv in der Landesbibliothek in Hannover eingesehen. Die Vorkriegsakten, die in der Bayerischen Staatsbibliothek in München lagern, enthalten leider keine Nachweise für die besonders interessanten – da in der Literatur schlecht dokumentierten – Mitgliederversammlungen 1902 und 1903. Auf eine Auswertung dieses Archivbestandes wurde deshalb verzichtet.

Der beschränkte Platz, der für diese Darstellung zur Verfügung steht, erlaubt es nicht, auch die (wenigen) von den Mitgliederversammlungen

1 Diese Zeitschrift war nach dem Wortlaut der Vereinssatzung von 1900 bis 1935 Publikationsorgan des VDB. Die Vereinsmitteilungen waren allerdings ausnahmslos sehr knapp gehalten, und überhaupt nur an drei Stellen gibt es kurze Hinweise auf durchgeführte (Jg. 1902, Sp. 892) bzw. geplante Satzungsänderungen (Jg. 1903, Sp. 1232 und Jg. 1935, Sp. 864, zugleich die letzte Annonce des VDB im Zentralblatt).

nicht angenommenen Anträge auf Satzungsänderung detailliert zu behandeln, z. B. aus neuerer Zeit die Zulassung von Bibliotheken als korporative Mitglieder,[2] die Frage der Abstimmung per Briefwahl,[3] die Änderung der Satzung durch „frauenfreundliche Formulierungen“[4] oder die Möglichkeit, erst in der Mitgliederversammlung für Vorstand und Vereinsausschuß zu kandidieren.[5]

*

Zunächst ein Blick auf die Quellenlage:

1. Satzungsentwurf von 1899: ZfB 16 (1899) S. 540–543
2. Urfassung vom 18. Juni 1900 (Marburg): ZfB 17 (1900) S. 423–424[6]
3. Erste geänderte Fassung vom 22. Februar 1902 (Jena): ZfB 19 (1902) S. 388–393
4. Zweite geänderte Fassung vom 6. Oktober 1903 (Halle): Jahrbuch 2 (1903) S. 136–143 und 5 (1907) S. 139–146
5. Dritte geänderte Fassung vom 3. Juni 1914 (Leipzig), Textänderungen: ZfB 31 (1914) S. 471
6. Vierte geänderte Fassung vom 19. Mai 1921 (Wernigerode), Textänderungen: ZfB (1921) S. 211
7. Neufassung vom 8. Juni 1922 (Kassel): Jahrbuch 16 (1925) S. 313–320. Textänderungen: ZfB (1922) S. 342–343
8. NS-Satzung vom 19. Oktober 1935 (Berlin, außerordentliche Mitgliederversammlung im Anschluß an die Mitgliederversammlung in Tübingen): Jahrbuch 26/27 (1936) S. 357–362
9. Urfassung der Nachkriegssatzung vom 28. April 1948 (München, Gründungsversammlung, vor der Mitgliederversammlung in Hannover): Jahrbuch 34 (1950) S. 352–359 und NfwB 2 (1949) S. 3–7
10. Erste geänderte Fassung vom 10. Juni 1954 (Bremen), Textänderungen in ZfBB 1954, S. 252–253 und den Jahrbüchern 36 (1955) S. 434, 37 (1957) S. 460 und 38 (1959) S. 466

2 Auf der Mitgliederversammlung in Freiburg 1959: ZfBB 6 (1959) S. 399–402.

3 Auf der Mitgliederversammlung in Darmstadt 1982: ZfBB 29 (1982) S. 429, ferner auf der Mitgliederversammlung in Hannover 1983: ZfBB 30 (1983) S. 457–459.

4 Auf der Mitgliederversammlung in Saarbrücken 1990: ZfBB 37 (1990) S. 472–473.

5 Auf der Mitgliederversammlung in Bochum 1992: ZfBB 39 (1992) S. 453–454.

6 Abgedruckt ohne Kommentar, aber mit dem kryptischen Vermerk: „Unlieb verspätet. Die Redaktion“.

11. Zweite geänderte Fassung vom 23. Mai 1956 (Berlin), Textänderungen: ZfBB 3 (1956) S. 266–267 und den Jahrbüchern 37 (1957) S. 461 und 38 (1959) S. 466–467
12. Dritte geänderte Fassung vom 21. Mai 1959 (Freiburg), Textänderungen: ZfBB 6 (1959) S. 281–282 und Jahrbuch 38 (1959) S. 467–468
13. Neufassung vom 9. Juni 1960 (Trier): Jahrbuch 39 (1961) S. 444–453
14. Erste geänderte Fassung vom 21. Mai 1964 (Kassel), Textänderungen: Jahrbuch 41 (1965) S. 476–477 und 42 (1967) S. 481
15. Zweite geänderte Fassung vom 4. Juni 1971 (Köln): Jahrbuch 44 (1971) S. 486–495[7]
16. Dritte geänderte Fassung vom 25. Mai 1972 (Mannheim), Textänderungen: ZfBB 19 (1972) S. 383
17. Neufassung vom 13. Juni 1973 (Hamburg), abgedruckt in allen Ausgaben des Jahrbuchs von 45 (1973) bis 50 (1983)
18. Erste geänderte Fassung vom 14. Juni 1984 (Bielefeld), abgedruckt in allen Ausgaben des Jahrbuchs von 51 (1985) bis 56 (1995). Textänderungen: Rundschreiben 1984/1, S. 4 und ZfBB 31 (1984) S. 450
19. Zweite geänderte Fassung vom 30. Mai 1996 (Erlangen), Textänderungen: ZfBB 43 (1996) S. 499–500 und Rundschreiben 1996/3, S. 5
20. Dritte geänderte Fassung vom 21. Mai 1997 (Dortmund): Jahrbuch 57 (1997) S. 412–417. Textänderungen in ZfBB 44 (1997) S. 570–571 und Rundschreiben 1997/3, S. 7–8.

Der erste Entwurf für die Satzung eines zu gründenden Vereins Deutscher Bibliothekare stammt aus der Feder von Wilhelm Erman (damals UB Berlin), vorgelegt bei der zweiten deutschen Bibliothekarversammlung (dem Vorläufer der Bibliothekartage) im Rahmen der 45. Versammlung deutscher Philologen und Schulmänner am 26. September 1899 in Bremen. Verfaßt nach dem Muster der damaligen Satzung des Deutschen Juristentages,[8] zeichnet er sich durch eine sehr detaillierte Gestaltung aus. Besonders hübsch ist § 9 des Entwurfs (zur Durchführung der Deutschen Bibliothekartage): „Ausser den Verhandlungen gehören zum regelmäßigen Programm des D.B.: 1. Besichtigungen aller am Versammlungsort vorhandenen für den Bibliothekar wichtigen und lehrreichen Sammlungen und Einrichtungen. 2. Möglichst häufige gesellige Zusammenkünfte,

7 Ohne Angabe darüber, auf welchem Stand die Satzung sich befindet.
8 ZfB 16 (1899) S. 540.

bei denen unnötiger Aufwand streng zu vermeiden ist. Etwa beabsichtigte Begrüßungen, festliche Bewirtungen und andere Höflichkeitsbezeugungen der staatlichen und städtischen Behörden sind abzulehnen, dagegen die Teilnahme einzelner Mitglieder derselben an den Arbeiten und an dem geselligen Verkehr der Mitglieder des D.B. mit Dank anzunehmen."[9]

Dem Entwurf Ermans folgte am 7. Juni 1900 bei der Gründungsversammlung des VDB die Vorlage eines zweiten, von Karl Schulz (vom Reichsgericht in Leipzig) verfaßten Entwurfs eines „Statuts für einen zu gründenden Verein".[10] Dieser wurde – nach offensichtlich sehr heftigen Diskussionen[11] – in der Nacht von einer größeren Arbeitsgruppe bearbeitet, am 8. Juni 1900 der Gründungsversammlung erneut vorgelegt und von dieser „nach längerer Beratung in allen wesentlichen Punkten angenommen",[12] wobei aus dem Entwurf von Schulz vor allem folgende Bestimmung gestrichen wurde: „An Orten mit hinreichender Mitgliederzahl empfiehlt sich die Bildung von Zweigvereinen zur Förderung des Vereinszwecks".[13] Diese „Ursatzung" des VDB war nun wiederum vergleichsweise sehr knapp geraten und entsprach nicht den vereinsrechtlichen Mindestanforderungen des soeben in Kraft getretenen BGB.

Deshalb mußte 1902 zur Erlangung der Rechtsfähigkeit auf der Mitgliederversammlung in Jena eine neue Satzung beschlossen werden, deren „endgültige Form"[14] aber nur ein Jahr hielt, da das Registergericht auf „einigen formalen Abänderungen"[15] bestand, die dann im Jahre 1903 in Halle nachgeholt wurden.

Die genauen Gründe für die teilweise Neufassung wurden den Mitgliedern (jedenfalls in den Publikationsorganen des Vereins) nicht mitgeteilt, ein Vergleich der Satzungen von 1902 und 1903 ergibt aber, daß letztere sich – neben einer modernisierten Rechtschreibung – vor allem durch die erstmalige Einführung der Institution „Vereinsausschuß" auszeichnet. Die Satzung von 1902 wie auch diejenige von 1900 sahen statt-

9 ZfB 16 (1899) S. 541 f.
10 ZfB 17 (1900) S. 337.
11 Ebenda.
12 Ebenda S. 339.
13 Ebenda S. 340.
14 ZfB 19 (1902) S. 388.
15 Ebenda.

dessen einen Vorstand mit Beisitzern vor – ein Verstoß gegen § 27 Abs. 3 BGB, der (mittelbar) bestimmt, daß zum Vorstand nur gehören kann, wer auch geschäftsführend tätig wird. Angesichts der etwas umständlichen Formulierung des § 27 Abs. 3 BGB und der mangelnden Erfahrungen mit diesem seinerzeit neuen Gesetz aus dem Jahre 1900 ist den Vätern der Satzung sicher kein Vorwurf zu machen, daß sie drei Anläufe bis zur Eintragung in das Vereinsregister benötigten. Der VDB wurde am 17. November 1903 in das Vereinsregister eingetragen[16]; erst mit diesem Datum erlangte er also Rechtsfähigkeit.

Die Satzung erwies sich als ziemlich stabil; lediglich zur Frage, ob aus ihr zu entnehmen sei, „daß gegen die Teilnahme von Damen, die im bibliothekarischen Berufe stehen, an den Bibliothekartagen nichts einzuwenden ist“[17], ergab sich bei zwei Anlässen „eine längere Debatte“[18].

Erst am 4. Juni 1914 in Leipzig und möglicherweise schon unter dem Eindruck einer veränderten politischen Großwetterlage in Europa wurde die Satzung wieder geändert mit dem Ziel, die Abhaltung von Bibliothekartagen auch außerhalb des Deutschen Reiches „mit dem österreichischen und schweizerischen Verein zusammen“[19] zu ermöglichen.

Am 19. Mai 1921 in Wernigerode schließlich – und dies nun sicher doch einmal als Ausdruck der in der Zeit herrschenden Verhältnisse – wurde § 3 Abs. 1 der Satzung einstimmig[20] neu gefaßt: „Mitglied ... kann nur ... werden, der Angehöriger des Deutschen Reiches oder Oesterreichs ist“. Beim darauffolgenden Bibliothekartag 1922 in Kassel zählte der Verein bereits 113 österreichische Mitglieder (von 596 insgesamt).[21] In diesem Jahr wurde nach einer erneuten Änderung der Verein für alle Ausländer und – wichtiger – für „Anwärter für die Stellung eines höheren Beamten“ geöffnet.[22] In einem eigenen Paragraphen (§ 4) wurde die Ehrenmitgliedschaft eingeführt.

Auf den Mitgliederversammlungen 1929 in Königsberg und 1932 in Jena kamen zwei Themen zur Sprache, die sich seither als Dauerbrenner

16 Jahrbuch 2 (1903) S. 136.
17 ZfB 22 (1905) S. 491.
18 ZfB 30 (1913) S. 442.
19 ZfB 31 (1914) S. 471.
20 ZfB 38 (1921) S. 144.
21 ZfB 39 (1922) S. 341.
22 ZfB 39 (1922) S. 342 f.

erwiesen haben: die Einführung von „Fördernden Mitgliedern"[23] und von „Landesgruppen".[24] Beide Vorschläge stießen damals auf keine große Gegenliebe, wurden an Ausschüsse überwiesen und dann wegen des politischen Umbruchs im Jahre 1933 nicht weiter verfolgt.

Die „Gleichschaltung" der Vereine am 27. April 1933, also schon zu Beginn der NS-Zeit, und die einstimmig erfolgte Neuwahl von Vorstand und Vereinsausschuß in Darmstadt (von den elf Mitgliedern dieser beiden Gremien gehörten sechs der NSDAP an)[25] legten die Basis für folgenden Beschluß der Mitgliederversammlung in Danzig 1934: „Die Versammlung erteilt dem Vorsitzenden die Ermächtigung, die Statuten im Sinne des Führerprinzips umzuändern. Die Rechte der Mitgliederversammlung gehen dann an den Ausschuß über (Beirat), die des Ausschusses an den Vorsitzenden."[26] Die daraufhin bei einer außerordentlichen Mitgliederversammlung in Berlin am 19. Oktober 1935[27] „nach vorheriger Kenntnisnahme [!] durch das Reichswissenschaftsministerium"[28] zustandegekommene[29] Satzung (abgedruckt in den Jahrbüchern der späteren NS-Zeit, man beachte vor allem das besonders perfide „Stück 4") ist ein Spiegel ihrer Zeit und sicher auch ein Meilenstein in der Geschichte des VDB. Als totalitäres Normenwerk einer gleichgeschalteten Organisation ohne Mitgliederbeteiligung und deshalb ohne Entwicklungsmöglichkeit verdient sie in diesem Beitrag aber keine weitere Beachtung.

Vereinsrechtlich bemerkenswert ist ein anderes Faktum: Vor ihrer Eintragung durch das Amtsgericht mußte die Satzung durch die Geheime Staatspolizei überprüft und genehmigt werden! Das erklärt die lange Frist zwischen der Annahme der neuen Satzung auf der außerordentlichen Mitgliederversammlung am 19. Oktober 1935 und ihrer Eintragung am

23 ZfB 46 (1929) S. 455.
24 ZfB 49 (1932) S. 427.
25 ZfB 50 (1933) S. 500 f., S. 506 f.
26 ZfB 51 (1934) S. 461, s. auch ZfB 52 (1935) S. 554 f., 1936, S. 593.
27 Einladung (mit Hinweis auf Beratung der neuen Satzung, aber ohne deren Text): ZfB 52 (1935) S. 564.
28 Schreiben von Georg Leyh an das Amtsgericht Berlin: VDB-Akten 0.1 1935 (Aktenstück 1935/393).
29 Es „wurde der Entwurf der neuen auf das Führerprinzip umgestellten Satzung beraten und genehmigt": ZfB 52 (1935) S. 644 (Protokoll in VDB-Akten 0.1. 1935, Aktenstück 1935/445).

29. April 1936.[30] In den in Hannover aufbewahrten Akten findet sich ein umfangreicher und im Tonfall besorgter Schriftverkehr von Georg Leyh mit verschiedenen bibliothekarischen Zeitgenossen zu der Frage, ob die Eintragung nicht zu beschleunigen wäre:

„Unsere Vereinssatzung bedarf noch der formellen Genehmigung durch die Geheime Staatspolizei in Berlin. Ich habe Herrn Direktor Juchhoff gebeten, durch persönliche Rücksprache eine beschleunigte Erledigung zu erwirken, damit die Satzung noch im neuen Jahrbuch zum Abdruck kommen kann."[31]

„Wäre es Ihnen wohl möglich zu erfahren, ob die Vereinssatzung zur Prüfung etwa bei einer Parteidienststelle liegt und bei welcher. Ich würde dann Generaldirektor Buttmann bitten, dass er durch persönliches Eingreifen eine Beschleunigung veranlasst."[32]

„Den Abdruck der Satzung im neuen Jahrbuch halte ich für schlechthin notwendig. Unter Umständen müsste die Fertigstellung bis nach Pfingsten verschoben werden. Ich habe jedoch inzwischen schon Herrn Generaldirektor Buttmann gebeten, mit Hilfe seiner Parteinummer 4 auf die zuständigen Parteistellen einen gewissen Druck zur Beschleunigung der Prüfung auszuüben."[33]

*

Ob die deutschen Vereine nach 1945 durch Maßnahmen der Alliierten als rechtlich untergegangen oder als zwar fortbestehend, aber ruhend, zu betrachten waren, war schon in der Rechtsprechung und in der Literatur der damaligen Zeit heftig umstritten,[34] denn nur für nationalsozialistische und militärische Organisationen und für Sportvereine (!) gab es eindeutige Verbotsregelungen mit dem Ziel einer Auflösung und gegebenenfalls einer Neugründung nach vorheriger Zulassung durch die jeweilige Be-

30 Mitteilung des Amtsgerichts Berlin an Georg Leyh: VDB-Akten 0.1 1936 (Aktenstück nicht numeriert).

31 Georg Leyh am 16. Januar 1936 an Wilhelm Krabbe: VDB-Akten 0.1 1936 (Aktenstück nicht numeriert).

32 Georg Leyh am 7. März 1936 an Rudolf Juchhoff: VDB-Akten 0.1 1936 (Aktenstück nicht numeriert).

33 Georg Leyh am 3. April 1936 an Wilhelm Krabbe: VDB-Akten 0.1 1936 (Aktenstück 1936/68).

34 Zum Meinungsstand s. Büchert, Juristische Rundschau 4 (1950) S. 9–11 und Lautenbach, Juristische Rundschau 4 (1950) S. 364f.

satzungsmacht. Da der VDB aber über kein Grundvermögen verfügte, erscheint es folgerichtig, daß rechtliche Probleme durch eine einfache Neugründung anstelle eines juristisch höchst komplizierten Wiederauflebenlassens umgangen wurden: Sonst hätte vom damaligen Registergericht zunächst ein (teurer) Notvorstand bestellt werden müssen, da es ja nach der NS-Satzung keinen Vorstand mehr gab, der eine Mitgliederversammlung hätte einberufen können.

Drei Jahre nach Kriegsende, am 28. April 1948, fand in München nach vorheriger Genehmigung durch die Militärregierung[35] die Gründungsversammlung für den neuen VDB statt, einberufen von Heinrich Middendorf (München). „Der Satzungsentwurf, der sich im wesentlichen mit den Satzungen des früheren Vereins aus dem Jahre 1922 deckt, wurde einstimmig angenommen.“[36] Neu, im Vergleich mit der Version aus dem Jahre 1922, waren eine teilweise gestraffte und modernisierte Sprachfassung, und, aus besatzungsrechtlichen Gründen,[37] die Sitzverlegung von Berlin nach München. Neu war außerdem die Beschränkung der Mitgliedschaft auf deutsche Bibliothekare[38] und – vor allem – die Einräumung erweiterter Rechte für die Mitgliederversammlung. Die Eintragung ins Vereinsregister erfolgte am 19. Oktober 1948; der relativ lange Zeitraum zwischen Neugründung und Eintragung ist wohl durch die zahlreichen Vereinsneugründungen der Zeit bei gleichzeitig unzureichender Ausstattung der Registergerichte zu erklären.

Die Mitgliederversammlung 1954 in Bremen brachte die erste Änderung der Nachkriegssatzung: Die Zahl der Beisitzer im Vereinsausschuß wurde auf „bis zu neun“ erhöht, Abstimmungen im schriftlichen Umlaufverfahren erlaubt (heutiger § 5a, Nr. 6). 1956 in Berlin wurde § 7 der Satzung (Wahl des Vorstandes und des Vereinsausschusses) in seiner heutigen Form beschlossen und die Vorbereitung von Wahlen neu geregelt. Es wurde nach den schlechten Erfahrungen des Vorjahres[39] ein Wahlaus-

35 VDB-Akte 1 1948 (Aktenstück vom 28. April 1948, nicht numeriert).

36 NfwB 1 (1948) S. 11.

37 Ebenda.

38 Später präzisiert als „Bibliothekare aus der Bundesrepublik Deutschland“: ZfBB 2 (1955) S. 226.

39 „Bei seiner Arbeit sei der Wahlausschuß auf erhebliche Schwierigkeiten gestoßen, die wohl mit der allgemeinen Einstellung des deutschen Bibliothekars als eines Esoterikers zusammenhingen, der es nicht liebe, an die Öffentlichkeit zu treten. Es seien

schuß institutionalisiert und bei Wahlen für das Amt des 1. und 2. Vorsitzenden die heute noch geltende Regelung eingeführt, daß Wahlvorschläge von fünf Vereinsmitgliedern aus fünf verschiedenen Bibliotheken unterstützt werden müssen.[40]

Während der Mitgliederversammlung im Jahre 1959 kam eine Frage erstmals zur Sprache, welche für die damalige Zeit offensichtlich noch verfrüht war, sich aber mittlerweile zum Dauerthema entwickelt und den Kronjuristen der Vereine schon viele Kopfschmerzen bereitet hat: der Zusammenschluß oder zumindest die Zusammenarbeit der Personalvereine. Der damalige Vorsitzende Hermann Fuchs (UB Mainz) berichtete:

„Der Vereinsausschuß hat ... über einen Antrag des VdDB beraten, die Frage eines engeren Zusammengehens der beiden Vereine zu prüfen. Nach eingehenden Erörterungen kam der Ausschuß zu dem Ergebnis, daß dem erhebliche Bedenken im Wege stünden. Der VdDB hat sich diesen Bedenken nicht verschlossen und seinen Antrag zurückgezogen. Dem Ausschuß schien die Frage jedoch wichtig genug, um eine Arbeitsgruppe zu bilden, die die Frage prüfen soll, ob überhaupt und in welchen Fällen bei völliger Wahrung der Selbständigkeit der Vereine eine gemeinsame Vertretung der drei bibliothekarischen Organisationen unter Einschluß der Volksbibliothekare nach außen hin zweckmäßig und möglich erscheinen könnte."[41]

Außerdem stand, auf der Basis vorangegangener Diskussionen in Lübeck 1957[42] und in Fulda 1958,[43] die Verankerung von Kommissionen in der Satzung auf der Tagesordnung; denn die Kommissionen hatten eine immer wichtigere Stellung im Verein, ohne daß dies satzungsmäßig geregelt war. Es wurde daraufhin einstimmig ein neuer § 9 in der Satzung

aber auch gewisse Fehlentwicklungen festzustellen; denn mit 10 Persönlichkeiten habe wegen der Nachfolge des 1. Vorsitzenden verhandelt werden müssen, und erst drei Tage vor Pfingsten sei endgültig ein Kandidat gefunden worden". Bericht von Hermann Tiemann (SUB Hamburg) über die Tätigkeit des Wahlausschusses auf der Mitgliederversammlung am 1. Juni 1955 in Düsseldorf: ZfBB 2 (1955) S. 228 f. Noch ein Dauerbrenner!

40 ZfBB 3 (1956) S. 266 f.

41 ZfBB 6 (1959) S. 279.

42 ZfBB 4 (1957) S. 224.

43 ZfBB 5 (1958) S. 253.

verankert, der – 1960 bei der großen Satzungsreform geändert – dem Wortlaut des heutigen § 9 weitgehend entspricht.[44]

Im Jahr 1960 in Trier wurde eine weitgehend revidierte Neufassung der Satzung von den Mitgliedern verabschiedet. Dem Bericht über die Mitgliederversammlung lassen sich – mit Ausnahme der eher unbedeutenden Information, daß Kassenberichte in Zukunft mit dem Kalenderjahr abschließen sollten[45] – keine Angaben über den Anlaß für diesen Schritt entnehmen und keine Hinweise über die Inhalte der Änderungen entlocken. Schon ein erster Blick läßt aber erkennen, daß hier der Versuch unternommen wurde, die Satzung zu straffen und durch die Einführung einer Numerierung für die einzelnen Absätze besser lesbar zu machen. Die Akten des Vereins geben Auskunft über die Hintergründe:

Bis zum Jahre 1960 waren an den Vorstand des VDB zahllose und häufig in ihrer Zielsetzung völlig konträre Vorschläge für Satzungsänderungen gerichtet worden,[46] so daß sich der damalige Vorsitzende Clemens Köttelwesch (StUB Frankfurt/Main) zu einer Revision der Satzung gezwungen sah. Dieser Entwurf aus der Feder von Hans Cordes (UB Saarbrücken) und Bernhard Sinogowitz (UB Erlangen) wurde, um die Mitgliederversammlung nicht ausufern zu lassen, am 7. Juni 1960 in einem kleineren Kreis diskutiert und zur Vorlage an die Mitgliederversammlung vorbereitet.[47] Die Mitgliederversammlung selbst verlief nach dieser eher ungewöhnlichen Vorbereitung ruhig und freundlich; die Neufassung der Satzung wurde mit 97 Stimmen bei einer Enthaltung angenommen.[48]

Aus der Satzung des Jahres 1960 haben sich bis heute unverändert erhalten die §§ 1 (Name, Sitz; Geschäftsjahr), 10 (Haushaltswesen, Mitgliedsbeitrag) und 12 (Vereinsarchiv) sowie der § 4, 1 (Ehrenmitglieder).

Die Neufassung des Jahres 1960 wurde schon 1964 durch die Einführung eines zweiten stellvertretenden Vorsitzenden und die Beschränkung

44 ZfBB 6 (1959) S. 281.

45 ZfBB 7 (1960) S. 288.

46 Entsprechende Schreiben an den Vorstand füllen einen ganzen Ordner (VDB-Archiv Vorstand 1/1).

47 Einladung von Köttelwesch „An die Mitglieder des Vorstandes und des Vereinsausschusses, sowie die Herren Kollegen Cordes und Sinogowitz und die Herren Kollegen, die mit dem neuen Entwurf nicht einverstanden sind" (VDB-Archiv Vorstand 1/1).

48 Protokoll der Mitgliederversammlung vom 9. Juni 1960: VDB-Archiv Vorstand 1/2.

der Amtszeit der Kommissionsvorsitzenden auf maximal sechs Jahre erneut modifiziert.[49]

Im Jahre 1971 wurde die Institution des Landesverbands eingeführt (neuer § 8a der Satzung), allerdings erst nach intensiver und lebhafter Diskussion[50] über die Frage, ob die Schaffung von Landesverbänden obligatorisch oder fakultativ sein solle, und bei ungewöhnlich vielen Gegenstimmen.[51] Daneben wurden geändert § 3 (Zulassung von ausländischen Bibliothekaren als ordentliche Mitglieder, sofern in der Bundesrepublik bibliothekarisch tätig), § 4 (Berufung von dem deutschen Bibliothekswesen eng verbundenen Bibliothekaren als außerordentliche Mitglieder) und § 5 (Amtsdauer des scheidenden Vorstands bis zum 30. September eines Wahljahres zur ordnungsgemäßen Abwicklung des vorhergehenden Bibliothekartags).[52]

Bereits 1973 – also im historischen Jahr des Bibliotheksplans – wurde die Satzung erneut „in der Form der mit der Einladung zugesandten Vorlage“[53] geändert.

Dies betraf – ein Vergleich der Fassungen von 1972 und 1973 gibt Klarheit – die Einführung einer heute noch geltenden ausführlichen Regelung über die Landes- und Regionalverbände (§ 8a) und die Wahl der Vertreter von Landes- oder Regionalverbänden in den Vereinsausschuß (§§ 5a und 7; letzterer erhielt damit seine heutige Fassung). Diese Satzung vom 13. Juni 1973 blieb, mit Ausnahme einer eher unbedeutenden Satzungsänderung aus dem Jahre 1984,[54] bis zur Mitgliederversammlung

49 ZfBB 11 (1964) S. 349.

50 ZfBB 18 (1971) S. 306–308.

51 „Mit mehr als 3/4 der Stimmen angenommen“: ZfBB 18 (1971) S. 307. Zur Erinnerung: Für Satzungsänderungen ist „die Dreiviertelmehrheit der erschienenen Mitglieder erforderlich“ (heutiger § 6, 6 der VDB-Satzung).

52 Aus rechtstechnischen Gründen in der Mitgliederversammlung 1972 noch einmal geändert, soweit die Vertretungsbefugnis des Vorstands betroffen war: der Vorsitzende allein, jedes weitere Vorstandsmitglied nur zusammen mit einem anderen Vorstandsmitglied. Der § 5 der Satzung erhielt damit seine heute noch geltende Form: ZfBB 19 (1972) S. 383.

53 ZfBB 20 (1973) S. 409.

54 Die Änderungen des Jahres 1984 betrafen die Zulassung von Gästen ohne Stimmrecht bei den Mitgliederversammlungen (§ 6) und die Aufnahme des „Rundschreibens“ als Publikationsorgan des VDB (§ 11): Rundschreiben 1984/4, S. 4 und ZfBB 31 (1984) S. 446. Damit hatte § 11 seine heute geltende Fassung erhalten.

am 30. Mai 1996 in Kraft. Sie hatte also fast 23 Jahre lang Bestand und hält damit einen einsamen Rekord – auch ein Grund, hier besonders auf sie zu verweisen.

Erst 1996 in Erlangen setzte sich das Satzungsänderungskarussell wieder in Gang. Diesmal wurden die Regeln über die Mitgliedschaft modernisiert und, bei „zwei Gegenstimmen und zwei Enthaltungen“[55] der Verein für Mitglieder ohne deutsche Staatsangehörigkeit geöffnet: „Künftig ist die Mitgliedschaft in unserem Verein nicht mehr an die Staatsangehörigkeit gebunden. Demnach kann jeder Bibliothekar mit abgeschlossener wissenschaftlicher Vorbildung in den VDB eintreten. In heutiger Zeit ist diese Angleichung an die politische Entwicklung in Europa eine Selbstverständlichkeit und wurde daher auch von der Mitgliederversammlung ohne Diskussion sofort akzeptiert. Für ausländische Kolleginnen und Kollegen, die bisher schon dem VDB angehörten, ist ... eine Neuerung eingetreten, als sie nun gleichberechtigte Vollmitglieder ... werden können.“[56]

Am 21. Mai 1997 kam es in Dortmund zur vorerst letzten Satzungsänderung, die leider zu einer erheblichen, aber unvermeidlichen, Ausweitung des Satzungstextes führte.

Grund dafür war die Aufnahme sehr umfangreicher – von der Finanzverwaltung wörtlich vorgegebener – Formulierungen zur Sicherstellung der steuerlich anerkannten Gemeinnützigkeit des Vereins (betraf die §§ 2, 6 und 8a der VDB-Satzung, die damit in ihre heutige Form gegossen wurden).

Außerdem wurde nach der schon 1996 durchgeführten Veränderung der § 3 der Satzung erneut modifiziert, diesmal mit dem Ziel, Absolventen des Studienganges wissenschaftliches Bibliothekswesen den Anwärtern bei der Erlangung der Mitgliedschaft gleichzustellen.

Schließlich wurde – nach der Umstellung des Jahrbuchs auf eine Datenbank – der neue § 5a, 7 eingeführt:

„Der Vereinsausschuß entscheidet über die Weitergabe von Mitgliederdaten an andere Berufs- oder Interessenvereinigungen. Eine Weitergabe von Daten darf nur erfolgen, wenn sie für den bibliothekarischen Berufsstand von Nutzen ist.“ Trotz der erheblichen Änderungen und der erwar-

55 ZfBB 44 (1997) S. 500.
56 Rundschreiben 1996/3, S. 4.

teten datenschutzrechtlichen Bedenken wurde die Satzungsänderung dank der guten Vorarbeit des Vorstands einstimmig[57] angenommen.

*

Nur was sich ändert, bleibt.[58] Zum Zeitpunkt der Fertigstellung dieses Beitrags hat sich erneut Interpretationsbedarf ergeben: Sind die nach § 8a, 4 gewählten Vertreter der Landesverbände im Vereinsausschuß als ad personam oder als ex officio gewählt zu betrachten? Wann genau beginnt die Amtszeit der Beisitzer, wenn die Bibliothekartage nicht mehr durchgehend auf den Pfingsttermin fallen?

Außerdem steht die vor genau 70 Jahren einmal abgelehnte Einführung Fördernder Mitglieder (damals als „Gönner"[59] bezeichnet, heute würde man wohl „Sponsoren" sagen) in Zeiten leerer Kassen wieder auf der Tagesordnung. Wie die Debatte ausgehen wird, ist nicht bekannt. Die Festschrift im Jahre 2100 wird es sicher zu berichten wissen.

Die Satzungen des Vereins Deutscher Bibliothekare haben sich über die Jahre als sinnvolles Steuerungsinstrument erwiesen, das – immer wieder moderat an die Bedürfnisse der Zeit angepaßt – dem Verein und seinen Mitgliedern auch in schweren Jahren als „Verfassung" wertvolle Dienste geleistet hat. Mit einer modernen Satzung wohlgerüstet wird der Verein zuversichtlich in die Ungewißheiten des neuen Jahrtausends gehen können.

Quod erat demonstrandum.

57 ZfBB 44 (1997) S. 572, Rundschreiben 1997/3, S. 8.
58 Wahlspruch des 88. Deutschen Bibliothekartags in Frankfurt am Main, 1998.
58 ZfB 46 (1929) S. 454.

Rudolf Frankenberger

Die Sacharbeit in den Kommissionen des VDB

Am hohen Entwicklungsstand des deutschen Bibliothekswesens hat der Verein Deutscher Bibliothekare einen ganz wesentlichen Anteil. Neben führenden und herausragenden Persönlichkeiten waren vor allem die VDB-Kommissionen Träger der Sacharbeit. Es gibt kaum ein Thema, das nicht in der einen oder anderen Kommission behandelt worden wäre. Für alle wesentlichen bibliothekarischen Arbeitsfelder gab es Kommissionen, zeitweise bis zu 16 gleichzeitig.[1]

*

Um „den Zusammenhalt unter den Bibliothekaren zu pflegen und die Interessen des Bibliothekswesens zu fördern", war der Verein am 7. Juni 1900 in Marburg gegründet worden. Persönlicher Meinungsaustausch und die Erarbeitung einheitlicher Grundsätze für die Verwaltung der Bibliotheken, auch die Förderung bibliographischer Unternehmungen standen im Vordergrund. Die Behandlung von „Standesfragen" hat das Statut von 1900 ausgeschlossen. Die ausschließliche Beschäftigung mit Sachfragen war der Zweck in den ersten Jahren des Vereins. Und von Anfang an waren Kommissionen beteiligt. Erst bei der 17. Versammlung des Vereins Deutscher Bibliothekare in Wernigerode im Jahre 1921 wurde der Antrag gestellt, daß der Verein neben den Interessen des Bibliothekswesens auch die Standesinteressen der Bibliothekare vertreten sollte. Gleichzeitig wurde ein Ausschuß zur Neubearbeitung einer Satzung eingerichtet.

Bei der 19. Versammlung in Regensburg im Jahre 1923 gab dann der Ausschuß zur Förderung der Standesinteressen seinen ersten Bericht. The-

1 Als Quellen für diesen Artikel wurden benutzt: Zentralblatt für Bibliothekswesen. Leipzig 1 (1884) – 104 (1990); Jahrbuch der Deutschen Bibliotheken. Leipzig, später Wiesbaden 1 (1902) ff; Nachrichten für wissenschaftliche Bibliotheken. Frankfurt a. M. 1 (1948) – 6 (1953); Zeitschrift für Bibliothekswesen und Bibliographie. Frankfurt a. M. 1 (1954) ff.

men waren die Anrechnung der Kriegsdienstzeiten, das Gehalt der Assistenten und auch die Neuregelung der Amtsbezeichnungen. Die Sacharbeit dominierte aber nach wie vor. Die Frage ihrer Finanzierung wurde öffentlich nicht gestellt. Erst in den 50er Jahren kam diese Diskussion auf.

1956 wies Wolf Haenisch sehr deutlich darauf hin, daß sich der Verein mit allgemeinen bibliothekarischen Fragen befasse und diese Aufgaben eigentlich nicht aus Mitgliedsbeiträgen zu finanzieren seien. Diese Forderung brachte Egon Hirschberger 1960 wieder vor. Ein Antrag auf Einsetzung eines Ausschusses zur Beratung eines Sachverbandes wurde aber abgelehnt. Eine Kommission sollte untersuchen, ob durch andere Organisationsformen des VDB eine bessere Erfüllung des Vereinszwecks gewährleistet werden könne. Der Vorschlag, institutionelle Mitglieder zuzulassen, tauchte ebenfalls auf. Er ließ sich aus juristischen Erwägungen heraus bedauerlicherweise nicht verwirklichen.

Die Finanzierung der Kommissionsarbeit war aber allmählich so dringend geworden, daß unbedingt eine Lösung gefunden werden mußte. In einem Gespräch mit dem Generalsekretär der Kultusministerkonferenz 1963 kam der Gedanke auf, daß der Verein eine „Arbeitsstelle für das Bibliothekswesen“ begründen könne, um die institutionellen und die Personalverbandsaufgaben deutlicher zu unterscheiden. So wurden dem Hochschulausschuß der Kultusministerkonfernz 1964 drei alternative Vorschläge unterbreitet:

1. Bibliotheken werden ermächtigt, „Zuwendungen“ zu machen,
2. die Länder richten offiziell eine Arbeitsstelle ein,
3. Ausweitung des Vereins zu einem Verein der Bibliothekare und Bibliotheken.

Die Haltung des Hochschulausschusses muß wohl als negativ bezeichnet werden. Eine Satzungsänderungsdiskussion innerhalb des Vereins brachte wiederum kein Ergebnis. Erst 1973 war es so weit, daß der Vorstand des VDB beschließen konnte, die bibliothekarischen Sachaufgaben einzustellen und diese dem Deutschen Bibliotheksverband zu übertragen. Die Wissenschaftlichen Bibliotheken sollten in den Deutschen Bibliotheksverband eintreten. Die Mitgliederversammlung stimmte beim Hamburger Bibliothekartag 1973 (gleichzeitig erster Bibliothekskongreß) einem entsprechenden Antrag zu. Bei dieser Tagung der Bibliothekare in Hamburg wurde die Planung eines Deutschen Bibliotheksinstitutes angekündigt. Endlich, am

22. Mai 1975, konnte der VDB einen wichtigen Teil seiner bisherigen Aufgaben an den DBV abgeben; eine neue Epoche seiner Geschichte begann.

Über nahezu 75 Jahre hatten Kommissionen des VDB wichtige Sacharbeit geleistet. Bis zum Zweiten Weltkrieg waren 19 Kommissionen tätig (von denen sich lediglich drei mit Standesproblemen befaßten):

1. Statistische Kommission
2. Rabattkommission
3. Bibliographische Kommission
4. Kommission für offizielle Drucksachen
5. Kommission für Leder und andere Einbandstoffe, später (1914) Einband-Kommission, später (1933) Ausschuß für Einbandmaterialfragen
6. Kommission für Verwaltungspraxis bei den Deutschen Bibliotheken
7. Kommission für Vorbereitung der Frage der einheitlichen Katalogisierung
8. Zeitungskommission
9. Ausschuß zur Förderung der Standesinteressen[2]
10. Ausschuß zur Neubearbeitung der Satzung
11. Ausschuß zum Schutz älterer Büchersammlungen
12. Presseausschuß, später (1933) Ausschuß für Pressefragen
13. Ausschuß für die Frage der einheitlichen bibliothekarischen Vorbildung
14. Ausschuß für Einband-Katalogisierung
15. Ausschuß für die Literatur des Auslandsdeutschtums
16. Ausschuß für technisches Schrifttum und technische Bibliotheken
17. Ausschuß für Sachkatalogisierung
18. Verbindungs-Ausschuß zwischen VDB und VDV
19. Ausschuß für Bibliographie, Referateblätter und Repertorien (Dokumentation).

In seinem Beitrag „25 Jahre Verein Deutscher Bibliothekare" stellte Adolf Hilsenbeck fest: „Aus den Namen der gewählten Kommissionen, die viel Mühe gehabt und oft wenig gedankte Arbeit geleistet haben, mag man entnehmen, welche Angelegenheiten besondere Schwierigkeiten bereitet haben, sie haben viel Nützliches geschafft an Dingen, die von gestern und

2 Ab 1921 wurde die Bezeichnung „Ausschuß" eingeführt. Dies galt bis zum Ende des Zweiten Weltkrieges.

ehegestern stammen und sich deshalb nicht von heute auf morgen regeln und erledigen lassen."[3]

Erwähnt werden muß der Darmstädter Bibliothekartag 1933. Dort wurde eine „Bereinigung" der Kommissionsarbeit durchgeführt. „Im Sinne einer aktivistischen Führung" wurden die bisherigen Ausschüsse größtenteils aufgelöst. Lediglich sechs blieben bestehen:

1. Ausschuß für Einband-Katalogisierung
2. Ausschuß für die Literatur des Auslandsdeutschtums
3. Ausschuß für Sachkatalogisierung
4. Verbindungsausschuß zwischen VDB und VDV
5. Ausschuß für Einbandmaterialien
6. Ausschuß für Pressefragen.

Neben diesen Kommissionen bzw. Ausschüssen, die immer offiziell im jeweiligen Jahrbuch der Deutschen Bibliotheken aufgeführt sind, wurden auf verschiedenen Bibliothekartagen weitere ins Leben gerufen bzw. erwähnt, von denen jedoch keine Berichte auf den Mitgliederversammlungen zu ermitteln waren:

1. Kommission zur Nutzung der Titeldrucke
2. Transkriptionskommission (einer Kommission für Vereinfachung der Katalogisierung anzugliedern)
3. Kommission für Berufsausbildung.

Das Bibliothekswesen konnte nach dem Krieg nicht wieder aufgebaut werden ohne den Sachverstand, der in den Kommissionen zusammengeführt war. Deshalb begann bereits 1948 die Wiederbelebung der Kommissionsarbeit. Folgende Kommissionen arbeiteten seither über kürzere oder längere Zeiträume:

1. Ausschuß für Katalogfragen des Verbandes der Bibliotheken des Landes Nordrhein-Westfalen (zugleich federführend für den VDB), später Kommission für alphabetische Katalogisierung
2. Kommission für Leihverkehrsfragen, später Kommission für Benutzungsfragen
3. Kommission für bibliographische Fragen (1967: Die Kommissionsarbeit wird innerhalb des Deutschen Bibliographischen Kuratoriums durchgeführt), später Kommission für Bibliographie

3 ZfB 42 (1925) S. 422.

4. Kommission für Dissertations- und Mikrofilmfragen, ab 1959 lediglich Sachverständige, ab 1969 Kommission für Dissertationsfragen
5. Kommission für Ausbildungsfragen
6. Kommission für Einbandfragen
7. Kommission für Einbandkatalogisierung, später eingegliedert in die neue Kommission für Handschriftenfragen, Einbandkatalogisierung, Inkunabeln und Rara
8. Kommission für die Interessenvertretung stellungsloser Kollegen
9. Kommission für Zentralkatalogfragen
10. Kommission für Berufsfragen
11. Juristische Arbeitsgemeinschaft, später Kommission für Rechtsfragen
12. Kommission für Statistik, ab 1959 ein Sachverständiger, 1973 wieder Kommission für Statistikfragen
13. Kommission für Amtsdrucksachen
14. Kommission für Parlaments- und Behördenbibliotheken, später Arbeitsgemeinschaft für Parlaments- und Behördenbibliotheken
15. Arbeitsgemeinschaft für Erwerbungsfragen, später (1959) Kommission für Erwerbungsfragen
16. Arbeitsgemeinschaft für Sicherungsverfilmung
17. Kommission für Handschriftenfragen, Einbandkatalogisierung, Inkunabeln und Rara, später Kommission für Handschriftenfragen
18. Kommission für Baufragen
19. Kommission für Zeitungsfragen
20. Kommission für Inkunabelfragen.

Im folgenden werden die wichtigsten Kommissionen vorgestellt.

Statistik

Die erste Kommission, die gegründet wurde, war die für Bibliotheksstatistik. „Die Statistik stellt den auf Zahlen verkürzten jährlichen Rechenschaftsbericht einer Bibliothek dar", stellte Georg Leyh fest und begründete so nachträglich nochmals die Bedeutung dieser Arbeit.[4] Paul Schwenke leitete die Kommission.

4 Georg Leyh: 50 Jahre Verein deutscher Bibliothekare. - In: Bibliotheksprobleme der Gegenwart. - Frankfurt a. M. 1951 (NfwB. Beih.; 1) S. 7–28, hier 25.

Das entworfene Schema hat der Preußische Kultusminister 1902 für die Königliche Bibliothek und die Universitätsbibliotheken für verbindlich erklärt. Die Bibliotheksstatistik machte rasch gute Fortschritte, so daß schon bald an eine Gebäudestatistik gedacht wurde. 1903 wurden auch die Daten erhoben. Diese Statistik ist im 3. Jahrgang des Jahrbuchs der Deutschen Bibliotheken enthalten. Die Gebäudestatistik wurde nicht mehr weitergeführt, auch wenn sie immer wieder für notwendig erklärt wurde. Natürlich waren nicht alle Bibliotheken von Anfang an beteiligt, so daß ständig, z. B. 1924, auf fehlende hingewiesen werden mußte. Georg Leyh, der von der Wichtigkeit der Bibliotheksstatistik überzeugt war, redete 1925 mit seinem Bericht der Statistikkommission den Bibliotheken ins Gewissen:

„Mit welcher Sorglosigkeit die Statistik, d. h. die ziffernmäßige Beobachtung der Arbeitsanforderungen und der Arbeitsleistungen, an den einzelnen Bibliotheken noch gehandhabt wird, tritt deutlich zu Tage, wenn ich erzähle, daß von 58 Bibliotheken, deren statistisches Material über das Geschäftsjahr 1923 programmäßig im November 1924 in Tübingen vorliegen sollte, nur 19 zur Stelle waren ... Da ist zunächst die äußere Form. Es gibt immer noch Bibliotheken, die von den gedruckten Formularen ... keinen Gebrauch machen ... Eine Störung in jeder Statistik bedeuten ferner die Fußnoten ... wenn sich auf einer schmalen Oktavseite bis zu 20 Fußnoten finden, dann macht eine solche Statistik einen durchaus unfertigen, ja dilettantischen Eindruck ...“ Er verwies nochmals auf die Anweisungen im 1. Band des Jahrbuchs der Deutschen Bibliotheken und im 18. Band des Zentralblatts und fuhr fort: „Manche Ziffern in der Ausgabenstatistik zeigen deutlich, daß verschiedene Bibliotheken den Begriff der Zeitschrift und der Fortsetzung anders fassen, als es vorgeschrieben ist ... Es gibt aber auch Bibliotheken, die sogar den Unterschied zwischen einem bibliographischen Band und einem Buchbinderband nicht zu kennen scheinen.“ Unter Leyhs Leitung der Statistikkommission wurde dieses Instrument weiter ausgebaut. Ein eigenes Formblatt für technische Bibliotheken wurde entworfen.

1933 wurde mit anderen Kommissionen auch die Statistikkommission aufgelöst. Nach dem Krieg war es aber notwendig, eine solche Kommission wieder ins Leben zu rufen. Rasch wurde ein Erläuterungsblatt vorgelegt und das Schema überarbeitet. Ab 1. April 1953 konnte dann nach dem neuen Plan erhoben werden. Neue Medien wie Schallplatten, Tonbänder, Fotokopien und Mikrofilme mußten Berücksichtigung finden. Damit war die Arbeit der Kommission wieder für einige Zeit erledigt. 1958 konnte sie erneut die Arbeit einstellen.

Otto Löhmann war über eine ganze Reihe von Jahren als Statistik-Sachverständiger des Vereins Deutscher Bibliothekare tätig. Erst 1966 wurde eine Arbeitsgruppe gebildet, die sich mit der Umgestaltung der Statistik des Jahrbuchs und auch mit der Bibliotheksstatistik der UNESCO befassen sollte. Das Jahrbuch 1969 brachte dann erstmals das neue Statistikschema. 1973 wurde wieder eine offizielle Statistikkommission gegründet. Dies war notwendig, da die Betriebsstatistik vom Jahrbuch getrennt werden sollte. Die Staatsbibliothek Preußischer Kulturbesitz übernahm die Aufgabe. Die neue Kommission mußte die Einarbeitung der Betriebsstatistik in die Deutsche Bibliotheksstatistik bewältigen.

Die Kommission für Statistik hat auf diese Weise den Leistungsnachweis des deutschen Bibliothekswesens gestaltet und auch wichtige Grundlagen für die Betriebsführung gelegt.

Erwerbung

Schon sehr früh mußten sich die Bibliotheken mit ihren Partnern im Buchgeschäft auseinandersetzen, den Buchhändlern. Da den Bibliotheken sehr unterschiedliche Preisnachlässe zugestanden wurden und auch sonst, zum Beispiel bei der kostenlosen Zurverfügungstellung des Börsenblatts unterschiedlich verfahren wurde, wurde 1902 in Jena eine Rabattkommission, Vorläuferin der Erwerbungskommission, gegründet. Einheitliche Rabattgewährung sollte erreicht werden. Mehrere Besprechungen mit dem Vorstand des Börsenvereins der Deutschen Buchhändler verliefen ergebnislos. Am 31. Mai 1904 wurde der Vorschlag formuliert, es sollte außerhalb von Leipzig und Berlin allen Hochschulbibliotheken und denjenigen staatlichen Bibliotheken, die mindestens 10 000 M Vermehrungsfonds hatten, auf Bücher und Zeitschriften, die nicht mehr als zwölfmal jährlich erschienen, ein einheitlicher Rabatt von 7,5% gewährt werden. Eine Einigung wurde aber nicht erzielt.

Schon hier begann eine Diskussion, die dann mehr oder minder heftig geführt wurde, bis es schließlich 1926 zu einem Abkommen zwischen dem Börsenverein der Deutschen Buchhändler zu Leipzig und dem Preußischen Ministerium für Wissenschaft, Kunst und Volksbildung kam. Wissenschaftliche Bibliotheken, die einen Vermehrungsetat von mindestens 20 000 M hatten, konnten einen Rabatt von 5% auf fast alle Neuerwerbungen beanspruchen.[5]

Erst 1958 wurde eine Kommission für Erwerbungsfragen gegründet, aber mangels Aufgaben 1962 schon wieder aufgelöst. Fritz Redenbacher wurde zum Sachverständigen gewählt. 1974, als die Planung eines Deutschen Bibliotheksinstituts bereits angekündigt war, wurde wieder eine Kommission für Erwerbungsfragen konstituiert. Vorsitzender wurde Kurt Wolfgang Drozd. Ihre Arbeit nahm sie aber eigentlich erst als Kommission des Deutschen Bibliotheksverbandes auf.

Erwerbungsfragen spielten nicht immer die Rolle, die ihnen eigentlich zugestanden hätte. Nur in wirtschaftlich schwierigen Zeiten wurde die Diskussion belebt. Fragen des Bestandsaufbaues wurden nicht häufig besprochen, solche eines koordinierten ganz selten.

Amtliche Drucksachen

Erfolgreiche Arbeit, nicht nur in den ersten 45 Jahren, sondern auch später leistete die Kommission für offizielle Drucksachen, die am 17. Juni 1906 in Berlin gegründet und als Ausschuß für amtliche Drucksachen am 19. Mai 1921 in Wernigerode neu gewählt wurde. Sie erarbeitete rasch „Grundsätze für die geschäftliche Behandlung der amtlichen Drucksachen“ und erreichte Erlasse preußischer Ressortminister, daß Drucksachen abzuliefern sind. Diese Erlasse wurden Vorbild für andere deutsche Länder.

Auf dem Regensburger Bibliothekartag 1923 wurde über die Abgabe amtlicher Drucksachen in Bayern, Baden und Preußen berichtet. Leider fehlte ein Erfolg bei den Reichsbehörden. Um voranzukommen, wurde ein Vorentwurf zu einer Verordnung betreffend die Behandlung der amtlichen Drucksachen vorgelegt und begründet. Über den Reichsminister des Inneren wurde er in die Regierungsarbeit eingebracht. Auch eine Bibliographie wurde angeregt. In der Folge bildete der Reichsminister des Inneren den von der Kommission vorgeschlagenen ständigen Ausschuß

5 Vgl. dazu Rudolf Müller im Börsenblatt für den deutschen Buchhandel. Frankfurter Ausgabe. 11 (1955) S. 617–625.

für amtliche Drucksachen. Auch nach dem Krieg wurde diese Kommission neu konstituiert mit Martin Cremer von der Westdeutschen Bibliothek als Vorsitzendem. Sofort wurden Überlegungen angestellt, welche Bibliotheken sammeln sollten und wie die Ablieferungspflicht zu verankern sei. Die Problematik, daß der Passus „Nur für den Dienstgebrauch" eine Ablieferung behindere, wurde immer wieder angesprochen.

Dem konsequenten Vorgehen der Kommission ist es zu verdanken, daß Erlasse der einzelnen Länder erreicht wurden. Ihr ständiges Rückfragen, eher eigentlich ein Mahnen, hat maßgeblich zu diesem Erfolg beigetragen.

Bibliotheksverwaltung

Eine interessante Kommission war die für Verwaltungspraxis bei den deutschen Bibliotheken, die am 19. Mai 1910 in Nürnberg gewählt und am 25. Mai 1923 in Regensburg neu gewählt wurde. Ihr aktiver Vorsitzender Johannes Füchsel hat der Arbeit zu einem guten Erfolg verholfen.

Diese Kommission veranstaltete bei namhaften Bibliotheken eine Umfrage über die bibliothekarische Verwaltungspraxis. Im Frühjahr 1912 wurden 175 Fragebogen verschickt. Sechs Bibliotheken verweigerten die Mitarbeit, 113 antworteten bis zum Münchner Bibliothekartag am 30. und 31. Mai 1912. Es fehlten aber noch 56 Antworten. Erst zur nächsten Tagung konnte deshalb die Auswertung erfolgen. Fünf Kollegen werteten die Antworten aus. Füchsel kümmerte sich dabei um die Bereiche Inventarisierung, Kataloge und Repertorien, Emil Gratzl um Bücherbestände und Zuwachs, dazu Buchbinderei, Rudolf Helßig um Benutzung und Statistik, Adolf Keysser um Organisation und Beamte und Constantin Nörrenberg um Gebäude und Aufstellung.[6] Nach der Veröffentlichung wollte sich die Kommission dann als aufgelöst betrachten.

Ausgangspunkt dieser ersten Organisationsuntersuchung war der Hinweis Füchsels auf die Notwendigkeit „allseitiger genauester Kenntnis der schon bestehenden Einrichtungen, die in ihrer Verschiedenartigkeit alle Möglichkeiten der Zukunft zum mindesten im Ansatz in sich bergen. Es würde sich also darum handeln, einmal alle unsere Arbeitsmethoden und

6 Arbeitsmethoden und Organisationsfragen der Deutschen Bibliotheken. - In: ZfB 31 (1914) S. 195–237.

Einrichtungen daraufhin durchzuprüfen, ob überall der Aufwand an Kraft und Zeit in Einklang steht mit dem gewünschten und erreichten Zweck. Ein Einzelner vermag das freilich nicht, sondern das kann nur im Wege einer umfassenden Umfrage geschehen."[7] Bei der Auswertung ging es nicht um Kritik an den Bibliotheken. Wohl aber wurden solche Einrichtungen und Verfahren, die im Sinne der Betriebsvereinfachung vorbildlich und entwicklungsfähig zu sein schienen, gebührend hervorgehoben.

Hier wurde ganz früh etwas begonnen, was in der 60er Jahren die Deutsche Forschungsgemeinschaft mit der Finanzierung von Umfragen und Organisationsgutachten (z. B. Hermann von Kortzfleisch) wieder aufgenommen hat. Erste Betriebsvergleiche waren so schon früh möglich.

Nach der Neuwahl in Regensburg 1923 kümmerte sich die Kommission verstärkt um Einzelprobleme, z. B. um die Vereinheitlichung der Formulare, etwa für den Leihverkehr. Wichtig war ihr auch der baldige Übergang zu den DIN-Formaten. Es vergingen allerdings noch viele, viele Jahre, bis diese sich mehrheitlich durchsetzten. Das große Ziel Füchsels war die Einführung einer kollegialen Verwaltung und die Übernahme der mechanischen Arbeiten durch Beamte des „Mittleren Dienstes". Er hat letztere Idee beharrlich verfolgt und sie weitgehend erreicht, als die wissenschaftlichen Bibliothekare die Katalogisierung in andere Hände geben konnten.

Bucheinbände

In ihrer Bedeutung nicht zu unterschätzen ist die Arbeit der „Lederkommission". Diese VDB-Kommission für Leder und andere Einbandstoffe wurde 1910 in Nürnberg gegründet und tagte erstmals im Dezember desselben Jahres in Berlin. Von Anfang an kooptierte sie Buchbinder, einen Verlagsbuchhändler, einen Bibliophilen, einen Chemiker für die Prüfung von Leder und auch weitere für die Prüfung von Gewebe und Papier. Ein Fabrikant und ein Händler waren ebenfalls dabei. Rasch kamen Empfehlungen. Alle Arten von Leder sind zugelassen, wenn sie sachgemäß hergestellt sind. Die Anwendung von Mineralsäuren ist von Anfang bis Ende der Fabrikation verboten. Bestimmte Farbstoffe wurden vorgeschrieben, Bleichen war verboten. Fabrikanten und Händler sollten die Garantie über-

7 Johannes Füchsel: Über Arbeitsmethoden und Organisationsformen der Bibliotheken. - In: ZfB 27 (1910) S. 294–321.

nehmen: „Hergestellt gemäß den Vorschriften des Vereins Deutscher Bibliothekare vom 8. Juni 1911".[8] Selbstverständlich wurden auch Orientierungspreise genannt. Über Pergament, gewebte Einbandstoffe und Papier wurde berichtet. Empfehlungen für Pergamenteinbände, Leineneinbände (Kaliko) und Vorsatzpapiere wurden erarbeitet. Selbst für die Buchbindereitechnik wurden Normen aufgestellt. 1912 wurden Fabrikanten für Leder, Pergament und Webstoffe bekanntgegeben. Auf dem Mainzer Bibliothekartag 1913 berichtete die Kommission, daß sie die Befolgung der „Vorschriften für Bibliothekseinbände" überwache, und erbat die Vollmacht, bei Verstößen einzuschreiten. Sie zeigte auf, daß es bei der Garantie für Leder „Schwarze Schafe" gibt. Gleichzeitig äußerte sie ihren Stolz darüber, daß sie ein Stück nationale Arbeit geleistet habe dadurch, daß jetzt auch deutsche Firmen Doppelkaliko und Normalleinen in einer guten Qualität herstellen. Bezugspapiere etwa wurden in Aschaffenburg gemacht. Eine Resolution wurde gefaßt gegen drahtgebundene Exemplare.

Nach dem Zweiten Weltkrieg wurde die Kommission rasch wieder gegründet. Der Freiburger Ekkehard Liehl wurde ihr langjähriger Vorsitzender. Man machte sich an die Überarbeitung der Gütevorschriften von 1911, empfahl z. B., keine Aufträge an Gefängnisbüchereien zu vergeben und bemühte sich, bei Referendaren und Praktikanten die Kenntnis über Einbandfragen zu verbessern. Neue Heftmethoden und neue Werkstoffe wurden immer wieder geprüft.

1955 wurden die „Gütevorschriften" gebilligt. In der Folge ging die Kommission zur Erarbeitung von Merkblättern über. So entstanden Merkblätter für Buchpflege und auch für Buchrestaurierung. Probleme etwa des holzhaltigen Papiers wurden aufgegriffen. Auch die Preisgestaltung wurde immer wieder zum Thema. Dann folgte eine Phase, in der Fragen der Klebebindung und des Säuregehaltes der Druckpapiere im Mittelpunkt standen. Die Erarbeitung von Merkblättern wurde fortgesetzt. Mitglieder der Kommission veröffentlichten wichtige Grundlagenliteratur, die vom VDB herausgegeben wurde und mehrere Auflagen erlebte.[9]

8 Vgl. Vorschriften für Bibliothekseinbände, beschlossen vom Verein Deutscher Bibliothekare am 8. Juni 1911. - In: ZfB 28 (1911) S. 350–362.

9 Ekkehard Liehl: Die Einbandstelle und der Verkehr mit den Buchbindern. - 2. Aufl. - Kiel 1969 (Einband und Buchpflege; 2); Anton Fischer: Das Buchklima. - 2. Aufl. - Hamburg 1969 (Einband und Buchpflege; 5).

Von der Kommission ging auch die Idee zur Einrichtung eines zentralen Instituts für Buch- und Handschriftenrestaurierung aus.

Selbstverständlich gab man, als entsprechende Schäden bekannt wurden, Hinweise auf Sofortmaßnahmen zur Sicherung feuchter und verschimmelter Buchbestände.

Sacherschließung

Verhältnismäßig spät beschäftigte sich der Verein mit der Sachkatalogisierung. Obwohl bereits auf der „Vortagung" 1899 in Bremen durch Rudolf Focke das Problem der sachlichen Erschließung der Literatur angesprochen worden war („Die Systematik der Wissenschaften und ihre Anwendung auf Realkataloge"), wurde erst am 13. Juni 1930 ein Ausschuß für Sachkatalogisierung gebilligt. Dieser sollte die etwas verworrene Diskussion zusammenfassen. Hatten doch von der Technik herkommende Bibliothekare wie Julius Hanauer die Dezimalklassifikation empfohlen (1928 in Göttingen), andere die Meinung vertreten, daß der Systematische Katalog besser dem Schlagwortkatalog zu weichen habe. Unterschiedlichste Theorien waren entwickelt worden. Die Kommissionsmitglieder waren aber zu passiv und wurden schon 1933 von jüngeren Kollegen abgelöst. „Aus dem Dornengestrüpp eines vielleicht scharfsinnigen Theoretisierens haben aber auch sie nicht herausgefunden. Es war ein Anzeichen des Bankrotts, wenn Hermann Runge 1937 in Köln als Ergebnis jahrelanger Bemühungen mitteilen mußte, daß die Theorie des Sachkatalogs im vergangenen Jahr weiterentwickelt worden sei ..." stellt Leyh fest und fährt dann in seiner Kritik fort: „In welche Sackgasse das Theoretisieren führt, hat Trebst, der ehrgeizigste aller Reformer, in der Praxis gezeigt, als er in seinem Dresdner Katalogversuch schon eine Fülle von Leitkarten vorsorglich eingelegt hatte für Bücher, die die Bibliothek überhaupt nicht besaß, ja, die zum Teil noch nicht einmal geschrieben waren."[10] Die Herausgabe der Schrift „Die Kataloge der größeren Bibliotheken des deutschen Sprachgebietes" war eigentlich das einzige brauchbare Ergebnis.

Auch nach dem Krieg wurde eine Kommission für Sacherschließung nicht mehr ins Leben gerufen. Erst nachdem der Verein Deutscher Biblio-

10 Georg Leyh: 50 Jahre Verein Deutscher Bibliothekare (wie Anm. 4) S. 15 f.

thekare die Sacharbeit abgegeben hatte, entstand die entsprechende Kommission beim Deutschen Bibliotheksinstitut. Das von dieser erarbeitete Regelwerk zur Schlagwortkatalogisierung hat sich dann weithin durchgesetzt.

Einbandkatalogisierung

Als Beispiel für die Förderung der Buchgeschichte sei auf die Arbeit der Kommission für die Katalogisierung der alten Einbände hingewiesen.

Der Entschluß des Vereins Deutscher Bibliothekare in Wien 1926, auf Vorschlag des Leipziger Stadtbibliothekars Johannes Hofmann eine Kommission zu berufen, damit sicher gestellt werde, daß alle künstlerisch wertvollen Bucheinbände einheitlich katalogisiert würden, markiert ein wichtiges Datum in der Geschichte der Einbandforschung. War die Beschäftigung mit dem historischen Einband bisher eher eine Angelegenheit der Bibliophilen und der Buchbinder gewesen, so begannen jetzt auch die Bibliothekare den Wert der äußeren Hülle für Entstehung, Herkunft und Geschichte zu beachten.

Durch Paul Schwenke war die Einbandkunde zu einer selbständigen Disziplin geworden. Reichhaltig war seine Sammlung von Abreibungen. Hans Loubier, ein intensiver Förderer aller Einbandforschungen, wünschte ein Repertorium aller Einbandabbildungen. Die Kommission setzte sich ein ehrgeiziges Ziel. Sie strebte eine einheitliche Inventarisierung aller wertvollen Einbände an. Sie wollte einen Katalog schaffen als systematische Sammlung des Quellenmaterials für die buch- und bibliotheksgeschichtliche Forschung. Bereits ein Jahr nach Einsetzung legte Hofmann die Richtlinien für eine einheitliche Katalogisierung der Bucheinbände vor. Wie gut durchdacht die Richtlinien waren, wird bestätigt, wenn Friedrich-Adolf Schmidt-Künsemüller 1950 sagen konnte: „Auch die Richtlinien, die 1929 selbst die Anerkennung der ausländischen Kollegen fanden, haben sich so gut bewährt, daß sie – von kleinen Ergänzungen abgesehen – einer Änderung kaum bedürfen."[11]

Groß war die Beteiligung am Anfang. Immerhin nahmen etwa 100 Bibliotheken teil. Die regelmäßigen Berichte der Kommission machen aber

11 Friedrich-Adolf Schmidt-Künsemüller: Wiederaufnahme der Einbandkatalogisierung. - In: Bibliotheksprobleme der Gegenwart (wie Anm. 4) S. 74.

deutlich, daß viele Bibliotheken im Laufe der Jahre die Katalogisierung entweder ganz einstellten oder doch stark einschränkten oder aber zu der Notlösung einer provisorischen Kurzverzeichnung ihrer wertvollen Einbände griffen. Auch die Einrichtung regionaler Arbeitskreise führte nicht zu den gewünschten Fortschritten. Finanzielle Probleme waren immer die Bremse. Und daran änderte sich leider auch nichts, als 1937 die Einbandkatalogisierung von amtlicher Seite als dienstliche Aufgabe der Bibliotheken anerkannt wurde. Wenn auch bis zum Kriegsbeginn das Ziel der Gemeinschaftsarbeit, die gemeinsame Katalogisierung an zentraler Stelle, nicht erreicht war, muß als positives Ergebnis festgehalten werden, daß sich die Bibliotheken überhaupt erst einmal auf die Suche nach den künstlerischen Einbänden in ihren Beständen gemacht hatten, daß wichtige Funde verzeichnet und erste Einbände erschlossen wurden. Ernst Kyriss hat die Erlanger Handschrifteneinbände aus der Heilsbronner Klosterwerkstatt katalogisiert und so der Forschung neue Impulse gegeben.

Schmidt-Künsemüller hat nach dem Krieg die Aufmerksamkeit wieder auf die Einbandforschung gerichtet: „Das Interesse für die Einbandkunde, die das ganz besondere Spezialgebiet des Bibliothekars ist und eine innige Vertrautheit mit dem Stoff verlangt, wachzuhalten und einen fähigen Nachwuchs auf diesem Gebiete heranzubilden, ist ein dringendes Gebot.“[12] Er erreichte, daß eine neue Kommission eingesetzt wurde.

Die Schwierigkeiten waren aber die gleichen wie vor dem Krieg. Die Tagesaufgaben in den Bibliotheken wurden immer dringlicher und ließen langfristige Projekte wie die Einbandkatalogisierung in den Hintergrund treten. Die Kommission ging ein in die Kommission für Handschriftenfragen, Einbandkatalogisierung, Inkunabeln und Rara und verschwand später ganz aus dem Aufgabenkatalog. Die Spezialisten für das Alte Buch in unseren Bibliotheken kümmern sich heute in der Regel auch um den wertvollen Einband.

Leihverkehr

Zu den großen Leistungen der Sacharbeit der VDB-Kommissionen gehört ohne Zweifel die Neuorganisation des Leihverkehrs, insbesondere die Erarbeitung der Leihverkehrsordnungen.

12 Ebenda S. 75.

Nach dem Ende des Zweiten Weltkrieges mangelte es den deutschen Bibliotheken an Büchern. Die Bestände waren teils vernichtet, teils ausgelagert, teils aus anderen Gründen nicht zugänglich.

Ein Leihverkehr wie er 1890 durch den „Erlaß des Königlich-Preußischen Ministers der geistlichen, Unterrichts- und Medizinangelegenheiten betreffend die Verleihung von Hand- und Druckschriften an fremde Bibliotheken" begonnen, 1910 in Preußen neu geordnet, 1924 als reichsweiter Leihverkehr durch die Deutsche Leihverkehrsordnung (DLVO) geregelt und in der vom Preußischen Beirat für Bibliotheksangelegenheiten neu gefaßten „Leihverkehrsordnung für die Deutschen Bibliotheken" vom 22. Dezember 1930 zum Erfolg geführt worden war, existierte nicht mehr.

Eine zentrale Stelle wie der Reichsbeirat für Bibliotheksangelegenheiten, der als zentrale Instanz das Funktionieren des Leihverkehrs überwacht hatte, war nicht mehr da. Die tragende Säule der Vorkriegsorganisation, die Preußische Staatsbibliothek, kam wegen ihrer Verluste und der Zerstreuung ihrer Bestände, aber auch wegen der Teilung Deutschlands nicht mehr in Betracht. Im westlichen Teil Deutschlands hätte vielleicht noch die Bayerische Staatsbibliothek an ihre Stelle treten können. Zerstörung und Auslagerungen machten aber auch dies unmöglich.

Die Arbeitsmittel des Leihverkehrs waren ebenfalls ihrer Wirksamkeit beraubt. Der Deutsche Gesamtkatalog war unvollendet, das Auskunftsbüro der deutschen Bibliotheken im Ostteil Berlins geblieben. Nachweismittel wie gedruckte Teile des Gesamtkataloges, das Gesamtverzeichnis der ausländischen Zeitschriften, andere Gesamtzeitschriftenverzeichnisse usw. waren im Besitz- und Standortnachweis nicht mehr zuverlässig. Sie hatten ihren Wert eingebüßt.

Die Not der Bibliotheken war groß, alle waren auf gegenseitige Unterstützung angewiesen. Die Bestimmungen der DLVO von 1930 standen im Widerspruch zu den Erfordernissen der Nachkriegssituation.

Schon 1946 auf der Bibliothekartagung der Britischen Zone in Hamburg wurden Forderungen nach einer Neuordnung des Leihverkehrs laut. Auf dem Bibliothekartag der Doppelzone 1948 in Hannover wurde die Kommission für Leihverkehrsfragen gegründet. Am 7. September 1948 wurde die erste Sitzung in der „Hessischen Bibliothek" (später: Westdeutschen Bibliothek) in Marburg abgehalten.

Auch wenn die DLVO von 1930 nach eingehender Prüfung nicht mehr den Erfordernissen der Gegenwart entsprach, wurden lediglich Änderungen erarbeitet, unter dem Titel „Richtlinien für den Leihverkehr“ zusammengefaßt und den Bibliotheken für eine Übergangszeit empfohlen. Die Konferenz der Direktoren der Bibliotheken der westlichen Besatzungszonen billigte 1948 diesen Entwurf. Ab 1. November 1948 kam der Leihverkehr auf der Grundlage dieser LVO in Gang. Die „Richtlinien“ waren von vornherein als Notlösung gedacht.

Auf dem Bibliothekartag in Rothenburg o. d. T. beauftragte die Kommission drei ihrer Mitglieder mit dem Entwurf einer neuen LVO. Die Herren Clemens Köttelwesch, Wilhelm Martin Luther und Hans Widmann erarbeiteten einen Entwurf, der am 25. März 1950 den Bibliotheken zur Stellungnahme zugeleitet wurde. Beim Bibliothekartag in Marburg 1950 formulierte die Leihverkehrskommission die endgültige Fassung der LVO, in die manche Anregungen aus der LVO des Landes Nordrhein-Westfalen eingingen. Die Versammlung der Bibliothekare nahm den Entwurf ohne jede Änderung an. Die Zustimmung der Länder ließ leider auf sich warten. So wurde auf dem Bibliothekartag in Münster 1951 von der Kommission für Leihverkehrsfragen darüber beredte Klage geführt. Denn dadurch konnten keine Listen der teilnehmenden Bibliotheken aufgestellt werden. Dabei nahm der Leihverkehr ständig zu und forderte die Bibliotheken mehr, als sie leisten konnten. Mißstände sollten ausgeschlossen werden; am besten dadurch, daß wissenschaftliche Beamte die Bestellscheine überprüften. Auch für die Leihverkehrsstatistik im Jahrbuch wurde ein Entwurf vorbereitet.

Endlich, am 1. Juli 1951, konnte die neue LVO in Kraft treten. Damit gab es für den Leihverkehr wieder eine gefestigte Struktur, und zweijährige Bemühungen des Ausschusses hatten einen erfolgreichen Abschluß gefunden. Eine Liste der am Leihverkehr teilnehmenden Bibliotheken des Bundesgebietes wurde von der Leihverkehrskommission im Jahre 1952 veröffentlicht. Von großem Vorteil erwies sich, daß die Leihverkehrskommission in einem Sonderheft der „Nachrichten für wissenschaftliche Bibliotheken“ der LVO „Ausführungsbestimmungen“ und weitere Erläuterungen für den praktischen Gebrauch in Bibliotheken hinzugefügt hatte.

Der Leihverkehr hörte damit aber nicht auf, im Mittelpunkt des Interesses und vor allem der Sorge aller Bibliotheken zu stehen. Die Bibliotheken wurden mehr und mehr gefordert, ja überfordert. Die LVO war zu rasch geschaffen worden. Mängel konnten nicht ausbleiben.

Für die Steuerung des Leihverkehrs hatten die Zentralkataloge zunehmende Bedeutung gewonnen. Ab dem 15. Juli 1954 übernahm der Zentralkatalog Nordrhein-Westfalen in Köln bereits teilweise die Lenkung der Leihverkehrsbestellungen. Eine Kommission für Zentralkatalogfragen unter Vorsitz von Rudolf Juchhoff war vom Verein Deutscher Bibliothekare gegründet worden, die auf dem Bibliothekartag 1955 in Düsseldorf erstmals berichtete. Die Bemühungen, die Zentralkataloge aufzubauen und sie in den Leihverkehr einzubeziehen, wurden in der Folge verstärkt. Ab September 1959 begann die Zusammenarbeit der Zentralkataloge der Länder Nordrhein-Westfalen und Hessen, ab Oktober 1961 auch der anderen Länder (bis auf den ZK von Baden-Württemberg). Empfehlungen zur Einschaltung der Zentralkataloge in den Leihverkehr wurden von den Kommissionen für Zentralkatalog- und Benutzungsfragen erarbeitet und ab Januar 1962 von den Kultusverwaltungen der Länder in Kraft gesetzt (Baden-Württemberg ab April 1963).

Eine Redaktionsgruppe, gewählt auf dem Bibliothekartag 1963 in Saarbrücken, sollte einen Entwurf für eine neue LVO erstellen. Unter Vorsitz von Fritz Redenbacher wurde von Hans Cordes, Werner Krieg, Heinrich Middendorf, Luise von Schwartzkoppen, Eberhard Semrau und Ernst Zunker auf drei Arbeitstagungen der Entwurf erarbeitet und 1964 dem Bibliothekartag in Kassel erläutert. Alle größeren Bibliotheken der Bundesrepublik konnten Stellungnahmen abgeben, die die Redaktionsgruppe einarbeitete. Auf dem Bibliothekartag 1965 in Nürnberg nahm die Mitgliederversammlung den neuen Entwurf einstimmig an. Im Laufe des Jahres 1966 setzten die einzelnen Bundesländer die neue LVO in Kraft. Mit erläuternden Aufsätzen und einem Kommentar gab die Redaktionsgruppe den Text der LVO als Sonderheft 8 der „Zeitschrift für Bibliothekswesen und Bibliographie" heraus.[13]

Der Leihverkehr nahm weiter zu. In der Zeit von 1966 bis 1978 verdoppelte er sich nahezu. Auch der Kreis der am Leihverkehr teilnehmenden Bibliotheken weitete sich in nicht zu erwartender Weise aus. Viele neue Gesamtkataloge und Gesamtverzeichnisse mit Angabe der besitzen-

13 Der Leihverkehr der Bundesrepublik Deutschland: die LVO von 1966 / hrsg. von Ernst Zunker. - Frankfurt a. M., 1968 (ZfBB: Sonderh.; 8).

den Stellen waren erschienen. Die Deutsche Forschungsgemeinschaft förderte den Aufbau von zentralen Fachbibliotheken und die Ausweitung der Sondersammelgebiete auch auf Graue Literatur.

Eine neue LVO war nötig. Der erste grundlegende Beschluß wurde im Dezember 1972 von den Kommissionen für Benutzungs- und Zentralkatalogfragen des Vereins Deutscher Bibliothekare gefaßt. Eine Redaktionsgruppe wurde eingesetzt:

Aus der Benutzungskommission Jörg Jacoby und Werner Kratsch, aus der Zentralkatalogkommission Winold Vogt und Ernst Zunker, als Vertreter der Regionalbibliotheken Heinz Martin Werhahn (ab Februar 1974 Elmar Mittler), für die Öffentlichen Bibliotheken Alois Klotzbücher (ab September 1974 Gustav Rottacker) und für die Hochschulbibliotheken Bernhard Sinogowitz, der auch den Vorsitz übernahm. Die Erarbeitung der neuen LVO vollzog sich aber dann nicht mehr unter dem Dach des VDB, sondern unter dem des DBV.

Formalerschließung

Auch im Bereich der Erschließung hat der Verein Deutscher Bibliothekare durch seine Kommissionen die wesentliche Sacharbeit geleistet. Als es nach dem Krieg darum ging, das deutsche Bibliothekswesen wieder aufzubauen, stellte man bald fest, daß die der Titelgestaltung des 18. und 19. Jahrhunderts verpflichteten „Instruktionen für die alphabetischen Kataloge der Preußischen Bibliotheken (PI)“ den neuen Anforderungen durch andere Formen der Titelgestaltung, der Internationalität und der Ansprüche der aufkommenden elektronischen Datenverarbeitung nicht mehr genügten. Die PI sollten revidiert werden. Der Katalogauschuß des Verbandes der Bibliotheken des Landes Nordrhein-Westfalen übernahm diese Aufgabe.

Er war gleichzeitig federführend für den VDB, ehe dieser 1962 eine eigene Katalogkommission gründete. Die „International Conference on Cataloguing Principles“ (ICCP), die vom 9. bis 18. Oktober 1961 in Paris stattfand, war der Auslöser zur Schaffung eines Regelwerks, das internationalen Ansprüchen genügen sollte. Der Kommission für alphabetische Katalogisierung gehörten auch einige Mitglieder des Katalogausschusses des Verbandes der Bibliotheken des Landes Nordrhein-Westfalen an.

Da die geplante Revision der PI mit der internationalen Entwicklung nicht mehr in Einklang war, hatte dieser Ausschuß seine Arbeit eingestellt. 1965 legte dann die Kommission für alphabetische Katalogisierung unter Vorsitz von Günther Pflug mit einem Teilentwurf die Früchte ihrer zweijährigen Arbeit vor. Die beiden Abschnitte, die gegenüber den Preußischen Instruktionen die stärksten Abweichungen enthalten (die Eintragung unter der Körperschaft und die Ordnung der Eintragungen), waren erarbeitet worden.

Ab 1965 waren auch Vertreter der damaligen DDR und Österreichs, zeitweise der Schweiz und Luxemburgs, beteiligt.

Die Überlegungen der deutschen Spezialisten beeinflußten nun auch die internationale Entwicklung. Manche Präzisierungen der Pariser Empfehlungen, die in Kopenhagen 1969 beim International Meeting of Cataloguing Experts (IMCE) vorgenommen wurden, gingen auf deutsche Vorschläge zurück. Aber natürlich wurden auch die deutschen Arbeiten durch das IMCE beeinflußt; darauf ist zum Beispiel die strenge Trennung von beschreibenden und ordnenden Teilen der Titelaufnahme zurückzuführen. In den Jahren 1973 bis 1976 wurden die wesentlichen Regelteile der RAK als Vorabdruck veröffentlicht.

Um die Akzeptanz des neuen Regelwerkes zu erreichen, wurde von der DFG vom 16. bis 17. Mai 1974 in München ein Kolloquium veranstaltet und die Frage der Anwendung diskutiert. Überwiegend wurde die Meinung vertreten, daß es sinnvoll sei, die neuen Regeln nach und nach in Wissenschaftlichen und Öffentlichen Bibliotheken der Bundesrepublik Deutschland zu übernehmen. Die Deutsche Bibliographie verzeichnete bereits seit 1966 die Titel nach den damals zu erwartenden Neuregelungen.

Das Regelwerk hat sich durchgesetzt. Fast alle deutschen Bibliotheken wenden es an. Die bibliothekarischen Ausbildungsstätten legen es dem Katalogisierungsunterricht zugrunde. Viele Entwicklungen der letzten Jahrzehnte wären ohne die erreichte einheitliche Katalogisierung nicht möglich gewesen. Erinnert sei nur an die Nachweissysteme und vor allem die Möglichkeit der Fremdleistungsübernahme.

Neben diesen herausragenden Leistungen der Kommissionen des VDB für die Organisation des Leihverkehrs und der diffizilen Bearbeitung der Katalogisierungsregeln für das Bibliothekswesen Nachkriegsdeutschlands sind aber auch die Ergebnisse der anderen Kommissionen von Bedeutung.

Bibliotheksrecht

Urheberrecht und Pflichtexemplarrecht sähen ohne die Rechtskommission des VDB möglicherweise anders aus. Wertvoll waren die zahlreichen bibliotheksrechtlichen Gutachten. Zum selbstverständlichen Handwerkszeug geworden sind die Sammlungen zum Bibliotheksrecht.

Bibliotheksbau

Manche „Bausünde" konnte die Kommission für Baufragen verhindern, obwohl sie erst entstand, als viele neue Bibliotheksgebäude bereits geplant bzw. begonnen waren. Von ihr herausgegebene und initiierte Veröffentlichungen sind nicht nur für Bibliothekare, sondern auch für Architekten und Verwaltung wichtige Nachschlagewerke geworden. Der DIN-Fachbericht 13 „Bau- und Nutzungsplanung von wissenschaftlichen Bibliotheken"[14] gehört zum Standardrepertoire. Die Bibliotheksbaubibliographie erscheint nach wie vor. Das Bibliotheksbauarchiv ist eine unersetzliche Quelle.

Dissertationen

Fester Bestandteil der Bibliothekartage, manchmal schon belächelt, waren die Berichte der Kommission für Dissertationsfragen. Aber die Arbeit war wichtig, die Aufgabe dringlich. Regelungen mußten gefunden werden.

Die Aufhebung des Druckzwanges im Jahre 1941 hatte alle Erfolge im Vorkriegsdeutschland beim akademischen Schriftentausch zunichte gemacht. Ungedruckte Dissertationen sind für die Wissenschaft fast wie nicht geschriebene. Sehr unterschiedlich waren die Promotionsordnungen an den Universitäten und anderen Hochschulen. Wenn auch nicht alles so lief, wie es sich die Bibliothekare wünschten: In Zusammenarbeit mit

14 Hrsg. vom DIN – Deutsches Institut für Normung e. V. - Berlin u. a. 1988. [2. Aufl. 1998 unter Mitwirkung einer Expertengruppe des Deutschen Bibliotheksinstituts].

der Kultusministerkonferenz entstanden immer Empfehlungen, die mehr oder weniger Eingang fanden in die Rahmenordnungen der einzelnen Hochschulen, so daß heute ein funktionierender Schriftentausch mit Hochschulschriften existiert. Auch Fragen von Mikrofilm und Mikrofiche wurden diskutiert und Lösungen zugeführt, ebenso die Erschließung.

Handschriften

Die Erschließung der Handschriften, die von der Deutschen Forschungsgemeinschaft gefördert wird, wurde immer von der Kommission für Handschriftenfragen, Einbandkatalogisierung, Inkunabeln und Rara begleitet. Dieses Unternehmen, um das Deutschland weltweit bewundert und auch beneidet wird, ist aus der wissenschaftlichen Arbeit der interessierten Disziplinen nicht mehr wegzudenken. Auch die Nachlaßkatalogisierung wurde auf einen guten Weg gebracht.

*

75 Jahre lang war die Arbeit der Kommissionen des Vereins Deutscher Bibliothekare das fachliche Kernstück der Vereinsarbeit. Das deutsche Bibliothekswesen und die deutsche und internationale Wissenschaft haben vielfachen Nutzen daraus ziehen können.

Gerhard Hacker

Was die Mode streng geteilt ... – Zur Kooperation bibliothekarischer Vereinigungen in Deutschland

Deutsche Bibliothekare haben sich – aus einiger Distanz besehen – oft genug als status- und standesbewußte Individualisten erwiesen. Die Besonderheit, ja Unvergleichlichkeit der von ihnen jeweils repräsentierten Institution, die Relevanz der innerhalb des öffentlichen Dienstes erreichten Stellung bzw. Anstellung und – von alledem abgeleitet – die eigene Unverwechselbarkeit stand in den letzten 100 Jahren solchermaßen im Vordergrund bibliothekarischer Weltwahrnehmung, daß hieraus erwachsenes Sparten-, Standes- oder Laufbahndenken nahezu jedes Wollen und Handeln der Bibliothekare mitbestimmt hat. Ihre Suche nach Gemeinsamkeiten mit anderen kam auf dem Weg zu einer autonomen Position in der Gesellschaft, der – gefaßt in ein eng verstandenes Berufsbild – zunächst die eigene soziale Unabkömmlichkeit zu untermauern hatte, lange Zeit zu kurz; ihr Wille zum berufspolitischen Miteinander unterlag zumeist den Prämissen je besonderer historisch oder sozial definierter Unvereinbarkeiten ... Kurzum: kein allzu günstiges Klima für bibliothekarische Kooperation – so könnte man meinen.

So könnte man meinen, wenn man insbesondere auf die Entstehung und Entwicklung sparten- und laufbahnbezogener Personalverbände sieht, die heute ja *neben* all den zahlreichen sonstigen bibliothekarischen Arbeits- und Interessengemeinschaften, Kommissionen, Ausschüssen etc. bestehen und überdies *neben* den Zusammenschlüssen von Bibliotheken zu Institutionenverbänden ihren jeweiligen Vereinszweck zu verwirklichen suchen.

Man könnte gleichfalls meinen, daß dieses Nebeneinander der großen und kleinen – thematisch ausgerichteten oder durch Gemeinsamkeiten hinsichtlich Berufspolitik, Trägerschaft oder Funktionsbestimmung geprägten – Vereinigungen von Bibliothekaren und Bibliotheken dem allgemeinen Miteinander im deutschen Bibliothekswesen mehr geschadet als genützt habe, wenngleich gemeinsam erreichte Arbeitsziele *einzelner* Gruppierungen immer wieder als Meilensteine für die Weiterentwicklung des *gesamten* deutschen Bibliothekswesen gefeiert wurden.

Um der Relevanz des einzelnen Vereins innerhalb des komplexen Themenfeldes denkbarer bzw. tatsächlich realisierter Zusammenarbeit gerecht zu werden, ist es jedoch erforderlich, die vorweg eingenommene Vogelperspektive zu verlassen: Zweifelsohne müßte sie sich den Vorwurf der Oberflächlichkeit gefallen lassen. Doch auch um dem Dilemma der Beliebigkeit zu entgehen, tut Beschränkung auf Exemplarisches not.

Im folgenden soll deshalb die Kooperation der bibliothekarischen Personalvereine in einer Phase mit Modellcharakter für die spätere Entwicklung betrachtet werden. Dies soll – wohl wissend, daß viele Initiativen zur Zusammenarbeit gerade in bibliothekarischen Sachfragen von Kommissionen der Personalvereine ausgingen – vor allem unter dem Aspekt ihrer berufspolitischen Intention und Wirksamkeit geschehen. Von einer Untersuchung der Kooperation von Personalvereinen und Institutionenverbänden in gemeinsamen Gremien, wie etwa der Deutschen Bibliothekskonferenz (DBK), muß hier abgesehen werden. Zudem soll die spartenübergreifende Zusammenarbeit im Mittelpunkt stehen.

Betrachtet man nun das Thema „Kooperation" aus diesem präzisierten Blickwinkel, so fällt zunächst auf, daß es für den Verein Deutscher Bibliothekare verhältnismäßig selten Anlaß gegeben haben mag, mit den anderen Personalvereinen über die vereinsübergreifende Zusammenarbeit zu korrespondieren. Das im VDB-Archiv unter der Rubrik „Kooperation der bibliothekarischen Verbände" gesammelte Material füllt nach langen Jahrzehnten kaum zwei dünne Ordner; indes haben etwa die Akten mit den Aufschriften „DBK", „DBV" und „Arbeitsgemeinschaften" weit mehr als den zwanzigfachen Umfang erreicht.[1]

Überdies springt ins Auge, daß, sobald im Verlauf der letzten hundert Jahre jemand (aus welchen Motiven auch immer, zumeist wird freilich eine „gemeinsame Notlage" diagnostiziert) von der Erfordernis „verstärkter Kooperation" der bibliothekarischen Berufsverbände redet oder

1 Für sich spricht hier auch der Umstand, daß beispielsweise das in Hannover archivierte Material zur „Zusammenarbeit mit dem VdDB" allein für die Jahre 1971 bis 1974 etwa den doppelten Umfang hat wie die Akte zum „Verein der Volksbibliothekare" [sic!] aus den Jahren 1949–1970.

schreibt, leitmotivisch die Suche nach einem gemeinsamen „Dach" beginnt oder aber das Wort von einer notwendigen (oder zumindest auf lange Sicht wünschenswerten) „Fusion" der Personalvereine die Runde macht, was regelmäßig dazu führt, daß – ist erst die Unmöglichkeit einer solchen *Fusion* verkündet und begründet – häufig auch die zunächst angestrebte Intensivierung der *Kooperation* auf der Strecke bleibt.

Und schließlich ist in diesem Zusammenhang eine eigenwillige Diskrepanz symptomatisch zwischen der (oben konstatierten) Randexistenz des Themas im Vereinsarchiv und -leben des VDB[2] und der Zählebigkeit, mit der es in regelmäßigen Abständen die Personalvereine beschäftigt hat – eine Diskrepanz, auf die kürzlich auch die Vorsitzenden des VdDB und des VBA in einem gemeinsamen Aufsatz[3] hingewiesen haben: „Geschichte wie-

2 In den letzten Jahren ist zumindest für die anderen Personalvereine ein grundlegender Wandel zu beobachten: Ein auch nach außen hin nicht zu übersehendes Zeichen hat die im Mai 1997 beschlossene Fusionierung des Vereins der Bibliothekare an Öffentlichen Bibliotheken (VBB) und des Vereins der Assistentinnen und Assistenten und anderen Angestellten an Bibliotheken (BBA) zum neuen Verein der Bibliothekare und Assistenten an Bibliotheken (VBA) gesetzt. Die normative Kraft des Faktischen, die von diesem Zusammenschluß ausgeht, hat im VDB bislang vor allem zu Nachdenklichkeit geführt, im VdDB hingegen schon im Folgejahr zum Beschluß, mit dem VBA Fusionsverhandlungen aufzunehmen. Diese werden wohl im Jahr 2000 in einen weiteren Zusammenschluß dieser beiden Vereine münden.

3 Klaus-Peter Böttger, Susanne Oehlschläger: Plus + Plus = Nonplusultra?: Überlegungen für eine zukünftige Verbandsarbeit. - In: vba – die ersten fünfzig Jahre: Zukunft, Anfänge, Rückblicke, Allianzen, Strategien, Reflexionen / hrsg. von Konrad Umlauf. - Bad Honnef 1999, S. 13–18, hier S. 13. – Wie verschieden die derzeit existierenden Personalvereine das Thema der Kooperation und die ihm inhärente Perspektive der Fusion bewerten, wird deutlich, wenn man sich vergegenwärtigt, welchen Stellenwert und Raum diese Problematik in den jüngst erschienenen Festschriften zu den 50jährigen Vereinsjubiläen des VdDB und des VBA im Unterschied zur vorliegenden Festschrift einnimmt: Vgl. ebenda u. a. die Beiträge von Georg Ruppelt „Zur Zukunft der bibliothekarischen Verbände" (S. 19–21), Konrad Umlauf „Bibliothekare und ihre Berufsverbände an der Schwelle zum 21. Jahrhundert" (S. 23–35), Hans Joachim Kuhlmann „Einheit nach außen, Vielfalt nach innen" (S. 59–67) und ders. „Ein ‚Verband Deutscher Öffentlicher Bibliotheken'" (S. 69–72); s. auch Innenansichten – Außenansichten: 50 Jahre Verein der Diplom-Bibliothekare an wissenschaftlichen Bibliotheken / hrsg. vom VdDB. Bearb. von Rita Dopheide. - Frankfurt/Main 1998, darin: Sabine Rust und Konrad Umlauf „Grußwort des Vereins der Bibliothekare und Assistenten" (S. 9–10), Ingeborg Sobottke „Die Zusammenarbeit des VdDB mit den anderen bibliothekarischen Vereinen in den Jahren 1972–1982" (S. 27–30), Helga Schwarz „Alle unter einem Dach – ein langer Weg oder eine unendliche Geschichte?" (S. 35–38), Marianne Saule „Die AG Gemeinsamer Personalverband (1993–1994)"

derholt sich. Nur so ist es zu verstehen, daß seit mehr als 40 Jahren, das Thema eines gemeinsamen, sparten- und hierarchieübergreifenden Verbandes immer wieder auf die Tagesordnungen der Personalverbände gesetzt wird. In der Vergangenheit wurde mehrfach verhandelt – bis man auf Schwierigkeiten stieß, die unüberwindbar schienen, und dann versanken die Unterlagen in Schubladen und Aktenordnern, bis die nächste Generation von Verbandsfunktionären sie wieder ans Tageslicht beförderte."

Auch wenn man die hieran geknüpfte Folgerung, daß „allein diese Tatsache" die „Erkenntnis der prinzipiellen Notwendigkeit eines solchen Zusammenschlusses" beweise[4], nicht für schlüssig hält, auch wenn man – wie zu zeigen sein wird – die erwähnten „40 Jahre", seit denen das Thema eines „gemeinsamen Verbandes" im Schwange sei, getrost auf 70 Jahre erweitern kann, beschreibt die hier bezeichnete Diskrepanz doch nur um so deutlicher eine Konstante in der Geschichte der bibliothekarischen Vereine, die nicht dadurch erledigt ist, daß zu je verschiedenen Zeiten die Rollen der Kooperations- bzw. Fusionsbefürworter und ihrer Gegenspieler in immer wieder neuen Konstellationen unter den bibliothekarischen Vereinigungen vertauscht wurden. Keinesfalls würde man dieser historischen Kontinuität durch die bloße Feststellung gerecht, wer im Einzelfall verantwortlich für ein Mißlingen der Annäherungsbestrebungen war, um sich sodann achselzuckend (vielleicht auch kopfschüttelnd) wieder der Tagesarbeit zuzuwenden. Ebensowenig ist angesichts dieser Konstante die Tragweite zu negieren, die dem Bruch dieser Kontinuität durch die 1997 vollzogene Fusion des VBB und des BBA zum Verein der Bibliothekare und Assistenten sowie durch den wohl bevorstehenden Zusammenschluß von VBA und VdDB innewohnt: Nach einem Jahrhundert der bibliothekarischen Professionalisierung und einer Identitätssuche, die stets den Weg einer weitergehenden berufsständischen Differenzierung durch Ausarbeitung immer neuer Berufsbilder und der zugehörigen Ausbildungsordnungen gegangen ist,[5]

(S. 39–43), Bernward Hoffmann „50 Jahre VdDB – eine stolze Bilanz! Und dennoch: Ein persönliches Plädoyer für einen Gesamtverband" (S. 45–50) und schließlich Sibylle Meinel „Von der geteilten Einheit zur geeinten Vielfalt" (S. 51–57).

4 Böttger, Oehlschläger (wie Anm. 3) S. 13.

5 Es ist vielleicht kein Zufall, daß gerade im erst 1987 gegründeten BBA der Wille zum Erfolg der einmal begonnenen Kooperations- und Fusionsbemühungen wohl so groß war, daß dieser jüngste Personalverein sich als erster imstande sah, mit der historischen Tradition zur berufspolitischen Differenzierung zu brechen.

scheint sich nämlich der historische Prozeß radikal umzukehren. Man spricht nicht mehr wie bisher von „verstärkter Kooperation“ oder „denkbarer Fusion“, um schließlich wieder auseinanderzugehen; vielmehr zwingt die *vollzogene* Fusion der einen, die übrigen zu einer neuen Standortbestimmung, die sich notwendigerweise nicht im Beharren auf der historisch gewachsenen Differenz zu allen anderen erschöpfen kann, sondern in der Tat die Kooperation intensivieren muß, will man nicht allein darauf bauen, daß der verbleibende Verein sich schon aus eigener Kraft „von innen her erneuern“ werde.[6]

Erwartbar werden sich ab dem Jahr 2000 zwei bibliothekarische Personalvereine gegenüberstehen – auf der einen Seite der VDB, der seinen Standort unverändert aufgrund hierarchie- und spartenbezogener Profilbildung bestimmt und seinen Zweck auch weiterhin aus der Vereinsarbeit für „Bibliothekare des Wissenschaftlichen Dienstes“ sowie für die Interessen Wissenschaftlicher Bibliotheken ableitet; auf der anderen Seite der aus den bisherigen VBB, BBA und VdDB entstehende Gesamtverband, der gleichermaßen „offen für Mitglieder aus allen Sparten und Laufbahnen“ sein will und „die Legitimation des ganzen Berufsstandes“ zu seiner zentralen

6 Siehe hierzu insbesondere Klaus Hilgemann: Überlegungen zur Identität des VDB und zur Kooperation der bibliothekarischen Personalvereine. - In: Rundschreiben 1999/2, S. 23–24. – Hier berichtet der VDB-Vorsitzende angesichts des vollzogenen bzw. des anstehenden Zusammenschlusses der anderen Personalvereine über „mehrere Versuche“ der Vereinsgremien, „den Standort des VDB zu bestimmen“ mit dem Ziel, „zunächst genau zu beschreiben, was die Stärke und die Eigenheit des VDB ausmacht“, um daraus die Konsequenzen zu ziehen. Eine Selbstauflösung bzw. Öffnung des VDB im Hinblick auf einen zu gründenden Gesamtverband bezeichnet Hilgemann zwar als „theoretische Möglichkeit“, der VDB-Vorstand sieht jedoch keine Notwendigkeit, „zu solch radikalen Mitteln zu greifen, weil sich eine viel praktischere Lösung anbietet: Der VDB bleibt eigenständig, bietet aber den anderen Vereinen (oder dem anderen, noch verbleibenden Personalverein) eine *enge Kooperation* [Hervorhebung im Original] an. Dies hätte den Vorteil, daß beide Teile nicht ihre Identität aufgeben müßten und doch nach innen und außen schlagkräftiger würden.“ Damit diese Worte kein Lippenbekenntnis bleiben, müßte man sich im VDB bewußt werden, welchen Bruch der historischen Kontinuität die realisierten Zusammenschlüsse markieren; sie als bloße Zweckbündnisse („mit dem Ziel, Kräfte zu bündeln und damit schlagkräftiger zu werden“) zu interpretieren, denen man – nach Abwägung der vereinseigenen „Essentials“ – weiterhin glaubt entgegenhalten zu müssen, „daß die Mitglieder des VDB und damit die Bibliothekare des Wissenschaftlichen Dienstes nicht ohne weiteres auf Besonderheiten ihrer Berufssparte verzichten können“, läßt ein solches Bewußtsein allerdings vermissen.

Aufgabe zu machen verspricht; man habe inzwischen erkannt, daß „die Arbeitsfelder und damit die Berufsbilder der einzelnen Sparten des Bibliothekswesens“ zusammenwachsen, und glaube nicht mehr, sich die „Atomisierung“ bibliothekarischer Interessenvertretung noch leisten zu können.[7] Wie die verbleibenden Personalvereine dieses Gegenüber gestalten werden, davon wird wesentlich die berufspolitische Vertretung der deutschen Bibliothekare im 21. Jahrhundert abhängen. Unbestreitbar ist indes, daß die Initiative, auf diese neuen Rahmenbedingungen nicht nur zu reagieren, sondern das künftige Miteinander tätig zu gestalten, derzeit nicht beim VDB liegt.

*

Vor genau 70 Jahren war dies durchaus anders – 1929 war es nämlich der VDB, der die Initiative ergriff, um auf ein engeres „Zusammenrücken“ der damals bestehenden bibliothekarischen Vereine hinzuwirken. Sein damaliges „Vis-à-vis“ war der 1922 gegründete Verband Deutscher Volksbibliothekare (VDV); den Höhepunkt der Annäherung der beiden spartenbezogenen Vereine bildete eine gemeinsame Tagung im Jahre 1932 und die dort verkündete gemeinsame Erklärung „Die deutschen Bibliotheken und Büchereien in Not“.

Seit der Gründung des VDB zum „Zweck, den Zusammenhang unter den deutschen Bibliothekaren zu pflegen und die Interessen des Bibliothekswesen zu fördern“,[8] waren etwa 20 Jahre und ein Kaiserreich vergangen, als die deutschen Volksbibliothekare, die sich zunächst in erster Linie mit sich selbst und den Unversöhnlichkeiten des zwischen Walter Hofmann und Erwin Ackerknecht geführten „Richtungsstreits“ beschäftigt hatten, mit größerer Eintracht als zuvor darangingen, gerade in der Abgrenzung zu den Bibliothekaren an Wissenschaftlichen Bibliotheken ein von diesen unabhängiges Berufsbild zu entwickeln und unmißverständlich die „Autonomie der Volksbücherei“ zu postulieren. Zwar wurde zwischen den verschiedenen „Richtungen“ wie auch zwischen den einzelnen Vertretern großer „Stadt- und Einheitsbüchereien“ und „reiner Volksbüchereien“ nie Ein-

7 Böttger, Oehlschläger (wie Anm. 3) S. 14–16. – Ruppelt (wie Anm. 3) S. 20 sieht in dieser Initiative ein „Zeichen der Zeit“ und verweist darauf, daß auch die BDB „sich zur Zeit auf eine enge Zusammenarbeit mit anderen Dokumentations- und Informationsverbänden hin“ bewege. „Die Prognose“ sei „nicht allzu gewagt, daß sich hier in nicht allzu ferner Zukunft die Zusammenarbeit auch institutionalisieren“ werde.

8 So § 1 der ersten Vereinssatzung, abgedruckt in ZfB 17 (1900) S. 423 f.

helligkeit über den Grad der Differenz zum Wissenschaftlichen Bibliothekswesen erzielt, doch einte die Volksbibliothekare vor allem der Kampf für eine eigenständige Ausbildung: In den 20er Jahren ging es ihnen darum, eine Spartentrennung der Ausbildungsgänge, wie Hofmann sie für Sachsen bereits 1917 durchgesetzt hatte, auch andernorts zu erreichen. Allen schien es zeitgemäß, nicht nur in einer laufbahnorientierten[9], sondern eben auch in der sparten- und damit aufgabenbezogenen Differenzierung das bibliothekarische Berufsbild weiter zu entwickeln und zu etablieren. Daß man also – vor allem bis in Preußen eine eigenständige Ausbildungsordnung durchgesetzt war – kaum eine Gelegenheit ausließ, um die „grundsätzlichen" Unterschiede und Unvereinbarkeiten der beiden Sparten hervorzuheben, darf vor diesem Hintergrund ebensowenig verwundern wie die bald erkannte Notwendigkeit, zur Durchsetzung dieser berufspolitischen Ziele auch einen eigenen „Verband" aus der Taufe zu heben. Im Juni 1922 als „Deutscher Büchereiverband" gegründet, sollte er zunächst auch Institutionen offenstehen; seit 1924 verzichtete man auf korporative Mitglieder und nannte sich „Verband Deutscher Volksbibliothekare".[10]

Während im VDB die fachliche Zusammenarbeit der Mitglieder von Anfang an im Mittelpunkt der Vereinsaktivitäten stand,[11] die berufsständische Vertretung der Wissenschaftlichen Bibliothekare hingegen erst spät an Bedeutung gewann, verhielt es sich beim VDV gerade umgekehrt: Er verstand sich in erster Linie als „berufsständische Organisation, die den allgemeinen Gedanken der volkstümlichen Bücherei und vor allem die Interessen der Bibliothekare und Bibliothekarinnen zu vertreten" hatte; in die „eigentliche Facharbeit" durfte der Verband – so lautete die Kompromißformel der Richtungsstreitfraktionen – „nicht eingreifen", der Vorstand

9 Eine Abgrenzung des Wissenschaftlichen Bibliothekars vom sog. „Mittleren Dienst an wissenschaftlichen Bibliotheken" war durch die 1893 und 1909 in Preußen geschaffenen Ausbildungsordnungen ja bereits vollzogen.

10 Vgl. Wolfgang Thauer, Peter Vodosek: Geschichte der Öffentlichen Bücherei in Deutschland. - 2. erw. Aufl. - Wiesbaden 1990, S. 98–103; ausführlicher siehe Verband deutscher Volksbibliothekare (bislang Deutscher Büchereiverband): Bericht über die Jahresversammlung in Erfurt am 10. Juni 1924. - In: Hefte für Büchereiwesen 9 (1924) S. 184–186.

11 Vgl. den Beitrag von Wolfgang Schmitz in dieser Festschrift; hier wird deutlich, daß im Vorfeld der Vereinsgründung gerade die „völlige Zusammenhanglosigkeit" bibliothekarischer Arbeit in Deutschland beklagt wurde und man sich vor allem diesbezüglich durch den zu gründenden Verein Abhilfe versprach.

war vielmehr verpflichtet, gegenüber den „sogenannten Richtungsorganisationen“ die „volle büchereipolitische Neutralität“ zu wahren.[12] Unter dem „neutralen“ Dach des VDV ebbten die alten Unversöhnlichkeiten allmählich ab; man zog an einem Strang, ging es um die Folgen der Inflationszeit für die Volksbüchereien, um „die Lage der bibliothekarisch arbeitenden Frauen“ oder eben um „die Notwendigkeit einer selbständigen volksbibliothekarischen Prüfung“, die der „Verkoppelung ... mit der Prüfung für den mittleren Dienst an wissenschaftlichen Bibliotheken“ in Preußen ein Ende setzen sollte.[13]

Um diese letztgenannte Forderung durchzusetzen und die Entscheidungsträger für das Konzept einer autonomen Volksbücherei zu gewinnen, wurde die Mehrheit im VDV in den 20er Jahren nicht müde, gegen alle anzureden, die in dem aufstrebenden Typus der Volksbücherei nur eine Fortsetzung der traditionellen Bibliothek, ausgerichtet auf neue Zielgruppen, sehen wollten und – wie etwa Paul Ladewig – den Autonomiebestrebungen die These von der Bibliothek als unteilbarer Einheit entgegenhielten. Die Ursache für solch mangelnde Einsicht in den doch „grundverschiedenen Charakter beider Typen“ entdeckte man „in der geschichtlichen Abhängigkeit der volkstümlichen Bücherei von der wissenschaftlichen Bibliothek“ – also tat historische Emanzipation not. Konfrontiert mit dem „verderblichen“ Vorurteil, die Volksbücherei sei eine bloße „Kleinform der wissenschaftlichen Bücherei ..., welche die größere Anstalt überall dort ersetzen soll, wo man keinen bibliothekarischen Großbetrieb erhalten kann“, mußte eine solche Emanzipation eine von den Wissenschaftlichen Bibliotheken unabhängige Arbeitstradition begründen.[14] Wie vehement die „Autonomen“ im VDV ihre Emanzipation betrieben, wird deutlich, wenn man sich den damaligen Abgrenzungsdiskurs vergegenwärtigt: „Die volkstümliche Bücherei hat mit der wissenschaftlichen nicht mehr gemein als eine modern eingerichtete Buchhandlung, die Bücher nämlich, die Zettelwerke und den Kundenverkehr.“ Denn: „Die wissenschaftliche Bücherei sammelt ... für den Ausbau der Wissenschaft, die volkstümliche dagegen für den Aufbau des Volksgeistes. Ein und dasselbe Buch hat eine

12 Verband deutscher Volksbibliothekare (wie Anm. 10) S. 184.

13 Ebenda, S. 185.

14 Arthur Herr: Das Buch und das Doppelstück in der volkstümlichen Bücherei. - In: Hefte für Büchereiwesen 9 (1924) S. 2 f.

grundverschiedene Aufgabe je nach seiner Einreihung in den einen oder den anderen Typus." Und auf die „Einheitsbibliothekare" aus den eigenen Reihen gemünzt: „Diese Wahrheit wird … verkannt bleiben, solange der Volksbuchwart wie gebannt nach den großstädtischen Volksbibliotheken starrt, die es ihren *wissenschaftlichen Wettbewerbern* gleichtun möchten … hören wir also auf, danach zu trachten, wissenschaftliche Gebiete zu repräsentieren und vertiefen wir uns lieber darein, Seelen aufzubauen."[15]

Ebenso „spartenrein" werden natürlich auch die Benutzer und ihre Bedürfnisse voneinander geschieden und nicht zuletzt auch Bibliothekar und „Volksbuchwart" einander gegenübergestellt: Letzterer sei als „Vermittler des Buches" in erster Linie „Seelsorger, Menschenfreund und Lebensführer", ersterer solle dagegen vor allem „in seinem Fach zu Hause sein, möglichst viele andere übersehen, einen Gesamtanblick des Umfanges, der Aufgaben und Arbeitsweisen der Wissenschaften in sich tragen … und schließlich selber Forscher sein." – Aus volksbibliothekarischer Sicht wird also ein „Wettberb" mit der Wissenschaftlichen Bibliothek ausgefochten, man tut auch alles, um ein eigenständiges Berufsbild zu begründen, denn nur „solange die wissenschaftliche Bibliothek das stille Ideal der volkstümlichen war, hat diese auch ihre eigene Arbeitsweise nach jener eingerichtet. Heute besinnt sich der Volksbuchwart auf das Besondere seiner Aufgabe."[16] Dies alles bedeutet jedoch nicht, daß hierdurch das traditionelle Berufsbild des wissenschaftlichen Bibliothekars in Frage gestellt wäre – auch nicht von hier zitierten „Leipziger Richtung", die für ihre Abgrenzung gewiß noch kompromißloser argumentierte als Vertreter der „Bildungspflege" um Ackerknecht oder Gottlieb Fritz.[17]

Fritz übergab 1928 nach sechsjähriger Amtszeit den Vorsitz des VDV an Wilhelm Schuster. Bis dahin hatte sich der Verband vor allem durch

15 Ebenda, S. 3 f. (Hervorhebung d. Verf.).

16 Ebenda, S. 7 f.

17 Vgl. etwa die Charakterisierung bei Gustav Bergmann, Ferdinand Haeger: Zur Eignungsfrage im bibliothekarischen Berufe. - In: ZfB 49 (1932) S. 234–240, hier S. 238: „Als gültiger Typus aber ist der Bibliothekar an wissenschaftlichen Bibliotheken Polyhistor und Sachwalter mit ökonomisch-praktischen Fähigkeiten zugleich. Der Geschichte der Wissenschaft und ihrer Probleme zugewandt, erfahrener Buchkenner und kritischer Mehrer der ihm anvertrauten Schätze, aber auch stets bemüht, den Nutzeffekt der Bibliothek durch verwaltungstechnische und organisatorische Maßnahmen zum Besten der Benutzer zu steigern."

statistische Erhebungen zu „Anstellungs- und Besoldungsverhältnissen" und durch die Ausarbeitung und Versendung von „Richtlinien an die Magistrate der deutschen Städte" berufspolitisch engagiert. Mit Schuster, der zugleich auch der neugewählten Ausbildungskommission vorsaß, erhielt nun die „Ausbildungsfrage" höchste Priorität: Bei der Mitgliederversammlung wurde dieses Thema sogleich durch einen „Dringlichkeitsantrag ... nachträglich auf die Tagesordnung gesetzt." So debattierten die anwesenden „rund 130 Mitglieder" des VDV heftig über das weitere Vorgehen der Ausbildungskommission. Die Anhänger einer klaren Spartentrennung konnten sich gegenüber den Verfechtern „einer Gabelung der Ausbildung" 1928 noch nicht uneingeschränkt durchsetzen, denn der gefaßte Beschluß mahnte seine Kommission ausdrücklich: „Wir sind grundsätzlich gegen eine völlige Auseinanderreißung des wissenschaftlich-bibliothekarischen und des volksbibliothekarischen Berufes."[18]

Bei der folgenden Ausarbeitung der so lange geforderten „Preußischen Bibliotheks-Prüfungsordnung", die schließlich im Herbst 1930 in Kraft trat, sollte sich diese Formulierung als denkbar elastisch erweisen: In Heinrich Becker, dem Referenten für das Volkshochschul- und Volksbüchereiwesen im Preußischen Kultusministerium, fand Schuster die notwendige Unterstützung für eine weitestgehende Spartentrennung in der Ausbildung[19] – von einer „Gabelung" war nicht mehr die Rede, einzig ein halbjähriges Praktikum an einer Bibliothek der jeweils anderen Sparte blieb erhalten und sollte als „Brücke" die „völlige Auseinanderreißung" des Berufes verhindern. Faktisch waren damit aber die „Glaubenssätze"[20] von der „Autonomie der Volksbücherei" etabliert. Das bisherige *Ceterum censeo* zur Herausstreichung der prinzipiellen Differenz von Volksbücherei und Wissenschaftlicher Bibliothek hatte seine Wirkung getan und – war damit in gewisser Weise auch entbehrlich geworden.

18 Verband Deutscher Volksbibliothekare: Bericht über die Mitgliederversammlung des Verbandes Deutscher Volksbibliothekare. - In: Bücherei und Bildungspflege 9 (1929) S. 32–35.

19 Vgl. insbesondere Heinrich Becker: Preußische Büchereipolitik. - In: Hefte für Büchereiwesen 16 (1932) S. 227–233.

20 Als Dokument dieses „Glaubenskrieges" bringt der von Franz Schriewer aufgestellte „Katechismus – Die Volksbücherei, was sie *nicht* ist und *was* sie ist" die Vorstellungen der „autonomen" Volksbibliothekare auf den Punkt. – Vgl. Bücherei und Bildungspflege 12 (1932) S. 173.

Als der neue VDV-Vorsitzende Schuster im Sommer 1929 auf dem „Ersten Weltkongreß der Bibliotheken“ in Rom über „Das deutsche Büchereiwesen im Verhältnis zu dem des Auslandes“ referierte, sprach er viel vom „Bildungsauftrag“ der deutschen Volksbücherei, über die Beziehung zum Wissenschaftlichen Bibliothekswesen findet sich in seinem Vortrag jedoch kein Wort – vor internationalem Publikum fand der jahrelang geübte deutsche Abgrenzungsdiskurs schlechterdings nicht mehr statt, eine Gegenüberstellung von Volksbücherei und Wissenschaftlicher Bibliothek erübrigte sich.[21] Zwar waren die deutschen Volksbibliothekare auf dem Römischen Kongreß durch drei weitere Vorträge vertreten, dennoch haben sie sich – im Unterschied zu ihren Kollegen aus Wissenschaftlichen Bibliotheken – letztlich wohl als unterrepräsentiert empfunden[22].

Die während des Kongresses veröffentlichten Satzungen der International Federation of Library Associations machten ihnen unter Umständen zusätzlich bewußt, daß eine spartenübergreifende Kooperation zumindest zur gemeinsamen Vertretung des deutschen Bibliothekswesens im Ausland dringend geboten war. So fügte es sich, daß gerade in Rom ein Vertreter des VDB mit weitreichenden Kooperationsvorschlägen auf die Kollegen der anderen Sparte zukam: „Übrigens habe ich gelegentlich des Kongresses mehrfach wegen der Erweiterungs- bzw. Anschlussbestrebungen des Vereins Deutscher Bibliothekare mit Ackerknecht und Reuter (Köln) gesprochen, auch mit E. Schulz ... Ich glaube, dass wir vorwärts kommen“, berichtet der Göttinger Bibliotheksrat Hans Füchsel seinem Berliner Kollegen Rudolf Hoecker über diese Initiative.[23] Auf der Jahresversammlung des VDV im Herbst 1929 präsentierte Schuster nicht nur seine „Lösung“ der Ausbildungsfrage, die nach langer Debatte angenommen wurde, er setzte auch erstmals die „Zusammenarbeit mit den Kollegen von der wissenschaftlichen Bibliothek“ auf die Tagesordnung: Vor dem Hintergrund der in Rom

21 Wilhelm Schuster: Das deutsche Büchereiwesen im Verhältnis zu dem des Auslandes. - In: Aus dem deutschen Büchereiwesen: Vier Vorträge deutscher Delegierter zum „Ersten Weltkongreß der Bibliotheken“ in Rom. - Stettin 1929 (Beihefte zur „Bücherei und Bildungspflege“; 7) S. 19–25.

22 Vgl. den amüsant zu lesenden Bericht von Erwin Ackerknecht: Erster Weltkongress der Bibliotheken. - In: Bücherei und Bildungspflege 9 (1929) S. 273–274: „Der diesmalige Kongreß schloß übrigens mit der Annahme von 15 Resolutionen, deren keine von unmittelbarer Bedeutung für das volkstümliche Büchereiwesen ist“ (S. 274).

23 Hans Füchsel am 22. Juli 1929 an Rudolf Hoecker (VDB-Archiv/1898–1929).

gemachten Erfahrungen und mit einem VDB-Entwurf künftiger Kooperationsmöglichkeiten aus der Feder Füchsels in der Tasche[24] erklärte Schuster den versammelten Volksbibliothekaren, „daß wir diese Zusammenarbeit in allen den Dingen wünschen müssen, die gemeinsame Interessen berühren. Insbesondere gilt dies für die Vertretung des gesamten deutschen Bibliothekswesens bei internationalen Veranstaltungen. Während alle übrigen Länder nur eine gemeinsame Bibliothekarvereinigung haben, bestehen in Deutschland deren mehrere."[25] Die Mitgliederversammlung ermächtigte Schuster daraufhin, mit dem VDB einen gemeinsamen Kooperationsausschuß zu bilden, allerdings mit der deutlichen Einschränkung – „zum Zwecke der gemeinsamen Vertretung des deutschen *Bücherei- und Bibliothekswesens* dem Ausland gegenüber".[26]

Diese eingeschränkte Handlungsfreiheit bedingte, daß sich Schuster in seinem ersten Brief an den damaligen VDB-Vorsitzenden Richard Fick sehr zurückhaltend zu den Kooperationsperspektiven äußerte: „Die Vorschläge von Herrn Dr. Füchsel gingen noch über das unserem Verbande zunächst erwünscht scheinende Mass erheblich hinaus. Selbstverständlich kann ich nicht sagen, ob sich nicht die zukünftige Entwicklung im Sinne der Vorschläge von Herrn Dr. Füchsel bewegen wird. Das wird wesentlich davon abhängen, wie sich die Zusammenarbeit der beiden Vereine bewähren wird." Mit dem Hinweis darauf, daß von einer „Regelung der leidigen Ausbildungsfrage" auch die „zukünftige Haltung" des VDV „in allen Fragen" abhänge, wird Schuster allerdings deutlich: „Ich persönlich glaube, dass eine vorurteilslose und glückliche Zusammenarbeit in allen gemeinsamen Fragen sich nur dann anbahnen wird, wenn dem Bildungs- und Volks-

24 Rudolf Hoecker am 6. November 1929 an Hans Füchsel: „Mit Schuster habe ich gesprochen. Sie haben wegen Ihres Entwurfes extra eine Sitzung abgehalten und das Protokoll wird Ihnen Ende der Woche zugehen." (VDB-Archiv/1898–1929)

25 Wilhelm Schuster: Die 5. Jahresversammlung des Verbandes Deutscher Volksbibliothekare in Frankfurt a. M. vom 29. 9.–2. 10. 1929. - In: Bücherei und Bildungspflege 9 (1929) S. 415–427, hier S. 418. – Auf die entscheidende Interdependenz von gelöster Ausbildungsfrage und Kooperationsbereitschaft weist unmißverständlich Hans Hofmann hin (ebenda, S. 421), wenn er betont, daß die zu etablierende Ausbildung „Klarheit gegenüber den wissenschaftlichen Bibliotheken" schaffe. „Diese Klarheit solle nicht Auseinanderreißung bedeuten. Sie werde aber gerade erst die Möglichkeit schaffen, die Wege zur Zusammenarbeit mit den wissenschaftlichen Bibliotheken vorurteilslos zu prüfen und auszubauen."

26 Schuster (wie Anm. 23) S. 418 (Hervorhebung d. Verf.).

büchereiwesen seitens der leitenden Stellen der wissenschaftlichen Bibliotheken die ihm seiner Bedeutung und seiner Eigenart nach zukommende Selbständigkeit gewährt wird."[27]

Füchsel ließ sich durch die prononcierte Reserviertheit des VDV jedoch keineswegs entmutigen. Schon zwei Tage später informierte er Hoecker über Schusters Kontaktaufnahme mit dem VDB: „Mir scheint, dass wir uns auf der Grundlage des dort gemachten Vorschlages wohl zusammenfinden können."[28] Hoeckers Antwort verdeutlicht, worum es den beiden eigentlich ging: „Die VDV-Mitteilungen sind ja ganz entgegenkommend; ich glaube auch, dass man sich auf diesem Wege zusammenfinden wird, um schliesslich die Dachorganisation zu bilden."[29]

Die von Füchsel und Hoecker initiierten Bemühungen um ein besseres Verhältnis zwischen VDB und VDV sollten also von Anfang an nicht nur zu einer möglichst weitreichenden Zusammenarbeit der beiden Vereine führen; auch gegen Vorbehalte im eigenen Verein[30] verfolgten sie offenkundig die Strategie, daß die angestrebte intensivierte *Kooperation* – wenn irgend möglich – in eine *Fusion* der Vereine münden müsse. Bereits zu diesem Zeitpunkt gab man hier also der Idee eines „gemeinsamen Daches" den Vorzug vor einer „Brücke" der Zusammenarbeit selbständiger spartenbezogener Personalvereine. So lasen denn die Mitglieder des Vereinsausschusses, daß im Februar 1930 nicht nur der „Beitritt zum Internationalen Verband der Bibliothekar-Vereine" auf der Tagesordnung des VDB stand, sondern auch die „Zusammenarbeit mit dem Verband Deutscher Volksbibliothekare bezw. Erweiterung des Vereins Deutscher Bibliothekare".[31]

Wo liegen nun die Motive für diese frühe Kooperationsinitiative, die letztlich eine Fusion wollte? Weshalb wurde sie von Füchsel, Hoecker und anderen gegen alle Vorbehalte aus dem eigenen Verein und insbesondere

27 W. Schuster am 12. November 1929 an Richard Fick (VDB-Archiv/1898–1929).

28 H. Füchsel am 14. November 1929 an R. Hoecker (VDB-Archiv/1898–1929).

29 R. Hoecker am 26. November 1929 an H. Füchsel (VDB-Archiv/1898–1929).

30 H. Füchsel am 27. November 1929 an R. Hoecker (VDB-Archiv/1898–1929): „Einen Durchschlag der VDV-Zuschrift haben wir auch den übrigen Ausschussmitgliedern geschickt. Hoffentlich kommen wir nun auch da einen Schritt weiter."

31 Tagesordnung für die Ausschuss-Sitzung des Vereins Deutscher Bibliothekare in Berlin am 14. Februar 1930 (VDB-Archiv/1930–1933). – Zweifellos wäre eine „Erweiterung" des älteren Vereins jene Fusionsform gewesen, die von den Skeptikern unter den VDB-Mitgliedern am ehesten akzeptiert worden wäre.

aus dem VDV so nachhaltig betrieben? – Füchsels Bericht über die VDB-Mitgliederversammlung des Jahres 1930 in Lübeck[32] gibt näheren Aufschluß: Zunächst stellt Hoecker, der hier das Wort führt, ausdrücklich einen Zusammenhang zwischen der schwierigen Finanzlage, in der sich der Verein damals befand, und der „Möglichkeit einer Dachorganisation der deutschen bibliothekarischen Berufsverbände" her.[33] Darüber hinaus berührt er einen weiteren wunden Punkt in der Vereinsarbeit des VDB; er konstatiert, daß der Verein bei „seinem Eintreten für das persönliche und berufliche Interesse (seiner) Mitglieder bisher kaum einen Erfolg zeitigen" konnte.[34] Und schließlich wird klar, daß es sich bei Füchsels und Hoeckers Initiative nicht um die Wunschvorstellungen einzelner gehandelt hat; Hoecker, der nun beantragt, eine Kommission einzusetzen, „bestehend aus Vertretern der deutschen bibliothekarischen Fach- und Berufsverbände, um eine allgemeine Bundesorganisation der deutschen staatlichen, kommunalen, Privat- und Institutsbibliothekare vorzubereiten", kann sich nämlich auf ein Votum des „Landesverbandes der wissenschaftlichen Bibliothekare Preußens" vom 11. Juni 1930 berufen, das „einen organisatorischen Zusammenschluß aller deutschen bibliothekarisch berufstätigen Personen möglich werden" sieht. Es waren also die preußischen Bibliothekare, die – kurz vor Inkrafttreten einer autonomen volksbibliothekarischen Ausbildung in ihrem Land – den dringlichsten Handlungsbedarf sahen. Der VDB setzte die von ihnen beantragte Kommission ein; den Vorsitz übernahm Hugo Andres Krüss, der Generaldirektor der Preußischen Staatsbibliothek, unter deren Dach der bibliothekarische Nachwuchs bislang stets spartenübergreifend geprüft worden war.

Die beiden Vereine gingen also mit sehr unterschiedlich großen Schritten aufeinander zu: Wollte der VDV zunächst nur Absprachen für eine künftige gemeinsame Auslandsvertretung des deutschen Bibliothekswesens erreichen, setzte man sich im VDB mit dem oben zitierten Votum sogleich

32 Vgl. ZfB 47 (1930), S. 533 f.

33 Der VDB war durch seine Mitgliedschaft im Reichsbund der höheren Beamten (RhB) von der Bankenkrise und den Schwierigkeiten der „Reichsbundbank" mittelbar betroffen. Deshalb wurde 1930 auch der Austritt des VDB aus dem RhB ernsthaft diskutiert – ein Schritt, der zur Schaffung eines sparten- und laufbahnübergreifenden Gesamtverbandes ohnehin Voraussetzung gewesen wäre.

34 Unausgesprochen bleibt der naheliegende Vergleich mit dem VDV, der seine berufspolitischen Interessen ja weitaus erfolgreicher durchgesetzt hatte.

das Maximalziel eines sparten- und laufbahnübergreifenden Gesamtverbandes. So überrascht zunächst das konziliante Ergebnis der Besprechung beider Vereine über die „Frage einer engeren Zusammenarbeit“, die am 26. März 1931 in der Preußischen Staatsbibliothek stattfand und über die Krüss den VDB-Mitgliedern auf dem Bibliothekartag 1931 in Erlangen berichtete.[35] Man hatte Übereinstimmung darüber erzielt, „daß es erwünscht sei, ein engeres Zusammengehen der beiden großen Verbände in den Fragen herbeizuführen, die das deutsche Bibliothekswesen als Ganzes berühren“. Zur gemeinsamen Auslandsvertretung habe man bereits einen Ausschuß gebildet, „der zurzeit aus je drei Vertretern der beiden Verbände besteht.“ Nun solle nach diesem Muster ein weiterer „ständiger Ausschuß“ gebildet werden, der regelmäßig bei den jeweiligen Vereinstagungen zusammentreten solle und dessen erste „konkrete Aufgabe“ darin bestehe, in den nächsten „zwei bis drei Jahren“ eine „gemeinsame Tagung“ vorzubereiten, „die den allgemeinen und dringlichsten Fragen des deutschen Bibliothekswesens gewidmet sein sollte und an der (auch) ... alle sonstigen Verbände und Institutionen zu beteiligen wären, die an den Bibliotheken und am Buch interessiert sind.“

Während man in den Vereinen über „ein engeres Zusammengehen“ nachdachte und darüber verhandelte, welche Fragen über die *gemeinsame Auslandsvertretung* und die nunmehr *getrennte Ausbildung* hinaus „gemeinsam interessierten“, wurden in den bibliothekarischen Fachzeitschriften nach jahrelangem Abgrenzungsdiskurs der Volksbibliothekare zunehmend spartenübergreifende Themen behandelt. Besonders deutlich wurde die mittlerweile institutionalisierte Spartentrennung z. B. bei der Diskussion über Funktion und Aufgaben der Wissenschaftlichen Stadtbibliothek gegenüber der mehrstufig differenzierten „Einheitsbücherei“ – eine Diskussion, die beide Seiten in der Tat „interessierte“. Wilhelm Schuster etwa forderte eine klare Trennung zwischen Volksbücherei und Wissenschaftlicher Bibliothek, deren Aufgabenverteilung er an die jeweilige (kommunale oder staatliche) Trägerschaft knüpfen wollte. Konsequenterweise folgerte er: „... niemals halten wir die ‚wissenschaftliche Bibliothek‘ als Forschungsinstitut oder als Archiv für eine Aufgabe der Gemeinde, verneinen also der ‚wissenschaftlichen Stadtbibliothek‘ im eigentlichen Sinne unter den heutigen Verhältnis-

35 Bericht des Ausschusses für nähere Beziehungen zwischen den bibliothekarischen Berufsverbänden Deutschlands. - In: ZfB 48 (1931) S. 536 f.

sen das Daseinsrecht ... Aufgabe der Gemeinden ist uns allein die *Bildungsbücherei,* die ... in mehrstufigem Aufbau (Einheitsbücherei) zu einem Organismus im Dienste der Bildungsaufgabe durchzugestalten ist."[36]

Ganz im Gegensatz hierzu hatte Georg Leyh in seiner 1929 erschienenen Schrift „Die wissenschaftliche Stadtbibliothek" die These formuliert, daß es zumindest in allen Großstädten, in denen es keine vom Staat getragene Wissenschaftliche Bibliothek gebe, Aufgabe der Kommune sei, eine solche unter der Leitung eines wissenschaftlich vorgebildeten Bibliothekars, zu unterhalten. Ackerknecht hat Leyhs programmatischer Schrift sogleich eine ausführliche Rezension gewidmet; er sah in ihr „die eindringlichste Äußerung, die bisher aus dem Bereich der wissenschaftlichen Bibliotheksarbeit Deutschlands zu der Frage der weiteren Entwicklung des städtischen Büchereiwesens" erfolgt sei, und bewertete sie damit als wichtiges „Symptom des gegenwärtigen Verhältnisses zwischen wissenschaftlicher und volkstümlicher Büchereiarbeit in Deutschland". Leyhs Ausführungen könnten „mittelbar auch zur Klärung der Frage beitragen, wie weit wir Vertreter des städtischen Volksbüchereiwesens ein fachliches Interesse an der Arbeitsfühlung mit dem wissenschaftlichen Bibliothekswesen haben, eine Frage, die angesichts der Entwürfe für die Ausbildung unseres Nachwuchses ... aktueller ist als je."[37] Als Pragmatiker stimmt Ackerknecht mit Leyh in wichtigen „Prinzipienfragen" des Nebeneinanders von großstädtischen Volksbüchereien und Wissenschaftlicher Stadtbibliothek überein; beide sind sich einig, daß „eine völlig getrennte Entwicklung ebenso unerwünscht" sei wie „die völlige Verschmelzung."[38] Der volksbibliothekarische Abgrenzungsdiskurs taucht nur noch in einer Fußnote auf, in der sich Ackerknecht gegen Leyhs Formulierung: „Für das bloße Unterhaltungsbedürfnis, das gewiß nicht unterschätzt werden soll, gibt es die Volksbüchereien" entschieden verwahrt.[39]

36 Wilhelm Schuster: Wege und Ziele der jüngeren Bücherhallenbewegung: Eine kurze Antwort auf eine oft gestellte Frage. - In: Bücherei und Bildungspflege 9 (1929) S. 109–114, hier S. 111 (Hervorhebung im Original).

37 Erwin Ackerknecht: Die wissenschaftliche Stadtbibliothek. - In: Bücherei und Bildungspflege 10 (1930) S. 35–38, hier S. 35.

38 Ebenda, S. 36. – Die „Einheitsbücherei" bezeichnet Ackerknecht im selben Atemzug „als ein Durchgangsstadium".

39 Ebenda, S. 37. – Ackerknecht kontert: „Kein moderner deutscher Volksbibliothekar, einerlei welcher ‚Richtung' er angehört oder zugerechnet wird, kann sich mit einer solchen Kennzeichnung seiner volksbildnerischen Aufgabe einverstanden erklären."

Auch in weiteren Rezensionen bemühte man sich nun, über den eigenen Tellerrand zu sehen und die Veröffentlichungen der jeweils anderen Sparte wahrzunehmen. Bei solcher Gelegenheit fand man etwa zu der Einsicht, daß bislang „der Zusammenhang zwischen dem städtischen Büchereiwesen und den wissenschaftlichen Bibliotheken allzusehr in den Hintergrund gedrängt worden" sei; die Gefahr bestehe, daß die „natürlichen Zusammenhänge bei der jetzt heranwachsenden Generation unserer Berufsgenossen bald gar nicht mehr gesehen werden; sehr zum Schaden unseres Berufs."[40] Leyh besprach seinerseits wohlwollend Max Wiesers Monographie über den Volksbüchereibau, kritisierte einzig Wiesers „konstruierte Gegensätze" zwischen Volksbücherei und Wissenschaftlicher Bibliothek, denen er entgegenhielt: „Die Aufgaben der volkstümlichen und der wissenschaftlichen Bibliothek gehen auf weite Strecken hin zusammen, sobald man den Blick auf das Ganze in seinem stufenweisen Aufbau richtet."[41]

Während dergestalt in den Fachzeitschriften spartenübergreifend diskutiert wurde und die beiden Personalvereine auf ein „engeres Zusammengehen" hinarbeiteten, erwies sich die „Lösung" der Ausbildungsfrage durch die neue Ausbildungsordnung von 1930 als durchaus vorläufig. Zunächst trugen nochmals die Gegner der „Trennung der bibliothekarischen Berufszweige" innerhalb des VDV ihre Bedenken gegen die „Auseinanderreißung" des Berufes vor. Sie monierten, daß die „von den Vertretern der Preußischen Staatsbibliotheken wie von der Freien Arbeitsgemeinschaft Deutscher Volksbibliothekare und auch vom Reichsverband Deutscher Bibliotheksbeamten und -angestellten" favorisierte „Gabelung" der Ausbildung (heute würde man sie als „Y-Modell" bezeichnen) nicht – wie noch 1928 von der Mehrheit im VDV gewünscht – zur Grundlage der realisierten Ausbildungsreform gemacht wurde, und bezeichneten die etablierte Ausbildungstrennung „bei einem voraussichtlichen Jahresbedarf von allerhöchstens 100 Anwärtern in Preußen" als „nicht zu verantworten".[42] Demgegenüber war Heinrich Becker als dem verantwortlichen Mi-

40 W. Braun: Rez. zu: Otto Glauning, Die gegenwärtige Lage der deutschen wissenschaftlichen Bibliotheken. - In: Bücherei und Bildungspflege 10 (1930) S. 120–121, hier S. 120.

41 Georg Leyh: Rez. zu: Max Wieser, Der Volksbüchereibau. - In: ZfB 49 (1932) S. 259–260, hier S. 260.

42 Wolfgang van der Briele: Zur Ausbildungsfrage für den Dienst an Bildungsbüchereien in Preußen. - In: Bücherei und Bildungspflege 10 (1930) S. 22–25.

nisterialbeamten selbst die verbliebene „Verkoppelung“ durch ein halbjähriges Praktikum noch zuviel – sie sei eine „Erschwerung für die Volksbibliothekare“.[43] Und schließlich stiftete die Preußische Prüfungsordnung von 1930 auch dadurch weiteren Unfrieden im VDV, daß nun von einer starken Fraktion um den Berliner Volksbibliothekar Hans Rothhardt für die Leitungsfunktionen in Volksbüchereien eine von den existierenden Ausbildungsgängen unabhängige, dem Höheren Dienst in Wissenschaftlichen Bibliotheken „unter weitestgehender Berücksichtigung der Besonderheiten“ angeglichene „Ausbildung der Akademiker“ gefordert wurde. Der Vorstand des VDV sah in dieser Initiative für einen „höheren volkstümlichen Büchereidienst“ eine massive Gefährdung der „Einheit des volksbibliothekarischen Berufes, wie sie seinem innersten Wesen entspricht,“ diese Einheit gelte es jedoch „unbedingt zu wahren“.[44]

Der Streit im VDV ging auch hier wieder um die Frage, ob die erstrebte Autonomie der Volksbücherei von den Traditionen der Wissenschaftlichen Bibliothek durch eine Trennung zu vollziehen sei, die sich auf die These von der *Unvergleichbarkeit der beiden Sparten* beruft und dementsprechend völlig eigenständige Traditionen zu begründen sucht, oder ob dies nicht besser dadurch geschehen solle, daß autonome, dabei aber analoge Strukturen zu schaffen seien, um die These von der *Gleichwertigkeit der Sparten* zu untermauern. Daß der VDB sich aus dieser Diskussion konsequent heraushielt, obwohl sie natürlich eine Thematik berührte, an der beide Vereine ein „gemeinsames Interesse“ hatten, darf nicht verwundern; man kann diese Zurückhaltung sogar als Beleg für das im VDB tatsächlich vorhandene Interesse an einer Annäherung der beiden Vereine deuten, wenn man sich vergegenwärtigt, wie pikiert die Leitung des VDV bereits auf den Umstand reagiert hatte, daß Rothhardts Initiative auch „von einigen wissenschaftlichen Bibliothekaren ohne Beziehung zur Volksbücherei“ unterstützt

43 Becker (wie Anm. 19) S. 230: „Da es sich bei den wissenschaftlichen Bibliotheken um den *mittleren* Bibliotheksdienst handelt, wird dem allgemeinen wie dem amtlichen Bewußtsein immer wieder nahegelegt, daß es sich in *beiden* Zweigen um die Funktionen des *mittleren* Dienstes handelt. ... Diese falsche Vorstellung ... wird durch die in der Prüfungsordnung gegebene Verbindung aufrechterhalten. Hier also wird die Zukunft noch Änderungen bringen müssen“ (Hervorhebung im Original).

44 Verband Deutscher Volksbibliothekare: Zur Ausbildung der akademisch vorgebildeten Anwärter. - In: Hefte für Büchereiwesen 16 (1932) S. 135–138, hier S. 137 [dass. in: Bücherei und Bildungspflege 12 (1932) S. 258–261].

worden war; Rothhardt hatte es nämlich gewagt, „auch der Bewegung fernstehende Bibliothekare und sogar einige Anwärter zur Unterschrift mit heranzuziehen."[45]

So hoffte man im VDB wohl auf jene versöhnlicheren Stimmen aus dem VDV, die „eine Annäherung der beiden Gattungen" konstatierten[46], welche sich „in unserer Notzeit weiterhin fortsetzen" werde, und schwieg zur Ausbildungsfrage. In der Fortsetzung der volksbibliothekarischen Ausbildungsdebatte, die letztlich auf die weitere Differenzierung der Berufsbilder hinauslief, wollte man im VDB andererseits auch kein Indiz für die Aussichtslosigkeit der Fusionsbestrebungen erkennen.

Inzwischen hatte die immer weiter um sich greifende Wirtschaftskrise in der Tat dem gesamten Bibliothekswesen eine herbe Notlage beschert. Auf die Annäherung der beiden Vereine wirkte sich dies eher stimulierend aus: Zwar hatte man im Jahr 1932 wegen der allgegenwärtigen Krise auf die üblichen Jahresversammlungen verzichten wollen, doch wurde auf Anregung von Krüss kurzerhand beschlossen, die erst für 1934 ins Auge gefaßte erste gemeinsame Tagung der beiden Vereine als „gemeinschaftliche erweiterte Vorstandssitzung des VDB und VDV" bereits am 18. und 19. Mai 1932 in Jena stattfinden zu lassen; man lud die Mitglieder der beiden Vereine zur Teilnahme ein und stellte die Tagung ganz unter das Thema der bibliothekarischen Kooperation.[47]

Die Berichterstattung über diese erste spartenübergreifende Tagung deutscher Bibliothekare in den Fachzeitschriften ist gleichermaßen ein Lehrstück über die inkompatiblen bibliothekspolitischen Vorstellungen der beiden Vereine wie auch über die Fehleinschätzung der Kooperationsziele der jeweils anderen Sparte. Vergleicht man die von Hans Füchsel, Hans Hof-

45 Bücherei und Bildungspflege 12 (1932) S. 259.

46 So Wolfgang Springmann: Der Ausbildungsgang des akademisch vorgebildeten Bibliothekars an kommunalen Büchereien. - In: Hefte für Büchereiwesen 16 (1932) S. 285–289, hier S. 288, der überdies feststellt: „Wo gibt es den Volksbibliothekar sozusagen in Reinkultur? Nur da, wo alle anderen Aufgaben einer Bücherei von staatlichen, Universitäts- oder anderen wissenschaftlichen Bibliotheken abgenommen werden. Das sind zwar bedeutende, aber nur wenige Städte. In allen sonstigen Orten hat der Volksbibliothekar auch einzelne Funktionen des wissenschaftlichen Bibliothekars mit zu erfüllen. … Der wissenschaftliche Bibliothekar kann sich wiederum nie ganz volksbildnerischen Anforderungen entziehen, besonders bei der Beratung."

47 Vgl. die Tagesordnung der Gemeinschaftstagung. - In: ZfB 49 (1932) S. 220.

mann und Johannes Beer verfaßten Tagungsberichte[48], drängt sich der Eindruck auf, jeder der Berichterstatter hätte an einer anderen Tagung teilgenommen. Es wäre die lohnenswerte Aufgabe einer gesonderten Analyse, aus einem Vergleich dieser drei Texte den tatsächlichen Tagungsverlauf zu rekonstruieren – hier fehlt der Raum dafür. Nur die disparate Berichterstattung zur Idee der bibliothekarischen „Dachorganisation", welche die VDB-Bemühungen um eine Annäherung der Personalvereine ja von Anfang an motiviert hatte, sei hier exemplarisch zitiert.

Zum Tagesordnungspunkt „Zusammenarbeit der bibliothekarischen Fachverbände" berichtet Füchsel im Zentralblatt: „Krüss-Berlin bemerkt einleitend, das jetzt zur Debatte stehende Thema sei eigentlich die Grundlage für die gemeinsame Veranstaltung hier, sei hervorgegangen aus der Überlegung, wie weit müssen wir aus der Vereinsamung heraustreten, um zu einer Zusammenarbeit zu kommen. ... Eine umfassende deutsche Bibliotheksgesellschaft würde wohl stärkere Resonanz haben, aber der gegenwärtige Zeitpunkt sei für Neugründungen nicht geeignet. Es empfehle sich, zunächst einmal den Gedanken festzuhalten ... Redner schließt mit der Bitte, die Frage des Zusammenschlusses in dieser Richtung gründlich zu überlegen, damit sie in besseren Tagen einmal der Lösung zugeführt werden könne. Schuster-Hamburg macht ausführliche Angaben über den Personenkreis, der zu den Verhandlungen der volkstümlichen Bibliotheken eingeladen wird. ... Bei der hieraus erhellenden Verschiedenheit der Einstellung gegenüber derjenigen der wissenschaftlichen Bibliotheken ... sei es ratsam, daß unbeschadet des Gemeinschaftsgedankens beide Verbände ihre Sonderziele für sich betrieben. ... Hülle-Berlin erinnert an den Antrag des Landesverbandes der wissenschaftlichen Bibliothekare Preußens vom Jahre 1930, der die Frage eines organisatorischen Zusammenschlus-

48 Hans Füchsel: Erweiterte Gemeinschaftstagung der Vorstände des Vereins Deutscher Bibliothekare und des Verbandes Deutscher Volksbibliothekare (28. Bibliothekartag) in Jena am 18. und 19. Mai 1932. - In: ZfB 49 (1932) S. 369–428 [darin u. a. Referate von H. Hofmann und G. Leyh]; Hans Hofmann: Gemeinsame erweiterte Vorstandsbesprechungen des Vereins Deutscher Bibliothekare und des Verbandes Deutscher Volksbibliothekare Jena, Pfingsten 1932. - In: Hefte für Büchereiwesen 16 (1932) S. 163–169; Johannes Beer: Gemeinschaftliche erweiterte Vorstandssitzung des Vereins Deutscher Bibliothekare und des Verbandes Deutscher Volksbibliothekare, sowie Jahresbesprechung des Verbandes Deutscher Volksbibliothekare am 18. und 19. Mai in Jena. - In: Bücherei und Bildungspflege 12 (1932) S. 192–198.

ses aller in Deutschland bibliothekarisch Berufstätigen erstmalig zur Diskussion gestellt habe. … Es sei nunmehr erwünscht, ein energisches Zusammengehen beider Verbände herbeizuführen."[49]

Bei Hofmann liest sich dies wie folgt: „Dr. Krüß-Berlin berichtete über die Gründe, die zur Behandlung dieses Punktes geführt hätten, nämlich die Überlegung, aus der fachlichen Zurückgezogenheit herauszutreten und eine stärkere Anteilnahme der Öffentlichkeit an den Fragen der Bibliotheken und Büchereien … zu erzielen. Wenn die Verhältnisse anders wären, käme vielleicht die Gründung einer deutschen Bibliotheksgesellschaft in Frage; das sei aber unter den gegenwärtigen Umständen keinesfalls zweckmäßig. Es müsse daher versucht werden, auf anderen Wegen die Öffentlichkeit stärker an unseren Angelegenheiten zu interessieren. … Dr. Schuster-Hamburg … deutete an, welches denn die Organisationen, Gruppen und Personen seien, die auf Grund ihrer eigenen Arbeiten und Bestrebungen am Büchereiwesen interessiert seien. … Aus dieser Übersicht ergab sich dann ohne weiteres der Hinweis, daß die von Dr. Krüß vorgeschlagenen Maßnahmen zur Interessierung der Öffentlichkeit sicher dringend notwendig seien, und daß darüber auch zweckmäßigerweise eine Aussprache und Verständigung zwischen den beiden Vereinen erfolgen müsse, daß es aber doch ganz verschiedene Sektoren der Öffentlichkeit seien, auf die sich solche Maßnahmen der beiden Verbände erstrecken würden. … Im Anschluß an diese Debatte wurde von Dr. Hülle-Berlin ein Antrag des Landesverbandes der wissenschaftlichen Bibliothekare Preußens verlesen, der anknüpfte an die gemeinsame Besprechung zwischen dem VDB und dem VDV, die bereits am 26. 3. 31 in der Staatsbibliothek … stattgefunden hatte, und die die Bildung eines Ausschusses aus Vertretern beider Verbände empfahl"[50]

Und das Ergebnisprotokoll von Beer lautet: „Krüß (Berlin) skizzierte die Notwendigkeit eines Zusammenschlusses aller am Bibliothekswesen interessierten Institutionen und Personen in einer Dachgesellschaft ‚Deutsche Bibliotheksgesellschaft'. Dazu betonte Schuster (Hamburg), daß die Ansatzpunkte der Volksbüchereiarbeit grundsätzlich andere seien als die der wissenschaftlichen Bibliotheken … Einstweilen wurde von der Gründung einer derartigen Gesellschaft abgesehen, dagegen wurde die Notwendigkeit, den Büchereigedanken als solchen stärker zu propagieren als bis-

49 Füchsel (wie Anm. 48) S. 422 f.
50 Hofmann (wie Anm. 48) S. 166 f.

her, allgemein zugegeben. ... Es wurde zum Schluß die Zusammensetzung eines Ausschusses beschlossen ... Dieser Ausschuß soll die beiden Verbände im Inland und Ausland vertreten und ist ermächtigt, gemeinsame Fragen in Besprechungen zu klären, nicht aber Beschlüsse zu fassen."[51]

Wirksam geworden ist der in Jena beschlossene „Verbindungsausschuß" – er war am Ende das, was von dem ursprünglichen VDB-Projekt einer „Dachorganisation" blieb – offenkundig nicht. Seine Legitimation hätte ohnehin nur darin bestanden, als „Verbindungsorgan zwischen den beiden Verbänden, denen aber die Beschlußfassung über seine Anregungen und Vorschläge zusteht"[52], zu dienen. Auch die beiden von Georg Leyh und Hans Hofmann gehaltenen Hauptreferate der Tagung[53] erbrachten in erster Linie die „Gemeinsamkeit", daß in beiden Sparten die Not allgegenwärtig sei, wobei Leyh vor allem auf die Kürzungen der Bibliotheksförderung durch die Notgemeinschaft der Deutschen Wissenschaft einging, Hofmann hingegen auf die katastrophale Finanzlage der deutschen Kommunen. Symptomatisch für das damalige Verhältnis der gemeinsam tagenden Vereine ist es wohl auch, daß sich an der ausgiebigen Debatte, die sich an Leyhs Referat anschloß, kein einziges der anwesenden „etwa zwei Dutzend" VDV-Mitglieder beteiligte, während etliche der etwa hundert Teilnehmer vonseiten des VDB nach Hofmanns Vortrag eifrig mitdiskutierten.[54] Ein heute so wichtiges spartenübergreifendes Thema wie der Leihverkehr kam in Jena 1932 übrigens nur ganz am Rande vor.[55] Die von Schuster und Leyh ausgearbeitete und von den Anwesenden einstimmig verabschiedete Erklärung[56]

51 Beer (wie Anm. 48) S. 197.

52 Hofmann (wie Anm. 48) S. 167.

53 Georg Leyh: Kulturabbau und wissenschaftliche Bibliotheken. - In: ZfB 49 (1932) S. 379–402; Hans Hofmann: Kulturabbau und Büchereien. - In: ZfB 49 (1932) S. 410–417 [dass. in: Hefte für Büchereiwesen 16 (1932) S. 157–163].

54 Zu den Teilnehmerzahlen s. Hofmann (wie Anm. 48) S. 164; Beer (wie Anm. 48) S. 196 charakterisierte die Diskussion zu Leyhs Referat mit den trockenen Worten: „Für die Volksbüchereiinteressen war sie belanglos."

55 Vgl. Beer (wie Anm. 48) S. 194: „Es wurde festgestellt, daß der Leihverkehr mit den wissenschaftlichen Bibliotheken in der letzten Zeit ohne Schwierigkeiten sich vollzogen hat, und daß er eine übermäßig starke Ausdehnung vermutlich niemals bekommen wird."

56 Verein Deutscher Bibliothekare, Verband Deutscher Volksbibliothekare: Die deutschen Bibliotheken und Büchereien in Not. - In: Hefte für Büchereiwesen 16 (1932) S. 172–174 [dass. in ZfB 49 (1932) S. 418–419 sowie in Bücherei und Bildungspflege 12 (1932) S. 196–197].

charakterisierte folgerichtig nur die gemeinsame Notlage und richtete sich ausschließlich an die jeweiligen Bibliotheksträger; sie wirkte damit nur nach außen, nicht aber in die Verbände hinein. So verwundert es nicht, daß die drei Berichterstatter nicht mit dem gleichen Fazit aus Jena abreisten. Füchsel schied „von dieser so glücklich improvisierten Tagung mit dem Gefühl, sachlich vorwärts und persönlich einander näher gekommen zu sein"; Hofmann meinte, in Jena sei es gelungen, „die verschiedene Struktur der beiden Typen wissenschaftliche Bibliothek und volkstümliche Bücherei stärker herauszuarbeiten und zu erkennen ... Die Überzeugung war wohl allgemein, daß es daher zweifellos einen Rückschritt bedeuten würde, würde man diese Verschiedenheit außer acht lassen oder gar durch allgemeine Ideologien verwischen"; und Beer schloß, es sei auf der Jenaer Tagung mit aller Deutlichkeit zum Ausdruck gekommen, daß bei aller Bereitwilligkeit zu gemeinsamem Vorgehen in der Öffentlichkeit ... doch die Arbeitsbereiche der wissenschaftlichen Bibliothek und der Volksbücherei weitgehend verschieden sind ... und sie deswegen auch in der organisatorischen Verwirklichung ihrer Arbeitsziele grundverschiedene Formen wählen müssen."[57]

Der in Jena neugewählte VDB-Vorsitzende Adolf Hilsenbeck nannte zwar die „Pflege der Beziehungen zum VDV" neben den Beziehungen zur Notgemeinschaft als wichtigste Aufgaben des „neuen Geschäftsjahres"[58], doch die Ereignisse des Jahres 1933 führten sehr schnell zu einer radikalen Abkehr von dieser Vereinspolitik.

Nach der Machtübernahme der Nazis stellte sich die Leitung des VDV unverzüglich in den Dienst des NS-Regimes; Schuster unterzeichnete die erste Verlautbarung des Vereins 1933 bereits als NSDAP-Mitglied[59]; er gab hier kund, daß die „nationale Revolution" den Volksbibliothekaren endlich „ein klares und eindeutiges Bildungsziel gegeben (habe), welches immer von ihnen gesuchte wurde," und forderte „alle Kollegen und Kolleginnen auf, mit uns an dem großen Werke des Neuaufbaus teilzunehmen." Säuberung und Umbau der Volksbüchereien, Schwarze Listen und Bücher-

57 Füchsel (wie Anm. 48) S. 371; Hofmann (wie Anm. 48) S. 168 f.; Beer (wie Anm. 48) S. 192 f.

58 Füchsel (wie Anm. 48) S. 428.

59 Verband Deutscher Volksbibliothekare: Erklärung und Aufruf / unterzeichnet von Wilhelm Schuster (NSDAP) und Wolfgang Herrmann (NSDAP). - In: Hefte für Büchereiwesen 16 (1932) S. 351–352 [erschienen: Mai 1933; dass. in: Bücherei und Bildungspflege 13 (1933) S. 97–98].

verbrennung, Gleichschaltung aller volksbibliothekarischen Institutionen, Organisationen und Fachzeitschriften sowie die „ständische" Einordnung des Vereins in die deutsche Arbeitsfront bzw. später die Reichsschrifttumskammer – dies waren die VDV-Themen in der beginnenden NS-Zeit. Die Jahrestagung 1933 stand unter dem Motto „Erziehung zum Nationalsozialismus". Die Eingliederung des Volksbüchereiwesens in die NS-Strukturen von „Propaganda" und „Volksaufklärung" bot völlig neue Legitimationsmöglichkeiten für den Berufsstand und zeitigte nicht zuletzt seine unumkehrbare Etablierung. Eine Kooperation mit dem VDB insbesondere zur Außenvertretung gegenüber den Bibliotheksträgern hatte sich damit erübrigt.[60]

Die VDB-Politik gegenüber dem NS-Staat war demgegenüber weitaus zurückhaltender; Jan-Pieter Barbian resümiert, daß sich trotz „schneidiger Worte" auf dem Darmstädter Bibliothekartag 1933 „unter der Oberfläche im Grunde recht wenig an der personellen Zusammensetzung und Struktur des VDB verändert" hat.[61] Möglich wurde dies nicht zuletzt dadurch, daß der VDB nach vorübergehender Mitgliedschaft in der Reichsschrifttumskammer (RSK) und längerem Kompetenzgerangel zwischen dem Propagandaministerium und dem Reichserziehungsministerium 1935 wieder aus der RSK ausgegliedert wurde und er im Unterschied zum VDV, in dem nun alle Volksbibliothekare verbindlich Mitglied sein mußten, seine Arbeit als „wissenschaftlicher Fachverein" freiwilliger Mitglieder fortsetzen konnte.

60 Vgl. hierzu Verband Deutscher Volksbibliothekare: Zum Umbau des deutschen Volksbüchereiwesens. - In: Bücherei und Bildungspflege 13 (1933) S. 169–170; Erwin Ackerknecht, Gottlieb Fritz, Wilhelm Schuster: Zum Abschied. - In: Bücherei und Bildungspflege 13 (1933) S. 329–330; Wilhelm Schuster: 7. Jahresversammlung des Verbandes Deutscher Volksbibliothekare in Hannover vom 17.–19. September 1933. - In: Bücherei und Bildungspflege 13 (1933) S. 342–344; ders.: Bücherei und Nationalsozialismus: Ansprache zur Jahresversammlung des VDV, September 1933. - In: Die Bücherei: Zeitschrift für deutsche Schrifttumspflege 1 (1934) 1, S. 1–9; ders.: Das Ende des Bildungsreiches. - In: Die Bücherei: Zeitschrift für deutsche Schrifttumspflege 1 (1934) 2/3, S. 1–6; ders.: Fachzeitschrift und Berufsstand. - In: Die Bücherei: Zeitschrift für deutsche Schrifttumspflege 1 (1934) S. 389–390 sowie Jan-Pieter Barbian: Literaturpolitik im „Dritten Reich": Institutionen, Kompetenzen, Betätigungsfelder. - Überarb. und aktualis. Ausg. - München 1995, hier insbesondere den Abschnitt „Die ‚Gleichschaltung' beim Verband Deutscher Volksbibliothekare und beim Verein Deutscher Bibliothekare", S. 115–127.

61 Barbian (wie Anm. 60) S. 127. – Vgl. auch die Beiträge von Michael Labach und Yorck A. Haase in dieser Festschrift.

Die so erfolgte „ständische" Abgrenzung der beiden Personalvereine wollte im VDB nun niemand mehr unter ein gemeinsames Dach bringen …

1934 hielten beide Vereine nahezu gleichzeitig ihre Jahresversammlungen in Danzig ab. Im Vorfeld korrespondierten die Vereinsvorsitzenden Hilsenbeck und Schuster miteinander über das richtige Maß, wie ihre „Verbundenheit" trotz der Eigenständigkeit der Tagungen „öffentlich in Erscheinung treten" könne[62]. Von inhaltlicher Kooperation konnte hier bereits keine Rede mehr sein; Hilsenbeck meinte nur, es werde sich empfehlen, „dass an den beiderseitigen Kundgebungen Vertreter der beiden Vereine anwesend sind und kurz das Wort nehmen."[63] Schuster erklärte sich damit einverstanden, er werde „einige kurze Sätze über die gemeinsamen Aufgaben beider Gruppen verbunden mit einer Begrüssung sprechen" und bat Hilsenbeck „freundlichst … das gleiche zu tun."[64] Wie wenig dem VDB-Vorsitzenden an einer noch so kurzen öffentlichen Demonstration von Gemeinsamkeiten mit dem VDV lag, wird deutlich in Hilsenbecks Schreiben vom 9. Mai 1934 an Schuster, der inzwischen dazu übergegangen war, seine Briefe an den VDB unter dem neuen Kopf „Verband Deutscher Volksbibliothekare *in der Reichsschrifttumskammer*" nicht mehr „mit den besten Empfehlungen und Grüssen", sondern mit „Heil Hitler" zu unterzeichnen.[65] Hier schlug Hilsenbeck vor, die „gegenseitigen Begrüssungen" auf den internen Begrüßungsveranstaltungen der Vereine auszusprechen, „sodass sich das … in der öffentlichen Kundgebung erübrigt."[66]

62 Schuster am 2. April 1934 an A. Hilsenbeck (VDB-Archiv/1934).
63 Hilsenbeck am 4. April 1934 an Schuster (VDB-Archiv/1934).
64 Schuster am 20. April 1934 an Hilsenbeck (VDB-Archiv/1934).
65 Vgl. die weitere Korrespondenz von April/Mai 1934 (VDB-Archiv/1934).
66 Hilsenbeck am 9. Mai 1934 an Schuster (VDB-Archiv/1934). – Weit größere Sorge als die Höflichkeitsadressen an den VDV bereitete Hilsenbeck der wenige Tage zuvor vom aufgelösten Reichverband Deutscher Bibliotheksbeamten und -angestellten bei ihm eingegangene Antrag, die an wissenschaftlichen Bibliotheken tätigen Mitglieder des Reichsverbandes in den VDB aufzunehmen. Diesbezüglich bat er Schuster um Auskunft, wie der VDV sich hinsichtlich der „volksbibliothekarisch Tätigen" dazu stelle, und erklärte es „für überaus wünschenswert, dass unsere beiden Vereinigungen in dieser Frage nicht ohne gegenseitige Fühlungsnahme vorgehen. Bei unseren meisten Mitgliedern herrscht, wie ich weiss, zu dieser grundlegenden Satzungsänderung keine Geneigtheit." Schuster antwortete am 14. Mai 1934 nüchtern: „Die von Fräulein Winckelmann unserem Verbande überwiesenen Mitglieder haben wir aufgenommen, da sie nach den Bestimmungen des Reichskulturkammer-Gesetzes unserem Verband angehören müssen. Die Aufnahme widerspricht auch nicht unse-

Schuster erhielt zwar auf den Bibliothekartagen 1936 in Dresden und 1938 in Passau Gelegenheit, vor den versammelten VDB-Mitgliedern regimekonforme Vorträge über „Neue Aufgaben der wissenschaftlichen Stadtbibliothek" bzw. „Die Zusammenarbeit von Stadtbibliothek und Volksbücherei" zu halten,[67] doch blieb diese Form des spartenübergreifenden Austauschs auf den VDV-Vorsitzenden beschränkt. Ein „engeres Zusammengehen" der Personalvereine war von niemandem mehr gewollt.

*

Nach der Gemeinschaftstagung von Jena mußten zwei Jahrzehnte und ein weiteres „Reich" vergehen, bis sich westdeutsche Bibliothekare wieder zusammenfanden, um sparten- und nun auch laufbahnübergreifend zu tagen. Die katastrophale Lage des deutschen Bibliothekswesens nach 1945 machte allen Beteiligten die „gemeinsame Not" noch deutlicher als zuvor die Weltwirtschaftskrise. Zwar war das „Fernziel eines Gesamtverbandes deutscher Bibliothekare" bereits 1946 in Hamburg – diesmal von volksbibliothekarischer Seite – in die Diskussion gebracht worden,[68] zwar kam es in der SBZ unter dem Einfluß der Besatzungsmacht zu einer Annäherung der beiden Sparten und bereits seit 1946 zu gemeinsamen Tagungen,[69] doch für die Westzonen und die spätere Bundesrepublik hatten die Neu- bzw. Wiedergründungen von VDB, VdDB und VDV (nun

rer Satzung." – Ein entsprechendes Verfahren konnte sich der VDB nach seinem Ausscheiden aus der Reichsschrifttumskammer ersparen; er blieb auch unter dem NS-Regime der Verein des Höheren Dienstes. Eine Umgestaltung der Vereinssatzung nach dem „Führerprinzip" wurde in Danzig übrigens beschlossen.

67 Vgl. hierzu den Beitrag von Yorck A. Haase in dieser Festschrift.

68 Vgl. Hans Harald Breddin: Kongreß der deutschen Bibliothekare vom 15. bis 21. Mai 1951 in Münster. - In: Bücherei und Bildung 3 (1951) S. 523–533, hier S. 523.

69 Wolf Haenisch: Bericht über die erste Tagung der Bibliothekare in der sowjetischen Besatzungszone vom 4.–6. Oktober 1946 in Berlin. - In: ZfB 61 (1947) S. 83–87; Heinz Trepte: Die sächsische Bibliothekartagung in Leipzig. - In: ZfB 62 (1948) S. 231–237. – Vgl. in diesem Zusammenhang auch: Joris Vorstius: Die neuen Aufgaben unseres Fachblattes. - In: ZfB 61 (1947) S. 1–4, hier S. 2: „... erhebt sich die Forderung, die *Beziehungen zu den Volksbüchereien,* die sich, teilweise durch Schuld der nationalsozialistischen Büchereipolitik, stark gelockert hatten, wieder enger zu gestalten. Schon längst war unser Fachblatt kein wirkliches *Zentralblatt* mehr, das alle deutschen Bibliothekare als ihre geistige Heimat betrachten durften. Wir standen im Begriff, uns auf die sogenannten wissenschaftlichen Bibliotheken zurückzuziehen ... Jetzt ist die Bahn frei für die Einbeziehung der Volksbüchereien als gleichberechtigte Bibliotheksform in das Gesamt des Bibliothekswesens." (Hervorhebungen im Original).

als *Verein* Deutscher Volksbibliothekare) in den Jahren 1948 und 1949 das alte Nebeneinander sparten- und laufbahnbezogener Personalvereine wiederhergestellt. Man mußte also von neuem Kooperationsmöglichkeiten suchen, auf ein „engeres Zusammenrücken“ hinarbeiten, um nach anderthalbjährigem Vorlauf 1951 in Münster einen ersten „Kongreß der deutschen Bibliothekare“ abzuhalten.[70]

Der 18. Mai 1951 – der gemeinsame Tag der Veranstaltungen in Münster – erbrachte dann durchaus Ähnliches wie die Jenaer Tagung: Diesmals hieß das allgemeinverbindliche Motto „Bibliothek und Bildung“, die Hauptreferate hierzu hielten Hanns W. Eppelsheimer („vom Gesichtspunkt der wissenschaftlichen Allgemeinbibliotheken“), Carl Jansen „für die Volksbüchereien“ und Paul Gehring „für die technisch-wissenschaftlichen Bibliotheken“.

Auch die im Anschluß verabschiedete Entschließung ähnelt in ihrer Argumentationsstruktur und hinsichtlich ihrer Hauptadressaten – den jeweiligen Bibliotheksträgern – in vielerlei Hinsicht der „Öffentlichen Kundgebung“ aus dem Jahre 1932.[71]

Man begegnete einander in Münster in der Einsicht, „daß eine intensivere Zusammenarbeit der verschiedenen Bibliothekssparten in der gegenwärtigen Notlage von Nutzen sein dürfte“; und man ging auseinander nach dem Schlußwort: „In der Zusammenarbeit ... müsse die Verschiedenartigkeit der Institutionen bewahrt bleiben. Nur so könnten sie ihre differenzierten Aufgaben erfüllen.“ Die Möglichkeit eines „Gesamtverbandes ...

70 Vgl. Angeline Reinhardt am 22. Januar 1951 an Gustav Hofmann (VDB-Archiv/VdDB 13 a); hier verweist die VdDB-Vorsitzende auf den österreichischen Zusammenschluß „wissenschaftlicher Bibliothekare mit dem gehobenen Dienst in einem Verband“ und ergänzt: „Es wäre schön, wenn dieses eines Tages auch bei uns der Fall wäre.“ – Auch der neue VDV stellte sogleich Kontakt zum VDB her, und bereits in diesem ersten Schreiben wird der Vorschlag unterbreitet, „zur Förderung der Zusammenarbeit beider Bibliothekssparten die jährlichen Tagungen der Vereine am selben Ort stattfinden“ zu lassen und einen Tag für gemeinsame Verhandlungen zu reservieren. – Rudolf Joerden am 10. November 1949 an Gustav Hofmann (VDB-Archiv/Verein Deutscher Volksbibliothekare 1949–1970).

71 Heinrich Middendorf: Bericht über den Verlauf der Tagung 15.–18. Mai 1951. - In: NfwB 4 (1951) S. 105–114, hier S. 110; Verein Deutscher Bibliothekare, Verein Deutscher Volksbibliothekare, Verein der Diplom-Bibliothekare an wissenschaftlichen Bibliotheken: Entschließung. - In: NfwB 4 (1951) S. 211–212 [dass. in: Bücherei und Bildung 3 (1951) S. 546];

ist in Münster nicht diskutiert worden."[72] Die vom VDV angeregte Kontinuität spartenübergreifender Tagungen folgte auf den Münsteraner Kongreß nicht. Zwar begann in Münster die bis heute wirksame Kooperation zwischen VDB und VdDB bei der Organisation künftiger Bibliothekartage, doch auch eine zweite spartenübergreifende Tagung in Berlin 1956 wurde in den VDB-Gremien kritisch bis ablehnend beurteilt.[73] Die Vorstände von VDB und VDV kehrten schon ab 1952 zu ihrem Ritual zurück, sich wechselseitig zu ihren Jahrestagungen einzuladen, worauf stets höfliche Absagen zumeist wegen der Arbeitsbelastung bei der Vorbereitung der eigenen Tagung folgten. Seither gab es bislang ungezählte Initiativen, die Kooperation zwischen den Personalvereinen zu intensivieren oder sie in allen denkbaren Szenarien zusammenzuführen. Nahezu alle scheiterten an Vorbehalten, die seit Jena 1932 nur variiert, nicht mehr neu erfunden wurden. Immerhin ist die Idee einer „Dachorganisation" 60 Jahre nach Hoeckers und Füchsels Initiative in Gestalt der 1989 gegründeten BDB Wirklichkeit geworden.

Kooperation im eigentlichen Wortsinn impliziert das Bewußtsein, an einem gemeinsamen Werk zu arbeiten. Die Befürchtung, in einer ebenso wörtlich genommenen *Fusion* das mühsam gewonnene Profil einzuschmelzen und konturlos zu werden, treibt die deutschen Bibliothekare seit nahezu einem Jahrhundert immer wieder in die gleiche Reserve – gleichgültig, ob man wie 1932 „grundlegende Verschiedenheit" oder wie 1999 „vereinseigene Essentials" dafür anführt. Was die Mode streng geteilt, geht – um mit Georg Leyh[74] zu sprechen – „auf weite Strecken" erst zusammen, „sobald man den Blick auf das Ganze in seinem stufenweisen Aufbau richtet."

72 Breddin (wie Anm. 68) S. 523, 525; vgl. auch Hans Joachim Kuhlmann: Der Weg zum kritischen Bürger: Vierzig Jahre „Verein der Bibliothekare an Öffentlichen Bibliotheken" / hrsg. vom Verein der Bibliothekare an Öffentlichen Bibliotheken (VBB). - Bad Honnef 1989, hier insbesondere S. 24–28.

73 Zur Haltung des VDB-Vorstands zu solchen „Monstertagungen" vgl. den Beitrag von Ulrike Eich in dieser Festschrift. – Erst das Zusammenwirken für den Bibliotheksplan '73 wurde zum Ausgangspunkt regelmäßiger Bibliothekskongresse seit 1973.

74 Leyh (wie Anm. 41) S. 260.

Uwe Jochum

Bildungsgrenzen – Die Ausbildung des Höheren Bibliotheksdienstes in Deutschland

Die Geschichte der Ausbildung für den Höheren Bibliotheksdienst in Deutschland ist dank einer Reihe älterer und neuerer Veröffentlichungen nicht nur in den Grundzügen, sondern auch in vielen maßgeblichen Details bekannt.[1] Wenn im Folgenden diese Geschichte erneut dargestellt wird, dann deshalb, weil ihre anamnetische Aneignung der Beantwortung einer Frage dient, die sich bei der Lektüre der Darstellungen und Quellen einstellt: Warum betrachtete man in Deutschland als beste Vorbildung für den Beruf ein mit einer Promotion abzuschließendes akademisches Studium mit anschließendem Bibliotheksreferendariat, das mit einer staatlichen Fachprüfung zu beenden war?

Daß das keine eherne Notwendigkeit war, machte früh schon ein Blick etwa auf die angelsächsischen Länder klar.[2] Als man sich daher beeilte, zugunsten der deutschen Verhältnisse zu argumentieren, mußte man erstaunt feststellen, daß alles Argumentieren nicht half, die kulturpolitische Entscheidung für Studium und bibliothekarische Fachprüfung

1 Fritz Milkau: Der Bibliothekar und seine Leute. - In: Handbuch der Bibliothekswissenschaft. 2. Band / hrsg. von Fritz Milkau. - Leipzig 1933, S. 635–716. Georg Leyh: Der Bibliothekar und sein Beruf. - In: Handbuch der Bibliothekswissenschaft. 2. Bd. - 2., verm. u. verb. Aufl. / hrsg. von Georg Leyh. - Wiesbaden 1961, S. 1–112. Nikolaus Scholl: Bibliothekar und Wissenschaft: Studien zur Geschichte des bibliothekarischen Berufs. - In: Bibliothek und Wissenschaft 1 (1964) S. 142–200. Werner Schochow: Der Berufsbibliothekar: Die Begründung und Sicherung des bibliothekarischen Berufsstandes in der Ära Althoff-Milkau, insbesondere in Preußen. - In: Bibliothek und Wissenschaft 17 (1983) S. 56–101. Rudolf Jung: Die bibliothekarische Ausbildung 1945–1965. - In: Die Entwicklung des Bibliothekswesens in Deutschland 1945–1965 / hrsg. von Peter Vodosek u. Joachim-Felix Leonhard. - Wiesbaden 1993 (Wolfenbütteler Schriften zur Geschichte des Buchwesens; 19) S. 199–219.

2 Karl Gerhard: Die Vorbildung zum bibliothekarischen Beruf. - In: ZfB 21 (1904) S. 6–14, hier S. 7.

als eine selbstverständliche Bedingung der Berufsausübung auszuweisen und den Höheren Dienst mit einer fraglosen Identität auszustatten. Vielmehr blieb unter der glatten Oberfläche der Ausbildungserlasse, die die Einheit des Berufs qua Prüfung zu regulieren versuchten, der Beruf von Selbstzweifeln geplagt und läßt bis heute eine identitäre Professionalität vermissen.[3]

Um dieser merkwürdigen Differenz zwischen einer in Erlassen sich stabilisierenden bibliothekarischen Laufbahn und ihren dennoch niemals aufgehobenen Selbstzweifeln auf die Spur zu kommen, zeichnen wir zunächst die äußerliche Stabilisierungsgeschichte nach.

Die bibliothekarische Laufbahn in Deutschland beginnt mit dem auf den 15. Dezember 1893 datierten preußischen „Erlass betreffend die Befähigung zum wissenschaftlichen Bibliotheksdienst bei der Königlichen Bibliothek zu Berlin und den Königlichen Universitäts-Bibliotheken",[4] der am 1. April 1894 in Kraft trat und zum erstenmal die Zulassung zum Volontärdienst und die am Ende der Volontärzeit abzulegende Prüfung für ein deutsches Land einheitlich regelte und Schluß machte mit der bis dahin geläufigen Praxis, Bewerber für den Bibliothekarsberuf nach dem individuellen Geschmack eines Bibliotheksdirektors zu rekrutieren und ihre Ausbildung von örtlichen Zufälligkeiten abhängen zu lassen.[5] Seit diesem Erlaß galten vielmehr in ganz Preußen das „Reifezeugniss eines deutschen humanistischen Gymnasiums" (§ 2a), die Promotion (§ 2c) und eine zweijährige Volontärszeit (§ 2f), die mit einer mündlichen bibliothekarischen Fachprüfung abgeschlossen wurde (§§ 6–7), als verbindlich. Der Erlaß bestimmte darüber hinaus, daß es den Volontären frei stand, das zweite Ausbildungsjahr an der Universitätsbibliothek Göttingen zuzubringen, sofern sie sich „auf der dortigen Universität zugleich einem zweisemestrigen Studium der Bibliothekshülfswissenschaften" widmeten (§ 5), das von Karl Dziatzko, dem Direktor der Universitätsbiblio-

3 Dietmar Wiegand: Professioneller Status und Kontrolle über ein (symbolisches) soziales Objekt am Beispiel des wissenschaftlichen Bibliothekars: Ein Beitrag zur professionssoziologischen Theorie und Kasuistik. - Frankfurt a. M. u.a. 1976.

4 Der Erlaß ist abgedruckt im ZfB 11 (1894) S. 77–79 und bei Milkau (wie Anm. 1) S. 658–659.

5 Ein anschauliches Beispiel für die Verhältnisse im Preußen der 1870er Jahre liefert Wilhelm Erman: Erinnerungen. - Köln u.a. 1994, S. 125–136.

thek und Inhaber des 1886 für ihn eingerichteten Lehrstuhls für Bibliothekshilfswissenschaften, angeboten wurde.[6]

Dem preußischen Vorbild folgte Bayern, das ab dem Oktober des Jahres 1905 in München Ausbildungskurse für Bibliothekare einrichtete. In Abweichung zu Preußen dauerte die Praktikantenzeit (in Bayern war man nicht Volontär, sondern „Bibliothekpraktikant") jedoch nur eineinhalb Jahre und wurde mit einer mündlichen und schriftlichen Prüfung beendet. Den Stoff dazu bot „der systematische praktische Unterricht", der im zweiten Ausbildungsabschnitt, also ab dem 10. Monat, an der Münchner Königlichen Hof- und Staatsbibliothek für alle Kandidaten obligatorisch war,[7] wobei man auf eine Professur für Bibliothekswissenschaft ausdrücklich verzichtete, weil die Ausbildung „im engsten Zusammenhange mit der Praxis geschehen" müsse, so daß man auf „ältere in der Praxis stehende Beamte" zurückgriff.[8]

Die Antwort Preußens auf die in Bayern eingeführte obligatorische systematische Schulung der Volontäre erfolgte mit dem Erlaß vom 13. Januar 1912, der den Erlaß aus dem Jahre 1893 dahingehend modifizierte, daß den preußischen Kandidaten der Besuch der über ein Jahr gehaltenen „bibliothekarischen Vorlesungen und Uebungen" in Göttingen bzw. der Besuch der an der Königlichen Bibliothek zu Berlin „in Abständen von zwei Jahren jeweils ein Winterhalbjahr hindurch" stattfindenden „Bibliothekskurse" zur Pflicht gemacht wurde (§ 5).[9] Der Erlaß blieb indessen ohne praktische Relevanz, weil man in Berlin mit der Einweihung des neuen Gebäudes der Königlichen Bibliothek alle Hände voll zu tun hatte und danach der Erste Weltkrieg nach anderem verlangte als nach gut ausgebildeten Bibliothekaren.[10] Ebenso ohne praktische Relevanz blieb das sog. „Drei-Generaldirektoren-Projekt" aus dem Jahre 1918, das eine

6 Zu diesem Lehrstuhl und seinen Folgen siehe Fritz Milkau: Bibliothekswissenschaft als Universitätsfach. - In: Minerva-Zeitschrift 2 (1926) S. 27–31.

7 Hans Schnorr von Carolsfeld: Die Münchener Bibliothekskurse. - In: ZfB 23 (1906) S. 293–304, hier S. 295.

8 Hans Schnorr von Carolsfeld: Vorbildung zum bibliothekarischen Beruf. - In: ZfB 21 (1904) S. 15–20, hier S. 17.

9 Erlass betreffend die Befähigung zum wissenschaftlichen Bibliotheksdienst bei der Königlichen Bibliothek zu Berlin und den Königlichen Universitäts-Bibliotheken. - In: ZfB 29 (1912) S. 75–78.

10 Milkau (wie Anm. 1) S. 663.

gemeinsame Ausbildung für die Kandidaten des Archiv-, Bibliotheks- und Museumswesens vorsah.[11] Und schließlich blieb ohne größere praktische Relevanz, daß das Land Sachsen am 20. August 1919 eine eigene Ausbildungsordnung für den Höheren Dienst erließ, die dem preußisch-bayerischen Vorbild darin folgte, daß sie eine einheitliche bibliothekarische Ausbildungs- und Prüfungsordnung auf Landesebene institutionalisierte – diesmal mit Leipzig als Ort der Fachprüfung.[12]

Statt dessen ging man in den anderen deutschen Ländern in den 20er Jahren dazu über, die praktische Ausbildung der Bibliothekare im jeweiligen Land durchzuführen, den theoretisch-praktischen Schliff der Volontäre, die jetzt Referendare hießen, aber an die Münchner oder Berliner Ausbildungskurse zu delegieren.[13] Damit hatte die bibliothekarische Laufbahn rund 30 Jahre nach ihrer Begründung zu jenen Ausbildungs- und Prüfungsstrukturen gefunden, die für die kommenden Jahrzehnte bestimmend bleiben sollten: Auf ein mit Examen (Promotion) abzuschließendes Studium folgte eine in der Regel zweijährige Ausbildung, deren erster Abschnitt der Vermittlung der bibliothekarischen Praxis diente und an einer großen Wissenschaftlichen Bibliothek zu absolvieren war, während

11 Ebenda S. 663–665. Vgl. Leyh (wie Anm. 1) S. 20.

12 Sächsische Bekanntmachung über die Prüfungen für den höheren Dienst an wissenschaftlichen Bibliotheken. - In: ZfB 36 (1919) S. 261–263. Dieser Erlaß war formal die Erweiterung eines Erlasses aus dem Jahr 1917, der ein Prüfungsamt für Bibliothekswesen in die sächsische Welt gesetzt hatte, das sowohl für den Mittleren Dienst an Wissenschaftlichen wie für den Dienst an Volkstümlichen Büchereien zuständig war. Siehe K. Boysen: Die Sächsischen Prüfungsordnungen für Bibliothekwesen. - In: ZfB 35 (1918) S. 73–83. Zum ersten Mal wurde damit die Ausbildung für den Mittleren vor der für den Höheren Dienst geregelt.

13 Zu Beginn der 20er Jahre hatte es Verhandlungen zwischen Hessen, Baden und Württemberg gegeben, deren Ziel eine einheitliche Ausbildungsordnung für diese drei Länder war. Die Verhandlungen scheiterten an der Frage einer eigenständigen Prüfungskommission für die drei Länder, was Württemberg – wohl unter Leyhs Einfluß – ablehnte, das seine Kandidaten nach Berlin, München oder Leipzig zur Prüfung schicken wollte. Siehe dazu Ludwig Voltz: Die Einführung der bibliothekarischen Fachprüfungen in Hessen und den Nachbarländern. - In: ZfB 41 (1924) S. 426–430 und Georg Leyh: Die Neuordnung des höheren Dienstes an den württembergischen staatlichen Bibliotheken. - In: ZfB 42 (1925) S. 564–567. Leyhs Beitrag bringt nach einer kurzen Einleitung den Wortlaut der „Verordnung des Kultusministeriums über die Vorbereitung und Prüfung für den höheren Bibliotheksdienst“ vom 20. August 1925. Zur allgemeinen Tendenz Leyh (wie Anm. 1) S. 20.

der zweite Ausbildungsabschnitt das notwendige theoretische Rüstzeug liefern sollte.[14]

Das Dritte Reich schließlich verfügte per Erlaß vom 18. August 1938[15] die lange gewünschte reichseinheitliche Regelung der bibliothekarischen Ausbildung.[16] Danach war der zweite Ausbildungsabschnitt entweder an der Preußischen Staatsbibliothek in Berlin oder der Bayerischen Staatsbibliothek in München zu absolvieren (§ 7) und dort auch die Fachprüfung abzulegen, die aus einem schriftlichen (Klausur oder Hausarbeit) und einem mündlichen Teil bestand (§§ 14 u. 17). Nach dem Krieg brachte die Aufteilung Deutschlands in Besatzungszonen natürlich auch das Ende der reichseinheitlichen Ausbildungsregelung mit sich, aber dieses Ende betraf nur die Freizügigkeit bei der Wahl der Ausbildungsbibliothek, es betraf nicht die Struktur der Ausbildung, die weiterhin dem überkommenen Modell folgte. So wundert es denn auch nicht, daß man bereits 1946 in München und Berlin nach dem bekannten Muster wieder ausbilden konnte.[17]

Dieses Muster wurde indessen durch neue Linien bereichert. 1944 hatte man nämlich die Berliner Hauskurse nach Göttingen verlegt, wo man sich aber nach dem Krieg nicht mehr in der Lage sah, die Ausbildung fortzusetzen.[18] In die Bresche sprang Nordrhein-Westfalen, wo 1949

14 Dem deutschen Ausbildungsmodell folgte übrigens auch Österreich mit dem Erlaß des Bundesministeriums für Unterricht vom 10. Juli 1929, allerdings mit einem auf ein halbes Jahr verkürzten theoretischen Ausbildungsabschnitt. Siehe Josef Bick: Der Ausbildungsplan für die Kandidaten des wissenschaftlichen und mittleren Bibliotheksdienstes in Österreich. - In: ZfB 50 (1933) S. 169–177.

15 Ausbildungs- und Prüfungsordnung für den wissenschaftlichen Bibliotheksdienst. - In: ZfB 55 (1938) S. 613–621. Natürlich finden sich in diesem Erlaß auch die zu erwartenden Vorschriften, wonach die Kandidaten der NSDAP „oder einer ihrer Gliederungen" angehören (§ 2d) und „deutschen oder artverwandten Blutes" sein müssen (§ 3b).

16 Auf eine reichseinheitliche Regelung der Ausbildung hatte man seit den 20er Jahren gedrängt. Siehe z. B. G. H. Müller: Die Einheit des bibliothekarischen Berufes. - In: ZfB 38 (1921) S. 1–20, hier S. 17.

17 Siehe Leyh (wie Anm. 1) S. 28 f. und Jung (wie Anm. 1) S. 209 f.

18 Karl Julius Hartmann: Die Neuordnung der Ausbildung für den wissenschaftlichen Bibliotheksdienst: d. gegenwärt. Lage. - In: Probleme des Wiederaufbaus im wissenschaftlichen Bibliothekswesen: Aus den Verhandlungen der 1. Bibliothekartagung der britischen Zone in Hamburg vom 22.–24. Oktober 1946. - Hamburg 1947, S. 123–125.

in Köln das Bibliothekar-Lehrinstitut gegründet wurde, das u.a. die theoretische Ausbildung für den Höheren Dienst übernahm – nicht nur für Nordrhein-Westfalen, sondern auch für die anderen Bundesländer mit Ausnahme Bayerns, bis 1967 die Frankfurter Bibliotheksschule die theoretische Ausbildung des hessischen Höheren Bibliotheksdienstes übernahm und auch für Referendare aus Baden-Württemberg und Berlin geöffnet wurde, die bis 1994 zwischen Köln und Frankfurt wählen konnten (seitdem ist für baden-württembergische Referendare die Ausbildung in Frankfurt obligatorisch). Für die Bundesrepublik waren damit drei Ausbildungsorte institutionalisiert: München, Frankfurt am Main und Köln.

In Berlin wurde unterdessen die Ausbildung für den Höheren Bibliotheksdienst der DDR zentralisiert. Hatte man anfangs noch die alte Ausbildungsordnung übernommen und der Öffentlichen Wissenschaftlichen Bibliothek, ehemals Preußische Staatsbibliothek, die theoretische Ausbildung übertragen,[19] knüpfte man bald wieder an die Tradition der universitären Bibliothekswissenschaft an, die nach Milkaus Tod im Jahre 1934 unterbrochen worden war[20]: 1955 wurde an der Humboldt-Universität das Institut für Bibliothekswissenschaft und wissenschaftliche Information eröffnet, das in Kombination mit einem anderen Universitätsfach zum Staatsexamen führte, an das sich eine zweijährige Pflichtassistenz anschloß, die mit einer Hausarbeit zu beenden war. Danach war man ganz offiziell „Wissenschaftlicher Bibliothekar".[21] In den 70er Jahren führten studienorganisatorische Probleme zu einer Reform der Ausbildung, indem man für Hochschulabsolventen, die sich für Fachreferats- oder Leitungsaufgaben interessierten, ein zweijähriges Fernstudium und damit ein der westdeutschen Referendarsausbildung vergleichbares Modell etablierte und zugleich ein universitäres Vollstudium der Bibliotheks-

19 Carl Mones: Ausbildungs- und Prüfungsordnungen für den wissenschaftlichen Bibliotheksdienst und für den gehobenen Dienst an wissenschaftlichen Bibliotheken in der sowjetischen Besatzungszone. - In: ZfB 61 (1947) S. 132–149. Joris Vorstius: Die Ausbildung der Anwärter des höheren Dienstes an der Öffentlichen Wissenschaftlichen Bibliothek in Berlin. - In: ZfB 63 (1949) S. 79–83.

20 Die Göttinger bibliothekswissenschaftliche Professur war seit 1920, als Pietschmann, der Nachfolger Dziatzkos, von seinem Amt zurückgetreten war, unbesetzt geblieben und 1921 nach Berlin übertragen worden, wo sie von Milkau erst 1926 übernommen und zu einem Bibliothekswissenschaftlichen Institut ausgebaut wurde, das man nach Milkaus Tod 1934 auflöste. Dazu Leyh (wie Anm. 1) S. 22–27.

21 Jung (wie Anm. 1) S. 212.

wissenschaft einrichtete, das zum Diplom führte und mit der Möglichkeit zur Promotion im Rahmen eines anschließenden Fernstudiums den Wechsel in den wissenschaftlichen Dienst erlaubte.[22]

Die Wiedervereinigung änderte an der Topologie der Ausbildungseinrichtungen (München, Frankfurt am Main, Köln, Berlin) zwar nichts, konfrontierte das deutsche Bibliothekswesen aber mit einem Problem, das man durch lange Gewöhnung für erledigt gehalten hatte: Nur wenn man den Beruf als einen rein praktischen und den Titel des „wissenschaftlichen Bibliothekars" so auffaßte, daß er jene bezeichnete, die an einer Hochschule studiert und sich alsdann als bibliothekarische Dienstleister in den Dienst einer Hochschule gestellt hatten, kurz: wenn das Adjektiv „wissenschaftlich" das Arbeitsumfeld des Bibliothekars, nicht aber die Inhalte seiner Arbeit charakterisierte – nur dann war es auch plausibel, sich mit dem Studium als Vorbedingung der Berufsausübung zu begnügen und die Ausbildung selbst auf jene praktischen Tätigkeiten abzustellen, die zum bibliothekarischen Berufsalltag gehören. Dieser Auffassung stand freilich entgegen, daß die Bibliothekshilfswissenschaften, die von Beginn an als integrales Element der preußischen Ausbildung gedacht waren und sich alsbald zur akademischen Bibliothekswissenschaft mit eigenem Universitätsinstitut ausgewachsen hatten, von Milkau ganz offen als ein Antipharmakon gegen die „Tragik des bibliothekarischen Berufs" konzipiert worden waren,[23] der als ein im Prinzip wissenschaftlicher immer wieder von einem Abgleiten in reine Praxis bedroht werde. Daß dieser Dissens über die Identität des Berufs, der am Anfang des Jahrhunderts zu den divergierenden preußischen und bayerischen Ausbildungskonzeptionen geführt hatte,[24] nicht ausgehalten werden mußte, dafür sorgte die deutsche Teilung, die die preußisch-berlinische Ausbildungs-

22 Rosemarie Werner: Bibliothekarische und dokumentarische Ausbildung in den neuen Bundesländern. - In: Wissenschaftliche Bibliotheken im vereinten Deutschland / hrsg. von Engelbert Plassmann, Hildegard Müller, Werner Tussing. - Frankfurt a. M. 1992 (ZfBB: Sonderheft; 54) S. 279–292, hier S. 289–291.

23 Milkau (wie Anm. 6) S. 29.

24 Während man sich in München für Hauskurse mit einer engen Verbindung zur Praxis entschieden hatte, setzte Preußen dagegen auf eine in die Berliner Universität integrierte Bibliothekswissenschaft, um freilich „alle Gegenstände, die sich für die akademische Behandlung weniger zu eignen schienen, den Hauskursen ... zu überlassen." So Milkau (wie Anm. 1) S. 671.

tradition aus dem westdeutschen Bibliothekarsbewußtsein löschte und das einst auf Bayern beschränkte Modell zum bundesrepublikanischen Normalfall machte.

Dieser vermeintliche Normalfall zeigt sich aber nach der Wiedervereinigung und der Rückkehr des Berliner Instituts für Bibliothekswissenschaft als Sonderfall, denn tatsächlich gehört zu der rund einhundertjährigen Geschichte der bibliothekarischen Ausbildung in Deutschland mit Ausnahme des Zeitraums von 1934 bis 1955 auch die Bibliothekswissenschaft.[25] Mit der Rückkehr der Bibliothekswissenschaft kehrt nun aber auch der anfängliche Dissens über die richtige Ausbildung ins Bibliothekarsbewußtsein zurück, und dieser Dissens ist mit einer Anpassung der Berliner Ausbildung an die Gegebenheiten des bundesrepublikanischen Beamtenrechts keineswegs zum Verschwinden zu bringen.[26]

Vielmehr macht die Möglichkeit einer Bibliothekswissenschaft erneut darauf aufmerksam, daß dem Dissens über die Ausbildung ein Dissens über das berufliche Selbstverständnis zugrunde liegt und das zuletzt im Westen dominierende Verständnis des Berufs als eines rein praktischen Resultat einer grandiosen Verdrängung der Wissenschaft ist. Das erklärt, warum ebendiese Wissenschaft in den Ausbildungserlassen und in der Diskussion um das Berufsbild immer wiederkehrt:

Wissenschaft ist dasjenige, wogegen sich der bibliothekarische Beruf wendet, um in dieser Wende seine Identität zu suchen und doch zugleich zu verlieren.

25 Für ein Restbewußtsein dieses Sachverhaltes zeugt immerhin die Tatsache, daß man in den 70er Jahren in Köln die Bibliothekswissenschaft als akademische Disziplin zu etablieren versuchte. Die sang- und klanglose Aufhebung des Lehrstuhls zeigt aber auch, wie sehr im Westen die historische Kontinuität gestört war.

26 Zu den Anpassungsversuchen siehe Herbert Buck: Zur Äquivalenz der bibliothekarischen und dokumentarischen Berufsabschlüsse in den alten und neuen Bundesländern. - In: Wissenschaftliche Bibliotheken im vereinten Deutschland / hrsg. von Engelbert Plassmann, Hildegard Müller, Werner Tussing. - Frankfurt a. M. 1992 (ZfBB: Sonderheft; 54) S. 293–299. Konferenz bibliothekarischer Ausbildungsstätten (KBA): Aus- und Fortbildungskonzept. - In: Bibliotheksdienst 27 (1993) S. 1049–1054, hier S. 1052. Detlef Skalski: Die Institutionalisierung der Bibliothekswissenschaft, Bibliothekar-, Informations- und Dokumentationsausbildung in Berlin. - In: Bibliotheken: Service für die Zukunft / hrsg. von Hartwig Lohse. - Frankfurt a. M. 1994 (ZfBB: Sonderheft; 58) S. 179–187.

Daß das keine leichtfertige Spekulation ist, zeigt der Bericht der von Althoff eingesetzten Reorganisationskommission[27] vom 7. Dezember 1888, der den preußischen Erlaß vom 15. Dezember 1893 vorbereitete. Der Bericht stellt zunächst fest, daß „die erste und beste Vorbereitung für den Bibliotheksdienst die abschliessende Erledigung eines Universitätsstudiums in einer der vier Fakultäten ist, nicht eine frühzeitige Einübung gewisser bibliothekstechnischer Fertigkeiten". Weil nun aber „die Bibliotheksbeamten in allen Zweigen ihres Dienstes ohne weitergehende Berücksichtigung ihres ursprünglichen Fachstudiums gleichmässig verwendbar sein müssen und bei der meist kleinen Anzahl von Beamten an einer Bibliothek auch thatsächlich nur als Bibliothekare, nicht als Historiker, Philologen, Juristen oder Theologen verwendet werden", müßten die wissenschaftlichen Fachkenntnisse „nach der bibliothekarischen Seite hin eine Ergänzung erfahren", und dazu sei die „Volontärdienstzeit" da, die mit einer „auf Bibliothekshülfswissenschaften sich beschränkenden *Prüfung*" abzuschließen sei. Diese Prüfung sei nämlich nichts weniger als der „Ausdruck des besonderen, in sich abgeschlossenen Charakters dieser Laufbahn, welche keineswegs als Fortsetzung einer der bestehenden Universitätsstudien gelten kann, sondern ihre eigenen Ziele mit ihren besonderen wissenschaftlichen Hülfsmitteln verfolgt." Im Unterschied zum späteren Erlaß votiert die Kommission dann für eine schriftliche und mündliche Prüfung: Die schriftliche Prüfung sollte aus einer handschriftlichen Arbeit „von mässigem Umfang über einen bibliothekswissenschaftlichen Gegenstand" bestehen; die mündliche Prüfung sollte sich auf griechische, lateinische und deutsche Paläographie, insbesondere auch des späten Mittelalters „in Verbindung mit Buchwesen" erstrecken, auf die Druckergeschichte (besonders der frühen Zeit), auf allgemeine Literärgeschichte

27 Mitglieder dieser im August 1888 von Althoff eingesetzten Kommission waren August Wilmanns (Generaldirektor der Königlichen Bibliothek in Berlin), Otto Hartwig (Oberbibliothekar in Halle) und Karl Dziatzko (Oberbibliothekar in Göttingen). Aufgabe der Kommission war zunächst die Vereinfachung der Katalogisierungsregeln gewesen, dann aber waren Pflichtexemplarrecht und Zulassung zum Bibliotheksdienst als Beratungsgegenstände dazugekommen. Die Kommissionsmitglieder hatten zur schnelleren Bearbeitung die drei Themen unter sich aufgeteilt: Wilmanns hatte sich die Vereinfachung der Katalogisierungsregeln vorgenommen, Hartwig das Pflichtexemplarrecht und Dziatzko die Zulassung zum Bibliotheksdienst. Dazu Milkau (wie Anm. 1) S. 652.

und Bibliographie sowie schließlich auf die Theorie des Bibliothekswesens, die in Klammern durch den Begriff „Bibliotheksverwaltungslehre“ erläutert wurde.[28]

Wenn man auf der einen Seite der Bewährung über die Praxis (der „frühzeitigen Einübung gewisser bibliothekstechnischer Fertigkeiten“) einen Riegel vorschob, um die Laufbahn statt dessen über eine amtliche Prüfung zu konstituieren, dann mußte man auf der anderen Seite das Problem lösen, daß die künftigen bibliothekarischen Laufbahnbeamten ja alle bereits an einer Hochschule geprüft (und promoviert) waren und also die bibliothekarische Laufbahnprüfung nicht als wissenschaftliche Prüfung konzipiert werden konnte. Dieses Dilemma wurde mit einem dialektischen Dreischritt gelöst: eine mögliche Ausbildung über die praktische Bewährung (These) negierte man durch das Universitätsstudium als „erster und bester Vorbereitung“ für das bibliothekarische Amt (Antithese); und das Studium wiederum wurde durch die Bibliothekshilfswissenschaften negiert, in denen Praxis und Theorie zur Synthese kommen sollten. Diese Synthese meinte die Kommission, als sie davon sprach, die Bibliothekshilfswissenschaften würden das Korpus „der für die Bibliothekslaufbahn erforderlichen besonderen Kenntnisse und Fertigkeiten“ bereitstellen[29] und die Unterschiede der absolvierten Fachstudien abschleifen, um einen einheitlichen und gleichmäßig verwendbaren Beamtenkörper entstehen zu lassen.[30] Die Bibliothekshilfswissenschaften

28 Bericht, betreffend die Festsetzung von Bedingungen für die Zulassung zum Bibliotheksdienst [ohne Datum]. Universitäts- und Staatsbibliothek Göttingen, Nachlaß Dziatzko, Cod. Ms. K. Dziatzko 68,7. Das Datum 7. Dezember 1888 für diesen Bericht hat Milkau (wie Anm. 1) S. 652, der nach den Akten der Berliner Staatsbibliothek zitiert. Der an der Universitäts- und Staatsbibliothek Göttingen aufbewahrte „Eingeforderte Bericht des Oberbibliothekars Prof. Dziatzko in Göttingen über die Einrichtung eines Kursus für Bibliotheksvolontäre an der Universitätsbibliothek zu Göttingen vom 23. Juli 1891“ (Nachlaß Dziatzko, Cod. Ms. K. Dziatzko 68,7) nennt im ersten Satz hingegen den 7. Dezember 1889 als Berichtsdatum: „Durch Bericht vom 7. Dezember 1889 hat eine von Ew. Excellenz dem Herrn Unterrichtsminister eingesetzte Kommission die Bedingungen festzusetzen versucht, welche künftig für die Zulassung zum Bibliotheksdienst gelten.“ Das ist sicherlich ein Schreibfehler.

29 Bericht, betreffend die Festsetzung von Bedingungen für die Zulassung zum Bibliotheksdienst (wie Anm. 28).

30 Vgl. Eingeforderter Bericht des Oberbibliothekars Prof. Dziatzko in Göttingen über die Einrichtung eines Kursus für Bibliotheksvolontäre (wie Anm. 28): Durch einen

als Negation der Negation waren damit als höhere Form von Wissenschaft inthronisiert, als eine die Fachstudien übertreffende praktische Wissenschaft nämlich, die aus dem Elfenbeinturm heraustrat, um zu handeln.

Tatsächlich war man damit aber nicht in einem besonders fortgeschrittenen Stadium von Wissenschaft angekommen, sondern an den Anfang des 19. Jahrhunderts zurückversetzt,[31] als Friedrich Adolf Ebert von den Bibliothekaren „gründliche Vorkenntnisse" gefordert hatte, die an Umfang die Kenntnisse „von Gelehrten anderer Fächer" übertreffen sollten, wonach man sich die eigentlichen bibliothekarischen Kenntnisse in der Praxis zu erwerben habe.[32] Indem diese bibliothekarische Praxis darin bestehen sollte, sich selbst die Genüsse gelehrter schriftstellerischer Arbeit zu versagen und ganz im Dienst für andere aufzugehen (S. 55), durfte der Ebertsche Bibliothekar vom Staat in einer Laufbahnprüfung die Approbation seines Verzichts verlangen und ein höheres Gehalt fordern (S. 58 f.). Just diese Konzeption von bibliothekarischer Bildung, die Wissenschaft in einer Negation von Wissenschaft zu übertreffen, wird also in Preußen am Ende des 19. Jahrhunderts realisiert und unter dem Namen Bibliothekshilfswissenschaften als akademische Disziplin sanktioniert.

Aber sowenig wie Eberts Überbietungsgeste des Gelehrten gelingen konnte, sondern in einem zusammenhanglosen Katalog von Fächern zerbrechen mußte, um in der Forderung nach einem Studium der Enzyklopädie den Zusammenhalt des Disparaten nur noch beschwören zu können, sowenig können die Bibliothekshilfswissenschaften als Negation der

Kursus für Bibliotheksvolontäre würde, „was ich nicht als den geringsten Gewinn ansähe, mehr Einheit in die gesammte Thätigkeit der Bibliotheksbeamten kommen und ihr bisheriges Fachstudium erst die wünschenswerthe Richtung auf ihren erwählten Lebensberuf erhalten. Es ist dies um so nöthiger, als gerade bei dieser Beamtenklasse die Fakultätsstudien ganz besonders verschieden sind und der inneren Einheit entbehren."

31 Zum Folgenden Uwe Jochum: Das Opfer der Schrift: Zur beruflichen Identität der Bibliothekare im 19. Jahrhundert. - In: Wolfenbütteler Notizen zur Buchgeschichte 21 (1996) S. 166–184 und Uwe Jochum: Die vergebliche Suche nach dem Allgemeinen: 100 Jahre Höherer Dienst. - In: Arbeitsfeld Bibliothek / hrsg. von Hartwig Lohse. - Frankfurt a. M. 1994 (ZfBB: Sonderheft; 59), S. 39–50.

32 Friedrich Adolf Ebert: Die Bildung des Bibliothekars. - 2., umgearb. Ausg. - Leipzig 1820, S. 11 ff. Weitere Nachweise im Text.

Negation eine höhere Form von Wissenschaft sein. Vielmehr bleiben sie ein Sammelsurium philologisch-historischer Hilfswissenschaften, deren disziplinäre Einheit der Staat stiftet, der für die einheitliche Laufbahn mit einheitlichem Beamtenkörper eine einheitliche Laufbahnprüfung braucht und den Fächerkanon für diese Prüfung als Bibliothekshilfswissenschaften firmieren läßt.

Damit zerfällt aber die bibliothekarische Vorbildung für den Beruf in zwei völlig disparate Teile. Auf der einen Seite finden wir eine „Vorbildung" im Sinne all der Instrumente, die es zur juristischen Stabilisierung des Berufes braucht, und dazu gehört in erster Linie die Laufbahnprüfung, die flankiert wird durch eine Dienstaltersliste und die Gleichstellung der Bibliothekare mit den Lehrern;[33] auf der anderen Seite aber wird unter „Vorbildung" der berufsspezifische Bildungskanon der Bibliothekare verstanden, der in einer Überbietungsgeste der Wissenschaft besteht und ins Leere laufen muß, weil die Überbietung der Wissenschaft auch bei angestrengtester Dialektik nicht in Praxis umschlagen kann, sondern Wissenschaft bleibt – und sei es eben eine wissenschaftlichere Wissenschaft.

33 Der Bericht, betreffend die Festsetzung von Bedingungen für die Zulassung zum Bibliotheksdienst (wie Anm. 28) begann ja bezeichnenderweise mit dem Satz: „Die gegenwärtig herrschende grosse Verschiedenheit in den Ansprüchen, welche die Vorsteher der Königlichen Bibliotheken Preussens an die Volontäre und wissenschaftlichen Hülfsarbeiter bei deren Eintritt stellen, hat nicht nur eine unzweifelhafte Ungleichmässigkeit in Bezug auf Tüchtigkeit und Verwendbarkeit jener zur Folge, sondern namentlich auch eine sehr grosse Unsicherheit bei Berechnung des Dienstalters dieser Klasse von Beamten." Althoffs Reorganisationsplan aus dem Jahr 1888, auf den das alles zurückgeht, nennt als Arbeitsvorhaben „7. Bibliotheken. Gruppenbildung, Verhältnis zu den Anstaltsbibliotheken, Bibliotheksfrage für Berlin, Laufbahn, Dienstaltersliste, Katalogisierung, Doublettenwesen, Pflichtexemplare." Der Plan ist abgedruckt bei Bernhard vom Brocke: Hochschul- und Wissenschaftspolitik in Preußen und im Deutschen Kaiserreich 1882–1907: das „System Althoff". - In: Bildungspolitik in Preußen zur Zeit des Kaiserreichs / hrsg. von Peter Baumgart. - Stuttgart 1980 (Preußen in der Geschichte; 1), S. 9–118, hier S. 49, Anm. 102. Zur Dienstaltersliste siehe Schochow (wie Anm. 1) S. 66. Zur Althoffschen Bibliotheksreform siehe auch Arnold Sachse: Friedrich Althoff und sein Werk. - Berlin 1928, S. 285–294.
In den 20er Jahren wird endlich auch das Referendarsgehalt durchgesetzt. Vgl. Heinrich Uhlendahl: Die Neuregelung der Anwärterfrage im wissenschaftlichen Bibliotheksdienst. - In: ZfB 38 (1921) S. 183–193. Heinrich Uhlendahl: Die einheitliche Gestaltung der bibliothekarischen Berufsverhältnisse im Reich und in den Ländern. - In: ZfB 39 (1922) S. 303–320.

Kurz: Die vieldebattierte „Bildung des Bibliothekars" ist im Grunde gar nicht als Frage inhaltlicher Bildung diskutierbar, denn diese eigenständigen Inhalte gibt es nicht; statt dessen ist die „Bildung des Bibliothekars" schlicht als Genitivus obiectivus zu verstehen, d. h. als die vom Staat inaugurierte Konstituierung eines einheitlichen Beamtenkörpers durch Einrichtung einer einheitlichen Laufbahn.[34]

Hinzu kommt, daß der solchermaßen gebildeten Laufbahn unvermittelt eine bibliothekarische Praxis gegenübersteht, die zwar formal in der „Bibliotheksverwaltungslehre" als Prüfungsfach aufgehoben wurde,[35] aber damit nicht mehr sein konnte, was sie sein wollte: Praxis. Man wundert sich daher nicht, daß die Bibliotheksverwaltungslehre im Prüfungskanon eine randständige Position einnimmt,[36] denn die nicht disziplinierbaren Singularitäten der Praxis gefährden nicht nur die geforderte disziplinäre Einheit der Bibliothekshilfswissenschaften, sondern verweisen zugleich auch darauf, daß die Praxis jenes Korpus von Kenntnissen ist, die man nur im praktischen Tun erwirbt – ganz ohne formale Prüfung. Damit hätte man freilich keine Laufbahn begründen können.[37]

34 Leyh (wie Anm. 1) S. 17 hat das unwillentlich richtig formuliert: „Noch stärker aber muß betont werden, daß die eigentliche Bedeutung der Berufsordnung von 1893 gar nicht im Detail der Ausbildungsvorschriften liegen konnte, sondern durchaus in den Forderungen für die Vorbildung, d. h. in den Bedingungen für die Zulassung zur Ausbildung."

35 Zur Begründung schrieb Dziatzko im Eingeforderten Bericht (wie Anm. 28): „Um ferner dem Nachtheil einer mechanischen Angewöhnung an die Verwaltungspraxis dieser oder jener Bibliothek vorzubeugen, sollten besondere Vorträge die verschiedenen [Bibliotheks-] Systeme möglichst vollständig darlegen und ihre Vorzüge und Mängel sachlich beleuchten."

36 Im § 7 des preußischen Erlasses von 1893 steht die Bibliotheksverwaltungslehre zwar an erster Stelle, aber das Gewicht der Prüfung liegt auf den philologisch-historischen Kenntnissen. Diese Gewichtsverteilung wird noch deutlicher am Bericht, betreffend die Festsetzung von Bedingungen für die Zulassung zum Bibliotheksdienst (wie Anm. 28), der die „Theorie des Bibliothekswesens (Bibliotheksverwaltungslehre)" erst an vierter Stelle nennt. Kritisch dazu Milkau (wie Anm. 1) S. 660. Die Münchner Bibliothekskurse setzen keine anderen Akzente, siehe Schnorr von Carolsfeld (wie Anm. 7). Den Stundenplan des Münchner Ausbildungsjahrganges 1926/27 hat Milkau (wie Anm. 1) S. 665 f.

37 Es ist daher keineswegs nur ein Kuriosum, daß die Literärgeschichte Prüfungsfach war und damit in einem Fach geprüft wurde, das es schon 1893 nicht mehr als Universitätsfach gab und das als Synthese von Gelehrtengeschichte und Bibliographie auch nicht wiederzuerwecken war. Dazu Wilhelm Herse: Literärgeschichte

Diese Probleme überspielt ein legitimatorischer Diskurs, der immer wieder die eigenständige „Bildung der Bibliothekare“ im Sinne einer inhaltlichen Bildung bemüht, wo es im Grunde um die formale Laufbahnkonstitution geht. So befaßte man sich auf dem vom Verein Deutscher Bibliothekare[38] ausgerichteten vierten Bibliothekartag in Halle im Jahre 1903 in zwei Vorträgen ausführlich mit der „Vorbildung zum bibliothekarischen Beruf“, um zunächst Friedrich Adolf Eberts Vorstellungen als „auch heute noch durchaus modern“ zu preisen und die Bestimmungen des zehn Jahre alten preußischen Erlasses als Anforderungsprofil für einen wissenschaftlichen Bibliothekar zu wiederholen.[39] Sodann gab ein kurzer historischer Rückblick über unterschiedliche Ausbildungskonzeptionen Gelegenheit, einen neuen Gegner dingfest zu machen. Wer nämlich ein grundständiges Studium der Bibliothekswissenschaft – nicht: der Bibliothekshilfswissenschaften! – fordere, der würde damit zwar „eine größere Gleichmäßigkeit in der Bildung der Bibliotheksbeamten“ erreichen, aber das Resultat wären „Schablonen-Bibliothekare“, die man nicht wollen könne, weil die Bibliotheken doch „wissenschaftliche Institute“ seien, die zur „sachgemäßen Pflege der auf ihnen vertretenen Wissenschaften“ fachwissenschaftlich gebildete Beamte benötigten.[40] Triftig ist das Argument indessen nur, wenn die Bibliotheken tatsächlich wissenschaftliche Institute sind und die wissenschaftlichen Beamten auf den Bibliotheken als Wissenschaftler im Rahmen ihrer Fachwissenschaft arbeiten. Genau dagegen aber hatten sich ja von Anfang an die Überlegungen der preußischen Reorganisationskommission gerichtet, die in ihrem Gutachten vom 7. Dezember 1888 ausdrücklich formuliert hatte, daß die „Beamten an einer Bibliothek auch thatsächlich nur als Bibliothekare, nicht als Historiker, Philologen, Juristen oder Theologen verwendet wer-

(Gelehrtengeschichte) als Wissenszweig des Bibliothekars. - In: ZfB 50 (1933) S. 528–535. – Vielmehr ist das der schönste Beleg dafür, daß es bei der Konstruktion eines Kanons von Prüfungswissen auf praktische und/oder wissenschaftliche Relevanz des zu Wissenden nun wirklich nicht ankommt.

38 Der Verein Deutscher Bibliothekare führt das Problem von Bildung und Laufbahnkonstitution in seiner Satzung mit, wenn er sich in § 3 definiert als personaler Fachverband der „wissenschaftlich *vor*gebildeten Bibliothekare des Deutschen Reichs“. Die Satzung ist abgedruckt im ZfB 17 (1900) S. 423 f.; Hervorh. d. Verf.

39 Gerhard (wie Anm. 2) S. 9 f.

40 Ebenda S. 12.

den“ sollen. Kurz: Die „Schablonen-Bibliothekare“, die man so sehr fürchtete, hatte man sich mit dem preußischen Erlaß von 1893 längst eingehandelt.

Tatsächlich macht der Ausschluß eines grundständigen bibliothekswissenschaftlichen Studiums nur Sinn vor dem Hintergrund der dem Bibliothekarsberuf von Ebert implementierten Überbietungs- und Negationsgeste von Wissenschaft. Die Bibliothekswissenschaft als akademische Disziplin und deren Studium als Voraussetzung für den bibliothekarischen Beruf hätte nämlich bedeutet, auf die Überbietungsgeste zu verzichten, die die Bibliothekare dadurch zu wahren Gebildeten zu machen versprach, daß sie dank ihrer enzyklopädischen Bildung den ihren Fachstudien ergebenen Wissenschaftlern überlegen waren – hinfort wäre die Bibliothekswissenschaft vielmehr ein akademisches Fach unter anderen gewesen. Zugleich hätte das die Chance geboten, die Bibliothekswissenschaft als eine Wissenschaft von den Bibliotheken zu begründen, die wie die Staats- oder Rechtswissenschaft auf ein gut umschreibbares Feld von Praktiken bezogen und daher direkt berufsqualifizierend war.[41] Wollte man aber auf die Überbietungsgeste als identitäres Moment des bibliothekarischen Berufs nicht verzichten, dann blieb nichts anderes übrig, als die Negation der Praxis auch weiterhin nicht in eine Bibliothekswissenschaft umschlagen zu lassen.

Das machte auf dem Hallenser Bibliothekartag das anschließende Koreferat von Schnorr von Carolsfeld deutlich, der rundheraus erklärte: „Eine Professur für Bibliothekswissenschaft genügt unserem Bedürfnisse nicht.“[42] Das von ihm entworfene Ausbildungsmodell, das in München zwei Jahre später dann tatsächlich umgesetzt wurde, betonte vielmehr wie gehabt die Vorbildung im Sinne einer „gründlichen Durchbildung in einer Fachwissenschaft“, woran sich eine theoretisch-praktische bibliothekarische Ausbildung anzuschließen habe, die „notwendigerweise durch ein Examen ihren Abschluß finden“ müsse. Warum „notwendigerweise“? Weil

41 Genau das war die Absicht Schrettingers gewesen, als er den Terminus Bibliothekswissenschaft erfand. Siehe Martin Schrettinger: Versuch eines vollständigen Lehrbuches der Bibliothek-Wissenschaft oder Anleitung zur vollkommenen Geschäftsführung eines Bibliothekärs in wissenschaftlicher Form abgefaßt. - 2 Bde. - München 1808–1829.

42 Schnorr von Carolsfeld (wie Anm. 8) S. 17.

„ohne eine solche Vorbildung mit ernster Prüfung am Ende ... es uns schwer gelingen [wird], die Bibliothekslaufbahn als eine selbständige, neben den anderen Beamtenkategorien gleichberechtigte herauszuarbeiten."[43]

Diese Gleichberechtigung hatte man rein äußerlich in dem Moment erreicht, als die in einer Staatsprüfung gebildeten Laufbahnbeamten auch die Mehrheit der Berufsbibliothekare stellten. Das war zu Beginn der 30er Jahre der Fall.[44]

Doch inzwischen hatte das Laufbahnrecht, durch das die Laufbahnprüfung zur „Seele" des Berufs wurde,[45] ein neues Faktum produziert. Nach vielem Klagen über die Belastung des wissenschaftlichen Bibliotheksdienstes mit alltäglichen Quisquilien schuf der preußische Staat dem Höheren Dienst im Jahre 1909 nämlich einen „Helfer, der ihm erst den Kopf und die Hände frei gemacht hat für jede höhere Leistung: Das ist der technisch ausgebildete mittlere Bibliotheksbeamte."[46] Dieser „Helfer" war indessen überwiegend weiblichen Geschlechts,[47] und daran ist nicht die bibliothekarische Reprise der Schöpfungsgeschichte schuld, sondern die Tatsache, daß den Frauen, die zu Beginn des Jahrhunderts erst allmählich zum Studium zugelassen wurden,[48] zunächst gar nichts anderes übrig blieb, als die Laufbahn des Mittleren Dienstes einzuschlagen, wenn sie denn in den Bibliotheken arbeiten wollten.

Damit wurde jene geschlechtsspezifische Arbeitsteilung begründet, die den Beruf bis heute prägt: Die alltägliche Praxis wird Frauensache, während sich die Männer dank Studium und Referendariat zu dem qualifizie-

43 Ebenda S. 15.

44 Schochow (wie Anm. 1) S. 88.

45 Uhlendahl: Die einheitliche Gestaltung (wie Anm. 33) S. 310: „Mit der Fachprüfung steht und fällt unser Berufsleben, sie ist geradezu die Seele desselben."

46 Milkau (wie Anm. 1) S. 679.

47 Dazu Schochow (wie Anm. 1) S. 67 f.

48 In Baden waren Frauen zum Universitätsstudium schon ab 1900 zugelassen, in Preußen jedoch erst ab 1908. Siehe Thomas Erdmann Fischer: Die Anfänge des Frauenstudiums in Deutschland: Das Beispiel der Universität Kiel. - Trier 1996, S. 35–41. Da aber die Hälfte der deutschen Universitäten preußische Universitäten waren, findet der eigentliche Umbruch erst mit der Zulassung des Frauenstudiums in Preußen statt, wobei man sich über die Quantitäten natürlich keine Illusionen machen darf: 1914 waren erst 6,31% der Studenten Frauen. Siehe Ulla Bock, Anne Braszeit, Christiane Schmerl: Frauen im Wissenschaftsbetrieb. - Weinheim u.a. 1983, S. 5.

ren, wozu sich Frauen fürs erste nicht qualifizieren können: zu Leitungsaufgaben.[49]

Aber die weiblichen Helfer, die „dem wissenschaftlichen Personale eine Fülle von Arbeit mechanischer Art abnehmen" sollten,[50] waren bald mit „Ordnungsarbeiten, Aufnahme von Titelzetteln" und ähnlichem[51] nicht mehr zufrieden und taten genau das, was „der Mann von gleichem Bildungsgrad von solcher Stellung aus" tat: nämlich „weiter streben",[52] will sagen: sich immer mehr jener Tätigkeitsfelder aneignen, die bislang als Tätigkeitsfelder des Höheren Dienstes gegolten hatten, so daß man „die Verlagerung hergebrachter qualifizierter Aufgaben auf die in der Hierarchie folgende, nächst jüngere Laufbahn" bündig als das „Charakteristikum der Epoche" bezeichnet hat.[53] Dadurch war freilich der dialektischen Doppelnegation, die den Höheren Dienst bildete, der Boden entzogen und jedenfalls die Frage der internen und externen Laufbahngrenzen gestellt.[54]

Daß diese Grenzziehung gelang und das gewohnte bibliothekarische Laufbahnsystem nicht zusammenbrach, hat im wesentlichen zwei Gründe.

Zum einen erwies sich das Laufbahnrecht über lange Zeit von zäher Stabilität, so daß erst in der jüngst aufgekommenen Debatte um eine staatliche Deregulierung die überkommenen Laufbahn- und Aufstiegskriterien auch im Bibliothekswesen in Frage gestellt wurden.[55] Zum andern aber

49 Das beginnt sich erst ab 1920 zu ändern, als man auch Frauen für die Ausbildung zum Höheren Bibliotheksdienst zuließ. Der VDB nimmt weibliche Mitglieder seit 1921 auf. Siehe Schochow (wie Anm. 1) S. 73.

50 Schnorr von Carolsfeld (wie Anm. 7) S. 299.

51 G. Fritz: Frauen im Bibliotheksdienst. - In: ZfB 24 (1907) S. 217–229, hier S. 218.

52 So von Harnack in der Diskussion des Fritz'schen Vortrages, ebenda S. 228.

53 Schochow (wie Anm. 1) S. 86.

54 Das ist das eigentliche Thema, das sich unter dem lange Zeit beliebten Diskussionsgegenstand „Frauen im Bibliothekswesen" verbirgt. Dazu Christa Schwarz: Die Anfänge des bibliothekarischen Frauenberufs im wissenschaftlichen Bibliothekswesen Deutschlands 1899–1911. - In: Buch – Bibliothek – Leser: Festschrift für Horst Kunze zum 60. Geburtstag. - Berlin 1969, S. 421–434. Zur Grenzziehung während der Anfangsphase siehe auch Müller (wie Anm. 16).

55 Uwe Jochum: Die Situation des höheren Dienstes. - In: Bibliotheksdienst 32 (1998) S. 241–247. Helmut Oehling: Wissenschaftlicher Bibliothekar 2000 – quo vadis? - In: Bibliotheksdienst 32 (1998) S. 247–254. Peter te Boekhorst, Harald Buch, Klaus Ceynowa: „Wissenschaftlicher" Bibliothekar 2000 – Hic Rhodus, hic salta! - In:

fungierte der bibliothekarische Bildungsdiskurs immer auch als ein perfekter Abgrenzungsdiskurs gegenüber anderen Laufbahnen, indem man das formale Laufbahnkriterium als inhaltliches Differenzkriterium aktivierte und folglich darauf beharren konnte, daß in der wissenschaftlichen Bildung – auf die man doch gerade um des Berufes willen Verzicht zu leisten hatte – das wesentliche Unterscheidungsmerkmal zu anderen Laufbahnen zu finden sei.

Besonders deutlich zeigte sich das auf dem 1951 in Münster abgehaltenen ersten gemeinsamen Kongreß deutscher Bibliothekare, der unter dem Sternzeichen „Bibliothek und Bildung" stattfand. Schon in seiner Begrüßungsansprache machte Hermann Tiemann, der stellvertretende Vorsitzende des Vereins Deutscher Bibliothekare, deutlich, um was es gehen sollte: Angesichts der „Gefahren der Spezialisierung", die eine „Differenzierung in den Aufgaben" und daher „eine äußerlich durchaus gerechtfertigte Trennung der Personalverbände" mit sich gebracht hatte, sollte sich der Blick nunmehr wieder auf die „gemeinsamen Aufgaben" richten, damit „der Zusammenhang, der richtige Blickpunkt, der Mittelpunkt nicht verloren" gehe: „nur dann kann unsere Arbeit in die rechte Tiefe der Menschen gehen."[56] Und ebendieser Mittelpunkt sollte sich in dem „vielschichtigen Bildungsbegriff und Bildungsprozeß" finden lassen.[57]

Wie man diesen Fund machen könnte, führte Hanns W. Eppelsheimer in seinem Beitrag vor. Nachdem er zunächst die skeptische Zeitdiagnose rekapituliert hatte, wonach Bildung zwischen den „Trümmern unserer Welt ... offenbar keinen Lebenswert, in unserem Lebensgefühl kein konstitutives Element" mehr darstellt,[58] sprach er sich dafür aus, am europäischen Projekt der „Fundamentierung einer neuen Bildung" mitzuarbeiten, die „eher auf breite Basis als auf lange Tradition, eher auf Universalität als auf Geschichtlichkeit zu stellen" sei, wobei „ihre Funktion im Leben des europäischen Menschen die alte bleiben" werde (S. 195): „Bildung als der Wille, teilzuhaben am geistigen Kosmos, am Erbe der Vergangen-

Bibliotheksdienst 32 (1998) S. 686–693 und schließlich Uwe Jochum, Helmut Oehling: Die das falsche Steckenpferd reiten. - In: Bibliotheksdienst 32 (1998) S. 857–865.

56 Hermann Tiemann: Begrüßung. - In: Nachrichten für wissenschaftliche Bibliotheken 4 (1951) S. 189–193, hier S. 191.

57 Ebenda S. 192.

58 Hanns W. Eppelsheimer: Bildung und Bibliothek. - In: NfwB 4 (1951) S. 193–197, hier S. 193 f. Weitere Nachweise im Text.

heit und an der Neuschöpfung der Zeitgenossen – ist das Erlebnis des Individuums." (S. 196) Und dieses Erlebnis sollte seinen Ort in den „universalen Bibliotheken", besonders den Universitätsbibliotheken, haben, weil diese „der spezielleren wissenschaftlichen Aufgaben enthoben" seien und dadurch „den allgemeineren, d. h. eben den Bildungsaufgaben, im rechten Augenblick zurückgegeben werden" könnten (S. 196). Indem die Wissenschaftliche Universalbibliothek also „der bedrohlichen Spezialisierung, Vereinzelung und Aufspaltung des Menschen" entgegenwirke (S. 196 f.), verhindere sie jenen „Abfall vom ganzen Menschen", der zu Vereinzelung und Vereinsamung führe und unter dem Banner der Spezialisierung, deren Tempo sich durch die modernen Nachrichten- und Verkehrsmittel und den „Wettbewerb über alle Grenzen" beschleunige, „das Aufgehen in der Masse" suche (S. 196).

Liest man diese Ausführungen nun nicht als ein Plädoyer für eine allfällige Bildung durch Bibliotheken, sondern als einen Abgrenzungsdiskurs, dann sind sie von der überraschend schlichten Logik eines Syllogismus: Bildung ist nicht spezialistisch, sondern orientiert auf einen „geistigen Kosmos"; die universalen Universitätsbibliotheken sind spezialistischer Aufgaben enthoben; also sind die universalen Universitätsbibliotheken Stätten der Bildung.

Ergänzen muß man dann nur noch, daß im Rahmen dieser Logik der universale Universitätsbibliothekar im Höheren Dienst als geborener Verwalter von Bildung auftritt und mit leisem Vorbehalt gegen „die allzu schnelle Technisierung, die entseelende Organisation und Apparatur" für den „ganzen Menschen" arbeitet (S. 197).

Dank dieser Logik gelang es dann natürlich leicht, den „Zusammenklang"[59] der in Laufbahnen und Personalverbände differenzierten Berufsbibliothekare herzustellen. Wenn nämlich Bildung der Mittelpunkt war, um den sich das gesamte Bibliothekswesen zentrierte, und wenn in der innersten Mitte dieses Mittelpunktes die Wissenschaftliche Universalbibliothek mit dem wissenschaftlich vorgebildeten Bibliothekar im Höheren Dienst zu finden war, dann kreiste das gesamte Bibliothekswesen in kosmischer Harmonie um diese Zentralsonne und war damit meilenweit entfernt von der gefürchteten „mechanischen Organisation".[60] Das

59 Tiemann (wie Anm. 56) S. 192.
60 Eppelsheimer (wie Anm. 58) S. 196.

erklärt, warum sich die öffentlichen und die Spezialbibliotheken beeilten, dem Bildungsideal ihren Tribut zu zollen.[61]

Georg Leyh hat diese Bildungslogik in seiner ein Jahr nach dem Münsteraner Kongreß erschienenen *Bildung des Bibliothekars* kodifiziert, als er nicht nur im Titel seiner Schrift das Werk Friedrich Adolf Eberts zitierte, sondern auch im Text den enzyklopädischen Bildungskanon Eberts aufrief, durch den ein Bibliothekar über dem Spezialistentum stehe und in diesem Darüberstehen allererst zum Bibliothekar werde.[62] Freilich: anstatt eines ungebrochenen Glaubens an eine universale Bildung findet sich bei Leyh ein tragisch-heroischer Gestus, der aus der Spannung zwischen geforderter bibliothekarischer Bildung und bildungslosem bibliothekarischem Alltag resultiert, aber daraus zogen weder er noch seine Berufsgenossen den Schluß, auf Bildung zu verzichten und sich jener Spezialisierung zu überlassen, die Max Weber schon 1919 eingeklagt hatte.[63] Viel lieber zitierte Leyh die Schlußworte von Webers Vortrag, wonach man der „Forderung des Tages" gerecht zu werden habe.[64] Und er hätte sich wohl auch Webers Auffassung angeschlossen, daß jeder den Dämon finden müsse, „der *seines* Lebens Fäden hält",[65] was bibliothekarisch gesprochen zweifellos heißen würde, dem Dämon Bildung auch weiterhin das Opfer der Wissenschaft zu bringen, weil nur dieses Opfer die Identität des Berufsstandes verbürge.

Als man in den 60er Jahren dazu überging, statt dem Dämon Bildung nunmehr anderen Dämonen wie Management und Datentechnik zu opfern,[66] da perpetuierte man die von Dziatzko dem Laufbahnberuf mitgegebene Fixierung auf eine „innere Einheit", um freilich die Frage beantworten zu müssen, wieso man zur Erledigung höchst praktischer

61 Siehe die Vorträge von Jansen (Stadtbücherei Essen) und Gehring (Bibliothek der Technischen Hochschule Stuttgart) auf dem Bibliothekskongreß in Münster. Abgedruckt in NfwB 4 (1951) S. 197–204 (Jansen) und S. 205–211 (Gehring).

62 Georg Leyh: Die Bildung des Bibliothekars. - 2., überprüfte Aufl. - Darmstadt 1968, S. 11. Dazu und zum Folgenden Jochum: Die vergebliche Suche nach dem Allgemeinen (wie Anm. 31) S. 45 f.

63 Max Weber: Wissenschaft als Beruf. - Stuttgart 1995.

64 Ebenda S. 45. Leyh zitiert das etwas inkorrekt in seiner Bildung des Bibliothekars (wie Anm. 62) S. 79.

65 Weber (wie Anm. 63) S. 45.

66 Zum Folgenden Uwe Jochum: Die Aufgabe des höheren Dienstes. - In: Der Ort der Bücher / hrsg. von Uwe Jochum. - Konstanz 1996, S. 69–79.

informationstechnischer und Managementaufgaben nach gewohnter Weise auf Altphilologen oder Mathematiker mit bibliothekarischer Zusatzausbildung zurückgreifen sollte.[67] Brauchte man für diese neuen Aufgaben nicht Spezialisten statt bibliothekarischer Generalisten?

Die Unsicherheiten über die neuen Verhältnisse führten seit Mitte der 70er Jahre verstärkt zu Diskussionen über ein zeitgemäßes Berufsbild, das vom Verein Deutscher Bibliothekare schließlich im Jahre 1984 vorgelegt wurde.[68] War die darin genannte Trias von „wissenschaftlichen Fachaufgaben", „Leitungsaufgaben" und „Aufgaben in Lehre und Forschung" auch der Erkenntnis geschuldet, daß „Bibliothekar zu sein heißt, einen vielfältigen Beruf zu haben",[69] so führte diese Erkenntnis jedoch keineswegs zur Anerkenntnis einer notwendigen Spezialisierung mit gleichwertigen beruflichen Aufstiegschancen im jeweiligen spezialisierten Berufssegment. Vielmehr wurde der vielfältige Beruf zurückgefaltet auf die Einfalt des Laufbahnrechts, indem man als typische Berufsfelder das Fachreferat, die Leitung von Organisationseinheiten und schließlich die Direktion einer Bibliothek aufrief und also eine Klimax konstruierte, die erst am Ende zur Antiklimax der Dozentur an einer bibliothekarischen Ausbildungsstätte abbrach (S. 148 f.). Streicht man aus dieser Liste die Dozentur als ortlosen Appendix aus, zeigt sich erneut jenes wohlvertraute Schema, das über wissenschaftliche Aufgaben (das Fachreferat) zu Leitungsaufgaben als dem eigentlichen Ziel aller Mühen führt. Es wundert daher nicht, daß das Berufsbild von 1984 die bekannten formalen Voraussetzungen von Universitätsstudium und Laufbahnprüfung wiederholt, um unter der Rubrik „Persönliche Voraussetzungen" deutlich zu machen, wie das Ziel heißt: „Befähigung zur Anleitung und Führung von Mitarbeitern" (S. 150).

Wenn aber die Befähigung zu Leitungsaufgaben als persönliche Voraussetzung firmiert, dann bleibt unklar, was ein laufbahnrechtlich vorge-

67 In Bezug auf Managementaufgaben hat das niemand so deutlich gefragt wie Hermann von Kortzfleisch: Die Bibliothek als Betrieb aus betriebswirtschaftlicher Sicht. - In: ZfBB 19 (1972) S. 193–202.

68 Verein Deutscher Bibliothekare: Berufsbild des wissenschaftlichen Bibliothekars. - In: ZfBB 31 (1984) S. 131–150, darin S. 132–140 eine äußerst lesenswerte Einleitung von Hermann Havekost unter dem Titel „Zum Berufsbild". Weitere Nachweise im Text.

69 Havekost, ebenda S. 138.

schriebenes Referendariat an dieser Voraussetzung noch verbessern könnte. Als daher eine Anfang der 90er Jahre durchgeführte Umfrage unter den Referendaren deutlich machte, daß das Referendariat eine ganz ungenügende Vorbereitung auf die legitimatorischen Kernkompetenzen von Leitung und Management bietet,[70] sah der Vorsitzende der Kommission für Ausbildungsfragen des Vereins Deutscher Bibliothekare die Notwendigkeit, „das Berufsbild des wissenschaftlichen Bibliothekars von Grund auf neu zu überdenken und mit diesem revidierten Bild als Zielvorstellung neue Empfehlungen für eine in Theorie und Praxis erfolgversprechende Ausbildung zu erarbeiten."[71]

Dieses revidierte Bild erschien rechtzeitig vor der Jahrtausendwende unter dem programmatischen Titel „Berufsbild 2000".[72] Darin wurde nun zwar der Tatsache Rechnung getragen, daß sich die „Qualifikationshierachie" verschieben und das „Zusammenwachsen der Berufsfelder im Medien- und Informationsbereich ... auch Auswirkungen auf die innerbetriebliche Organisation haben" wird (S. 56 f.), aber wie sich das auf Laufbahnrecht und Ausbildung auswirken würde, verschwieg man, weil das „Berufsbild 2000" als ein gemeinsames Berufsbild aller bibliothekarischen Laufbahnen und Sparten konzipiert war und von daher schon alle Unterschiede negieren mußte. Am deutlichsten wird das im sechsten Kapitel, das dem Bibliotheksmanagement gewidmet ist und die bislang dem Höheren Dienst zugesprochenen Leitungskompetenzen nun von „allen Bibliotheksmitarbeitern" erwartet (S. 41). Wenn man am Ende viele dieser Leitungskompetenzen gar „nur in vielfältigen Berufserfahrungen in Schlüsselpositionen innerhalb von Bibliotheken" erwerben kann (S. 45), dann wirft das den Beruf auf ebenjene Praxis zurück, aus deren Negation er als Laufbahnberuf überhaupt erst konstruiert wurde.

Fragt man sich daher, wo wir am Ende eines vollen Jahrhunderts bibliothekarischer Berufsausbildung stehen, kann die Antwort nur lauten:

70 Marion Grabka: In welchem Maß erzeugen die praktische und theoretische Ausbildung Kompetenz für die berufliche Tätigkeit des Höheren Dienstes: Ergebnisse einer Umfrage. - In: Bibliotheksdienst 26 (1992) S. 1513–1524.

71 Jobst Tehnzen: Bemerkung. - In: Bibliotheksdienst 6 (1992) S. 1524–1525, hier S. 1524.

72 Berufsbild 2000: Bibliotheken und Bibliothekare im Wandel / erarb. von d. Arbeitsgruppe Gemeinsames Berufsbild d. BDB e. V. unter Leitung von Ute Krauß-Leichert. - Berlin 1998. Weitere Nachweise im Text.

am Anfang. Während die laufbahnrechtlichen Regelungen allgemein akzeptiert sind und noch die jüngsten Vorschläge für eine verwaltungsexterne Ausbildung des Höheren Dienstes ganz selbstverständlich eine Abschlußprüfung fordern, „die zugleich als Laufbahnbefähigung anerkannt wird",[73] zeigt sich, daß die „innere Einheit" des Berufs, von der Dziatzko sich so viel versprochen hat, bis heute problematisch geblieben ist. Der Grund dafür ist in der Rückschau leicht zu erkennen: Der stets aufs neue unternommene Versuch, das Bibliothekswesen terminologisch an den Zeitgeist anzuschließen,[74] um ihm in diesem Anschluß zu einer fraglosen Modernität zu verhelfen, verfehlt das von Max Weber diagnostizierte eigentliche Kennzeichen der Moderne: die Spezialisierung. Indem die Ausbildung sich in einer doppelten Negation nicht nur gegen die Vielfalt der Praxis, sondern vor allem gegen die Vielfalt der Wissenschaften stellt, um im enzyklopädisch-generalistisch gebildeten Bibliothekar die Wissenschaft des „blosse[n] Stuben- oder Kathedergelehrte[n]"[75] zu übersteigen,[76] höhlt sie in ihrem Innersten die Möglichkeit einer professionellen Berufsbildung aus: jenseits von Wissenschaft und Theorie kann es nichts geben, was der professionellen Rede wert wäre.

73 Kommission für Ausbildungsfragen des Vereins Deutscher Bibliothekare: Positionspapier zu einer verwaltungsexternen Ausbildung Wissenschaftlicher Bibliothekare. - In: Bibliotheksdienst 33 (1999) S. 761–770, hier S. 765.

74 So heißt es z. B. im Berufsbild 2000 (wie Anm. 72) S. 10: „An die Stelle eines gesicherten Anforderungskatalogs muß die Formulierung von (Schlüssel-) Qualifikationen bzw. von Kompetenzen treten." Und zu solchen psychologischen Kompetenzen gehöre für den Bibliotheksleiter das „Kommunikationstalent" oder die „Teamfähigkeit" (S. 44). Das sind nun aber Kompetenzen, die man vor 50 Jahren noch ganz selbstverständlich als Effekte von „Bildung" bezeichnet hätte.

75 Ebert (wie Anm. 32) S. 60.

76 Diesen Überstieg findet man noch im Berufsbild 2000 (wie Anm. 72) S. 45. Dort werden vom bibliothekarischen Individuum „gleich auf welcher Ebene ... so umfangreiche und vertiefte Kenntnisse und so breitgefächterte Fähigkeiten" verlangt, „daß eine umfassende Ausbildung erforderlich ist." Ganz anders sieht es aus, wenn man auf die berufsbibliothekarischen Anfänge schaut. Da zeigt sich, daß die Mitglieder der preußischen Reorganisationskommission ungelernte Bibliothekare und gelernte Wissenschaftler waren – vulgo also Professorenbibliothekare. Vgl. Paul Schwenke: Karl Dziatzko. - In: ZfB 20 (1903) S. 133–137. Arnim Graesel: Otto Hartwig. - In: ZfB 21 (1904) S. 97–103. Hans Paalzow: August Wilmanns: Generaldirektor der Königlichen Bibliothek in Berlin. - In: ZfB 60 (1943) S. 1–33.

Engelbert Plassmann

Das Jahrbuch der Deutschen Bibliotheken – Die „Grüne Bibel"

Eine der ersten Unternehmungen des eben aus der Taufe gehobenen Vereins Deutscher Bibliothekare am Beginn des Jahrhunderts war die Begründung des *Jahrbuchs der Deutschen Bibliotheken* – schon im Jahrgang 1 (1902) exakt so genannt. Eine Titeländerung hat es nie gegeben. Und bereits auf dem Titelblatt der ersten Ausgabe war das Jahrbuch nicht nur mit dem Namen des Vereins verbunden, sondern ebenso mit dem des Verlags Harrassowitz, der auch diese Festschrift verlegt und zur Centenarfeier des VDB in Leipzig im Jahre 2000 präsentiert. Beim Titel unseres Periodikums, beim Namen des Vereins und bei der Verbindung beider mit dem Verlag ist es das ganze Jahrhundert über geblieben; die Umbrüche der Zeit haben daran nichts geändert. Die Jahrgänge 34 (1950), 35 (1952) und 36 (1955) erschienen zwar nicht im Verlag Harrassowitz, sondern im Selbstverlag des VDB, wurden für den Vertrieb aber von Harrassowitz übernommen und tragen daher auch den Verlagsnamen auf ihrem Titelblatt[1]; so fehlt er durch all die Jahre in der Tat auf keinem einzigen.

1 An einem baldigen Wiedererscheinen des Jahrbuchs lag den damals Beteiligten sehr. Die Frage, in welchem Verlag das bewährte bibliothekarische Periodikum erscheinen solle, war unter den Umständen der ersten Nachkriegsjahre allerdings nicht ganz leicht zu beantworten; sie hat den Vorstand des VDB intensiv beschäftigt, wie aus den im VDB-Archiv erhaltenen Unterlagen hervorgeht. Zunächst sollte es – einem Rundschreiben Gustav Hofmanns „An die Direktoren der deutschen wissenschaftlichen Bibliotheken" vom 15. 10. 1949 zufolge – „in seiner alten bewährten Form im Verlag K. F. Köhler - Stuttgart erscheinen und im wesentlichen die frühere Gliederung zeigen". Hofmann hatte sich einige Monate zuvor an Köhler gewandt, „weil der frühere Verleger – Harrassowitz Leipzig – aus bekannten Gründen den Verlag nicht übernehmen kann"; Harrassowitz Leipzig hatte seinerseits dem Verlag Köhler „dringend ans Herz gelegt", das Jahrbuch zu übernehmen, wie es in einem Schreiben des Verlags vom 15. 7. 1949 heißt. Es sollte dann aber doch anders kommen. Nach den VDB-Akten war seit dem 18. 11. 1949 auch Harrassowitz Wiesbaden im Spiel. Hinter den Schwierigkeiten stand, das ist leicht zu erkennen, die rechtlich ungeklärte

Übrigens hat sich auch sonst am Jahrbuch seit seinem ersten Erscheinen im Jahre 1902 im Prinzip wenig geändert. Wer alle 58 seitdem herausgekommenen Bände durchsieht, wird feststellen, daß der Sachteil und der Personenteil, die beiden Pfeiler des Nachschlagewerks, über all die Jahre hin im Wesentlichen unverändert geblieben sind:

im *Sachteil* die Namen und Anschriften, später – erstmals im Band 21/22 (1931) – die Fernsprechnummern (damals allerdings nur „bei allen Bibliotheken, die auf diese Mitteilung Wert legen"[2]), seit den 90er Jahren sukzessive die e-mail-Adressen, des weiteren der Umfang der Bestände (Angaben in Bänden, oft auch in laufenden Metern), genauere Angaben zur Art der Bestände, der Umfang der Lesesaalbestände[3], der Umfang der Lehrbuchsammlung[4], die Höhe der Mittel zur Bucherwerbung (Vermehrungsetat – VE), sonstige Mittel, Öffnungs- bzw. Ausleihzeiten, Anzahl und Einstufung der Mitarbeiter, die Namen der wissenschaftlichen Mitarbeiter, Veröffentlichungen über die Bibliothek und gegebenenfalls Angaben über ein bestehendes Pflichtexemplarrecht, eine Amtsdruckschriftensammlung und über besondere Sammelgebiete;

im *Personenteil* die wissenschaftlichen Mitarbeiter der im Sachteil verzeichneten Bibliotheken, ferner (jedoch nicht ganz durchgängig) einige weitere Bibliothekare in leitender Funktion sowie die im beamtenrechtlich geregelten Vorbereitungsdienst stehenden und die im Ruhestand befindlichen Bibliothekare, meist mit den wichtigsten Angaben zum beruflichen Lebensweg.

Immer und immer wieder wurde von den VDB-Vorsitzenden im Vorwort zu einer neuen Ausgabe festgestellt, die Anlage des Jahrbuchs sei „im wesentlichen unverändert geblieben". Das beginnt schon in Band 4 (1905),

Situation zwischen Harrassowitz Ost (Leipzig) und Harrassowitz West (Wiesbaden). In einem Schreiben von Harrassowitz Wiesbaden an den VDB vom 8. 2. 1950 ist der Beratungsstand festgehalten: Selbstverlag des VDB, buchhändlerischer Vertrieb durch Otto Harrassowitz; durch einen in München und Wiesbaden am 12. 5. 1950 unterzeichneten Vertrag ist dieses Ergebnis dann verbindlich festgelegt worden. (Alle Unterlagen im VDB-Archiv unter 12 Jahrbuch 1.)

2 Vorwort zum Jahrbuch 21/22 (1931) S. III.

3 Erstmals im Jahrbuch 19 (1928) vermerkt, s. dort das Vorwort, S. III. – Später ließ man diese Angabe freilich wieder fallen; seit die Freihandaufstellung auch in den großen Wissenschaftlichen Bibliotheken immer häufiger geworden ist, hat sie ohnedies keinen Sinn mehr.

4 Seit deren allgemeiner Einführung am Ende der 60er / Anfang der 70er Jahre.

wo Schwenke im Vorwort feststellt, das neue Jahrbuch enthalte „*wie bisher* [Hervorhebung vom Verf.] die allgemeinen Angaben über Umfang, Etat, Öffnungszeiten usw. sowie über das Personal der Bibliotheken", und setzt sich mit wechselnden Formulierungen bis in unsere Tage fort. Müßig, es im einzelnen zu belegen; es steht in mehr als der Hälfte der Bände des Jahrbuchs im Vorwort, es ist fast ein Topos geworden.

Der VDB-Vorsitzende Adolf Hilsenbeck (1873–1947) konstatiert den Sachverhalt im Vorwort zu Band 25 (1934) etwas ausführlicher: „Unseren Mitgliedern legen wir hiermit den 25. Jahrgang des Jahrbuchs vor. Daß es seit dem Bestehen in den wesentlichen Zügen seiner Anlage unverändert geblieben ist, zeigt am besten, daß mit dem Plan des Werkes, wie ihn Paul Schwenke auf dem 2. Bibliothekartage in Gotha 1901 vorlegte, das Richtige getroffen wurde." Im Vorwort zu Band 50 zitiert der Vorsitzende Jürgen Hering seinen Amtsvorgänger aus längst vergangenen Zeiten wörtlich und fügt hinzu: „Für die 50. Ausgabe des Jahrbuchs, die der Verein Deutscher Bibliothekare (VDB) im 83. Jahr seines Bestehens allen Mitgliedern und der Öffentlichkeit vorlegt, könnte man das gleiche sagen ... [es folgen Hinweise auf die inzwischen erfolgten Änderungen und Anpassungen] ... Die Grundstruktur dieses im In- und Ausland hochgeschätzten Nachschlagewerks blieb aber auch nach mehr als 80 Jahren deutlich sichtbar ..."

Selbst das Format und das äußere Aussehen haben sich vom Band 1 (1902) bis zum Band 52 (1987) überhaupt nicht geändert, die Bände 53 (1989) und 54 (1991) hatten ein größeres Format, behielten die traditionelle grüne Farbe des Einbands jedoch bei; mit dem Band 55 (1993), welcher die Bibliotheken der wieder erstandenen östlichen Bundesländer zum ersten Mal in einer gewissen Vollständigkeit verzeichnete[5], beginnt ein noch größeres Format, mit dem Band 57 (1997/1998) ein anderes Aussehen: Mit der „Grünen" Bibel war es vorbei. Das „Blaue Wunder" hat sich bislang nicht durchgesetzt.

Auf dem Bibliothekartag, der auf die Marburger Gründungsversammlung folgte, der Versammlung in Gotha zu Pfingsten 1901[6], hatte der

5 In Band 54 (1991) konnten erst einige wenige Bibliotheken des bisherigen DDR-Gebiets wieder aufgenommen und im Personenteil nur ganz wenige Kollegen verzeichnet werden.

6 Annelen Ottermann nennt in ihrem weiter unten (Anm. 24) zitierten Beitrag S. 483 für die Tagung in Gotha irrtümlich das Jahr 1902.

junge Verein die Herausgabe eines Jahrbuchs beschlossen[7]. Die daraufhin vom damaligen ersten VDB-Vorsitzenden Paul Schwenke (1853–1921)[8] unternommene Aktion, die zum Bibliothekartag in Jena 1902 vorbereitet wurde[9], sollte zu einem dauerhaften Erfolg werden. Der großen praktischen und über das rein Bibliotheksfachliche hinausgehenden Bedeutung des Jahrbuchs wurde man sich schon bald bewußt:

Bereits im Vorwort zu Jahrgang 2 (1903) erwähnt Schwenke „das viel benutzte Verzeichnis der wissenschaftlichen Bibliotheksbeamten". Im Jahrgang 5 (1907) wird die Vereinssatzung nochmals abgedruckt, weil dies „im Interesse der zahlreichen neuen Mitglieder des V.D.B." liege. Hans Schnorr von Carolsfeld (1862–1933), nach Schwenke der zweite VDB-Vorsitzende, stellte – rückblickend auf die Verdienste seines Amtsvorgängers – im Vorwort zu Jahrgang 7 (1909) mit Anerkennung und Genugtuung fest: „Unter den zahlreichen großen Verdiensten, die der bisherige Vorsitzende, Herr Geheimer Regierungsrat Schwenke, in den acht Jahren seiner Amtsführung um den Verein sich erworben hat, denen es zu verdanken ist, daß der Verein eine so erfreuliche Entwicklung nahm, ist nicht das geringste, daß er das Jahrbuch ins Leben rief. Es ist nicht nur für die Vereinsmitglieder von Interesse, sondern in allen seinen Teilen für den amtlichen Betrieb der deutschen Bibliotheken ein unentbehrliches Hilfsmittel geworden." Im Vorwort zu Jahrgang 10 (1912) richtete Schnorr von Carolsfeld an die Vorstände der Bibliotheken „die dringende Bitte", die Anfragen für die nächste Ausgabe möglichst rasch zu beantworten, „eingedenk des großen Nutzens, den wir alle aus den sorgfältigen Zusammenstellungen des Jahr-

7 ZfB 18 (1901) S. 340 f. – Im Vorwort zur ersten Ausgabe des Jahrbuchs bezieht Schwenke sich ausdrücklich auf den Gothaer Beschluß und dessen Veröffentlichung im Zentralblatt.

8 Zu Schwenke s. Gerhart Lohse: Die Bibliotheksdirektoren der ehemals preußischen Universitäten und Technischen Hochschulen 1900–1945: mit e. Exkurs: Die Direktoren d. Preuß. Staatsbibliothek 1900–1945. - Köln 1988, S. 232.

9 Schwenkes Vorwort zum ersten Band des Jahrbuchs ist datiert „Berlin, Anfang Mai 1902"; der Bibliothekartag in Jena fand am 22. und 23. Mai 1902 statt, und es klappte noch. Das Zentralblatt, Jg. 19 (1902) berichtete auf S. 369–418 über die Versammlung. Auf S. 372 heißt es: „Ein besonders Mitgliederverzeichnis ist nicht ausgegeben worden, weil im Personalverzeichnis des Jahrbuchs die Vereinsmitglieder durch einen Stern ausgezeichnet sind.
Wir kommen damit zum Jahrbuch, das eben noch rechtzeitig fertig geworden ist, so daß die ersten Exemplare hier ausgegeben werden konnten." So weit der Vorsitzende Schwenke in seinem Bericht.

buchs ziehen", im übernächsten Jahrgang 12 (1914) dankt er dem scheidenden Bearbeiter Adalbert Hortzschansky, dessen „unermüdlicher Sorgfalt ... es zu verdanken ist, daß es [das Jahrbuch] durch seine Zuverlässigkeit und Genauigkeit eine weit über die Vereinsinteressen hinausgehende Bedeutung gewonnen hat."

35 Jahre nach dem Erscheinen der ersten Ausgabe, im Vorwort zu Jahrgang 28 (1937) wurde das Jahrbuch vom damaligen VDB-Vorsitzenden Gustav Abb (1886–1945)[10] „der altvertraute Freund des deutschen wissenschaftlichen Bibliothekars" genannt – eine unseren Ohren vielleicht altmodisch-hausbacken klingende Formulierung, der Sache nach aber eine zutreffende Feststellung, die auch weiterhin gelten konnte.

Nach dem Ende des Zweiten Weltkriegs zeigt der offenbar dringende Wunsch zahlreicher Kollegen, eine neue Ausgabe herauszubringen, mit aller Deutlichkeit, für wie wichtig man das Jahrbuch für die Rekonstruktion und Revitalisierung des deutschen Bibliothekswesens hielt[11], in der Folgezeit für seine kontinuierliche Weiterentwicklung. Daran hat sich auch später nichts geändert. Dauer und Emotion der Debatte über die Neugestaltung um eine mögliche Neubenennung des Jahrbuchs auf der Mitgliederversammlung 1997 in Dortmund, an die viele Leser dieses Beitrags sich erinnern werden, sprechen Bände – dabei ging es nur um Äußerlichkeiten wie eine (abermalige) Vergrößerung des Formats und eine neue Farbe und Gestaltung des Einbands; das Jahrbuch ist vielen Kollegen eine Herzenssache[12].

10 Die Tätigkeit dieses Bibliothekars und seine spezifische Rolle in der NS-Zeit ist in allen Veröffentlichungen zum deutschen Bibliothekswesen in jener Zeit berührt worden. Hier sei vor allem auf die am Institut für Bibliothekswissenschaft der Humboldt-Universität angefertigte Magisterarbeit von Sören Flachowski verwiesen: Die Bibliothek der Berliner Universität während der Zeit des Nationalsozialismus (1999). Diese Arbeit wird demnächst im Buchhandel erhältlich sein.

11 Aus den im VDB-Archiv vorhandenen Unterlagen (12 Jahrbuch 1) ergibt sich, daß schon bald nach der Katastrophe nicht nur deutsche, sondern auch zahlreiche ausländische Stellen an einer neuen Ausgabe des Jahrbuchs interessiert waren. Vgl. im übrigen Anm. 1.

12 Protokoll der Mitgliederversammlung vom 21. 5. 1997: ZfBB 44 (1997) S. 558–572. Der von der Versammlung gefaßte Beschluß, das Jahrbuch solle „farblich den Faltblättern und Plakaten des Vereins angeglichen werden, um es unverwechselbar als Produkt des VDB auszuweisen" ist zwar zutreffend protokolliert, läßt aber nicht erkennen, daß er erst nach einer ungewöhnlich langen, ebenso lebhaft wie kontrovers geführten Diskussion zustande gekommen ist.

Auf jeden Fall darf man feststellen, daß keine andere Veröffentlichung im Laufe von hundert Jahren so viel zur Professionalisierung der deutschen Bibliothekare, zu ihrem gegenseitigen Kennenlernen und inneren Zusammenhalt, zu ihrer alltäglichen, vertrauensvollen Zusammenarbeit beigetragen hat wie das Jahrbuch der Deutschen Bibliotheken. Insoweit entspricht es in hohem Maße den Intentionen der Gründer des VDB, welche es dem neuen Verein aufgetragen hatten „den Zusammenhang unter den deutschen Bibliothekaren zu pflegen“[13]. Wer sich in einer dienstlichen Angelegenheit an eine Kollegin oder einen Kollegen in einer anderen Bibliothek wenden will, wirft vorher schnell einen Blick ins Jahrbuch, verbindet in seinen Gedanken die Person und die Institution miteinander und erledigt die *Sache,* um die es geht, leichter, schneller, unkomplizierter und mit jener kleinen, unauffälligen Beimischung persönlicher Beteiligung, welche jede Sache voran zu bringen vermag. So gesehen kann man das Jahrbuch als einen Motor für die täglichen Dienstaufgaben ansehen. Seine Funktion geht eben weit über die einer bloßen Information über Anschriften, Telefonnummern und e-mail-Adressen zu eiliger Benutzung hinaus.

Die Benutzer der Bibliotheken, deren Wünsche auf solche Weise besser erledigt werden, merken von diesem internen Zusammenhang meistens nichts, sie brauchen auch nichts davon zu merken. Hauptsache, ihre berechtigten Wünsche werden erfüllt. Dafür ist jeder Bibliothekar da – *aliis inserviendo consumor,* auf diese knappe Formel hatte der große sächsische Bibliothekar Friedrich Adolf Ebert (1791–1834)[14], den Gründern des VDB und des Jahrbuchs zeitlich viel näher als uns Heutigen, die Aufgabe des Bibliothekars gebracht – nachzulesen in seiner berühmten Schrift „Die Bildung des Bibliothekars“[15]; dabei sollte, dabei muß es bleiben. Daß das Jahrbuch die beschriebene, freilich kaum zu messende Wirkung immer wieder

13 § 2, Abs. 1 der Satzungen des Vereins Deutscher Bibliothekare, ZfB 17 (1900) S. 423; vgl. auch den Beitrag von Holger Knudsen in dieser Festschrift. Zu Beginn seines Beitrags verweist Knudsen darauf, daß gerade dieser Satz als einziger aus der VDB-Satzung die hundert Jahre unverändert überlebt hat.

14 Mit der Person dieses herausragenden, früh verstorbenen Bibliothekars hat man sich immer wieder beschäftigt. Hier sei auf das Nachwort verwiesen, welches Horst Kunze der Faksimile-Ausgabe von Eberts Schrift „Die Bildung des Bibliothekars“ beigefügt hat: 2., umgearb. Aufl. - Leipzig 1820 (Vollständ. Faksimile-Ausg. Leipzig 1958); dort ist auch die wichtige ältere Sekundärliteratur angegeben.

15 Hier zitiert nach der in Anm. 14 angebebenen Ausgabe, S. 55.

entfaltet hat, kann der Verfasser nur aus seiner Erfahrung heraus behaupten, nicht beweisen; er ist freilich überzeugt, daß viele Kolleginnen und Kollegen seine Einschätzung teilen.

So haben die Bibliothekare – eine Berufskrankheit mag hier sichtbar werden – stets großen Wert auf die absolute Vollständigkeit und unbedingte Zuverlässigkeit des Jahrbuchs gelegt. Im Zusammenhang mit der Erhebung der Angaben für das Jahrbuch haben die Vorsitzenden nämlich immer wieder die „Saumseligkeit" oder „Unpünktlichkeit" einiger weniger angeprangert, die nicht rechtzeitig geliefert haben, bzw. das gänzliche Schweigen einiger weniger auf die Umfragen hin beklagt. Auch dies ist im Lauf der Zeit, vor allem vom Beginn der 20er Jahre an, zu einem Topos in den Vorworten geworden. Und wenn es von den Hunderten nur ganze zwei Bibliotheken waren, die nicht geantwortet haben, gnadenlos wurde der Sachverhalt im Vorwort erwähnt[16], auch wurde darauf hingewiesen, daß die betreffenden Bibliotheken „trotz wiederholter Mahnung" nicht reagiert haben. 1920 hatte man freilich noch Gründe zur Entschuldigung: „die unerhörte Saumseligkeit bei einem Teile der Antworten. Kohlennot und Verkehrsstockung entschuldigen vieles, aber nicht alles."[17]

Es war der Vorsitzende Gustav Abb, dem es im Jahre 1938 zu viel wurde, so daß er sich dem unerquicklichen Thema ausführlicher zuwandte:

„Bei 3 Bibliotheken mußten die früheren Angaben wieder abgedruckt werden, da sie sich trotz mehrfacher Mahnung nicht zur Abgabe neuer Unterlagen entschließen konnten.

Es muß in diesem Zusammenhang einmal zur Sprache gebracht werden, daß die Saumseligkeit in Erledigung der Fragebogen bei einer nicht unbeträchtlichen Zahl von Bibliotheken im Laufe der Jahre einen Grad erreicht hat, der weder für den Bearbeiter noch (im Hinblick auf die entstehenden Mehrkosten an Porto und Korrekturen) für den Verein auf die Dauer tragbar ist. Über ein Viertel aller beteiligten Bibliotheken kam diesmal mit der pünktlichen Rücksendung der Fragebogen in Verzug. Auch auf Mahnungen reagierten die meisten Bibliotheken, darunter auch eine Universitätsbibliothek, nur zögernd, so daß die Angaben z. T. erst während der Drucklegung eintrafen und erhöhte Satzkosten verursachten. Mehr als 30 Bibliotheken glaubten unserer Bitte erst entsprechen zu sol-

16 So z. B. in 21/22 (1931) und in 23/24 (1933).
17 Jahrbuch 14 (1920) Vorwort.

len, als ihnen nach vergeblicher Mahnung ein nochmaliger Korrekturausschnitt mit entsprechender Aufforderung zuging."[18]

Man spürt den verständlichen Ärger. Wieviel die zitierten Sätze bewirkt haben, sei dahingestellt. Jedenfalls ließ auch im folgenden Jahr „die pünktliche Erledigung der Fragebogen und Korrekturausschnitte zu wünschen übrig", und zwei Bibliotheken antworteten gar nicht[19]. 1940 schließlich gab es einen Entschuldigungsgrund: „Die Pünktlichkeit in der Erledigung der Fragebogen ließ auch diesmal viel zu wünschen übrig, was zum Teil in den Kriegsverhältnissen begründet sein mag."[20] Den beiden danach noch erschienenen Kriegsjahrgängen des Jahrbuchs zufolge hatte sich die Disziplin jedoch nachhaltig gebessert. Im Vorwort zu Jahrgang 32 (1942) wird hinsichtlich der Lieferung der Angaben gar nicht geklagt, und im Vorwort zu Jahrgang 33 (1943) heißt es gar: „Mit Genugtuung kann festgestellt werden, daß diesmal keine Bibliothek sich ihrer Meldepflicht entzogen hat, wenn auch in vereinzelten Fällen die Antwort erst nach wiederholter Mahnung eintraf."

Nach dem Kriege wurde man freundlicher. Die Vorsitzenden stellten nur noch fest, so und so viele Bibliotheken hätten die Fragebogen nicht beantwortet, und wendeten später gar die Kritik an den saumseligen Kollegen ins Positive, indem sie denjenigen dankten, die die Fragebogen beantwortet haben. Es scheint, der damalige für dieses Amt ungewöhnlich junge VDB-Vorsitzende Hartwig Lohse (1926–1995) sei der erste gewesen, der in einer solchen menschenfreundlichen Weise den Spieß umgekehrt hat: „Der Text beruht wiederum auf einer Fragebogenaktion. Die Redaktion dankt allen Kolleginnen und Kollegen, die durch pünktliche Beantwortung der Unterlagen die Arbeit der Redaktion unterstützt haben."[21] Jedenfalls haben spätere VDB-Vorsitzende sich an diese Version gehalten, bis der Vorsitzende Berndt von Egidy im Jahre 1997 im Vorwort der Redakteurin Ewa Dubowik-Belka dankt, „die mit Liebenswürdigkeit auch die letzten Säumigen zum Nachmelden überredet ... hat."[22]

Das Jahrbuch ist seit langem – und trotz der beklagten, freilich nur marginalen Mängel – ein so selbstverständlicher Bestandteil bibliothekari-

18 Jahrbuch 29 (1938) Vorwort.
19 Jahrbuch 30 (1939) Vorwort.
20 Jahrbuch 31 (1940) Vorwort.
21 Jahrbuch 42 (1967) Vorwort.
22 Jahrbuch 57 (1997/98) Vorwort.

scher Alltagsarbeit, daß man insgesamt wenig darüber reflektiert hat. Otto Löhmann (1908–1978) hat sich auf dem Trierer Bibliothekartag 1960 in einem öffentlichen Vortrag „Zur Vorgeschichte, Entwicklung und Gestaltung des Jahrbuchs der deutschen Bibliotheken" geäußert[23], Annelen Ottermann in einem Beitrag anläßlich des Erscheinens von Jahrgang 50 im Jahre 1983 „Habent sua fata libelli – Gedanken zur Geschichte des Jahrbuchs der Deutschen Bibliotheken"[24] – sehr lesenswerte Beiträge, allerdings im ersten Fall stark auf das Thema Bibliotheksstatistik konzentriert[25], im zweiten Falle zwar allgemeiner ausgerichtet, aber wohl mehr als informative Chronik gedacht und geschrieben, denn als systematische Darstellung. Durch solche gelegentlichen Beiträge wurde das Jahrbuch von Zeit zu Zeit aus seiner bloß praktischen alltäglichen Verwendung herausgehoben, nicht mehr, aber auch nicht weniger.

*

Wenn das Jahrbuch hier erneut thematisiert wird, so einmal deshalb, weil das Jubiläum nun den Rückblick auf ein ganzes Jahrhundert gestattet und damit eine noch größere Distanz zu den frühen und mittleren Jahrgängen entstanden ist, aber auch deshalb, weil der Überblick über die inzwischen erschienenen 58 Bände so viel Material bietet, daß durchgehende Linien mit einer gewissen Sicherheit gezogen werden können. So sollen im Folgenden einige weitere Aspekte des Jahrbuchs benannt werden, die im größeren Zusammenhang des Jahrhunderts besonderer Erwägung wert sein könnten und hoffentlich weitere detaillierte Untersuchungen anregen.

Eine umfassende Darstellung der Geschichte des Jahrbuchs (die auf weiteren Einzeluntersuchungen beruhen müßte), hatte schon 1983 der damalige VDB-Vorsitzende Jürgen Hering im Vorwort zu Jahrgang 50 vorgeschlagen. Er hob einige besonders interessante Punkte wie „die Aufnahme

23 ZfBB 8 (1961) S. 33–41.

24 ZfBB 30 (1983) S. 483–497.

25 Otto Löhmann war für eine Reihe von Jahren „Sachverständiger" des VDB für Statistik! („Sachverständige" vertraten zeitweise solche bibliothekarischen Arbeitsfelder, für die es keine veritablen Kommissionen gab; vgl. hierzu den Beitrag von Rudolf Frankenberger in dieser Festschrift.) Löhmann war im übrigen Bearbeiter der Jahrbücher 38 (1959), 39 (1961) und 40 (1963). Ein Jahr nach seinem Trierer Vortrag, d. h. vom Jg. 39 (1961) an, gab es wichtige Verbesserungen im Bereich der Bibliotheksstatistik; dazu A. Ottermann (wie Anm. 24) S. 494 f.; vgl. auch das Vorwort zu Jg. 39 (1961).

26 Jahrbuch 50 (1983) S. IV.

bzw. die Streichung von Bibliotheken aus geographisch-politischen Gründen"[26] heraus und stellte im übrigen zutreffend fest: „Aber was bei einer solchen Untersuchung auch hervorgehoben wird, ob es die Auswahl der Bibliotheken anbelangt, ihre Abgrenzung zwischen öffentlichem und wissenschaftlichem Bereich, ihre Bestände, ihre Sondersammelgebiete oder die Struktur der einzelnen Institutionen – immer wird es ein Stück Geschichte des deutschen Bibliothekswesens sein[27].

So wie das Jahrbuch im täglichen Gebrauch ein zuverlässiges und bei aller Knappheit der Angaben doch einigermaßen vollständiges Informationsmittel ist und jedenfalls dem, was man normalerweise wissen möchte und sucht, weit entgegen kommt, so erweist es sich in der Rückschau auf ein Jahrhundert als vorzügliche *bibliotheksgeschichtliche Quelle*.

*

Der Umfang der *Bestände* einer jeden ins Jahrbuch aufgenommenen Bibliothek und kurze differenzierende Angaben zu ihrer Zusammensetzung (Handschriften, Wiegendrucke, Nachlässe, Musikalien, Tonträger, Patentschriften, Normen; heute auch: Mikroformen, Lehrbücher u. v. a. m.) gehören von Anfang an zum festen Bestand der Angaben. So läßt sich die Bestandsentwicklung der im Jahrbuch verzeichneten Institute verfolgen; an der Zuverlässigkeit der von den Bibliotheken an die jeweilige Redaktion gemachten Angaben braucht nicht gezweifelt zu werden. Der Gewinn an wissenschaftsgeschichtlicher Erkenntnis, der aus diesen Angaben gezogen werden kann, liegt auf der Hand. Die Bestandsentwicklung der Königlichen Bibliothek zu Berlin, der späteren Staatsbibliothek, vom Beginn des Jahrhunderts (1,2 Mio. Bände)[28] bis zum Vorabend des Ersten Weltkriegs (1,5 Mio. Bände)[29], weiter bis zum Vorabend des Zweiten Weltkriegs (knapp 2,5 Mio. Druckschriften)[30] und schließlich zur heutigen Situation (knapp 9,4 Mio. Druckschriften)[31] zeigt eine angesichts der schlimmen Schicksale gerade dieser Bibliothek im Verlauf des 20. Jahrhunderts ebenso erstaunliche wie erfreuliche Entwicklung, die jeder Interessierte in der leicht zugänglichen authentischen Quelle bequem nachvollziehen kann.

27 Ebd., S. IV f.
28 Jahrbuch 1 (1902).
29 Jahrbuch 12 (1914).
30 Jahrbuch 29 (1938).
31 Jahrbuch 58 (1999/2000).

In engem Zusammenhang mit Erkenntnissen aus der Bestandsentwicklung stehen die Einsichten, die aus den – auch von Anfang an im Jahrbuch enthaltenen – Angaben zum *Vermehrungsetat* der einzelnen Institute gewonnen werden können. Welche Förderung die Bibliotheken von ihren Trägern erfahren, welche Vernachlässigung sie erlitten haben, läßt sich an den Zahlen in Goldmark, in Rentenmark (Reichsmark)[32] und in Deutscher Mark ablesen. Die angegebenen Beträge gewähren allerdings nicht nur Einblicke in die Entwicklung einzelner Bibliotheken, sie können vielmehr – über die Jahrzehnte hin betrachtet und in sorgfältigen Vergleich gezogen – viel über Kultur- und Wissenschaftspolitik in Deutschland offenbaren.

Während etwa die verzeichneten preußischen Universitätsbibliotheken am Beginn des Jahrhunderts durchweg Vermehrungsetats zwischen 20 000 und 30 000 (Gold)Mark hatten, verfügte die sächsische Universitätsbibliothek Leipzig zur selben Zeit immerhin schon über 50 000 Mark. Die Königliche Bibliothek zu Berlin hatte den stolzen Anschaffungsetat von 150 000 Mark, die Königliche Hof- und Staatsbibliothek zu München konnte jedoch nur 70 000 Mark für Neuanschaffungen ausgeben[33]. Bis zum Ersten Weltkrieg ging der edle Wettstreit zwischen Preußen und Bayern zum Nutzen der beiden größten und bedeutendsten Wissenschaftlichen Bibliotheken im Deutschen Reich weiter: Im Jahre 1913 verfügte die Königliche Bibliothek zu Berlin über einen Anschaffungsetat von 309 400 Mark, diejenige in München über einen solchen von 100 000 Mark[34], ohne Zweifel große Fortschritte für beide Institute. – Das Thema kann hier nicht weiter

32 Auffallenderweise spricht der Bearbeiter Wilhelm Krabbe im Vorwort zu dem ersten nach dem Ende der großen Inflation erschienenen Jg. 16 (1925) von der „Umstellung vom Papiermark- zum Goldmarketat" (S. V). Dies kann leicht mißverstanden werden und bedarf deshalb einer kurzen Erläuterung. Die Währung des *Kaiserreichs* war die an das Gold gebundene Mark (M), weshalb sie auch häufig Goldmark genannt wird. Die neue Währung nach der Umstellung von 1923 war hingegen die *Renten*mark, später Reichsmark (RM) genannt. Der Wert der neuen Rentenmark wurde seinerzeit so festgesetzt, daß er – auf dem Wege über die Parität der Mark zum US-Dollar – rechnerisch dem Wert der alten Goldmark entsprach, eine Maßnahme, die damals sicherlich von einiger psychologischer Bedeutung für die Akzeptanz der neuen Währung gewesen ist; eine rechtliche Bindung der neuen deutschen Währung an das Gold gab es jedoch nicht. Die erwähnte faktische Parität zur untergegangenen Goldmark ist natürlich hilfreich, wenn man die Vermehrungsetats der mittleren 20er Jahre mit denen des Kaiserreichs vergleicht.

33 Alle Zahlen aus dem Jahrbuch 1 (1902).

34 Zahlen aus dem Jahrbuch 12 (1914).

verfolgt werden; der Hinweis muß genügen, um Neugier auf die an sich leicht zugänglichen Zahlen und die darin enthaltenen Aussagen zu wekken.

Selbst die von Anfang an angegebenen *Öffnungszeiten* darf man als beredte Zeugnisse für die Verhältnisse in den jeweiligen Zeiten ansehen. Was etwa die Jahre vor dem Ersten Weltkrieg betrifft, wundert sich der heutige Leser über die Kürze der damaligen Öffnungszeiten[35]. Jeder Student und jeder andere Hochschulangehörige in den heutigen Zeiten des Massenbetriebs und -andrangs weiß längere Öffnungszeiten zu schätzen. Jeder Bibliotheksleiter weiß, wie schwierig es angesichts stagnierender und rückläufiger Personaletats in unseren Zeiten ist, angemessen lange Öffnungszeiten zu gewährleisten.

Angaben über die *Unterbringung* der einzelnen Bibliothek gibt es im Jahrbuch leider nicht durchgängig. Wo sie sich aber finden, erhellen sie die Situation einer früheren Zeit, mitunter auch – da die Baulichkeit stets langfristige Wirkungen entfaltet – spätere Entwicklungen. So liest man mit großem Interesse etwa die diesbezüglichen Angaben im ersten Jahrbuch. Die rege öffentliche Bautätigkeit im wilhelminischen Reich, die auch zahlreichen Bibliotheken zugute gekommen ist, wird deutlich erkennbar.

So heißt es bei der Stadtbibliothek Aachen: „Neubau (Fischmarkt 3) vollendet 1897"; bei der Staats-, Kreis- und Stadtbibliothek Augsburg: „Neubau 1892–93 (Schäzlerstr. 25)"; bei der Königlichen Universitätsbibliothek Bonn: „Teilweiser Neubau fertiggestellt 1892"; bei der Stadtbibliothek Bremen: „Anfang Mai 1896 Übersiedelung in ein neues Gebäude"; bei der Stadtbibliothek Köln: „Neubau (Gereonskloster 12) 21. Dezember 1897 dem Betriebe übergeben"; bei der Königlichen und Universitätsbibliothek Königsberg i. Pr.: „Neubau (Mitteltragheim 22) errichtet 1899–1901, deren Benutzung eröffnet 23. September 1901"[36]; bei der Königlichen Universitätsbibliothek Marburg: „1. April 1900 Übersiedelung in den Neubau"[37]; bei der Königlichen Universitätsbibliothek München: „Erweiterungsbau Herbst 1898 der Benutzung übergeben"; bei der Kaiserlichen

35 In vielen Fällen nur wenige Stunden am Tag; außerdem werden längere, mitunter mehrere Wochen dauernde Schließzeiten im Sommer und zu anderen Zeiten angegeben.

36 Zwei Abb. (Vorder- und Rückseite) bei Arnim Gräsel: Handbuch der Bibliothekslehre. - 2., völl. umgearb. Aufl. - Leipzig 1902, zwischen den Seiten 114 und 115, Grundriß S. 115.

37 Abb. ebd., zwischen den Seiten 112 und 113, Grundrisse S. 113.

Universitäts- und Landesbibliothek Straßburg: „Neubau Herbst 1895 bezogen“ usw.

Nicht nur durch Neubauten, auch durch andere Baumaßnahmen bekamen viele Bibliotheken jener Zeit neuen Raum. So heißt es – ebenfalls im ersten Jahrbuch von 1902 – bei der Königlichen Universitätsbibliothek Berlin: „Die Räume erweitert durch Hinzunahme des Nachbarhauses Dorotheenstr. 10, bezogen im Herbst 1900“[38]; bei der Bibliothek des Reichstages: „Herbst 1894 Übersiedelung in das neue Reichstagsgebäude; im Hauptgeschoss desselben befindet sich der Lesesaal mit Handbibliothek, im oberen Geschoss die Beamten- und Bücherräume“; bei der Bibliothek des Hauses der Abgeordneten in Berlin: „Übersiedelung der Bibliothek in das neue Gebäude des Hauses der Abgeordneten Sommer 1898“; bei der Bibliothek des Königlichen Kammergerichts: „Unterbringung in neuen Räumen nach dem Umbau des Kammergerichtsgebäudes 1898/1900.“

Doch auch außerhalb der Reichshauptstadt tat sich viel. So ist bei der Bibliothek der Herzoglichen Technischen Hochschule Carolo-Wilhelmina in Braunschweig zu lesen: „Sommer 1901 räumliche Vergrösserung“; bei der Königlichen und Universitätsbibliothek Breslau: „Verlegung und Neueinrichtung des Lesesaals, des Professoren-Lesezimmers und sämtlicher Geschäftsräume Sommer 1892“; bei der Fürstlich Schaumburg-Lippischen Hofbibliothek in Bückeburg: „1898 aus dem Barkhausen-Hof in den neu erbauten östlichen Flügel des Fürstlichen Residenzschlosses übergeführt“; bei der Bibliothek des Reichsgerichts in Leipzig: „Sommer 1895 in das neue Gebäude des Reichsgerichts übergesiedelt“; bei der Königlichen Paulinischen Bibliothek zu Münster i.W. (der Vorgängerin der heutigen UB): „Vergrößerung durch Hinzunahme weiterer Räume und Umbau innerhalb des alten Akademiegebäudes“ usw.

Ähnlich umfangreiche und höchst instruktive Angaben findet man im Jahrgang 34 (1950), dem ersten nach dem Ende der NS-Zeit erschienenen Bande. Dort sind die enormen Zerstörungen und Verluste durch den Zweiten Weltkrieg, aber auch schon erste Aufbauleistungen dokumentiert.

38 Bei dem Gebäude der UB handelt es sich um das Haus, welches heute die Nummer 28 trägt und in dem z. Z. die Lehrbuchsammlung der UB der Humboldt-Universität untergebracht ist; das damals hinzugekommene Haus hingegen steht heute nicht mehr. – Vgl. die Abb. bei Gräsel (wie Anm. 36), zwischen den Seiten 148 und 149.

So heißt es etwa von der Bibliothek der RWTH Aachen: „Der zerstörte Ostteil des Gebäudes ist wiederhergestellt. – Verlust von 52 297 Bdn, besonders alle Zss u. Serien der Jahrg. vor 1935“; von der Öffentlichen Wissenschaftlichen Bibliothek in Berlin (der ehemaligen Preußischen Staatsbibliothek): „Schwerste Schäden am Gebäude, einige Teile total zerstört. Der West-, Ost- und Nordflügel sind wiederhergestellt, die Wiederherstellung des Südflügels wird voraussichtlich 1950 beendet. Bisher nicht wiederhergestellt: Mittelteil einschl. Gr. LS – Bücherverluste noch nicht feststellbar, da Bestände zum großen Teil noch verlagert“; bei der Berliner Stadtbibliothek heißt es: „LS und Ausleihe wurden völlig zerstört u. in kleineren Räumen eingerichtet“; bei der Universitätsbibliothek Bonn lesen wir: „Früheres Gebäude ist völlig ausgebrannt, die Verwaltung befindet sich seit Sept. 49 in ehem. Bankgebäude (Magazine im Universitätsgebäude) – Verlust von 200 000 Bdn, hauptsächlich in den Fächern: Philosophie, Bibliographien, Literärgeschichte, Sprachwissenschaften, Jurisprudenz“; bei der Landes- und Stadtbibliothek Düsseldorf heißt es: „Gebäudeschäden in LS, Ausleihe, Beamtenräumen und Magazinen sind behoben bis auf einen eingestürzten Gebäudeflügel mit Magazinräumen ... Verlust von rd 24 000 Bdn, rd 30 000 Bde sind beschädigt ...“; Stadtbücherei Duisburg: „Früheres Gebäude wurde völlig zerstört – Verlust des gesamten Buchbestandes“; Nassauische Landesbibliothek Wiesbaden: „Geringfügige Gebäudeschäden behoben. Verlust von 1 200 Bdn“; Universitätsbibliothek Würzburg: „Jetziger Bestand noch nicht übersehbar, da noch rd 1 000 Kisten verlagerter Bücher nicht ausgepackt ... Gebäude bis auf die Umfassungsmauern und 1 Raum völlig ausgebrannt: Es wurde wiederhergestellt: 1945 provis. 1 Verw.-Raum, 1947 kl. Provis. LS, Herbst 49: 4 Verw.-Räume, Ausleihe u. 3 Magazinräume (rd 100 000 Bde). Aufbau geht weiter, zunächst Ost- u. Westflügel. – Verlust von 370 000 Bdn ... Sämtliche Kataloge (außer Hss-Katalogen) verbrannt“ usw.

Auf die Angaben, die der VDB in seinem Jahrbuch zur baulichen Unterbringung der Bibliotheken gemacht hat, ist ausführlicher eingegangen worden als auf andere für die Bibliotheken wichtige „Eckwerte“, weil dieser Gesichtspunkt generell zu wenig bewußt zu sein scheint. Jedenfalls soll hier auf die Bedeutung hingewiesen werden, die das Jahrbuch auch als Quelle für die geschichtliche Entwicklung des Baubestandes unserer Bibliotheken besitzt, auch des heutigen Baubestandes.

Die späteren Jahrbücher (nach der Ausgabe von 1950) haben zwar im Zuge des Wiederaufbaus noch weitere, dann aber immer spärlichere Angaben dazu gemacht. Später ist der Brauch, Angaben über die Gebäude zu machen, überhaupt nicht wieder aufgegriffen worden, obwohl Anlaß genug gewesen wäre. Vor allem die Hochschulneugründungen der 60er und 70er Jahre hätten solchen Anlaß geboten. Informationen über den jeweiligen Bauzustand hätte man damals, dessen entsinnt sich der Verfasser sehr wohl, gerne auch im Jahrbuch gehabt. So läßt sich heute, da die 60er und 70er Jahre Bibliotheksgeschichte zu werden beginnen, jene Aufbauzeit aus dem Jahrbuch nicht in dem Maße rekonstruieren wie frühere Zeiten; man benötigt andere, nicht ganz so bequem zugängliche Quellen.

Besondere Aufmerksamkeit verdient in der Rückschau auf hundert Jahre der bei den Bibliotheken jeweils vermerkte *Personalstand*. Er kann den Eindruck von den Bibliotheken abrunden, den die Angaben über Bücherbestand, Vermehrungsetat, Öffnungszeiten und bauliche Unterbringung schon vermitteln. Er kann es, aber er tut es nicht ohne weiteres. Die in den Angaben steckenden Informationen erschließen sich schwerer als die Bestandszahlen oder die Angaben über Bibliotheksgebäude. Zu sehr haben sich vor allem die Benutzungsverhältnisse gewandelt, als daß man Angaben zum Personalstand im Jahre 1902 oder 1914 so nehmen könnte wie Angaben zum Personalstand im Jahre 1999; Schlußfolgerungen auf die Leistungsfähigkeit einer damaligen Bibliothek im Benutzungsdienst sind nur mit Vorsicht zu ziehen.

Die Königliche Hofbibliothek zu Aschaffenburg hatte im Jahre 1902 einen Gymnasialprofessor a. D. als nebenamtlichen Bibliothekar, einen weiteren (anscheinend noch nicht pensionierten) Gymnasialprofessor als nebenamtlichen Kustos und außerdem „1 Diener" – wie mag es dort zugegangen sein![39] Die Königliche Öffentliche Bibliothek zu Bamberg, auch damals mit 323 958 Bänden, 4 320 Handschriften und 65 181 Kupferstichen und Kunstblättern keine unbedeutende Bibliothek, hatte einen (immerhin hauptamtlichen) Bibliothekar, einen Sekretär und „1 Diener" (heute, bei nicht allzu sehr vermehrtem Bestand, jedoch 14 Beamte, zwei Angestellte und einen Arbeiter). Die Königliche und Universitätsbibliothek Breslau mit etwas

39 Es gibt freilich Stoff zum Nachdenken, wenn man im Jahrbuch 58 (1999/2000) liest, daß diese Bibliothek heute einen nebenamtlichen Leiter, eine A-11-Stelle, 2 A-5-Stellen und eine halbe BAT VIb-Stelle hat, die Bestände sich aber vervierfacht haben.

weniger, nämlich 305 000 Bänden „und Fascikeln" sowie circa 30 000 Karten und Stichen und dergl. beschäftigte hingegen 1 Direktor, 7 Bibliothekare, einen Volontär, 2 wissenschaftliche Hilfsarbeiter, 1 Expedienten, 3 Bibliotheksdiener und 1 Hausdiener; die Königliche und Universitätsbibliothek zu Königsberg i. Pr. hatte bei einer noch geringeren Bestandszahl, nämlich 250 395 Bänden immerhin 1 Direktor, 6 Bibliothekare, 2 Volontäre, 2 wissenschaftliche Hilfsarbeiter, 2 Expedienten, 2 Diener und 1 Heizer.

Obwohl bei nüchterner Betrachtung kein Anlaß zur Heiterkeit besteht, so lassen doch manche weitere Angaben aus wilhelminischer Zeit den heutigen Leser so schmunzeln wie bei manchen oben stehenden Angaben.

Bei der Stadtbibliothek Mannheim heißt es: „Vorstand: Kaufmann Dr. Karl Diffené. – Bibliothekar: Schriftsteller Max Oeser. – 1 Diener." Bei der Königlich Sächsischen Bibliographischen Sammlung und Bibliothek des Deutschen Buchgewerbemuseums zu Leipzig arbeiteten außer einem Direktor und einem Assistenten: „1 Gehülfe; 1 Aufwärter"; bei der Königlich Bayerischen Armeebibliothek zu München sind es außer dem Vorstand, zwei Bibliothekaren und einem Hülfsarbeiter noch „1 Funktionär (Subalternbeamter); 1 Diener", in der Großherzoglichen Bibliothek Neustrelitz außer dem Bibliothekar „2 Subalternbeamte; 1 Pedell".[40] Sogar nebenamtliche Diener kommen vor, z. B. in der Königlichen Kreis- und Studienbibliothek zu Passau: „1 Diener (NA)", der Pedell in der Großherzoglichen Bibliothek Neustrelitz ist zehn Jahre später nur noch nebenamtlich tätig: „1 Pedell (NA)". Außer den Dienern gibt es auch Oberdiener und Aushilfsdiener, so in der Königlichen Universitätsbibliothek und der Bibliothek der Königlichen Technischen Hochschule München. An der Großherzoglichen Universitäts-Bibliothek zu Rostock (290 000 Bände) arbeiteten außer einem nebenamtlichen (!) Direktor, einem Oberbibliothekar und ganzen zwei Bibliothekaren immerhin noch „1 freiwill. Hilfsarbeiter. – 1 Kanzlist; 3 Aufseher, 1 Diener".[41]

Expedienten[42], Famuli (neben „Dienern"!)[43], Offizianten[44], Buchwarte

40 Alle Angaben aus dem Jahrbuch 1 (1902).
41 Die letzteren Angaben aus dem Jahrbuch 12 (1914).
42 An vielen Bibliotheken, z. B. an der Kgl. TH Aachen.
43 An verschiedenen Bibliotheken, z. B. an der Herzoglichen Landesbibliothek in Altenburg oder an der Kgl. Zentralstelle für Gewerbe und Handel in Stuttgart.
44 An der Fürstl. Thurn u. Taxis Hofbibliothek in Regensburg.

(NA)[45], Kastellane und Kastellaninnen[46], aber auch Hülfsaufseher[47], Subalternbeamte[48], Kanzleihülfsarbeiter[49], Hülfsunterbeamte (!)[50], Hausmeister, Heizer[51], Kanzlisten, a. o. Hilfsarbeiter mit beschränkter Dienstzeit[52], wiss. Hilfsarbeiter, Aufwärter und Hilfsaufwärter[53] mögen uns Heutige erheitern, in früheren Zeiten verbargen sich hinter der nunmehr veralteten Nomenklatur konkrete Aufgaben, die Tag für Tag zu erfüllen waren, und Verantwortlichkeiten, denen Menschen gerecht zu werden hatten.

Der eigentliche Personalteil, der von Anfang an den umfangreichen zweiten Teil des Jahrbuchs bildete (die Abteilung II, wie es zunächst hieß), ist zu jeder Zeit eine willkommene Ergänzung der knappen Personalangaben bei den einzelnen Bibliotheken gewesen. Er ist aber am Ende des Jahrhunderts vor allem zu einer einzigartigen personengeschichtlichen und *berufsgeschichtlichen Quelle* geworden: Wichtige Einsichten in den bibliothekarischen Beruf lassen sich aus ihm herausarbeiten.

Die Bedeutung als personengeschichtliche Quelle liegt auf der Hand und braucht hier nicht weiter erörtert zu werden, enthalten die Angaben doch in den meisten Fällen alle wichtigen jeweiligen Lebensdaten: Geburtsdatum, Geburtsort, Konfession – allerdings nur bis Band 45 (1973), Studienfächer, Datum wichtiger Prüfungen (Promotion, bibliothekarische Fachprüfung), Stationen der beruflichen Laufbahn, Position und Aufgabe im Zeitpunkt des Redaktionsschlusses. Die Todesdaten der Bibliothekare können dem seit eh und je im Jahrbuch enthaltenen Verzeichnis der Verstorbenen entnommen werden. Die hohe Ehre, durch ein Bildnis im Jahrbuch geehrt zu werden, ist bisher nur zwei Bibliothekaren, jeweils nach ihrem Tode, zuteil geworden: Paul Schwenke im Jahrgang 15 (1922) und Adolf von Harnack im Jahrgang 21/22 (1931) – beiden sicherlich zu recht. War-

45 An der Städtischen Lese- und Bücherhalle Darmstadt.

46 Zum Beispiel an der Bibliothek der Gehe-Stiftung in Dresden, an der Fürstlichen Öffentlichen Bibliothek in Rudolstadt, an der Kgl. UB in Göttingen und an der UB Leipzig.

47 An der Städt. Lese- und Bücherhallte Darmstadt.

48 An der Fürstlich Fürstenbergischen Bibliothek in Donaueschingen; an der Kgl. Universitätsbibliothek Tübingen.

49 An der Bibliothek der Gehe-Stiftung in Dresden.

50 An der Großherzoglichen Hof- und Landesbibliothek in Karlsruhe.

51 An vielen verschiedenen Stellen genannt.

52 Alles aus dem Jahrbuch 2 (1903).

53 An der Kgl. UB Tübingen.

um man dies später nie wiederholt hat, ist nicht bekannt; ein um das ganze deutsche Bibliothekswesen so hochverdienter Kollege wie Gustav Hofmann etwa wäre für eine solche Ehrung ja ohne Zweifel in Frage gekommen.

Vor allem aber lassen sich wichtige berufsgeschichtliche Einsichten aus dem Personalteil gewinnen. Der oben erwähnte *nebenamtliche* Direktor der Großherzoglichen Universitäts-Bibliothek zu Rostock war natürlich ein Professor der Universität. Der berühmte, in jeder Darstellung der deutschen Bibliotheksgeschichte auftauchende „Professorenbibliothekar" des 19. Jahrhunderts ragt noch weit in das 20. Jahrhundert hinein; nach der ersten (preußischen) Regelung der bibliothekarischen Ausbildung im Jahre 1893 und der mittlerweile üblichen Besetzung der Direktorenposten mit hauptamtlich tätigen Bibliothekaren gab es – jedenfalls in Mecklenburg – noch den Professorenbibliothekar: In den Jahrbüchern 1 (1902) und 2 (1903) ist der Geschichtsprofessor Friedrich Schirrmacher als nebenamtlich tätiger Bibliothekar in Rostock verzeichnet, in den folgenden Jahrgängen 3 (1904), 4 (1905) und 5 (1907) der an der Universität Rostock als Professor tätige Altphilologe Otto Kern und seit dem Jahrgang 6 (1908) der Geheime Hofrat Prof. Dr. Wolfgang Golther.

Der Gemeinplatz, daß der Beruf des Bibliothekars zwar immer als *typischer Frauenberuf* galt – sich aber erst heute auch in den höchsten Ämtern feminisiert[54] –, früher zur Gänze männlich dominiert war, läßt sich aus dem Jahrbuch unschwer belegen, auch ohne die ebenso beliebten wie mühseligen Auszählungen im Personalteil. In der Vorrede zu Jahrgang 16 (1925) gibt der VDB-Vorsitzende Hilsenbeck (München) seiner Hoffnung Ausdruck, die in mühevoller Arbeit zusammengestellte Statistik werde „allen Ansprüchen der Bibliotheksverwaltungen und der *Herren* [Hervorhebung vom Verf.] Kollegen genügen". So war das.

Eine Frau als *Mitarbeiterin* am Jahrbuch wird erstmals im Jahrgang 32 (1942) genannt: „Die Bearbeitung der Betriebsstatistik für 1940/41 besorgte diesmal unsere Kollegin Frl. Alberts, Berlin UB." Im Jahrgang 33 (1943) taucht sie abermals auf. Vielleicht wirkte sich der kriegsbedingte Mangel

54 Engelbert Plassmann [Rez.]: Frauen melden sich zu Wort / hrsg. von Heike Gumpert. - Frankfurt a.M., 1998. - (Frauen wollen mehr ; 7). - In: Women's Studies Collections in Bibliotheken / Zentrum für Internationale Frauenforschung der Humboldt-Universität zu Berlin . Red.: Karin Aleksander ... - Berlin, 1999. (Bulletin; Nr. 18) S. 195–198.

an männlichen Kollegen aus. Es sollte allerdings noch bis 1965 dauern, ehe abermals eine Frau, wiederum als Bearbeiterin der Statistik, im Vorwort auftaucht; im Jahrgang 41 (1965) wird nämlich die Bibliotheks-Oberinspektorin Gerda Dihle (die dem Reglement entsprechend im Personalteil nicht erscheint), erwähnt, neben ihr auch noch die Schreibkraft Katharina Grigun. Von 1971 an werden es dann mehr, freilich zunächst noch solche, die nur Hilfsdienste leisten[55]. Erst mit dem Band 56 (1995) taucht in der Person von Gudrun Lindow eine wissenschaftliche Bibliothekarin als Redakteurin des Jahrbuchs auf, in Band 57 (1997/98) neben zwei „Hilfskräften", die den bibliographischen Teil überarbeiteten, wiederum eine veritable wissenschaftliche Mitarbeiterin, Ewa Dubowik-Belka (als Redakteurin). Immerhin hatte im Jahre 1993 eine Frau als VDB-Vorsitzende das Vorwort zum Jahrbuch 55 geschrieben. Sie ist freilich nicht nur die erste, sondern einstweilen auch die einzige Frau an dieser hervorgehobenen Stelle.

Gleichwohl ist zu konstatieren, daß Frauen in der Leitungsposition an einer Universitätsbibliothek heute eine Selbstverständlichkeit sind, wie dies an den kommunalen Öffentlichen Bibliotheken und den Bibliotheken der Fachhochschulen schon seit Jahrzehnten der Fall ist. Das Jahrbuch der Deutschen Bibliotheken weist in seiner Ausgabe 58 (1999/2000) 16 Bibliothekarinnen als Leiterinnen von Universitätsbibliotheken aus, und zwar in Bochum, Bremen, Cottbus, Dortmund, Erfurt, Frankfurt/O., Freiberg i. S., Freiburg i. B., Hamburg-Haarburg, Jena, Lübeck, Münster/W., Potsdam, Trier, Weimar und Witten; fünf Universitätsbibliotheken sind nach den Angaben im neuesten Jahrbuch unbesetzt („NN"), es könnten also in Bälde noch mehr Frauen hinzukommen[56]. Die höchsten und höchstdotierten Posten im Bibliothekswesen sind ohnehin schon seit einiger Zeit von Frauen besetzt: Die Deutsche Bibliothek (Leitung und beide Stellvertreterposten in Leipzig und in Frankfurt a.M.), die Bibliothek des Deutschen Bundestags, die Zentral- und Landesbibliothek Berlin – freilich eine Entwicklung, die sich erst in den 90er Jahren mit solcher Deutlichkeit durchgesetzt hat.

Neben der Benachteiligung aus Gründen des Geschlechts, die im öffentlichen Dienst in ganz Deutschland bestand und die sich für den größten Teil des Jahrhunderts aus dem Jahrbuch mit aller Schärfe ergibt, findet man – jedenfalls in der ersten Jahrhunderthälfte – die *Benachteiligung aus*

55 Jeweils im Vorwort zu den Bänden 44 (1971), 45 (1973), 50 (1983) und 51 (1985).
56 Zum Thema vgl. auch die Beiträge von D. Jank und C. Passera in dieser Festschrift.

Gründen der Konfession, dieses allerdings hauptsächlich in Preußen, nicht so sehr in den übrigen Ländern. Auch über diesen, heutzutage ebenso schwer nachvollziehbaren Zustand gibt das Jahrbuch in aller Offenheit Auskunft.

Im katholischen Bayern beachtete man nämlich sehr wohl die landsmannschaftlich-konfessionelle Zusammengehörigkeit in den protestantisch und den katholisch geprägten Landesteilen[57].

Nicht so in Preußen. Hier war es – im Widerspruch zu der in den Artikeln 4 und 12 der Verfassungsurkunde für den Preußischen Staat vom 31. Januar 1850 enthaltenen Garantie[58] – für einen Angehörigen der Minderheitskonfession offenbar nahezu unmöglich, wissenschaftlicher Bibliothekar im Staatsdienst zu werden oder als solcher aufzusteigen.

Ein Befund aus dem Jahrbuch 4 (1905) gibt folgendes Bild: Die wissenschaftlichen Mitarbeiter der Königlichen Bibliothek im protestantischen Berlin waren fast alle evangelischer Konfession, Katholiken (und Juden) gab es nur ganz vereinzelt. Bei den Mitarbeitern der Königlichen Bibliotheken in den mehrheitlich katholischen Gebieten der preußischen Monarchie war es ebenso: An der Universitätsbibliothek Bonn in der überwiegend katholischen Rheinprovinz waren sechs von sieben wissenschaftlichen Mitarbeitern evangelisch, einer katholisch; an der Universitätsbibliothek Breslau im katholischen Schlesien waren von neun wissenschaftlichen Mitarbeitern sieben evangelischer und zwei mosaischer Konfession („mos."), katholischen Bekenntnisses war kein einziger.[59] Schwer vorzustellen, daß es dort keine katholischen Interessenten für die Laufbahn des Bibliotheksdienstes gegeben hätte! Ausgrenzung ganzer Gruppen der Bevölkerung nur um eines bestimmten Merkmals willen auch zu Beginn des 20. Jahrhunderts.

57 An der UB Erlangen im überwiegend protestantischen Mittelfranken waren laut Jahrbuch 4 (1905) die vier namentlich genannten wissenschaftlichen Bibliothekare samt und sonders evangelischer Konfession, an der UB Würzburg im katholisch geprägten Unterfranken waren vier katholischen und einer evangelischen Bekenntnisses.

58 Die hier angezogenen Vorschriften lauten: „Die öffentlichen Ämter sind, unter Einhaltung der von den Gesetzen festgestellten Bedingungen, für alle dazu Befähigten gleich zugänglich." (aus Art. 4) und „Der Genuß der bürgerlichen und staatsbürgerlichen Rechte ist unabhängig von dem religiösen Bekenntnisse." (aus Art. 12).

59 Alle Angaben aus dem Jahrbuch 4 (1905).

Von der späteren Ausgrenzung wegen der Zugehörigkeit zur jüdischen Glaubensgemeinschaft und allem, was folgte, ganz zu schweigen[60].

Die Väter und Mütter unserer Verfassung wußten wohl, warum sie Benachteiligung und Bevorzugung wegen des Geschlechts, der Abstammung, Rasse, Sprache, Heimat und Herkunft, des Glaubens, der religiösen oder politischen Anschauungen in Artikel 3 des Grundgesetzes ausdrücklich verboten haben.

Die Benachteiligung wegen der Konfessionszugehörigkeit erledigte sich in der Tat schon in der Weimarer Republik allmählich[61], noch deutlicher in der Bundesrepublik. (Von der DDR soll hier nicht die Rede sein.) Der Blick sei auf ein kompaktes früher preußisches und überwiegend katholisches Gebiet gelenkt, das heutige Land Nordrhein-Westfalen. Schon 1950 arbeiteten etwa an der Universitätsbibliothek Bonn zwei Höhere Beamte, die der evangelischen und vier, die der katholischer Kirche angehörten, an der Universitäts- und Stadtbibliothek Köln drei höhere Beamte evangelischer und neun katholischer Konfession, an der Universitätsbibliothek Münster sieben höhere Beamte evangelischen und acht katholischen Bekenntnisses. Auch in dieser Hinsicht vermag das Jahrbuch der Deutschen Bibliotheken noch interessante weitere Aufschlüsse zu geben; doch kann auch dieses Thema hier nur angeschnitten, nicht im einzelnen ausgeführt werden.

Ein anderes Feld berufsgeschichtlicher Forschung kann im Jahrbuch reichlich Nahrung finden: die *wissenschaftliche Herkunft der Bibliothekare.* Jeder Kundige weiß, daß es ein deutliches Übergewicht der geisteswissenschaftlichen Studienfächer gibt, alle anderen, von der Rechtswissenschaft bis zu den Ingenieurfächern aber unterrepräsentiert sind, von der Medizin ganz zu schweigen. Einzeluntersuchungen anhand des Personenteils im Jahrbuch der Deutschen Bibliotheken könnten diesen groben Gesamteindruck differenzieren: Wie ist es an den Bibliotheken großer Universitäten mit allen Fächern? Wie an den (heute recht zahlreichen) Universitäten mit eingeschränktem Fächerspektrum? Wie an den Technischen Universitäten (gleichgültig, ob sie diesen oder andere Namen führen)? Wie an den Landesbibliotheken? Gibt es eine bestimmte Entwicklung über das 20. Jahrhundert hin?

60 Vgl. den Beitrag von Alwin Müller-Jerina in dieser Festschrift.

61 Die Reichsverfassung von 1919 hatte in Art. 136, Abs. 2 festgelegt: „Der Genuß bürgerlicher und staatsbürgerlicher Rechte sowie die Zulassung zu öffentlichen Ämtern sind unabhängig vom religiösen Bekenntnis."

Neben der Vorbildung in den verschiedenen Wissenschaftsfächern könnte auch die Art der *bibliothekarischen Vorbildung* von Interesse sein; denn bei weitem nicht alle im Jahrbuch aufgeführten Kollegen sind ihren beruflichen Weg über den zweijährigen beamtenrechtlich organisierten Vorbereitungsdienst gegangen.

*

Außer der Geschichte der einzelnen Anstalten und der Personengeschichte spiegelt das Jahrbuch selbstverständlich auch die *allgemeine Bibliotheksgeschichte* des 20. Jahrhunderts.

Die Bewegung, welche das Aufblühen der kommunalen *Öffentlichen Bibliotheken* seit der letzten Jahrhundertwende ins ganze deutsche Bibliothekswesen gebracht hatte, ist im Jahrbuch deutlich zu erkennen. Im Vorwort zum ersten Band, der nach dem Ersten Weltkrieg erschien, heißt es ausdrücklich, daß neun „volkstümliche" Anstalten aufgenommen wurden, im folgenden Jahrgang waren es gleich zehn weitere[62]. Mitte der 20er Jahre war die Anzahl der im Jahrbuch stehenden volkstümlichen Bibliotheken bereits auf 51 angewachsen[63]. Freilich war schon vor dem Ersten Weltkrieg ein besonderes ÖB-Verzeichnis für das ganze Deutsche Reich erschienen. Bennata Otten, Vorsteherin der Öffentlichen Bücher- und Lesehalle in Lübeck und eine der Pionierinnen des Volksbüchereiwesens jener Zeit, hatte es erarbeitet, Gottlieb Fritz – ebenfalls ein bedeutender Vertreter der frühen Öffentlichen Bibliothek und Stadtbibliothekar von Charlottenburg – eine dem Impetus der Volksbildungsbewegung verpflichtete, sehr lesenswerte Einleitung geschrieben[64]. Das Werk ist in Anlage und Aussehen erkennbar an das Jahrbuch der Deutschen Bibliotheken angelehnt (und ja auch im Verlag Harrassowitz in Leipzig erschienen!). Allerdings war es noch nicht als Periodikum konzipiert, wenngleich der Verfasserin ein solches Ziel bereits vorschwebte[65]. Die Redaktion des Jahrbuchs hat sich durch die Exi-

62 Jahrbuch 15 (1922) Vorwort, S. V.

63 Jahrbuch 17 (1926) Vorwort, S. IV.

64 Bennata Otten: Die deutschen Volksbibliotheken und Lesehallen in Städten über 10 000 Einwohner / mit e. Einl. von G. Fritz. - Leipzig 1910, S. V–VIII.

65 Sie schließt ihr kurzes Vorwort mit dem Absatz: „Der Gedanke meiner Arbeit wird erst dann verwirklicht werden, wenn das Buch in kürzeren Zwischenräumen neu bearbeitet werden kann, um stets über den gegenwärtigen Stand des Volksbibliothekswesens Auskunft zu geben. Mit diesem Wunsche übergeben Verfasser und Verleger das Buch der Öffentlichkeit." (wie Anm. 64).

stenz dieses Verzeichnisses anscheinend nicht veranlaßt gesehen, volkstümliche Bibliotheken auszuschließen. Das änderte sich allerdings, als 1926 „das lange erwartete Jahrbuch der Deutschen Volksbüchereien“ herausgekommen war; seitdem verzichtete das Jahrbuch der Deutschen Bibliotheken nämlich auf die Aufnahme „neuer Volksbüchereien“[66] und reduzierte die Angaben über die Einrichtungen nach und nach; so wurde etwa seit dem Jahrgang 21/22 (1931) „in Abschnitt III Verordnungen und Erlasse alles von der Aufnahme ausgeschlossen, was das Volksbüchereiwesen allein betrifft.“[67] (Erst 1925 war auf die neue Rubrik „Volkstümliches Büchereiwesen“ in Teil III besonders hingewiesen worden![68])

Die Weichen für die in Deutschland so stark ausgeprägte Spartentrennung wurden nun auch hier gestellt, und zwar „einvernehmlich“; im Vorwort zu Jahrgang 23/24 (1933) steht zu lesen, es sei „mit der Ausscheidung ausgesprochen volkstümlicher Büchereien im Einvernehmen mit deren Leitern fortgefahren worden ...“ Freilich wird hinter der Formulierung „ausgesprochen volkstümlich“ bereits das heute vom Jahrbuch befolgte vernünftige Prinzip erkennbar, Öffentliche Bibliotheken mit nennenswerten wissenschaftlichen Beständen sehr wohl ins Jahrbuch aufzunehmen. Zunächst aber ging es radikal weiter: „Die wenigen Volksbibliotheken, die bisher aus besonderen Gründen noch im JB verblieben waren, sind nun auch getilgt worden, so daß für alle Volksbibliotheken in Zukunft allein das Jahrbuch (Handbuch) der Deutschen Volksbüchereien maßgebend ist.“[69] – Nach den enormen Bücherverlusten während des Zweiten Weltkriegs und in der Zeit danach wandte man sich den Volksbibliotheken wieder zu; im Interesse der Leser mußte man über alle verfügbaren Bücherbestände informieren: Man gehorchte der Not der Zeit und nahm „die städtischen Einheitsbüchereien“ 1952 ins Jahrbuch auf[70]. Später dachte man erneut und grundsätzlicher über die Sache nach: „Einer zukünftigen Ausgabe des Jahrbuches wird es vorbehalten bleiben, die Aufnahme Öffentlicher Büchereien von einer bestimmten Größe an *klarer zu definieren*

66 Jahrbuch 18 (1927) Vorwort, S. III.
67 Jahrbuch 21/22 (1931) Vorwort, S. III.
68 Jahrbuch 16 (1925) Vorwort, S. VI.
69 Jahrbuch 26/27 (1936) Vorwort, S. III.
70 Der modernere Begriff „Einheitsbücherei“ für eine kommunale Öffentliche Bibliothek (Volksbücherei) taucht, wenn der Verf. recht sieht, im Vorwort zu Jahrgang 35 (1952) zum ersten Mal im Jahrbuch auf.

[Hervorhebung d. Verf.] ...“[71]; seither wird das erwähnte vernünftige Prinzip für die Aufnahme kommunaler Öffentlicher Bibliotheken befolgt.[72]

Auf andere wichtige Stationen oder Entwicklungen in der Bibliotheksgeschichte des 20. Jahrhunderts, die aus dem Jahrbuch ersichtlich sind, kann hier nur kurz hingewiesen werden.

Auf das besonders traurige Kapitel der Bibliotheksgeschichte unseres Jahrhunderts, die Verluste an Büchern wie an Bibliotheksgebäuden durch die Auswirkungen des Nationalsozialismus und des von ihm entfesselten Krieges ist im Zusammenhang mit der Dokumentation der *Gebäudeschäden* im ersten Nachkriegsband weiter oben schon eingegangen worden. Hier sei noch auf das interessante Kapitel des *Wiederaufbaus der Bestände* hingewiesen, zu dem das Jahrbuch mit seinen Angaben über Sondermittel für diesen Zweck aufschlußreiche Hinweise gibt[73]. In der retrospektiven Bestandsergänzung, auch unter normalen Umständen eine bibliothekarische Daueraufgabe, wurden in den 50er Jahren an die Bibliotheken der Bundesrepublik enorme Anforderungen gestellt, in den 90er Jahren an die im Gebiet der untergegangenen DDR. Diesen haben die Kollegen in beiden Teilen Deutschlands in vorbildlicher Weise entsprochen; Belege dafür bieten die Zahlen zur Bestandsentwicklung im Jahrbuch in Hülle und Fülle. Diese Zahlen belegen freilich auch, daß die Unterhaltsträger zu Zeiten mehr Verständnis für die Aufgaben von Bibliotheken hatten als dies heute der Fall zu sein scheint.

Ein immer wieder aufschlußreiches Arbeitsfeld bietet die Abteilung „Verordnungen und Erlasse“, freilich nur für die ersten sieben Jahrzehnte. Mit dem Jahrgang 43 (1969) ist die Abteilung eingestellt worden. Kurz zuvor war „der Lansky“ erschienen, ein Werk, welches fortan das umfassende und zuverlässige Nachschlagewerk zum deutschen *Bibliotheksrecht* werden sollte[74]. Ein einzelner Kollege, ein VDB-Mitglied, leistete vorbild-

71 Jahrbuch 41 (1965) Vorwort, S. IV.

72 Da das Thema in den Kontext der Kooperation ÖB – WB gehört, vgl. zum Ganzen auch den Beitrag von Gerhard Hacker in dieser Festschrift.

73 Der Grundsatz ist im Vorwort zum Jahrbuch 34 (1950) S. IV niedergelegt.

74 Ralph Lansky: Bibliotheksrechtliche Vorschriften / zsgest. von Ralph Lansky. - Frankfurt a. M. 1967. - (ZfBB; Sonderh. 5) [2. Aufl. schon 1969, später Loseblattausg.]. – Vgl. auch die zum Bibliotheksrecht erschienenen Bibliographien: Ralph Lansky: Bibliographie zum Bibliotheksrecht: Verzeichnis von Büchern, Aufsätzen, Gesetzen, Verordnungen, Erlassen u. Entscheidungen ab 1900 zum Recht d. öffentl.

lich, was bis dahin der Verein unternommen hatte; später kamen noch die vom DBI bearbeiteten „Rechtsvorschriften für die Bibliotheksarbeit“ hinzu, 1998 bereits in 3. Auflage erschienen. Auf die „Verordnungen und Erlasse“ kann hier unmöglich näher eingegangen werden; es könnte daraus leicht eine kleine Bibliotheksgeschichte von 1901 bis 1970 entstehen. Hier kann nur festgehalten werden, daß diese Abteilung die Arbeit vieler Bibliothekare ungemein erleichtert hat, weil das disparate Gebiet des „Bibliotheksrechts“, jedenfalls eine ganze Reihe besonders wichtiger Vorschriften, an einer einzigen Stelle konzentriert wurde und nachgeschlagen werden konnte.

Ähnlich ist es mit der *Bibliotheksstatistik* (Betriebsstatistik), die nur wenige Jahre nach der Abteilung „Verordnungen und Erlasse“ aus dem Jahrbuch verschwand. Die Statistik spielte von Anfang an im Jahrbuch eine wichtige Rolle, bis sie mit dem Berichtsjahr 1973 vom Deutschen Bibliotheksverband und später vom Deutschen Bibliotheksinstitut übernommen und in dessen Bearbeitung zu einem umfänglichen, mehrbändigen Werk wurde. Die Statistiken vom Beginn des Jahrbuchs bis zum Jahrgang 45 (1973) sind und bleiben, das liegt auf der Hand, eine Quelle bibliotheksgeschichtlicher Erkenntnis, die nicht leicht auszuschöpfen ist.

Während die *Automatisierung* im deutschen Bibliothekswesen seit den 60er Jahren von mehreren neu gegründeten Bibliotheken, vor allem von den Universitätsbibliotheken in Bochum, Bielefeld und Regensburg vorangebracht wurde, finden sich Angaben über laufende EDV-Projekte erst seit 1975[75]. Die in den 70er Jahren in der alten Bundesrepublik entstandenen *Verbundsysteme* tauchen im Jahrbuch sogar erst 1987 auf, das neue bibliothekarische Zeitalter war nun wirklich erschienen. Die früher oft mehrseitigen, mindestens aber zwei Seiten umfassenden Vorworte zum Jahrbuch waren seit Mitte der 60er Jahre extrem kurz und entsprechend weniger inhaltsreich geworden, die Mitteilung über die Verbundsysteme ist aber doch als so wichtig angesehen worden, daß sie in dem nur 13 Zeilen umfassenden Vorwort des Vorsitzenden Yorck Haase

Bibliotheken u. Büchereien in Deutschland. - Frankfurt a. M. 1970. – Ferner die umfangreiche, durchaus noch aktuelle Sammlung von Gesetzen, Verordnungen, Richtlinien, Empfehlungen, Gutachten, Plänen usw. zum Recht auf Bildung, zum Bibliotheks- und Büchereiwesen und zur Regionalplanung, in: „Bibliotheken '93“, S. 159–179.

75 So der VDB-Vorsitzende Wilhelm Totok im Vorwort zu Jahrgang 46 (1975).

ihren Platz gefunden hat[76]. Mit Recht. Nicht mehr informiert wurde hingegen über Einrichtungen in Bibliotheken, die früher einmal besonders modern und deshalb der Erwähnung wert gewesen waren; seit 1989 fielen etwa Angaben über Kopier- und Lesegeräte in Bibliotheken fort[77].

Im Jahre 1920 finden sich laut Vorwort „zum ersten Male über einige unter staatlicher Aufsicht stehende Bibliotheksschulen Mitteilungen, die manchem willkommen sein werden"[78]. Betrachtet man die heute üblichen Angaben über die *Hochschulen und anderen Ausbildungsstätten* (aus bestimmten Gründen etwas unschön und umständlich „Ausbildungseinrichtungen" genannt) in Teil C des Jahrbuchs, so wird der bemerkenswerte Weg sichtbar, den diese Institute seither genommen haben. Für die zahlreichen Einzeluntersuchungen, die im Laufe der letzten zehn Jahre zur bibliothekarischen Ausbildung vorgelegt worden sind, waren die Angaben im Jahrbuch durchweg eine wichtige Quelle[79]. Es können aus ihnen aber noch viele weitere Erkenntnisse gewonnen werden; eine wichtige Grundlage für die noch zu schreibende Gesamtdarstellung bibliothekarischer Ausbildung und bibliothekarischen Studiums in Deutschland ist das Jahrbuch allemal.

Auch zur *Internationalisierung* der bibliothekarischen Arbeit finden sich Hinweise im Jahrbuch. Ausgerechnet in dem Jahr, in dem das nationalsozialistische Deutschland aus dem Völkerbund ausgetreten ist, stehen im Jahrbuch zum ersten Male Angaben über den Internationalen Bibliotheksverband, dem der VDB schon 1928 (also ein Jahr nach Gründung der IFLA) beigetreten war[80]. Gustav Hofmann, der erste (und langjährige) Nachkriegsvorsitzende des VDB, der später als erster Deutscher Präsident der IFLA wurde, verfehlte nicht, im zweiten Nachkriegsjahrbuch eigens auf die erneuerte Mitgliedschaft des VDB in der IFLA hinzuweisen[81]. – Heute ge-

76 Jahrbuch 52 (1987) Vorwort.
77 Jahrbuch 53 (1989) Vorwort, S. III.
78 Jahrbuch 14 (1920) Vorwort, S. VI.
79 Eine Auflistung der wichtigsten Literatur, aus der dieser bemerkenswerte Weg im einzelnen nachvollzogen werden kann, findet sich in dem Sammelwerk: Die Bibliothek in Vergangenheit, Gegenwart und Zukunft: Festschrift für Konrad Marwinski zum 65. Geb. / hrsg. von Dorothee Reißmann. - München 2000, S. 80 f.
80 Jahrbuch 23/24 (1933).
81 Jahrbuch 35 (1952) S. 411: „Der VDB gehört seit 9. 6. 49 wieder dem Internationalen Verband der Bibliothekarvereine (International Federation of Library Associations) an ..." Es folgt noch ein Hinweis auf die Statuten der IFLA, die im Jahrbuch 23/24 (1933) S. 390 ff abgedruckt sind.

hören die wichtigen internationalen Adressen, vor allem solche aus dem Bereich der europäischen Zusammenarbeit, zum Standard des Jahrbuchs, und zwar schon seit Jahren.

Keine internationale, sondern eine durchaus nationale und dabei unaufgeregte Sache war hingegen die Aufnahme *österreichischer Bibliotheken* und *österreichischer Bibliothekare* ins Jahrbuch in der Zeit nach dem Ersten Weltkrieg.

Die Aufnahme war, bevor der Nationalsozialismus auf beiden Seiten der Grenze seine böse Wirkung zeigte, eine aus der engen geschichtlichen und kulturellen Verbundenheit entstandene Selbstverständlichkeit, die sich gerade in der Not der frühen 20er Jahre bekanntlich auf vielen Gebieten zeigte, auf manchen Gebieten die Auflösung des Deutschen Bundes 1866 und die Zeit der beiden Kaiserreiche überdauert hatte. Man denke etwa – um im bibliothekarischen Bereich zu bleiben – an die Gemeinsamkeit, die durch den deutschen Reichsadler und österreichischen Doppeladler im Vestibül der Deutschen Bücherei in Leipzig zum Ausdruck kommt. Beide Wappentiere werden durch geflügelte Worte des Dichters auf einander bezogen, den auch die Schweizer in hohen Ehren halten; das hatte an dieser Stelle, an der die gesamte Literatur deutscher Sprache gesammelt wurde und wird, seinen besonders guten Sinn, auch wenn die Verse aus „Wilhelm Tell" uns Heutigen ein wenig pathetisch klingen mögen.

Unpathetisch teilt der VDB-Vorsitzende Gotthold Naetebus (Berlin) im Vorwort zu Jahrgang 15 (1922) mit: „Zum erstenmal sind in Teil I und II die Bibliotheken und wissenschaftlichen Beamten Österreichs verzeichnet." Er kommentiert die nüchterne Feststellung gleich im folgenden Satz: „Die enge Arbeitsgemeinschaft, die der Beitritt der österreichischen Fachgenossen zum Verein anbahnen will, kommt darin sichtbar zum Ausdruck." Diese Sätze haben nichts mit dem großdeutschen Pathos zu tun, das aus Gustav Abbs Vorwort zu Jahrgang 29 (1938) spricht. Bei der nüchternen und unbefangenen Art des Umgangs und der gemeinsamen Arbeit sollte es auch zunächst bleiben (wie man auch aus anderen Quellen weiß). In jedem der folgenden Jahrgänge wird bei den Angaben zur Entwicklung der Zahlen im Vorwort u. a. festgestellt, wieviele österreichische Bibliotheken neu hinzugekommen sind bzw. wieviele reichsdeutsche und wieviele österreichische Bibliotheken nunmehr im neuen Jahrgang stehen – fertig, nicht mehr.

An einer Stelle wird auch deutlich, in welchem Maße man die Not nach der gemeinsamen Niederlage am Ende des Weltkriegs erlebte, aber auch nach gemeinsamem, mindestens parallelen Neubeginn strebte. Im Kontext der Bestandsentwicklung bzw. der hierfür zur Verfügung stehenden Mittel war weiter oben schon von der Währungsreform des Jahres 1923 die Rede. Im unmittelbaren Zusammenhang mit der Umstellung im Deutschen Reich ist von dem zu der Zeit noch bestehenden „Nebeneinander von Papierkrone und dem stabilen oesterreichischen Schilling“ die Rede – ein für das Verständnis der Angaben zu den Vermehrungsetats der im Jahrbuch stehenden österreichischen Bibliotheken natürlich wichtiger Hinweis[82].

Während nach dem Ende des Zweiten Weltkriegs eine gewisse gegenseitige Empfindlichkeit entstanden war, so kann heute, da viele österreichische Kollegen Mitglieder des VDB und viele deutsche Kollegen Mitglieder der VÖB sind, glücklicherweise konstatiert werden, daß man wieder bei einem unbefangenen Verhältnis und sehr guter Zusammenarbeit auf vielen Gebieten angekommen ist; Stichworte wie RAK und RSWK mögen genügen, auf das dichte Netz gegenseitiger Information auf vielen weiteren Gebieten sei hingewiesen, nicht zuletzt auf den intensiven gegenseitigen Besuch der Fachtagungen und die zahlreichen dabei entstandenen persönlichen Kontakte. Daß auch hier das Jahrbuch mit seinen ungezählten, offenen Detailinformationen ein Bindeglied von nicht geringer Wirkung geworden ist, darf man ebenfalls dankbar vermerken.

*

Im Jahrbuch der Deutschen Bibliotheken spiegeln sich natürlich auch, unabhängig von der begrenzten, fachlichen Zielsetzung dieses Periodikums, die allgemeinen zeitgeschichtlichen Ereignisse, mindestens soweit sie Rückwirkungen auf das deutsche Bibliothekswesen hatten.

Besonders deutlich ist dies begreiflicherweise dem einzigen Kriegsjahrgang des Ersten Weltkriegs 13 (1916), den Jahrgängen 14 (1920) und den unmittelbar darauf folgenden anzumerken, ferner dem Jahrgang 29 (1938), der den Anschluß Österreichs feiert (um jedoch alsbald in die dem traditionellen Namen feindliche NS-Diktion zu verfallen und nur noch von der „Ostmark“ und den „ostmärkischen Bibliotheken“ zu sprechen). Für die vier weiteren noch in der NS-Zeit erschienenen Jahrgänge

82 Jahrbuch 16 (1925) Vorwort, S. V.

gilt dies natürlich auch, erst recht, wenn auch unter gänzlich veränderten Umständen, von dem ersten Nachkriegsband 34 (1950).

Der allmähliche Prozeß der Entfremdung zwischen Ost und West in Deutschland zieht sich quälend durch die Bände der 50er und 60er Jahre, bis der Vorsitzende Max Pauer im Vorwort zu Jahrgang 44 (1971) nur noch lapidar feststellen konnte: „Die bisherige Verzeichnung einer Auswahl von Bibliotheken der DDR ist entfallen.“ Zwanzig Jahre später konnte der VDB-Vorsitzende die Bibliotheken in den wiedererstandenen Ländern willkommen heißen[83].

Höhen und Tiefen der deutschen Geschichte, Höhen und Tiefen der deutschen Bibliotheksgeschichte.

Wer sich eingehender mit dem Jahrbuch der Deutschen Bibliotheken vom Jahre 1902 bis zum Jahre 2000 beschäftigt, macht einen Eilmarsch durch die deutsche Bibliotheksgeschichte des 20. Jahrhunderts. Dank der Führung durch die nüchterne, zahlen- und faktenreiche Veröffentlichung findet der Marsch auf festem Boden statt und hat auch seinen großen Reiz. Jedenfalls hat Schwenke am Anfang des Jahrhunderts „das Richtige getroffen“[84].

83 Jahrbuch 54 (1991) Vorwort.
84 Adolf Hilsenbeck im Vorwort zum Jahrbuch 25 (1934).

Kornelia Richter

Der VDB und das Zentralblatt für Bibliothekswesen

Jubiläen des Vereins Deutscher Bibliothekare waren auch in der Vergangenheit schon gern genutzte Gelegenheiten, Rückschau auf die Geschichte des VDB zu halten. Dabei fand stets auch das Zentralblatt für Bibliothekswesen (ZfB) Erwähnung.

So hob Adolf Hilsenbeck in seiner Rede zum 25. Jubiläum des Vereins die Bedeutung des ZfB als Fachorgan der deutschen Bibliothekare hervor, das den geistigen Zusammenhang zwischen ihnen schuf und darüber hinaus den Weg bereiten half für die Gründung eines Berufsverbandes der Bibliothekare in Deutschland.[1] Zur Fünfzigjahrfeier wies Georg Leyh auf die ausführliche Berichterstattung des Blattes über die vom Verein veranstalteten Bibliothekartage hin, in deren Berichten sich „die ganze Entwicklung der deutschen Bibliotheken des letzten halben Jahrhunderts“[2] spiegelte und betonte den Wert der Zeitschrift für eine stärkere Verbindung zwischen den Bibliothekaren, ein Anliegen, dem auch der VDB verpflichtet war und ist.

Die Geschichte des VDB läßt sich offensichtlich ohne Bezugnahme auf das ZfB nicht schreiben, so wie auch umgekehrt die Entwicklung der Zeitschrift stets in engem Zusammenhang mit der Vereinsgeschichte zu sehen ist.

Vor diesem Hintergrund verwundert es nicht, daß der VDB auch zu seinem 100. Gründungsjubiläum die Beziehungen zwischen dem Verein und dem Zentralblatt für Bibliothekswesen thematisiert. Es gab zwischen ihnen lange Zeit vielfältige Berührungspunkte, die vom Anteil des ZfB an

1 Adolf Hilsenbeck: 25 Jahre Verein Deutscher Bibliothekare. - In: ZfB 42 (1925) S. 418–426, hier S. 418 f.

2 Georg Leyh: 50 Jahre Verein Deutscher Bibliothekare. - In: Bibliotheksprobleme der Gegenwart. - Frankfurt a. M. 1951 (NfwB. Beih.; 1) S. 7–28, hier S. 9.

der Vereinsgründung bis zu den personellen Verflechtungen von Vereinsvorstand und ZfB-Redaktion reichen.[3]

Mit der Gründung des Zentralblatts für Bibliothekswesen 1884 durch die beiden ersten Herausgeber Otto Hartwig und Karl Schulz sowie den Verleger Otto Harrassowitz entstand ein Fachorgan für das deutsche Bibliothekswesen, das eine bis dahin existierende Lücke schließen konnte.

Die Hintergründe und Motive, die zu seinem Erscheinen führten, wurden von Leyh ausführlich dargestellt und erörtert.[4] Aufgrund einer fehlenden bzw. unzureichenden Berichterstattung über die deutschen Bibliotheken und bibliothekarische Fragen war das Bedürfnis nach einem Periodikum, das genau diese Aufgabe übernehmen sollte, längst entstanden. Das vorrangige Anliegen der Zeitschrift bestand darin, die Kommunikation zwischen den Bibliothekaren zu verbessern, das Wissen voneinander und vom Geschehen in anderen Bibliotheken zu vergrößern. „Schon durch seinen Namen deutet unser ‚Centralblatt für Bibliothekswesen' deutlich genug an, daß es solche Verbindung [zwischen den Bibliotheken, d. Verf.] vor allem zu fördern bestimmt ist; in ihm sollen die Lebensäußerungen der verschiedenen Bibliotheken wie in einem Centrum zusammenströmen",[5] schrieb Ernst Förstemann in seinem programmatischen Beitrag.

Doch sah er auch bereits, daß die Zeitschrift nicht das alleinige Mittel sein konnte, diese Verbindung zu fördern. Die Vereinzelung im bibliothekarischen Beruf beklagend, regte er an, nach dem Vorbild anderer Berufsgruppen den Versuch regelmäßiger Versammlungen zu wagen.[6] Die bibliothekarische Fachzeitschrift und die Zusammenführung der bibliothekarischen Fachkollegen waren für die Erreichung desselben Zieles not-

3 Im folgenden wird versucht, Verbindungen zwischen ZfB und VDB aufzuzeigen und punktuell zu veranschaulichen – soweit die Quellenlage dies zuläßt. Als Quellen dienten: das Zentralblatt selbst, das VDB-Archiv in der Niedersächsischen Landesbibliothek Hannover, zwei VDB-Akten in der Bayerischen Staatsbibliothek München, Akten zu Otto Hartwig aus dem Universitätsarchiv Halle sowie Akten zum Verlag Harrassowitz aus dem Sächsischen Staatsarchiv Leipzig (allerdings sind aufgrund von Kriegsverlusten nur wenig Vorkriegsakten des Verlages erhalten).

4 Georg Leyh: Zum 50. Jahrgang des Zentralblatts: Tradition und Ziel. - In: ZfB 50 (1933) S. 1–18.

5 Ernst Förstemann: Die Verbindung zwischen den Bibliotheken. - In: ZfB 1 (1884) S. 6–12, hier S. 6.

6 Förstemann (wie Anm. 5) S. 6–7.

wendig. Die Gründung des Zentralblatts und die Versammlung deutscher Bibliothekare mit der daraus resultierenden Vereinsgründung entsprangen demselben Bedürfnis nach einem stärkeren Austausch von Informationen und Meinungen, wenngleich die bibliothekarischen Fachversammlungen erst mehr als ein Jahrzehnt nach Gründung des ZfB einsetzten.

Das Zentralblatt trug jedoch dazu bei, den Weg für die Vereinsgründung zu bereiten. Förstemanns Vorschlag, Bibliothekarversammlungen abzuhalten, wurde zunächst zwar nicht verwirklicht, doch einige Jahre später wieder aufgegriffen und von seinen Befürwortern entschieden forciert. Das ZfB bot ihnen (und auch ihren Gegnern) Gelegenheit, ihre Vorstellungen zu publizieren. So trat 1894 z.B. Ferdinand Eichler für Bibliothekarversammlungen ein,[7] während Wilhelm Altmann in einer Erwiderung Bedenken äußerte und den Sinn solcher Treffen bezweifelte.[8] So wichtig auch die Veröffentlichung unterschiedlicher Auffassungen im ZfB für die Meinungsbildung war, zumal sie das Interesse am Thema dokumentierte und natürlich auch wachhielt – diese Diskussion allein konnte nicht zum Erfolg führen. Eichler versuchte daher, über diese eher passive Rolle der Zeitschrift hinauszugehen und „das ZfB und vor allem dessen Herausgeber Otto Hartwig in Halle zur Mitwirkung zu bestimmen."[9] Hartwig äußerte sich 1895 nicht ablehnend, mochte sich jedoch nicht führend beteiligen. Er war auch vorsichtig, was die seiner Meinung nach verfrühte Veröffentlichung eines Entwurfs von Eichler im ZfB betraf, der Bibliothekarversammlungen im Rahmen des Philologentages vorsah. Hartwig wollte sich zum Abdruck erst bereitfinden, wenn anerkannte Autoritäten des deutschen Bibliothekswesens ihre Zustimmung gegeben hätten.[10]

Der Entwurf wurde nie veröffentlicht, die Sache auf andere Weise vorangetrieben. Eichler gelang es zumindest auf diese Weise nicht, daß „jetzt das ZfB vor den Wagen gespannt werden"[11] konnte. Die Haltung des ZfB-Herausgebers erklärt sich in erster Linie daraus, daß der Erfolg

7 Ferdinand Eichler: Bibliothekstechnisches. - In: ZfB 11 (1894) S. 308–319, hier S. 310.

8 Wilhelm Altmann: Bibliothekstechnisches. - In: ZfB 12 (1895) S. 413.

9 Ferdinand Eichler: Zur Vorgeschichte des Vereins Deutscher Bibliothekare. - In: ZfB 43 (1926) S. 358–267, hier S. 261.

10 Zu diesen und weiteren Details der Vereinsvorgeschichte vgl. Eichler (wie Anm. 9) sowie den Beitrag von Wolfgang Schmitz im vorliegenden Buch.

11 Eichler (wie Anm. 9) S. 261.

des Vorhabens zu diesem frühen Zeitpunkt noch unsicher war und er sich im ZfB nicht für eine möglicherweise erfolglose und von den führenden Bibliothekaren Deutschlands abgelehnte Sache einsetzen wollte.[12] Doch kann man vielleicht auch schon im Ansatz eine Grundhaltung erkennen, die später das Verhältnis zwischen ZfB und Verein prägen sollte: Trotz vieler Verbindungen und gegenseitiger Beeinflussung blieb das ZfB eine eigenständige Zeitschrift und wurde nie zum im eigentlichen Sinne des Wortes „Vereinsorgan". Darauf wird noch zurückzukommen sein.

Die erste deutsche Bibliothekarversammlung fand schließlich im Anschluß an die 44. Philologenversammlung im Herbst 1897 statt. Das ZfB informierte über die geplante Schaffung der neuen Sektion für Bibliothekswesen[13] und über das positive Echo, welches das Vorhaben gefunden hatte.[14] Im Anschluß an die Versammlung wurde ausführlich über das Treffen berichtet.[15] Die zweite Bibliothekarversammlung wurde im Rahmen der 45. Philologenversammlung 1899 in Bremen abgehalten. Schon im Vorfeld dieser Tagung aber gab es unter den deutschen Bibliothekaren Bestrebungen, sich von den Philologen zu emanzipieren und eine eigenständige Versammlung zu begründen. Das Bemühen darum spiegelt sich auch im Zentralblatt wider. So bat Heinrich Simon in einem durch das ZfB verbreiteten Aufruf „alle Bibliothekare, die grundsätzlich für die Bildung eines selbständigen deutschen Bibliothekarvereins sind, um eine kurze beistimmende Zuschrift", [16] um der Versammlung in Bremen das Verlangen vieler deutscher Bibliothekare nach einer selbständigen Organisation glaubhaft vermitteln zu können. Auf der Versammlung konnte sich Wilhelm Erman auf 53 zustimmende Antworten berufen, als er die Abhaltung regelmäßiger selbständiger Zusammenkünfte der deutschen Bibliothekare empfahl. Die weitere Diskussion darüber und über den ebenfalls von Erman vorgelegten Satzungsentwurf bis hin zur Wahl einer Kommis-

12 Hartwig nahm später jedoch an den Versammlungen im Rahmen des Philologentages teil und wirkte auch bei der Gründung des Vereins Deutscher Bibliothekare mit.

13 Vermischte Notizen: Nachfolgende Aufforderung ... - In: ZfB 14 (1897) S. 321.

14 Vermischte Notizen: Die Anregung ... - In: ZfB 14 (1897) S. 375.

15 Alexander Reichhardt: Die erste deutsche Bibliothekarversammlung im Anschluß an die 44. Versammlung deutscher Philologen und Schulmänner (Sektion für Bibliothekswesen). - In: ZfB 14 (1897) S. 572–581.

16 Heinrich Simon: Aufruf. - In: ZfB 16 (1899) S. 436.

sion, die die erste Versammlung vorbereiten sollte, schilderte Christian Berghoeffer in seinem Bericht für das ZfB.[17]

Im Jahre 1900 fand schließlich in Marburg die erste selbständige Versammlung deutscher Bibliothekare statt, auf welcher der Verein Deutscher Bibliothekare gegründet wurde. Das ZfB informierte vorher über Termin und Ort der Veranstaltung und teilte mit, wohin Anmeldungen und Vorschläge für Verhandlungsthemen zu senden seien.[18] In Heft 7 desselben Jahres berichtete Hans Paalzow über den Verlauf von Versammlung und Vereinsgründung.[19] Die Satzungen wurden schließlich wenig später ebenfalls im ZfB veröffentlicht.[20] Das ZfB begleitete also mit seiner Berichterstattung sowohl die Vorbereitungen zur Gründung des VDB als auch die Vereinsgründung selbst.

Seit seiner Gründung war der Verein im ZfB präsent. Von Anfang an wurde ausführlich über die Bibliothekartage berichtet, in einem Heft, das der umfassenden Darstellung seines Verlaufs und dem Abdruck der Referate vorbehalten war, und in den meisten Jahren durch einen Vorbericht.[21] Im Bericht über die jährliche Mitgliederversammlung kamen dabei selbstverständlich auch Vereinsinterna zur Sprache (Wahlergebnisse, Mitgliederzahlen usw.). Trotzdem standen bei diesen Berichten natürlich die behandelten inhaltlichen Fragen, die Referate im Mittelpunkt, an denen ein Fachblatt wie das ZfB gar nicht vorbeigehen konnte.

Aber der Verein war seit seiner Gründung auch unabhängig von den Bibliothekarversammlungen im ZfB präsent. Schon über die Konstituierung des ersten Vorstandes wurden die Leser unter „Mitteilungen des Vereins deutscher Bibliothekare" informiert.[22] In einer speziellen Rubrik, die in den ersten Jahren nach Vereinsgründung sogar im Inhaltsverzeichnis präsent war, veröffentlichte der VDB seine Bekanntmachungen. Der

17 Christian W. Berghoeffer: Die zweite deutsche Bibliothekarversammlung im Anschluß an die 45. Versammlung deutscher Philologen und Schulmänner (Sektion für Bibliothekswesen). - In: ZfB 16 (1899) S. 539–549, hier S. 539.

18 Mitteilung. - In: ZfB 17 (1900) S. 160.

19 Hans Paalzow: Versammlung deutscher Bibliothekare. - In: ZfB 17 (1900) S. 337–341.

20 Satzungen des Vereins deutscher Bibliothekare. - In: ZfB 17 (1900) S. 423–424.

21 Eine Übersicht dieser Berichte über die Bibliothekartage bis 1940 findet sich im Jahrbuch der Deutschen Bibliotheken 34 (1950) S. 349–351, der Anschluß bis 1967 in Jg. 42 (1967) S. 480.

22 Mitteilungen des Vereins deutscher Bibliothekare. - In: ZfB 17 (1900) S. 352.

Verein kündigte z. B. den nächsten Bibliothekartag an, wies auf das geplante Programm hin, erinnerte an die Beitragszahlung oder erläuterte die Modalitäten für den Bezug des Jahrbuchs.

Der Titel der Rubrik differierte über die Jahrzehnte leicht, ohne daß dies inhaltliche Auswirkungen gehabt hätte. Sie war zumeist „Verein Deutscher Bibliothekare" überschrieben, manchmal ergänzt durch Zusätze: „Mitteilungen des ‚Vereins deutscher Bibliothekare'" (1900), „Verein Deutscher Bibliothekare" (1901–1912, 1921–1931, 1933–1934), „Verein Deutscher Bibliothekare: Bekanntmachungen" (1932), „Verein Deutscher Bibliothekare: Mitteilungen des VDB und seiner Ausschüsse" (1935–1940). Diese letzte Veränderung 1935 geschah auf Anregung von Harrassowitz, der dafür kostenlos mehr Raum zur Verfügung stellte.[23] Der damalige Vereinsvorsitzende Hilsenbeck kündigte in diesem Zusammenhang an: „Unter dieser Sammelüberschrift werden künftig im Zentralblatt kürzere oder längere Mitteilungen, die den Verein und seine Ausschüsse betreffen, vom Vorsitzenden veröffentlicht werden."[24] Genau dies war aber nichts wirklich Neues, sondern wurde schon seit Jahrzehnten praktiziert: Das ZfB diente dem Verein seit seiner Begründung für die Veröffentlichung von Bekanntmachungen. Lediglich die Ausschüsse wurden erstmals so ausdrücklich genannt. Die Berichterstattung veränderte sich denn auch nach 1935 nur unwesentlich. Die Zahl der Bekanntmachungen des Vereins im ZfB nahm gegenüber früher nicht zu,[25] doch wurden die Mitteilungen länger, ausführlicher und etwas übersichtlicher gegliedert (s. dazu auch den Vergleich mit dem Literarischen Zentralblatt für Deutschland). Die Veränderungen waren nicht substantieller, sondern eher kosmetischer Natur.

Das ZfB nahm damit die Aufgaben eines Mitteilungsblattes für den Verein wahr. Dies war in der ersten Satzung sogar festgeschrieben, wo es in § 11 heißt: „Mitteilungen des Vorstandes erfolgen unter dessen Verantwortung durch das Centralblatt für Bibliothekswesen."[26] Bereits die

23 Zu den Hintergründen seines Angebotes vgl. auch die Auseinandersetzung zwischen Leyh und Trebst (s. u.).

24 Verein Deutscher Bibliothekare: Mitteilungen ... - In: ZfB 52 (1935) S. 187.

25 Zum Vergleich: Im Jg. 48 (1931) erschienen sieben, im Jg. 50 (1933) fünf, im Jg. 52 (1935) sechs, im Jg. 54(1937) zwei, im Jg. 55 (1938) sechs Bekanntmachungen des VDB.

26 Satzungen (wie Anm. 20) S. 424

am 22. Mai 1902 in Jena beschlossene und 1903 in Halle abgeänderte Satzung[27] weist aber demgegenüber eine Änderung auf. Das ZfB wird nicht mehr erwähnt, stattdessen heißt es unter „V. Bekanntmachung" in § 19: „Bekanntmachungen des Vereins erfolgen durch das ‚Literarische Zentralblatt für Deutschland', solange nicht hierfür vom Vereinsausschuß ein anderes Organ bestimmt und in mindestens zwei Blättern bekanntgegeben ist. Dem Ermessen des Vereinsausschusses bleibt es vorbehalten, die Bekanntmachungen außer im ‚Literarischen Zentralblatt für Deutschland' auch noch in anderen Organen zu veröffentlichen."[28]

Die letztgenannte Option ist offenbar bezüglich des ZfB wahrgenommen worden. Warum die Satzung dahingehend abgeändert wurde, ging aus den zur Verfügung stehenden Quellen nicht hervor. In der Debatte über die Satzung spielte der betreffende Paragraph offenbar keine Rolle, wie Vorbericht und Bericht über den Bibliothekartag zeigen.[29] Vielleicht hatte der Vereinsvorstand doch Bedenken gegen eine zu starke Bindung an das Blatt oder Verlegern bzw. Herausgebern der Zeitschrift war diese zu eng geworden. Das Literarische Zentralblatt für Deutschland wurde möglicherweise gewählt, weil es eine große und fachunabhängige Verbreitung fand und die dort aufgenommenen „Mitteilungen aus der wissenschaftlichen Welt", auch die des VDB, so einer größeren Leserschaft zur Kenntnis kamen. Der genannte (Schluß-)Paragraph findet sich, allerdings als § 20, gleichlautend in der zuletzt in Kassel am 8. Juni 1922 abgeänderten Satzung.[30]

Dagegen heißt es in der Fassung vom April 1936, beschlossen auf der außerordentlichen Mitgliederversammlung am 19. Oktober 1935 in Berlin, unter „Stück 12": „Bekanntmachungen erfolgen im Zentralblatt für Bibliothekswesen. Es bleibt dem Vorsitzenden überlassen, Vereinsmit-

27 Die Überarbeitung der Satzung war notwendig geworden, da der Verein zur Erlangung der Rechte einer juristischen Person seine Satzung den Vorschriften des neuen BGB anpassen mußte. – Paul Hirsch: Dritte Bibliothekarversammlung zu Jena: Vorbericht. - In: ZfB 19 (1902) S. 316–320, hier S. 319.

28 Satzung des Vereins Deutscher Bibliothekare. - In: Jahrbuch der Deutschen Bibliotheken 2 (1903) S. 136–143, hier S. 142–143.

29 Hirsch (wie Anm. 27); Verein Deutscher Bibliothekare: 3. Jahresversammlung zu Jena am 22. u. 23. Mai 1902. - In: ZfB 19 (1902) S. 370–418, hier S. 388.

30 Satzung des Vereins Deutscher Bibliothekare. - In: Jahrbuch der Deutschen Bibliotheken 16 (1925) S. 313–320, hier S. 320.

teilungen außerdem in anderen Blättern zu erlassen."[31] Diese letzte Änderung könnte damit zusammenhängen, daß der Verein seit Anfang 1935 mehr Raum im ZfB in Anspruch nehmen konnte.

Die 1948 beschlossene Satzung[32] beinhaltet keinen Hinweis auf die Bekanntmachungen des Vereins mehr, was wohl auch überflüssig war, erschienen doch ab Oktober 1948 die vom Verein herausgegebenen und als Vereinsorgan fungierenden Nachrichten für wissenschaftliche Bibliotheken. Die Art und Weise, wie und wo der Verein seine Bekanntmachungen veröffentlichte, orientierte sich aber ganz offensichtlich kaum am entsprechenden Paragraphen seiner Satzung. Stichproben im Literarischen Zentralblatt für Deutschland ergeben, daß dort nur selten Ankündigungen des Vereins erschienen. So lud im Jahre 1905 der Vereinsausschuß lediglich zur Bibliothekarversammlung und Mitgliederversammlung in Posen ein,[33] und wenig später wurde ergänzend auf Anmeldungsformalitäten und den Preis der Teilnahme für Nichtmitglieder hingewiesen.[34] Weitere Mitteilungen des Vereins bot dieser Jahrgang nicht. Dagegen berichtete das ZfB ausführlich vom Bibliothekartag,[35] und es wurde in zwei Bekanntmachungen an die Entrichtung des Jahresbeitrags erinnert, um die Anmeldung von Vorträgen für den Bibliothekartag gebeten, ein Brief der American Library Association an den Vereinsvorsitzenden abgedruckt und über das Programm des Bibliothekartags vorab informiert.[36] 1925 schilderte das Literarische Zentralblatt in 19 Zeilen den Verlauf des Bibliothekartags in Freiburg[37] und brachte die kritische Erklärung

31 Satzung des Vereins deutscher Bibliothekare e. V. - In: Jahrbuch der Deutschen Bibliotheken 26/27 (1936) S. 357–362, hier S. 362. Unabhängig vom Inhalt fällt auf, daß erstens die Umstellung auf das sog. „Führerprinzip" sich selbst auf diesen Paragraphen auswirkte und zweitens eine Einteilung nach Paragraphen offenbar nicht mehr deutsch genug schien.

32 Satzung des Vereins deutscher Bibliothekare. - In: Jahrbuch der Deutschen Bibliotheken 34 (1950) S. 352–359.

33 Verein Deutscher Bibliothekare. - In: Literarisches Zentralblatt für Deutschland 56 (1905) Sp. 599–600.

34 Unsere Mitteilung ... - In: Literarisches Zentralblatt für Deutschland 56 (1905) Sp. 699.

35 ZfB 22 (1905) S. 315–318 u. 397–491.

36 Verein Deutscher Bibliothekare. - In: ZfB 33 (1905) S. 160, 239–240.

37 Auf dem 21. Deutschen Bibliothekartag ... - In: Literarisches Zentralblatt für Deutschland 76 (1925) Sp. 958.

des Vereinsvorstandes zur Ernennung von Hugo Andres Krüss zum Generaldirektor der Preußischen Staatsbibliothek.[38] Das ZfB dagegen berichtete wie üblich über den Bibliothekartag,[39] und der Verein war darüber hinaus mit drei Mitteilungen vertreten, die den Bibliothekartag in Freiburg und sein Programm ankündigten sowie die Bibliotheksstatistik betrafen. Darüber hinaus wurde ebenfalls die Vorstandserklärung zu Krüss abgedruckt.[40] Auch 1935 finden sich im Literarischen Zentralblatt nur zwei Hinweise auf den Verein: die Mitteilung über die Ernennung Georg Leyhs zum Vorsitzenden[41] und die Ankündigung der außerordentlichen Mitgliederversammlung im Oktober 1935.[42] Im ZfB aber wurden neben der üblichen Berichterstattung über den Bibliothekartag[43] gleich sechs Bekanntmachungen des VDB veröffentlicht, welche die Statistik, die Ausschußarbeit, den Bibliothekartag, die außerordentliche Mitgliederversammlung im Oktober 1935 und die neue Satzung betrafen.[44]

Die ausdrückliche Erwähnung des Literarischen Zentralblatts als Organ für Bekanntmachungen des Vereins hatte also offensichtlich nichts mit der tatsächlichen Praxis zu tun und schränkte zumindest die Berichterstattung im ZfB nicht ein. Zwar wurden auch dort sporadisch Mitteilungen abgedruckt, die Information im ZfB aber war regelmäßiger, detaillierter und ausführlicher. Vor allem ließ das Literarische Zentralblatt, soweit man das aus den Stichproben folgern kann, eine regelmäßige und systematische Berichterstattung vermissen. So wurde in einem Jahr nur im voraus auf den Bibliothekartag verwiesen, im nächsten aber nur im nachhinein über den Verlauf berichtet. Allerdings wirkte sich auch die Satzungsänderung von 1935, die nun wieder ganz auf das ZfB orientierte, nur unwesentlich aus. In der Berichterstattung des ZfB änderte sich, wie schon ausgeführt, nur wenig, und das Literarische Zentralblatt

38 Die Vorstandschaft des Vereins Deutscher Bibliothekare ... - In: Literarisches Zentralblatt für Deutschland 76 (1925) Sp. 1485–1486.

39 ZfB 42 (1925) S. 321–327 u. 417–529.

40 Verein Deutscher Bibliothekare. - In: ZfB 42 (1925) S. 200, 248, 416, 544.

41 In der Mitgliederversammlung des Vereins Deutscher Bibliothekare ... - In: Literarisches Zentralblatt für Deutschland 86 (1935) Sp. 576.

42 Verein Deutscher Bibliothekare. - In: Literarisches Zentralblatt für Deutschland 86 (1935) Sp. 864.

43 ZfB 52 (1935) S. 429–555.

44 Verein Deutscher Bibliothekare. - In: ZfB 52 (1935) S. 124, 187–188, 288, 564, 604, 644.

scheint auch danach noch zur Vermittlung weniger Hinweise genutzt worden zu sein.[45] Obwohl laut Satzung jahrzehntelang ein anderes Blatt als Mitteilungsorgan für den Verein fungieren sollte, war es letzten Endes das ZfB, das diese Funktion tatsächlich ausfüllte.

Das Verhältnis zwischen VDB und ZfB war aber in der langen gemeinsamen Geschichte auch hin und wieder getrübt und Gegenstand von Auseinandersetzungen, die insbesondere die Frage betrafen, inwieweit das Blatt tatsächlich „Vereinsorgan" sein sollte. So versuchte der Vereinsvorstand Ende 1929, eine Erweiterung des ZfB dahingehend zu erreichen, daß „Mitteilungen über Berufs- und Standesfragen künftig einen integrierenden und regelmäßigen Bestandteil desselben bilden."[46] Harrassowitz lehnte dieses Ansinnen ab und begründete seine Haltung in erster Linie mit dem ständigen Raummangel in der Zeitschrift. Unabhängig davon hielt er es aber auch nicht für wünschenswert, diese Fragen im ZfB zu diskutieren, da es einerseits zwar unabhängig, andererseits aber auch zur Rücksichtnahme maßgeblichen Stellen gegenüber verpflichtet sei. Die Lösung sah er in einem besonderen bibliothekarischen Nachrichtenblatt, das ganz in Verantwortung des Vereins stehen sollte.[47]

Nach dem Fehlschlag der Vereinsinitiative äußerte Rudolf Hoecker, damals Mitglied des Vereinsausschusses, daß ihn „die totgelaufende Aktion in Sachen der Vereins- und Personal-Mitteilungen im Zentralblatt ... schwer erschüttert" habe und schrieb weiter: „Der Zustand ist ja geradezu grotesk, daß ein großer Verein nicht die geringste Möglichkeit besitzt, Mitteilungen irgendwelcher Art zu machen."[48] Damit schilderte er allerdings die tatsächliche Situation nicht zutreffend, wie die damals geübte Praxis der Bekanntmachungen im ZfB zeigt. Zu dem von Harrassowitz angeregten eigenen Blatt kam es nicht. An dieses Vorhaben aber erinnerte sich Hilsenbeck, als ihm Harrassowitz im Dezember 1934 den Vorschlag unterbreitete, „jedes Geschäftsjahr einen Druckbogen zur Verfügung zu stellen mit der Rubrik: ‚Mitteilungen des Vereins Deutscher

45 Der Jahrgang 1937 brachte eine Vereinsmitteilung mit der Einladung zum Bibliothekartag (Sp. 383), während der Jahrgang 1938 keine Bekanntmachungen des Vereins enthielt. 1939 war der Verein wiederum einmal mit der Einladung zur Tagung des VDB in Graz vertreten (Sp. 144).

46 Richard Fick am 2. November 1929 an Hans Harrassowitz (VDB-Archiv 1929).

47 Hans Harrassowitz am 12. November 1929 an Richard Fick (VDB-Archiv 1929).

48 Rudolf Hoecker am 26. November 1929 an Johannes Füchsel (VDB-Archiv 1929).

Bibliothekare und seiner Ausschüsse'."[49] Da, wie er meinte, die Vorstandschaft in Zukunft möglicherweise mehr Raum für Mitteilungen benötigen werde, stimmte er dem gern zu.[50] Resultat war die oben erwähnte neu überschriebene Sammelrubrik ab 1935. Dieser offenbar für alle Beteiligten zufriedenstellenden Lösung vorangegangen waren Querelen zwischen Georg Leyh (als einem der ZfB-Herausgeber) und Hans Trebst (damals Vorsitzender des Vereinsausschusses für Sachkatalogisierung), der versucht hatte, insbesondere für die Arbeitsergebnisse seines Ausschusses Raum zu erhalten. Er hatte sich deswegen direkt und über die Köpfe der Herausgeber hinweg an Harrassowitz gewandt und schuf schließlich sogar eine eigene Reihe „Arbeiten aus dem Ausschuß für Sachkatalogisierung", die Leyh als „völlig überflüssiges Serienwerk"[51] bezeichnete.

Zu einer weiteren Auseinandersetzung, diesmal zwischen dem VDB-Vorsitzenden Abb und ZfB-Herausgeber Leyh kam es 1941. Leyh hatte den 31. Jahrgang des Jahrbuchs der Deutschen Bibliotheken vernichtend besprochen. Noch vor Erscheinen der Kritik wurde der damalige Vereinsvorsitzende Gustav Abb darüber informiert, der sich durch Leyh auch persönlich angegriffen fühlte. Er wandte sich sofort an den Mitherausgeber (und gleichzeitig stellvertretenden Vereinsvorsitzenden) Rudolf Buttmann und bat ihn, die Veröffentlichung zu verhindern: „Würde dieser Aufsatz, der auch an sich keine Zierde des ZfB wäre, veröffentlicht werden, so müßte er als eine Kriegserklärung an den VDB aufgefaßt werden und die notwendigen Folgerungen müßten daraus gezogen werden. ... Wie Sie wissen, hat Herr Ministerialrat Kummer mehrmals mir gegenüber den Wunsch ausgesprochen, das ZfB möge unter die Verantwortung des VDB gestellt werden. Ich habe das ... stets abgelehnt."[52] Hier schwang schon die gelinde Drohung mit, daß der Verein seine Meinung bezüglich des ZfB auch ändern könne. Abb führte weiter aus, er „würde es sehr bedauern, wenn ... ein unnötiger Zwiespalt ... in das gute Verhältnis zwischen VDB und ZfB gebracht würde", ließ aber keinen Zweifel darüber, daß er „bei einer Veröffentlichung in dieser Form die Angelegenheit als so ernsthaft ansehen würde, um eine Vorstandssitzung

49 Adolf Hilsenbeck am 29. Dezember 1934 an Hans Trebst (VDB-Archiv 1934).
50 Hilsenbeck (wie Anm. 48).
51 Georg Leyh am 24. November 1934 an Adolf Hilsenbeck (VDB-Archiv 1934).
52 Gustav Abb am 9. November 1941 an Rudolf Buttmann (Akt der BSB, VDB, 68 I).

des VDB als außerordentliche Maßnahme einzuberufen."[53] Buttmann gelang es, einen Eklat zu verhindern. Er bat Leyh, den Aufsatz zurückzuziehen und nach Erscheinen des neuen Jahrbuchs in entsprechender Form abzufassen.[54] Obwohl Leyh die Kritik an seinem Aufsatz eigentlich in keinem Punkt akzeptierte, entsprach er dieser Bitte, um eine weitere Konfrontation zu vermeiden. In einer siebzehnseitigen Erklärung dazu, die er Buttmann übersandte, erläuterte er jedoch noch einmal kategorisch und überdeutlich seinen Standpunkt. Darin äußerte er sich unter Punkt 9 auch zum Verhältnis zwischen ZfB und VDB: „Da das Zentralblatt für Bibliothekswesen sein Existenzrecht schon 18 Jahre vor Begründung des Vereins Deutscher Bibliothekare erwiesen hat, ist die Rechtslage ganz eindeutig ... Selbstverständlich kann man heute durch Anwendung von Zwang und Gewalt das Verhältnis ändern und eine bisher unabhängige wissenschaftliche Zeitschrift zum Organ eines Beamtenvereins machen."[55] Ihm war offenbar die Drohung in Abbs Worten nicht entgangen. Sein Hinweis auf Zwang und Gewalt, die *heute* angewendet werden könnten, klingt fast wie eine Anspielung auf die politischen Verhältnisse, doch ist dies möglicherweise eine Überinterpretation. Da er die Erklärung nur vertraulich abgab, war mit dem Verzicht auf den Abdruck die Sache beigelegt.

Die enge Verbindung zwischen Zentralblatt und VDB zeigt sich auch bei den Personen, die in Zeitschrift und Verein Verantwortung trugen. Die Herausgeber des ZfB waren (bis 1945) ohne Ausnahme Mitglieder des Vereins, einige von ihnen in führender Rolle:

Otto Hartwig	Herausgeber 1884–1903
Karl Schulz	Herausgeber 1884–1885, im Vereinsausschuß 1900–1906
Paul Schwenke	Herausgeber 1904–1921, Vorsitzender 1900–1908, stellvertretender Vorsitzender 1908–1912
Aloys Bömer	Herausgeber 1922–1933
Walther Schultze	Herausgeber 1922–1936 (H. 1–3)
Georg Leyh	Herausgeber 1922–1943/44, im Vereinsausschuß 1928–1935, Vorsitzender 1935–1937

53 Ebenda.

54 Rudolf Buttmann am 13. November 1941 an Georg Leyh (Akt der BSB, VDB, 68 I).

55 Georg Leyh am 16. November 1941 an Rudolf Buttmann (Akt der BSB, VDB, 68 I).

Rudolf Buttmann	Herausgeber 1936–1943/44, im Beirat 1935–1937, stellvertretender Vorsitzender 1937–1945
Joris Vorstius	Herausgeber 1936–1943/44 (H. 4).

Besonders zu erwähnen ist Paul Schwenke, der 1904, als er das ZfB übernahm, bereits als VDB-Vorsitzender amtierte. Trotz der Personalunion von Vereinsvorsitz und ZfB-Redaktion ließ er das Zentralblatt nicht zur Zeitschrift des VDB werden, wie Leyh lobend hervorhob, der weiter schrieb: „Das Verdienst ist nicht gering, daß Schwenke die Zeitschrift vor den Zufällen der Vereinsbildung bewahrt und ihr die Bibliothekare des Auslandes und die Gelehrten aus den Nachbargebieten als Mitarbeiter erhalten hat, die sich einem Berufsverein wohl versagt hätten.“[56] Diese Unabhängigkeit zu bewahren, war ein Anliegen, dem sich auch die nachfolgenden Redakteure verpflichtet fühlten.

Leyh war zwei Jahre lang gleichzeitig Vorsitzender des VDB und ZfB-Herausgeber. Er gewann Rudolf Buttmann als Mitherausgeber, wobei es ihm darum ging, ein Mitglied der NSDAP im Redaktionskollegium zu haben: „Bei meinem Besuch in München hatte ich mir erlaubt, Sie in vertraulicher Form zu fragen, ob es nicht erwünscht sei, daß einer der Schriftleiter des Zentralblatts für Bibliothekswesen der Partei angehöre ... Und so möchte ich Sie in angelegentlicher Form fragen, ob Sie nicht geneigt sein wollen, von Januar 1936 an als Mitherausgeber auf dem Titelblatt unserer deutschen Fachzeitschrift zu erscheinen ...“[57]

Buttmann sagte zu und verstand sich offenbar vor allem als eine Art Instanz zur politischen Zensur: „... würde ich selbst bitten, mir alle Beiträge in der Korrekturfahne so rechtzeitig zu schicken, daß eine Überprüfung unter politischem Gesichtspunkten in angemessener Zeit möglich ist. Dabei setze ich voraus, daß Sie selbst ... die Namen von Persönlichkeiten, die im Dritten Reich als Träger der öffentlichen Meinung nicht möglich sind, ausmerzen.“[58] Das war deutlich, und die selbstverständliche Sachlichkeit, mit der sich Buttmann über Zensur und Publikationsverbot äußerte, ist, wie seine Wortwahl, typisch für die Sprache des Dritten Reiches, dessen Politik, Ideologie und Duktus vor dem ZfB nicht haltmachten. Buttmann wurde tatsächlich zum Ansprechpartner für kri-

56 Leyh (wie Anm. 4) S. 8.
57 Georg Leyh am 12. Dezember 1935 an Rudolf Buttmann (Akt der BSB, VDB, 68 I).
58 Rudolf Buttmann am 16. Dezember 1935 an Georg Leyh (Akt der BSB, VDB, 68 I).

tische, weil politische Fragen betreffende Sachverhalte, wobei wahrscheinlich gerade seine doppelte Funktion als Herausgeber und stellvertretender Vereinsvorsitzender diese Rolle stärkte. So wandte sich Harrassowitz über Leyh an ihn mit der Anfrage, ob das ZfB das Inserat der Firma Breslauer (ein Antiquariat in London) bringen dürfe.[59] Nachdem Harrassowitz die Zustimmung der Reichsschrifttumskammer eingeholt hatte, stimmte Buttmann zu,[60] die Anzeige erschien.

Wenn von für das ZfB und den VDB bedeutenden Personen die Rede ist, kann der erste Verleger des Zentralblatts, Otto Harrassowitz, nicht unerwähnt bleiben. Harrassowitz war maßgeblich an seiner Begründung beteiligt. Der früheste Hinweis auf die Schaffung einer bibliothekarischen Fachzeitschrift ist nach Gilluck sogar in einem Brief Harrassowitz' an Otto Hartwig vom 8. Januar 1883 zu finden: „Über den Plan der bibliothekarischen Zeitschrift hoffe ich Ihnen demnächst mündlich zu berichten."[61] Ob Harrassowitz nun gar der Initiator (wie Gilluck vermutet) oder nur ein Mitbegründer war: Sein verlegerisches Engagement für die Zeitschrift war für ihr Zustandekommen mit entscheidend. Das ZfB erschien jahrzehntelang im Verlag Harrassowitz, der ab 1884 eine umfangreiche Tätigkeit auf bibliothekarischem Gebiet entwickelte. Dem Bibliothekswesen war Otto Harrassowitz auch persönlich und über sein Interesse als Verleger hinaus verbunden. So stiftete er im Jahre 1911 anonym dem VDB zehntausend Reichsmark mit der Maßgabe, den Betrag getrennt vom Vereinsvermögen zu verwalten und seine Zinsen zur Unterstützung bibliothekarischer Arbeiten, für Reisestipendien oder andere Förderungsmaßnahmen zu verwenden.[62] Erst seit seinem Tode im Jahr 1920 trug die Stiftung seinen Namen. Der Nachruf im ZfB würdigt Otto Harrassowitz mit Recht als einen Verleger, der „den bibliographischen und buchge-

59 Georg Leyh am 8. Januar 1938 an Rudolf Buttmann (Akt der BSB, VDB, 68 I).

60 Hans Harrassowitz am 26. August 1938 an Gustav Abb (VDB-Archiv 1938 II). Abb, damals Vereinsvorsitzender, hatte gegen die Anzeige Bedenken geäußert, woraufhin Harrassowitz ihm die Vorgeschichte des Falles schilderte.

61 Zitiert nach Heike Gilluck: Die Gründung des Zentralblatts für Bibliothekswesen im Rahmen der Reform des preußischen Bibliothekswesens. - In: ZfB 100 (1986) S. 12–24, hier S. 16. Der von Gilluck als Quelle angeführte Band 1883 mit dienstlichen Akten aus der UB Halle war 1999 im Universitätsarchiv nicht aufzufinden, wo allerdings noch einige von der UB übernommene Akten unerschlossen lagern.

62 8. Mitgliederversammlung des V.D.B. - In: ZfB 28 (1911) S. 436.

schichtlichen Teil seines Verlags mit besonderer Liebe gepflegt" habe und als einen „Freund und Förderer des deutschen Bibliothekswesens und des bibliothekarischen Berufs".[63]

Sein Sohn und Nachfolger Hans Harrassowitz setzte die Arbeit in dieser Tradition fort und pflegte ebenfalls enge Kontakte zum VDB, nahm er doch z. B. an Jahrestagungen des Vereins teil.[64] Er führte die Firma bis 1945. Nach dem Ende des Krieges wurde der Verlag auf seinen im Krieg vermißten Sohn Friedrich überschrieben und als Abwesenheitspflegerin dessen Mutter Gertrud bestellt, da ihr Mann selbst keine Verlagslizenz erhielt. Im August 1946 wurde der Lizenzantrag für das Zentralblatt gestellt und von der Sowjetischen Militärverwaltung in Deutschland am 25. Februar 1947 mit Lizenznummer 200 genehmigt, so daß die Zeitschrift ab Februar 1947 wieder erscheinen durfte.[65]

Während man die Bedeutung des ZfB anerkannte und die traditionsreiche und international angesehene Zeitschrift auch als Prestigeobjekt für die sowjetische Besatzungszone bzw. später die DDR betrachtete, glaubte man, auf die bei Harrassowitz erscheinenden Verlagswerke verzichten zu können: „In diesem Verlag erschienen Werke von *irgendwelchen Bibliothekaren*, manchmal auch namhaften Wissenschaftlern, die an sich *für die Wissenschaft durchaus nicht von Bedeutung* waren ... und die ... dafür verwandt wurden, um die Gewinne zu verschleiern ... Die Verlagswerke der Firma Otto Harrassowitz passen in keiner Weise in unseren Fünfjahrplan."[66] Als diese deutlichen Worte 1951 notiert wurden, stand die Firma bereits unter Treuhandschaft. 1952 wurde sie aufgrund eines Urteils in einem politisch motivierten Prozeß gegen den Geschäftsführer und seine Prokuristin als sog. „Gegenstand einer strafbaren Handlung"[67] eingezogen[68] und am 1. April 1953 verstaatlicht. Im Oktober desselben

63 Nachruf auf Otto Harrassowitz. - In: ZfB 37 (1920) S. 192.

64 Hans Harrassowitz am 18. Mai 1940 an Gustav Abb (VDB-Archiv 1940).

65 Lizenz Nr. 200, Sächsisches Staatsarchiv, Bibliographisches Institut, Nr. 497, Bl. 39.

66 Aktennotiz vom 14. 6. 1951, Sächsisches Staatsarchiv, Bibliographisches Institut, Nr. 497, Bl. 109.

67 Abwesenheitsurteil, Sächsisches Staatsarchiv, Bibliographisches Institut, Nr. 497, Bl. 16.

68 Hans und Gertrud Harrassowitz waren bereits nach Westdeutschland geflohen. Ein ehemaliger Mitarbeiter hatte schon 1946 die Firma Otto Harrassowitz in Wiesbaden gegründet, deren Inhaber ebenfalls Friedrich Harrassowitz war.

Jahres integrierte man den Verlag als Abteilung in das Bibliographische Institut Leipzig, 1960 wurde er vom Verlag für Buch- und Bibliothekswesen übernommen. Das ZfB erschien weiterhin unter der Firmierung Otto Harrassowitz Leipzig (ab 1956 durch ein vorangestelltes VEB ergänzt), doch gab es wegen dieser für die DDR unüblichen Praxis schon bald Unsicherheiten und Bedenken. Das Staatssekretariat für Hochschulwesen hatte jedoch 1954 unter Hinweis auf den international eingeführten Firmennamen entschieden, die alte Bezeichnung beizubehalten.[69]

Nach der Zusammenführung des Verlags für Buch- und Bibliothekswesen mit dem Bibliographischen Institut beschloß man 1964, auf die bisher übliche Firmierung zu verzichten. Die Gefahr, daß daraufhin die Firma Harrassowitz in Wiesbaden ein Konkurrenzblatt herausbringen könnte, schätzte die Verlagsleitung mit Blick auf die Zeitschrift für Bibliothekswesen und Bibliographie als gering ein. Sie formulierte recht eindeutig und rüde: „Wir vertreten die Auffassung, daß der Name Otto Harrassowitz aus unseren Publikationen verschwinden sollte."[70]

Seit 1965 erschien das ZfB im VEB Bibliographisches Institut Leipzig. Der Jahrgang 78 (1964) ist der letzte, der die Verbindung des Zentralblatts für Bibliothekswesen mit dem Namen Harrassowitz dokumentiert.

Mit dem Kriegsende und durch die nachfolgende deutsche Teilung fanden die Beziehungen zwischen VDB und ZfB ein Ende. Das Zentralblatt erschien 1947 mit seinem ersten Nachkriegsjahrgang. Bis 1959 wurden wie üblich persönliche Herausgeber auf dem Titelblatt genannt, ab 1960 wurde das ZfB „herausgegeben von einem Redaktionskollegium unter ständiger Mitarbeit anderer Fachkollegen".[71] Von den namentlich bekannten Herausgebern war nur Joris Vorstius auch schon vor dem Krieg als Mitherausgeber tätig gewesen. Im Verein organisiert aber waren einige der Redakteure, jedoch nur bis Kriegsende. Die in der Sowjetischen Besatzungszone und späteren DDR tätigen Bibliothekare konnten dem 1948 wieder gegründeten VDB nicht beitreten. „Die in Bremen angebotene Erwerbung der Mitgliedschaft [von Kollegen aus der DDR, d. Verf.]

69 Aktennotiz, Sächsisches Staatsarchiv, Bibliographisches Institut, Nr. 497, Bl. 119.

70 Aktennotiz, Sächsisches Staatsarchiv, Bibliographisches Institut, Nr. 503, Bl. 113–114.

71 ZfB 74 (1960).

hatte der Vereinsvorstand des VDB ... mit plausiblen Gründen als unmöglich bezeichnet."[72] Die Herausgeber waren:

Joris Vorstius	Herausgeber 1947–1958, Mitglied bis 1945
Heinrich Becker	Herausgeber 1947–1950
Rudolf Hoecker	Herausgeber 1947–1950, Mitglied bis 1945, im Vereinsausschuß 1928–1932
Wieland Schmidt	Herausgeber 1947–1951, Mitglied bis 1945[73]
Heinrich Uhlendahl	Herausgeber 1947–1954, Mitglied bis 1945, stellvertretender Vorsitzender 1924–1928, im Vereinsausschuß 1922–1924
Horst Kunze	Herausgeber 1951–1959, Mitglied bis 1945
Curt Fleischhack	Herausgeber 1956–1959
Waldemar Stössel	Herausgeber 1956.

Joris Vorstius beschrieb 1947 als eine wichtige Aufgabe des Zentralblatts, „den Zusammenhalt der Kollegen in West, Süd, Nord und Ost zu pflegen",[74] eine Forderung, die – schon im ersten Jahrgang des Blattes erhoben – unter den herrschenden politischen Bedingungen aber neues Gewicht erhielt. Nur wenig später aber zeigte die im ZfB dokumentierte Kontroverse um Ziele und Aufgaben der Zeitschrift und die Grundsatzfrage nach der Funktion der Bibliothek in der Gesellschaft,[75] daß die Gegensätze zwischen Ost und West schon ausgeprägt und unvereinbar waren.

Je stärker die beiden Systeme sich konsolidierten, desto tiefer wurden die Gräben. Für den in einer pluralistischen Demokratie beheimateten und ihr verpflichteten VDB in der Bundesrepublik Deutschland und das sich zunehmend als sozialistische Fachzeitschrift verstehende und das Prinzip der Parteilichkeit vertretende ZfB in der DDR gab es keinen gemeinsamen Nenner mehr. Hinzu kam, daß 1948 die Nachrichten für wissenschaftliche Bibliotheken (später Zeitschrift für Bibliothekswesen

72 Heinrich Roloff: Der Bibliothekartag in Berlin 22.–26. Mai 1956. - In: ZfB 70 (1956) S. 436–440, hier S. 437.

73 Wieland Schmidt verließ 1950 die UB Berlin und wurde 1951 Direktor der UB der FU Berlin. Er trat dem Verein bei und war 1953–1959 Mitglied des Vereinsausschusses.

74 Joris Vorstius: Die neuen Aufgaben unseres Fachblattes. - In: ZfB 61 (1947) S. 1–4, hier S. 2.

75 Vgl. folgende Beiträge: Rudolf Hoecker 62 (1948) S. 257–261, Heinrich Becker 62 (1948) S. 261–265, Georg Leyh 63 (1949) S. 95–97 und S. 151–171 und Joris Vorstius 63 (1949) S. 172–185.

und Bibliographie) gegründet worden waren und als neues Vereinsorgan fungierten. Sie sollten „der raschen und praktischen Verbindung und Verständigung unter den wissenschaftlichen Bibliothekaren ... dienen“[76] und „in keiner Weise das Zentralblatt für Bibliothekswesen ersetzen oder verdrängen.“[77]

Trotz dieser Absichtserklärung entwickelte sich das Blatt in wenigen Jahren zu einer bedeutenden bibliothekarischen Fachzeitschrift in Deutschland und wurde damit eine direkte Konkurrenz für das ZfB. Seit 1949 wurde in den Nachrichten über die Bibliothekartage berichtet, wenngleich auch das ZfB noch jahrelang, allerdings nicht mehr regelmäßig und in eingeschränktem Umfang, darüber informierte. Ganz selbstverständlich war diese Berichterstattung noch für die erste Bibliothekarversammlung nach dem Krieg im Oktober 1946 in Berlin, genauso wie für die Bibliothekartage in Hannover 1948, Rothenburg und Erlangen 1949 sowie Marburg 1950.[78] Wie vor dem Krieg üblich wurden für das Treffen in Hannover und das in Rothenburg und Erlangen auch die Referate abgedruckt. Danach aber entstand eine Lücke in der Berichterstattung. Die nächsten Berichte folgten erst über die Tagungen in Bremen 1954, Düsseldorf 1955 und Berlin 1956.[79] Die Autoren Heinrich Roloff[80] und Günther Reichardt[81] wiesen auf die Bedeutung dieser Treffen für die Pflege von Kontakten zwischen den Fachkollegen in Ost und West hin und dankten dem VDB ausdrücklich für die Gelegenheit zur Teilnahme. Ihre Be-

76 Erwin Steinborn: Der Bibliothekartag der Doppelzone in Hannover. - In: ZfB 62 (1948) S. 175–186, hier S. 183.

77 Ebenda S. 184.

78 ZfB 61 (1947) S. 87–93, 62 (1948) S. 175–186, 63 (1949) S. 371–374, 64 (1950) S. 358–363.

79 Warum über einige Bibliothekartage nicht berichtet wurde, ließ sich nicht klären. Denkbar wäre, daß die Teilnahme bzw. Nichtteilnahme von Bibliothekaren aus der DDR zumindest damit zu tun hatte. Der VDB hatte ihnen Reichardt zufolge in Bremen 1954 das erste Mal Gelegenheit zur Teilnahme gegeben. Günther Reichardt: Der Bibliothekartag in Bremen. - In: ZfB 68 (1954) S. 440–443, hier S. 443. – 1960 beschloß der Verein, keine Vertreter des DDR-Bibliothekswesens nach Trier einzuladen. Werner Dube: Zum Bibliothekartag in Trier. - In: ZfB 74 (1960) S. 428–429, hier S. 429.

80 Roloff (wie Anm. 72).

81 Günther Reichardt: Der Bibliothekartag in Bremen 8. – 11. Juni 1954. - In: ZfB 68 (1954) S. 440–443; Günther Reichardt: Bibliothekartag in Düsseldorf 31. Mai bis 3. Juni 1955. - In: ZfB 69 (1955) S. 363–364.

richte schilderten Verlauf und wesentliche Inhalte der Tagungen sachlich und ohne ideologische Vorbehalte. Im Bericht über den Freiburger Bibliothekartag von 1959 dagegen dominierten Ideologie und Parteilichkeit. So kritisierte der Autor zum Beispiel, daß der Festvortrag es versäumt habe, „auf die wichtigste Frage einzugehen, wie die ... wissenschaftlichen Bibliotheken der Grundforderung der Menschheit nach einem gesicherten Weltfrieden gerecht werden können."[82] Danach brach die Berichterstattung im ZfB ab, lediglich über die Tagung in Nürnberg 1965 erschien noch eine sechszeilige Notiz.[83] Der VDB selbst war schon längst aus den Registern des ZfB verschwunden. Wird im General-Sachregister für die Jahrgänge 51 (1934) bis 70 (1956)[84] noch dreimal von „Verein Deutscher Bibliothekare" auf Nachkriegsjahrgänge verwiesen, gibt es den Verein im Register für 71 (1957) bis 80 (1966)[85] nicht mehr – während der österreichische und der schweizerische Bibliothekarverein neben etlichen anderen ausländischen selbstverständlich vorkommen.

*

Das ZfB war bis 1944 ein steter Begleiter der Geschichte des VDB. Obwohl es nie wirklich „Vereinsorgan" wurde, berichtete es von den Aktivitäten des Vereins und stand ihm als Sprachrohr zur Verfügung. Hilsenbeck charakterisierte das Verhältnis zwischen Zentralblatt und Verein für diese Periode zutreffend, als er schrieb: „Wenn das Zentralblatt auch kein eigentliches offizielles Vereinsorgan damit ist ..., so ist doch seit einem Menschenalter über alle Vorgänge des Vereins und seiner Ausschüsse im Zentralblatt stets berichtet worden."[86]

Nach der Vereinigung beider deutscher Staaten wurde das ZfB mit der vom VDB mitherausgegebenen Zeitschrift für Bibliothekswesen und Bibliographie vereinigt, die den traditionsreichen Namen nun im Untertitel führt. In gewisser Weise begann damit eine neue gemeinsame Geschichte von VDB und ZfB.

82 Werner Schmidt: Der 49. Bibliothekartag des Vereins Deutscher Bibliothekare in Freiburg i. Br. (19. 5. – 23. 5. 1959). - In: ZfB 74 (1960) S. 40–42.

83 ZfB 79 (1965) S. 628.

84 Ruth Unger: Generalregister zum Zentralblatt für Bibliothekswesen, 51.–70. Jahrgang 1934–1956. - Leipzig 1962.

85 Gottfried Rost: Generalregister zum Zentralblatt für Bibliothekswesen, 71.–80. Jahrgang 1957–1966. - Leipzig 1968.

86 Adolf Hilsenbeck am 29. Dezember 1934 an Hans Trebst (VDB-Archiv 1934).

Dagmar Jank

Frauen im Höheren Bibliotheksdienst vor dem Zweiten Weltkrieg

„‚Was echte Frauen sind, sagt einmal Goethe, die sollten keine Männer lieben; die taugen alle nichts.' Und je älter ich werde, desto mehr sehe ich die Wahrheit dieses Diktums ein. Deshalb freue ich mich auch, daß unser Minister den Frauen den Zugang zur höheren Bibliothekslaufbahn jetzt weit aufgetan hat. In zwanzig Jahren werden auf unsern Bibliotheken zwischen lauter holden Frauen ein paar Mümmelgreise herumwanken und zusehen, wie das schöne Geschlecht spielend fertig kriegt, was ihnen nicht gelungen ist."[1] Fritz Milkau, Direktor der Preußischen Staatsbibliothek, schrieb dies am 16. Juni 1921 an Georg Leyh. Am 27. April 1921 war durch Erlaß des Preußischen Ministeriums für Wissenschaft, Kunst und Volksbildung die Zulassung von Frauen zum Höheren Bibliotheksdienst genehmigt worden. Dies war Ergebnis einer durch Hartnäckigkeit gekennzeichneten Politik des Bundes Deutscher Frauenvereine. Dieser hatte bereits im November 1919 gefordert, daß „in Zukunft weibliche Akademiker deutscher Nationalität zum höheren Bibliotheksdienst zugelassen werden, wenn sie dieselbe Vorbildung wie die männlichen Akademiker aufweisen können." Der Bund Deutscher Frauenvereine reagierte damit auf Beschwerden einiger Frauen, die mit ihren Bewerbungen beim Beirat für Bibliotheksangelegenheiten gescheitert waren. Die Eingabe des Bundes Deutscher Frauenvereine blieb zunächst liegen, wurde dann hin und her gereicht und mit Randbemerkungen verschiedener Ministerialbeamter versehen. Einer erneuten Mahnung im Januar 1921 gab man endlich im April nach.[2]

1 Fritz Milkau am 16. Juni 1921 an Georg Leyh (Staatsbibliothek zu Berlin – Preußischer Kulturbesitz, Handschriftenabteilung, Nachlaß Georg Leyh K. XLIV). Ich verdanke den Hinweis auf diesen Brief Herrn Dr. Werner Schochow, Berlin.

2 Christa Schwarz: Dokumente zur Geschichte des bibliothekarischen Frauenberufs im wissenschaftlichen Bibliothekswesen Deutschlands 1907–1921. - Berlin 1969, S. 34–37, hier S. 36.

In Sachsen war den Frauen bereits im August 1919 der Zugang zum Höheren Bibliotheksdienst ermöglicht worden.[3] Die rechtliche Gleichstellung bedeutete jedoch keineswegs die sofortige reale Gleichstellung der Frau. Immerhin erhielten einige wenige Frauen in den Jahren bis zum Zweiten Weltkrieg die Chance, die Ausbildung zur wissenschaftlichen Bibliothekarin zu absolvieren.

Nach erfolgreich bestandener Prüfung eine feste Anstellung zu erhalten, erwies sich für sie als weitaus schwieriger. Eine der ersten wissenschaftlichen Bibliothekarinnen, die renommierte Einbandforscherin Ilse Schunke (1892–1979), war nach mehrjähriger Tätigkeit in der Landesbibliothek Dresden immer noch wissenschaftliche Hilfsarbeiterin.[4] Kathi Meyer (1892–1980) stellte nach bestandenem Examen 1929 in einem Brief an den Vorsitzenden des Beirats für Bibliotheksangelegenheiten mit bitteren Worten fest: „Aber bedauerlicherweise habe ich nicht soviel Glück wie Herr Kirchner, Herr Leo und andere, gleich hier eine Anstellung zu finden. Ich überlege immer, ob Ihr Ratspruch ‚Es geht einem immer noch viel besser, als man verdient' wirklich für alle gleichermaßen gilt. Für Frauen im Beruf habe ich meine starken Zweifel noch nicht überwunden."[5]

In den letzten Jahren hat sich die historische Frauenforschung verstärkt mit der Geschichte einzelner akademischer Berufe in der Weimarer Republik und während des Nationalsozialismus befaßt. Im Mittelpunkt des Interesses stand dabei die Geschichte der Studienrätinnen, Ärztinnen, Juristinnen und Nationalökonominnen.[6] Die wissenschaftlichen Bibliothekarinnen werden kaum je erwähnt, vielleicht, weil es sich um eine sehr

3 Sächsische Bekanntmachung über die Prüfungen für den Höheren Dienst an wissenschaftlichen Bibliotheken vom 20. August 1919. - In: ZfB 36 (1919) S. 261–263, hier S. 262.

4 Werner Schochow: Der Berufsbibliothekar: die Begründung und Sicherung des bibliothekarischen Berufsstandes in der Ära Althoff – Milkau, insbesondere in Preußen. - In: Bibliothek und Wissenschaft 17 (1983) S. 56–101, hier S. 78.

5 Kathi Meyer am 7. November 1929: SBB-PK, Akten des Beirats für Bibliotheksangelegenheiten betr. Volontäre V b, Bd. 4 (1929–1930) S. 299.

6 Vgl. z. B. Claudia Huerkamp: Bildungsbürgerinnen: Frauen im Studium und in akademischen Berufen 1900–1945. - Göttingen 1996. – Erste Forschungsergebnisse zu den wissenschaftlichen Bibliothekarinnen bei Dagmar Jank: Wissenschaftliche Bibliothekarinnen in Deutschland 1921–1945. - In: Bibliothek: Forschung und Praxis 18 (1994) S. 230–235.

kleine Berufsgruppe handelt. 1925 waren insgesamt 9 654 Akademikerinnen berufstätig, 1933 waren es 16 184; insgesamt zählte man circa 1,5 Millionen Erwerbstätige in „Verwaltung und Gestaltung der Gesellschaft“.[7] In den Berufsratgebern jener Jahre riet man Interessentinnen dringend davon ab, die Laufbahn der wissenschaftlichen Bibliothekarin anzustreben.

Es gab ohnehin nur wenige Ausbildungsplätze, und diese wenigen wurden zumeist mit Männern besetzt. 1921 stellte Elisabeth Altmann-Gottheiner, Vorstandsmitglied des Bundes Deutscher Frauenvereine, resignierend fest, daß die wenigen Stellen für Kriegsbeschädigte vorgesehen seien. Zudem bestünde eine starke Konkurrenz in den geringer entlohnten weiblichen Kräften des Mittleren Dienstes.[8]

Auch Marie-Luise Hollerbach ermutigte potentielle Bewerberinnen nicht gerade, wenn sie schrieb: „Der höhere Bibliotheksdienst setzt akademische Bildung und eine lange Vorbereitungszeit voraus: Fachstudium mit abschließender Staatsprüfung, Promotion (Doktorexamen), zweijährige Volontärtätigkeit an Bibliotheken und schließlich noch Ablegung der bibliothekarischen Fachprüfung. Das sind rund sechs Jahre, die viel Geld kosten. Und der Preis? Die Aussichten für Frauen im höheren Bibliotheksdienst sind sehr ungünstig, denn es handelt sich einmal nur um eine verhältnismäßig engbegrenzte Zahl verfügbarer Stellen (an Universitäten und Staatsbibliotheken) und dann ist ein so ungeheures Angebot männlicher Bewerber vorhanden, daß Frauen kaum bestimmte Aussicht auf Unterkommen haben.“[9]

Hilde Jende-Radomski konstatierte 1929, daß von drei Frauen, die die Prüfung für den Höheren Dienst abgelegt hätten, lediglich eine planmäßige Bibliothekarin an einer Universitätsbibliothek sei, eine zweite habe eine außerplanmäßige Stelle an einer Staatsbibliothek, zur dritten machte

7 Britta Lohschelder: „Die Knäbin mit dem Doktortitel“: Akademikerinnen in der Weimarer Republik. - Pfaffenweiler 1994, S. 133 und S. 158.

8 Elisabeth Altmann-Gottheiner: Die Berufsaussichten der deutschen Akademikerinnen. - Halle/Saale 1921, S. 9 f.

9 Marie-Luise Hollerbach: Die Bibliothekarin. - In: Was soll unsere Tochter werden? Ein praktischer Ratgeber für sämtliche Frauenberufe / bearb. von Friedrich Wencker. - Minden i.W. 1927, S. 93. - Ähnlich Käthe Winckelmann: Die Bibliothekarin. - In: Das moderne Buch der weiblichen Berufe / hrsg. von Erich Janke. - Minden i.W. 1928, S. 251–255, hier S. 251 f.

sie keine Angaben.[10] Margarete Esch mußte 1940 darauf hinweisen, daß der wissenschaftliche Dienst den Frauen „bis auf weiteres" verschlossen sei.[11] Dies galt seit 1938. Der Vorsitzende des Reichsbeirats für Bibliotheksangelegenheiten, Hugo Andres Krüss, hatte auf der 4. Sitzung im Juni 1938 empfohlen, die Frauen, die sich in Wien für den Höheren Dienst beworben hatten, wenn möglich „beschleunigt für den volksbibliothekarischen Dienst" auszubilden, da Frauen für den Höheren Dienst generell nicht infrage kämen.[12] In der Broschüre „Der wissenschaftliche Bibliothekar" des Akademischen Auskunftsamtes in Berlin aus dem Jahre 1940 steht in einer Vorbemerkung zum Text der Ausbildungs- und Prüfungsordnung für den wissenschaftlichen Bibliotheksdienst vom 18. August 1938 der folgende Satz: „Solange geeignete männliche Bewerber in ausreichender Zahl zur Verfügung stehen, werden Frauen zum Vorbereitungsdienst für die wissenschaftliche Bibliothekslaufbahn nicht zugelassen."[13] Nach Kriegsausbruch wich man jedoch in Einzelfällen von dieser Regelung ab. 1932 betrug der Anteil der Frauen im Höheren Dienst in Deutschland und Österreich 9%, das heißt 84 von 929 Mitarbeitern des Höheren Dienstes waren weiblich.[14] 1934 betrug der Anteil der Frauen in Deutschland 6,6%, das heißt 53 von 802 Angehörigen des Höheren Dienstes waren weiblich, wobei zu diesen 53 auch sogenannte „Nichtberufs-

10 Hilde Jende-Radomksi: Akademische Frauenberufe. - Dessau 1929, S. 98. – Ihr mit der Bitte um Auskunft an die Preußische Staatsbibliothek gerichtetes Schreiben vom 18. Juli 1928 in der SBB-PK, Akten des Beirats für Bibliotheksangelegenheiten betr. den wissenschaftlichen Bibliotheksdienst V a, Bd. 11 (1926–1933) S. 237, die Antwort der Bibliothek S. 239.

11 Margarete Esch: Lage und Aussichten in den höheren Frauenberufen. - In: Die Frau 48 (1940/41) S. 168–173, hier S. 169.

12 Manfred Komorowski: Die Tagungsprotokolle des Reichsbeirats für Bibliotheksangelegenheiten (1937–1943). - In: Bibliothek: Forschung und Praxis 16 (1992) S. 66–98, hier S. 83.

13 Der wissenschaftliche Bibliothekar / hrsg. vom Akademischen Auskunftsamt Berlin in Verbindung mit dem Amt für Berufserziehung und Betriebsführung in der Deutschen Arbeitsfront. - 2., verb. Aufl. - Berlin 1940, S. 13. – Vgl. auch Manfred Komorowski: Die wissenschaftlichen Bibliotheken während des Nationalsozialismus. - In: Bibliotheken während des Nationalsozialismus. Teil 1 / hrsg. von Peter Vodosek u. Manfred Komorowski. - Wiesbaden 1989, S. 1–23, hier S. 18 sowie Hans-Gerd Happel: Das wissenschaftliche Bibliothekswesen im Nationalsozialismus unter besonderer Berücksichtigung der Universitätsbibliotheken. - München 1989, S. 31.

14 Schochow (wie Anm. 4) S. 82.

Zugehörige" zählen, die ohne Laufbahnbefähigung, aber nach einem Hochschulstudium in Bibliotheken arbeiteten.[15]

Wie hat nun der Verein Deutscher Bibliothekare auf den Erlaß vom 27. April 1921 reagiert? Noch im gleichen Jahr wurde auf der Jahresversammlung in Wernigerode in der Mitgliederversammlung ohne Debatte beschlossen, daß Frauen als vollberechtigte Mitglieder des Vereins aufgenommen werden könnten, wenn sie „dieselben Bedingungen erfüllen wie die Männer."[16] Die Frauen spielten allerdings vor 1945 in den Gremien und auf Bibliothekartagen keine Rolle. Immerhin publizierten einige Bibliothekarinnen Fachartikel im Zentralblatt für Bibliothekswesen. Ilse Schunke schrieb 1927 über „Die systematischen Ordnungen und ihre Entwicklung", Gerda Krüger 1928 über „Die gedruckten Lesesaalkataloge der Universitäts- und Staatsbibliotheken" und Kathi Meyer 1931 über „Musikalische Bibliotheksfragen". Edith Rothe notierte im gleichen Jahr ihre „Beobachtungen während einer viermonatlichen Volontärzeit an der Bibliothèque Nationale in Paris", und Luise von Schwartzkoppen befaßte sich 1934 mit dem Thema „Die rechtliche Zulässigkeit der Photokopie im Rechte des Auslandes und nach dem Entwurf zu einem neuen Urheberrechtsgesetz".[17] Ein zweiter Beitrag Gerda Krügers über „Deutsche Gemeinschaftskatalogisierung" wurde von der Redaktion abgelehnt; er erschien dann 1930 im „Archiv für Bibliographie, Buch- und Bibliothekswesen".[18]

Aus der Frühzeit des Vereins Deutscher Bibliothekare ist nur eine positive Äußerung zum Einsatz von Frauen im Höheren Bibliotheksdienst bekannt. 1903 stellte der Direktor der Universitätsbibliothek Halle, Karl

15 Eva Bollert: Bedarf und Nachwuchs im wissenschaftlichen Bibliothekarsberuf. - In: ZfB 51 (1934) S. 263–269, hier S. 265; Käthe Winckelmann: Die Frau in der Bibliotheksarbeit. - In: Jahrbuch der Frauenarbeit 7 (1931) S. 67–73, hier S. 73.

16 Vgl. ZfB 38 (1921) S. 212.

17 Vgl. ZfB 44 (1927) S. 377–400; 45 (1928) S. 680–692; 48 (1931) S. 340–346 und S. 551–563; 51 (1934) S. 297–311.

18 SBB-PK, Akten des Beirats für Bibliotheksangelegenheiten betr. den wissenschaftlichen Bibliotheksdienst V a, Bd. 12 (1934–1936) S. 43–48. – Der Aufsatz erschien 1930 im Archiv für Bibliographie, Buch- und Bibliothekswesen (S. 146–153). Gerda Krüger schickte 1934 einen Sonderdruck an den preußischen Wissenschaftsminister, der ihn dem Vorsitzenden des Beirats für Bibliotheksangelegenheiten zur Stellungnahme übersandte. Krüss begründete die seinerzeit erfolgte Ablehnung auf mehreren Seiten.

Gerhard, auf der Jahresversammlung fest, daß bei gleicher Vorbildung auch zahlreiche Frauen für diese Tätigkeit geeignet seien.[19] Trotz fehlender gesetzlicher Grundlagen versuchten bereits zu Beginn des Jahrhunderts einige Frauen, in den wissenschaftlichen Bibliotheksdienst zu kommen. Die vielseitig gebildete Barbara Clara Renz (1863–1955) bewarb sich nach einem Studium in Rom und einer mehrjährigen Tätigkeit als Dozentin und Kunstmalerin in den USA 1901 als Volontärin an der Bayerischen Hof- und Staatsbibliothek in München, was zu einem Aufstand in der lokalen Presse führte. Sie wurde zwar angenommen, sah sich aber in den kommenden Jahren zahlreichen Anfeindungen ausgesetzt und gab 1904 auf, um als Privatgelehrte, Stadträtin und Journalistin zu arbeiten. Die Germanistin Maria Brie (*1877) begann 1903 ein Volontariat an der Stadtbibliothek Breslau, schied jedoch schon vier Jahre später wegen Verheiratung aus. Die Historikerin Helene Wegener (*1877) wurde 1905 Volontärin an der Landesbibliothek Karlsruhe.[20] Emmy Riemenschneider fragte am 15. Mai 1917 beim Vorsitzenden des Beirats für Bibliotheksangelegenheiten, Adolf von Harnack, an, „ob es augenblicklich ratsam ist, sich dem wissenschaftlichen Bibliotheks- oder Archivdienste zuzuwenden". Sie hatte Geschichte und Philosophie studiert, 1916 die wissenschaftliche Staatsprüfung abgelegt, arbeitete zum Zeitpunkt ihrer Anfrage an ihrer Dissertation und sammelte bereits im dritten Jahr in der Bibliothek des Philosophischen Seminars der Bonner Universität berufliche Erfahrungen.[21] Von Harnacks Antwort fiel knapp aus: „Auf Ihre geschätzten Zeilen vom 15. d. Mts. muß ich Ihnen erwidern, daß bisher Frauen zum wissenschaftlichen Bibliotheksdienst nicht zugelassen sind (meines Wissens auch nicht zum Archivdienst). Es ist, so viel ich sehe, eine Zulassung in der Folgezeit auch nicht wahrscheinlich."[22] Lisbeth Kapitzky, die sich

19 Karl Gerhard: Die Vorbildung zum bibliothekarischen Beruf. - In: ZfB 21 (1904) S. 6–14, hier S. 14.

20 Jank (wie Anm. 6) S. 234. – Eine Helene Wegener arbeitete von 1906 bis 1909 in der UB Gießen, vermutlich im mittleren Dienst: vgl. Quellen und Schriften zur Geschichte der Universitätsbibliothek Gießen: ein Wegweiser / hrsg. von Hermann Schüling. - Gießen 1977, S. 12.

21 SBB-PK, Akten des Beirats für Bibliotheksangelegenheiten betr. Annahme und Prüfungen für den wissenschaftlichen Bibliotheksdienst V d, Bd. 2 (1914–1917) S. 559–562, das Zitat S. 559.

22 SBB-PK (wie Anm. 21) S. 563.

im Juli 1917 nach den allgemeinen Aussichten für diese Laufbahn erkundigte, erhielt die Antwort, daß „Damen zum staatlichen höheren Bibliotheksdienst nicht zugelassen werden".[23]

Wieviele Akademikerinnen nutzten nun zwischen 1921 und 1938 die Möglichkeit, einen neuen qualifizierten Beruf ergreifen zu können? Insgesamt 78 Frauen bewarben sich um ein Volontariat[24]: Liselotte Ahrens, Hildegard Alberts (*1904), Dora Arndt, Helene Barthel (*1900), Gertrud Benke (*1900), Ilse Bethke (*1906), Johanna Binder (*1907), Anneliese Blasel, Charlotte Boden (*1900), Irene Böhme, Emilie Boer (*1894)[25], Hildegard Bonde (*1901), Elsbeth Bonnemann (*1903), Anneliese Bretschneider (*1898), Ilse Bronisch (*1891), Lilly Buchhorn (*1904), Gisela von Busse (*1899), Elsbeth Colmi (*1907), Ursula Daab (*1902), Hanna Emmrich (*1903), Marianne Fitz (*1907), Anna-Maria Floerke (*1887), Olga Franke, Charlotte Girod (*1901), Frieda Gottlieb (*1885), Helene Guddorf, Emma Hagemeier, Elisabeth Havemann (*1895), Margarete Hersing (*1905), Ellen Hönncher (*1906), Hiltrud Holubiczko (*1895), Käthe Iwand (*1894), Christliebe Jeremias, Hildegard Karsten (*1895), Anna Margarete Kießner (*1895), Paula Kläb (*1903), Elisabeth Kreyenborg, Gerda Krüger (*1900), Margarete Lampe (*1904), Elfriede Leskien (*1892), Fanny Charlotte Leupold (*1908), Hertha Marquardt, Kathi Meyer (*1892), Anneliese Modrze (*1901), Maria Möller (*1902), Annemarie Müller (*1905), Käthe Emma Neumann, Hedda Oehlke (*1897), Julie Poehlmann (*1900)[26], Cornelie Prange (*1896), Gertrud Quack (*1906), Charlotte Rausche (*1893), Edith Reddig (*1899), Gertrud Reitz (*1909), Helene Margarete Richter (*1897), Gertrud Rockel, Edith Rothe

23 SBB-PK (wie Anm. 21) S. 585–587.

24 Wenn möglich, wird in Klammern das Geburtsjahr der Bewerberinnen angegeben. Diejenigen, die als Volontärinnen angenommen wurden, sind mit ihrer Kurzbiographie im Personalteil des Jahrbuchs der Deutschen Bibliotheken nachweisbar. Zur weiteren Berufsbiographie wissenschaftlicher Bibliothekarinnen vgl. Alexandra Habermann, Rainer Klemmt, Frauke Siefkes: Lexikon deutscher wissenschaftlicher Bibliothekare 1925–1980. - Frankfurt a. M. 1985 (ZfBB. Sonderh.; 42). Auf Einzelbelege wird hier verzichtet, um den Anmerkungsapparat nicht unnötig zu vergrößern.

25 Ihre Schwester Elisabeth war eine der ersten wissenschaftlichen Archivarinnen; vgl. den Nachruf von Manfred Kobuch: Elisabeth Boer (1896–1991). - In: Der Archivar 44 (1991) Sp. 677–679.

26 Sie war die erste Frau, die vor 1945 in Bayern in ein Volontariat kam (1944 an der Bayerischen Staatsbibliothek, vgl. Jahrbuch der Deutschen Bibliotheken 1950 ff.)

(*1897), Agnes Schmandt (*1893), Hertha Schmidt (*1904), Ingeborg Schnack (*1896), Angela von Schönberg (*1906), Marie Scholz-Babisch (*1891), Johanna Schultze (*1897), Maria Schumacher, Ilse Schunke (*1892), Luise von Schwartzkoppen (*1902), Elisabeth Simon (*1896), Clara Stier-Somlo (*1899), Anna Strecker (*1891), Helene Tillmann, Charlotte Ulbricht (*1906), Liselotte Vezin, Maria Virnich (*1887), Liselotte Wege (*1904), Liesbeth Weinhold (*1902), Lotte Wentscher (*1898), Erika Wiehe, Helene Wieruszowski (*1893).

Zur Ausbildung zugelassen wurden insgesamt 45 Bewerberinnen. Einige brachen sie bald wegen Krankheit oder auch aus anderen Gründen ab. Die meisten (37) schlossen jedoch die Ausbildung ab und arbeiteten bis zur Pensionierung als wissenschaftliche Bibliothekarin. Für andere war das „Gesetz zur Wiederherstellung des Berufsbeamtentums“ vom 7. April 1933 die einschneidende Zäsur in ihrem Leben und ihrer Berufsbiographie: Sie wurden entlassen. Dies galt z. B. für Anneliese Modrze, Clara Stier-Somlo und Helene Wieruszowski.[27]

Die in den Akten des Beirats für Bibliotheksangelegenheiten enthaltenen Urteile der Bibliotheksdirektoren über die Bewerberinnen sind in der Regel objektiv. Offen wird „Frauenfeindlichkeit“ nur selten geäußert. Die Altersgrenze bei Eintritt ins Volontariat (30 Jahre) gilt nachweislich für Männer und Frauen. Sie wird aber vom Ministerium, das das letzte Wort bei der Einstellung hatte, nicht immer beachtet. Helene Wieruszowski wird 1926 zugelassen, obwohl sie 1893 geboren war.[28] Ein Ablehnungsgrund, der sowohl bei Männern wie bei Frauen ins Feld geführt wird, ist eine schwächliche Konstitution bzw. eine Krankheit, die befürchten läßt, daß die Bewerber und Bewerberinnen in einem späteren Berufsleben ihren Aufgaben nicht gewachsen sind. Hierbei wird jedoch manchmal bei Männern wie bei Frauen eine aus heutiger Sicht übertriebene Härte an den Tag gelegt. Ein formaler Ausschlußgrund für beide Geschlechter ist die fehlende Promotion.[29] Eine Frau, die nach ihren Angaben im Lebens-

27 Zu Modrze vgl. Jahrbuch der Deutschen Bibliotheken 1934; zu Stier-Somlo und Wieruszowski vgl. Happel (wie Anm. 13) S. 34.

28 SBB-PK, Akten des Beirats für Bibliotheksangelegenheiten betr. Volontäre V b, Bd. 1 (1926) S. 439/9 und S. 501.

29 Vgl. z. B. SBB-PK, Akten des Beirats für Bibliotheksangelegenheiten betr. Volontäre V b, Bd. 4 (1929–1930) S. 33–34 (nach S. 402 eigene Paginierung für das Resümee

lauf eigentlich Jugend- und Vormundschaftsrichterin werden wollte, um Verbesserungen für Frauen zu erreichen, schafft es im dritten Anlauf 1927 ins Volontariat. Gertrud Benke wird also keineswegs wegen dieser dezidierten Äußerung, die sie in den Augen der auswählenden Männer als „Frauenrechtlerin" erscheinen läßt, ausgeschlossen.[30] Einige Äußerungen von Hugo Andres Krüss sind jedoch offen frauendiskriminierend. In seinem Sammelgutachten für den Einstellungstermin April 1926 ist beispielsweise zu lesen: „Denn so lange noch keine Erfahrung darüber vorliegt, ob die wissenschaftlichen Bibliothekarinnen sich ausdauernder und leistungsfähiger erweisen als die weiblichen Beamten im Mittleren Dienst, würde ich bei jedem Termin nicht mehr als eine Bewerberin anzunehmen empfehlen."[31] Im Mai 1932 schreibt Krüss an einen Kollegen: „... im übrigen haben wir uns mit der Annahme von weiblichen Volontären in den letzten Jahren schon stark übernommen, so daß wir nach Möglichkeit den männlichen Bewerbern diesmal den Vorzug geben möchten", und einen Monat später informiert er ein Mitglied des Reichstags, das sich für eine Bewerberin verwendet: „Hinzu kommt, daß wir unser Augenmerk hauptsächlich auf männliche Bewerber richten müssen, da wir in den letzten Jahren in der Zulassung von Frauen recht freigebig gewesen sind."[32] Aloys Bömer, Direktor der UB Münster, zieht sich im gleichen Jahr die herbe Kritik von Krüss zu, als er die vier Frauen unter den sechs Bewerbern zur Annahme empfiehlt und die Männer ablehnt.[33] Emil Jacobs weist 1933 die Bewerberin Gertrud Rockel darauf hin, daß die Aussichten „insbesondere für Frauen außerordentlich ungünstig sind".[34] Und im

des Gutachtens für den Oktober-Termin 1930 an das Ministerium); dies betrifft Ilse Bethke und Lilly Buchhorn.

30 SBB-PK, Akten des Beirats für Bibliotheksangelegenheiten betr. Volontäre V b, Bd. 1 (1926) S. 33–35 (handschriftlicher Lebenslauf zur Bewerbung), Empfehlung Bd. 2 (1927) S. 142 d. Sie scheidet jedoch bereits im Oktober 1928 wegen Krankheit aus (Jahrbuch der Deutschen Bibliotheken 1929).

31 SBB-PK, Akten des Beirats für Bibliotheksangelegenheiten betr. Volontäre V b, Bd. 1 (1926) S. 91/15.

32 SBB-PK, Akten des Beirats für Bibliotheksangelegenheiten betr. Volontäre V b, Bd. 6 (1932) S. 164a und S. 203–204 und 207 f. ein dritter Brief mit diesem Tenor.

33 SBB-PK (wie Anm. 32) S. 355/VI.

34 SBB-PK, Akten des Beirats für Bibliotheksangelegenheiten betr. Volontäre V b, Bd. 7 (1933) S. 131 und S. 133: Gertrud Rockel am 7. Juli 1933, Antwort Emil Jacobs am 11. Juli 1933.

August des gleichen Jahres antwortet Jacobs einem pensionierten Bonner Gymnasialdirektor, der sich nach den Einstellungsaussichten für Frauen erkundigt hatte, daß zwar Frauen noch zugelassen werden, sie aber „hinsichtlich der Aufnahme als Anwärterin hinter den Männern" rangieren. Und er fährt fort: „Wie es in Zukunft mit der Zulassung von Frauen gehalten werden wird, entzieht sich zwar meiner genaueren Kenntnis, ich möchte aber annehmen, daß sich ihre Aussichten verschlechtern werden."[35] Das scheint auf den ersten Blick eine sachliche Auskunft zu sein, sie spiegelt aber den Zeitgeist wider, der in qualifizierten Berufen eine Rangfolge Mann – Frau propagiert.

Auch die von Krüss genannte „Freigebigkeit" gegenüber Frauen kann nach Überprüfung der Zahlen nur als bewußte Fälschung der tatsächlichen Gegebenheiten interpretiert werden. Aus den Akten des Beirats für Bibliotheksangelegenheiten lassen sich folgende Zahlen für Preußen rekonstruieren:

1923	22 Bewerbungen (18 Männer, 4 Frauen)[36]
1930	25 Bewerbungen (21 Männer, 4 Frauen)
1931	39 Bewerbungen (27 Männer, 12 Frauen)
1932	40 Bewerbungen (28 Männer, 12 Frauen)
1933	32 Bewerbungen (23 Männer, 9 Frauen)
1935	42 Bewerbungen (39 Männer, 3 Frauen).

Die Zahlen sprechen für sich. Sie können allerdings nicht absolut genommen werden, da wiederholte Bewerbungen bei beiden Geschlechtern üblich waren. Ins Volontariat übernommen wurden im genannten Zeitraum in Preußen 21 Frauen, wobei einigen von vornherein klar war, daß sie keinen Anspruch auf Übernahme in den Staatsdienst hatten. Von einer extremen „Freigebigkeit" kann also keine Rede sein.

Die erste Volontärin in Preußen ist Hildegard Karsten; sie wurde 1922 an der UB Göttingen angenommen, arbeitete nach Ablegen der Fachprüfung 1925 in der Preußischen Staatsbibliothek, schied dort jedoch schon im März 1926 wieder aus.[37] Zur ersten Generation gehören ferner

35 SBB-PK (wie Anm. 34) S. 151.

36 SBB-PK, Akten des Beirats für Bibliotheksangelegenheiten betr. den wissenschaftlichen Bibliotheksdienst V a, Bd. 8 (1923) S. 463, betr. Volontäre V b, Bd. 6 (1932) S. 355/I, V b, Bd. 7 (1933) S. 329/I, V b, Bd. 9 (1935) S. 290.

37 Vgl. Jahrbuch der Deutschen Bibliotheken 1925–1927.

Ingeborg Schnack, Helene Margarete Richter und Ilse Schunke.[38] Schnack begann 1923 ihre Ausbildung in der UB Marburg, Schunke und Richter 1921 bzw. 1923 in sächsischen Bibliotheken.[39] 1923 hatten sich in Preußen auch Käthe Iwand, Charlotte Rausche und Maria Virnich beworben, die allerdings nicht angenommen wurden. Rausche ist 1926 als wissenschaftliche Hilfsarbeiterin an der DB Leipzig nachweisbar, 1928 arbeitet sie an der Stadtbibliothek Lübeck. Dann verliert sich ihre Spur.[40] Käthe Iwand wird von Milkau zwar zu Annahme empfohlen, da sie ihn mit ihrem „frischen und zielbewußten Wesen" beeindruckt hat, das Ministerium entscheidet sich aber für Schnack. Iwand kommt erst 1926 zum Zug.[41] Noch vor 1921 bzw. 1923 gab es für kurze Zeit vier Frauen mit Volontärinnen-Status: Anna-Marie Floerke begann 1920 in der UB Rostock mit der Ausbildung, ob sie die Fachprüfung ablegte, ist nicht bekannt.[42] Christliebe Jeremias war ebenfalls nur 1920 in der UB Leipzig Volontärin.[43] Anna Margarete Kießner absolvierte 1922 das Volontariat in Hamburg, schied aber schon 1923 aus.[44] Elfriede Leskien ist 1922 in der UB Leipzig als Volontärin nachweisbar.[45]

*

In den Jahren 1921 ff. haben Pionierinnen den Weg geebnet für einen zwar zahlenmäßig kleinen, aber qualifizierten akademischen Frauenberuf. Sie mußten sich in eine männlich dominierte Berufswelt integrieren, in der

38 Zu Schnack vgl. Jahrbuch der Deutschen Bibliotheken 1926 ff.; zu Richter vgl. Jahrbuch der Deutschen Bibliotheken 1929; zu Schunke vgl. Habermann (wie Anm. 24) S. 322 f.

39 SBB-PK, Akten des Beirats für Bibliotheksangelegenheiten betr. den wissenschaftlichen Bibliotheksdienst V d, Bd. 8 (1923) S. 352 a der Antrag Schnacks vom 1. Juli 1923 an den Direktor der UB Marburg.

40 SBB-PK (wie Anm. 39) S. 374 a; Rausches Gesuch war von der UB Kiel befürwortet worden, Virnichs Antrag siehe S. 475. Zu Rausche vgl. auch Jahrbuch der Deutschen Bibliotheken 1928.

41 SBB-PK, Akten des Beirats für Bibliotheksangelegenheiten betr. den wissenschaftlichen Bibliotheksdienst V a, Bd. 8 (1923) S. 395–398 und S. 477 (Zitat Milkau), S. 497 die Auskunft des Ministeriums, daß Iwand bei einer Wiederbewerbung „einer wohlwollenden Prüfung" unterzogen werde. Vgl. auch Jahrbuch der Deutschen Bibliotheken 1927.

42 Jahrbuch der Deutschen Bibliotheken 1929; Habermann (wie Anm. 24) S. 81.

43 ZfB 37 (1920) S. 306 und 38 (1921) S. 142 die Nachricht über ihr Ausscheiden.

44 ZfB 39 (1922) S. 573 und 40 (1923) S. 128.

45 Jahrbuch der Deutschen Bibliotheken 1925.

sicherlich im Alltag die eine oder andere Diskriminierung aufgrund des Geschlechts hinzunehmen war. Dies ist freilich eine schwer zu beweisende These. Aus Interviews mit der ersten Frauengeneration in anderen akademischen Berufen weiß man, daß viele der Pionierinnen sich nicht an Diskriminierungen oder Anfeindungen erinnern (wollen). Die am Anfang dieses Beitrags zitierte Prognose Milkaus, daß in 20 Jahren das wissenschaftliche Bibliothekswesen in der Hauptverantwortung der Frauen läge, hat sich auch fast 80 Jahre nach dem Erlaß des Preußischen Ministeriums für Wissenschaft, Kunst und Volksbildung nicht bestätigt.

1995 haben Frauen erst knapp 36% der Stellen im Höheren Bibliotheksdienst inne. Doch weitaus nachdenklicher muß es stimmen, daß am Ende des 20. Jahrhunderts lediglich 20% der Führungspositionen (A15, A16 und BAT-äquivalente Stellen) im Höheren Bibliotheksdienst mit Frauen besetzt sind (Stand 1995).[46] Einige wenige erhalten eine B-Besoldung. Es kann nicht die Aufgabe eines historischen Rückblicks sein, die Gründe für die Unterrepräsentanz der Frauen in Führungspositionen zu eruieren. Nur soviel sei an dieser Stelle gesagt: Mit einer einseitigen Schuldzuweisung an die Männer, die Frauen in Führungspositionen verhindern wollen, würde man es sich zu leicht machen. Es gibt heute noch zahlreiche Frauen, die eine Verantwortung, die auch mit Machtausübung verbunden ist, scheuen oder sogar ablehnen. „Vollendet, was wir begonnen!“ forderte die Frauenrechtlerin Minna Cauer (1841–1922) die nachfolgenden Frauengenerationen auf. Dem ist nichts hinzuzufügen.

46 Zahlenangaben nach Carmen Passera in dieser Festschrift.

Carmen Passera

Frauen im wissenschaftlichen Bibliotheksdienst nach 1945

Die VDB-Arbeitsgruppe „Frauen im Höheren Bibliotheksdienst" hat es sich anläßlich des 100jährigen Bestehens des Vereins zur Aufgabe gemacht, der Entwicklung des Berufsstands der wissenschaftlichen Bibliothekarinnen seit 1945 nachzuspüren und sie anhand der Jahrbücher zu analysieren. Frauenspezifische Veröffentlichungen gibt es unter den sonst recht zahlreichen bibliothekarischen Veröffentlichungen relativ wenige.

1981 thematisierte eine Hausarbeit[1] im Rahmen der Assessorprüfung die Situation der Frauen im Höheren Dienst. Die Verfasserin näherte sich dem Thema durch Auszählung der Jahrbücher von 1950, 1959, 1969 und 1979 und durch eine schriftliche Befragung der Kolleginnen. Die schriftliche Befragung hatte zwei Schwerpunkte:

Zunächst wurden der persönliche Hintergrund, die Motivation und der Ausbildungsweg zur Berufswahl abgefragt. In einem weiteren Fragenkomplex wurden die aktuelle Arbeitssituation und die Arbeitszufriedenheit erfaßt.

Da der Fragebogen ausschließlich an Frauen verschickt wurde, waren keine Aussagen möglich, inwieweit berufliche Voraussetzungen, Erwartungen und Entwicklungen von Frauen und Männern unterschiedlich waren. Fragen zur Benachteiligung von Frauen wurden bewußt nicht aufgenommen.[2]

Seit gut zwölf Jahren dokumentiert die VDB-AG – deren ideelle Basis die Frauenbewegung der 70er Jahre ist – frauenspezifische Probleme. 1989 wurde von der Arbeitsgruppe ebenfalls eine schriftliche Befragung durchgeführt, die sich an Männer und Frauen richtete. Sie umfaßte Fragen zur

1 Birgit Ströbel: Die Bibliothekarinnen des höheren Dienstes an wissenschaftlichen Bibliotheken der Bundesrepublik Deutschland (1950–1981). - Köln 1981.

2 Ebenda S. 34.

Ausbildung, zur beruflichen Entwicklung, zur derzeitigen beruflichen Situation und zur Teilnahme an Fortbildungen, aber auch Fragen zur Benachteiligung („Wodurch werden Ihrer Meinung nach Karrieren von Frauen im Höheren Bibliotheksdienst behindert?“) und zum kollegialen Klima.

Die Ergebnisse dieser Befragung wurden in zwei Aufsätzen 1991[3] und 1992[4] veröffentlicht. Anläßlich des 10jährigen Bestehens der VDB-AG wurde eine Auswertung der Jahrbücher 1985 und 1995 vorgenommen und ein erfreulicher Anstieg des Anteils von Frauen im Höheren Dienst allgemein sowie in den Leitungspositionen festgestellt.[5]

Rudolf Jung schreibt 1991 im Lexikon des gesamten Buchwesens, daß der Anteil der Frauen im Höheren Dienst zwischen 1979 und 1988 von 19,7% auf 29,6% angestiegen ist.[6]

Um die Präsenz der Frauen im Höheren Dienst nachzuweisen, wurden für den vorliegenden Artikel wiederum VDB-Jahrbücher ausgewertet: das Jahrbuch 1950 – das erste, das nach dem Krieg erschienen ist – und ab 1955 die Jahrbücher im 10-Jahres-Turnus. Diese Auszählungen ergaben einen kontinuierlichen Anstieg des Anteils der dort verzeichneten Frauen.

Die Entwicklung des Frauenanteils im Laufe der Jahre 1950 bis 1995 zeigt die Übersicht 1.

3 Angelika Reich: Bibliothek - Ein zufriedenstellender und erfüllter Arbeitsplatz: zusammenfassende Ergebnisse einer Umfrage zur derzeitigen Berufssituation der Bibliothekare/innen im höheren Dienst. - In: ZfBB 38 (1991) S. 207–226.

4 Marianne Reessing-Fidorra, Ute Scharmann: Anmerkungen zur Notwendigkeit von frauenspezifischen Fortbildungen im Bibliothekswesen: Folgerungen aus der VDB-Untersuchung zur Berufssituation im höheren Dienst. - In: Bibliotheksdienst 26 (1992) S. 1010–1014.

5 Carmen Passera: 10 Jahre VDB-Arbeitsgruppe „Frauen im höheren Bibliotheksdienst“. - In: Bibliotheksdienst 31 (1997) S. 1680–1683. – Neuestens zu dem Thema: Engelbert Plassmann: [Rez.] Frauen in Bibliotheken melden sich zu Wort / hrsg. von Heike Gumpert. - Frankfurt a. M. 1998 (Frauen wollen mehr; 7). - In: Women's Studies Collections in Bibliotheken / Zentrum für interdisziplinäre Frauenforschung der Humboldt-Universität zu Berlin. - Berlin 1999 (Bulletin; 18) S. 195–198.

6 Rudolf Jung: Frauen im Bibliotheksdienst. - In: Lexikon des gesamten Buchwesens / hrsg. von Severin Corsten. - 2., völlig neubearb. Aufl. - Band 3. - Stuttgart 1991, S. 39.

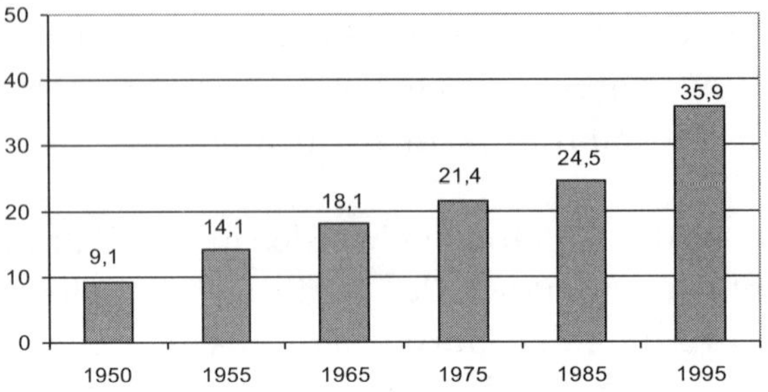

Anteil der Frauen im Höheren Bibliotheksdienst (in Prozent)

Waren im Jahre 1950 erst 9,1% Frauen im Höheren Dienst, so waren es im Jahr 1995 bereits knapp 36%. Das bedeutet eine Vervierfachung innerhalb von 45 Jahren, eine Entwicklung, die stetig nach oben verlief.

Der Anteil der Frauen im Höheren Dienst hat sich im Verhältnis zu den männlichen Kollegen in diesen 45 Jahren wie folgt entwickelt: Im Jahre 1950 kamen auf eine Bibliothekarin 10 Bibliothekare; in den Jahrzehnten danach veränderte sich das statistische Verhältnis wie folgt: 1 zu 6 (1955), 1 zu 4,5 (1965), 1 zu 3,8 (1975), 1 zu 3 (1985), 1 zu 1,8 (1995). Das heißt, das Verhältnis von Frauen zu Männern hat sich zahlenmäßig kontinuierlich zu Gunsten der Frauen verbessert, von ursprünglich 1 zu 10 auf nunmehr circa 1 zu 2. Von den Beschäftigten im Höheren Dienst ist jetzt jede dritte eine Frau.

Daß der Beruf immer stärker zu einem „Frauenberuf" wird, zeigt eine Auszählung der Prüfungsjahrgänge 1979 bis 1998 der Kölner Referendarausbildung. Während in den Jahren 1979 bis 1988 213 Männer und nur 128 Frauen die Ausbildung für den Höheren Bibliotheksdienst abschlossen, änderte sich das Verhältnis in den nächsten zehn Jahren – bei gleichzeitig stark sinkenden Gesamtzahlen – deutlich. 1989 bis 1998 waren es 122 Frauen und nur noch 105 Männer, die in Köln die Fachprüfung ablegten. Damit zeigt sich, daß die von Birgit Ströbel geäußerte Befürchtung,[7] eine geringere Teilnehmerzahl in der Ausbildung gehe zu Lasten der Frauen, nicht eingetreten ist. Diesen Trend beschreibt auch

7 Ströbel (wie Anm. 1) S. 26.

Alexandra Habermann,[8] die das Jahrbuch 1993 auszählte. Darüber hinaus stellte sie fest, daß die Referendarinnen des Jahres 1993 deutlich jünger waren als ihre männlichen Kollegen.[9]

Ähnlich der Auszählung von 1997[10] wurde neben der Entwicklung der Frauen im Höheren Bibliotheksdienst insgesamt auch der Anteil der Frauen in Führungspositionen ausgewertet.

Wie die Übersicht 2 zeigt, ist diese Entwicklung nicht geradlinig.

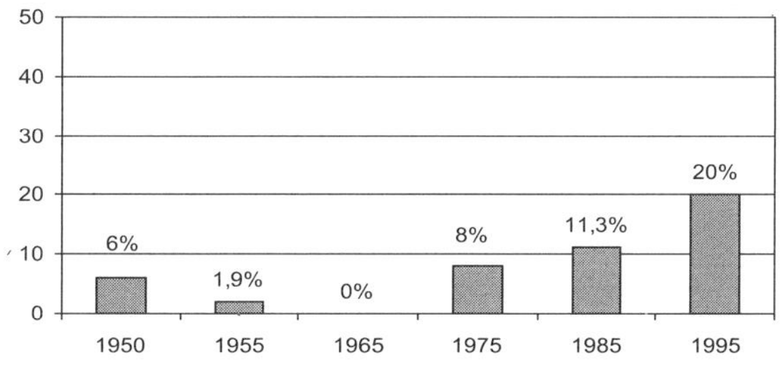

Anteil der Frauen in Führungspositionen (A 15 / A 16 äquivalent BAT)

Während der Anteil der Frauen in den Eingangs- und Bewährungspositionen seit 1950 kontinuierlich anstieg, erfährt der Anteil der Frauen in Führungspositionen in den Jahren 1950 bis 1965 einen deutlichen Rückgang bis zur Nichtigkeit von Null. 1950 waren immerhin 6% der Führungspositionen (A15, A16 und BAT-äquivalente Stellen) von Frauen besetzt, 1955 waren es nur noch 1,9%. Offensichtlich hat nach 1950 eine Verdrängung von Frauen in Führungspositionen durch die aus dem Krieg zurückkehrenden Männer stattgefunden.

Darüber hinaus enthielt das Jahrbuch des VDB 1955 noch 50 Wissenschaftliche Bibliotheken der ehemaligen DDR, die danach nicht mehr mit aufgenommen worden sind. In den 70er Jahren setzt dann aber ein stetiger Anstieg des Anteils der Frauen in Führungspositionen ein, doch

8 Alexandra Habermann: „Statistische Impressionen“ oder: die Durchleuchtung des Personalverzeichnisses des Jahrbuchs der Deutschen Bibliotheken. - In: Zwischen Schreiben und Lesen: Perspektiven für Bibliotheken, Wissenschaft und Kultur. Festschrift zum 60. Geburtstag für Hermann Havekost. - Oldenburg 1995, S. 39–47.

9 Habermann (wie Anm. 8) S. 45.

10 Passera (wie Anm. 5).

steht 1995 erst eine Frau in leitender Position vier Männern in vergleichbaren Positionen gegenüber.

Die Übersichten 3a und 3b stellen den Anteil der Frauen in Führungspositionen, gemessen an allen Frauen im Höheren Bibliotheksdienst, dar sowie den Anteil der Männer in Führungspositionen, gemessen an allen Männern im Höheren Bibliotheksdienst.

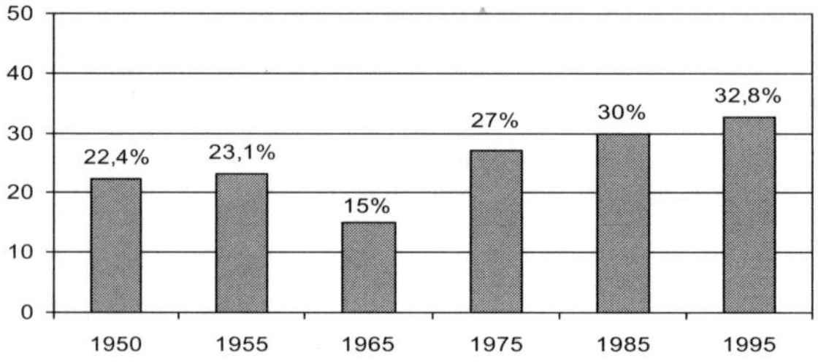

Anteil der Männer in Führungspositionen

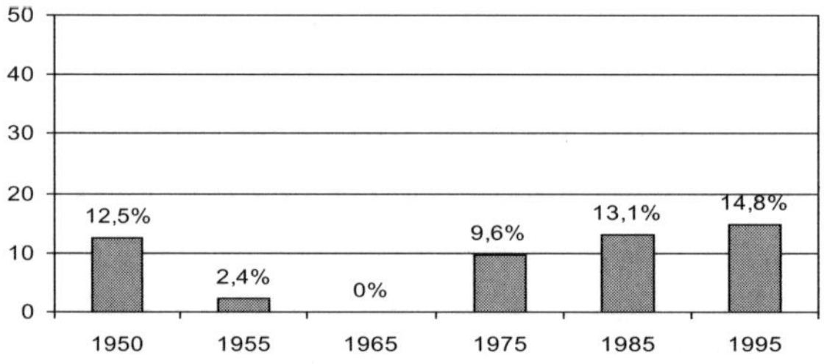

Anteil der Frauen in Führungspositionen

Hat in den Nachkriegsjahren also eine starke Verdrängung der Frauen durch die Männer stattgefunden, so hat sich dies auch in den Wohlstandsjahren noch stark zu Ungunsten der im Höheren Dienst beschäftigten Frauen ausgewirkt.

1950 hatten 22,4% der Männer im Höheren Dienst Führungspositionen inne, demgegenüber waren es bei den Frauen im Höheren Dienst 12,5%. Dieser Prozentsatz konnte erst 35 Jahre später (1985) wieder mit 13,1% erreicht werden und ist bis 1995 auf nur 14,8% gestiegen. Weniger als die Hälfte der Frauen können also auf einen vergleichbaren Karriereverlauf zurückblicken wie die Männer, von denen ein Drittel in Führungspositionen aufgestiegen ist.

Wenn auch insgesamt das prozentuale Verhältnis von Frauen und Männern in leitenden Positionen angestiegen ist, so entspricht der Anteil von Frauen in Führungspositionen mit 14,8% noch lange nicht dem Anteil der Frauen im Höheren Dienst mit 35,9%.

Hierzu einige biographische Aspekte: Einzige Direktorin einer Hochschulbibliothek nach Kriegsende war Helene Benndorf an der Bibliothek der TH Dresden. Sie hatte Deutsch, Geschichte und Volkswirtschaft studiert und 1925 die Fachprüfung absolviert. Sie arbeitete anschließend in mehreren Dresdner Bibliotheken, bis sie 1929 wegen „Verheiratung" aus dem Dienst ausschied. Ihr beruflicher Wiedereinstieg erfolgte 1945 an der Bibliothek der TH Dresden, deren Leitung sie 1948 übernahm. Bedingt durch die Teilung Deutschlands wird sie ab 1959 nicht mehr im Jahrbuch aufgeführt. Aus heutiger Sicht beachtenswert ist die lange Unterbrechung ihres Arbeitslebens und die kurze Zeit, die verging, bis sie nach dem Wiedereinstieg die Leitung der Bibliothek übernahm.

Bis zur Übernahme der Leitung einer Universitätsbibliothek durch eine Frau sollten in der Bundesrepublik noch viele Jahre vergehen. Erst 1973 übernahm Margarete Rehm die Leitung der Universitätsbibliothek in Ulm, die sie bis 1987 beibehielt. Während ihrer gesamten Dienstzeit blieb sie die einzige Frau an der Spitze einer Universitätsbibliothek. 1987 übernahm Roswitha Poll die Leitung der Universitätsbibliothek Münster. Zum ersten Mal stand damit eine Frau an der Spitze einer großen, „alten" Universitätsbibliothek.

Ende der 80er Jahre war der Durchbruch für Frauen in Führungspositionen geschafft. Zwar beschränkt sich die Auszählung auf die Jahrbücher bis 1995, aber der Anteil von Frauen in Führungspositionen hat sich seither deutlich erhöht. An zahlreichen Hochschulbibliotheken haben Frauen die Leitung übernommen. Außerdem leiten Frauen inzwischen Abteilungen, sind stellvertretende Direktorinnen etc.; es gehören fast überall auch Frauen zur Leitungsebene großer Bibliotheken.

Den Höhepunkt dieser Entwicklung bildete die 1999 erfolgte Ernennung von Elisabeth Niggemann zur Generaldirektorin der Deutschen Bibliothek Frankfurt/Leipzig. Ebenso werden hier die beiden Positionen der Ständigen Vertretung der Generaldirektorin von Frauen bekleidet.

Betrachtet man nun die *Gremien des Vereins Deutscher Bibliothekare*, so ist festzustellen, daß auch hier Frauen vertreten sind. Als Grundlage dieser Aussage dienen auch hier die Angaben in den VDB-Jahrbüchern. Es wurde der Vereinsausschuß (Vorstand und Beisitzer) untersucht. Der Vorstand des VDB bestand nach Kriegsende bis 1964 aus vier Personen: dem Vorsitzenden, dem stellvertretenden Vorsitzenden, dem Schriftführer und dem Kassenwart; bis zu diesem Zeitpunkt waren dies ausschließlich männlich besetzte Positionen. Eine Satzungsänderung Anfang der 60er Jahre führte zur Einrichtung der Position des zweiten stellvertretenden Vorsitzenden. Zum ersten Mal kam eine Frau in den Vorstand: Ruth Steffen (UB Münster) wurde 1965 „Kassenwart". Erst seit 1975 wurden immer wieder Frauen in den Vorstand berufen; diese waren jedoch immer „Kassenwart" oder „Schriftführer". Das änderte sich erst, als Roswitha Poll 1989 zur zweiten Stellvertretenden Vorsitzenden gewählt wurde und von 1991 bis 1993 das Amt der Vorsitzenden des VDB übernahm. Sie war damit die erste und bisher einzige Frau an der Spitze des VDB (vgl. die folgende Übersicht).

	Vorstand			Vereinsausschuß		
	Männer	Frauen	gesamt	Männer	Frauen	gesamt
1950	4	0	4	4	1	5
1955	5	0	5	8	1	9
1965	4	1	5	7	1	8
1975	3	2	5	7	1	8
1985	5	0	5	7	1	8
1995	4	1	5	5	3	8

Luise Fischer war die erste Frau, die nach dem Krieg zum „Beisitzer" gewählt wurde. Luise Fischer, die 1940 das Bibliotheksreferendariat in Prag aufgenommen hatte und nach Ablegung der Fachprüfung auch in Prag tätig gewesen war, arbeitete seit 1. August 1946 an der Universitätsbibliothek Mainz, wo sie im September 1949 zur Bibliotheksrätin ernannt wurde. Auf der ersten Mitgliederversammlung des VDB am 15. Juni 1949 in Rothenburg wurde sie als „Beisitzer und Vertreter der Flüchtlingsbibliothekare" gewählt. Im Rahmen dieser Funktion scheint sie sich für arbeitslose Kollegen/innen eingesetzt zu haben, zumindest liegt eine Anfrage nach einer Liste der stellungsuchenden Flüchtlingsbibliothekare vor.

An den Ausschußsitzungen des VDB nahm sie teil. Weitere Belege ihrer Tätigkeit als „Beisitzer" gibt es in den VDB-Archiven nicht.

Im Januar 1955 nahm erstmalig eine weitere Frau an der Sitzung des Vereinsausschusses als Gast teil, Gisela von Busse, an deren Arbeitsstätte im Verwaltungsgebäude der DFG der Ausschuß tagte. Auf der Mitgliederversammlung 1955 wurde Gisela von Busse dann zum „Beisitzer" gewählt. Inzwischen war die Zahl der Beisitzer auf neun erweitert worden. Mit Schreiben vom 16. Juni 1955 wandte sich Luise Fischer an den VDB-Vorsitzenden Gustav Hofmann: „Ich halte es für angebracht, daß in den kommenden Vereinsausschuß wieder ein weibliches Ausschußmitglied gewählt wird, also eine Vertreterin der weiblichen Angehörigen des wissenschaftlichen Dienstes." Die von ihr vorgeschlagene Kollegin wurde jedoch nicht gewählt, sondern Gisela von Busse. Da keine Unterlagen über die Mitgliederversammlung vorliegen, läßt sich heute nicht mehr feststellen, ob nur Gisela von Busse kandidierte. Ebensowenig läßt sich feststellen, ob die Wahl einer Frau zur Beisitzerin ein bewußter Schritt war, wie ihn Luise Fischer vorgeschlagen hatte. Luise Fischer war bis zu ihrer Pensionierung in der Universitätsbibliothek Mainz tätig; 1965 wurde sie zur Oberbibliotheksrätin befördert. Sie starb 1993.

1987 entstand am Rande des Bibliothekartags in Augsburg die Idee einer *Arbeitsgruppe für Frauen im Höheren Bibliotheksdienst* innerhalb des VDB. Inzwischen sind gut zwölf Jahre vergangen, und die Arbeitsgruppe ist zu einer festen Einrichtung innerhalb des Vereins geworden.

In der Vereinsstruktur ist diese Arbeitsgruppe ein Novum: Sie ist keine Kommission, bei der Positionen ausgeschrieben und besetzt werden und die zweimal jährlich zu Arbeitssitzungen zusammenkommt, sondern eine Arbeitsgruppe, die offen ist für interessierte Kolleginnen, die sich regelmäßig alle sechs bis acht Wochen treffen. Zunächst war die Arbeitsgruppe mit Kolleginnen aus unterschiedlichen Regionen Deutschlands besetzt; der „harte Kern" kam aus Nordrhein-Westfalen. Die regelmäßigen Treffen fanden von Anfang an in diesem Bundesland statt, ein regelmäßiges Einbeziehen von Kolleginnen aus anderen Regionen erwies sich als schwierig. Seit einigen Jahren kommen die Mitglieder der Arbeitsgruppe ausschließlich aus Nordrhein-Westfalen. Interesse für eine zweite Arbeitsgruppe in Berlin gab es immer wieder, letztlich fehlte es an der Koordination. Vielleicht ist die nordrhein-westfälische Kontinuität den

Kolleginnen in anderen Bundesländern eine Anregung für zukünftige Aktivitäten.

Ein Antrag auf Namensänderung des Vereins und Aufnahme weiblicher Funktionsbezeichnungen in die Satzung wurde 1990 auf der Mitgliederversammlung des VDB im Rahmen des Bibliothekartags in Saarbrükken abgelehnt. Dies offenbarte das fehlende Problembewußtsein eines Großteils der VDB-Mitglieder. Durch die seit 1993 in Männer und Frauen getrennte Erfassung der Mitglieder in der Vereinsstatistik drückt sich eine etwas differenziertere Sichtweise aus.[11]

Die Arbeitsgruppe sieht ihre Aufgaben darin, das Bewußtsein für Frauenfragen in der bibliothekarischen Öffentlichkeit zu stärken, den Erfahrungsaustausch unter Kolleginnen zu unterstützen und ein Netzwerk aufzubauen.

Eine wichtige Funktion des Netzwerks ist die Organisation und Durchführung von Fortbildungsveranstaltungen. 1991 organisierte die Arbeitsgruppe die erste Fortbildung zum Themenbereich Führung und Management für Kolleginnen. Seitdem wurde jedes Jahr im Februar oder März eine solche Veranstaltung angeboten. Hinzu kamen 1995 und 1997 Sprach- und Studienreisen nach England. 1996/97 war ein Arbeitsschwerpunkt – im Hinblick auf das 10jährige Bestehen – die Reflexion der Entwicklung und der Situation der Frauen im Höheren Bibliotheksdienst in den vergangenen zehn Jahren.

Für die Zukunft hat sich die Arbeitsgruppe eine weitere Aufgabe gesetzt: Mentoring von jungen Kolleginnen, Referendarinnen und Berufsanfängerinnen. Die Planung des eigenen Berufsweges und der eigenen Karriere mit selbstbewußter Zielsetzung wird gerade von Frauen noch häufig vernachlässigt. Hierbei zu beraten, über eigene Erfahrungen zu berichten und beim Umgang mit Fallstricken und Stolperfallen zu helfen, wird jungen Kolleginnen angeboten.

Es bleibt zu hoffen, daß bei einem Zahlenvergleich nach weiteren zehn Jahren nicht nur der prozentuale Anteil der Frauen im Höheren Dienst, sondern auch der Anteil der Frauen in höheren Positionen zugenommen haben wird.

11 Während für die Jahre vor 1993 keine Angaben über den Anteil der weiblichen Mitglieder im VDB vorliegen, läßt sich seit 1993 ein stetiger Anstieg von 27,7% auf 35,5% im Jahr 1999 feststellen.

Abschließend sollen die Aktivitäten der VDB-AG „Frauen im Höheren Bibliotheksdienst" genannt werden;[12] die Veröffentlichungen der AG werden in der parallel zur Festschrift erscheinenden Bibliographie zur Geschichte des VDB angezeigt.

1988	Bibliothekskongreß in Berlin: „Frauenförderung in Bibliotheken"
1989	Bibliothekartag in Bonn: „Frauenförderung und Frauenförderungspläne"
1990	Antrag auf Satzungsänderung zur Mitgliederversammlung des VDB während des 80. Deutschen Bibliothekartages in Saarbrücken am (7.6.1990)
1990	Bibliothekartag in Saarbrücken: „Fragebogen zur heutigen Berufssituation der Bibliothekarinnen im Höheren Bibliotheksdienst – Ergebnisse der Befragung"
1991	1. Fortbildung in Düsseldorf: Führungskonzeptionen und Führungsverhalten (1.–3.2.1991)
1991	Bibliothekartag in Kassel: „Frauenarchive und Frauenbibliotheken in Deutschland"
1991	Bibliotheca in Dortmund: „Reden Frauen anders – Kommunikationsstrukturen im Berufsleben"
1992	2. Fortbildung in Düsseldorf: Zielfindungsprozesse im Bibliotheksmanagement (7.–9.2.1992)
1992	Bibliothekartag in Bochum: „Reden Frauen anders"
1992	„Frauenspezifische Fortbildung im Bibliothekswesen" mit Besichtigung der Stadtbibliothek Wuppertal (14.11.1992)
1993	3. Fortbildung in Düsseldorf: Verhalten in Konfliktsituationen (5.–7.2.1993)
1994	4. Fortbildung in Düsseldorf: Organisations- und Informationsstrukturen im Bibliotheksmanagement (4.–6.2.1994)
1994	Bibliothekskongreß in Dortmund: „Barrieren und Karrieren von Frauen im Höheren Dienst – Ergebnisse der Biographieforschung"

12 Zusammengestellt von Monika Wederhake-Gottschalk. – Die Ankündigungen zu den Veranstaltungen während der Bibliothekartage, Bibliothekskongresse und der Bibliotheca sind in den jeweiligen Programmen enthalten.

1995	5. Fortbildung in Düsseldorf: Als Frau erfolgreich führen (3.–5.2.1995)
1995	Englisch für Bibliothekarinnen in Nordengland (10.–17.9.1995)
1996	6. Fortbildung in Mülheim: Rhetorik für Bibliothekarinnen in Leitungsfunktionen (16.–18.2.1996)
1997	7. Fortbildung in Mülheim: Führungsstil und Persönlichkeit (7.–9.2.1997)
1997	Englisch für Bibliothekarinnen in Nordengland (20.–27.4.1997)
1997	Bibliothekskongreß in Dortmund: „10 Jahre VDB-Arbeitsgruppe: Hat Frauenförderung im Bibliothekswesen Veränderungen bewirkt?“
1998	Besichtigung des Archivs für Alternatives Schrifttum NRW, Duisburg-Rheinhausen (7.11.1998)
1999	Besichtigung der Bibliothek des Instituts Arbeit und Technik, Gelsenkirchen (23.01.1999)
1999	Besichtigung der Bibliothek der Märkischen Fachhochschule, Hagen (8.5.1999)
1999	Besichtigung des Archivs Soziale Bewegungen in Baden, Freiburg (26.5.1999)
1999	Besichtigung „Die Deutsche Bibliothek“, Frankfurt (4.9.1999)

Eilhard Cordes

Die Regionalisierung des VDB

Am Ende der 60er Jahre beschäftigten den VDB in besonderem Maße neue Strukturen und Zuständigkeiten. Einerseits zeichnete sich ab, daß die bibliothekarischen Sachaufgaben auf Dauer nicht mit den finanziellen Mitteln der Mitglieder geleistet werden konnten. Zum anderen wuchs die Bereitschaft, auch die Personalaufgaben in engagierterer Weise zu betreiben und zwar durch Anschluß an eine berufsständische Vertretung.

Dabei wurde in der Sitzung des Vereinsausschusses[1] am 16. Oktober 1968 in Mannheim festgestellt, „daß ein Beitritt zum Deutschen Beamtenbund nur möglich ist, wenn der Verein Deutscher Bibliothekare regionale Sektionen mit einer Dachorganisation einrichtet". Vorausgegangen waren anscheinend entsprechende Aktivitäten der Kommission für Berufsfragen, die eine solche Untersuchung als ihre Aufgabe angesehen hatte.

Die Angelegenheit wurde zunächst umgehend weiterverfolgt. Bereits in der nächsten Sitzung am 30./31. Januar 1969 in Mainz ließ sich der Vorsitzende der Kommission, Herr Kollege Sack, beauftragen, Verhandlungen mit dem Beamtenbund zu führen. Allerdings wurde erneut, neben dem Hinweis auf einen zusätzlichen Beitrag von 10,80 DM, auf das Erfordernis einer regionalen Gliederung des Vereins Deutscher Bibliothekare hingewiesen.

Dennoch prägte die Diskussion um den künftigen Aufgabenbereich des VDB zunächst die Zukunft der Sacharbeit. Die Mitgliederversammlung am 29. Mai 1969[2] in Kiel diskutierte, wenn zunächst auch ohne Ergebnis, zwei Satzungsänderungen, die eine Lösung für eine künftige zusätzliche Finanzierung der Sachaufgaben hätten darstellen können.

1 Unveröffentlichte Protokolle des Vereinsausschusses im Archiv des VDB.
2 Bericht über die Mitgliederversammlung des VDB. - In: ZfBB 16 (1969) S. 397 ff.

Eine genauere Definition der Aufgaben im Personalbereich war jedoch zunächst nicht Thema, obwohl selbst die Regionalisierung mit angesprochen wurde. Dies galt auch für die Sitzungen des Vereinsausschusses in den nächsten Monaten.

Erst ein Jahr später, auf der Mitgliederversammlung des Augsburger Bibliothekartages[3], am 21. Mai 1970, wurde das Thema einer Regionalisierung aus der Mitgliederschaft heraus ausführlicher artikuliert. 28 Berliner Kollegen forderten in einer Stellungnahme eine regionale Gliederung des VDB, um eine verstärkte berufspolitische Aktivität des Vereins organisieren zu können. Der Vorsitzende der Kommission für Berufsfragen bot deshalb an, eine neue Satzung auszuarbeiten, die diese regionale Gliederung vorsehen und damit auch einen Beitritt zum Deutschen Beamtenbund ermöglichen würde. Diesem Vorschlag wurde zugestimmt.

Die Kommission für Berufsfragen nahm sich daher im folgenden des Problems an und legte im Herbst 1970 eine Stellungnahme vor, die zunächst in offenen Worten das bisherige relativ geringe Engagement des VDB in berufsständischen Fragen feststellte, abgesehen vielleicht von Aspekten der beruflichen Weiterbildung. Die Berufsinteressen, insbesondere gegenüber den verschiedenen Dienstherren der VDB-Mitglieder, waren wenig wahrgenommen worden, vielleicht deswegen, weil die notwendigen Informationen und auch die Möglichkeiten fehlten, entsprechende Vorstellungen bei den entscheidenden politischen und administrativen Stellen vorzutragen. Als Weg sah die Kommission für Berufsfragen weiterhin nur den Anschluß an eine bundesweit agierende Spitzenorganisation, wobei aus verschiedenen Gründen der Deutsche Beamtenbund favorisiert wurde. Dieser verlangte jedoch eine Landesgliederung seiner Mitgliedsverbände und eine Mitgliedschaft in seinen Landesbünden. Hingewiesen wurde in dieser Stellungnahme auch auf die wachsende Länderkompetenz – trotz konkurrierender Gesetzgebung des Bundes –, die sich insbesondere auf die Gestaltung der Stellenpläne, die Formulierung der Hochschulgesetze und auch andere personalbezogene Maßnahmen erstreckte.

Allerdings ließ sich wegen der geringen Zahl der Bibliothekare im Höheren Dienst (eine genaue Zählung ergab damals 450 Landesbeamte, 87 Bundesbeamte, 50 sonstige Beamte und 66 Angestellte) ein merklicher

3 Bericht über die Mitgliederversammlung des VDB. - In: ZfBB 17 (1970) S. 318 ff.

Einfluß auf die im wesentlichen von Vertretern des Gehobenen Dienstes und Mittleren Dienstes getragene Verbandspolitik des DBB als nicht sehr bedeutend einschätzen. Zudem wies die Kommission für Berufsfragen darauf hin, daß sich bereits in einigen Bundesländern selbständig agierende regionale Zusammenschlüsse von Bibliothekaren gebildet hatten, die sogar Mitglieder in personalpolitisch aktiven Organisationen geworden seien.

Der Vereinsausschuß sah sich daher gezwungen, sich auf seiner nächsten Sitzung, am 6. Oktober 1970 in Würzburg (wenn auch unter TOP „Verschiedenes"), erstmalig ausführlicher mit der Regionalisierung des VDB und ihren Folgen zu befassen, zunächst noch unter dem Hauptaspekt des Anschlusses an den Beamtenbund.

Allerdings wurden auch Bedenken laut, daß „durch die Gründung von Landesverbänden die Einheit des VDB gefährdet werde ...". Insbesondere richtete sich die Kritik gegen die Wahl eigener Vorstände und deren Integration in den Vereinsvorstand. Andererseits ließ sich die bereits erfolgte Gründung von eigenen regionalen Zusammenschlüssen nicht mehr übersehen. Schließlich kam man überein, den gesamten Fragenkomplex den Mitgliedern zur Entscheidung vorzulegen.

Daß im übrigen schon damals eine Vereinigung mit dem VdDB angesprochen wurde, sei am Rande vermerkt, wenn auch von dessen Seite eher die Majorisierung durch die Bibliotheksdirektoren befürchtet wurde.

In der nächsten Sitzung des Vereinsausschusses am 19. Januar 1971 in Köln lag bereits ein Vorschlag der Rechtskommission zur Änderung der Satzung vor, der in einem § 8a die Bildung von Regionalgliederungen ermöglichte, wobei Alternativen in der Formulierung angesprochen wurden. Die Vorstände der Regionalverbände sollten mit dem Vereinsvorstand eng zusammenarbeiten.

Die Satzungsänderungen wurden in den folgenden Sitzungen vom Vereinsausschuß und auch der Kommission für Berufsfragen noch vielfach diskutiert, bis der Mitgliederversammlung am 4. Juni 1971 in Köln[4] schließlich sogar zwei Änderungsvorschläge vorlagen.

Über den Anschluß an den DBB, über dessen Nutzen der Vereinsausschuß weiterhin geteilter Meinung war, sollte anschließend separat abgestimmt werden. Die Berufskommission hielt eine obligatorische Regiona-

4 Bericht über die Mitgliederversammlung des VDB. - In: ZfBB 18 (1971) S. 306 ff.

lisierung des VDB für notwendig, insbesondere im Hinblick auf die organisierten berufspolitischen Aktivitäten. Der Vereinsausschuß mochte diese Gliederung nur als Möglichkeit geregelt und in die Eigeninitiative der Mitglieder gelegt wissen, wie sich ja in einigen Bundesländern bereits separate regionale Vereinigungen gebildet hätten.

Nach einer ausgedehnten Debatte fand der weitergehende Vorschlag der Berufskommission nicht die erforderliche Dreiviertel-Mehrheit und war damit abgelehnt. Der Vorschlag des Vereinsausschusses wurde etwas präzisiert und schließlich verabschiedet. Die Regionalvorsitzenden sollten nicht Mitglieder des Vereinsausschusses werden, könnten jedoch als Gäste an den Sitzungen teilnehmen. Die Entscheidung über den Beitritt zum DBB wurde nach Äußerung vielfacher Bedenken zunächst zurückgestellt.

Während sich in verschiedenen Bundesländern neben den bereits bestehenden Regionalverbänden (Baden-Württemberg, Bayern) jetzt weitere regionale Zusammenschlüsse (Niedersachsen, Hamburg, Hessen) abzeichneten, veranlaßte der Vereinsausschuß bei der Rechtskommission eine Mustersatzung für die Landesverbände.

Diese sollte ein Jahr später von der Mitgliederversammlung des 24. Bibliothekartags in Mannheim[5], am 25. Mai 1972, verabschiedet werden. Allerdings gaben die vorgelegten Formulierungen, aber auch der bereits beschlossene § 8a der VDB-Satzung Anlaß zu weiterer Kritik.

Insbesondere wurden von den bereits länger agierenden selbständigen Verbänden Fragen der Mitgliedschaft in berufspolitischen Verbänden, der zusätzlichen Beiträge und der Einwirkungsmöglichkeit auf die Politik des Gesamtverbandes problematisiert.

In Folge dessen wurde, trotz des dringlichen Appells der Vorsitzenden aus den VDB-konform gebildeten Landesverbänden, die Entscheidung über eine Mustersatzung zunächst zurückgestellt.

Der Verbesserung der Formulierungen im § 8a und in der Mustersatzung widmete dann der Vereinsausschuß, erstmalig unter Teilnahme der Vorsitzenden der bereits bestehenden Regionalverbände, auf seiner Sitzung am 6./7. Juli 1972 in Hannover eine umfangreiche Diskussion, die auch das Bedenken einer völligen Auflösung des Bundesverbandes und die Problematik der Sacharbeit ansprach. Schließlich beschloß man,

5 Bericht über die Mitgliederversammlung des VDB. - In: ZfBB 19 (1972) S. 380 ff.

insbesondere nach Vorschlägen des Verbandes aus Baden-Württemberg, eine Reihe von Präzisierungen, die als ein tragfähiger Kompromiß anzusehen war. Als wichtigste Punkte wurden festgelegt,

- daß Vereinsmitglieder sich auf Regionalebene zusammenschließen können und bei ihren Aktivitäten die Richtlinien der Mitgliederversammlung des VDB zu beachten haben,
- daß die Regionalverbände korporatives Mitglied anderer Verbände sein können,
- daß drei Regionalvorsitzende in den Vereinsausschuß des VDB aufgenommen werden,
- daß ein Finanzierungszuschuß zur berufsständischen Arbeit der Regionalverbände gewährt wird.

Im Zusammenhang damit bot der Vereinsausschuß an, die Mitglieder der selbständigen Regionalverbände, v.a. aus Baden-Württemberg, en bloc in den VDB aufzunehmen, sofern sie daran interessiert waren. Der bayerische Berufsverband sah sich künftig als Regionalverband des VDB an.

Nachdem der Vereinsausschuß im Laufe des Jahres Einzelheiten zu den Satzungsproblemen erörtert und geklärt hatte, bestätigte die Mitgliederversammlung am 13. Juni 1973 in Hamburg[6] die erneute Satzungsänderung und die Mustersatzung für die Regionalverbände – nach fünf Jahren intensiver und durchaus nicht emotionsfreier Erörterung.

Es sollte jedoch nicht unerwähnt bleiben, daß zeitlich parallel dazu eine Entscheidung diskutiert und getroffen werden mußte, die prinzipiell wohl tiefer in die Vereinsstruktur eingriff, nämlich die Aufgabe der Sacharbeit im VDB und ihren Übergang an den erweiterten Deutschen Bibliotheksverband. Dennoch, selbst die mit Sachaufgaben betrauten Kommissionen wurden – vorsichtshalber! – noch neu besetzt.

Die Entscheidung zum Anschluß an den Deutschen Beamtenbund, die eigentlich der Auslöser für das gesamte Verfahren gewesen war, verlagerte sich dann völlig auf die Regionalverbände und fand dort wohl kaum eine große Resonanz. Die Regionalisierung des Vereins Deutscher Bibliothekare hatte jedoch Bestand. Sie ermöglichte die Teilnahme an anderen Aktivitäten auf Landesebene und trägt sicher heute zu einer besseren Kommunikation innerhalb des gewachsenen Vereins bei.

6 Bericht über die Mitgliederversammlung des VDB. - In: ZfBB 20 (1973) S. 395 ff.

LUDGER SYRÉ

Der Verband Wissenschaftlicher Bibliothekare in Baden-Württemberg – Zur Vor- und Frühgeschichte eines VDB-Landesverbandes

„Darüber sind sich ja wohl fast alle einig, daß die Berufs- und Standesinteressen im Verein [gemeint ist der VDB] reichlich zu kurz kommen."[1] Diese Aussage, die offenbar nicht nur die Meinung ihres Verfassers, Heinz Martin Werhahn (UB Heidelberg) wiedergab, enthält im Kern die Begründung für die spätere Gründung eines eigenen Personalvereins für die Angehörigen des Höheren Bibliotheksdienstes in Baden-Württemberg. „Es ist doch eine Tatsache", fuhr Werhahn fort, „daß wir kein Bundeskultusministerium haben und in unserer Generation haben werden. Also müssen normalerweise sämtliche Verhandlungen, die unsere Berufs- und Standesinteressen angehen, auf Länderebene geführt werden ... Was nutzt es da, auf eine Institution auf Bundesebene wie den VDB zu bauen, der für die Kultusministerien der Länder als eigentlicher Ansprechpartner gar nicht in Frage kommt?"[2] Seine Idee, in Übereinstimmung mit der VDB-Satzung eine Arbeitsgemeinschaft als Interessenvertretung auf Landesebene zu bilden, stieß bei Heinrich Kaspers (UStB Köln), dem Vorsitzenden der VDB-Kommission für Berufsfragen, auf Wohlwollen.[3]

1 Heinz Martin Werhahn am 1. Mai 1961 an Heinrich Kaspers. Alle Dokumente zur Geschichte des Verbands Wissenschaftlicher Bibliothekare befinden sich in den Akten des VDB-Landesverbandes Baden-Württemberg, die beim jeweiligen Vorsitzenden aufbewahrt werden. – Kaspers war übrigens später viele Jahre hindurch Bibliotheksreferent im Kultusministerium Nordrhein-Westfalen.

2 Ebenda.

3 Heinrich Kaspers am 4. Mai 1961 an Heinz Martin Werhahn. Die VDB-Satzung (Fassung vom 9. Juni 1960) besagte in § 9,6: „Neben den Kommissionen ist den Vereinsmitgliedern zur Wahrnehmung ihrer besonderen beruflichen und fachlichen Interessen die Bildung von Arbeitsgemeinschaften freigestellt. Diese stehen zu dem Verein in keiner rechtlichen Beziehung." - In: Jahrbuch der Deutschen Bibliotheken 39 (1961) S. 452.

Nachdem er einige positive Resonanz auf seine Initiative erhalten hatte, wandte sich Werhahn im April 1963 mit einem Rundschreiben an alle wissenschaftlichen Bibliothekare in Baden-Württemberg. Während Werhahn selbst ursprünglich nicht ausgeschlossen hatte, daß die anvisierte Arbeitsgemeinschaft „die Interessen auch der übrigen Mitarbeiter an unseren Bibliotheken wahrnehmen" könnte, waren die Freiburger Kollegen übereinstimmend der Ansicht gewesen, „daß der Zusammenschluß ohne die Diplombibliothekare und Volksbibliothekare erfolgen solle, da in manchen vorrangigen Fragen sich beider Interessen zuwiderlaufen könnten, wobei wir majorisiert würden."[4]

Als Beispiel für die begrenzten Möglichkeiten des VDB und die Bedeutung der Arbeit auf Länderebene nannte Werhahn in seinem Schreiben die „immer noch umstrittene Frage" der Festsetzung des Besoldungsdienstalters: „Der Verein als solcher – da auf Bundesebene tätig – wird als Vertretung von Landesbeamten kaum zu Wort kommen können. Unsere Bibliotheksdirektoren sind immer von Amts wegen und damit notwendigerweise gleichzeitig auch Vertreter von Behördeninteressen, sind also in ihrem, wenn auch noch so guten, Willen gehemmt. Was bleibt da anderes übrig als ein Zusammenschluß der Bibliothekare auf Landesebene?"[5] Die Organisationsform ließ Werhahn absichtlich noch offen. Sie sollte das Ergebnis der Diskussion sein, zu der er alle Kollegen auf Sonntag, den 21. April 1963 in das Hotel Ruf am Pforzheimer Hauptbahnhof einlud.[6]

Der Termin war kurzfristig und wegen des Weißen Sonntags nicht glücklich gewählt, doch kamen immerhin 18 Kolleginnen und Kollegen aus Heidelberg, Freiburg, Karlsruhe, Stuttgart und Tübingen, darunter 13 VDB-Mitglieder, aber kein Direktor, und beschlossen nach intensiver Diskussion, zwischendurch gestärkt durch Rindsroulade „Bürgerlich", in Baden-Württemberg einen eigenen Verein zu gründen, einen Satzungsentwurf auszuarbeiten, den Anschluß an den Deutschen Beamtenbund

4 Ekkehard Liehl am 4. Februar 1963 an Heinz Martin Werhahn.

5 Heinz Martin Werhahn am 9. April 1963 an die „wissenschaftlichen Bibliothekare der Bibliotheken in Baden-Württemberg".

6 Zu dieser „*Kollegen*besprechung" lud Werhahn die Bibliotheks*direktoren* (Hervorhebungen vom Verf.) gesondert ein: Wilhelm Hoffmann (WLB Stuttgart), Franz Anselm Schmitt (BLB Karlsruhe), Walther Gebhardt (UB Tübingen), Josef Beckmann (UB Freiburg), Ruthardt Oehme (THB Karlsruhe), Manfred Koschlig (THB Stuttgart), Walter Koschorreck (UB Heidelberg).

zu suchen, zu einer Gründungsversammlung am 19. Mai 1963 einzuladen und über diese Beschlüsse die Herren Direktoren zu unterrichten.[7]

Nach vorausgegangener ausgiebiger, weitgehend schriftlich erfolgter Diskussion des Satzungsentwurfs und der Organisationsstruktur, aber auch der Ziele und des Selbstverständnisses des neuen Vereins[8] widmeten sich die 20 Teilnehmer der sonntäglichen Gründungsversammlung in einem Hörsaal der Technischen Hochschule Karlsruhe Einzelheiten der Satzung, bestimmten interimistisch Werhahn zum Vorsitzenden und Erich Will (UB Freiburg) zum stellvertretenden Vorsitzenden und erklärten geschlossen ihren Beitritt zum „Verband Wissenschaftlicher Bibliothekare in Baden-Württemberg" (VWB).[9] Betonend, „daß unser Verband auf ein gutes Verhältnis zum VDB besonderen Wert legt", informierte Werhahn den VDB-Vorsitzenden von der Gründung des VWB[10] und beantragte die korporative Mitgliedschaft im Beamtenbund Baden-Württemberg (BBW).[11]

Die Gründung des VWB war also ein Zusammenschluß „von unten", nicht gegen die Direktoren, aber auch nicht mit ihnen. Bezeichnend dafür war die Klage des der VWB-Gründung sehr positiv gegenüberstehenden Direktors der UB Freiburg, Josef Beckmann, der von Will keinen Satzungsentwurf erhalten hatte, da er gar nicht erst auf der Verteilerliste stand: „Anscheinend zählt mein lieber Kollege Will die Direktoren nicht zu den wissenschaftlichen Bibliothekaren des Landes."[12] Die Initiatoren waren allerdings von Anfang an darum bemüht, den Eindruck einer Opposition gegen die Bibliotheksleiter und gegen den VDB, der als Verein der Direktoren galt, zu vermeiden.[13] Um auch nicht den leisesten Ver-

7 Protokoll der Kollegenbesprechung am 21. April 1963 im Hotel Ruf, Pforzheim, S. 5.

8 Umstritten war beispielsweise die Charakterisierung des Vereins als Standesorganisation: „Wir bezweifeln, daß es für die Bibliothekare ‚Standes'interessen im eigentlichen Wortsinne und abgehoben gegen die Berufsinteressen gibt. Wenn überhaupt, so gibt es allenfalls noch den Beamten‚stand' als eine gesellschaftspolitische Gliederung, deren Ziele durch den Beamtenbund wahrgenommen werden." Joachim Stoltzenburg (WLB Stuttgart) am 5. Mai 1963 an Heinz Martin Werhahn.

9 Protokoll der Gründungsversammlung am 19. Mai 1963 in der TH Karlsruhe. Teilnehmerliste. Kollektive Beitrittserklärung.

10 Heinz Martin Werhahn am 28. Mai 1963 an Rolf Kluth (THB Hannover).

11 Heinz Martin Werhahn am 5. Dezember 1963 an Martin Wurm, den Vorsitzenden des BBW.

12 Josef Beckmann am 16. Mai 1963 an Heinz Martin Werhahn.

13 Beispielhaft Ekkehard Liehl am 4. Februar 1963 an Heinz Martin Werhahn.

dacht, beim VWB handele es sich um eine Konkurrenzveranstaltung zum VDB, aufkommen zu lassen, sollten alle vom VDB besetzten Themen außer Acht gelassen werden. „Jedenfalls würde ich es auch für nützlich halten, vor den Verdiensten des Vereins, seien sie nun tatsächlich nachweisbar oder nicht, lieber zu viel als zu wenig Verbeugungen zu machen", riet Will dem Vorsitzenden, um das bei den Direktoren vorhandene Mißtrauen schneller abzubauen.[14]

Der neue Verein verstand sich als reiner Personalverein, was der VDB eigentlich auch war (und ist), nur betrieb der VDB damals auch die gesamte bibliothekarische Sacharbeit, da es einen eigenen Verband für die Wissenschaftlichen Bibliotheken noch nicht gab. Der Deutsche Büchereiverband entwickelte sich erst später zum Deutschen Bibliotheksverband (DBV), als man spartenübergreifend den Bibliotheksplan '73 erarbeitet hatte; er übernahm 1975 die Sacharbeit des VDB, ehe er sie an das 1978 in Berlin gegründete Deutsche Bibliotheksinstitut weitergab. Da sich der VDB mit seinen Kommissionen und Arbeitsgemeinschaften um alle Belange des wissenschaftlichen Bibliothekswesens kümmerte und stets von einem Vorstand aus Bibliotheksdirektoren geführt wurde, hatten viele Angehörige des Höheren Dienstes das Gefühl, daß ihre eigenen Interessen und sozialen Belange nicht wirklich und nicht wirkungsvoll vertreten wurden – und wegen der Kulturhoheit der Länder und der (damaligen) Besoldungskompetenz der Landesregierungen auch nicht vertreten werden konnten. Die Mitgliedschaft in einer gewerkschaftlichen Spitzenorganisation wie dem Beamtenbund versprach mehr Effizienz, weshalb die enge Zusammenarbeit mit dem BBW konstitutiv für die Tätigkeit des VWB wurde.[15]

Der Verein Wissenschaftlicher Bibliothekare in Baden-Württemberg organisierte sich aufgrund seiner Satzung regional. Die Mitgliedergruppen Freiburg, Heidelberg, Karlsruhe, Stuttgart und Tübingen, später kamen Konstanz und Mannheim hinzu, entsandten je einen Vertreter in den Beirat, der zusammen mit dem Vorstand aus Vorsitzendem, Stellvertreter, Schriftführer und Kassenwart die Vereinsarbeit bestritt. Die Mitgliederversammlung fand nur alle zwei Jahre statt und wurde selten von mehr als zwanzig Personen besucht, war aber immer beschlußfähig, weil die nicht anwesenden Mitglieder ihr Stimmrecht an die Teilnehmer delegie-

14 Erich Will am 10. April 1964 an Heinz Martin Werhahn.
15 Der VWB wurde zum 1. Januar 1964 als Fachverband in den BBW aufgenommen.

ren konnten. Der Verein erhob einen Beitrag in Höhe von 20 DM, wovon der größte Teil an den Beamtenbund floß. Von den verschiedenen Aktivitäten, die der Verein in den 18 Jahren seines Bestehens entfaltete, können im folgenden nur einige erwähnt werden.

Als Auftakt veranstaltete der VWB am 18. April 1964 in der Bibliothek der Technischen Hochschule Stuttgart eine gut vorbereitete und medienwirksam inszenierte Informationstagung, an der auch Landtagsabgeordnete der CDU und der SPD, Vertreter des Kultusministeriums, der Vorsitzende des Beamtenbundes und Pressevertreter teilnahmen. Die Bibliotheken befanden sich Mitte der 60er Jahre in einer Aufbruchstimmung, gestärkt durch das Gutachten des Wissenschaftsrats von 1964. Dazu kam die Offensive im Bildungssektor, die sich in Baden-Württemberg nicht anders als in der übrigen Bundesrepublik u. a. in der Erweiterung und Neugründung von Hochschulen ausdrückte (Konstanz, Mannheim, Ulm), mit entsprechenden Konsequenzen für die Wissenschaftlichen Bibliotheken. Um so gravierender empfanden die Mitarbeiter ihre soziale Benachteiligung gegenüber vergleichbaren Berufsgruppen. Namentlich gegenüber den Studienräten, denen die automatische Beförderung von A13 nach A14 (bzw. A13b) schon 1962 gelungen sei, und gegenüber den Archivaren mit ihren „ähnlich erhöhten Zulassungsvoraussetzungen" sei Chancengleichheit herzustellen, forderte Werhahn. Zur Verbesserung der Beförderungsmöglichkeiten müßte es mindestens ebensoviele A14- wie A13-Stellen geben und außerdem eine deutlich vermehrte Zahl von A14a-, A15a- und A16-Stellen zwecks Höherbewertung herausgehobener Positionen. Bisher sei es leider so gewesen, „daß selbst hochqualifizierte Beamte bis zu ihrer Zurruhesetzung nicht ein einziges Mal eine echte Beförderung erleben können."[16] Hinzu käme, so monierte auch der Beamtenbund, daß die Beamtenbesoldung im Vergleich zur allgemeinen Einkommensentwicklung nach Berechnungen des Statistischen Bundesamtes um durchschnittlich 11% zurückgeblieben war. Sowohl die Stuttgarter Veranstaltung als auch die dort erhobenen Forderungen nach materieller Besserstellung fanden – sicherlich anders, als das heute der Fall wäre – in der Lokalpresse ein wohlwollendes Echo.[17]

16 Die Referate veröffentlichte der VWB in seinen Mitteilungen Nr. 1 1964, hier S. 10.

17 Stuttgarter Zeitung, 21. April 1964, S. 23; Stuttgarter Nachrichten, 22. April 1964, S. 13; Rhein-Neckar-Zeitung, 22. April 1964, S. 18.

Am 6. Juli 1965 verabschiedete der Baden-Württembergische Landtag das 6. Gesetz zur Änderung des Landesbesoldungsgesetzes.[18] In ihm sind, wie der VWB seinen Mitgliedern mitteilte, für die Bibliothekare „in Übereinstimmung mit den Forderungen des Verbandes A13a als eine nichtechte Beförderungsstufe ganz gestrichen, A14 als (funktionslose) 1. Beförderungsstufe und A14a als neue Beförderungsstufe eingeführt worden."[19] Die Vereinsarbeit hatte „in eingeschränkter Form erfreuliche Früchte gezeitigt", der Teilerfolg wurde vor allem dem persönlichen Einsatz des Vorsitzenden zugeschrieben. Aber wichtige Wünsche wie die Höherstufung der Direktoren und Stellvertreter und ein besseres Zahlenverhältnis zwischen A13- und A14-Stellen blieben unerfüllt.

Als Hans Martin Werhahn 1965 Direktor der Stadtbibliothek Aachen wurde, ging die Gründungsphase des VWB zu Ende. Eine außerordentliche Mitgliederversammlung wählte Wolfgang Irtenkauf (WLB Stuttgart) zum neuen Vorsitzenden,[20] bevor ihn zwei Jahre später Werner Schulz (BLB Karlsruhe) ablöste. Wesentliche berufspolitische Fragen wurden in der Amtszeit Irtenkaufs nicht behandelt. Für Aufsehen sorgte das Spiegel-Interview des Bundesvorsitzenden des Deutschen Beamtenbundes, Alfred Krause, in dem dieser die Erhöhung der Beamtenbezüge bis 1970 um 25% forderte, errechnet aus 10% anerkanntem Nachholbedarf und je 5% pro Haushaltsjahr entsprechend dem prognostizierten Wachstum des Bruttosozialprodukts.[21] Der BBW betrachtete diese Forderung als „moralisch gerechtfertigt", verkannte aber – abgesehen von der negativen Wirkung in der Öffentlichkeit – auch nicht die „äußerst schwierige Haushalts- und Finanzsituation der Öffentlichen Hand". BBW-Vorsitzender Wurm sah sogar „die Zeiten stürmischer Aufwärtsentwicklung" als abgeschlossen an,[22] täuschte sich darin aber, denn die Rezession war bald überwunden und der Aufschwung ging weiter. Das 10. Besoldungsänderungsgesetz vom 30. Juni 1970[23] brachte dann den Bibliotheksdirektoren A16, ihren Stellvertretern A15 und dem Höheren Dienst unterhalb

18 In: Gesetzblatt für Baden-Württemberg 1965, S. 105–150.
19 Mitteilungen des VWB Nr. 2, August 1965, S. 2.
20 Protokoll der Beiratssitzung und der Mitgliederversammlung am 27. März 1965 in Karlsruhe.
21 Der Spiegel 21 (1967) 4, S. 22–25.
22 Mitteilungen des VWB Nr. 3, Juli 1967, S. 4 f.
23 In: Gesetzblatt für Baden-Württemberg 1970, S. 321–375.

der Leitungsebene eine Reihe von A14a-Stellen und einen günstigeren A13 : A14-Schlüssel.[24]

Zu diesem Zeitpunkt beherrschte jedoch schon ein anderes Thema die Gemüter. Es ging um eine Maßnahme, welche die Grundfesten des beruflichen Selbstverständnisses zu erschüttern schien und deshalb besonders leidenschaftlich bekämpft wurde: die Abschaffung des präsenzfreien Nachmittags.[25] Aufgeweckt durch eine scheinbar harmlose Anfrage des neuen Direktors der UB Freiburg, Wolfgang Kehr, „auf Grund welcher Verordnung des Landes Baden-Württemberg der Anspruch des Höheren Dienstes an wissenschaftlichen Bibliotheken auf freie Dienststunden für private wissenschaftliche Arbeiten besteht“[26], beschied das Kultusministerium, daß eine „Sonderregelung“ für den Höheren Bibliotheksdienst nicht vertretbar und deshalb nach den allgemeinen Bestimmungen über die Arbeitszeit im Öffentlichen Dienst zu verfahren sei.[27]

Vorstand, Beirat und Ortsgruppen des VWB entfalteten in den darauffolgenden Monaten eine intensive Kampagne gegen den Stuttgarter Erlaß, mobilisierten die Fachbereiche (Universität Konstanz), den Verein Deutscher Bibliothekare und den Beamtenbund. Sie belegten die mehr als achtzigjährige Tradition des Studiennachmittags, wiesen den Vorwurf der „Sonderregelung“ mit Hinweis auf andere Bundesländer (z. B. Nordrhein-Westfalen) und verwandte Laufbahnen (z. B. Volksbibliothekare, Archivare) ebenso zurück wie die (wohl absichtliche) Verwechselung von „präsenzfrei“ und „dienstfrei“ und argumentierten, daß der wissenschaftliche Bibliothekar mit der Wissenschaftsentwicklung Schritt halten müsse, um seine Aufgaben als Fachreferent erfüllen und seitens der Professoren die notwendige Akzeptanz erfahren zu können. Die stets geforderte

24 Protokoll der Mitgliederversammlung am 24. April 1971 in Karlsruhe. Seine detaillierten Vorstellungen von der Einstufung des Höheren Bibliotheksdienstes hatte der VWB am 8. August 1969 dem Kultusministerium mitgeteilt.

25 Der Verfasser hat diese Episode an anderer Stelle (Der präsenzfreie Nachmittag: ein Beitrag zum Berufsbild des Höheren Bibliotheksdienstes und zugleich zur Geschichte des VDB in Baden-Württemberg. - In: Bücher, Menschen und Kulturen: Festschrift für Hans-Peter Geh zum 65. Geburtstag. - München 1999, S. 119–124) ausführlich geschildert, so daß hier eine kurze Zusammenfassung genügt.

26 Wolfgang Kehr am 6. Februar 1970 an das Kultusministerium Baden-Württemberg.

27 Kultusministerium Baden-Württemberg am 27. August 1970 an alle Universitäten, die beiden Landesbibliotheken und den Zentralkatalog. Die Arbeitszeit betrug damals 43 Stunden pro Woche und wurde zum 1. Januar 1971 auf 42 Stunden reduziert.

und als selbstverständlich vorausgesetzte fachwissenschaftliche Fortbildung, „die am fruchtbarsten in der Form eigener produktiver wissenschaftlicher Arbeit geschehen kann“, ließe sich nun mal nicht ungestört „im täglichen Betrieb an der Dienststelle“ und auch nicht gänzlich in der Freizeit am Abend und am Wochenende leisten.[28] Man wußte sich einig mit dem Wissenschaftsrat, der in seinen jüngsten Empfehlungen beklagt hatte, daß bei den mit Verwaltungsaufgaben überlasteten wissenschaftlichen Bibliothekaren die eigene wissenschaftliche Tätigkeit zu kurz komme.[29] Das Ministerium blieb unbeeindruckt. Es verwies jedoch ganz im Sinne Kehrs darauf, „daß in besonders begründeten Einzelfällen die Arbeitszeit auch außerhalb des Dienstgebäudes abgeleistet werden kann“, aber nicht generell.[30] Der Kampf um das Gewohnheitsrecht des präsenzfreien Nachmittags endete für den VWB mit einer Niederlage.[31]

Vordergründig drehte sich der Streit um ein paar präsenzfreie Dienststunden an einem Nachmittag der Woche. In Wirklichkeit ging es darum, das eigene Berufsbild zu konservieren, dem „Überhandnehmen der rein verwaltungstechnischen Arbeiten“ Einhalt zu gebieten und den Anteil des Wissenschaftlichen am Beruf des akademischen Bibliothekars zu retten. Das traditionelle Berufsbild zu erhalten, war jedoch zuvor schon an anderer Stelle mißlungen. 1968 hatte das Kultusministerium aufgrund einer Vorgabe des Landesbeamtengesetzes eine neue Verordnung über die Ausbildung und Prüfung für den Höheren Bibliotheksdienst zu erlassen. Wegen der Verlängerung des Vorbereitungsdienstes auf 2 Jahre und 6 Monate und wegen des Verzichts auf die Promotion als Zulassungsvoraussetzung lehnte der VWB den Verordnungsentwurf ab.[32] Die Verlängerung des Referendariats sei hinsichtlich der beruflichen Qualifizierung unnötig, ver-

28 Memorandum zum Erlaß des Kultusministeriums Baden-Württemberg vom 27. August 1970, verfaßt vom Kollegium der UB Heidelberg. Dorothea Hauck am 1. Oktober 1970 an Werner Schulz.

29 Empfehlungen des Wissenschaftsrates zum Ausbau der wissenschaftlichen Einrichtungen. Teil 2: Wissenschaftliche Bibliotheken. Bonn 1964, S. 61.

30 Kultusminister Wilhelm Hahn am 29. Dezember 1970 an Werner Schulz.

31 „Seien wir doch ganz ehrlich, wir haben rein nichts erreicht“, bilanzierte Günther Wiegand (UB Konstanz) am 5. Mai 1971 an Werner Schulz das letzte Gefecht im Ministerium.

32 Verordnung des Kultusministeriums über die Ausbildung und Prüfung für den höheren Bibliotheksdienst an wissenschaftlichen Bibliotheken in Baden-Württemberg vom 14. August 1968. In Gesetzblatt für Baden-Württemberg 1968, S. 396–398.

mehre den Aufwand an Zeit, Kosten und Arbeitskraft, schrecke Laufbahninteressenten mit langen Studiengängen (z. B. Mediziner) ab und lasse befähigte Nachwuchskräfte in andere Bundesländer abwandern.[33]

Während sich in dieser Frage alle Verbandsmitglieder einig waren, votierten bezüglich der Promotion die Vertreter der Technischen Hochschulbibliotheken für den Verzicht, da sonst nur schwer qualifizierte Bewerber natur- und ingenieurwissenschaftlicher Fachrichtungen gewonnen werden könnten, die anderenfalls ausschließlich in hochdotierte Stellen der Industrie streben würden.[34] Das ließ sich nicht bestreiten, weshalb auch der VWB für eine Ausnahmeregelung eintrat. Grundsätzlich wollte er jedoch an der wissenschaftlichen Qualifikation, die nun einmal durch eine Dissertation nachgewiesen werde, festhalten. Die Befürchtung, die wissenschaftliche Seite des Berufes könnte bei einem Verzicht auf die Promotion verloren gehen, drückte besonders drastisch der Direktor der WLB Stuttgart, Wilhelm Hoffmann, aus: „Das Gesicht der wissenschaftlichen Bibliothek müßte sich verändern. Die Qualität der wissenschaftlichen Arbeit der verantwortlichen Bibliothekare wäre nicht mehr garantiert. Das Niveau müßte absinken ... Das internationale Ansehen der deutschen Bibliotheken muß gewahrt bleiben."[35] Es blieb trotz aller Anstrengungen des VWB seitdem beim Verzicht auf die Promotion als formale Zulassungsvoraussetzung.[36] Erfolgreich hingegen war das Bemühen um die Verkürzung des Vorbereitungsdienstes auf zwei Jahre, die Eingang in die 1975 neu gefaßte Ausbildungs- und Prüfungsordnung fand.[37]

Von ganz ähnlicher Bedeutung für das Selbstverständnis des wissenschaftlichen Bibliothekars war die – auch heute noch periodisch wieder-

33 Werner Schulz am 3. August 1968 an den BBW mit der Bitte um Weiterleitung an das Kultusministerium und den Landespersonalausschuß. Das Landesbeamtengesetz in der Fassung von 1965 sah als Mindestvorbereitungszeit 2 Jahre und 6 Monate vor, außer für die Lehrer (1 Jahr und 4 Monate).

34 Manfred Kleiss (THB Karlsruhe) am 1. August 1968 an Werner Schulz.

35 Wilhelm Hoffmann am 28. August 1968 an Kultusminister Wilhelm Hahn.

36 Bernhard Bläsi als zuständiger Referent im Kultusministerium sah an dieser Stelle keinen Handlungsspielraum. Vgl. das Protokoll der Mitgliederversammlung des VWB vom 26. April 1969 in Karlsruhe, S. 3 ff.

37 Erste Verordnung des Kultusministeriums zur Änderung der Verordnung über die Ausbildung und Prüfung für den höheren Bibliotheksdienst an wissenschaftlichen Bibliotheken in Baden-Württemberg vom 12. September 1975. - In: Gesetzblatt für Baden-Württemberg 1975, S. 687–688.

kehrende – Frage nach dem Status des Hochschulbibliothekars, die im VWB zu einer Art Dauerbrenner wurde.

Mit einer von Heidelberger Kollegen erarbeiteten Denkschrift versuchte der VWB Einfluß auf die Formulierung des Hochschulgesetzes zu nehmen, das am 19. März 1970 verkündet wurde.[38] Das Gutachten stützte die „summarische Feststellung" des Wissenschaftsrates, „daß die Tätigkeit der Bibliothekare des Höheren Dienstes ohne Einschränkung als wissenschaftliche Tätigkeit zu charakterisieren ist", die sich im Bereich von Forschung und Lehre vollzieht.[39] Auch das Kultusministerium teilte diese Ansicht. Da die Universitäten beim Erlaß ihrer Grundordnungen jedoch hochschulrechtlich autonom sind, konnte sich örtlich eine andere Situation ergeben. Anläßlich der Hochschulgesetznovellierung 1973 mit ihren grundlegenden Neuordnungen kehrte das Thema in die Verbandsdiskussion zurück. Ein eigener Paragraph zum Bibliothekswesen wurde in das neu gefaßte Gesetz eingefügt (§ 14),[40] der innerhalb des VWB ausgiebig diskutiert wurde, ging es doch nicht nur um die Einordnung des Höheren Bibliotheksdienstes, sondern auch um das gesamte Bibliothekssystem einer Universität, die Rolle des Bibliotheksdirektors, die Zusammensetzung des Bibliotheksausschusses usw. Anläßlich der Novelle zum Hochschulgesetz Baden-Württemberg flammte die Diskussion um die Zugehörigkeit des Höheren Bibliotheksdienstes zur Gruppe der wissenschaftlichen Mitarbeiter erneut auf.[41] Sie spitzte sich schließlich auf die Frage zu, ob die Bibliothekare es vorzögen, zum Kreis der akademischen Räte zu gehören. Nur einzelne Kollegen waren bereit, die damit verbundenen gravierenden Nachteile (Verlust der Laufbahn, schlechterer Stellenschlüssel, Diskrepanz zu den Kollegen an den Landesbibliotheken) in Kauf zu nehmen.[42]

38 Hochschulgesetz vom 19. März 1970. - In: Gesetzblatt für Baden-Württemberg 1970, S. 81–100. Die Bibliotheken kommen in diesem ersten Gesetz noch nicht vor.

39 Gutachten zum Hochschulgesetz, hier: Einordnung der Bibliothekare des höheren Bibliotheksdienstes in die Gruppe der „in Forschung und Lehre" tätigen Personen, Heidelberg, 12. Februar 1968.

40 Hochschulgesetz in der Fassung vom 27. Juli 1973. - In: Gesetzblatt für Baden-Württemberg 1973, S. 246–274.

41 Protokoll der Beirats- und Vorstandssitzung des VWB vom 23. April 1977 in Stuttgart, S. 2 f.

42 Protokoll der Beiratssitzung des VWB vom 16. März 1979 in Stuttgart, S. 2–4.

1971 wechselte der Vorsitz im VWB. Auf Werner Schulz folgte Günther Wiegand (UB Konstanz),[43] der während seiner zweijährigen Amtszeit das Ziel, eine bessere Besoldungsstruktur zu erreichen, fortsetzte. So forderte er für die Leiter großer Abteilungen eine Stellenhebung nach A15.[44]

Eine vergleichende Übersicht über die Besoldungsstruktur in den deutschen Wissenschaftlichen Bibliotheken, erstellt von Hinrich Vollers (LB Hannover) belegte, wie sehr die baden-württembergischen Kollegen gegenüber denjenigen der übrigen Bundesländer und des Bundes hinsichtlich der Beförderungsstellen (A15, A15a, A16) benachteiligt waren. Dafür war in Baden-Württemberg der Stellenkegel beim gehobenen Dienst sehr viel günstiger als in den anderen Bundesländern und beim Bund.[45] Drittens war eine Schlechterstellung gegenüber anderen Laufbahnen des Höheren Dienstes (Finanzbeamte, Lehrer, Archivare) zu konstatieren. Als dann zum 1. Juli 1972 alle Zwischenbesoldungsstufen (A12a bis A15a) im Stellenplan wegfielen und die betroffenen Ämter in die darunter liegenden eingereiht wurden, trat eine weitere Verschlechterung ein, die als „Diskriminierung“ empfunden wurde.[46]

Der VWB entfaltete wiederum eine emsige Lobbyarbeit gegenüber den Mitgliedern des Finanzausschusses, dem Finanz- und dem Kultusministerium und dem Beamtenbund[47] und erneuerte die Forderung nach einer Vermehrung der A15-Stellen, die jedoch vom Ministerium mit dem Argument abgelehnt wurde, die Abteilungsleiter dürften nicht mit den stellvertretenden Bibliotheksdirektoren in derselben Besoldungsgruppe sein.[48] Das Thema wurde noch brisanter, als im Zuge allgemeiner Besol-

43 Protokoll der Mitgliederversammlung des VWB vom 24. April 1971 in Karlsruhe.

44 Protokoll der Beiratssitzung des VWB vom 2. Dezember 1971, S. 1 f.

45 Hinrich Vollers: Die Besoldungsstruktur im wissenschaftlichen Bibliothekswesen. In: DFW. Dokumentation. Information 20 (1971/72) S. 51–55.

46 Günther Wiegand am 26. Juni und am 5. Juli 1972 an Bernhard Bläsi. Die Inhaber einer A14a-Stelle behielten durch eine Zulage ihre bisherigen Bezüge, Neueinweisungen entfielen aber. Der Wegfall der Zwischenbesoldungsstufen ging auf bundesrechtliche Regelung zurück, die Herabstufung war eine Entscheidung des Landes. Vgl. dazu: Der Beamte in Baden-Württemberg 34, Juli 1972, S. 4.

47 Hierüber informierte Wiegand am 10. Juli 1972 alle Beiräte und Vorstandsmitglieder des Vereins. Die Stellungnahme des VWB zur Herabstufung veröffentlichte der BBW in seiner Zeitschrift Der Beamte in Baden-Württemberg 34, September 1972.

48 Besonders erboste die VWB-Mitglieder, daß das Land die vom Bund 1971 vorge-

dungsanhebungen die persönliche Zulage der früheren A14a-Stelleninhaber praktisch aufgezehrt wurde und diese damit „auf kaltem Wege" in die nächst niedrigere Besoldungsgruppe rutschten.[49] Der VWB begrüßte deshalb den diesbezüglichen Musterprozeß des BBW, der aber, wie zu erwarten gewesen war, negativ ausging.[50] Dafür zahlte sich die kontinuierliche Interessenvertretung des VWB an anderer Stelle aus: Die Zahl der A15- und A16-Stellen wurde zwischen 1973 und 1975 von 20 auf 39 Stellen nahezu verdoppelt. Auf Wunsch des Finanzministeriums wurden die neuen Stellen allerdings mit bestimmten Funktionen gekoppelt, meist mit der Leitung bestimmter Abteilungen.

Mit diesem Erfolg gelangte die Politik des Vereins im Besoldungsbereich zu einem gewissen Abschluß. An der Besoldungsstruktur änderte sich seitdem nichts mehr. Die Funktionszulage für stellvertretende Bibliotheksdirektoren blieb eine Wunschvorstellung. Das nicht zuletzt auf Vorschlag des Ministeriums erarbeitete Schema über die Zuordnung von Ämtern des Höheren Bibliotheksdienstes zu den Besoldungsgruppen A13 bis B2/B3 blieb folgenlos.[51] Angesichts der Lage der öffentlichen Haushalte Mitte der 70er Jahre kam der neue Vereinsvorsitzende, Wolfgang Zedlitz (UB Stuttgart), zu der wohl realistischen Einschätzung, daß es in den kommenden Jahren allein darum gehen könne, eine Verschlechterung der Stellenpläne und Stellenschlüssel zu verhindern, Verbesserungen seien nicht mehr erreichbar.[52]

*

Die Konstituierung des Verbandes Wissenschaftlicher Bibliothekare in Baden-Württemberg war im VDB aufmerksam verfolgt worden. Sowohl der

gebene 40%-Obergrenze für Beförderungsstellen nach A15 und höher bei den Bibliothekaren nicht ausnutzte, die mit 18,5% angeblich das Schlußlicht aller Laufbahnen des Höheren Dienstes bildeten. Protokoll der Mitgliederversammlung vom 27. Januar 1973 in Karlsruhe, S. 4 f.

49 So Martin Wurm am 13. April 1973 an die BBW-Mitglieder im Bundeshauptvorstand.

50 Rechenschaftsbericht des Vorstands in der Mitgliederversammlung vom 15. Februar 1975 in Stuttgart.

51 Das Papier zeichnete sich u. a. dadurch aus, daß es die Rolle und die Wertigkeit des Fachreferates hoch bewertete, so daß auch eine „reine" Fachreferententätigkeit zur Übernahme eines höheren Amtes ausreichend qualifiziere. Etwa zeitgleich veröffentlichte auch die VDB-Besoldungskommission eine entsprechende Übersicht, die aber nur bis A16 reichte. - In: Rundschreiben 1977/3, S. 5–6.

52 Protokoll der Vorstands- und Beiratssitzung am 1. Dezember 1976 in Stuttgart.

Vereinsausschuß, „grundsätzlich regionalen Zusammenschlüssen aufgeschlossen gegenüberstehend“, als auch die Mitgliederversammlung auf dem Bibliothekartag 1963 in Saarbrücken befaßten sich mit der Vereinsgründung. Der VDB-Vorsitzende sah auf Nachfrage von Rudolf Blum (DB Frankfurt/M.) keinen Grund zur Beunruhigung, da er von Werhahn stets „über alle wichtigen Dinge“ informiert wurde, und bezeichnete das Verhältnis zwischen beiden parallel nebeneinander existierenden Vereinen als gut.[53] Da sich der VWB als berufsständische Interessenvertretung der Bibliothekare des Höheren Dienstes ansah, ergab sich für ihn am ehesten eine Zusammenarbeit mit der VDB-Kommission für Berufsfragen. Dem Vorschlag, ein Mitglied des VWB in diese Kommission aufzunehmen, stimmten die VDB-Gremien zu, allerdings mit dem deutlichen Zusatz, daß der VWB-Vorsitzende Werner Schulz als persönliches Mitglied, nicht als Vertreter des VWB in die Kommission aufgenommen werde.[54]

Die Entstehung regionaler Bibliotheksverbände ließ den VDB nicht unbeeindruckt. Die Mitgliederversammlung 1971 in Köln beschloß die Voraussetzungen für eine regionale Gliederung des VDB zu schaffen, damit auch auf Länderebene eine aktive Berufspolitik betrieben werden könne. „Daß hier etwas versäumt worden sei, beweise der selbständige Zusammenschluß von Bibliothekaren des Höheren Dienstes in einigen Ländern wie Baden-Württemberg, Bayern und Saarland.“[55] Mit ihrem Antrag, die regionale Untergliederung *zwingend* vorzuschreiben, konnte sich die Berufskommission ebensowenig durchsetzen wie mit ihrem zweiten Antrag auf korporativen Beitritt des VDB zum Deutschen Beamtenbund. Die Mehrheit der Anwesenden teilte die Meinung des Vorsitzenden, die Gründung von Landesverbänden der Eigeninitiative der Mitglieder zu überlassen und stimmte für folgenden Text, der als neuer § 8a in die Satzung des VDB aufgenommen wurde: „Zur Wahrnehmung der Vereinsaufgaben auf Landes- bzw. Regionalebene können sich die Mitglieder

53 Bericht über die 15. Ordentliche Mitgliederversammlung am 6. Juni 1963 in Saarbrücken. - In: ZfBB 10 (1963) S. 319–325, hier S. 322 und 325.

54 Werner Schulz am 30. April 1967 an Hartwig Lohse (UB Dortmund), VDB-Vorsitzender. Max Pauer (UB Regensburg), Vorsitzender der Kommission für Berufsfragen, am 4. Mai 1967 an Werner Schulz. Hartwig Lohse am 24. Mai 1967 an Werner Schulz.

55 Bericht über die 23. Ordentliche Mitgliederversammlung am 4. Juni 1971 in Köln. - In: ZfBB 18 (1971) S. 304–310, hier S. 306.

des Vereins in Landes- bzw. Regionalverbänden des VDB zusammenschließen. Der Vorsitzende eines jeden Regionalverbandes kann als Gast an den Sitzungen des Vereinsausschusses teilnehmen."[56]

Dem VWB fiel es angesichts der vielen Fragen, die die Satzungsänderung offen gelassen hatte, schwer, auf den Beschluß des VDB zur Regionalisierung sofort und adäquat zu antworten. Fragen wie die nach der automatischen Mitgliedschaft, der Beitragsverteilung, des Mitgliedsbeitrags bei Doppelmitgliedschaft, der Überschneidung mit anderen Berufsorganisationen usw. seien, so bemängelte Wiegand, „wegen der überwiegenden Unlust des VDB, die Frage der Regionalisierung konsequent zu lösen",[57] nicht geklärt worden, was der VDB-Vorsitzende durchaus eingestand.[58] Wiegand war sich mit vielen anderen Mitgliedern darin einig, daß die Regionalisierung des VDB auf der Kölner Mitgliederversammlung „geradezu erbärmlich schlecht vorbereitet" worden war, ein Vorwurf an die Adresse der Berufskommission, deren Anträge der VWB favorisiert hatte.[59]

Sofern sie nicht generell die Fusion mit dem VDB ablehnten,[60] sprachen sich die Beiräte des VWB für eine Zusammenarbeit („wohlwollende Dialogbereitschaft") aus, sahen sich wegen der ungelösten Probleme aber nicht in der Lage, den VWB in einen Regionalverband des VDB umzubilden.[61] Die von der Rechtskommission des VDB entworfene und von den Landesverbänden Bremen, Niedersachsen und Hessen angepaßt übernommene Mustersatzung für Regionalverbände[62] wurde in der Mitgliederversammlung des VDB 1972 in Mannheim kontrovers diskutiert. Aus baden-württembergischer und bayerischer Sicht entsprachen weder § 8a der Satzung noch die Mustersatzung „den für eine wirksame Regionalisierung zu stellenden Bedingungen", weshalb Wiegand beantragte, die

56 Ebenda S. 307.

57 Günther Wiegand am 21. Juni 1971 an die Beiräte des VWB und am 22. Juni 1971 an Friedrich-Adolf Schmidt-Künsemüller (UB Kiel), VDB-Vorsitzender, und an Max Pauer, designierter VDB-Vorsitzender.

58 Friedrich-Adolf Schmidt-Künsemüller am 9. Juli 1971 an Günther Wiegand.

59 Günther Wiegand am 12. Juli 1971 an Wolfgang Kehr, der von einer dilettantischen Abstimmungsvorbereitung gesprochen hatte. Wolfgang Kehr am 21. Juni 1971 an Günther Wiegand.

60 Die Heidelberger Ortsgruppe sah als Voraussetzung einer Fusion die Trennung des VDB in einen Personal- und einen Sachverband an.

61 Protokoll der Beiratssitzung vom 2. Dezember 1971 in Stuttgart.

62 Der Entwurf ist abgedruckt in ZfBB 19 (1972) S. 383 f.

Mustersatzung noch nicht zu verabschieden.[63] Der Antrag der Vorsitzenden der Landesverbände Niedersachsens und Bremens, Eilhard Cordes (UB Braunschweig) und Hans Wagner (UB Bremen), die Mustersatzung als verbindlich zu erklären, fand nur wenig Anhänger. Die Mitglieder stimmten vielmehr dem Antrag Werhahns zu, „die Mustersatzung als Empfehlung und Formulierungshilfe für Regionalsatzungen ohne verbindlichen Charakter aufzufassen".[64]

Noch im gleichen Jahr erarbeitete der VWB Vorschläge für eine komplett neue Fassung des § 8a der VDB-Satzung, die dem Vereinsausschuß zugeleitet und von diesem mehrheitlich akzeptiert wurden,[65] so daß der VWB-Vorsitzende nun guten Gewissens die Integration des VWB in den VDB empfehlen konnte.[66] Die nächste Mitgliederversammlung diskutierte die beabsichtigte Umwandlung in einen Landesverband des VDB ausführlich mit allen ihren Vor- und Nachteilen. Wiegand verwies auf die doppelte Mitgliedschaft, die neuen Bundeskompetenzen, die eine berufspolitische Arbeit auf Bundesebene „unabweisbar" gemacht hätten, die Sicherheit, daß die Mitgliedsbeiträge für den VDB nicht mehr zur Finanzierung der Sacharbeit verwendet würden, und auf das Vorbild der übrigen Regionalverbände, die bereits dem VDB beigetreten seien. Aufgrund von Wiegands Ausführungen, die u. a. von Richard Landwehrmeyer (UB Konstanz) und Werner Schulz unterstützt wurden, beschloß die Mitgliederversammlung mit 39 Stimmen bei einer Enthaltung und zwei Gegenstimmen den Anschluß des VWB an den VDB als dessen Landesverband, unter der Voraussetzung freilich, daß die vom Vereinsausschuß beschlossene Satzungserweiterung betreffend § 8a rechtskräftig werden würde.[67]

63 Der Vertreter der Berufsvereinigung der wissenschaftlichen Bibliothekare in Bayern, Fritz Junginger (BSB München), schloß sich Wiegands Ausführungen an. Bericht über die 24. Ordentliche Mitgliederversammlung am 25. Mai 1972 in Mannheim. - In: ZfBB 19 (1972) S. 380–387, hier S. 384.

64 Ebenda.

65 Protokoll der Vereinsausschußsitzung vom 6./7. Juli 1972 in Hannover, S. 2 ff. Vgl. auch die Berichte von den Vereinsausschußsitzungen am 6./7. Juli 1972 in Hannover und am 12./13. Oktober 1972 in Würzburg. - In: Rundschreiben 1972/4, S. 2 f.

66 Protokoll der Beiratssitzung des VWB vom 19. Dezember 1972 in Stuttgart, S. 2 f.

67 Protokoll der Mitgliederversammlung des VWB vom 27. Januar 1973 in Karlsruhe, S. 4 ff.

Auf Antrag des neuen Vorsitzenden Wolfgang Zedlitz[68] wurde der VWB mit Wirkung zum 1. April 1974 als VDB-Landesverband Baden-Württemberg anerkannt, nachdem die Mitgliederversammlung des VDB 1973 in Hamburg den gewünschten Satzungsänderungen zugestimmt hatte[69] und die Vereinbarkeit von Bundes- und Landesverbandssatzung festgestellt worden war.[70] Die Fassung des neuen § 8a der VDB-Satzung, die bis heute (von einem steuerrechtlichen Passus abgesehen) unverändert geblieben ist, geht also, so ist zu resümieren, wesentlich auf die Wünsche und Forderungen des VWB zurück. Für den VWB bedeutete die neue Situation, daß nun alle seine Mitglieder auch VDB-Mitglied sein mußten. Umgekehrt konnte es in Baden-Württemberg ansässige VDB-Mitglieder geben, die dem VWB nicht angehörten. Die für den Fall der Fusion angekündigten Austritte scheinen ausgeblieben zu sein. Stattdessen konnte der VWB seine Mitgliedschaft auf 70 Personen erhöhen.[71] Das Verhältnis zwischen beiden Vereinen blieb in den folgenden Jahren konstant gut, bis es 1982 auf eine neue Grundlage gestellt wurde, als sich nämlich der VWB in Baden-Württemberg auflöste bzw. in einen reinen Landesverband des VDB umformte.

Mitte der 70er Jahre wandelte sich die Interessenvertretung der wissenschaftlichen Bibliothekare aufgrund mehrerer Faktoren. Zum einen ging 1971 nach der Einfügung des Artikels 74a in das Grundgesetz die Besoldungskompetenz in die konkurrierende Gesetzgebung des Bundes über,[72] so daß eine bundesweit wirkende Organisation wie der VDB an potentiellem Gewicht gewann, und ein erstes wichtiges Argument, das 1963 zur Gründung des VWB geführt hatte, entfiel. Zum anderen gab der VDB 1975 auf Beschluß der Mitgliederversammlung 1973 in Hamburg die Sacharbeit

68 Wolfgang Zedlitz am 13. Mai 1973 an Max Pauer, VDB-Vorsitzender.

69 Der in jeder Hinsicht dürftige Bericht über die 25. Mitgliederversammlung des VDB am 13. Juni 1973 in Hamburg vermerkt dazu allerdings nichts. - In: ZfBB 20 (1973) S. 409–412. Die geänderte Satzung wurde abgedruckt im Jahrbuch der Deutschen Bibliotheken 45 (1973) S. 500–510.

70 Bericht über die 27. ordentliche Mitgliederversammlung am 22. Mai 1975 in Konstanz. - In: ZfBB 22 (1975) S. 416–427, hier S. 416.

71 Stand Februar 1975. Rechenschaftsbericht des Vorstands auf der Mitgliederversammlung am 15. Februar 1975 in Stuttgart.

72 Dies bewirkte das Erste Gesetz zur Vereinheitlichung und Neuregelung des Besoldungsrechts in Bund und Ländern vom 18. März 1971. - In: Bundesgesetzblatt 1971, Teil I, S. 208 ff.

an den DBV und die Arbeitsstelle für das Bibliothekswesen ab.[73] Von seinen Kommissionen behielt er zunächst nur diejenigen für Ausbildungs- und für Berufsfragen und konnte sich damit verstärkt jenen berufs- und standespolitischen Themen widmen, deren Vernachlässigung ein zweites Argument für die Gründung des VWB gewesen war. Ein Informationsblatt des VWB zur Mitgliederwerbung informierte über die zwei Ebenen der Standesvertretung der wissenschaftlichen Bibliothekare in Baden-Württemberg: auf Bundesebene der VDB (in die Bundeskompetenz fielen das Beamtenrahmenrecht, Hochschulrahmenrecht, Besoldungs- und Versorgungsrecht), auf Landesebene der VWB (in die Landeskompetenz fielen das Landesbeamtenrecht, Landeslaufbahnrecht, Regelung von Arbeitszeit, Urlaub und Beihilfen, Ausbildungs- und Prüfungsrecht, Landeshochschulrecht, Landeshaushaltsplan, Stellenkegel usw.).[74]

Von besonderer Bedeutung für den VWB war die Mitgliedschaft im Beamtenbund Baden-Württemberg. Zum einen konnte der VWB über den BBW Einfluß auf Angelegenheiten nehmen, die alle Beamten berührten, zum anderen bot der BBW Rückhalt bei Anliegen, die speziell die Gruppe der Bibliothekare des Höheren Dienstes betrafen. Durch die korporative Mitgliedschaft war zugleich jedes einzelne Vereinsmitglied, auch die Angestellten, automatisch mittelbares Mitglied des Beamtenbundes, mit entsprechenden Vorteilen wie Rechtsberatung in allen Fragen des Beamtenrechts, Rechtsschutz bei günstiger Rechtslage, Bezug der Zeitung des Beamtenbundes, Gewährung von Einkaufsvergünstigungen. Die Weigerung des VDB, dem Beamtenbund ebenfalls beizutreten, stieß im VWB auf Unverständnis.[75] Zumindest alle Landesverbände hätten sich aus Sicht des VWB dem Beamtenbund anschließen sollen.

73 „Der VDB gibt mit dem heutigen Tage einen wichtigen Teil seiner bisherigen Aufgaben an den DBV ab und beginnt damit eine neue Epoche seiner Geschichte", verkündete Wilhelm Totok (LB Hannover) in seinem Rechenschaftsbericht als VDB-Vorsitzender. Bericht über die 27. Ordentliche Mitgliederversammlung am 22. Mai 1975 in Konstanz. - In: ZfBB 22 (1975) S. 416–432, hier S. 418.

74 Die Standesvertretung der wissenschaftlichen Bibliothekare in Baden-Württemberg. Juli 1977.

75 Günther Wiegand hielt den Anschluß an eine größere Interessenlobby für notwendig und die Weigerung des VDB für „antiquiert". Am 30. November 1971 an Fritz Junginger, die Vor- und Nachteile der Mitgliedschaft im Beamtenbund abwägend. Der Beamtenbund zählte (1973) in Baden-Württemberg über 100 000, in der ganzen Bundesrepublik über 700 000 Mitglieder. Er galt als der CDU nahestehend.

Die Mitgliedschaft im Beamtenbund hatte aber auch ihren – wörtlich zu nehmenden – Preis. Der größte Teil des Mitgliedsbeitrags, der anfangs 20 DM, seit 1973 dann 25 DM betrug, floß an den BBW (1979: 22,20 DM). Damit blieb für die eigentliche Vereinsarbeit zu wenig übrig, zumal viele Mitglieder ihren Beitragsverpflichtungen nicht nachkamen. „Solange die Verbandskasse durch Mitgliedschaften regelmäßig mit fixen Ausgaben belastet wird, ist es für die übrigen (zahlenden) Mitglieder unzumutbar, daß einige Mitglieder ... ihre Beiträge nicht nur ‚vergessen', sondern trotz wiederholter Erinnerung offensichtlich planmäßig verweigern. Mit weiteren Maßnahmen wie gehabt ist das Problem meiner Meinung nach nicht zu lösen. Aus Fairness den anderen Mitgliedern gegenüber muß wohl auch die Beendigung der betreffenden Mitgliedschaften möglich sein", mahnte 1977 der scheidende Kassenwart.[76]

Nachdem der VWB Landesverband des VDB geworden war, stand ihm ein Zuschuß von 5 DM pro Mitglied und Jahr zu. Dieser scheint aber nicht regelmäßig abgerufen worden zu sein, denn 1979 beschloß der Beirat beim VDB nachzufragen, „für welche (vergangenen) Jahre noch Zahlungen zu erwarten sind."[77] Offensichtlich verfügte der Verein nicht einmal über eine Mitgliederliste, die er sich – allerdings vergeblich – vom Beamtenbund erbat.

Vermutlich ging der BBW bei seiner Beitragserhebung von einer höheren Mitgliederzahl aus, als tatsächlich vorhanden, da mehrere Mitglieder wegen Unzufriedenheit zwischenzeitlich ausgetreten waren, was sich aber nicht feststellen ließ.[78] Durch eine falsche Beitragsfestsetzung zahlte der Verein bei den Pensionären drauf, da er ihnen eine Ermäßigung von 10 DM gewährte, der BBW aber nur eine solche von 3 DM. Der VWB geriet schließlich gegenüber dem BBW in erheblichen Zahlungsverzug.

Zur Finanzkrise trat die Führungskrise. Ende 1978 verabschiedete sich Wolfgang Zedlitz, der im Vorjahr wiedergewählte Vorsitzende, in den vorzeitigen Ruhestand, so daß der bisherige Stellvertreter, Günter Stegmaier, bis zur nächsten Mitgliederversammlung die Vereinsgeschäfte übernehmen mußte. Auf die Tagesordnung der nächsten Beiratssitzung setzte er die „Per-

76 Georg Hopfer am 15. April 1977 an Wolfgang Zedlitz.

77 Protokoll der Beirats- und Vorstandssitzung vom 27. April 1979 in Karlsruhe.

78 „Auf eine nachträgliche Klärung muß angesichts eigener Ungenauigkeiten [!] verzichtet werden", stellte dazu der Beirat auf seiner Sitzung am 29. August 1981 fest.

spektiven unserer künftigen Verbandsarbeit". Die Arbeit des VWB, so befand er, sei ohne große Außenwirkung geblieben und an den Mitgliedern sei vieles einfach vorbeigelaufen. Er schlug vor, „künftig erheblich aktiver zu arbeiten, mehr Öffentlichkeitsarbeit zu treiben, die noch nicht organisierten Bibliothekare zu werben, die Tätigkeit des VDB vom Landesverband aus anzuregen und auch die Pensionäre in die Arbeit mit einzubeziehen." Unverzichtbar sei ein eigenes Publikationsorgan. Umzusetzen sei dieses Programm von einem erweiterten Vorstand, „in dem Aufgaben und Verantwortlichkeiten verteilt werden."[79] Auf die Beiräte übte Stegmaier deutlichen Druck aus, sein Programm anzunehmen. Das Protokoll vermerkt nämlich: „Herr Stegmaier macht seine Kandidatur für den Vorsitz von der Zustimmung zu dieser Änderung und der Bereitschaft zu verstärkter Mitarbeit abhängig."[80]

Stegmaiers Vorschläge wurden auf der nächsten Beiratssitzung lebhaft diskutiert. Die meisten Mitglieder entschieden sich hinsichtlich der Alternative „verstärkte Aktivitäten oder Selbstauflösung" für die Weiterarbeit im bisherigen Umfang. Sie mochten wohl ebensowenig wie die Karlsruher Kollegen einsehen, warum die Angehörigen von Vorstand und Beirat nicht ausreichten, die anstehende Arbeit zu erledigen, und lehnten Aktivitäten um ihrer selbst willen ab.[81] Nur die Mannheimer Kollegen neigten mehrheitlich der Auflösung des Vereins zu und versprachen sich mehr von Adhoc-Zusammenkünften bei Bedarf.[82] Um die Arbeit zu verteilen, beharrte Stegmaier auf der Einführung neuer Ämter zur Verstärkung des Vorstands, nämlich einer unbestimmten Zahl von Beisitzern und eines Referenten für Öffentlichkeitsarbeit. Die erforderliche Satzungsänderung sollte der nächsten Mitgliederversammlung vorgelegt werden.[83]

Diese hätte satzungsgemäß und turnusmäßig noch 1979 stattfinden müssen, wurde vom amtierenden Vorsitzenden, aus welchen Gründen auch immer, jedoch nicht einberufen.[84] Stattdessen liefen Mahnungen des

79 Protokoll der Beiratssitzung vom 16. März 1979 in Stuttgart, S. 5.
80 Ebenda.
81 Protokoll der Beiratssitzung vom 27. April 1979 in Karlsruhe, S. 3. Als Karlsruher Beirat sprach Fuad Kandil (UB Karlsruhe).
82 Klaus Franken (UB Mannheim) am 4. April 1979 an Günter Stegmaier.
83 Protokoll der Beiratssitzung vom 27. April 1979 in Karlsruhe, S. 5.
84 An Ermahnungen mangelte es nicht. Als Beispiel: Wolfgang Glatzle (UB Stuttgart) am 15. Mai 1980 an Günter Stegmaier.

BBW ein, der Beitragsrückstände in Höhe von 1418 DM einforderte.[85] Wegen des Defizits in der Vereinskasse bat Stegmaier um Stundung, die der Bundesvorstand des BBW auch bis 31. Juli 1980 gewährte,[86] nachdem ihm der VWB-Vorsitzende versichert hatte, für 1980 eine Mitgliederversammlung einzuberufen und ein Konzept zur ratenweisen Abtragung der Schulden zu erarbeiten.[87] Aber auch 1980 lud Stegmaier zu keiner Mitgliederversammlung ein. Der BBW reagierte prompt und schloß den VWB „wegen grobem und fortdauerndem pflicht- und satzungswidrigem Verhalten" mit sofortiger Wirkung aus dem Beamtenbund aus und drohte mit Zwangsmaßnahmen, falls die Schulden, mittlerweile 3346 DM betragend, nicht getilgt würden.[88]

Ob und wie der Vorsitzende auf diesen Ausschluß reagierte, ist nicht ersichtlich. Die nächste Mitgliederversammlung, der vormittags eine Beiratssitzung vorausgehen sollte, berief er jedenfalls erst für den 4. Juli 1981 nach Stuttgart ein, verstieß dabei jedoch gegen Vorschriften der Satzung, so daß ihn die Ortsgruppe Freiburg dringend ersuchte, den Termin wieder aufzugeben: In der gegenwärtigen Situation des Verbandes müsse alles vermieden werden, was zur Anfechtung von Mitgliederversammlungsbeschlüssen Anlaß geben könnte. Auch müßten beide Sitzungen gründlich vorbereitet werden, damit sinnvoll über die Perspektiven des Vereins diskutiert werden könnte.[89]

Daraufhin terminierte Stegmaier beide Versammlungen neu. Als sich schließlich vier Beiräte und zwei Vorstandsmitglieder in der Stuttgarter Bahnhofsgaststätte zusammensetzten, blieb ihnen nichts anderes übrig, als zu konstatieren, daß sich der Verein „seit mindestens zwei Jahren" in einer Krise befände, die begann, als Zedlitz in den Ruhestand trat und Stegmaier nachrückte. Dieser erklärte dazu, er habe „die zusätzliche Belastung durch den Verband nicht vorsorglich genug in Betracht gezogen."[90] Peter Schleifenbaum (UB Stuttgart), der 1977 das Amt des Kassenwarts von Georg Hopfer

85 Martin Wurm am 10. Januar 1980 an Günter Stegmaier. Der genannte Betrag bezog sich nur auf das Jahr 1979.
86 Martin Wurm am 10. Juni 1980 an Günter Stegmaier.
87 Günter Stegmaier am 21. Januar 1980 an Martin Wurm.
88 Martin Wurm am 11. November 1980 an den VWB c/o Günter Stegmaier.
89 Rudolf Piepenbrock (UB Freiburg) am 25. Juni 1981 an Günter Stegmaier. Die „Mängelliste" der Freiburger Mitgliedergruppe umfaßte drei Seiten.
90 Protokoll der Beiratssitzung vom 29. August 1981 in Stuttgart.

(UB Konstanz) übernommen hatte, berichtete von den „Erfolgen“ seiner Mahnaktion, die zu einigen Austritten geführt, meist jedoch gar keine Reaktion hervorgerufen habe. Zwar konnte ein Teil der Verbindlichkeiten gegenüber dem Beamtenbund beglichen werden, doch hatte der Verein auch bei seinen eigenen Mitgliedern Schulden, da seit 1977 keine Reisekosten mehr erstattet worden waren.[91] Am Ende stand folgendes Fazit: „Von der Schuld an Versäumnissen kann insgesamt niemand völlig ausgenommen werden.“[92] Das gilt letztlich auch für die Mitglieder, die ihr mangelndes Interesse durch Austritt oder Nichtbezahlen des Beitrages bekundeten.

Einigkeit bestand im übrigen darin, daß eine berufsständische Interessenvertretung auf Landesebene auch weiterhin unerläßlich sei. Von den möglichen Handlungsalternativen schien den Beiräten die Weiterführung des Vereins als Landesverband des VDB mit entsprechender Namens- und Satzungsänderung unter Verzicht auf die Erhebung eines eigenen Mitgliedsbeitrages und auf die Mitgliedschaft im Beamtenbund die beste Lösung. Als für den Fortbestand des Vereins förderlich wurde bemerkenswerterweise die künftige Berücksichtigung von „Sach- und Fachfragen“ angesehen. Der nächsten Mitgliederversammlung wurde vorgeschlagen, nur einen Übergangsvorstand zu wählen, der eine neue Satzung erarbeiten und alle VDB-Mitglieder Baden-Württembergs zur konstituierenden Versammlung des neuen Landesverbandes einladen sollte.

Die letzte Mitgliederversammlung des VWB fand am 3. Oktober 1981 statt, dieses Mal im Stuttgarter Ratskeller. Die Untätigkeit des Vorstands entschuldigte Stegmaier mit „übergroßer eigener Arbeitsbelastung“, worunter seine verschiedenen politischen Verpflichtungen zu verstehen waren. Er wurde dennoch einstimmig entlastet. Zum Übergangsvorsitzenden wurde Friedrich Seck (UB Tübingen) gewählt.[93] Die Versammlungsteilnehmer befaßten sich sodann mit der Zukunft des Verbandes. Während die Karlsruher Mitglieder geschlossen für die Beibehaltung der bisherigen Form und gegen die Lösung vom Beamtenbund votierten, sprach

91 Laut Kassenbericht des VWB für den Zeitraum 16. April 1977 bis 2. Oktober 1981, erstellt von Peter Schleifenbaum, bezifferten sich die Reisekostenschulden auf 529 DM.

92 Ebenda.

93 Protokoll der Mitgliederversammlung vom 3. Oktober 1981 in Stuttgart, S. 2 ff. Die Entlastung des Kassenwarts konnte nicht stattfinden, weil keine Kassenprüfer benannt worden waren!

sich die Mehrheit für den Antrag Richard Landwehrmeyers (UB Tübingen) aus, den Verband im Sinne des Beiratsbeschlusses umzuformen. Sie überzeugten die Vorteile einer solchen Lösung, nämlich eine Interessenvertretung auf Landesebene zu besitzen, der alle im Lande tätigen bzw. ansässigen VDB-Mitglieder angehören und die vom VDB den satzungsgemäßen Zuschuß erhält. Der Nachteil des Verzichts auf die korporative Mitgliedschaft im Beamtenbund könne, so argumentierte Landwehrmeyer, zum Teil dadurch aufgefangen werden, daß einzelne interessierte Mitglieder dem BBW beitreten und dort eine sogenannte Fachschaft bilden. Auf Wunsch könnte der neue Verein weitere Aktivitäten wie fachliche Veranstaltungen und Bibliotheksbesichtigungen entfalten.[94]

Mit einem Rundschreiben informierte Seck alle Angehörigen des Höheren Bibliotheksdienstes in Baden-Württemberg über die Neuordnung des Verbandes, die tatsächlich auf große Resonanz stieß. Dem von 70 auf 53 Mitglieder geschrumpften Verein traten innerhalb weniger Wochen 40 Kolleginnen und Kollegen neu bei (bei 133 VDB-Mitgliedern im Lande).[95] Auf der gut besuchten Mitgliederversammlung am 6. Februar 1982 in Stuttgart sprach sich nach sechsstündiger Diskussion die Mehrheit der Versammelten dafür aus, künftig jährliche Treffen an wechselnden Orten mit dem Charakter von Fortbildungsveranstaltungen durchzuführen und diese mit Bibliotheksbesichtigungen und natürlich mit der Mitgliederversammlung zu kombinieren.[96] Der Neufassung der Satzung, die aus dem früher selbständigen VWB den Landesverband Baden-Württemberg des VDB werden ließ, stimmten die Mitglieder zu. Sie sprachen sich allerdings für die freiwillige Mitgliedschaft aus, d. h. jedem VDB-Mitglied in Baden-Württemberg blieb es überlassen, dem Landesverband beizutreten oder nicht. Erst die Mitgliederversammlung 1986 sorgte endgültig für Klarheit und beschloß die automatische Mitgliedschaft, wie sie auch in den übrigen Landesverbänden mit Ausnahme Hessens üblich ist.[97] Für

94 Ebenda S. 3 f. Mit Berichtigung von Werner Schulz am 4. November 1981 an Friedrich Seck: Die sieben Karlsruher Kollegen hatten sich nicht enthalten, sondern gegen Landwehrmeyers Antrag gestimmt.

95 Rundschreiben des Vorsitzenden Friedrich Seck an alle Angehörigen des Höheren Bibliotheksdienstes in Baden-Württemberg vom Oktober 1981.

96 Damit wurde es möglich, die Versammlungen auch werktags stattfinden zu lassen und Dienstbefreiung zu beantragen.

97 Protokoll der Mitgliederversammlung vom 10. Oktober 1986 in Marbach, S. 2.

eine Amtszeit von zwei Jahren wurden Friedrich Seck als Vorsitzender, Joachim-Felix Leonhard als Stellvertreter, Peter Michael Ehrle als Schriftführer und Peter Schleifenbaum als Kassenwart gewählt. Die Funktion des Wahlleiters übernahm Joachim Haubold.[98] Der Kassenbericht fiel erfreulich aus, da dem Kassenwart die Sanierung der Vereinskasse gelungen war. Die Schulden beim BBW und bei den eigenen Mitgliedern konnten restlos abgebaut werden. Dank hartnäckiger Mahnaktionen gelang es Schleifenbaum im Laufe der Zeit, die Beitragsrückstände säumiger VWB-Mitglieder bis auf eine Ausnahme vollständig einzutreiben[99] – und sogar die konnte 1984 ad acta gelegt werden. Besonders erfreulich für den Kassenwart waren die Spenden, mit denen zahlreiche Mitglieder dem Verein freiwillig unter die Arme griffen.

Mit diesem in jeder Hinsicht positiven Neuanfang wurde die Vereinsarbeit in Baden-Württemberg auf eine sichere Grundlage gestellt, die bis heute im wesentlichen unverändert gültig ist.[100] Der Landesverband Baden-Württemberg ist nicht nur einer der mitgliederstärksten, sondern verfügt mit rund 70% auch über einen sehr hohen Organisationsgrad. Die an wechselnden Orten stattfindenden Jahresversammlungen erfreuen sich eines unverändert lebhaften Zuspruchs, weil sie im Zusammenwirken von Bibliotheksbesichtigung, Mitgliederversammlung, Fortbildung, Informationsaustausch und Geselligkeit eine attraktive Mischung darstellen. Das erste Treffen dieser Art fand am 15. Oktober 1982 in der UB Freiburg statt, die jüngste, nunmehr 18. Jahresversammlung am 23. April 1999 in der UB Stuttgart.

98 Protokoll der Mitgliederversammlung vom 6. Februar 1982 in Stuttgart. Schleifenbaum übte das Amt des Kassenwarts bis 1998, also 21 Jahre lang aus. Haubold leitet noch heute die Wahlen.

99 Protokoll der Mitgliederversammlung vom 7. Oktober 1983 in Konstanz, S. 2.

100 Zur weiteren Entwicklung des Landesverbandes vgl. den Beitrag des Verf. in diesem Buch.

Geschichte der VDB-Landesverbände*

Baden-Württemberg

Als der VDB 1971 den Beschluß zur Regionalisierung faßte und die Möglichkeit zur Bildung von Landes- bzw. Regionalverbänden in seine Satzung einfügte,[1] existierte in Baden-Württemberg bereits eine Interessenvertretung des Höheren Bibliotheksdienstes, der Verband Wissenschaftlicher Bibliothekare (VWB).[2] Zu seiner Gründung im Jahre 1963 hatten zwei Faktoren wesentlich beigetragen: zum einen der weit verbreitete Unmut darüber, daß sich der VDB sehr viel stärker den Sachfragen des wissenschaftlichen Bibliothekswesens widmete als den Berufs- und Standesinteressen seiner Mitglieder,[3] zum anderen die Notwendigkeit einer Interessenvertretung gegenüber der Landesregierung und dem Kultusministerium bei allen in die Landeshoheit fallenden Kompetenzen einschließlich der Besoldung.[4] Um insbesondere die materiellen Belange seiner Mitglieder wirkungsvoll vertreten zu können, schloß sich der VWB dem Beamtenbund Baden-Württemberg als korporatives Mitglied an. Vorstand und Beirat, zusammengesetzt aus den Delegierten der Ortsgruppen, entfalteten vom Gründungstag an eine intensive Lobbyarbeit.

Dort, wo sie sich für eine höhere Besoldung, eine gerechtere Besoldungsstruktur, einen günstigeren Stellenschlüssel usw. einsetzten, hatten

* Leider erreichte die Herausgeber kein Bericht aus Hamburg, so daß dieser Landesverband in der Reihenfolge der Einzeldarstellungen fehlt.

1 Die Einfügung des neuen § 8a in die Satzung beschloß die Mitgliederversammlung am 4. Juni 1971 in Köln.

2 Dessen Geschichte ist in einem eigenen Beitrag dieser Festschrift ausführlich dargestellt.

3 Dieser Konflikt löste sich erst mit der endgültigen Übergabe der Sacharbeit an den DBV und die Arbeitsstelle für das Bibliothekswesen 1975.

4 Erst mit der Einfügung von Artikel 74 a in das Grundgesetz 1971 wurde die Besoldungskompetenz in die konkurrierende Gesetzgebung des Bundes überführt.

sie zwar keine schnellen, aber langfristig doch echte Erfolge aufzuweisen, da sie mit dem allgemeinen Trend im Öffentlichen Dienst konform gingen. Dort, wo es um die Verteidigung berufsständischer Positionen ging, etwa um den Erhalt des präsenzfreien Nachmittags als Gelegenheit zu eigener wissenschaftlicher Arbeit,[5] oder um die Promotion als Zulassungsvoraussetzung für die Laufbahn des Höheren Bibliotheksdienstes, war der Verein weit weniger erfolgreich.

So wenig die Entstehung regionaler Vereine des Höheren Bibliotheksdienstes den VDB unbeeindruckt ließ, so wenig ignorierte der VWB die Regionalisierungsbemühungen des VDB. Aus Sicht des VWB ließ jedoch die knappe Formulierung des Landesverbandsparagraphen in der VDB-Satzung so viele Fragen unbeantwortet, daß er sich nicht sofort zur Integration in den VDB entschließen konnte. Erst nachdem der entsprechende Paragraph erheblich erweitert worden war,[6] wobei vor allem die Wünsche und Formulierungsvorschläge aus Baden-Württemberg Berücksichtigung gefunden hatten, beantragte der VWB die Aufnahme in den VDB, als dessen Landesverband er seit 1. April 1974 fungierte.

Ende der 70er Jahre geriet der VWB in eine Führungs- und Finanzkrise, die einerseits in der Untätigkeit des Vorstands, andererseits in dem Desinteresse der Mitglieder seine Ursache hatte. Der bei weitem größte Teil des Mitgliedsbeitrags floß an den Beamtenbund, so daß für die eigentliche Vereinsarbeit wenig übrigblieb. Aufgrund der schlechten Zahlungsmoral vieler Mitglieder verschuldete sich der VWB gegenüber dem Beamtenbund und wurde schließlich aus diesem ausgeschlossen. Der Verein stand vor der Entscheidung, sich aufzulösen oder einen Neuanfang zu wagen. Während nur wenige Mitglieder für eine Weiterarbeit im bisherigen Sinne eintraten, stimmte die Mehrheit für die Umwandlung des VWB in einen reinen Landesverband des VDB unter Verzicht auf die Mitgliedschaft im Beamtenbund und die Erhebung eines eigenen Beitrags.[7] Die

5 Diese Episode ist beschrieben bei Ludger Syré: Der präsenzfreie Nachmittag: ein Beitrag zum Berufsbild des höheren Bibliotheksdienstes und zugleich zur Geschichte des VDB in Baden-Württemberg. - In: Bücher, Menschen und Kulturen: Festschrift für Hans-Peter Geh zum 65. Geburtstag. - München 1999, S. 119–124.

6 Die Erweiterung des § 8a beschloß die Mitgliederversammlung am 13. Juni 1973 in Hamburg.

7 Seitdem finanziert sich die Vereinsarbeit durch den Bundeszuschuß von 5 DM pro Mitglied und Jahr ein Ansatz, der übrigens seit 1971 unverändert geblieben ist!

Mitgliederversammlung im Februar 1982 gab dem Verein einen neuen Namen und eine neue Satzung und wurde damit zur Geburtsstunde des Landesverbandes in seiner heutigen Form. Er verfolgt nach § 2 seiner Satzung den Zweck, „in Baden-Württemberg den Zusammenhang unter den Bibliothekaren zu pflegen und ihre Berufsinteressen wahrzunehmen, dem Austausch und der Erweiterung ihrer Fachkenntnisse zu dienen und das wissenschaftliche Bibliothekswesen zu fördern.“[8]

Seitdem sich der VWB zum Landesverband des VDB erklärt hatte, mußten alle Mitglieder dieses Vereins auch VDB-Mitglieder sein. Umgekehrt brauchten jedoch nicht alle in Baden-Württemberg tätigen oder ansässigen VDB-Mitglieder dem VWB beizutreten. An dem Prinzip des freiwilligen Beitritts änderte sich auch 1982 zunächst nichts, obwohl durch den Wegfall des doppelten Mitgliedsbeitrags ein früheres Argument entfallen war. Erst die Mitgliederversammlung 1986 beschloß nach längerem Bemühen, dieses Prinzip aufzugeben. Da der Landesverband Baden-Württemberg weder einen eingetragenen noch einen nicht eingetragenen Verein, sondern lediglich die regionale Sektion des VDB darstellt, ist die automatische Mitgliedschaft nur konsequent.[9]

Die Umwandlung in einen reinen VDB-Landesverband 1982 war keineswegs nur ein formaler Akt. Mit ihr verband sich auch eine Neubestimmung der Vereinsarbeit, getragen von einer neuen Vereinsstruktur, die unverändert bis heute gültig ist. Der VWB war in lokalen Mitgliedergruppen organisiert gewesen, die jeweils ein Mitglied in den Beirat entsandten. Vorstand und Beirat bestimmten die Vereinsarbeit, die über weite Strecken Lobbytätigkeit gegenüber Regierung, Landtag und Ministerium war. Je mehr sich die Strukturen im Öffentlichen Dienst verfestigten, desto deutlicher rückten beamtenrechtliche, besoldungsrechtliche, hochschulrechtliche Fragen in den Hintergrund. An die Stelle der anfangs in Karlsruhe, später in Stuttgart alle zwei Jahre stattfinden VWB-Mitgliederversammlung, an der stets nur wenige Kollegen teilnahmen, weil sich die Stimmrechte praktisch un-

8 Seit 1995 verfügt der Landesverband über eine eigene Homepage. Dort finden sich neben aktuellen Informationen die Landesverbandssatzung, eine Übersicht über alle Jahresversammlungen und eine Liste aller Vorstände seit 1982. Seit 1990 gibt der Landesverband einmal im Jahr ein bescheidenes Mitteilungsblatt heraus.

9 So damals auch in Bremen, Hamburg und Niedersachsen, nicht jedoch in Hessen wegen der Mitgliedschaft im Deutschen Beamtenbund und nicht in Bayern wegen der Erhebung eines eigenen Mitgliedsbeitrags.

begrenzt delegieren ließen, trat nach 1982 die jährlich an einem anderen Ort tagende Mitgliederversammlung.[10] Durch Bibliotheksbesichtigungen und Fachvorträge wurde sie angereichert und konnte jetzt auch an Werktagen stattfinden, mit der Möglichkeit der Dienstbefreiung. Auch Nichtmitglieder waren willkommen.

Die Umwandlung führte auch zu einer Stärkung der Organisation. Im Oktober 1981 war der VWB auf 53 Personen (von einstmals gut 70) geschrumpft, da viele Mitglieder wegen der Krise des Vereins ausgetreten waren. Der Neuanfang motivierte zum Eintritt. Die Mitgliederzahl wuchs kontinuierlich und hat sich heute bei rund 180 eingependelt. Etwa 40 Personen befinden sich im Ruhestand oder sind nicht im Bibliotheksdienst tätig. Damit hat Baden-Württemberg innerhalb des VDB einen der mitgliederstärksten Landesverbände und kann mit rund 70% einen hohen Organisationsgrad vorweisen (aktiver Dienst).

Erster Vorsitzender des neuen Landesverbandes wurde 1982 Friedrich Seck (UB Tübingen), der das Amt zwei Jahre später an seinen Kollegen Peter Michael Ehrle weitergab. Mit Ingeborg Stoltzenburg (LB Stuttgart) wurde 1988 die erste Frau als Landesverbandsvorsitzende gewählt. Ihr folgte bereits ein Jahr später Hildegard Müller (Bibliothek für Zeitgeschichte in Stuttgart), die 1991 den Vorsitz an Ludger Syré (LB Karlsruhe) weitergab. Dieser leitete den Landesverband sieben Jahre. Seit 1998 ist Wilfried Sühl-Strohmenger (UB Freiburg) Vorsitzender.

Die Jahresversammlungen, die zur wichtigsten Vereinsaktivität geworden sind, ziehen jedes Jahr 70 bis 80 Mitglieder an.[11] Zu diesem Erfolg trägt sicherlich das richtige Konzept bei. Neben der Mitgliederversammlung, die auch bei anstehenden Wahlen meist kurz gehalten werden kann, besteht die Möglichkeit, durch Vorträge und Führungen die gastgebende Bibliothek kennenzulernen. Dem nicht gering zu achtenden Gesichtspunkt des informellen Informationsaustausches und des Kollegengesprächs wird durch gemeinsame Mittagessen und Abendbufetts Rechnung getragen. Seit 1987 besitzen die Jahresversammlungen den Charakter echter Fortbildungsveranstaltungen mit Referenten aus Baden-

10 Die Abstimmungsvollmachten wurden in der neuen Satzung (§ 6, 7) auf zwei begrenzt.

11 Über die Versammlungen wird stets ausführlich im Rundschreiben von VDB und VdDB berichtet.

Württemberg, aber auch aus anderen Bundesländern. Naturgemäß stehen aktuelle Entwicklungen, interessante Projekte und EDV-Vorhaben sowie Themen mit Bezug zur Fachreferatstätigkeit im Mittelpunkt. Neben die Jahresversammlungen treten Fortbildungstreffen und Besichtigungen von Bibliotheken und verwandten Einrichtungen. Von mehrtägigen Bibliotheksreisen hat der Vorstand bisher Abstand genommen.

War der frühere VWB mit dem VDB vor allem über die Mitarbeit in der Kommission für Berufsfragen eng verflochten, so ist der Landesverband seit der Regionalisierung des VDB turnusmäßig durch seinen Vorsitzenden im Vereinsausschuß vertreten und so an der Politik und der Arbeit des VDB beteiligt. Wichtige Entwicklungen und Entscheidungen von bundesweiter Bedeutung wurden auch auf Landesverbandsebene behandelt. Als Beispiel mag die Umfrage dienen, die der Vorstand 1986 unter den Mitgliedern als Reaktion auf den Vorschlag Helmut Sontags zur Konzentration der bibliothekarischen Verbandsarbeit[12] veranstaltete und deren Ergebnisse in die Stellungnahme des Vereinsausschusses mit einflossen.[13]

Die Verbundenheit mit den Personalvertretungen der übrigen Personalvereine war stets freundschaftlich geprägt durch gegenseitige Einladungen und Besuche. Die praktische Zusammenarbeit blieb jedoch begrenzt auf zwei gemeinsame Veranstaltungen zu den Themen „Ausstellungen" (1987)[14] und „Audiovisuelle Medien" (1990).[15] Beide Gelegenheiten zeigten die Schwierigkeit, Themen zu finden, welche die Angehörigen aller Laufbahnen und Sparten gleichermaßen ansprechen.[16] Auch die Kooperation mit dem DBV muß eher als bescheiden bezeichnet werden, was sich aber in Zukunft ändern könnte, nachdem auch Baden-Württemberg 1995 mit der Ausrichtung regionaler Bibliothekstage begonnen hat.

Schon lange fühlt sich der Landesverband hingegen den Kolleginnen und Kollegen in Rheinland-Pfalz und dem Saarland verpflichtet, wo es

12 Helmut Sontag: Vorschlag zur Konzentration bibliothekarischer Verbandsarbeit. - In: Bibliotheksdienst 19 (1985) S. 791–799.

13 Abgedruckt im Rundschreiben 1986/2, S. 7–8.

14 Bericht in Buch und Bibliothek 40 (1988) S. 69–71.

15 Bericht in Buch und Bibliothek 42 (1990) S. 919–920.

16 Eine Fortsetzung der Zusammenarbeit hat es auf dem 3. Baden-Württembergischen Bibliothekstag Ende 1999 in Mannheim gegeben mit einer gemeinsamen Fortbildungsveranstaltung der drei Personalvereine unter dem Titel „Marketing von bibliothekarischen Produkten und Dienstleistungen im Internet".

keine Landesverbände gibt. Da die pfälzischen und saarländischen Bibliotheken mit Baden-Württemberg eng verbunden sind (Leihverkehr, Zentralkatalog, Südwestverbund), wurde die Einladung zu den Jahresversammlungen zu einer Selbstverständlichkeit und stieß insbesondere bei grenznahen Tagungsorten auf Resonanz. Die rheinübergreifenden Kontakte mündeten schließlich am 23. April 1999 auf Beschluß der Mitgliederversammlung in die Bildung eines Regionalverbandes Südwest – Baden-Württemberg, Rheinland-Pfalz, Saarland.[17]

LUDGER SYRÉ

Bayern

Vor dem Hintergrund der aus finanziellen Gründen intendierten Ausgliederung bibliothekarischer Sachaufgaben, der verstärkten Hinwendung zu einer aktiveren Vertretung der berufsständischen Belange und des im Zusammenhang damit diskutierten Beitritts zum Deutschen Beamtenbund wurde Ende der 60er und zu Beginn der 70er Jahre die Regionalisierung des VDB zum Diskussionsthema.

Auf der Mitgliederversammlung während des Augsburger Bibliothekartages am 21. Mai 1970 forderten 28 Berliner Bibliothekare unter anderem eine regionale Gliederung des VDB.[18] Zu diesem Zeitpunkt bestanden eigenständige Regionalverbände seit mehreren Jahren in Baden-Württemberg[19] und seit kurzer Zeit auch in Bayern. Denn im Februar 1970 war als eigenständiger bibliothekarischer Verein die „Berufsvereinigung der wissenschaftlichen Bibliothekare in Bayern“ mit Sitz in der Bayerischen Staatsbibliothek München gegründet worden,[20] der Vorgängerverein des späteren VDB-Landesverbandes Bayern. Der erste Vorsitzende war Fritz Junginger

17 Den Zusammenschluß zu Regionalverbänden, die mehr als ein Bundesland umfassen, sieht § 8a, 2 der VDB-Satzung ausdrücklich vor. Die bisherige Satzung des Landesverbandes Baden-Württemberg wurde entsprechend angepaßt.

18 ZfBB 20 (1979) S. 322.

19 ZfBB 10 (1963) S. 322; vgl. auch die beiden Beiträge von Ludger Syré in dieser Festschrift.

20 Nach einer Zusammenstellung von Angelika Reich. Dafür ist ihr der Verfasser zu großem Dank verpflichtet, denn die Primärquellen aus der Anfangszeit des Landesverbandes sind sehr spärlich. Weiterhin dankt der Verfasser den Fritz Junginger, Helmut Bansa und Hans-Jürgen Schubert für wertvolle Hinweise zur Geschichte des Landesverbandes.

aus München; die weiteren Vorstandsmitglieder waren Bernhard Sinogowitz aus Erlangen und Eike Unger aus Regensburg. Als Kassenwart fungierte Harald Wendt aus München.[21] Für die zweite Amtsperiode ab Februar 1973 wurde Junginger als Vorsitzender bestätigt, als weitere Vorstandsmitglieder wurden Peter Schweigler (TUB München) und Eike Unger (UB Regensburg) zugewählt.[22] Die Gründe für den Zusammenschluß der bayerischen Bibliothekare des Höheren Dienstes zu einer gegenüber dem VDB eigenständigen Berufsvereinigung lagen sowohl in der Überzeugung, ein Landesverband könne die Interessen seiner Mitglieder gegenüber der Landesregierung besser vertreten, als auch in der Unzufriedenheit über die mangelnden berufspolitischen Aktivitäten des VDB, während man mit der bibliothekarischen Sacharbeit voll zufrieden war.

Die wichtigsten Anliegen des bayerischen Verbandes waren zunächst Fragen der Besoldung, der Anhebung von Stellen und der Verkürzung von Wartefristen. Zum Erreichen dieser berufsständischen Ziele boten sich die Mitgliedschaft in Gewerkschaften oder der Beitritt zum Deutschen Beamtenbund an, den der Verband der wissenschaftlichen Bibliothekare in Baden-Württemberg bereits vollzogen hatte. Schließlich wurde der Nutzen eines solchen Anschlusses für die bayerische Berufsvereinigung doch nicht so hoch bewertet, wenn auch die Diskussion darüber bis Ende der 70er Jahre andauerte. Unter dem Vorsitzenden Helmut Bansa wurde 1970 nochmals intensiv über einen Beitritt zum Bayerischen Beamtenbund diskutiert. Einem ansehnlichen Informationsgewinn im Falle eines Beitritts standen auf der Negativseite eine nur geringe Einflußmöglichkeit des Landesverbandes wegen seiner kleinen Mitgliederzahl und eine wesentliche Beitragserhöhung auf 24 DM im Jahr gegenüber.[23] Eine Mitgliederabstimmung des Landesverbandes ergab zwar eine Mehrheit von 56,5% für einen Beitritt zum Bayerischen Beamtenbund, die notwendige Zweidrittelmehrheit wurde aber deutlich verfehlt. Aus der Sicht des damaligen Vorsitzenden Bansa verzichtete der Landesverband damit auf eine ernsthafte Mitsprachemöglichkeit bei beamtenpolitischen Entwicklungen und beschränkte sich auf eine berufsständische Interessenvertretung gegenüber der Mittelbehörde (der Generaldirektion der Bayerischen Staatlichen Bi-

21 Jahrbuch der Deutschen Bibliotheken 44 (1971) S. 503.
22 BFB 1 (1973) S. 65 f.
23 Protokoll der Delegiertenversammlung vom 19. Mai 1976.

bliotheken) und auf Meinungsäußerungen vor der betroffenen Öffentlichkeit.[24] Nachdem der Beitritt zum Beamtenbund gescheitert war, ergab sich schließlich aus der Mitgliedschaft des VDB in der Arbeitsgemeinschaft der Verbände des Höheren Dienstes eine Informationsmöglichkeit über berufsständische Belange.

Ein weiterer Aspekt für die Gründung des bayerischen Regionalverbandes lag in der Modellstruktur der Universitätsneugründungen, die eine Möglichkeit eröffnete, dem wissenschaftlichen Bibliothekar im Höheren Dienst durch eine Neudefinition des Berufsbildes Akzeptanz und einen gewissen Freiraum gegenüber den Professoren zu verschaffen. So war es sicher kein Zufall, daß zum Zeitpunkt der Gründung des Regionalverbandes Bayern zwei Vorstandsmitglieder des VDB von der neugegründeten Universität Regensburg kamen, Max Pauer als Vorsitzender und Paul Niewalda als Schriftführer. Im Sinne der vorgenannten Intentionen hatte die Berufsvereinigung der wissenschaftlichen Bibliothekare in Bayern „eine Ämterbewertung für den Höheren Dienst an wissenschaftlichen Bibliotheken mit Besoldungsgruppe und Funktionsbeschreibung ausgearbeitet,“[25] die nicht nur auf Landesverbandsebene verfolgt wurde, sondern von Junginger auch auf der Mitgliederversammlung des VDB auf dem Bibliothekartag 1973 in Hamburg vorgestellt wurde. Analog zur besoldungsmäßigen Besserstellung der Hochschulprofessoren im damaligen Entwurf zum bayerischen Hochschullehrergesetz sollte auch eine Höherstufung der Bibliothekare erreicht werden. Begründet wurde dies mit der Organisationsänderung durch das integrierte Bibliothekssystem und die dadurch erhöhten Anforderungen und erweiterten Funktionen für die Bibliothekare aller Laufbahngruppen. Auch sollte die besoldungsmäßige Gleichstellung des Leiters einer Universitätsbibliothek mit einem Ordinarius erreicht werden. Für den Höheren Bibliotheksdienst verwies Junginger auf die hohen bayerischen Einstellungsvoraussetzungen und die lange Ausbildungszeit mit Staatsexamen und im Regelfall mit Promotion als Zulassungsvoraussetzung, sodann mit Bibliotheksausbildung und zweitem Staatsexamen.[26] Der Landtagsausschuß lehnte aber alle Verbesserungen im Besoldungsbereich A 13 bis A 16 ab und ver-

24 Schreiben zum Jahreswechsel an die Mitglieder von Helmut Bansa vom 12. Januar 1977.
25 BFB 1 (1973) S. 65.
26 Ebenda.

wies auf die Bundeskompetenz in diesem Bereich.[27] Die Konsequenz daraus war, daß man einen bundesweiten Dachverband benötigte, um sich Gehör zu verschaffen. Da traf es sich gut, daß sich der VDB verstärkt berufsständischen Problemen zuwandte und die Gründung von Regionalverbänden initiierte.

Die Bestrebungen zur regionalen Gliederung des VDB führten zur Ergänzung der Vereinssatzung (neuer § 8a), die bereits auf der Mitgliederversammlung 1971 in Köln intensiv diskutiert worden war, und zum Entwurf einer Mustersatzung für die Regionalverbände, die auf der Mitgliederversammlung 1972 in Mannheim vorgelegt wurde. Die regionalen Berufsverbände von Baden-Württemberg und Bayern wandten dagegen ein, die Möglichkeit zur Mitgliedschaft in anderen berufspolitischen Vereinen, die finanzielle Basis der Regionalverbände, ihr Aufgabengebiet und die Mitgestaltung der Politik des Gesamtverbandes blieben in dem Entwurf ungeklärt.[28] Daher wurde erst im darauffolgenden Jahr 1973 in Hamburg die überarbeitete Satzungsänderung und die Mustersatzung verabschiedet. Da die vorgebrachten Bedenken berücksichtigt und eine angemessene Vertretung der Landesverbände im Vereinsausschuß und in der Kommission für Berufsfragen sichergestellt war, betrachtete sich die Berufsvereinigung der wissenschaftlichen Bibliothekare Bayerns seit dieser Satzungsänderung als Landesverband des VDB.[29] Die neue Satzung des VDB-Landesverbandes Bayern vom 15. Oktober 1974 wurde mit 31 Stimmen bei 2 Gegenstimmen von den Mitgliedern bestätigt.[30] Nach Feststellung der Vereinbarkeit der Satzung mit der des VDB anerkannte dieser seinerseits den Landesverband als Regionalverband des VDB.[31]

Die Besonderheiten der bayerischen Landesverbandssatzung waren die Festlegung auf eine dreijährige Amtsperiode, die Erhebung eines eigenen Mitgliedsbeitrages für die besonderen Aufgaben des Landesverbands, die Zulässigkeit der Briefwahl für die Vorstandschaft und die Einrichtung einer Delegiertenversammlung, die aus den gewählten Vertretern einer jeden großen Wissenschaftlichen Bibliothek in Bayern (Quorum fünf Landesver-

27 BFB 2 (1974) S. 163 f.
28 ZfBB 19 (1972) S. 383 f.
29 ZfBB 21 (1974) S. 440.
30 BFB 2 (1974) S. 279.
31 ZfBB 22 (1975) S. 416; ebenso Rundschreiben 1975/3, S. 4.

bandsmitglieder) bestand. Nachdem an der VDB-Satzung die bayerischen Bestrebungen gescheitert waren, auch Nichtmitglieder des VDB in den neu konstituierten Landesverband aufzunehmen,[32] gestattete die Landesverbandssatzung im umgekehrten Fall keinen regional definierten Zugehörigkeitsautomatismus, der sich aus der VDB-Mitgliedschaft ergab, sondern forderte eine explizite Beitrittserklärung zum Landesverband Bayern. Der Mitgliedsbeitrag für den Landesverband wurde zunächst auf 8 DM festgesetzt. Als der VDB beschloß, die Landesverbandsarbeit mit 5 DM je Mitglied im Jahr zu unterstützen, wurde 1976 der Beitrag auf 5 DM gesenkt.[33]

Auf der Delegiertenkonferenz am 26. Februar 1975 legte Junginger nach fünfjähriger Tätigkeit sein Amt als Vorsitzender wegen persönlicher Arbeitsüberlastung nieder. Da auch der zweite Vorsitzende Schweigler aus ähnlichen Gründen aus dem Vorstand ausschied, mußte im April satzungsgemäß eine vorzeitige Neuwahl durchgeführt werden. Helmut Bansa (BSB München) wurde zum Vorsitzenden, Winfried Bothe (UB Regensburg) und Hermann Leskien (GHB Bamberg) wurden zu seinen Stellvertretern gewählt.[34] Die Briefwahl für die nächste Amtsperiode fand im Sommer 1978 statt. Die neue Vorstandschaft bildeten Ursula Blum-Klima (BSB München) als neue Vorsitzende und Otto Weippert (UB Augsburg) und Eike Unger (UB Regensburg) als stellvertretende Vorsitzende.[35]

Das wichtigste Thema der 70er Jahre war die Verbesserung der beruflichen Situation. Neben dem Streben nach einer neuen Ämterbewertung waren dies die Anhebung des Besoldungsgefüges (Eingangsamt A 14, Höhergruppierung der bibliothekarischen Spitzenämter), die Verkürzung der Wartezeiten bis zur Beförderung (vor allem nach A 14), eine Verbesserung des Stellenschlüssels und günstigere Arbeitszeitregelungen. Als sich Ende des Jahrzehnts zeigte, daß die berufspolitischen Hoffnungen weitgehend Illusion geblieben waren, richtete der Landesverband seine Aktivitäten auf die Erarbeitung bibliothekarischer Berufsbilder, was sich auch vor dem Hintergrund der Novellierung des Bayerischen Hochschulgesetzes anbot. Als Ergebnis einer mehrjährigen intensiven Diskussion legte der Landesverband Anfang 1979 eine detaillierte Beschreibung von „Stellung und Auf-

32 BFB 2 (1974) S. 164.
33 Protokoll der Delegiertenversammlung vom 16. Juni 1975.
34 BFB 3 (1975) S. 145.
35 BFB 6 (1978) S. 224.

gaben des Fachreferenten an den Bayerischen Hochschulbibliotheken" vor.[36] Im Anschluß daran diskutierte die Delegiertenversammlung am 20. März 1979 über die Funktion des Gruppenleiters als des Abteilungsleiters mehrerer Fachreferate. Die Eingruppierung des Gruppenleiters in A 15 war die einzige Forderung, bei der die Bestrebungen des Landesverbands in gewissem Ausmaß erfolgreich waren.

Die turnusgemäße Vorstandswahl vom Mai 1981 bestimmte zum neuen Vorsitzenden Hans-Jürgen Schubert (TUB München), seine Stellvertreter wurden Helga Unger (UB Bamberg) und Hrvoje Jurcic (UB Eichstätt). Zum neuen Kassenwart war Günter Heischmann bereits am 10. April 1981 von der Delegiertenversammlung gewählt worden. Die Vorstandschaft wurde im April 1984 in ihrem Amt bestätigt.

In den 80er Jahren vollzog sich ein Paradigmenwechsel in der Arbeit des Landesverbands. Bestand bisher noch Hoffnung auf berufspolitische Verbesserungen, so galt es nun, drohende Einschnitte und Kürzungen abzuwenden oder wenigstens Schlimmeres zu verhüten. Freiwerdende Stellen sollten nicht mehr besetzt werden, ein Stellenabbau auch im Bibliotheksbereich stand bevor, Rationalisierungsgewinne durch vermehrten EDV-Einsatz wurden eingefordert, fehlende Oberratsstellen führten zu einer Verschärfung der Beförderungsrichtlinien, gleichbedeutend mit drastischen Verlängerungen der Wartezeiten, statt der angestrebten Anhebung des Eingangsamtes (von A 13 nach A 14) kam 1984 für einige Jahre dessen Absenkung auf A 12. Der Landesverband machte im Rahmen seiner Möglichkeiten die verantwortlichen Stellen auf den Aufgabenzuwachs der Bibliotheken und den Personalmangel aufmerksam, forderte gleichartige Maßstäbe für alle bayerischen Bibliotheken bei der Personalbeurteilung und drängte auf neue Beförderungsrichtlinien.

Angesichts dieser Situation nimmt es nicht wunder, daß sich der Landesverband über seine zunächst rein berufsständische Orientierung hinaus mehr den Fortbildungsmaßnahmen für seine Mitglieder zuwandte, die man sich ursprünglich ganz von Generaldirektion und der ihr angeschlossenen Bibliotheksschule erwartet hatte. Da die ersten Fortbildungsveranstaltungen großes Interesse fanden, wurden sie künftig regelmäßig vom Landesverband durchgeführt. Die Veranstaltungen befaßten sich mit

36 BFB 7 (1979) S. 74 f.

den Themen Personalführung (1982), Personalrecht (1983), psychologisch richtiges Verhalten gegenüber Kollegen (1984), Auswirkungen der EDV auf die Tätigkeiten des höheren Bibliotheksdienstes in Bayern (1985), integrierter Geschäftsgang (1987), Sacherschließung und Bildschirmarbeit (1988), CD-ROM in Bibliotheken (1990), Mitarbeiterführung (1991), Erwerbungspolitik des Fachreferenten (1993), elektronische Bibliothek (1995), neue Managementmethoden (1997), integrierte Buchbearbeitung (1998) und elektronische Zeitschriften (1999).

Als Alternative zu den Vorträgen boten sich Bibliotheksfahrten an. Auf der ersten 1986 wurden der Neubau der Universitätsbibliothek Bamberg, die Ausstellung zur Michelsberger Buchmalerei in der Staatsbibliothek Bamberg und Schloß Pommersfelden besichtigt. Die zweite Bibliotheksfahrt 1995 führte nach Thüringen zu den Bibliotheken in Coburg, Gotha und Weimar, die dritte 1999 nach Tschechien (Pilsen, Prag, Kloster Tepl). Eine weitere Neuerung von großem praktischen Nutzen war 1982 die erstmalige Erstellung eines Telefonverzeichnisses für den Höheren Bibliothesdienst in Bayern, das in den folgenden Jahren immer wieder neu aufgelegt wurde. Einer Anregung des Vereinsausschusses des VDB zu engerer Zusammenarbeit mit den anderen bibliothekarischen Verbänden folgend, nahm erstmals 1987 die Vorsitzende des VdDB-Landesverbands Bayern an der Delegiertenversammlung des Landesverbandes teil. Auch die Fortbildungsveranstaltungen sollten den Mitgliedern beider Landesverbände offenstehen.

Aus den Vorstandswahlen im Mai 1987 ging Angelika Reich (UB Regensburg) als neue Vorsitzende hervor; als ihre Stellvertreter wurden Otto Weippert (UB Augsburg) und Philipp Pirler (BSB München) gewählt. In der darauf folgenden Amtsperiode übernahm Pirler den Vorsitz des Landesverbandes, sein Vertreter wurde Harald Rehm (UB Bayreuth). Ein zweiter Stellvertreter stand nicht zur Wahl. Das Amt des Kassenwarts übernahm Herr Leo Matschkal (TUB München). Die gemeinsamen Aktivitäten von VdDB und VDB auf Landesebene führten zu gemeinsamen Fortbildungsveranstaltungen (1987 und 1990) und zu einer gemeinsamen Petition an den Bayerischen Landtag (September 1987), in der auf die ungünstige Beförderungssituation speziell für das erste Beförderungsamt im Bibliotheksdienst hingewiesen und eine Gleichbehandlung in beiden Laufbahnen mit den bayerischen Staatsbeamten an anderen Behörden verlangt wurde. Die Antwort schließlich ließ keinen Raum für berufspolitische Hoffnungen, da der

Altersaufbau und die Personalstruktur des Bibliotheksdienstes ebenso wie die finanzielle Unmöglichkeit einer Stellenmehrung hinzunehmen seien. Ein gewisser Erfolg war der neu gewählten Vorstandschaft des Landesverbands in der zweiten Jahreshälfte 1990 beschieden, als man die Mühe auf sich nahm, auf breiter Basis im politischen Raum gegenüber den Mitgliedern der Staatsregierung und den im Landtag vertretenen Parteien die berufsständischen Interessen zu vertreten. Wenigstens die Leitung der Bibliothek der FH München wurde zu einem Amt des Höheren Dienstes aufgewertet.

Bei den Vorstandswahlen im Juni 1992 wurde Werner Schopper (UB Bamberg) zum neuen Landesverbandsvorsitzenden gewählt. Erster Stellvertreter wurde Philipp Pirler (BSB München), zweiter Stellvertreter Harald Rehm (UB Bayreuth).

Im selben Jahr überprüfte im Auftrag der VDB-Vereinsführung die Rechtskommission die von Winold Vogt 1974 ausgearbeitete Satzung des bayerischen Landesverbands. Sie kam zu dem Ergebnis, daß die Satzung des Landesverbandes mit der des VDB nicht vereinbar sei. Vor allem das Delegiertensystem und die satzungsgemäß nicht vorgesehene Mitgliederversammlung als unabdingbares Forum der Meinungsbildung wurden bemängelt. Ziel der Verhandlungsführung des Landesverbands war, die im Flächenstaat Bayern bewährte Institution der Delegierten in einer modifizierten Form auch in der neuen Satzung zu erhalten. Nach mehreren Entwürfen wurde die neue Satzung in der Fassung von 4. Oktober 1994 von der Rechtskommission geprüft und vom Vereinsausschuß des VDB am 27. Oktober 1994 in Göttingen bestätigt. In schriftlicher Abstimmung am 20. März 1995 wurde sie von den bayerischen Landesverbandsmitgliedern mit 53 Stimmen bei einer Gegenstimme angenommen.[37]

Die konstituierende Mitgliederversammlung in Germering am 20. Oktober 1995 beschloß, die Vorstandswahlen nicht wie früher als Briefwahl, sondern auf der jeweiligen Mitgliederversammlung durchzuführen, bestätigte einstimmig die amtierende Vorstandschaft für ein weiteres Jahr und setzte für die Mitgliederversammlung auf dem Bibliothekartag 1996 in Erlangen Neuwahlen an. Werner Schopper wurde als Vorsitzender wiedergewählt, zu Stellvertretern wurden Cornelia Jahn (BSB München) und Hvroje Jurcic (UB Eichstätt) bestimmt.

37 Rundschreiben 1995/3, S. 4.

Neben der Erfüllung der mehrfach geschilderten berufspolitischen Aufgaben war der Landesverband bestrebt, das neue Medium Internet rasch als neues Darstellungsforum für die Verbandsarbeit zu nutzen. Bereits am 18. März 1996 richtete der Landesverband Bayern als erster überhaupt auf dem Server der Universität Bamberg eigene WWW-Seiten ein und stellte sie für die Anfangszeit auch für alle Informationen über den VDB zur Verfügung. Auch das Telefonverzeichnis des Höheren Dienstes in Bayern wurde jetzt einschließlich der E-Mail-Adressen im Internet veröffentlicht.

Die bundesweiten intensiven Bemühungen um einen gemeinsamen Personalverband führten in den Jahren 1993 und 1994 zu mehreren gemeinsamen Treffen der Beiräte der bibliothekarischen Berufsverbände in Bayern.[38] Diese Begegnungen dienten zunächst dem gegenseitigen Informationsaustausch.

Das wichtigste und bleibende Ergebnis der gemeinsamen Diskussion war der Beschluß, den bayerischen Bibliothekstag, der zuvor allein vom Bayerischen Bibliotheksverband (BBV) und dem Verein der Bibliothekare an öffentlichen Bibliotheken (VBB) veranstaltet wurde, in Zukunft für alle Bibliothekssparten und für alle bibliothekarischen Personalverbände in Bayern zu öffnen. Der erste gemeinsame bayerische Bibliothekstag wurde 1995 in Germering[39] durchgeführt und fand seine Fortsetzung 1997 in Würzburg und 1999 in Landshut.

WERNER SCHOPPER

Bremen

Rückschauend wissen wir, daß es ihn de jure wohl nie gegeben hat, den Landesverband Bremen des Vereins Deutscher Bibliothekare, es fehlte nicht nur das e. V., es fehlte offenbar eine förmlich beschlossene und vom Vereinsausschuß genehmigte Satzung.

Faktisch gelebt hat er trotzdem, der Bremer Landesverband, und hat dabei einige Jahre hindurch aus seinen Reihen im VDB-Vorstand einen Kassenwart, einen stellvertretenden Vorsitzenden und im Vereinsausschuß

38 Der Text einer gemeinsamen Erklärung ist abgedruckt in: Rundschreiben 1993/4, S. 11 f.

39 Bericht über den bayerischen Bibliothekstag in Germering. - In: Rundschreiben 1995/4, S. 10 f.

drei Beisitzer gestellt.[40] Gleichwohl, sein Leben war von nur kurzer Weile.

Man schreibt das Jahr 1971. Als kleinstes Bundesland hatte auch Bremen jetzt eine Universität, die in diesem Jahr ihren Lehrbetrieb aufnahm und eine aus der Staatsbibliothek Bremen hervorgegange Bibliothek, die mit mehrjärigem Vorlauf seit 1966 universitäre Literaturversorgung betrieb. Neidvoll[41] registrierte man im Kollegenkreis, daß die Bibliothek personell sehr gut ausgestattet war: Mit anfangs über 30 MitarbeiterInnen allein des Höheren Dienstes[42] lag sie an der Spitze aller bundesdeutschen Universitätsbibliotheken. Man schreibt das Jahr 1971. In Köln diskutierte die Mitgliederversammlung des VDB über „die Möglichkeit der Gliederung des VDB in regionale Sektionen" und beschloß, einen neuen § 8a in die Vereinssatzung einzufügen: „Zur Wahrnehmung der Vereinsaufgaben auf Landes- bzw. Regionalebene können sich die Mitglieder des Vereins in Landes- bzw. Regionalverbänden des VDB zusammenschließen."[43]

Die Bremer Kollegen gehörten zu den ersten. Noch im gleichen Jahr konstituierte sich am 26. November 1971 unter Bezugnahme auf eben diesen § 8a der Landesverband Bremen im VDB. 17 Mitglieder zählte der Verein am Tag seiner Gründung. Erster Vorsitzender war Hans Wagner, die Stellvertretung übernahm als zweite Vorsitzende Helga Missol.[44]

Auch eine Satzung lag bereits vor: Es handelte sich um die von der Kommisson für Rechtsfragen für die neuen Landesverbände formulierte Mustersatzung. Sie galt nach dem Willen der Vereinsgründer „bis zur Verabschiedung einer endgültigen Satzung, die nach dem Bibliothekar-

40 Kassenwart: Hans-Thomas Hansel, 1981–1985; stellvertretender Vorsitzender: Hermann Havekost, 1971–1981 (Mitglied im LV Bremen bis 1974); Beisitzer: Gerhard Kissel, Hans-Thomas Hansel, Jürgen Babendreier.

41 Vgl. Hartwig Lohse: Universität Bremen - Bibliothek. Jahresbericht 1975 (Rezension). - In: Verband der Bibliotheken des Landes Nordrhein-Westfalen. Mitteilungsblatt. N.F. 27 (1977) S. 212–214, hier S. 214. Lohse spricht von einem „exorbitant hohen Personalbestand".

42 Für das Berichtsjahr 1971 zählt man 27, für das Berichtsjahr 1973 immerhin 36 MitarbeiterInnen des Wissenschaftlichen Dienstes. Vgl. Jahrbuch der Deutschen Bibliotheken 44 (1971) S. 58 und 45 (1973) S. 60.

43 Verein Deutscher Bibliothekare e. V. Bericht über die 23. ordentliche Mitgliederversammlung am 4. Juni 1971 in Köln. - In: ZfBB 18 (1971) S. 304–310, hier S. 307. Abdruck dieser „alten" Formulierung des § 8a in: Jahrbuch der Deutschen Bibliotheken 44 (1971) S. 492.

44 Vgl. die entsprechende Mitteilung in: Bibliotheksdienst 6 (1972) S. 15.

tag erfolgen soll."[45] Im Mai 1972 auf der Mitgliederversammlung des 62. Bibliothekartages in Mannheim wurde über diese Mustersatzung heftig diskutiert. Obwohl die Vertreter Bremens und Niedersachsens dringend dafür plädierten, „die Mustersatzung in der vorliegenden oder einer ähnlichen Form zu billigen, weil ihre Regionalverbände sich bereits ganz nach ihr ausgerichtet hätten,"[46] wurde sie dort nicht beschlossen und fand nicht einmal als Empfehlung eine Mehrheit.[47]

Auch der 1971 in Köln in die Vereinsatzung neu eingefügte § 8a, der Anstoß und Erlaubnis für die Gründung des Bremer Landesverbands gegeben hatte, war in der Folgezeit lebhaften Änderungswünschen ausgesetzt und erhielt erst zwei Jahre später seine noch heute gültige Form.[48]

Für den Interpreten, der die offiziellen Vereinsmitteilungen dieser Zeit liest und vergleichend in den anderthalb Leitzordnern blättert, welche die Vereinsdokumente des Bremer Landesverbands enthalten, wird sehr schnell deutlich, daß man vor Ort diese Satzungsdiskussionen nicht rezipiert hat,[49] ihnen für sich selbst kein Gewicht und keine Bedeutung beizumessen wußte, sie ausblendete und, fatal genug, darüber vergaß, förmlich über eine eigene Satzung zu beschließen, die, anders noch als im „alten" § 8a, unter dem man einst angetreten war, erst in Kraft treten konnte, „sobald der Vereinsausschuß die Vereinbarkeit beider Satzungen festgestellt" hatte (§ 8a, Abs. 6). De jure war der Landesverband Bremen also nach vorhandener Aktenlage wirklich nie existent. Dem Ende 1994 unternommenen Versuch, den Mangel zu heilen und in einer Versammlung anwesender VDB-Mitglieder eine den formalen Erfordernissen genügende Satzung zu beschließen, war kein Erfolg beschieden. „Die Wort-

45 Schreiben des LV an den VDB-Vorsitzenden vom 17. Mai 1972.

46 Verein Deutscher Bibliothekare e. V. Bericht über die 24. ordentliche Mitgliederversammlung am 25. Mai 1972 in Mannheim. In: ZfBB 19 (1972) S. 380–387, hier S. 384.

47 Vgl. Rundschreiben 1972/3, S. 4.

48 Aus der Vereinsarbeit. Die 25. Mitgliederversammlung des VDB am 13. Juni 1973 in Hamburg. - In: ZfBB 20 (1973) S. 409–412, hier S. 409. Zur Genese und Ausformulierung des geänderten § 8a vgl. Rundschreiben 1972/4, S. 2.

49 Diese Tatsache ist umso erstaunlicher, wenn man liest, daß es Hermann Havekost, selbst Jurist, Landesverbandsmitglied und von 1973 bis 1974 Vorsitzender des LV Bremen, gewesen ist, der 1973 in Hamburg der Mitgliederversammlung „die durch die Integrierung der Regionalverbände notwendig gewordene Satzungsänderung" erläutert. Vgl. ZfBB 20 (1973) S. 409.

beiträge der Anwesenden lassen sich dahingehend zusammenfassen, daß der Fortbestand eines Landesverbandes Bremen im VDB im Hinblick auf seine geringe Größe, seine engen personellen Ressourcen und des sich daraus ergebenden schmalen Aktionsradius bzw. Aktivitätenspektrums für nicht zweckmäßig erachtet wird. Vielmehr wird ein Anschluß der Bremer VDB-Kollegen an den Landesverband Niersachsen favorisiert."[50] Der Gründungselan der 70er Jahre war in den 90ern verweht.

Im Laufe seiner gut zwanzig aktiven Jahre hatte der Verein sechs[51] Vorsitzende und zählte im Durchschnitt fünfundzwanzig Mitglieder, hielt regelmäßig Mitgliederversammlungen ab, organisierte einmal im Jahr, oft zusammen mit den VdDB-KollegInnen, eine der beruflichen Fortbildung dienende Tagesexkursion,[52] diskutierte über Besoldungs- und Tariffragen, Dienstpostenbewertung von Fachreferenten, einen gemeinsamen Dachverband, die korporationsrechtliche Zuordnung des Höheren Dienstes zur Statusgruppe der Wissenschaftlichen Mitarbeiter und zögerte, wenn um einen gemeinsamen Personalverband gerungen wurde.

In Bremen gab es zum Zeitpunkt der Gründung des Landesverbands nur eine einzige wissenschaftliche Institution, die Bibliothekare des Höheren Dienstes beschäftigte. Der regionale Berufsverband rekrutierte seine Mitglieder mithin aus dem Bibliothekspersonal der einzigen Bibliothek am Orte. Standespolitische Aktivitäten des Landesverbands waren

50 Niederschrift der Mitgliederversammlung des VDB-LV Bremen am 30. November 1994. Vgl. VDB-Landesverband Bremen. Jahresbericht 1994. - In: Rundschreiben 1995/3, S. 5.

51 Hans Wagner 1971–1973; Herrmann Havekost 1973–1974; Gerhard Kissel 1976–1979; Hans-Thomas Hansel 1979–1985; Jürgen Babendreier 1985–1994. 1975 ist der Landesverband nicht aktiv, vermutlich aufgrund des Wechsels des LV-Vorsitzenden Hermann Havekost zum BIS Oldenburg im Jahre 1974. Ein Jahr später wird der Landesverband reaktiviert und Gerhard Kissel zum Vorsitzenden gewählt. Vgl. Protokoll der ordentlichen Mitgliederversammlung am 17. Mai 1976 vom 18. Mai 1976.

52 Es war politischer Druck und ein dienstliche und verbandsbezogene Funktionen nicht trennendes Leitungsproblem, das ein einziges Mal (1984) dazu führte, den Mitgliedern des Landesverbands die Dienstbefreiung für eine Fortbildungsreise (nach Göttingen) mit der Begründung zu verweigern, daß die Häufigkeit früherer Dienstbefreiungen für Informationsreisen „offensichtlich bereits in Mann-Jahren" gezählt werden könne und „diese Aktivitäten die von Senat und Bürgerschaft beschlossenen Stelleneinsparungen zumindest erleichtert" haben. (Schreiben des Kanzlers der Universität Bremen an Prof. Hans-Albrecht Koch vom 7. Mai 1984). Am 24. Mai 1984 nahmen etliche LV-Mitglieder Urlaub. Sie fuhren nach Göttingen.

deshalb häufig auch institutionsgebunden und trugen einen stark lokalspezifischen Akzent, Berufspolitik und Hausbibliothekspolitik blieben zwangsläufig eng ineinander verwoben.

So gab es eine sieben Jahre (1972–1979) anhaltende Diskussion über den trotz großzügiger Ausstattung mit Stellen des Höheren Dienstes vergleichsweise schlechten, kaum Beförderungsstellen ausweisenden Stellenkegel des Hauses, zurückzuführen auf die besondere, von Rolf Kluth mit Bibliotheksgründung eingeführte interne Organisationsstruktur, mit der die Leitung des gesamten Bibliotheks*betriebes* dem gehobenen Dienst übertragen worden war.[53] Damit entfielen traditionelle, sich aus der Wahrnehmung von Verwaltungsaufgaben legitimierende Beförderungspositionen für den Höheren Dienst.

So trat am 17. September 1979 Gerhard Kissel, Vorsitzender des Landesverbandes Bremen, zugleich amtierender Direktor der Universitätsbibliothek, abrupt von seinem Amte des Vorsitzenden zurück, weil, wie er in seiner zweiseitigen Begründung schreibt, „ich im Augenblick keine ausreichende Vertrauensbasis mehr zwischen mir und den Vereinsmitgliedern“ sehe, aber auch und gleichzeitig, weil „wiederholt gesagt worden (ist), daß die Direktion ihr Vertrauen bei der Belegschaft verspielt habe.“[54] Arbeit und Funktion des Landesverbandsvorsitzenden sind in Bremen vielleicht mehr als in Flächenstaaten mit denen seiner dienstrechtlichen Stellung unlösbar verwoben, zumal in exponierter Stellung.

Mitte der 80er Jahre erschwerte die enge Einbindung der Vereinsmitglieder in die Linienhierarchie einer einzigen Institution die Vereinsarbeit in ganz besonderem Maße: Die Bibliotheksleitung stand unter hohem politischen Druck. Es galt, die senatsseitig beschlossene Reduktion der Personal- und Stellenausstattung um knapp ein Viertel (= 50 Stellen) auf 150 Planstellen umzusetzen und der gesamten Mitarbeiterschaft eine neue Organisationsstruktur zu verordnen.[55] Ein solches Unterfangen birgt notwendige und unausweichliche Konflikte in sich, in deren unmittelbarer

53 Vgl. Wolfgang Budach: Struktur und Organisation des Bibliothekssystems der Bremer Universität. - In: DFW. Dokumentation. Information 25 (1977) (Sonderheft) S. 33–42, hier S. 37.

54 Schreiben von Gerhard Kissel an die Mitglieder des VDB Landesverbandes Bremen vom 18. September 1979, S. 1.

55 Vgl. Hans-Albrecht Koch: Gesetz zur Änderung des Bremischen Hochschulgesetzes vom 4. Februar 1986. - In: ZfBB 33 (1986) S. 192–195, hier S. 192.

Folge zum Beispiel Vereinsmitglieder, unter ihnen der Landesverbandsvorsitzende, im Vorgriff auf noch nicht umgesetzte personelle Maßnahmen aus dem Bibliotheksteil des VDB-Jahrbuchs[56] spurlos getilgt wurden. Der VDB-Vorsitzende protestierte,[57] Hans-Thomas Hansel verzichtete auf eine erneute Kandidatur als Landesverbandsvorsitzender. Sein VDB-Vorstandsamt als Kassenwart übernahm Johannes Marbach.

Vereinsalltag und Vereinsaktivitäten blieben ohne Darstellung und Bericht nach außen. Der bibliothekarischen Welt blieb, was immer im Landesverband Bremen sich auch tun mochte, unbekannt. „Der Vorstand des VDB bittet die Landesverbände, ihn über allgemein interessierende Aktivitäten zu unterrichten und ihm regelmäßig die Niederschriften der Mitgliederversammlungen zuzusenden."[58] Dieser Appell wurde nicht erhört. Der Bremer Landesverband blieb in sich gekehrt, er blieb schriftlos und merkwürdig stumm. Der Höhere Dienst hat sich nicht mitgeteilt, er hat aus regionaler Sicht verbands-, bibliotheks- und berufspolitisch wenig zu sagen gewußt und gewollt,[59] mit jener Ausnahme, von der im folgenden zu berichten ist.

Wenn auch der Alltag dominierte, so gab es in der Geschichte des Landesverbands doch zwei Ereignissse, die über den lokalen Horizont hinaus Wirkung entfalteten und denen ein überregionales Echo zuteil wurde.

In der Pfingstwoche vom 31. Mai bis 4. Juni 1977 fand in Bremen der 67. Deutsche Bibliothekartag statt. Dessen Vorbereitung, Planung, Organisation und Durchführung lag federführend bei dem aus VdDB- und VDB-

56 Jahrbuch der Deutschen Bibliotheken 51 (1985) S. 68: Es fehlen im Bibliotheksteil sieben MitarbeiterInnen des Höheren Dienstes, die bei Redaktionsschluß und zum Teil auch noch bei Erscheinen des Jahrbuchs 51 (1985) in der SUB Bremen tätig und im Personalteil entsprechend als solche aufgeführt waren.

57 Schreiben des VDB-Vorsitzenden an den Leitenden Bibliotheksdirektor der SUB Bremen vom 25. Oktober 1985. In der Mitgliederversammlung des LV vom 13. November 1985 wurden Vorgang und Schriftwechsel diskutiert. Zum neuen LV-Vorsitzenden wurde Jürgen Babendreier gewählt.

58 Verein Deutscher Bibliothekare. Bericht über die 34. ordentliche Mitgliederversammlung am 3. Juni 1982 in der Technischen Hochschule Darmstadt. - In: ZfBB 29 (1982) S. 412–430, hier S. 415.

59 In der Rubrik „Aus den Landesverbänden" des Rundschreibens gibt es nur einmal einen Bericht aus dem LV Bremen. Silke Huesmann: LV Bremen: ... durch die Finger geschaut. Ein Besuch in der neuen Staats- und Universitätsbibliothek Göttingen im September 1993. - In: Rundschreiben 1994/1, S. 3 f.

Landesverbandsmitgliedern bestehenden Ortskomitee,[60] das in der Programmgestaltung und -information neue Wege beschritt: Bereits vor Versand der offiziellen Einladungen wurde im Rundschreiben ein vorläufiges Programm abgedruckt, um Interessierten die Möglichkeit zu geben, rechtzeitig zu disponieren.[61] Dem gleichen Ziel diente das erstmals auf diesem Bibliothekartag praktizierte Verfahren, die zu haltenden und gehaltenen Vorträge als Preprint noch während der Tagung zu drucken und zu vervielfältigen.[62] Und schließlich war „eine neuartige Erfahrung auf diesem Bibliothekartag die große Zahl von Parallelveranstaltungen. Auf diese Weise konnte ein sehr reichhaltiges Programm bewältigt werden."[63]

Die von den VereinskollegInnen 1977 getroffenen Weichenstellungen haben sichtbar und nachprüfbar die Tagungsorganisation späterer Bibliothekartage geprägt.

Den Bremer Bibliothekartag bestimmten aber nicht nur technisch-organisatorische Aspekte eines möglichst reibungslosen Programmablaufs. Angeführt von ihrem Vorsitzenden, Gerhard Kissel, brachte der Landesverband ein Thema aufs Tapet, mit dem sich zu befassen von manchen gewiß gerne vermieden worden wäre. Der VDB-Vorstand zumindest schien zeitweise *not amused*.[64] Durch das 14. Strafrechtsänderungsgesetz[65] waren mit den §§ 88a und 130a StGB Straftatbestände geschaffen worden, welche die Verbreitung der Befürwortung und der Anleitung von verfassungsfeindlichen Straftaten unter Strafe stellten.

„Diese Paragraphen sollen unter Androhung strafrechtlicher Verfolgung die offene demokratische Auseinandersetzung mit oppositionellen Meinungen verhindern. Sie stellen damit einen schweren Angriff auf die politische Meinungsfreiheit dar. Jeder Bibliothekar sollte sich daher aufgerufen füh-

60 Vgl. Rundschreiben 1977/3, S. 1: „Der Vorsitzende spricht ... den Kollegen des Ortskomitees ... den Dank des Vereinsausschusses aus".

61 Vgl. Rundschreiben 1977/1, S. 1 f und Bibliotheksdienst 11 (1977) S. 175–182.

62 Vgl. Rundschreiben 1977/2, S. 2: „Prepaper der Vorträge des Bibliothekartages. ... Der erste Versuch wird auf dem Bibliothekartag 1977 mit dieser Form der Information gemacht". In Form von Abstract-Broschüren gehört dieses Verfahren der Vorabinformation heute zu den etablierten Teilen bibliothekarischer Kongreßorganisation.

63 Aus der Vereinsarbeit. 67. Deutscher Bibliothekartag in Bremen. - In: ZfBB 24 (1977) S. 531–534 hier S. 534.

64 Vgl. die Quellenangaben in Anm. 71.

65 Bundesgesetzblatt, Teil I, Jg. 1976, S. 1956 f.

len, dieser gefährlichen politischen Entwicklung in der Bundesrepublik entschieden entgegenzutreten."[66]

Dieser Resolutionsentwurf lag der 29. Mitgliederversammlung als Beschlußantrag des LV Bremen vor. Die Resolution wurde nicht verabschiedet, der Sachverhalt an die Kommission für Rechtsfragen verwiesen, die auf der nächsten Mitgliederversammlung in Stuttgart zu berichten hatte.[67] Die Rechtskommission kam zu dem Ergebnis, daß „Bibliothekare an wissenschaftlichen Bibliotheken ... eine strafrechtliche Verfolgung bei normaler bibliothekarischer Tätigkeit nicht zu befürchten" brauchen. Ebenso entfielen „damit die juristischen Gründe für eine sogenannte ‚Selbstzensur', deren psychologische und gesellschaftspolitische Begründung allerdings verständlich erscheint."[68] Die Mitgliederversammlung war's zufrieden und wünschte keine weiteren Ausführungen, wohl aber der Landesverband Bremen. Er insistierte, sah die fachliche Unabhängigkeit der Bibliothekare gefährdet, ließ nicht locker und präsentierte eine als Diskussionsgrundlage gedachte Dokumentation[69] mit Beispielen staatlicher Eingriffe in die Meinungsfreiheit. Die Mitgliederversammlung war sichtlich gespalten: Mit 77 zu 76 Stimmen wurde schließlich einem Antrag zugestimmt, eine VDB-Arbeitsgruppe einzurichten, die Fälle etwaiger Behinderungen der Informationsfreiheit auf ihre Relevanz für das wissenschaftliche Bibliothekswesen untersuchen sollte.[70] Der Vorsitzende des Bremer Landesverbandes, Gerhard Kissel, war Mitglied der Arbeitsgruppe. Die Arbeitsgruppe las (!) ein Jahr später der Mitgliederversammlung die Zusammenfassung ihres Berichts vor, verteilte ihn aber nicht und wollte von dessen Veröffentlichung

66 Resolutionsentwurf der Initiative „Aktionseinheit gegen politische Disziplinierung und Berufsverbote an der Universität Bremen".

67 Verein Deutscher Bibliothekare e. V. Bericht über die 29. ordentliche Mitgliederversammlung am 2. Juni 1977 in Bremen. - In: ZfBB 24 (1977) S. 535–550, hier S. 548 f.

68 Rundschreiben 1978/1, S. 5. Aufgrund der Sozialadäquanzklausel des § 86 Abs. 3 StGB falle bibliothekarisches Verbreitungshandeln in der Regel nicht unter die in den §§ 88a und 130a genannten Straftatbestände.

69 Vgl. Rundschreiben 1978/1, S. 6–9. Vgl. Tage der offenen Tür. Beschlagnahmte Bücher, die man sonst nicht findet. - In: Buch und Bibliothek 29 (1977) S. 773–777 und Martin Walsdorff, Karl Heinz Ladeur: „Wir verfolgen aufmerksam und bereit ...". Dokumentation im Anschluß an die Diskussionsgrundlage zur Vorbereitung des Bibliothekskongresses 1978 in Stuttgart. - Bremen 1978.

70 Verein Deutscher Bibliothekare. Bericht über die 30. ordentliche Mitgliederversammlung am 18. Mai 1978 in Stuttgart. - In: ZfBB 25 (1978) S. 510–524, hier S. 523.

absehen, um, wie Gerhard Kissel ausführte, die Exekutive nicht darauf aufmerksam zu machen, daß „die Praxis in den wissenschaftlichen Bibliotheken ... liberaler [sei] als die Rechtsabsicht."[71]

„Zensur und Selbstzensur" hatte ursprünglich, wenn auch vergeblich eine Gruppe von Bibliothekaren als Motto des Stuttgarter Bibliothekskongresses vorgeschlagen.[72] Ein Jahr später demonstriert die in Berlin mit gesellschaftspolitischen und psychologischen Gründen geführte Diskussion Selbstzensur des VDB am eigenen Leibe. Das Schnippen der Schere im Kopf gerade auch des Bremer Landesverbandes und seines Vorsitzenden, der zwei Jahre zuvor die Zensurdiskussion mit Vehemenz in die Mitgliederversammlung getragen hatte, war nicht zu überhören, ein ausgerechnet in Bremen im Januar 1979 anhängiger Fall staatlichen Zensurversuches durch Beschlagnahme eines Buches der UB nach § 88a StGB nicht zu übersehen.[73]

Im November 1979 wechselte der Vorsitz im Landesverband. Es kehrte wieder Alltag ein. Die Diskussion über Verbreitungsverbote und Zensur verstummte.

Über die kurze Weile der Geschichte des VDB-Landesverbandes Bremen ist alles gesagt. Rückblickend gesehen war es wie im wirklichen Leben: langweilig bisweilen der Alltag, kurzweilig die bibliothekarischen Festtage zu Pfingsten.

JÜRGEN BABENDREIER

71 Verein Deutscher Bibliothekare. Bericht über die 31. ordentliche Mitgliederversammlung am 8. Juni 1979 in Berlin. - In: ZfBB 26 (1979) S. 417–437, hier S. 436. Letztendlich beschloß die Mitgliederversammlung die Veröffentlichung der zusammenfassenden Ergebnisse des Berichts der Arbeitsgruppe. Vgl. ebenda S. 434–436 und Bibliotheksdienst 13 (1979) S. 429–430.

72 Vgl. Rundschreiben 1978/3, S. 5. Volker Hage: Büchereien unter Druck? Zensurdiskussion beim Stuttgarter Bibliothekskongreß 1978. - In: Frankfurter Allgemeine Zeitung vom 22. Mai 1978, S. 23. Der VDB-Vorstand negierte in seiner Stuttgarter Pressekonferenz jegliche Existenz von Zensur. Vgl.: Wie man den Unmut steuert. Der Bibliothekskongreß handelt doch noch von Zensur. - In: Stuttgarter Zeitung vom 22. Mai 1978, S. 12. – Die auf dem Bibliothekskongreß geführte Podiumsdiskussion mit den Referaten von Engelbert Plassmann und Johannes Krogoll ist im Tagungsband „Bibliotheken als Informationsvermittler: Probleme und Modelle" - Frankfurt a. M. 1979 (ZfBB Sonderheft; 28) S. 59–75 dokumentiert.

73 Vgl. Martin Walsdorff: Beschlagnahmt! Ein Zwischenfall in Bremen. - In: Buch und Bibliothek 31 (1979) S. 205. Es handelte sich um den Titel „Texte der RAF" (Lund: Cavefors 1977). Das Buch wurde später zurückgegeben. Vgl. ZfBB 27 (1980) S. 443.

Hessen

Anfang der 70er Jahre hatte sich im VDB die Überzeugung durchgesetzt, daß die Bibliothekare zur Vertretung ihrer berufsständischen Interessen Hilfe von gewerkschaftlicher Seite gut gebrauchen könnten. Im VDB hielt man damals mehrheitlich den Deutschen Beamtenbund (DBB) für die geeignete Organisation. Die Statuten des DBB sehen jedoch keine persönliche Mitgliedschaft vor, es können nur auf Landesebene untergliederte Vereine und Verbände als korporative Mitglieder beitreten. Dies und die Tatsache, daß ein Großteil der praktisch auftretenden Probleme auf Landesebene zu lösen ist, waren die hauptsächlichen Gründe dafür, daß der VDB auf dem Bibliothekartag 1971 in Köln beschloß, sich in Landesverbände zu untergliedern. Die Gründung des VDB LV Hessen erfolgte am 17. Mai 1972 in Frankfurt am Main, die Satzung wurde am 16. Oktober 1975 vom Vereinsausschuß genehmigt.

Es zeigte sich jedoch bald, daß nicht alle Mitglieder des VDB die Ausrichtung des DBB akzeptierten bzw. daß den ÖTV-Mitgliedern von ihrer Gewerkschaft die Doppelmitgliedschaft – persönlich in der ÖTV und korporativ im DBB – untersagt wurde. Das Ergebnis war, daß nur zwei der neugegründeten Landesverbände dann auch tatsächlich dem DBB beitraten: der Landesverband Baden-Württemberg und – am 1. April 1973 – der Landesverband Hessen. Seit einer Reihe von Jahren gehört nur noch der VDB Hessen dem Beamtenbund an.

Mitglied des VDB Hessen sind deshalb nicht automatisch alle VDB-Mitglieder, die im Lande Hessen tätig sind. Es ist vielmehr eine gesonderte Beitrittserklärung nötig. Die Zugehörigkeit zum DBB bringt es außerdem mit sich, daß der LV Hessen einen gesonderten Mitgliedsbeitrag erheben muß. Die Mitglieder des VDB Hessen sind ganz überwiegend der Auffassung, daß der geringe Beitrag, der für den DBB zu entrichten ist, eine gute Investition ist: Die Mitglieder genießen Rechtsschutz – und davon ist schon öfter Gebrauch gemacht worden – in arbeits- und versorgungsrechtlichen Fragen. Der VDB Hessen hat Sitz und Stimme im Landeshauptvorstand und auf dem Landesvertretertag des DBB Hessen; das gewährleistet, daß er Einfluß ausüben kann bei Gesetzgebungsvorhaben und über anstehende Entwicklungen früh informiert ist. Er entsendet gemäß der Prüfungsordnung der Bibliotheksschule Frankfurt am Main aus seinen Reihen einen Vertreter der gewerkschaftlichen Spitzenorganisation als Prüfer und Prüfungsbeobachter zu den Staatsprüfungen für den Höheren Dienst an Wissenschaftlichen Bibliotheken. In bibliothekarischen Fragen ist er das Sprachrohr des DBB. Mit Hilfe des DBB hat er den Durchbruch bei der Aufstockung des Stellenkegels im hessischen Bibliotheksdienst (A16 für die Leiter der großen Wissenschaftlichen Bibliotheken, A 15 für die Stellvertreter und später für die Abteilungsleiter – in den anderen Bundesländern längst eine Selbstverständlichkeit) schaffen können und wird in zahlreichen Fragen konsultiert, die wichtig für den Berufsstand sind, wie z. B. in den letzten Jahren bei den Plänen zur Reform des Dienstrechts der Beamten und beim Beurteilungswesen. Der Deutsche Beamtenbund vertritt aber nicht nur Beamte, sondern auch Angestellte: Die Gemeinschaft der Gewerkschaften und Verbände des öffentlichen Dienstes / DBB Tarifunion, die als selbständiger Tarifpartner akzeptiert ist, organisiert mittlerweile mehr als 400 000 Mitglieder.

Besonders engagiert in der Sacharbeit war der VDB Hessen Ende der 70er / Anfang der 80er Jahre, als er die Bemühungen der bibliothekarischen Vereine und Verbände in Richtung auf ein Hessisches Bibliotheksgesetz u. a. durch acht Gesprächsrunden, mehrere Pressekonferenzen und eine Podiumsdiskussion in Wiesbaden koordinierte. Das Gesetz kam zwar nicht zustande, der Impuls war aber nicht unwesentlich für die Ausweisung von Bibliotheksmitteln im kommunalen Finanzausgleich und für die Erstellung von Bibliotheksentwicklungsplänen für die verschiedenen Sparten des Bibliothekswesens in Hessen. Unter der Ägide des VDB Hessen fand 1980 der erste Hessische Bibliothekstag in Wiesbaden statt, der von allen bibliothekarischen Vereinen und Verbänden gemeinsam getragen, d. h. auch finanziert wurde. Später hat dann der DBV Hessen mit dem Hinweis, daß er nur so Mittel von dem DBV-Gesamtverband bekommen würde, die Federführung an sich gezogen.

Anfang der 90er Jahre gingen die Aktivitäten des VDB Hessen – nicht zuletzt unter dem Eindruck der Verhandlungen um einen gemeinsamen Personalverband – zurück; auch die Mitgliederzahlen schrumpften. Es wurde sogar über eine eventuelle Auflösung des Landesverbands diskutiert. Der Beschluß des Vereinsausschusses vom Dezember 1994, den Mitgliedern des VDB unter den gegebenen Bedingungen nicht den Eintritt in den geplanten gemeinsamen Personalverband zu empfehlen, war ein deutliches und positiv aufgefaßtes Signal für den Fortbestand des VDB und auch des VDB Hessen. Seine Lage hat sich auch finanziell wieder stabilisiert, die Mitgliederwerbung speziell unter jüngeren Berufskolleginnen und -kollegen zeigt inzwischen erste Erfolge.

Der VDB Hessen arbeitet mit anderen bibliothekarischen Vereinen und Verbänden im Lande zusammen und beteiligte sich z. B. an Bibliotheksreisen und gemeinsamen Fortbildungsveranstaltungen wie „Umgang mit Mitarbeitern an Bibliotheken" und „Rechtsfragen der Bibliotheksarbeit". Nachdem er längere Zeit die bibliothekarischen Aktivitäten im Lande mit dem Ziel der Bibliotheksförderung durch ein Gesetz koordiniert hatte, erschien es nur konsequent, daß er Anfang der 80er Jahre den Vorsitzenden im Beirat des neugegründeten DBV Hessen stellte. Ausfluß dieser Zusammenarbeit ist z. B. die gemeinsame Vorbereitung der Hessischen Bibliothekstage, für die sich nach einer Experimentierphase ein Organisationsschema eingespielt hat: An einem Sonntag, möglichst am Tag des Buches, soll die breite Öffentlichkeit angesprochen werden; die Fortbildungsveranstaltung am Montag wendet sich an die Fachkollegen.

Seit 1977 kommt der VDB Hessen seinem satzungsgemäßen Auftrag, die Fortbildung der Kolleginnen und Kollegen zu fördern, vor allem dadurch nach, daß er im Anschluß an seine jährlichen Mitgliederversammlungen Fortbildungsveranstaltungen organisiert. Die Themen spiegeln teils die jeweiligen Trends der Fachdiskussion, teils die Besonderheiten der Tagungsorte wider: „Der Beruf des wissenschaftlichen Bibliothekars. Probleme seines Selbst- und Fremdbildes" hieß das erste Referat, ein Thema, das nichts von seiner Aktualität eingebüßt hat. Im gleichen Jahr berichtete der Spiritus rector des VDB Hessen, der leider viel zu früh verstorbene Franz-Heinrich Philipp, über das Bibliothekssystem an der Philipps-Universität Marburg, das bei der Weiterentwicklung der dualen Bibliothekssysteme Vorbildliches leistete.

Es folgten Einführungen in die Geschichte der Hessischen Landesbibliothek Fulda und ihrer Handschriftensammlung, Führungen durch die Hessische Landesbibliothek Wiesbaden, die Bibliothek des Hessischen Landtages und die Bibliothek des Statistischen Bundesamtes, Vorträge über das Hessische Bibliotheksinformationssystem (HEBIS), die neue Leihverkehrsordnung, das Hessische Bibliotheksgesetz, neue Entwicklungen der bibliothekarischen Ausbildung und Fortbildung in Hessen, Bibliotheksentwicklung in Hessen, die Besichtigung des Neubaus der UB Gießen, Beiträge zur Einrichtung von zentralen Informationsvermittlungsstellen an den Universitätsbibliotheken in Hessen und ihre Auswirkungen auf die Tätigkeit der Fachreferenten, zu Planungsstrukturen in der Gesamthochschulbibliothek – Landesbibliothek und Murhardsche Bibliothek der Stadt Kassel, zur Diskussion über RSWK und die sich abzeichnenden Realisierungen und Probleme in der Abteilung für Sachkatalogisierung der GHB Kassel.

Die Arbeit des Herder-Instituts in Marburg, sein Pressearchiv und sein Bildarchiv wurden vorgestellt, ein Kolloquium über das Abkommen zwischen der Bundesrepublik Deutschland und der DDR über kulturelle Zusammenarbeit und das Rahmenabkommen über wissenschaftlich-technischen Austausch zwischen der Bundesrepublik Deutschland und der UdSSR in ihrer besonderen Bedeutung für die Bibliotheken und Archive geboten.

1987 wurde eine Führung durch die Deutsche Bibliothek in Frankfurt am Main veranstaltet, zwei Jahre später mit Referaten über die Deutsche Blindenstudienanstalt und die verbesserte Versorgung blinder und sehbehinderter Studierender mit Studienliteratur ein weiterer Marburger Schwerpunkt präsentiert.

Ortsspezifisch auch die folgenden Themen: PATIS – die Patentinformationsstelle der Gesamthochschule Kassel, das Bibliotheks-Informationssystem GICIS (Gießener computergestütztes Informationssystem), Bildarchiv Foto-Marburg – Deutsches Dokumentationszentrum für Kunstgeschichte, Spezialsammlungen der Universitätsbibliothek Gießen. Auf seiner Mitgliederversammlung 1997 feierte der VDB Hessen sein 25jähriges Bestehen im Neubau der Deutschen Bibliothek. Eine Führung durch den Neubau und eine Fortbildungsveranstaltung über moderne Dienstleistungen der DDB, insbesondere das Multimedia-Bereitstellungssystem, schlossen sich an. 1998 informierten sich die Mitglieder des Landesverbands über den Erweiterungsbau der Hessischen Landes- und Hochschulbibliothek Darmstadt und ihr Patentinformationszentrum.

HERMANN GÜNZEL

Mecklenburg-Vorpommern

Am 13. März 1993 wurde in Rostock der Landesverband Mecklenburg-Vorpommern des VDB gegründet. Vorausgegangen war dieser Gründung eine Zeit aktiver Mitarbeit von Bibliothekarinnen und Bibliothekaren unseres Landes im „Verein der Bibliothekare und Bibliothekarinnen" (DDR) in den Jahren 1990/91 und im Verein Deutscher Bibliothekare, in dem Vertreter aus Ostdeutschland als Gast im Vereinsausschuß mitarbeiteten. Es wurden erste Kontakte zu den Kollegen in anderen Bundesländern geknüpft, unter denen sich die zu den Kolleginnen und Kollegen im Landesverband Hamburg besonders intensiv gestalteten.

In den Jahren 1990 und 1991 informierten die Vorsitzenden der bibliothekarischen Vereine (VDB, VdDB, BBA, BDB) und Hamburger Kollegen auf verschiedenen Veranstaltungen im Lande ausführlich über ihre Arbeit und hielten Vorträge zur speziellen Problemen bibliothekarischer Arbeit und zu Tariffragen. Durch die Teilnahme an Bibliothekartagen und verschiedenen Fortbildungsveranstaltungen konnten wir uns ein Bild von der Vereinsarbeit machen und beschlossen Mitte 1992, einen Landesverband zu gründen. So schufen wir uns einen organisatorischen Rahmen, in dem wir Fortbildungsveranstaltungen organisieren, Tarif- und Eingruppierungsprobleme diskutieren und das gegenseitige Kennenlernen durch den Besuch der Bibliotheken in Zeiten grundlegender Veränderungen fördern konnten.

Der Landesverband behandelte Fragen zur Anwendung der Regensburger Aufstellungssystematik, zum Bestandsaufbau, zur Verbundkatalogisierung und kooperativen Sacherschließung sowie zur Nutzung elektronischer Dienste in den Bibliotheken. Als besonderer Erfolg darf die gemeinsame Fortbildungsveranstaltung unseres Landesverbands mit der Landesgruppe des VdDB und der UB Rostock zum Thema „Von Hamburg nach Göttingen – die Migration des Norddeutschen Bibliotheksverbundes zu PICA" erwähnt werden. Diese Veranstaltung, auf der leitende Mitarbeiter des BRZN und PICA-erfahrene Bibliothekarinnen aus Osnabrück auftraten, wurde von mehr als 150 Interessenten aus Mecklenburg-Vorpommern, Niedersachsen und Schleswig-Holstein besucht. Mißerfolge hinsichtlich der Teilnehmerzahlen wurden jene Veranstaltungen, die wir ausschließlich für Mitglieder des Landesverbands oder ohne Beteiligung anderer Vereine durchführten.

In einem Flächenland mit kaum 50 Angehörigen des Höheren Dienstes – von denen knapp 30 VDB-Mitglieder sind – ist die vereinsübergreifende Arbeit dringend geboten. So wurden und werden Fortbildungsveranstaltungen und -reisen gemeinsam mit der Landesgruppe des VdDB ausgerichtet und fanden die Unterstützung der Bibliotheksleiter. Die Öffnung der Veranstaltungen auch für jene, die keinem Verein angehören, ist inzwischen selbstverständlich.

Der DBV-Landesverband veranstaltet seit 1997 jährlich die „Bibliothekstage Mecklenburg-Vorpommern". Im Rahmen der ersten Bibliothekstage in Ribnitz-Damgarten 1997 boten wir eine Fortbildungsveranstaltung an und führten wir unsere Jahresmitgliederversammlung durch. 1998 in Neubrandenburg waren wir nicht vertreten, werden uns 1999 in Schwerin aber wieder aktiv beteiligen.

Seit 1990 arbeiteten Rostocker Kolleginnen und Kollegen als persönliches Mitglied oder als Vorsitzender des Landesverbandes ununterbrochen im Vereinsausschuß mit, so konnten spezifische ostdeutsche Probleme und Betrachtungsweisen in die Vereinsarbeit eingebracht werden, wie auch die Arbeit des Landesverbandes durch die enge Verbindung zum Vereinsausschuß und seinen Mitgliedern befördert wurde.

Die folgende Chronik gibt eine Übersicht über die Aktivitäten des Landesverbands.

13.3.1993	Gründung des Landesverbands Mecklenburg-Vorpommern in Rostock
24.11.1993	Fortbildungsveranstaltung „Die Anwendung der Regensburger-Aufstellungssystematik an der UB Greifswald" in Greifswald
3.2.1994	Fortbildungsveranstaltung „Bestandsaufbau und Bestandsentwicklung an wissenschaftlichen Bibliotheken Mecklenburg-Vorpommerns" in Schwerin
5.3.1994	Mitgliederversammlung in Rostock
25.11.1994	Gemeinsame Fortbildungsveranstaltung mit der VdDB-Landesgruppe und der UB Rostock „Von Hamburg nach Göttingen – die Migration des Norddeutschen Bibliotheksverbundes zu PICA" in Rostock
28.4.1995	Mitgliederversammlung und Fortbildungsveranstaltung „Das Internet – eine ‚Datenautobahn' auch für Bibliothekare?" in Rostock
7.–9.11.1995	Weiterbildungsveranstaltung „Bibliotheken und Bibliothekskataloge im Internet" in Rostock.

19./20.9.1996	Mitgliederversammlung und Weiterbildungsveranstaltung „Elektronische Bibliothekskataloge und ihre Präsentation – neuere Entwicklungen unter besonderer Berücksichtigung der USA“ in Greifswald
13.9.1996	Mitgliederversammlung und Fortbildungsveranstaltung „Die kooperative Sacherschließung im GBV“ in Ribnitz-Damgarten
10.12.1997	Besichtigung der Bibliothek des Landtags von Mecklenburg-Vorpommern in Schwerin
13.11.1998	Mitgliederversammlung und Fortbildungsveranstaltung „Elektronische Bibliotheksdienste für Studium, Lehre und Forschung“ in Rostock
10./11.5.1999	Besichtigung der Staatsbibliothek zu Berlin – Preußischer Kulturbesitz
25.9.1999	Mitgliederversammlung und Fortbildungsveranstaltung (gemeinsam mit dem DBV-Landesverband) „Automatisierungsprozesse in öffentlichen und wissenschaftlichen Bibliotheken im Lande Mecklenburg-Vorpommern“ in der Landesbibliothek Schwerin.

Michael Hexel

Niedersachsen

Obwohl Niedersachsen ein ausgedehnter Flächenstaat ist, konzentrierten sich bis Ende der 60er Jahre die Hochschulen und damit auch die größeren Bibliotheken schwerpunktmäßig im Südosten des Landes. Daher gab es schon länger gewisse Kontakte zwischen den Bibliotheken der Technischen Hochschulen und der Universität Göttingen sowie der Niedersächsischen Landesbibliothek, und zwar durch den sog. Beirat für Bibliotheksangelegenheiten beim damaligen Kultusministerium, durch persönliche Aktivitäten oder sogar durch gemeinsame Bibliothekstage.

Die Einladung einiger Kollegen aus der UB/TIB Hannover – unter Hinweis auf die gerade erfolgte Satzungsänderung des VDB – traf daher auf viel Resonanz, als sich 26 VDB-Mitglieder aus Bremen und Niedersachsen Anfang November 1971 zusammenfanden, um die Gründung eines regionalen Zusammenschlusses zu besprechen und sodann einvernehmlich zu befürworten. So konnten die Kollegen nicht nur umgehend zu einer schriftlichen Abstimmung aller Mitglieder im Lande Niedersachsen aufrufen, sondern auch zwei spontan ausgesuchte Kandidaten für einen Gründungsvorstand zur Wahl vorschlagen. Eine deutliche Mehrheit von über 80% der Vereinsmitglieder stimmte nicht nur der Regionalisierung zu, sondern ging sogar das Risiko ein, einen der dienstjüngsten Bibliotheksräte des Landes zum Vorsitzenden zu wählen, der allerdings auf die Unterstützung einer erfahrenen Kollegin hoffen konnte. Auf weitere Vorstandsmitglieder hat man bis heute verzichtet; die Finanzen verwaltet in bewährter Form jeweils der/die Stellvertretende Vorsitzende.

Ein erstes Problem, das regional zu verfolgen war, wurde dem Vorstand gleich im Glückwunschschreiben vom 3. Januar 1972 durch den Kollegen Eberhard Sauppe (Hannover) mitgegeben, nämlich die damals entstandene Diskussion um die Zuordnung der Angehörigen des Höheren Bibliotheksdienstes bei den Gremienwahlen der Universitäten – eine Frage, die sich durch die Hochschulgesetzgebung der Länder seinerzeit erstmals stellte. Diese Zuordnung war zunächst in den Hochschulen des Landes unterschiedlich gehandhabt worden.

In einer ersten Antwort des Kultusministeriums war der Wunsch der Kolleginnen und Kollegen auf Einreihung in die Gruppe der „wissenschaftlichen Mitarbeiter“ sogar abschlägig beschieden worden. Ein nachdrückliches Nachsetzen, auch unter Hinweis auf Erläuterungen des inzwischen verabschiedeten Hochschulrahmengesetzes des Bundes, erreichte dann doch, daß das sog. „Vorschaltgesetz für ein Niedersächsisches Gesamthochschulgesetz in der Fassung vom 12. November 1973“ eine umfangreiche Aufzählung der Arbeitsbereiche wissenschaftlicher Mitarbeiter enthielt, in der die „Beamten und Angestellten des höheren Bibliotheksdienstes“ ausdrücklich aufgeführt waren. Damit hatte ein Bemühen des VDB auf regionaler Ebene bereits einen ersten Erfolg zu verzeichnen.

Da allerdings bei späteren Modifikationen und Straffungen des Gesetzestextes diese eindeutige Formulierung verloren ging und es daher bei den Wahlleitern der Hochschulen immer wieder Anlaß zu „Umgruppierungen“ zu geben droht, hat das Thema die Arbeit des Vorstandes durch die Jahre begleitet. Es ist bisher weitgehend gelungen, sich mit den eigenen Vorstellungen letztlich durchzusetzen, wenngleich heute wiederum neue juristische „Interpretationen“ auftauchen.

Die anderen Themen, deren Erledigung auf einem anschließenden Treffen und schließlich auf der ersten Mitgliederversammlung am 6. Mai 1972 dem Vorstand aufgegeben wurden, ließen sich naturgemäß nicht so einfach beeinflussen. Zunächst war jedoch der Entwurf einer Mustersatzung des VDB für die Regionalverbände zu begutachten und zu beschließen, die allerdings dem VDB-Vorstand die rechtliche Vertretung und finanzielle Verwaltung prinzipiell beließ. Daher war die Enttäuschung über die fehlende Zustimmung auf der Mannheimer Mitgliederversammlung des VDB im Jahre 1972 nicht gering. Immerhin wurde mit Genugtuung festgestellt, daß der Vereinsausschuß den Landesverband um Programmvorschläge für den nächsten Bibliothekartag bat und damit anscheinend sein Wohlwollen für die Regionalbestrebungen der niedersächsischen Kolleginnen und Kollegen signalisierte.

Obwohl es noch keine satzungsmäßige Basis gab, nahm der Vorstand noch im Sommer 1972 Verbindung mit den Regionalvertretungen des Deutschen Beamtenbundes und den Gewerkschaften des Öffentlichen Dienstes auf. Wie verabredet, führte man eine Befragung aller VDB-Mitglieder im Lande durch, um deren Einstellung zum Anschluß an eine tariffähige Organisation kennenzulernen. Das Ergebnis war unscharf; für eine Mitgliedschaft im Beamtenbund votierte knapp die Hälfte der Kolleginnen und Kollegen, die Mehrheit verteilte sich auf Ablehnung, Votum für eine Gewerkschaft oder Nichtinteresse – eigentlich nicht verwunderlich, aber keine gute Basis für diesbezügliche Bemühungen des Vorstandes.

Und dabei blieb es letztlich auch. Nachdem weitere Vorstöße zur Verbesserung des Stellenkegels[74] und zur Ämterbewertung ins Leere gegangen waren, die Entbündelung von Eingangs- und ersten Beförderungsämtern per Bundesgesetz festgelegt wurde und auch sonst kaum noch Verbesserungen für die Stellensituation des Höheren Dienstes erreichbar schienen, erlahmte die Begeisterung für Aktivitäten in personalpolitischen Fragen.

Auch die erhoffte Mitwirkung an einer neuen Konzeption für den theoretischen Teil der Referendarausbildung wurde entbehrlich, als Niedersachsen eine Vereinbarung mit Nordrhein-Westfalen über die Ausbil-

74 Mitteilung des Kultusministeriums vom 8. November 1973: „Leider ist der Rahmen von 40% [an höher bewerteten Stellen] durch andere Verwaltungszweige soweit ausgeschöpft, daß für den höheren Bibliotheksdienst ... eine Verbesserung nicht möglich ist."

dung am damaligen Bibliothekar-Lehrinstitut in Köln abschloß. Dennoch betrachtet sich der Landesverband weiterhin als Ansprechpartner zu diesen Themen, auch gegenüber den Ministerien bzw. dem Niedersächsischen Beirat für Bibliotheksangelegenheiten.

Zudem hat der regionale Zusammenschluß der VDB-Mitglieder viel zum Zusammenhalt der niedersächsischen Kollegenschaft, die sich dann durch die Hochschulneugründungen in der „westlichen Provinz" erheblich verstärkte, beigetragen und den Informationsaustausch besonders bei den jüngeren Bibliothekarinnen und Bibliothekaren gefördert, selbst wenn die Zusammenkünfte nicht immer einfach zu organisieren waren. Der Vorstand hatte schon früh versucht, die Mitglieder durch unkonventionelle „Rundbriefe" (inzwischen sind fast 100 Folgen erschienen) zu erreichen und über neue personalbezogene Entwicklungen zu informieren. Der Fortbildung dienten kleinere Studienreisen mit anschließendem Erfahrungsaustausch, meist in gemütlicher Atmosphäre und mit kulturellen Anregungen verschiedener Art.

Daran änderte sich in den folgenden Jahren auch wenig; der Aktionsradius wurde allerdings etwas größer. Die jeweiligen Vorstände bemühten sich, mit den Mitgliedern des Landesverbands die Bibliotheken im Lande zu besuchen und ihnen möglichst die ganze Breite und Vielfalt zu zeigen, wie z. B. Sondersammlungen, Spezialarchive oder andere interessante Spezialitäten der einzelnen Bibliotheken.

Schließlich gibt es in Niedersachsen nicht nur Hannover, Göttingen und Wolfenbüttel! Die Bibliotheken in Bremen und Hamburg waren die ersten „Nichtniedersachsen", denen ein ganztägiger Besuch galt. Es wurde auch immer versucht, bei diesen Unternehmungen etwas über die rein bibliothekarische Welt hinauszuschauen. So standen auf dem Programm, um nur einige Beispiele zu nennen, in Hamburg u. a. das Grossohaus Wegner, in Braunschweig der Westermann Verlag oder in Bückeburg die Firma Neschen, die das „Bückeburger Verfahren" anwendet, eine Methode zur maschinellen Entsäuerung und Konservierung von Archivgut.

Eine besondere Exkursion ging in der Wendezeit, im April 1990, nach Magdeburg, was die bis heute sehr gute und enge Zusammenarbeit mit Sachsen-Anhalt einleitete. Im Laufe der nächsten Jahre kamen noch zwei mehrtägige Fahrten zu anderen ostdeutschen Nachbarn hinzu, nämlich 1994 nach Mecklenburg-Vorpommern (Wismar, Schwerin, Rostock) und

1995 nach Thüringen (Gotha, Weimar, Jena). Alle Exkursionen werden seit Jahren immer erfolgreich zusammen mit dem VdDB durchgeführt.

Eine traditionell gute Kooperation hat sich in Niedersachsen mit allen anderen bibliothekarischen Verbänden ergeben. So sind die Personalverbände durch ihre Vorstände auch immer bei den Sitzungen des DBV-Landesverbands Niedersachsen vertreten und in die Organisation der Niedersächsischen Bibliothekstage eingebunden, die jährlich an wechselnden Orten stattfinden. Als Glücksfall (die Orte werden Jahre vorher festgelegt) erwies es sich, daß für 1990 ausgerechnet Helmstedt Gastgeber dieses Treffens war, direkt an der damaligen DDR-Grenze gelegen. So konnten viele Kolleginnen und Kollegen aus der DDR der Einladung folgen. Es war der erste wirklich grenzüberschreitende Bibliothekartag, und aus dem Niedersächsischen Bibliothekstag wurden ab 1991 die „Gemeinsamen Bibliothekstage Niedersachsen / Sachsen-Anhalt", wie sie bis heute abwechselnd in den beiden Ländern stattfinden.

Ein wichtiger Bereich für Fortbildung und Information ergab sich durch die EDV, speziell durch die landeseinheitliche Einführung des PICA-Systems am Anfang der 90er Jahre. Es hatten sich mehrere Arbeitsgruppen gebildet, um ein Konzept zur künftigen Bibliotheksautomatisierung in Niedersachsen zu entwerfen. Als sich abzeichnete, daß das holländische PICA übernommen würde, organisierte der Landesverband eine Exkursion nach Groningen. Dort konnte man sich bei laufendem Betrieb ein Bild von der täglichen Arbeit mit einem integrierten Bibliothekssystem machen.

Eine erste zentrale Informationsveranstaltung fand auf Einladung des VDB (eine Verbundleitung gab es noch nicht) in der Fachhochschule Hannover im Oktober desselben Jahres statt, auf der das PICA-System insgesamt vorgestellt wurde. Es folgten bis zum Start mit diesem System am 4. Januar 1993 weitere Veranstaltungen zu einzelnen Bereichen. Eine Konsequenz war die nun zu leistende kooperative Sacherschließung nach RSWK und – nach niederländischem Vorbild – die gemeinsame „Basisklassifikation". Dies bedeutete ein Novum für Niedersachsen, entsprechend groß war der Informationsbedarf dazu.

Eine Erweiterung des Landesverbands ergab sich 1996, als der LV Bremen sich auflöste. Die dortigen Kolleginnen und Kollegen, nachdem über Jahre schon gute Verbindungen bestanden hatten, traten dann dem LV Niedersachsen bei, was von dessen Satzung her keine Probleme bereitete. Dies geschah in Absprache mit dem Bundesvorstand und in der erklärten Absicht der Bremer, auch weiterhin in einem Regionalverband vertreten zu sein.

HELGA HÄSEKER und EILHARD CORDES

Sachsen, Sachsen-Anhalt, Thüringen

Da es in der DDR keine bibliothekarischen Personalverbände, sondern nur Institutionenverbände gab, war nach der Wiedervereinigung auch auf diesem Gebiet einiges nachzuholen. Die Mehrheit der Bibliothekare stand zunächst abwartend allen Vereinen gegenüber. Der Versuch, von Mecklenburg aus einen alle bibliothekarischen Berufssparten umfassenden Personalverband zu gründen, fand in Sachsen, Sachsen-Anhalt und Thüringen kaum Widerhall.

Während des Bibliothekskongresses in Leipzig riefen, im Einvernehmen mit der damaligen Vorsitzenden des VDB Roswita Poll, Peter Bernhardt und Engelbert Plassmann am 28. Mai 1993 zur Gründung eines Regionalverbandes auf. Am 2. Juni trafen sich 12 von damals 24 Mitgliedern des VDB in Sachsen und beschlossen die Gründung eines Landesverbandes. Es wurde vereinbart, daß die nicht an dieser Zusammenkunft beteiligten VDB-Mitglieder aus Sachsen-Anhalt und Thüringen schriftlich informiert und ihnen der Beitritt zu dem neu gegründeten Landesverband angeboten werden sollte. Zur vorläufigen Vorsitzenden wurde Claudia Täschner, zum vorläufigen Schriftführer Peter Bernhardt, beide UB Leipzig, gewählt.

Am 16. November 1993 fand eine Mitgliederversammlung unter Beteiligung einiger Kollegen aus Thüringen statt. Neben einer ausführlichen Diskussion um die Satzung des Landesverbandes wurde die Bildung eines Regionalverbandes beschlossen.

Die nächste Mitgliederversammlung, an der nunmehr 18 von 44 Mitgliedern teilnahmen, fand am 18. März 1994 statt. Der Satzungsentwurf war zwischenzeitlich allen Mitgliedern zur Information und zur Diskussion zugesandt worden. Nach lebhafter Diskussion wurde die Satzung mit kleinen Veränderungen beschlossen. Auf dieser Zusammenkunft wurde auch der vollständige Vorstand gewählt: Täschner und Bernhardt wurden in den bis dahin ausgeübten Funktionen bestätigt, Stellvertreterin wurde Elke Behrends (UB Magdeburg) und Kassenwart Dietrich Nagel

(Ratsschulbibliothek Zwickau).Seit dem 18. März 1994 besteht also der Regionalverband Sachsen, Sachsen-Anhalt, Thüringen auch formell. Er war lange Zeit der einzige *Regional*verband im VDB.

Auf Grund der traditionell dichten Bibliothekslandschaft in Sachsen und des Bestehens zentraler Einrichtungen, wie der Deutschen Bibliothek / Deutschen Bücherei Leipzig und des Fachbereichs Buch und Museum der Hochschule für Technik, Wirtschaft und Kultur in Leipzig, liegt der Schwerpunkt der Mitgliedschaft im Freistaat Sachsen. Es gelang jedoch zunehmend, auch in Sachsen-Anhalt und in Thüringen VDB-Mitglieder zu gewinnen. Bis März 1999 konnten durch Neueintritte und Zuzüge 102 Mitglieder im Regionalverband gezählt werden. In den einzelnen Bibliotheken ist der Anteil der VDB-Mitglieder jedoch noch sehr unterschiedlich, so daß auch weiterhin die Mitgliederwerbung ein wesentlicher Punkt der Arbeit des Regionalverbandes bleibt.

Anders als in den alten Bundesländern, wo oft schon Referendare dem VDB beitreten, hinterfragen in den neuen Bundesländern viele Kollegen Inhalte der Vereinsarbeit, ehe sie sich zum Eintritt entschließen. Außerdem spielten in den ersten Jahren nach der politischen Wende bei vielen Kollegen die Sorge um den Fortbestand der Arbeitsplätze eine viel entscheidendere Rolle als die Mitgliedschaft in einem Berufsverein.

Der Regionalverband hatte von Beginn an als Festpunkte ein Frühjahrs- und ein Herbsttreffen in sein Programm aufgenommen, wobei das Frühjahrstreffen jeweils zur Buchmesse in Leipzig stattfindet. Im Herbst wird an wechselnden Orten getagt, was sowohl die Möglichkeit zum Kennenlernen anderer Bibliotheken und damit zur fachlichen Weiterbildung bietet, als auch Geschichte, Baukunst oder Landschaft der jeweiligen Region den Teilnehmern näher bringt. Dieser Rhythmus wird bis heute beibehalten und findet große Zustimmung. Im März 1999 fand die Mitgliederversammlung erstmals im Rahmen des 1. Sächsischen Bibliothekstages statt.

Fragen der Ausbildung zum Höheren Dienst beschäftigten den Regionalverband seit seiner Gründung. In den drei beteiligten Bundesländern gibt es unterschiedliche Regelungen, resultierend aus der Frage der Verbeamtung oder Nichtverbeamtung der Bibliothekare. Sachsen-Anhalt hatte als erstes östliches Bundesland bereits 1995 zwei Referendarstellen geschaffen; Ausbildungsbibliothek ist die ULB Halle, die theoretische Ausbildung erfolgt an der Fachhochschule Köln. Mit Schreiben vom 15. Juli 1997 teilte das Sächsische Ministerium für Wissenschaft und Kunst mit, daß ab 1998 für Sachsen drei Volontärstellen für die Ausbildung zum Höheren Bibliotheksdienst geschaffen werden sollen. Volontärstellen sind nicht an die Beamtenlaufbahn gekoppelt. Die praktische Ausbildung ist an der SLUB Dresden und der UB Leipzig vorgesehen, die theoretische Ausbildung soll an der Humboldt-Universität Berlin erfolgen. Bis zum heutigen Tage sind diese Stellen aber nicht geschaffen worden.

In Thüringen sind Referendarstellen vorgesehen, bisher ist aber keine verbindliche Regelung in Kraft gesetzt worden.

Einige Mitarbeiter nutzen die Möglichkeit des postgradualen Fernstudiums an der Humboldt-Universität zu Berlin. Der Regionalverband wird weiterhin in dieser Angelegenheit aktiv sein, um dem bibliothekarischen Nachwuchs aus den östlichen Bundesländern eine Chance zu geben.

Eng mit dem Ausbildungsproblem ist die Frage der Verbeamtung der Bibliothekare verknüpft. Während sich das Bundesland Sachsen eindeutig gegen eine Verbeamtung ausgesprochen hat, tendierten Thüringen und Sachsen-Anhalt eher zu einer Verbeamtung. Eine entsprechende Regelung steht aber in beiden Bundesländern noch aus, ist in Thüringen auch wieder stärker in Frage gestellt worden.

In der Praxis sieht es meist so aus, daß Mitarbeiter, die aus den alten Bundesländern in die neuen wechseln, im Beamtenverhältnis und Mitarbeiter aus den neuen Ländern im Angestelltenverhältnis bleiben. Diese unterschiedliche Rechtsstellung zieht natürlich auch Unterschiede nicht nur bei der Besoldung bzw. Bezahlung (BAT-Ost) nach sich. Selbst innerhalb eines Bundeslandes gibt es unterschiedliche Regelungen, z. B. in der UB Erfurt und in der ULB Jena. Hier gibt es seit Neuestem wieder Ansätze zu einer stärkeren Gleichstellung. Diese Fragen der Angleichung sind nach wie vor zentrale Themen bei den Zusammenkünften des Regionalverbandes.

Neben den genannten berufspolitischen Fragen wurden bei den Zusammenkünften fachspezifische Themen wie Fachreferententätigkeit, Berufsbild, Erschließung der Altbestände, PICA-Verbund, Regensburger Verbundklassifikation, Bibliotheksbau und -einrichtung sowie Probleme und Chancen von Umstrukturierungen innerhalb der Bibliothek bzw. die Zusammenlegung verschiedener Einrichtungen behandelt. Besonders die von der Kommission für Fachreferatsarbeit ausgerichteten Fortbildungsveranstaltungen haben große Resonanz erfahren.

Die Diskussionen um die Fusion der Personalverbände hat auch den Regionalverband über einen längeren Zeitraum beschäftigt. Mehrheitlich waren die Mitglieder gegen eine Vereinigung unter den damals gegebenen Voraussetzungen. Das Thema Fusion hat die Mitgliederwerbung behindert.

Satzungsgemäß war 1996 der Vorstand neu zu wählen. Die bisherigen Amtsinhaber wurden in ihren Funktionen bestätigt. Am 27. März 1998 standen erneut Vorstandswahlen an, diesmal konnten aufgrund einer entsprechenden Regelung in der Satzung die bisherigen Amtsinhaber nicht wieder gewählt werden. Vorsitzende ist seitdem Ute Hoffmann aus der SLUB Dresden, Stellvertreter Wolfgang Starke aus der ULB Halle, Schriftführer Dietrich Nagel aus der Ratsschulbibliothek Zwickau und Kassenwartin Inge Biewald aus der ULB Jena. Damit sind alle drei Bundesländer im Vorstand vertreten.

Während Thüringen schon mehrfach auf Landesebene Bibliothekstage veranstaltete, hat es in Sachsen erstmals einen solchen regionalen Bibliothekstag 1999 gegeben. Sachsen-Anhalt veranstaltet seit 1991 mit Niedersachsen jährlich abwechselnd gemeinsame Bibliothekstage. Auf Regionalverbandsebene sind bisher keine Bibliothekartage geplant.

Der Regionalverband Sachsen, Sachsen-Anhalt, Thüringen war und ist vorwiegend Forum für den Meinungsaustausch über Berufsprobleme.

Fragen der bibliothekarischen Weiterbildung werden in Verbindung mit dem Gesamtverband und seinen Kommissionen sowie in Verbindung mit den Landesverbänden des DBV und den Hochschulen der Region befördert.

Claudia-Leonore Täschner

FELICITAS HUNDHAUSEN

Die Bibliographie zur Geschichte des VDB und der Deutschen Bibliothekartage

Bibliographien, die Rechenschaft von der literarisch-wissenschaftlichen Produktivität des Gefeierten ablegen, sind seit jeher integraler Bestandteil von Festschriften. Das *Lexikon des gesamten Buchwesens* vermerkt, Festschriften enthielten „häufig ein umfassendes Schriftenverzeichnis“.[1] So stand seit Beginn der Planungen fest, daß eine Bibliographie zur Geschichte des VDB neben einem dokumentarischen Anhang in der Festschrift ihren Platz finden sollte; daß von dieser Intention Abstand genommen werden mußte, erklärt sich einzig aus dem Umfang, den dieser Beitrag angenommen hat und der eine separate Veröffentlichung angeraten erscheinen läßt. Die Bibliographie wird unter dem Titel „Verein Deutscher Bibliothekare 1900–2000: Bibliographie und Dokumentation“ im Jubiläumsjahr ebenfalls im Verlag Harrassowitz erscheinen. An dieser Stelle seien daher nur einige konzeptionelle Bemerkungen zur Anlage der Bibliographie gemacht und die Systematik abgedruckt, so daß ein Bild von der Fülle der Vereinsaktivitäten und dem Spektrum bibliothekarischer Sacharbeit, die der Verein in seiner hundertjährigen Geschichte geleistet hat, entstehen mag.

In § 2 der am 22. Mai 1902 in Jena beschlossenen und auf der Mitgliederversammlung am 6. Oktober 1903 in Halle geänderten Satzung heißt es: „Der Verein hat den Zweck, den Zusammenhang unter den Deutschen Bibliothekaren zu pflegen und die Interessen des Bibliothekswesens zu fördern.“[2] An dieser einerseits die Aufgaben eines Personalvereins akzentuierenden, andererseits auch die Belange des deutschen Bibliothekswesens einbeziehenden Zweckbestimmung hat sich im Laufe der

1 H. Buske: Festschrift. - In: Lexikon des gesamten Buchwesens / hrsg. von Severin Corsten u. a. - 2., völlig neu bearb. Auflage. - Bd. 2. - Stuttgart 1989, S. 576.

2 Die Satzung ist abgedruckt im Jahrbuch der Deutschen Bibliotheken 2 (1903) S. 136–143, hier S. 136.

Jahrzehnte nichts Wesentliches geändert. Die aus dem Jahre 1997 datierende Satzung formuliert: „Der Verein hat den Zweck, den Zusammenhang unter den deutschen Bibliothekaren zu pflegen und ihre Berufsinteressen wahrzunehmen, dem Austausch und der Erweiterung ihrer Fachkenntnisse zu dienen und das wissenschaftlichen Bibliothekswesen zu fördern."[3]

Der VDB hat diese doppelte Zweckbestimmung auf verschiedene Weise mit Leben erfüllt. Die Chronik der Bibliothekartage zählt bislang 89 Veranstaltungen, von denen 35 in der ersten Jahrhunderthälfte allein vom VDB verantwortet wurden[4], der damit seiner satzungsgemäßen Aufgabe gerecht wurde, „Zusammenkünfte der Fachgenossen (Bibliothekartage)" zu veranstalten[5], bevor dann in der frühen Nachkriegszeit der Verein der Diplombibliothekare in die Rolle des Mitveranstalters trat und ab 1973 zunächst im Fünfjahresrhythmus die jährlich in der Pfingstwoche abgehaltenen Tagungen zum Bibliothekskongreß mit der Deutschen Bibliothekskonferenz, später der Bundesvereinigung Deutscher Bibliotheksverbände als Organisator erweitert wurden. Über sieben Jahrzehnte hat der Verein intensive Sacharbeit betrieben, die primär von Kommissionen geleistet wurde und in beschränktem Umfange auch noch geleistet wird.[6] Diese Kommissionen, Ausschüsse und Arbeitsgruppen, mitunter zur Bearbeitung eines speziellen Sachproblems gegründet und nach Erledigung der Aufgabe wieder aufgelöst, oftmals aber auch unter wechselnden personellen Konstellationen über Jahre und Jahrzehnte aktiv, decken die gesamte Bandbreite bibliothekarischer Kernthemen dieses Jahrhunderts

3 Abgedruckt im Jahrbuch der Deutschen Bibliotheken 57 (1997) S. 412–417, hier S. 412.

4 Der in der Zählung 36. Bibliothekartag 1940 beschränkte sich auf eine Mitgliederversammlung.

5 „Zur Erreichung des Zwecks veranstaltet der Verein vornehmlich Zusammenkünfte der Fachgenossen (Bibliothekartage), welche in einer vom Vereinsausschuß zu wählenden Stadt des Deutschen Reichs, in der Regel im Anschluß an die ordentliche Mitgliederversammlung (§ 16, Ab. 2) stattfinden." (§ 2 der Satzung vom 22. Mai 1902, in der revidierten Fassung vom 6. Oktober 1903. - In: Jahrbuch der Deutschen Bibliotheken 2 (1903) S. 136).

6 Siehe hierzu Wilhelm Totok: Vom Übergang der bibliothekarischen Sacharbeit an das Deutsche Bibliotheksinstitut. - In: Die neue Bibliothek: Festschrift für Harro Heim zum 65. Geburtstag / hrsg. von Günther Pflug und Hansjochen Hancke. - München 1984, S. 370–383.

ab und machen in ihrer historischen Entwicklung deutlich, wie eng die allgemeine Entwicklung des Bibliothekswesens und die Sacharbeit des Vereins miteinander verknüpft sind. Seit den 70er Jahren haben sich Landes- oder Regionalverbände mit einem zum Teil beachtlichen Eigenleben, vor allem im Hinblick auf die Ausrichtung von Fortbildungsveranstaltungen, konstituiert.

Aus den hier in groben Strichen skizzierten Aktivitäten des Vereins ergibt sich im Hinblick auf die Konzeption der Bibliographie eine doppelte Aufgabenstellung.

Es gilt zunächst, die eigentlichen, unmittelbaren Vereinsveröffentlichungen bibliographisch zu erfassen; dies sind die Vereinsorgane wie etwa das *Jahrbuch der Deutschen Bibliotheken* oder die vom VDB herausgegebenen bzw. mitherausgegebenen Zeitschriften, die Jahresberichte des Vereinsvorstandes sowie die Protokolle der Mitgliederversammlungen, ferner die zahlreichen Geschäfts-, Jahres- oder Rechenschaftsberichte der einzelnen Kommissionen und regionalen Verbände, ihre Verlautbarungen und Beschlüsse und schließlich die sonstigen, vom Verein initiierten oder geförderten Publikationen zu unterschiedlichen Sachthemen. Der Themenkanon reicht von der Alphabetischen Katalogisierung über Ausbildungs- und Berufsfragen, Bibliotheksbau, Fortbildungskonzepte, Leihverkehr und Personal bis hin zu Rechtsfragen und Statistik und spart auch Stellungnahmen zu diversen anderen Sachfragen, die sich nicht unter den großen Sachthemen rubrizieren lassen, sowie zu politischen und tagesaktuellen Ereignissen keineswegs aus.

In einem zweiten Schritt ist, entsprechend der weiteren Zweckbestimmung des Vereins, nach dem größeren Kontext zu fragen, und dieser Kontext lenkt den Blick zwangsläufig auf den Bibliothekartag als originärer Einrichtung des Berufsverbandes der wissenschaftlichen Bibliothekare.

„Die ganze Entwicklung der deutschen Bibliotheken des letzten halben Jahrhunderts spiegelt sich mehr oder weniger in den Tagungsberichten", schreibt Georg Leyh in seiner Rückschau anläßlich des fünfzigjährigen Vereinsjubiläums. „An dem Aufstieg, aber auch an den Irrungen und Wirrungen hat der Verein vollen Anteil genommen. Durch das eindringliche Für und Wider der Verhandlungen stellen diese Berichte ein ganzes Lehrbuch der modernen Bibliotheksverwaltung in lebendigster

Ausprägung dar."[7] Es ist kein Zufall, daß sich Leyhs Vereinsgeschichte letztlich zu einer Geschichte der Bibliothekartage und ihrer großen Themen verdichtet. Vielfach von herausragenden Vertretern des Faches vorgetragen, waren dies Themen, die lange nachhallten, die Entwicklungen nicht nur nachvollzogen, sondern oftmals erst in Gang brachten. Ein Blick in die Programme der jährlichen Versammlungen zeigt, daß kein relevantes Thema ausgelassen wurde. Diese enge Synthese von Vereins- und allgemeiner Bibliotheksgeschichte läßt es konsequent erscheinen, die gedruckt vorliegenden Tagungsbeiträge in chronologischer Reihenfolge in die Bibliographie aufzunehmen; daß die Verzeichnung bis in die Gegenwart geführt wird, hängt nicht nur mit dem Anspruch zusammen, ein zusammenhängendes Stück Bibliotheksgeschichte zu dokumentieren, sondern findet seine Begründung auch in dem Umstand, daß der VDB als Mitveranstalter maßgebliche Verantwortung für die programmatische Gestaltung trägt und überdies die Tagungen nach wie vor auch ein Forum für die verbliebene Sacharbeit bieten.[8]

Der VDB kann zwar im Jahre 2000 sein hundertjähriges Bestehen feiern, einen Historiographen allerdings, der eine zusammenhängende Vereinsgeschichte vorgelegt hätte, hat der Verein in den zurückliegenden Jahren nicht gefunden. Jubiläen wie das 25jährige Bestehen, und schließlich das Jahr 1950, in dem der zwei Jahre zuvor in München wiederbegründete VDB ein halbes Jahrhundert Vereinsgeschichte reflektieren konnte, gaben jedoch Anlaß zur Rückschau[9]; die neuere Bibliotheksforschung hat überdies einzelne Zeitabschnitte einer genaueren Untersuchung unterzogen[10], und von verschiedenen Kommissionen liegen umfas-

7 Georg Leyh: Fünfzig Jahre Verein Deutscher Bibliothekare. - In: Georg Leyh: Aus vierzig Jahren Bibliotheksarbeit: Kleine Schriften. - Wiesbaden 1954, S. 215–236, hier S. 218.

8 So treten die Kommissionen des VDB auf den Bibliothekartagen bzw. Bibliothekskongressen oftmals mit eigenen Veranstaltungen hervor. Vgl. etwa den von der Kommission für Fachreferatsarbeit auf dem Freiburger Bibliothekartag 1999 veranstalteten Themenkreis „Fachreferat und Wissenschaft".

9 Vgl. Adolf Hilsenbeck: 25 Jahre Verein Deutscher Bibliothekare. - In: ZfB 43 (1925) S. 418–426 und den in Anm. 7 zitierten Aufsatz von Georg Leyh.

10 Vgl. Michael Labach: Der Verein Deutscher Bibliothekare während des Nationalsozialismus. - In: Bibliotheken während des Nationalsozialismus. - Teil 2 / hrsg. von Peter Vodosek und Manfred Komorowski. - Wiesbaden 1992 (Wolfenbütteler Schriften zur Geschichte des Buchwesens; 16), S. 151–168. Ferner Ulrike Eich: Der Verein

sendere Bestandsaufnahmen ihrer Arbeit mit zahlreichen bibliographischen Angaben vor.[11] Bibliographische Vorarbeiten im engeren Sinne existieren jedoch nicht.

Freilich hat der Verein schon früh mit der Auflistung seiner Mitgliederversammlungen und seiner Funktionsträger begonnen. Bereits im 2. Jahrgang des *Jahrbuchs* wird den bislang vier großen Sektionen, dem Institutionenverzeichnis, dem Personenteil, der Zusammenstellung wichtiger Verordnungen und Erlasse und der Bibliotheksstatistik, ein fünfter, die Belange des Vereins betreffender Abschnitt hinzugefügt, in dem die Satzung zum Abdruck kommt, die personelle Zusammensetzung von Vorstand, Vereinsausschuß und Kommissionen mitgeteilt und eine Übersicht über die bislang abgehaltenen Versammlungen einschließlich der Belegstellen im *Zentralblatt für Bibliothekswesen* abgedruckt wird. Diese Abschnitte im *Jahrbuch* sind für die Dokumentation der Vereinsgeschichte von hohem Wert.

Daneben verdienen diverse Zeitschriften als bibliographische Quellen Beachtung.

Entsprechend der Satzung diente das *Literarische Zentralblatt für Deutschland* als Ort offizieller Verlautbarungen[12], aber naturgemäß konnte ein Rezensionsorgan nicht die Funktion einer Vereinszeitschrift erfüllen; in diese Rolle wuchs faktisch das *Zentralblatt für Bibliothekswesen (ZfB)*, auch wenn es niemals offiziell das Sprachrohr der Standesorganisation der Bibliothekare des Höheren Dienstes war und seine Unabhängigkeit vom Verein Intention seiner Begründer wie Herausgeber war und

Deutscher Bibliothekare. - In: Die Entwicklung des Bibliothekswesens in Deutschland 1945–1965 / hrsg. von Peter Vodosek und Joachim-Felix Leonhard. - Wiesbaden 1993 (Wolfenbütteler Schriften zur Geschichte des Buchwesens; 19), S. 253–282.

11 Beispielhaft sei hier die vorbildliche Aufarbeitung durch Rolf Fuhlrott und Gerhard Schlitt genannt: Entwicklung und Arbeit der Kommission für Baufragen des Deutschen Bibliotheksverbandes. - In: Vom Bauen neuerer Bibliotheken: Erinnerungen, Erfahrungen, Planungen / hrsg. von Rolf Fuhlrott. - Wiesbaden 1979 (Das Buch und sein Haus: Gerhard Liebers gewidmet zur Vollendung des 65. Lebensjahres am 23. Mai 1979; 2), S. 1–32.

12 „Bekanntmachungen des Vereins erfolgen durch das ‚Literarische Zentralblatt für Deutschland', solange nicht hierfür vom Vereinsausschuß ein anderes Organ bestimmt und in mindestens zwei Blättern bekannt gegeben ist." (§ 19 der Satzung von 1902 in der revidierten Fassung vom Oktober 1903. - In: Jahrbuch der Deutschen Bibliotheken 2 (1903) S. 143–143.).

blieb.[13] Das *ZfB* druckte Vereins- und Personalnachrichten an prominenter Stelle und veröffentlichte alljährlich ohne nennenswerten zeitlichen Verzug die Referate des Bibliothekartages und das Protokoll der VDB-Mitgliederversammlung. Erst nach dem Zweiten Weltkrieg schuf sich der Verein mit den *Nachrichten für wissenschaftliche Bibliotheken (NfwB)* ein eigenes Organ, dessen Programm „hauptsächlich auf schnellem, gegenseitigem Meinungsaustausch, kurzen Informationen und praktischen Fragen der Bibliotheksverwaltung und -organisation" beruhte und das nicht als Konkurrenzunternehmen zum in Leipzig weitererscheinenden *Zentralblatt* verstanden werden sollte.[14] In der Tat publizierte die traditionsreiche Fachzeitschrift in den ersten Jahren nach dem Krieg noch zahlreiche Beiträge der Bibliothekartage[15], aber mit der Gründung der *Zeitschrift für Bibliothekswesen und Bibliographie (ZfBB)*, welche die *Nachrichten* ablöste und die den „erweiterten und höheren Anforderungen unseres bibliothekarischen Lebens von heute gerecht" werden und Gelegenheit bieten sollte, „aktuelle Themen des deutschen und des ausländischen Fachgebietes auf wissenschaftlicher Ebene und in ausführlicherer Form zu behandeln"[16], war auch im Hinblick auf eine wissenschaftlichen Ansprüchen genügende bibliothekarische Fachzeitschrift die Teilung in Ost und West unwiderruflich vollzogen. Bis 1973 erstmals der Ertrag eines Bibliothekartages in einem eigenen Tagungsband niedergelegt und damit eine trotz elektronischer Publikationsmöglichkeiten zu

13 Zum Verhältnis VDB – ZfB siehe Ralf Breslau: Das „Zentralblatt für Bibliothekswesen" in der Weimarer Republik. - In: ZfBB 37 (1990) S. 223–238, bes. S. 233–235; ferner Georg Leyh: Fünfzig Jahre Verein Deutscher Bibliothekare (wie Anm. 7), hier bes. S. 235 und Georg Leyh: Zum 50. Jahrgang des Zentralblatts: Tradition und Ziel. - In: ZfB 50 (1933) S. 1–18.

14 Gustav Hofmann: Zum Geleit. - In: NfwB 1 (1948) S. 1. - Zu den NfwB siehe auch Friedrich-Adolf Schmidt-Künsemüllers Artikel im Lexikon des gesamten Buchwesens / hrsg. von Severin Corsten u. a. - 2., völlig neu bearbeitete Auflage. - Bd. 5. - Stuttgart 1999, S. 289.

15 Die Auswertung des Zentralblatts, die bis zur Fusion mit ZfBB 1990 durchgeführt wurde, zeigt, daß noch bis zum Mauerbau kurz über die westdeutschen Bibliothekartage berichtet wurde, in späteren Jahren die jährlichen Versammlungen keine Erwähnung mehr fanden, aber von den 70er Jahren an häufiger die Tagungsbände rezensiert wurden.

16 So definierte der damalige VDB-Vorsitzende Gustav Hofmann in einer „Mitteilung an unsere Leser" im Dezemberheft der NfwB das Konzept der neuen Zeitschrift. Vgl. NfwB 6 (1953) S. 225.

Recht beibehaltene Tradition geschaffen wurde, bildete die Vereinszeitschrift das Forum für die Dokumentation der Pfingstversammlungen. Als letztes Vereinsorgan wäre schließlich das seit Anfang 1972 von VDB und VdDB gemeinsam herausgegebene und gestaltete *Rundschreiben* zu nennen, das als ein klassisches Mitteilungsblatt für Vereinsangelegenheiten die internen Diskussionen widerspiegelt und Raum für Veröffentlichungen der Kommissionen und Landesverbände gibt.

Außer den Vereinsorganen konnte umfangreiches Material für alle Teile der Bibliographie auch aus zahlreichen anderen bibliothekarischen Fachzeitschriften gewonnen werden. Beispielhaft seien regionale Zeitschriften wie das *Bibliotheksforum Bayern* oder das *Mitteilungsblatt des Verbandes der Bibliotheken des Landes Nordrhein-Westfalen* genannt, ferner allgemeine Organe, wie *Bibliotheksdienst*, *Bibliothek: Forschung und Praxis* oder auch spezialisierte Periodika wie *ABI-Technik* oder die *Mitteilungen der Arbeitsgemeinschaft für juristisches Bibliotheks- und Dokumentationswesen.*

Neben diesen Zeitschriften wurden die einschlägigen bibliothekshistorischen Bibliographien konsultiert, außerdem zentrale fachliche und biographische Nachschlagewerke und Lexika systematisch ausgewertet. Eine nicht zu unterschätzende Bedeutung besitzen die Kryptobibliographien, hier vor allem die Schriftenverzeichnisse in den zahlreichen Festschriften bibliothekarischer Persönlichkeiten, die auch in der Bibliographie verzeichnet sind.

Die VDB-Bibliographie umfaßt mehr als 4 600 Titel; hinzu kommen dokumentarische Teile, die primär auf dem Vereinsteil des *Jahrbuchs* fußen. Es handelt sich hierbei vor allem um Zusammenstellungen der personellen Zusammensetzung der verschiedenen Vereinsorgane (Vorstand, Vereinsausschuß, Vorsitzende der Landes- oder Regionalverbände, Mitglieder der Kommissionen und Arbeitsgruppen). Mehrere Register, ein Verfasserregister für die gesamte Bibliographie sowie ein Sach- und Institutionenregister, mit denen die Vorträge der Bibliothekartage inhaltlich erschlossen werden sollen, schließen den Band ab.

Vor fast fünfzig Jahren zog Georg Leyh in seinem eingangs schon erwähnten Rückblick auf ein halbes Jahrhundert Vereinsgeschichte und Vereinsarbeit eine durchweg positive Bilanz. „Jetzt können wir sagen", so schrieb er, „daß der Verein in nicht wenigen Fragen einen bestimmenden

Einfluß auf die Entwicklung der deutschen Bibliotheken ausgeübt hat, wobei die positiven Leistungen durchaus überwiegen."[17] Auf die Frage, ob diese Sichtweise unter dem Licht der modernen Bibliothekswissenschaft aufrechtzuerhalten und die Leistungsbilanz für die zweite Jahrhunderthälfte ähnlich zu bewerten ist, mag auch die Festschrift zum Vereinsjubiläum eine Antwort versuchen. Die Vereins- und Bibliotheksgeschichtsschreibung des nächsten Saeculums wird sich hiermit sicherlich ebenfalls zu beschäftigen haben. Dieser Forschung ein bibliographisches Arbeitsinstrument an die Hand zu geben, in dem – wenn auch nicht mit dem Anspruch auf Vollständigkeit – Material zum Verein Deutscher Bibliothekare zusammengetragen ist, war Aufgabe und Ziel der hier beschriebenen Arbeit. Die folgende Systematik gibt den Aufbau und die Anlage der Bibliographie und Dokumentation zur Geschichte des VDB und seiner Bibliothekartage wieder.

Systematik

A	Allgemeines
B	Zur Geschichte des Vereins
C	Vereinsorgane
C 01	Vereinsorgane
C 02	Literatur zu den Vereinsorganen
D	Vereinssatzungen
E	Vereinsstrukturen
E 01	Vorstand
E 02	Vereinsausschuß
E 03	Mitglieder des Vereins
E 04	Landes- und Regionalverbände
E 04.01	Allgemeines
E 04.02	Landesverband Baden-Württemberg
E 04.03	Landesverband Bayern
E 04.04	Landesverband Bremen
E 04.05	Landesverband Hamburg
E 04.06	Landesverband Hessen
E 04.07	Landesverband Mecklenburg-Vorpommern
E 04.08	Landesverband Niedersachsen
E 04.09	Landesverband Sachsen

17 Georg Leyh: Fünfzig Jahre Verein Deutscher Bibliothekare (wie Anm. 7) S. 234.

E 04.10	Regionalverband Sachsen/Sachsen-Anhalt/Thüringen
E 04.11	Regionalverband Südwest – Baden-Württemberg, Rhl.-Pfalz, Saarland
E 05	Kommissionen, Arbeitsgruppen, Ausschüsse und ihre Sacharbeit
E 05.01	Allgemeines
E 05.02	Amtsdrucksachen
E 05.03	Ausbildung
E 05.03.01	Ausschuß für die Frage der einheitlichen bibliothekarischen Vorbildung
E.05.03.02	Kommission für Ausbildungsfragen
E 05.04	Baufragen
E 05.05	Benutzung
E 05.06	Beruf
E.05.06.01	Ausschuß zur Förderung der Standesinteressen
E 05.06.02	Ausschuss für nähere Beziehungen zwischen den bibliothekarischen Berufsverbänden Deutschlands
E 05.06.03	Verbindungsausschuß zwischen VDB und VDV
E 05.06.04	Kommission für Berufsfragen
E 05.06.05	Informationsstelle für arbeitslose Berufsanfänger (und Vorläufer)
E 05.07	Besoldung und Tarif
E 05.08	Bibliographie
E 05.08.01	Bibliographische Kommission
E 05.08.02	Ausschuß für Bibliographie, Referatenblätter und Repertorien (Dokumentation)
E 05.08.03	Kommission für bibliographische Fragen
E 05.09	Dissertation und Mikrofilm
E 05.09.01	Kommission für Dissertations- und Mikrofilmfragen
E 05.09.02	Kommission für Dissertationsfragen
E 05.10	Einband
E 05.10.01	Kommission für Leder und andere Einbandstoffe
E 05.10.02	Ausschuß für Einbandmaterialfragen
E 05.10.03	Ausschuß/Kommission für Einbandkatalogisierung
E 05.10.04	Kommission für Einbandfragen
E 05.11	Erwerbung
E 05.11.01	Rabattkommission
E 05.11.02	Kommission für Erwerbungsfragen
E 05.12	Fachreferatsarbeit
E 05.13	Frauen im Höheren Bibliotheksdienst
E 05.14	Handschriften, Inkunabeln, Rara
E 05.14.01	Ausschuß zum Schutz älterer Büchersammlungen
E 05.14.02	Kommission für Handschriftenfragen, Einbandkatalogisierung, Inkunabeln und Rara (Handschriftenkommission)
E 05.14.03	Kommission für Handschriftenfragenfragen, Einbandkatalogisierung und Rara
E 05.14.04	Kommission für Inkunabelfragen
E 05.14.05	Kommission für Handschriftenfragen
E 05.15	Katalogisierung
E 05.15.01	Kommission für Vorbereitung der Frage der einheitlichen Katalogisierung

E 05.15.02 Kommission Zentralkatalogisierung und Titeldrucke
E 05.15.03 Transskriptionskommission
E 05.15.04 Ausschuß für Sachkatalogisierung
E 05.15.05 Ausschuß für Katalogfragen (des Verbandes der Bibliotheken von Nordrhein-Westfalen)
E 05.15.06 Kommission für Zentralkatalogfragen
E 05.15.07 Kommission für alphabetische Katalogisierung
E 05.16 Leihverkehr
E 05.17 Neue Techniken/Medien
E 05.18 Rechtsfragen
E 05.19 Statistik
E 05.20 Verwaltungspraxis
E 05.21 Zeitung/Presse
E 05.22 Varia
E 05.22.01 Arbeitsgemeinschaft für Sicherheitsverfilmung
E 05.22.02 Arbeitsgruppe für Öffentlichkeitsarbeit
E 05.22.03 Ausschuß für die Literatur des Auslandsdeutschtums
E 05.22.04 Ausschuß zur Neubearbeitung der Satzung
E 05.22.05 Kommission für Parlaments- und Behördenbibliotheken
E 05.22.06 Kommission für technisches Schrifttum und technische Bibliotheken

F JAHRESBERICHTE DES VEREINSVORSTANDES

G MITGLIEDERVERSAMMLUNGEN

H PUBLIKATIONEN DES VEREINS ZU SACHFRAGEN
H 01 Alphabetische Katalogisierung
H 02 Ausbildung
H 03 Berufsbild
H 04 Bibliotheksbau
H 05 Fortbildung
H 06 Leihverkehr
H 07 Personal
H 08 Rechtsfragen
H 09 Statistik
H 10 Stellungnahmen zu diversen Sachfragen
H 11 Stellungnahmen zu tagespolitischen Fragen/Ereignissen

I PERSONEN

K KOOPERATION BIBLIOTHEKARISCHER BERUFSVERBÄNDE

L DIE BIBLIOTHEKARTAGE

M DIE VORTRÄGE DER BIBLIOTHEKARTAGE

Personenregister

Abb, Gustav 58 f, 61, 66, 68, 71, 80, 86, 89, 93–96, 98–100, 258, 260, 280, 293 f, 296f, 308
Ackerknecht, Erwin 208, 211, 213, 218
Alberts, Hildegard 271, 308
Alexander, Gerhard 110, 116 f
Althoff, Friedrich 50–55, 239, 242
Althoff, Theodor 50
Altmann, Wilhelm 21, 285
Altmann-Gottheiner, Elisabeth 304
Andersch, Alfred 59
Arndt, Dora 308
Atatürk, Mustafa Kemal 108

Babendreier, Jürgen 367, 369, 371
Bansa, Helmut 358 f, 362
Barack, Karl-August 29
Barbian, Jan-Pieter 226
Barkai, Avraham 103
Barthel, Helene 308
Bauhuis, Walter 131
Becker, Heinrich 212, 219 f, 299
Beckmann, Josef 331 f
Beer, Johannes 222–225
Behrends, Elke 386
Benke, Gertrud 308, 310
Benndorf, Helene 319
Berghoeffer, Christian 30, 35, 287
Bergmann, Gustav 211
Bernhardt, Peter 386
Bernoulli, Karl Christoph 39
Bethke, Ilse 308, 310
Bick, Joseph 94 f
Biewald, Inge 389
Binder, Johanna 308
Bismarck, Otto Fürst von 88
Blank, Paula 106
Blasel, Anneliese 308
Bläsi, Bernhard 338, 340
Blum, Rudolf 342
Blum-Klima, Ursula 362
Boden, Charlotte 308
Böhme, Irene 308
Bömer, Aloys 294, 310
Boer, Elisabeth 308
Boer, Emilie 308
Bollert, Martin 91 f
Bonde, Hildegard 308
Bonnemann, Elsbeth 308
Bork, Ulrike 117
Bothe, Winfried 362
Brandt, Willy 165
Breitenbach, Edgar 114 f
Bretschneider, Anneliese 308
Brie, Maria 307
Bronisch, Ilse 308
Buchhorn, Lilly 308, 310
Büchsel, Karl 111 f
Bulthaupt, Heinrich 29–31
Burger, Konrad 25
Busse, Gisela von 308, 321
Buttmann, Rudolf 59 f, 71, 76 f, 80, 94, 99, 175, 293–296

Cauer, Minna 313
Colmi, Elsbeth 308
Cordes, Eilhard 344
Cordes, Hans 178, 198

Corsten, Hermann 76, 92
Cremer, Martin 122, 190

Daab, Ursula 308
Dehn, Claus 117
Denecke, Ludwig 98
Des Coudres, Hans-Peter 79, 89
Diesch, Karl 92
Diffené, Karl 269
Dihle, Gerda 272
Drozd, Kurt Wolfgang 189
Dubowik-Belka, Ewa 261, 272
Dziatzko, Karl 17, 22 f, 25–27, 29 f, 30, 33–39, 49, 51, 53 f, 57, 232, 236, 239 f, 243, 250, 253

Ebert, Friedrich Adolf 241, 244 f, 250, 259
Egidy, Berndt von 261
Ehrle, Peter Michael 352, 356
Eich, Ulrike 16, 230
Eichler, Ferdinand 21–23, 25, 38, 285
Eichstädt, Volkmar 97
Emmrich, Hanna 308
Eppelsheimer, Hanns Wilhelm 84, 124 f, 128, 229, 248
Erman, Wilhelm Adolf 25–34, 36–38, 171 f, 286
Esch, Margarete 305

Fick, Richard 214 f, 292
Fink, Reinhard 63, 86
Fischer, Luise 320 f
Fitz, Marianne 308
Fleischhack, Curt 151, 155, 164, 299
Floerke, Anna-Maria 308, 312
Focke, Rudolf 31, 193
Förstemann, Ernst 19 f, 284 f
Franken, Klaus 348
Frankenberger, Rudolf 40, 134, 262
Frankfurter, Salomon 25, 79
Fritz, Gottlieb 211, 247, 275
Fuchs, Hermann 96, 132, 142, 177
Füchsel, Johannes (Hans) 190 f, 213–216, 221 f, 225, 230, 292

Ganz, Paul 115
Gebhardt, Walther 331
Gebhardt, Oskar von 24, 27, 29, 31
Gehring, Paul 229, 250
Geiger, Karl 31, 34 f, 51
Gerhard, Karl 31, 36, 307
Gilluck, Heike 296
Girod, Charlotte 308
Glatzle, Wolfgang 348
Goeber, Willi 96
Goethe, Johann Wolfgang von 102, 302
Golther, Wolfgang 271
Gottlieb, Frieda 308
Gottschalk, Walter 108
Gräsel, Arnim 25, 27, 29
Gratzl, Emil 190
Gregor, Joseph 98
Grigun, Katharina 272
Guddorf, Helene 308
Gutenberg, Johann 99

Haase, Yorck A. 39, 226, 228, 278
Habermann, Alexandra 18, 317
Hacker, Gerhard 16, 143, 277
Haebler, Konrad 25
Haeger, Ferdinand 211
Haenisch, Wolf 139, 150–155, 160, 183
Hagemeier, Emma 308
Hahn, Wilhelm 337 f
Hainhofer, Philipp 31
Hammer, Franz 89
Hanauer, Julius 193
Hansel, Hans-Thomas 367, 369, 371
Happel, Hans-Gerd 88
Harnack, Adolf von 247, 270, 307
Harnack, Axel von 98
Harrassowitz, Friedrich 297
Harrassowitz, Gertrud 297
Harrassowitz, Hans 284, 288, 292 f, 296 f
Harrassowitz, Otto 296–298
Hartel, Wilhelm (Ritter) von 22 f
Hartwig, Otto 17, 22 f, 25, 28 f, 45, 49, 51, 53, 55, 239, 284–286, 294, 296
Haßbargen, Hermann 87
Haubold, Joachim 352
Hauck, Dorothea 337
Havekost, Hermann 367–369

Havemann, Elisabeth 308
Heischmann, Günter 363
Heitmann, Frank 45
Helßig, Rudolf 190
Hering, Jürgen 256, 262
Herrmann, Wolfgang 225
Herse, Wilhelm 77
Hersing, Margarete 308
Heyne, Christian Gottlob 48
Hilgemann, Klaus 207
Hilsenbeck, Adolf 39, 63, 67–76, 84–88, 90, 100, 184, 225, 227, 256, 271, 283, 288, 292 f, 301
Hindenburg, Paul von 104
Hirschberger, Egon 183
Hitler, Adolf 96, 100, 102, 104
Hoecker, Rudolf 112, 213–216, 230, 292, 299
Hoedt, Georg 96
Hönncher, Ellen 308
Hoffmann, Ute 389
Hoffmann, Wilhelm 331, 338
Hofmann, Gustav 124 f, 128–129, 141, 146, 150, 153–155, 158, 229, 254, 271, 279, 321, 395
Hofmann, Hans 214, 221–225
Hofmann, Johannes 194
Hofmann, Walter 208 f
Hollerbach, Marie-Luise 304
Holter, Kurt 98
Holubiczko, Hiltrud 308
Hopfer, Georg 347, 349
Hortzschansky, Adalbert 258
Hülle, Hermann 222 f
Hundhausen, Felicitas 16

Ippel, Eduard 35, 38
Irtenkauf, Wolfgang 335
Iwand, Käthe 308, 312

Jacobs, Emil 49, 310, 311
Jacoby, Jörg 199
Jahn, Cornelia 365
Janda, Otto 98
Jank, Dagmar 272
Jansen, Carl 229, 250
Jende-Radomski, Hilde 304
Jeremias, Christliebe 312
Joerden, Rudolf 141, 229
Juchoff, Rudolf 68, 74–77, 175, 198
Jügelt, Karl-Heinz 29
Jung, Rudolf 315
Junginger, Fritz 344, 346, 358–360, 362
Jurcic, Hrvoje 363, 365

Kaindl, Annemarie 26
Kallen, Gerhard 93
Kandil, Fuad 348
Kapitzky, Lisbeth 307
Karsten, Hildegard 308, 311
Kaspers, Heinrich 122, 330
Kehr, Wolfgang 336 f, 343
Kern, Anton 96, 98
Kern, Otto 271
Kettler, Franz 96
Keysser, Adolf 190
Kießner, Anna Margarete 308, 312
Kindervater, Josef 63, 76
Kirchner 303
Kirchner, Joachim 63, 65–67, 73, 84 f
Kissel, Gerhard 367, 369 f, 372–374
Kläb, Paula 308
Klapp, Otto 160 f
Klefeker, Siegfried 89
Kleiss, Manfred 338
Klette, Anton 49
Klotzbücher, Alois 199
Kluth, Rolf 332, 370
Knudsen, Holger 259
Koch, Ernst 91
Koch, Hans-Albrecht 369
Köttelwesch, Clemens 122, 178, 197
Kortzfleisch, Hermann von 199
Koschlig, Manfred 331
Koschorrek, Walter 331
Krabbe, Wilhelm 70, 77 f, 175, 264
Kraft, Werner 65, 105–107, 114
Kratsch, Werner 199
Krause, Alfred 335
Kreyenborg, Elisabeth 308
Kricker, Gottfried 92
Krieg, Werner 138, 198

Krogoll, Johannes 374
Krüger, Gerda 306, 308
Krüss, Hugo Andres 72, 87, 89, 216 f, 221–223, 291, 305, 306, 310, 311
Kruse, Helmut 98
Kummer, Rudolf 61–63, 75–77, 79, 109, 293
Kunze, Horst 145, 150 f, 154 f, 158, 162–164, 299
Kyriss, Ernst 195

Labach, Michael 16, 109, 226
Ladewig, Paul 210
Lampe, Margarete 308
Landwehrmeyer, Richard 344, 351
Lansky, Ralph 136, 138, 277
Laubmann, Georg von 26, 29, 34, 38
Lechmann 135 f
Leipprand, Ernst 76, 91
Leo 303
Leonhard, Felix-Joachim 352
Leskien, Elfriede 308, 312
Leskien, Hermann 26, 362
Leupold, Fanny Charlotte 308
Leyh, Georg 42, 49, 63 f, 73–80, 87–92, 95, 100, 109, 124, 128, 146, 158, 174 f, 186 f, 193, 218 f, 224, 230, 234, 243, 250, 283 f, 288, 291, 293–296, 302, 392 f, 396
Liebers, Gerhard 137
Liehl, Ekkehard 192, 331 f
Lindow, Gudrun 272
Löhmann, Otto 188, 262
Loewe, Heinrich Eliakim 105, 110–113
Löwenthal, Fritz 109 f
Lohmeyer, Edward 26
Lohse, Hartwig 135 f, 162–164, 261, 342
Loubier, Hans 194
Luther, Wilhelm Martin 25, 197

Maas, Georg 25
McClelland, Charles E. 41, 44
Mackensen, August von 104
Marbach, Johannes 371
Markgraf, Hermann 31
Marquardt, Hertha 308
Marwinski, Konrad 146
Matschkal, Leo 364
May, Otto Heinrich 106
Meyer, Gerhard 106
Meyer, Kathi 303, 306, 308
Middendorf, Heinrich 122, 132, 134, 141, 176, 198
Milchsack, Gustav 25, 29, 31, 34 f
Milkau, Fritz 50, 54, 236 f, 240, 302, 312 f
Missol, Helga 367
Mittler, Elmar 199
Modrze, Anneliese 308 f
Möller, Maria 308
Mohl, Robert von 31, 48
Molsdorf, Wilhelm 25
Montebaur, Joseph 87
Müller, Annemarie 308
Müller, Hildegard 356
Müller-Jerina, Alwin 117, 274

Naetebus, Gotthold 280
Nagel, Dietrich 386, 389
Neumann, Käthe Emma 308
Niewalda, Paul 360
Niggemann, Elisabeth 319
Nörrenberg, Constantin 25, 31, 190

Oehler, Richard 67 f
Oehlke, Hedda 308
Oehme, Ruthardt 331
Oeser, Max 269
Otten, Bennata 275
Ottermann, Annelen 256, 262

Paalzow, Hans 35–37, 287
Passera, Carmen 272
Pauer, Max 282, 342 f, 345, 360
Petzold, Joachim 96
Pflug, Günther 200
Philipp, Franz-Heinrich 377
Piepenbrock, Rudolf 349
Pietschmann, Richard 236
Pirler, Philipp 364 f
Plassmann, Engelbert 29, 40, 111, 374, 386

Poelmann, Julie 308
Poewe, Wilhelm 63
Poll, Roswitha 319 f, 386
Prange, Cornelie 308
Predeek, Albert 92, 96
Preisendanz, Karl 87
Prinzhorn, Fritz 71 f, 86, 88, 92, 96

Quack, Gertrud 308

Raff, Hermann 76
Rath, Erich von 92
Rausche, Charlotte 308, 312
Reddig, Edith 308
Redenbacher, Fritz 98, 189, 198
Rehm, Harald 364 f
Rehm, Margarete 319
Reich, Angelika 358, 364
Reichardt, Günther 25 f, 30, 300
Reincke, Gerhard 92
Reinhardt, Angeline 142, 229
Reitz, Gertrud 308
Renz, Barbara 307
Rest 124 f
Reuter, Rudolf 213
Richter, Helene Margarete 308, 312
Richter, Hubert 92
Richter, Kornelia 40
Riemenschneider, Emmy 307
Rieser, Adele 119
Rieser, Ferdinand 118 f
Ritschl, Friedrich Wilhelm 48, 53
Rockel, Gertrud 308, 310
Roediger, Johannes 35
Rötzsch, Helmut 164–165
Roggenbach, Franz von 50
Roloff, Heinrich 156, 160 f, 300
Roquette, Adalbert 35
Rosenberg, Alfred 65
Rothe, Edith 306, 308
Rothhardt, Hans 220 f
Rottacker, Gustav 199
Rückl, Gotthard 149, 158
Runge, Hermann 193
Runge, Sigismund 92
Ruppelt, Georg 208
Rust, Bernhard 100
Rust, Werner 67, 70, 110

Sack, Joachim 325
Sander, Richard 92
Sattler, Paul 92
Sauppe, Eberhard 382
Sauter, Hermann 139
Schirrmacher, Friedrich 271
Schleifenbaum, Peter 349 f, 352
Schmandt, Agnes 309
Schmidt, Adolf 29, 31
Schmidt, Franz Anselm 331
Schmidt, Hertha 309
Schmidt, Wieland 299
Schmidt-Künsemüller, Friedrich-Adolf 162, 164, 166, 194 f, 343
Schmitz, Wolfgang 209, 285
Schnack, Ingeborg 309, 312
Schnorr von Carolsfeld, Hans 23–25, 28, 245, 257
Schochow, Werner 302
Schönberg, Angela von 309
Scholz-Babisch, Marie 309
Schopper, Werner 365
Schreiber, Heinrich 89
Schrettinger, Martin 245
Schriewer, Franz 212
Schubert, Hans-Jürgen 358, 363
Schürmeyer, Walter 96
Schütz, Julius Franz 98
Schulte-Strathaus, Ernst 60
Schultze, Ernst 35
Schultze, Johanna 309
Schultze, Walther 294
Schulz, Erich 213
Schulz, Karl 27, 29, 31, 35–37, 172, 284, 294
Schulz, Werner 335, 337 f, 340, 342, 344, 351
Schumacher, Maria 309
Schunke, Ilse 156, 303, 306, 309, 312
Schuster, Wilhelm 92, 96, 211–215, 217, 222–225, 227 f
Schwartzkoppen, Luise von 198, 306, 309
Schweigler, Peter 358, 362

Schwenke, Paul 25 f, 31, 34–36, 38, 186, 194, 256 f, 270, 282, 294 f
Seck, Friedrich 350–352, 356
Semrau, Eberhard 198
Seuffert, Bernhard 22
Simon, Elisabeth 309
Simon, Heinrich 30, 33, 286
Sinogowitz, Bernhard 178, 199, 359
Smend, Friedrich 62 f, 68–70, 73, 75, 86
Sombart, Werner 51
Sontag, Helmut 357
Spanier, Arthur 119 f
Springmann, Wolfgang 221
Starke, Wolfgang 389
Steffen, Ruth 320
Stegmaier, Günter 347–350
Steiff, Karl 26, 29, 34
Stier-Somlo, Clara 309
Stössel, Waldemar 299
Stollreither, Eugen 124
Stoltzenburg, Ingeborg 356
Stoltzenburg, Joachim 332
Strecker, Anna 309
Ströbel, Birgit 316
Studentkowski, Werner 91
Stummvoll, Josef 150–153, 155 f, 159, 161
Süberkrüb, Hansjörg 164
Sühl-Strohmenger, Wilfried 356
Sulz, Eugen 142
Syré, Ludger 144, 356, 358

Täschner, Claudia-Leonore 386
Tehnzen, Jobst 252
Teichl, Robert 63, 76, 93–95, 109
Theele, Joseph 71
Tiemann, Hermann 122, 131 f, 134, 147, 177, 248
Tillmann, Helene 309
Totok, Wilhelm 346
Trebst, Hans 87, 193, 288, 293, 301
Tscherne, Ernst 98

Uhlendahl, Heinrich 56, 65 f, 87, 105, 151, 246, 299
Uibenreither, Siegfried von 97
Ulbricht, Charlotte 309
Unger, Eike 359, 362 f

Vezin, Liselotte 309
Virnich, Maria 309, 312
Vogt 137
Vogt, Winold 199, 365
Vollers, Hinrich 340
Vorstius, Joris 228, 295, 298, 299

Wagner, Hans 344, 367, 369
Wagner, Robert 118
Wallner, Emil 98
Wallraf, Karl Heinz 141
Weber 137
Weber, Max 250, 253
Wederhake-Gottschalk, Monika 323
Wege, Liselotte 309
Wegener, Helene 307
Wegner 124 f, 128
Wehmer, Carl 99, 137
Weinhold, Liesbeth 309
Weippert, Otto 362, 364
Wendt, Harald 359
Wentscher, Lotte 309
Werhahn, Heinz Martin 141, 199, 330–335, 342, 344
Wermke, Ernst 76, 88
Werner, Ferdinand 85
Widmann, Hans 197
Wiegand, Günther 337, 340, 343 f, 346
Wiehe, Erika 309
Wieruszowski, Helene 309
Wieser, Max 219
Wilhelm II. 50
Will, Erich 332 f
Wilmanns, August 17, 49, 51–54, 239
Winkelmann 227
Winkelmann, Johann Joachim 92
Wurm, Martin 332, 335, 341, 349

Zangemeister, Karl 23, 49
Zedlitz, Wolfgang 341, 345, 347, 349
Zunker, Ernst 198 f

Autorenverzeichnis

Dr. Jürgen Babendreier,
Bibliotheksdirektor, Staats- und Universitätsbibliothek Bremen, im VDB seit 1973, Landesverbandsvorsitzender Bremen 1985–1994, Mitglied des Vereinsausschusses 1985–1986, 1989–1991, 1993–1994.

Dr. Eilhard Cordes,
Ltd. Bibliotheksdirektor, Universitätsbibliothek Osnabrück, im VDB seit 1968, Vorsitzender des Landesverbands Niedersachsen 1972–1976, Mitglied der Kommission für Berufsfragen 1973–1975, Mitglied des Vereinsausschusses 1984–1986.

Dr. Ulrike Eich,
Ltd. Bibliotheksdirektorin, Universitätsbibliothek der Europa-Universität Viadrina Frankfurt/Oder, im VDB seit 1984.

Dr. Rudolf Frankenberger,
Ltd. Bibliotheksdirektor a. D., Universitätsbibliothek Augsburg, im VDB seit 1962, Mitglied des Vereinsausschusses 1982–1983, Vorstandsmitglied 1983–1987, Vorsitzender 1983–1985.

Dr. Hermann Günzel,
Bibliotheksdirektor, Universitätsbibliothek Marburg, im VDB seit 1972, Mitglied des Vereinsausschusses 1978–1980, 1982–1984 und 1996–1998, Vorsitzender des Landesverbands Hessen 1978–1984 und seit 1994.

Dr. Yorck Alexander Haase,
Ltd. Bibliotheksdirektor a. D., Landes- und Hochschulbibliothek Darmstadt, im VDB seit 1964, Vorstandsmitglied 1983–1989, Vorsitzender 1985–1987.

Dipl.-Soziol. Alexandra Habermann,
Bibliotheksdirektorin, Universitätsbibliothek der Technischen Univer-

sität Berlin, im VDB seit 1970, Schriftführerin 1975–1977, Mitglied des Vereinsausschusses 1978–1982 und 1984–1990, Mitglied der Besoldungs- und Tarifkommission 1991–1999 (Vors. 1996–1999).

Dr. GERHARD HACKER,
Wiss. Mitarbeiter, Institut für Bibliothekswissenschaft der Humboldt-Universität zu Berlin, im VDB seit 1996.

Dipl.-Geophys. HELGA HÄSEKER,
Bibliotheksoberrätin, Universitätsbibliothek Clausthal, im VDB seit 1976, Mitglied des Vereinsausschusses seit 1998.

Dipl.-Lateinamerika-Wiss. MICHAEL HEXEL,
Wiss. Bibliothekar, Universitätsbibliothek Rostock, im VDB seit 1993, Vorsitzender des Landesverbands Mecklenburg-Vorpommern 1993–1999.

FELICITAS HUNDHAUSEN,
Oberbibliotheksrätin, Rheinische Landesbibliothek Koblenz, im VDB seit 1991, Mitglied der Kommission für Fachreferatsarbeit seit 1997 (Vors. ab 2000).

Prof. Dr. DAGMAR JANK,
Hochschullehrerin, Fachbereich Archiv, Bibliothek, Dokumentation der Fachhochschule Potsdam, im VDB seit 1983.

Dr. UWE JOCHUM,
Oberbibliotheksrat, Bibliothek der Universität Konstanz, im VDB seit 1987.

Prof. Dr. HOLGER KNUDSEN,
Stellv. Direktor, Bibliothek des Max-Planck-Instituts für ausländisches und internationales Strafrecht in Hamburg, im VDB seit 1978, Mitglied der Kommission für Rechtsfragen seit 1990 (Vors. 1993–1999), Mitglied des Vereinsausschusses seit 1999.

MICHAEL LABACH M. A.,
Bibliotheksoberrat, Niedersächsische Landesbibliothek Hannover, im VDB seit 1986.

Dr. KONRAD MARWINSKI,
Ltd. Bibliotheksdirektor a. D., Thüringer Universitäts- und Landesbibliothek Jena, im VDB seit 1990.

Dr. ALWIN MÜLLER-JERINA,
Leiter der Stadtbibliothek Neuss, im VDB seit 1985.

Dipl.-Kff. CARMEN PASSERA,
Bibliotheksrätin, Bibliothek der Fakultät für Wirtschaftswissenschaft der Ruhr-Universität Bochum, im VDB seit 1987, Mitglied der Arbeitsgruppe Frauen im Höheren Bibliotheksdienst seit 1991.

Prof. Dr. ENGELBERT PLASSMANN,
Hochschullehrer, Institut für Bibliothekswissenschaft der Humboldt-Universität zu Berlin, im VDB seit 1969, Mitglied der Kommission für Rechtsfragen 1979–1987, Vorstandsmitglied 1987–1993, Vorsitzender 1989–1991.

Prof. Dr. KORNELIA RICHTER,
Hochschullehrerin, Fachbereich Buch und Museum der Hochschule für Technik, Wirtschaft und Kultur (FH) Leipzig, im VDB seit 1990.

Prof. Dr. WOLFGANG SCHMITZ,
Ltd. Bibliotheksdirektor, Universitäts- und Stadtbibliothek Köln, im VDB seit 1975.

Dr. WERNER SCHOPPER,
Bibliotheksdirektor, Universitätsbibliothek Bamberg, im VDB seit 1976, Vorsitzender des Landesverbands Bayern seit 1992, Mitglied des Vereinsausschusses seit 1994.

Dr. LUDGER SYRÉ,
Oberbibliotheksrat, Badische Landesbibliothek Karlsruhe, im VDB seit 1983, Vorsitzender des Landesverbands Baden-Württemberg 1992–1998, Mitglied des Vereinsausschusses 1992–1998, Schriftführer 1995–1997.

CLAUDIA-LEONORE TÄSCHNER,
Wiss. Archivarin, Universitätsbibliothek Leipzig, im VDB seit 1991, Vorsitzende des Regionalverbands Sachsen, Sachsen-Anhalt, Thüringen 1993–1998, Mitglied des Vereinsausschusses 1996–1998.

Anzeigen

Antiquariate
Seite A 1

Buchhandlungen
Subscription agencies
Seite A 4

Verlage, Datenbanken
Seite A 8

Bibliothekstechnik
Seite A 20

Geschichte des Bibliotheks-wesens in der DDR

(Hrsg. von Peter Vodosek und Konrad Marwinski

(Wolfenbütteler Schriften zur Geschichte des Buchwesens 31)

1999. 196 Seiten (ISBN 3-447-04150-1),
gb, DM 98,– /öS 715,– /sFr 89,–

S. Harik, Staatliche DDR-Akten als historische Quellen zum Bibliothekswesen der DDR / D. Höchsmann, Die Entwicklung des Bibliothekswesens im zentralistischen Staat: Verordnete Strukturen und ihre Wirksamkeit / K. Marwinski, Bibliotheksgeschichte der DDR. / J. Dietze, Die Auswirkungen der Bibliotheksverordnung der DDR von 1968 auf Struktur und Funktion der Regionalbibliotheken / G. Clemenz, Die Kreisbibliothek als geistig-kulturelles Zentrum und Bestandszentrum des Kreises / A. Weigert, Das öffentliche Bibliothekswesen der DDR im Landkreis / R. Kuhnert, Kinderbibliotheksarbeit in der DDR / Y.-G. Mix, Öffentliches Bibliothekswesen, Volksbildung und Zensur in Ostdeutschland zwischen kulturpolitischer Entnazifizierung und Stalinisierung (1945-1953) / G. Rost, Tradition auf dem Prüfstand, Die Deutsche Bücherei in den Jahren der DDR / D. Lülfing, Die Entwicklung der Deutschen Staatsbibliothek und ihre Rolle im Bibliothekswesen der DDR / H. Tröger, Aspekte der Entwicklung betrieblicher Bibliotheken und Informationseinrichtungen in Betrieben und Kombinaten / J. Rex, Die wissenschaftlichen Akademiebibliotheken in Berlin während des Zeitraums des Bestehens der DDR / D. Kummer, Ausbildung und Beruf im Gebiet der Sowjetischen Besatzungszone/DDR 1945 und 1990 / Personenregister

Busse / Ernestus / Plassmann / Seefeldt

Das Bibliothekswesen der Bundesrepublik Deutschland

Ein Handbuch

Von Engelbert Plassmann und Jürgen Seefeldt
3., völlig neubearbeitete Auflage des von Gisela von Busse und Horst Ernestus begründeten Werkes

1999. XII, 510 Seiten, 43 Abb., 9 Ktn. (ISBN 3-447-03706-7), gb, DM 198,– /öS 1445,– sFr 176,–

Die 1. Auflage erschien 1968. Damit gab es erstmals eine wissenschaftlich fundierte wie allgemein verständliche Gesamtdarstellung des deutschen Bibliothekswesens. Sie wurde rasch zum Standardwerk. Die stürmische Entwicklung des Bibliothekswesens, die Ende der sechziger Jahre eingesetzt hatte, machte zu Beginn der achtziger Jahre eine überarbeitete Neuauflage notwendig, die 1983 erschien.

Der Siegeszug der Informationstechnik, die dadurch möglichen raschen Veränderungen im Bibliothekswesen, aber auch ein neues Verständnis für die Aufgaben der Bibliotheken in der Wahrung und Erschließung ihres großen historischen Erbes und nicht zuletzt die enormen Anforderungen, welche die Vereinigung Deutschlands auch den Bibliotheken stellte, machten seit langem eine Neuauflage notwendig. In ihr wird der heutige Stand des Bibliothekswesens im vereinten Deutschland in seiner ersten Konsolidierungsphase dargestellt.

Auch die dritte Auflage dieses Standardwerkes wendet sich nicht nur an Fachleute. Bibliothekare werden in dem Buch nachschlagen, Studierende eine übersichtliche Einführung in das Fach als Ganzes gewinnen und Nichtfachleute – vor allem solche, die politischen oder wissenschaftlichen Entscheidungsgremien angehören – Rat und zuverlässige Informationen finden.

HARRASSOWITZ VERLAG · WIESBADEN

19 **Die Entwicklung des Bibliothekswesens in Deutschland 1945-1965**

Hrsg. von Peter Vodosek und Joachim-Felix Leonhard
1993. 500 Seiten, 26 Abb. (ISBN 3-447-03427-0), gb, DM 168,–/ öS 1226,–/ sFr 149,–

32 **Stadt und Bibliothek**

Literaturversorgung als kommunale Aufgabe im Kaiserreich und in der Weimarer Republik

Hrsg. von Jörg Fligge und Aloys Klotzbucher
1996. 487 Seiten, 62 Abb. (ISBN 3-447-03885-3), gb, DM 148,– /öS 1080,– /sFr 131,–

27 **Fachschrifttum**

Bibliothek und Naturwissenschaft im 19. und 20. Jhdt.
Hrsg. von Christoph Meinel
1997. VI, 213 Seiten (3-447-03913-2), gb, DM 98,– /öS 715,– /sFr 89,–

29 **Technische und Naturwissenschaftliche Bibliotheken in ihrer historischen Entwicklung und Bedeutung für die Forschung**

Hrsg. von Paul Kaegbein
1997. 207 Seiten, 26 Abb. (ISBN 3-447-04006-8), gb, DM 98,– /öS 715,– /sFr 89,–

31 **Geschichte des Bibliothekswesens in der DDR**

Hrsg. von Peter Vodosek und Konrad Marwinski
1999. 196 Seiten (ISBN 3-447-04150-1), gb, DM 98,– /öS 715,– /sFr 89,–

33 **Bibliotheken in der literarischen Darstellung Libraries in Literature**

Hrsg. von Peter Vodosek und Graham Jefcoate
1999. 235 Seiten, 1 Abb. (ISBN 3-447-04187-0), gb, DM 118,– /öS 861,– /sFr 105,–

HARRASSOWITZ VERLAG · WIESBADEN

Theologische Handbücher und Nachschlagewerke

Evangelisches Kirchenlexikon (EKL)

Internationale theologische Enzyklopädie

Herausgegeben von Prof. D. Dr. Erwin Fahlbusch, Prof. Dr. Jan Milič Lochman, Prof. Dr. John Mbiti, Prof. Dr. Jaroslav Pelikan und Prof. Dr. Lukas Vischer.

Vier Textbände und ein Registerband.
1997. 3.831 Seiten, Leinen
DM 1.498,– / öS 10.935,– / SFr 1.319,–
ISBN 3-525-50144-7

„In einer Zeit, in der es so oft an gründlicher theologischer Bildung fehlt, ist dieses große Nachschlagewerk von unschätzbarem Wert für das theologische Studium, für die praktische Seelsorge und für die Allgemeinbildung."
Prof. Dr. Hans Küng, Tübingen

Rainer Lachmann / Gottfried Adam / Werner H. Ritter

Theologische Schlüsselbegriffe

Biblisch – systematisch – didaktisch

Theologie für Lehrerinnen und Lehrer, Band 1.
1999. 408 Seiten,
kartoniert DM 44,– / öS 321,– / SFr 42,10
ISBN 3-525-61420-9

Neue Reihe!

Dieser Band bildet den Auftakt zu einer neuen Reihe, die theologisches Elementarwissen mit Blick auf die Unterrichtspraxis zugänglich macht.

Weitere Informationen:
Vandenhoeck & Ruprecht, Theologie, 37070 Göttingen
e-mail: info@vandenhoeck-ruprecht.de
Internet: http://www.vandenhoeck-ruprecht.de

Carl Andresen / Adolf Martin Ritter (Hg.)

Handbuch der Dogmen- und Theologiegeschichte

2., überarbeitete und ergänzte Auflage

Band 1: Die Lehrentwicklung im Rahmen der Katholizität
UTB 8160 L.
1998. XXXVIII, 782 Seiten mit Register, kartoniert DM 96,– / öS 701,– / SFr 87,–
ISBN 3-8252-8160-4

Band 2: Die Lehrentwicklung im Rahmen der Konfessionalität
UTB 8161 L.
1998. XIV, 695 Seiten mit Register, kartoniert DM 88,– / öS 642,– / SFr 80,–
ISBN 3-8252-8161-2

Band 3: Die Lehrentwicklung im Rahmen der Ökumenizität
UTB 8162 L.
1998. XII, 635 Seiten mit Register, kartoniert DM 78,– / öS 569,– / SFr 71,–
ISBN 3-8252-8162-0

Vorzugspreis

Vorzugspreis bei Abnahme der Bände 1–3 zusammen
DM 248,– / öS 1810,– / SFr 220,–
ISBN 3-8252-8039-X

„Ein Standardwerk von hohem wissenschaftlichen Rang..."
Ökumenische Rundschau

V&R
Vandenhoeck & Ruprecht

1 **Erwerbung in Deutschen Bibliotheken (EDB 1998/99)**
Personen, Anschriften, Sammelgebiete, Software
Hrsg. von Margot Wiesner
Bearbeitet von Stephen Röper mit Hiltrud Wilfert
1998. VII, 154 Seiten
(ISBN 3-447-04007-0),
br, DM 48,– /öS 350,– /sFr 44,50;
Fortsetzungspreis
DM 38,– /öS 277,– /sFr 35,–

2 Konrad Umlauf
Moderne Buchkunde
1997. 191 Seiten
(ISBN 3-447-03870-5),
br, DM 50,– /öS 365,– /sFr 46,50,–

3 Gerd Schmidt
Latein für Bibliothekare
Eine Einführung
1997. IX, 140 Seiten, 16 Abb.
(ISBN 3-447-03887-X),
br, DM 44,– /öS 321,– /sFr 41,–

4 Brigitte Höckmair
OPL-Management
Arbeitsablauforganisation einer One- Person-Library
Mit Arbeitshilfen und Formularen
1997. 233 Seiten
(ISBN 3-447-03936-1),
br, DM 128,–/öS 934,–/sFr 114,–

5 Bernd Lorenz
Klassifikatorische Sacherschließung
Eine Einführung
1998. 140 Seiten
(ISBN 3-447-04003-3),
br, DM 58,– /öS 423,– /sFr 52,50

6 Ulrich Hofmann
Qualitäts- und Technologiemanagement in Bibliotheken
1998. XII, 172 Seiten
(ISBN 3-447-04063-7),
br, DM 88,– /öS 642,– /sFr 80,–

Fallbeispiele und empirische Untersuchungsergebnisse ermöglichen dem Leser sich aktiv mit den Problemen eines Dienstleistungsmanagements in Bibliotheken auseinanderzusetzen.

7 **Fundraising für Hochschulbibliotheken und Hochschularchive**
Beiträge einer Potsdamer Tagung vom 13.11.1998
Herausgegeben von Dagmar Jank
1999. 95 Seiten
(ISBN 3-447-04192-7),
br, DM 48,–/öS 350,–/sFr 44,50

Die Autoren:
Detlef Luthe, Gabriele Beger, Clemens Rehm, Dieter Speck, Hans Zotter, Graham Jefcote, Rainer Diederichs, Robert Drblik
Die Themen:
Strategische und praktische Impulse für Fundraising / Rechtsfragen / Problematik der Fremdfinanzierung / Vermarktung von digitalen Produkten / Beispiel Zentralbibliothek Zürich / Education Card

mauser OFFICE
100% Ersparnis
Deutsche Bibliothek, Frankfurt/Main
Rollregal-System RR 409. In den besten Bibliotheken zu Hause!
Rollregal-Systeme RR 409 und BRR. Aufbewahren „dicht an dicht“ statt leerer Gänge. Fast das Doppelte an Platz auf gleicher Fläche. Unsere Rollregal-Systeme: Technik mit Idee statt konventioneller Regale!
Mauser Office GmbH · D-34513 Waldeck
Tel. (0 56 23) 5 81-3 14 · Fax (0 56 23) 5 81-4 00

Der schnellste Leser Ihrer Bücher:
DER BUCHSCANNER
PS 7000.
Ruck, zuck kann ein wertvolles Original bis A2-Überformat eingescannt und mit bis zu 600 dpi digital verarbeitet werden. Die Seitenwölbungskorrektur sorgt für ein perfektes Abbild der Vorlage ganz ohne Flachdrücken. Anschluss findet der PS 7000 an TWAIN- oder ISIS-fähigen PC-Softwarelösungen oder einem speziellen Drucker, der ihn zum „Kopiersystem" macht. Mehr Informationen erhalten Sie unter Telefon 0800/6 46 65 82 oder 0800 MINOLTA.*
MINOLTA
www.minolta.de
*Anruf kostenfrei.
JvMe